常山年鉴

2018

常山县地方志编纂委员会 编

方志出版社
Publishing House of Local Records

图书在版编目（CIP）数据

常山年鉴. 2018／常山县地方志编纂委员会编.——北京：方志出版社，2019.11

ISBN 978-7-5144-3866-6

Ⅰ.①常… Ⅱ.①常… Ⅲ.①常山县—2018—年鉴 Ⅳ.①Z525.54

中国版本图书馆CIP数据核字(2019)第227316号

常山年鉴（2018）

编　　者：常山县地方志编纂委员会
责任编辑：齐　笑

出 版 者：方志出版社
地址　北京市朝阳区潘家园东里9号（国家方志馆4层）
邮编　100021
网址　http://www.fzph.org
发　　行：方志出版社图书经销中心
电话（010）67110500
经　　销：各地新华书店
印　　刷：杭州乐通印刷有限公司

开　　本：889×1194　　1/16
印　　张：26
字　　数：694千字
版　　次：2019年11月第1版　2019年11月第1次印刷
印　　数：001～800册

ISBN　978-7-5144-3866-6　　定价：280.00元

《常山年鉴（2018）》编辑说明

1.《常山年鉴》是中共常山县委、常山县人民政府主办，常山县地方志编纂委员会组织编纂的年度资料性文献。自2005年起，逐年编辑出版。

2.《常山年鉴（2018）》以马克思列宁主义、毛泽东思想、邓小平理论、“三个代表”重要思想、科学发展观、习近平新时代中国特色社会主义思想为指导，坚持辩证唯物主义和历史唯物主义立场、观点和方法，全面、真实地记载2017年度常山县行政区域自然、政治、经济、文化、社会等方面的情况和社会发展的历史进程，为社会各界人士和中外投资者了解、研究、建设常山，提供丰富翔实的地情资料；也为续修《常山县志》积累资料。

3.《常山年鉴（2018）》记载时限从2017年1月1日至12月31日，一般不作历史追溯。

4.《常山年鉴（2018）》按分类法编排，主体内容分为类目、分目（部分分目下设副分目或附“小资料”）、条目三个层次，分别用不同的字号和字体表示；条目为年鉴基本记述单位，其标题用黑体五号字加【 】标示。卷首设目录、图照、特载、专记、大事记、县情概览；卷中设县委、县人大、县政府、县政协、民主党派·工商联、群众团体、法治、军事、工业、农业·林业·水利、贸易、通信、交通、城乡建设与管理、国土资源·环境保护、综合管理与监督、财政·税务、金融·保险、人力资源与社会保障、教育、科技·气象、文化·旅游、卫生·体育、社会生活、乡镇（街道）25个类目；卷末设组织机构及负责人名录、荣誉录、重要文件目录、国民经济若干统计资料、艺文、索引。

5.《常山年鉴（2018）》以县级机关各部门、各乡镇（街道）及有关驻常山的省部属单位为基本记述主体，以事物性质分类，设类目。类目设计和编排次序根据年鉴基本体例和行业归类特点设置，与具体部门单位行政级别无关。

6.《常山年鉴（2018）》所刊载的内容、照片和图表数据，均由全县各机关部门、企事业单位、乡镇（街道）和驻常山省部属单位提供；所用统计资料由县统计局提供。稿件由各单位指定人员撰写，单位初稿由年鉴编辑初审，再发回各撰稿单位修订、校对、审核后定稿；最后由常山年鉴编辑汇编总纂，经编委会审查、出版社审核而成，具有权威性。撰稿人和摄影者分别统一署名于条目和照片之后的（ ）内。因统计口径等原因，有关部门所用个别数据与“统计资料”中的数据不尽一致，引用时以县统计局《常山县国民经济与社会发展统计公报》为准，并参照《常山统计年鉴（2018）》。

7.《常山年鉴（2018）》采用中国法定计量单位，面积单位稍有例外：耕地、山林、园地等面积单位一般沿用“亩”，有时也用“公顷”。

8.《常山年鉴（2018）》“荣誉录”收录2017年1—12月公布，国家（含部门）、浙江省（含部门）、衢州市（含部门）以及中共常山县委、常山县人民政府命名、表彰、颁发的荣誉称号。

9.《常山年鉴（2018）》配有双重检索系统，书前刊有中文详细目录和英文要目，书后配有索引，索引采用主题分析法，按主题词首字汉语拼音字母顺序排列。

何处心安·慢城常山 Cittaslow Changshan

城市名片

中国常山胡柚之乡
中国食用菌之乡
中国油茶之乡
中国观赏石之乡
国家重点生态功能区
国家级园林县城
国家级卫生县城
中国最美乡村旅游目的地
全国百佳深呼吸小城
首批全国百佳深呼吸小城十佳示范城市
中国生态魅力县
中国第七个国际慢城
浙江省文明城市
浙江省森林城市
浙江省生态县
浙江省文化先进县
浙江省全域疗休养发展十佳县（市、区）

数字常山2010—2017

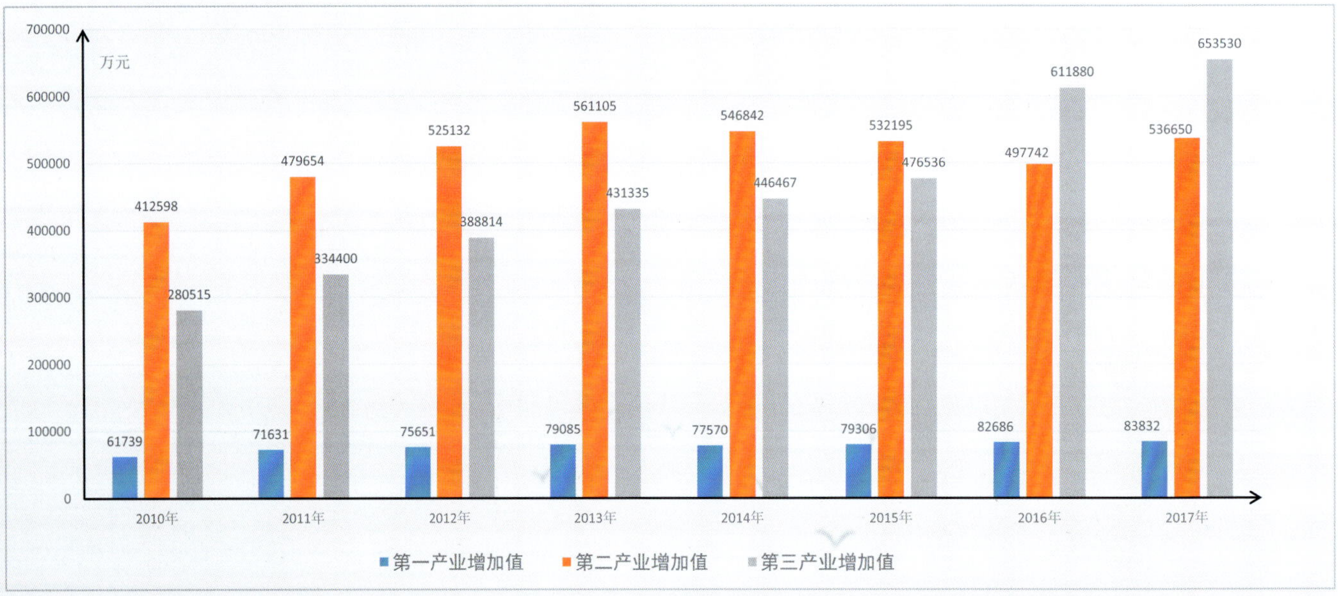

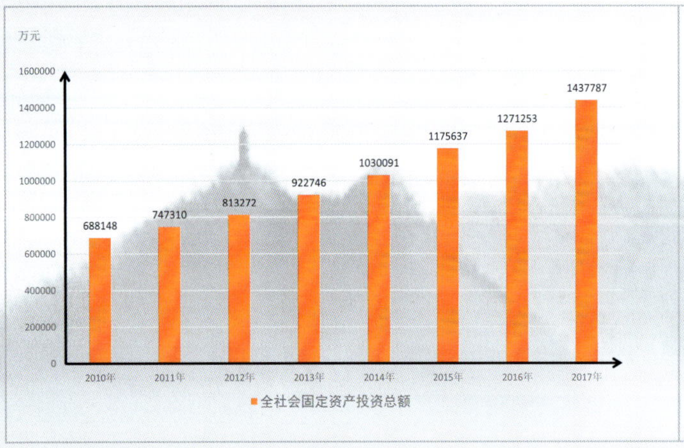

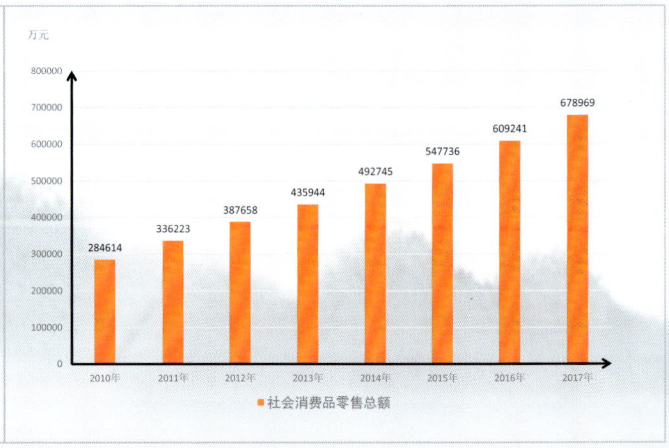

▲ 4月11日，省委副书记、省长车俊（前左三）到常山县球川镇考察基层治理体系“四个平台”建设情况 （李俊秋 摄）

▲ 2月14日，副省长冯飞（右二）到常山调研工业经济情况 （刘琳玲 摄）

▲ 11月23日，副省长熊建平（前左二）到常山调研赛得健康小镇建设等工作　（汪东丽 摄）

▲ 7月19日，副省长孙景淼（右二）到常山调研畜牧业转型升级工作　（李俊秋 摄）

▶ 12月15日，省政协副主席郑继伟（前中）到常山调研指导工作

（李俊秋 摄）

◀ 7月11日，省政协副主席、台盟省委会主委、省台联会长张泽熙（右三）调研小城镇环境综合整治工作

（李俊秋 摄）

◀ 10月24日，省政协副主席吴晶（前中）到同弓乡调研垃圾分类处理工作

（李俊秋 摄）

▶ 11月23日，市委书记陈新（前左二）到常山县球川镇调研三十六天井保护情况

（李俊秋 摄）

▲ 10月12日，市委副书记、市长徐文光（前右二）到常山调研小城镇环境综合整治工作

（李俊秋 摄）

▲ 1月20日，衢州市政协主席俞流传（左一）到常山走访慰问困难群众 （李俊秋 摄）

▲ 3月7日，常山县人民政府与衢州学院“智汇常山”战略合作签约仪式举行 （李俊秋 摄）

▲ 5月31日，常山县人民政府与北大附属台州书生学校合作办学签约仪式举行 （李俊秋 摄）

▲ 旭日东升

▲ 华灯初上

（王建华 摄）

6月18日，2017“爱丽莎”杯中国皮划艇巡回赛（浙江·常山站）举行

（李俊秋　摄）

▲ 9月23日，“和也杯”第二届浙江省企业家武术大赛在常山举行 （县体育局供图）

▲ 11月25日，2017中国山地自行车公开赛总决赛“锦禾杯”（浙江·常山站）开幕 （李俊秋 摄）

▲ 1月16日，2016年度常山县榜样人物颁奖盛典举行（李俊秋 摄）

▲ 3月7日，“三八”国际妇女节107周年庆暨“最美常山十大女杰”颁奖典礼举行（李俊秋 摄）

▲ 10月26日，“最美常山“十大工匠”颁奖晚会举行（李俊秋 摄）

▲ 11月11日，常山县正式成为国际慢城。左图为国际慢城联盟秘书长皮埃尔·奥利维迪（右）在挪威于尔维克市向常山国际慢城授旗。右图为县委书记叶美峰（中）参加国际慢城联盟总部协调委员会会议
（仲合一　摄）

▲ 11月13日，县委书记叶美峰（前左）出访意大利，与意大利韦加拉诺梅纳达市市长Barbara Paron（前右）共同签订《常山县与意大利韦加拉诺梅纳达市关于建立友好交流城市关系备忘录》
（仲合一　摄）

▲ 8月30日，爱我中华·第六个全国赏石日暨首届常山国际赏石文化节开幕式举行

（刘琳玲　摄）

▲ 11月8日，2017中国·常山胡柚文化节开幕式举行　　（李俊秋　摄）

▲ 9月22日，首届慢运动发展论坛在常山举行 （李俊秋 摄）

▲ 12月28日，“诗画浙江”常山行“慢城常山”号旅游专列接站暨常山高铁站启用仪式在常山站站前广场举行 （李俊秋 摄）

▲ 5月26日，乡镇（街道）“四个平台”改革新闻发布会召开 （李俊秋 摄）

▲ 7月13日，“常山阿姨”杭州专场推介会召开 （李俊秋 摄）

▲ 4月28日，联合睿康和锦禾科技智能农机投资签约仪式暨智慧农业高峰论坛在常山举行

（李俊秋 摄）

▲ 8月8日，斯凯孚中国小圆锥滚子轴承生产基地项目(常山)签约仪式举行 （李俊秋 摄）

▲ 12月18日，常山县政府与众卡运力供应链管理有限公司签署战略合作框架协议

（李俊秋 摄）

▲ 12月1日，常山县政府与北京大学政府管理学院战略合作签约仪式举行 （李俊秋 摄）

▲ 6月18日，浙江省体育局与常山县政府战略合作协议签约仪式举行 （李俊秋 摄）

▲ 4月6日，常山与浙江日报报业集团战略合作签约暨浙江新闻客户端常山频道开通仪式举行 （李俊秋 摄）

常山县行政区划图

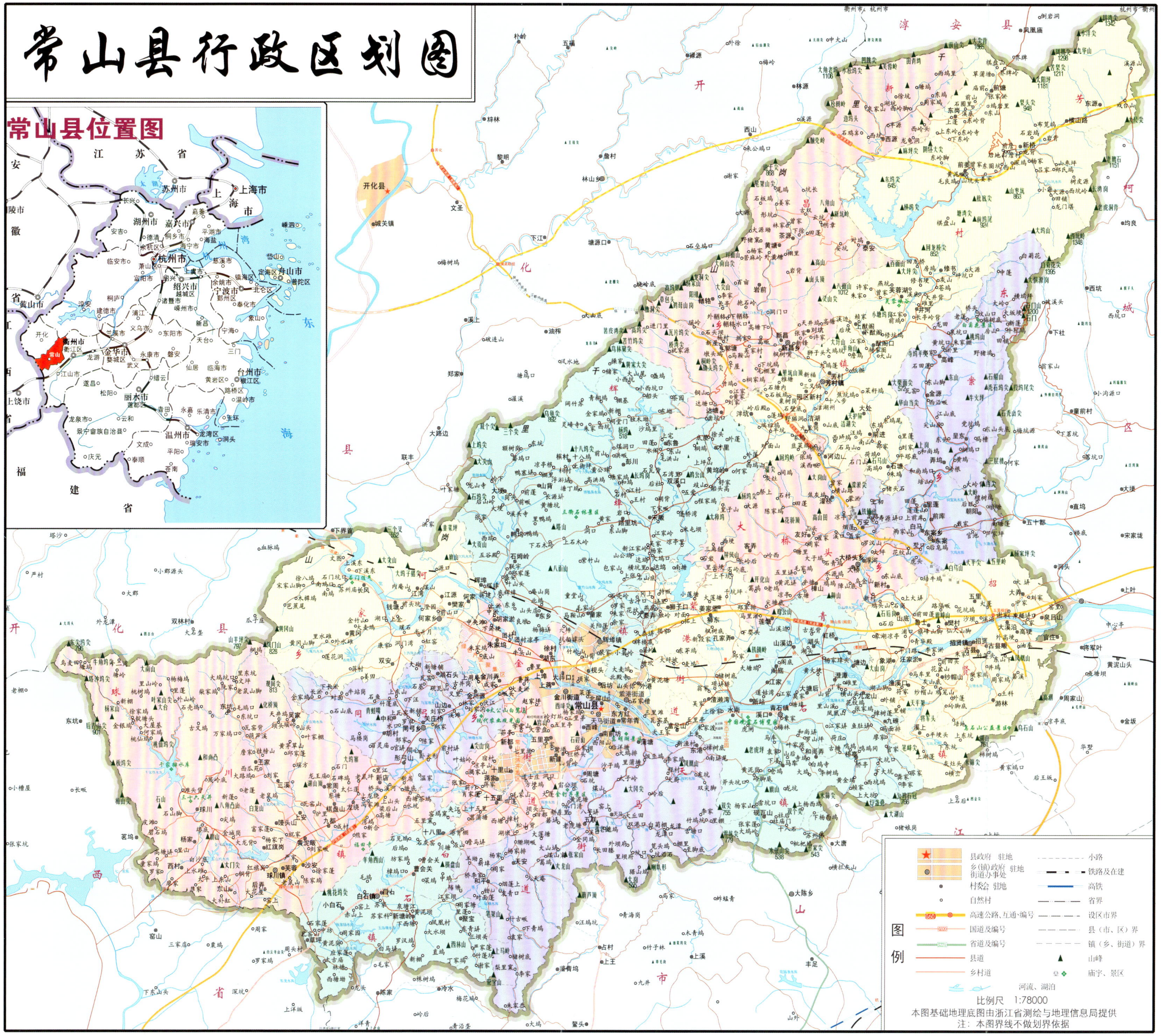

浙S【2014】144号

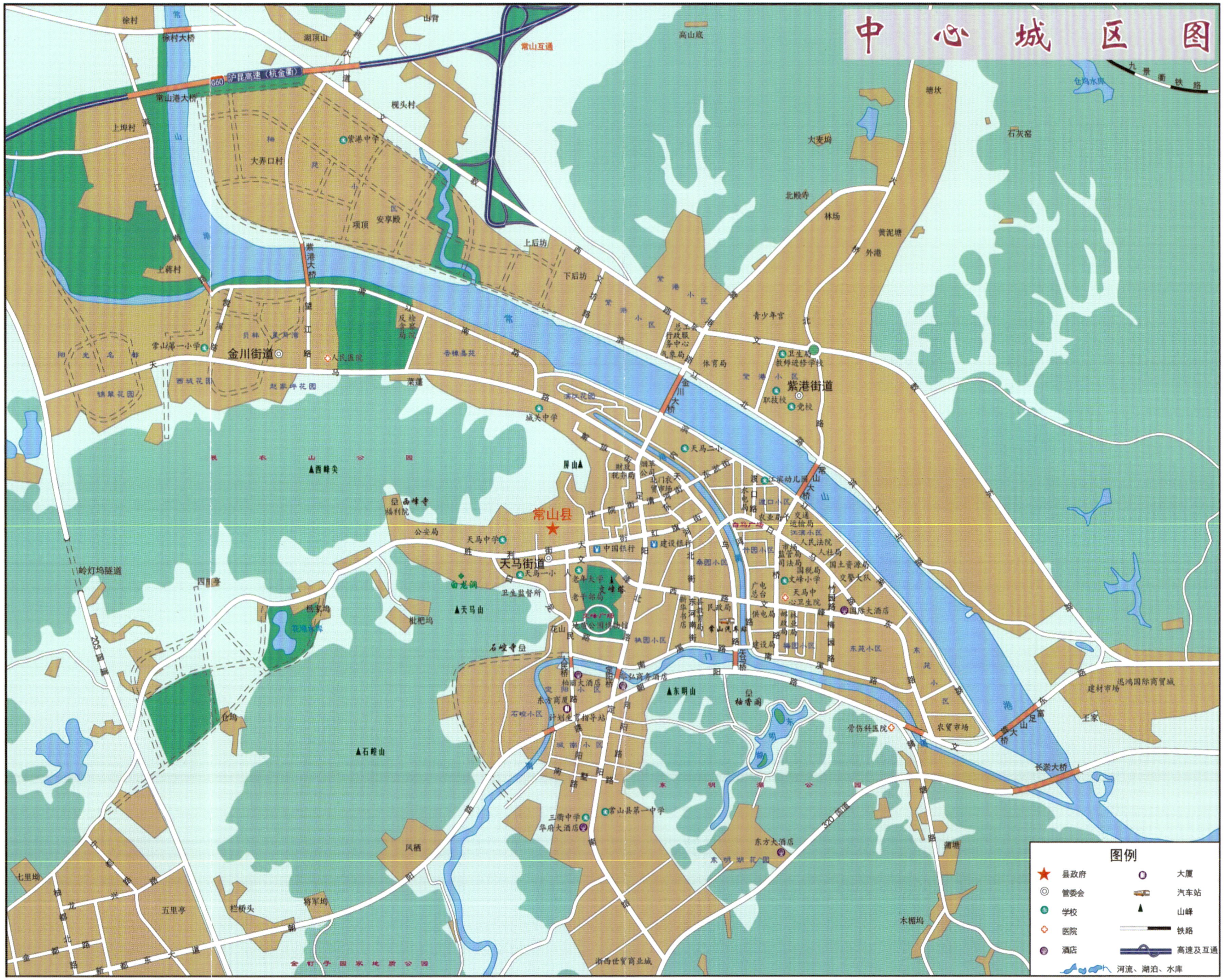
中心城区图
图例
县政府
管委会
学校
医院
酒店
大厦
汽车站
山峰
铁路
高速及互通
河流、湖泊、水库
常山互通
沪昆高速（杭金衢）
G60
徐村
徐村大桥
常山港大桥
上埠村
上蒋村
湖顶山
槐头村
紫港中学
大弄口村
安亭殿
项顶
上后坊
下后坊
紫港大桥
高山底
塘坎
仓乌水库
九景衢铁路
石灰窑
大麦坞
北殿寺
林场
黄泥塘
外港
青少年宫
金川街道
紫港街道
天马街道
常山县
常山第一小学
人民医院
西城花园
锦翠花园
香樟嘉苑
城关中学
天马二小
屏山
西峰尖
西峰寺
福利院
公安局
天马中学
中国银行
建设银行
天马一小
卫生监督所
天马山
白龙洞
岭灯坞隧道
四里亭
枇杷坞
仓坞
石崆山
石崆寺
东明山
柚香阁
国际大酒店
骨伤科医院
农贸市场
东苑小区
建材市场
迅鸿国际商贸城
王家
长淤大桥
东方大酒店
东明湖花园
三衢中学
华府大酒店
常山县第一中学
计划生育指导站
东方商厦
风栖
将军坞
栏桥头
五里亭
七里坞
蒋塘
木榴坞
浙西世贸商业城
金钉子国家地质公园
东明湖公园
205国道
320国道

浙S【2014】144号

中心城区图

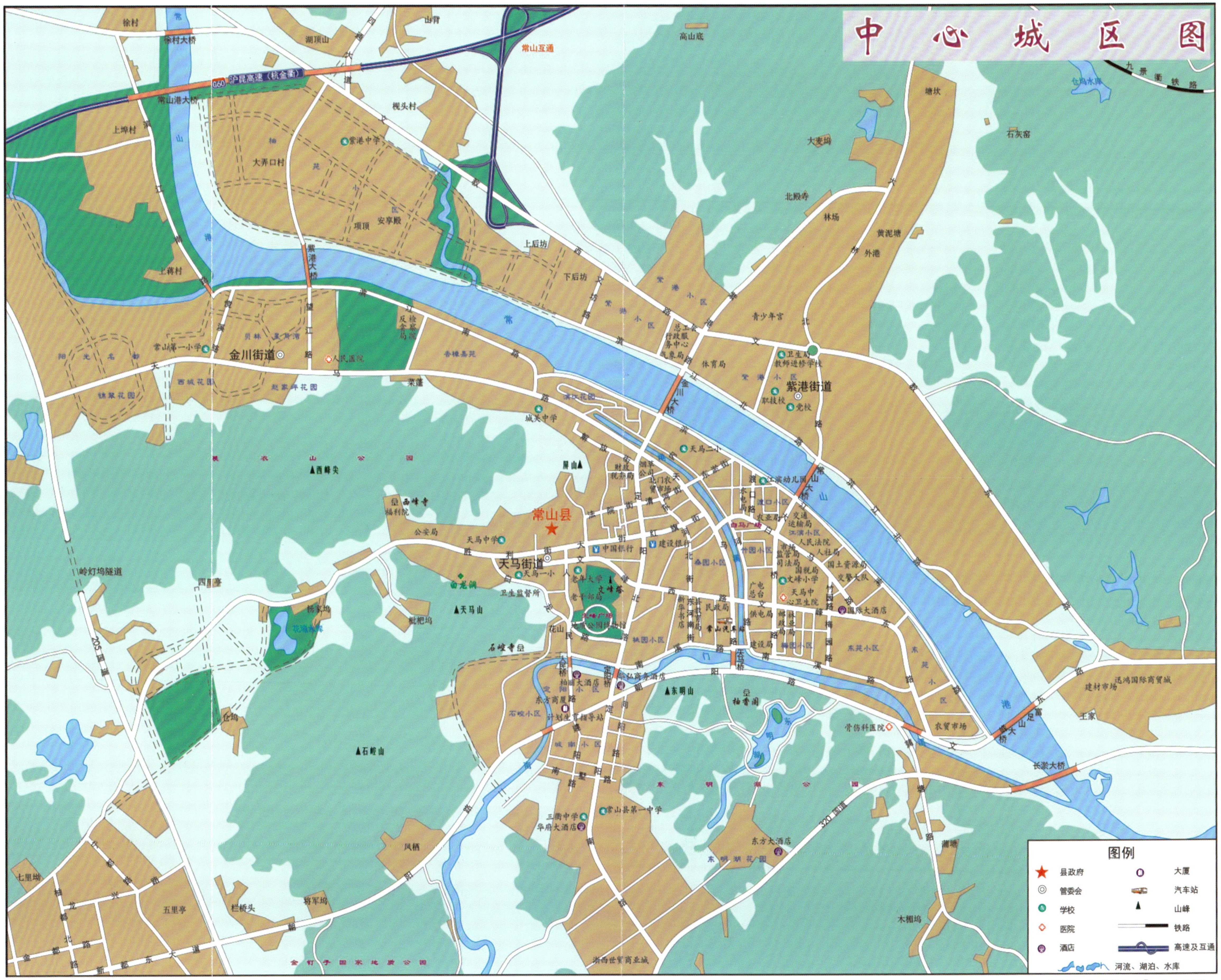

浙S【2014】144号

常山县行政区划图

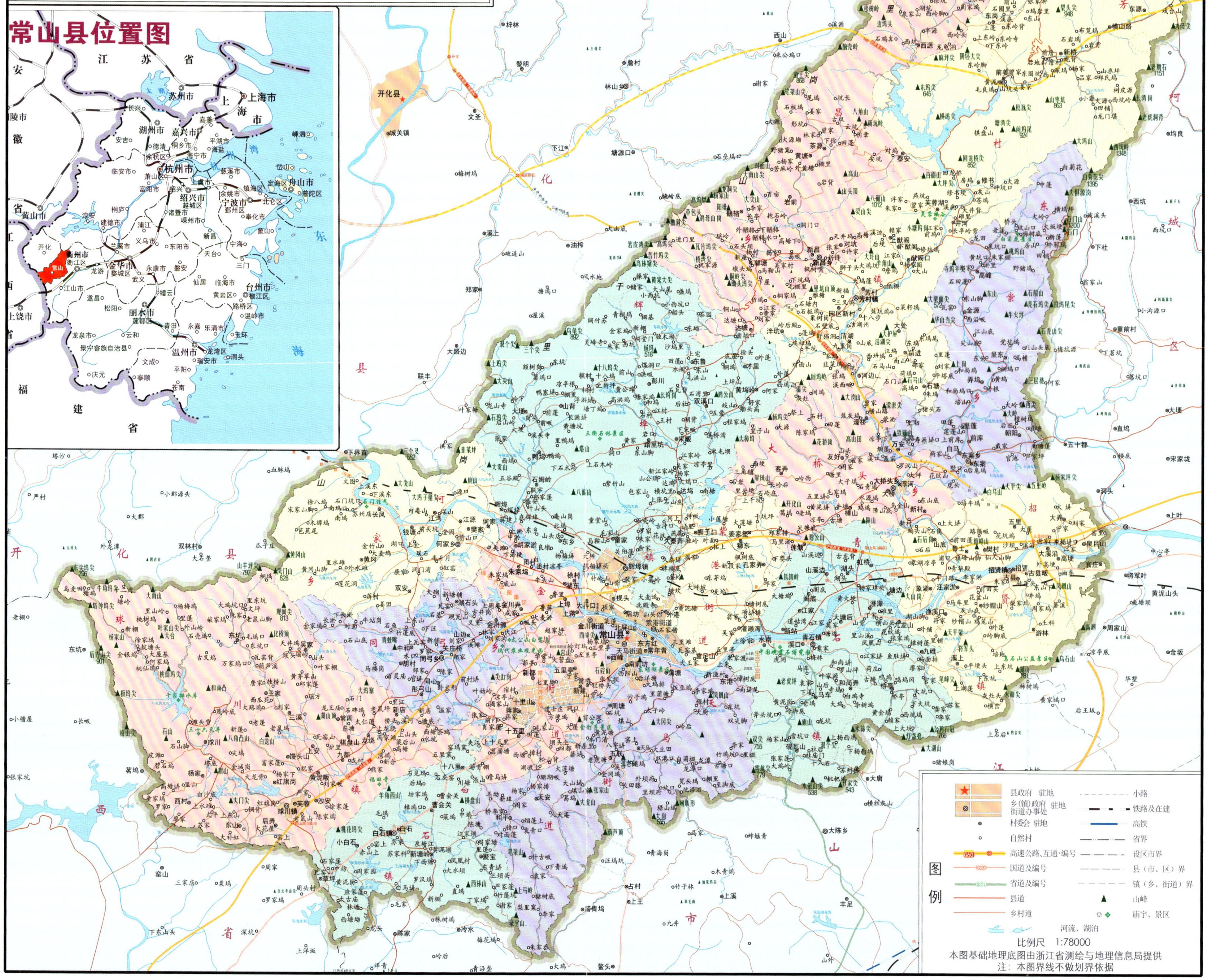

浙S【2014】144号

常山县农业局

非洲猪瘟高速动检站检查

农产品质量抽检

光伏产业脱贫

一是聚焦乡村富美，推进农业农村改革。2018年，专班化推进农村土地承包经营权确权登记颁证工作，全县签订合同7.3万余份，签订率97.73%。依托各村“三资”禀赋，拓宽“造血”渠道，实施光伏、高端民宿、竹伐漂流、物业经营旅游开发等扶贫项目，实施开展“千企结千村”专项行动，推进62家企业与70个行政村签署帮扶协议,总收入10万元以上，经营性收入5万元以上行政村实现全覆盖。

二是聚焦提质增效，推进农业“两区”示范先行。推进园区景观提升打造，完成园区主路绿化、入口节点打造、停车坪等景观配套设施建设，建成同弓乡省级现代生态循环农业示范区，常山县爱佳果蔬开发有限责任公司被递补为农业产业化国家重点龙头企业。农业招商引资扎实推进，引进大公生态养殖、茶叶籽油开发等大型农业项目，浙中西部现代农业科技园建设项目已正式开工。

三是聚焦功能拓展，推进主导产业提质转型。2018年，常山胡柚总产量10.5万吨，总产值12亿元。常山胡柚进军高端果品品牌市场，委托杭州谱乐天成科技有限公司设计品牌精品包装，举办2018中国·常山胡柚文化节暨小康·阿里“百县精品”项目启动仪式。实施开展“柚香谷”综合体项目，将日本柚与常山胡柚结合开发出10余款酵素饮品，研发出胡柚面膜、胡柚酒等新品，其中“柚倾城”胡柚面膜“双十一”前后月均销售量达30万片。坚持走高端化、多元化、品牌化发展路线，深层次助推食用菌产业转型发展。常山猴头菇被评为“浙江省食用菌行业优秀品牌”。

四是聚焦生态休闲，推进绿色农业融合升级。2018年，推进畜牧业绿色发展示范县创建，推广“猪-沼-作物”生态消纳循环“大公模式”，建成养殖废弃物资源化利用绿色循环体5个，新增省市级美丽牧场10个，完善病死动物无害化处理跨区域运行体系。狠抓失管桔园、弃耕农田、违建棚房整治，推广应用病虫害统防统治与绿色防控、测土配方施肥、秸秆还田等技术，推进农业“两区”重金属污染防控技术示范建设。

葡萄藤

常山县农业和农村工作办公室

2018年，县农办围绕落实各级对实施乡村振兴战略的部署，以农民建房服务体系完善和农村特色风貌提升为“牛鼻子”，重构农房体系、重塑农村风貌、重启发展引擎，为开启新时代乡村振兴打下坚持基础，提供强劲动能。

一是慢城花园风貌重塑。确定“1639”的目标任务。“1心”即国际慢城核心，“6脉”即艺石时空致富金脉、畲族文化历史文脉、百年柚谷生态绿脉、油茶之乡红色山脉、十里长风钱塘水脉和浙西门户边际动脉，“39点位”即全县三年内拟提升和改造39个农民集聚村（点位）。在衢州市率先开展“一户多宅”清理整治，全市第一次现场会在常山召开。全县累计拆除“一户多宅”4308户，面积548648平方米；拆除、整治附房9897处，面积330519平方米。

二是环境治理补齐短板。以创建美丽乡村示范县为抓手，全年投入美丽乡村建设资金1.6亿元，全力打造一批村庄环境优美、主题风貌突出、产业特色明显的美丽乡村。2018年，新增10个村的农村生活污水治理实施项目，2000户农户受益。全面巩固农村生活垃圾分类治理体系成果，新增三个“全覆盖”工作目标，即垃圾源头分类、垃圾终端处理设施、示范乡镇创建“三个全覆盖”。全面消除县域内农村旱厕。全县已建成A级以上公厕130座；困难群众改厕率和农村旱厕拆除率均达100%。

三是持续拓宽致富渠道。借力“国际慢城”区域城市品牌，推动农家乐（民宿）由单一的景区周边型转向城郊休憩、主题文化、乡村度假等多个类型转变，全年接待游客总量492万人次，营业收入2.56亿,比上年分别增长20.5%和21%。全年安排扶贫资金735万元，建设来料加工厂房5个。以“常山阿姨”为重点，全面打响县域培训品牌。全年完成“常山阿姨”培训1600多人，转移就业652人，人均月工资6000多元。

常山县城市投资运营有限责任公司

2018年，城东新区(城投公司)围绕市委1433战略、县委县政府“四四二”战略以及“东接新衢州，慢城大花园”行动计划，以项目建设为核心，凝心聚力，较好地完成了全年的各项工作任务。

项目推进“提质量、有实效”。推进国际慢城、城东新区基础设施建设，完成国际慢城府前路、国际慢城朱富线城市道路改造、国际慢城渣濑湾花海、富足山片区慢道及配套附属、滨江东路、人行景观桥、文昌阁重建、城东新区滨江片区瓦窑基及石家槽地块基础设施建设8个重点建设项目年度建设任务，完成重点项目投资额3.5亿元。完成国际慢城公安主入口、滨江一期标志标线工程、火车站站房及站前广场亮化工程、火车站跨048省道附属工程、周塘片二号路三期及排渠二期建设工程、滨江一期景观雕塑建设工程6个非重点建设项目。做好代建项目党校迁建工程建设任务，完成年度投资5400万元。社会投资类项目建设情况推进迅速，常山县锦禾总部经济中心项目住宅部分已基本结顶，城东新区滨江一期城市综合体A、C地块已交付使用。

资产经营“强基础、提效能”。采取“联合办公+梳理清单”模式，做好资产确权专班工作。分类管理资产安全工作，进一步摸清资产底细存。制定第三方安全巡查工作模式，保障资产安全管理工作。提高资产运营效益。按照分类定价、统一管理的原则，公司国有资产管理严格按照内控制度执行。

招商运营“全铺开、落到位”。针对性地对接北京东方园林、蓝城、上海棕榈、光大金控等客商,与蓝城集团成功签订蓝城·常山慢城奇乐小镇项目框架合作协议。做好落地企业服务工作，完成城东新区心舟公园东南侧地块83亩土地出让。

常山县经济技术开发区

常山经济开发区于2006年经浙江省人民政府批准为省级工业园区，总规划面积21.46平方千米，已开发11平方千米，入园企业接近200家，上市企业3家，规模以上企业42家，国家高新企业13家。

三大区位优势。辐射范围广，常山县地处闽、浙、赣、皖四省边际，素有“四省通衢、两浙首站”之称。

四大百亿产业。产业转型走出新路，轴承、纺织等“老三篇”产业加快转型升级，农机、新材料、生物医药等“新三篇”不断招大引强。

五大平台资源。管理范围包括省级常山工业园区、省级产业集聚区、省级山海协作产业园区，省级小镇——常山云耕小镇，中国华东农机产业园。

六最发展环境。政策最优惠，具有周边县市区力度最大的“工业十八条”优惠政策。

常山县经济和信息化局

2018年，县经信局深入实施“四四二”战略体系，积极融入“东接新衢州、慢城大花园”行动，围绕“四大百亿”产业培育，坚定不移地推进企业登高“2315”工程、企业股改上市、僵尸企业盘活等工业经济“十件大事”，全面优化营商环境，促进工业经济质量效益稳步提升。常山县获全省经济与信息化工作优秀县。

2018年，全县规模以上工业企业110家，其中产值10亿元以上企业2家，5亿元以上企业3家，亿元以上企业31家。规模以上工业累计实现产值128.7亿元，比上年增长24.8%；规模以上工业增加值30.27亿元，比上年增长10.7%，规模以上工业产值和增加值增速连续两年在全市6个县（市区）中均排名第一。坚持大干项目，干大项目，推进先导产业园、哲丰新材料、常林纸业等一批重点项目建成投产，夯实工业经济发展根基，增强工业经济发展后劲。坚持深化“亩均论英雄”改革，强化府院联动，累计完成僵尸企业处置盘活30家，盘活闲置低效工业用地企业68家，用地面积1750亩。推进以“四无”企业为重点“低散乱”整治，全年完成101家“四无”企业（作坊）整治提升。深化产学研用、校地合作，全年新建院士工作站7家、博士工作站6家，聘请8名院士担任常山县科技战略顾问、1人担任人力资源顾问，成立浙江工业大学常山县技术转移中心，发布首批技术成果20项。

县委书记叶美峰调研斯凯孚项目

浙江轴承产业技术联盟成立大会
暨常山县轴承发展大会

鑫龙轴承院士工作站签约

2018年度全县
工业经济发展大会

长盛化工院士工作站签约

浙江工业大学常山县技术转移中心
揭牌仪式

常山县发展和改革局

2018年，县发改局以“1433”和“四四二”战略体系为统领，以“抓产业发展、促城市建设、补民生短板”为抓手，全力推进“东接新衢州 慢城大花园”建设。

抓战略谋划，蓄积强势发展后劲

抓战略设计。牵头编制《东接新衢州　慢城大花园行动计划》，深化衢常一体战略。紧抓浙赣两省合作机遇，深入谋划浙赣合作示范区，谋划的常玉快速通道等一批重大项目也被列入省发改委方案。

抓政策引领。开展《常山县空间规划》编制，推进“多规合一”，强化常山县发展空间管控。紧盯上级导向，开展乡村振兴规划、大花园规划、幸福产业规划研究，为产业发展和向上争取夯实基础。

抓项目谋划。开展“常山好项目”谋划擂台赛，筛选57个项目纳入储备库，并评选出10个优秀项目予以进一步推进。

抓关键举措，建设投资更加务实

全力以赴抓开工。筛选出73个项目参加四个批次的省市集中开工活动，各批次项目均率先在全市各县（市区）实现开工入库，带动全县重大项目前期工作的高效推进。

坚定不移破难题。通过项目问题集中交办、“六大攻坚百日会战”“周二下村日联系重点项目”等系列行动，成功破解难题，项目推进明显加快。

千方百计优结构。针对投资考核新政，及时调整应对思路，抓好“条线对接”，落实“块状责任”。通过精准把控，民间投资年终较快回升，交通等其他3类投资结构均增长超10%。

善谋善思重争取。山水林田湖草生态保护修复工程获得中央财政4.5亿元专项补助。球川镇入围省第二批近零碳排放城镇试点名单。29个项目被列入各类省级项目盘子，获得省级更多政策扶持。

抓结构调整，加快转型发展步伐

特色小镇提质增效。牵头开展特色小镇建设与考核，斯凯孚轴承、众卡产业园、赏石小镇第二功能区等项目加快推进，赏石小镇考核位居全省良好小镇第二名，云耕小镇通过考核。

绿色产业提档升级。编制完善国家重点生态功能区产业准入负面清单，严控污染和落后产业。开展大花园建设，赏石小镇、赛得健康产业园、320国道“二改一”等项目被列入省大花园规划项目。

能源结构更趋优化。煤改气、工业园区集中供热等工作顺利推进，完成《常山县集中供热规划》修编，“高污染燃料禁燃区”从主城区扩面到城东新区，有效减少高污染能源使用。

服务业提升发展。2018年在省服务业强县培育综合评价中常山县被列为通报表扬对象；强化大项目引进，全年决策4个10亿元以上大项目并协调推进，国颐健康园被列入省市县长项目工程。

抓改革创新，持续释放动力活力

深化“最多跑一次”改革。在全市率先推出投资项目“标准地+承诺制”模式，全面推广“一窗受理”。

推进“信德过”体制改革。牵头组建信用体系建设专班，抓好实施方案落实，推进信用平台建设，全面推进行政许可和行政处罚“双公示”，探索诚信联合激励和失信联合惩戒机制。

开展价格体制改革。全面取消省级设立的涉及企业行政事业性收费，进一步清理规范电网环节收费，降低终端用户用电成本15%以上，把降低涉企收费标准落到实处。

推进服务业发展改革，初步完成服务业亩均论英雄评价方案。

常山县水利局

省水利厅厅长马林云（左一）调研常山水闸

省水利厅党组副书记徐国平（前左一）调研常山水库安全度汛

省水利厅副厅长杨炯（前中）调研常山港治理二期工程开展情况

2018年，常山县水利建设投资4.7亿元，争取上级资金突破2亿元，项目建设势头强劲。常山港治理二期工程，开工建设防洪堤16.046千米，“宋诗之河”高标准集成打造，“宋诗之河”展示区总长4420米，“宋诗精品文化”核心区总长1800米，水利基础进一步夯实；关注民生，解决2万人口饮水安全问题，改善灌溉面积5500亩，实施河道综合治理工程13千米；完成水土流失治理面积14平方千米；完成5座水库除险加固，实施山塘综合整治24座；改造渠道18.9千米，水利工程标准化创建验收44处，农业综合水价改革方案完成审查。水利生态加速成型，创建美丽河道2条；开展第二十六届“世界水日”、第三十一届“中国水周”系列宣传活动，发放各类宣传手册3000余份。全市最严格水资源管理制度考核结果常山连续两年被评定为优秀，位列全市第一；改善环境，增殖放流甲鱼苗1.7万只、河蟹苗600千克、各类鱼苗400万尾；禁渔区（期）制度得到省海洋渔业局批复，为常山县渔业资源管理工作提供处罚依据。

常山县教育局

常山县教育局管辖全县中小学校40所，其中高中5所、初中7所、小学27所，特殊教育学校1所；幼儿园55所。全县共有中小学在校生31539人，在园幼儿9055人，在职在编教职工2288人。

2018年，县教育局纵深推进教育综合改革，不断加大教育投入，全力调优教育布局，持续改善办学条件，城乡义务教育一体化进程明显，教育治理水平不断提升，教育事业发展取得显著成效。中考高考再创新高，名校录取实现飞跃，办学条件显著改善，项目建设有序推进，学前改薄成效突出，党建工作特色鲜明，业绩考核全市第一，教育品牌逐渐打响，并成功创建省教育基本现代化县。

2018年1月14—15日，县委书记叶美峰（右四）赴省教育厅对接工作

2018年5月29日，省教育厅副厅长方天禄（右二）到常山督查教育现代化县创建工作

2018年8月29日，市教育局党委书记、局长毛胜田（左一）到常山调研

2018年10月11日，拱墅—常山两地教育部门举行结对学校签约仪式

2018年11月5日，副省长成岳冲（前右）、省教育厅副厅长韩平（前左）一行到常山调研教育工作

2018年12月17—19日，省教育厅副厅长于永明带队对常山创建省教育基本现代化县进行督导评估

紫港街道

美丽乡村

紫港街道位于县城常山港以北，东与青石镇接壤，南邻常山港，西接金川街道办事处，北连辉埠镇、大桥头乡。区域面积41.3平方千米，下辖10个行政村、1个社区、1个渔业大队，户籍人口1.5万人，党组织35个，其中党工委1个、党总支1个，党支部33个，党员819人。

2018年，紫港街道围绕“东接新衢州、慢城大花园”行动计划，以“打造大花园核心景区的慢城风光”为重点目标，开足马力，攻坚克难，全力推进慢城建设。加快美丽乡村建设的步伐，全面彰显“深呼吸、放下心、享轻松”休闲内涵。

2018年，紫港街道获浙江省人民调解工作先进乡镇（街道）、浙江省美丽乡村示范乡镇（街道）、全市建设平安家庭示范乡镇、市第五批语言文字规范化乡镇（街道）等荣誉称号。

全市“一户多宅”现场会在渣濑湾村召开

紫港街道“5·20”孝老日启动仪式

浙江国际皮划艇精英赛

慢城美景

中国山地自行车公开赛总决赛（常山站）

慢城农民运动会

天马街道

tian ma jie dao

天马街道位于常山县境内中南部，是常山县政府驻地，总面积75.49平方千米，辖区东连青石镇，南接江山市西，西北交白石镇、金川街道，北界常山港和紫港街道。下辖12个行政村、6个社区。截至2018年年末，天马街道总户数19262户，总人口48344人，其中农村人口8233人。党组织96个；党工委1个、党委6个、党总支1个、党支部88个，党员2108人。天马街道2018年度成功创建语言规范化街道，获“省级文明街道”荣誉。

常山县档案局

2018年3月，《常山年鉴（2018）》撰稿业务培训会

2018年7月，千村档案建设成果汇报会

2018年6月，常山县“国际档案
宣传咨询活动

2018年，常山县档案局以“存史、资政、育人、为民”为根本使命，加强档案、党史、地方志资源建设，提升保护、利用和服务水平。围绕全县中心工作，开展重点档案建设，创新发展民生档案，组力“最多跑一次”改革，做好档案利用服务，有序推进党史工作和地方志工作。

“勇”字当先，服务中心工作。2018年，县档案局为美丽乡村建设、危旧房改造、机构改革等县委县政府重大决策部署和中心工作，提供优质档案服务。助推“最多跑一次”改革，档案数据全面进驻县行政服务中心，实现与各部门办事窗口数据共享，全面完成归档平台建设工作。档案利用服务加强，全国首创钉钉视频查档服务。全年共接待查档利用3114人次，查阅档案6315卷，其中婚姻档案995卷，会计档案712卷，其他档案4608卷，异地查档21卷。

“干”字为重，加强档案建设。开展档案文化专题编研工作，出版档案文化专刊，提高档案文化挖掘、研究水平。全年先后在各类媒体上发表《常山三衢州—衢州的母亲山》《常山胡柚的起源传说》《三朝名相叶向高：千里赴常山，只为圆一梦》《　“东方莎士比亚”李渔笔下的衢州印记　》等10余篇文章。开展档案编研工作。完成《常山乡贤（2018）》《常山县抗战档案专题汇编—抗战损失和救济调查篇（1942-1947）》《常山档案集萃》等三本书的编纂工作。开展档案整理、鉴定、保管、保护、修复、复制和统计等各项基础业务工作。加强档案宣传工作，全年被各类媒体采用信息、文章合计180多篇。

“专”字打底，发挥史志功能。推进党史研究和地方综合年鉴编纂工作。2018年，完成闽浙赣皖土地革命战争浙西纪念馆策划方案和布展方案的编写和论证工作。重点做好闽浙赣皖土地革命战争浙西纪念馆的建设工作，该纪念馆于10月12日开馆。按照“一年一鉴”的要求，推进《常山年鉴》的编纂工作，《常山年鉴（2017）》出版发行，《常山年鉴（2018）》总纂编辑完成。对基层单位志书编纂工作进行业务指导。

常山县体育局

2018年，常山县体育局围绕“打造华东地区朝气蓬勃的活力高地”战略目标，认真贯彻落实全民健身国家战略，牢固树立大体育的发展理念，积极做好“体育+”文章，形成融合发展的强大合力，努力推动体育工作实现新突破。通过举办系列大型体育赛事，达到体育搭台、经济唱戏，体育搭台、文化唱戏的目的。

全体干部职工将顺势而为、乘势而上，紧紧围绕市委“1433”战略体系和县委“四四二”战略体系，以“月月有赛事、五维有活动”为目标，积极谋划“五维”体育赛事，将常山打造成为华东地区朝气蓬勃的活力高地，推动全民健身和全民健康的深度融合，给城市增添更多的活力，不断满足人民日益增长的美好生活需求。

2017中国山地自行车公开赛总决赛（浙江·常山站）开幕式现场

浙江省体育局局长郑瑶（前右三）调研常山山地自行车公园

2018常山县首届龙舟赛开幕式现场

2018浙江国际皮划艇精英赛（国际友人队）

浙江省水上运动管理中心主任孟关良（右一）到常山实地指导全省青少年皮划艇赛艇锦标赛赛事筹备工作

浙江省青少年皮划艇赛艇锦标赛比赛现场

常山县卫生和计划生育局

2018年，县卫计局推进医药卫生体制改革，提升服务能力，为全县群众提供全周期全方位的健康服务。启动“健康常山”建设，召开全县卫生与健康发展大会，制定《健康常山2030行动纲要》，成立“健康常山”建设工作领导小组，明确考核指标。推进医共体建设，建成区域影像、检验、病理、消毒供应和心电等5个业务共享中心，在全省率先开展分院院长年薪制竞聘、岗位统筹等工作，常山医共体工作在全省现场会上作典型发言。县人民医院与浙大一院建立高水平医联体，增挂浙大一院常山分院牌子，重症医学科、肛肠外科被列入浙江省第六批医学龙头学科。推出家庭医生“10+2”个性化签约服务，规范签约11.72万人，签约率达33.97%。设立“移动结核门诊”，为患者提供上门服务，团队被评为“全国最美防涝人”。持续开展“两癌”筛查、“三优”中心和母婴室建设工作，创建省级“三优”中心4家，母婴室22个。抓实传染病防控，规范处置一起登革热疫情。深化医疗卫生服务领域“最多跑一次”改革，将县人民医院作为第一批推进单位，开展自助预约挂号、结算方式、分时段预约检查等系列改革，推行预约挂号向村级延伸，方便群众就医。

2018年8月29日，常山县卫生和健康发展大会召开

副省长成岳冲到常山视察县医共体建设工作

省卫计委主任张平（右二）到常山调研医共体建设工作

常山县人民医院综合服务中心

“移动结核门诊”团队上门服务

浙江广播电视大学常山学院

2018年，开放教育全年招生486人，超过既定目标86人，在全省电大招生工作万人比中排名前列，招生经验在全省电大系统招生工作会议上作典型推广。其中，与县公安局合作，专门开设辅警班，招生辅警51人。奥鹏教育（含大连理工大学、中国医科大学）共招生49人。全年培养开放教育本、专科毕业生329名，其中本科毕业生162人。专科毕业生125人、“一村一名大学生”项目42人，毕业率达89.16%。被省电大评为教材发行管理先进单位、教务工作先进集体和招生先进单位；被市电大评为先进办学单位、教务管理先进单位、社区教育工作先进单位、学分银行建设先进单位；有3名学员获国家开放大学奖学金，14名学员荣获省电大奖学金；评选省电大优秀毕业生3人，市级优秀毕业生14人。发挥社区教育平台，加大培训力度，拓宽培训渠道，把培训工作作为学校可持续发展的新的亮点全方位推开。2018年，与屏山社区、赵家坪社区、文峰社区、东明社区、定阳社区、金川社区、渡口社区等联合举办了“美容”“插花”“面点”“剪纸”等14期培训班，培训学员达600多人次，培训教育在社会上取得广泛好评。

浙江电大“一地一品”摄影组
到常山拍摄《常山喝彩》专题片

社区学院乐器培训

台州电大系统领导专家
指导交流工作

浙江电大党委书记徐公芳（前左二）指导工作

老年开放大学常山学院太极拳
班在东明湖公园培训

金川街道

徐村村大草坪

徐村溪边古樟

徐村村环村绿道

徐村村生态沙滩

金川街道位于县城西北、常山港南岸，东接天马街道和紫港街道，南连天马街道，西与白石镇、同弓何家乡接壤，北邻辉埠镇、何家乡，总面积57.51平方千米，下辖14个行政村、1个社区，常住人口954人。境内有“一港二溪”（即常山港、南门溪、龙绕溪）。

2018年，金川街道围绕市委“1433”战略及县委“四四二”战略体系，紧扣“产业崛起大平台、国际城后花园、全面小康示范区”的发展定位，推进项目建设，优化农村环境，维护辖区稳定，切实提高民福祉，较好地完成了各项目标任务，唱响“铸铁军、打硬仗、出实绩”的主旋律，全街道经济社会发展得了新成效、迈上了新台阶。

“一户多宅”整治工作和全县乡村振兴党建示范带建设推进有力，全市现场会开进金川。全省美丽牧培训班走进金川街道十里山庄养殖场。美丽乡村建设实现点上开花，徐村完成AAA级景区建设。设立“村之家”全面优化营商环境。创新实施睦邻党建新模式，种植“楼道文化”，让全市最大的动迁安置小区成“明星小区”。五里亭新村创新建房管控模式，抓牢农民建房“牛鼻子”，打造农民新区新样板。

辉埠镇

2018年5月，县委书记叶美峰（右一）到与宋畈小学学生互动

2018年5月，县委书记叶美峰（中）到辉埠镇宋畈小学视察

街道新貌

2018年5月，县长周向军（右一）到辉埠园区调研指导碱性水处置工作

辉埠镇地处常山县城北郊，系全国钙产品生产基地，浙江省千万吨水泥熟料生产基地，拥有全省储量最丰富、品味最优的石灰石资源，市首批经济强镇。先后被授予全国文明镇、省级教育强镇、省级体育强镇等荣誉称号，“江南钙谷”成功申报市首批特色小镇。

全镇区域面积127.1平方千米，辖17个行政村，常住人口3.4万人。镇域范围内交通纵横便捷，九景衢铁路、杭金衢高速、黄衢南高速纵贯境内，常辉公路与320国道、205国道交会贯通；国家AAAA级景区三衢石林位于境内。

镇工业功能区——辉埠新区成立于2003年，规划面积14.01平方千米，已建成10平方千米，已出让工业用地面积6平方千米，共有工业企业180余家，规模以上企业42家，产值超亿元企业22家，5亿元企业1家，10亿元以上企业2家。其中2018年新增规模以上企业10家、亿元企业4家、十亿元企业1家。2018年，全镇实现实现工业总产值90.5亿元，比上年增长18.5%；实现税收4.5亿元，比上年增长21%。固定资产投资同比增长8.5%；农民人均可支配收入比上年增长9%。

辉埠新区作为常山县“实力工业”主战场，近年来通过开展“蓝天三衢”“腾笼换鸟”“产业招商”“兼并重组”等一系列转型升级组合拳，不断优化产业布局，先后引进哲丰新材料、浙江新琪尔制冷等重大项目，推进新材料、钙产业循环经济、装备制造三大主导产业集聚。截至2018年年底，累计投入10余亿元实施基础设施建设，“七通一平”、道路绿化、节点景观化改造、职工公寓、供气、供热、供水、污水处理等基本建成，物流、商贸、金融、产业研究中心、项目孵化器等在建设。

原占道经营、裸露地块改造成文明整洁的广场及口袋公园

宰相故里　五彩何家

何家乡

古渡金沙景区

何家乡位于常山县城西北部，东连辉埠镇，西北与开化县接壤，号称常山“北大门”。全乡面积54平方千米，下辖8个行政村，人口1.3万人。近年来，何家乡围绕市委“1433”战略和县委“四四二”战略目标，以“点亮月亮湾　做精黄冈山　打造绣溪街　重现古县衙”为总体要求，重点实施“223”工程，2018年成功创建浙江省旅游风情小镇。

文化底蕴深厚。“一部常山人文史，半卷何家福地生”。

山水风光独特。“一条江、一个湾、一座山、一个洞、一股气”的“五个一”独特自然景观勾勒出山水何家的美丽画卷。

水路交通便捷。何家乡地处常山、开化两县交界处，与开化县仅一桥之隔。

乡政府入口节点

廉吏文化绣溪街

尚书坊

绣溪街夜景

民宿小屋

溪东夜景

月亮湾古渡金沙景区

招贤镇

“宋诗之河”研讨会

古县村喝彩歌谣表演

赛得除夕夜

招贤集镇东入口景观节点

2018年，招贤镇实现固定资产投资1.83亿元；财政收入1097.27万元，比上年增长60.07%。

项目建设全速推进。全面完成杭金衢高速公路先行段改扩建项目征迁并顺利开工建设。启动320国道“二改一”和沿江美丽公路项目征迁，快速推进鲁士大桥建设。独流入海二期汪家淤段防洪堤建设进展顺利，基本完成象湖和招贤段征迁。大力推进全域土地综合整治，与亿利集团签订框架协议，总投资18亿元的“香柚湾”项目即将落地。

健康小镇乘风提速。赛得健康小镇通过AAAA级景区旅游景观质量评价，入选浙江省重点项目，实现省市县长工程正式入库，被确认为全市首个“全电小镇”，该项目已成为全省健康产业标杆。2018年，小镇一期项目正式对外运营。

招商引智喜讯连连。发力招商引智。赛得集团总部正式回归。大公现代农业科技产业园建设正在落地。引进飞乐防爆高科技工业园项目，项目实施稳步推进。可觅古渡、小湖山等高端民宿项目前期工作在加紧跟进。

镇村面貌全面提升。招贤镇实现省级卫生村全覆盖，成功创建省级卫生乡镇。“五水共治”再创佳绩，一类出境水达149天，获“市级先进集体”。以“一户多宅”整治和农房管控为发力点，全年拆除各类违法建筑18.2万平方米，全镇干部群众“建房须审批，违建必处理”的意识明显增强。

古渡文化厚积薄发。招贤镇通过挖掘梳理厚重的招贤文化积淀，建成“喝彩歌谣、畲族风情、抗战纪念、枇杷产业”四大主题展馆，初步形成以文化礼堂主题展馆为特色的旅游专线。全镇已建成文化礼堂12家，其中四星级1家、三星级6家、二星级5家。已通过省级文化礼堂建设示范乡镇创建考核。

青石镇

青石镇位于常山县城东郊，是中国青石花石之乡，中国常山胡柚祖宗地，常山国家地质公园四大景区之一。全镇总面积78.7平方千米，辖18个行政村，1个渔业大队，有农户12300余户，总人口约3.6万人。赏石小镇被浙江省政府列入全省首批特色小镇创建名单。青石镇被列为浙江省小城镇环境综合整治省级样板镇。

区位优势明显。距离衢州市区29千米，距离常山县城5千米，东连招贤镇，西接天马和紫港两个街道，南与江山市大陈乡交界，北和大桥头乡毗邻。

交通网络发达。境内道路网络交错，交通便利，杭金衢高速公路、320国道、221省道及九景衢铁路穿镇而过，境内设有高速公路出入口。

产业特色鲜明。拥有华东地区罕见的青石、砚瓦石、花石等石资源，其中，仅青石储量超过2.4亿立方米，可产青石板48亿立方米。农业以胡柚种植为主，全域种植面积共计2万亩，年产量3万多吨，占全县四分之一，被评为“浙江省衢枳壳之乡”。

第二届赏石文化节开幕式

彩石迎宾——与江山市交界处

“比学赶超”村主职干部擂台赛

221省道

自然山水 风景东案

东案乡

梅树底景区摄影展暨旅游推介会

东案乡第三届云梯花海赏花节

东案乡重阳孝老活动

金源村“浙江书法村”授牌仪式

常山县东案乡，距常山县城20千米，距高铁小镇10.2千米，距沪昆高速柯城出口5千米，黄衢南高速公路在境内设有出口，351国道、苦狮线、东龙线穿境而过，交通便利。东案乡地域面积68.81平方千米，辖10个行政村，84个自然村，人口15721人，全乡森林覆盖率78.5%，系“省级生态示范乡”。常山第一峰白菊花尖（1395米）坐落于境内梅树底AAAA级风景区。境内最大河流为金源溪，发源于白菊花尖，自北而南蜿蜒穿流境中。

近几年，东案乡党委、政府大力实施乡村振兴战略，乡先后获浙江省首批省级美丽乡村示范乡镇、省级体育强乡、省级农家乐特色乡镇、省卫生乡镇、小城镇环境综合整治省级样板、常山县“G20杭州峰会”维稳安保先进集体、衢州市美丽乡村示范乡、市级平安示范乡镇、全国气象局气象示范点，授牌浙江省妇女干部教育培训现场教育基地，“胡柚小镇”成功入选第三批省级森林特色小镇创建名单，胡柚特色农业强镇入围2018年省级特色农业强镇创建名单。高峰村获省级森林村庄、AAA级景区村庄，金源村获省级美丽乡村特色精品村、省美丽宜居示范村、省书法村，田蓬村获AAA级景区村庄、省级美丽乡村示范村、省文明村、省卫生村、省农家乐特色村，弄坞获国家第一批绿色村庄、AAA级景区村庄、省美丽宜居浙江样板双百村。常山胡柚景观大道获评市十大最美乡村休闲旅游精品线路，全乡生态环境优势凸显、干事创业氛围逐渐浓厚，美丽乡村建设初显成效。

大桥头乡

大桥头乡位于常山县城东约16千米，总面积达50.3平方千米，辖8个行政村，总人口约1.6万人。其中集镇规划面积1.07平方千米，常驻人口5000多人。区位优势较好，处在县里提出的“柚石金路带”上，紧连国际慢城。交通非常便利，有两条高速、两条县道、一条国道经过，距常山县城及衢州城区均不足20分钟车程，距离黄衢南高速东案出口仅三四分钟车程。山水资源丰富。境内拥有3条县级河道，其中芳村溪、虹桥溪是常山港的主要支流。芳村溪纵穿集镇而过，与金源溪在集镇下游处汇聚，形成独特的水岸风光。尤其芳村溪大桥头段是一条具有千年历史的古航道，始于唐末，兴于南宋，衰于20世纪80年代初，曾经航道繁忙，陆游、王汉之、杨继洲都曾留下轶事佳话。产业基础扎实。经过历届乡党委、政府的努力，现已形成休闲观光农庄“园田居”“半日闲”“开心农场”“寨回首”等，引进濛桥农业旅游综合体，发展濛桥竹漂、山涧民居、水上娱乐等项目，为乡村休闲旅游发展打下坚实的基础。

2018年，大桥头乡先后获得省剿灭劣V类水先进集体、省级卫生乡镇、省级体育强乡等荣誉。

首届孝文化节

集镇西入口

濛桥竹漂

芳村镇 千年宋镇

芳村镇位于常山县北部，是县域发展次中心，镇政府驻地芳村村，距县城20千米。2013年1月行政区划调整后，区域面积154平方千米，下辖20个行政村和1个居委会，总人口2.8万人。芳村镇拥有全县最悠久的历史、最优越的生态、最广阔的疆域、最便捷的交通、最繁华的集镇、最丰富的矿产、最深长的峡谷。

芳村镇交通条件优越，生态环境优美。黄衢南高速和杭新景高速公路穿境而过，并都在镇区内设有出口，是常山县北部重要的交通要塞和枢纽。距衢州仅20分钟车程，距黄山仅40分钟车程，距杭州2小时车程。县道常新线贯穿全境，镇域范围内约30千米。全镇国家重点生态公益林面积达10万亩，森林覆盖率达80%，是极好的“天然氧吧”。提供全县近20万人饮用水水源的芙蓉水库座落在镇内。镇域内的芙蓉大峡谷是浙西一大奇观，长约10千米、宽20米至40米，深可达近百米。芳村溪、新昌溪两大河流在集镇交汇，山水如画，气候宜人，生态优美，有着极佳的人居环境。芳村镇是山茶油原产地，也是全县最大的山茶油产区，拥有1000亩“中国一常山油茶示范基地”，基地内建设有游步道和相关景观，为游客冬季看油茶花提供好去处。

芳村镇文化底蕴深厚，文物古迹众多。始建于北宋重和元年（1118年），有近900年的悠久历史，有“千年宋镇”美称。文物古迹众多，现保存较为完好的有芳村明清古街和大处村清代古建筑群。炉山寺是重要佛教圣地（遗址现为芳村镇党校），芳村古街已有800多年历史，全长近1000米，保护较完整，有明清时建筑60多幢。大处古建筑群内有古民居、古树、古牌坊、古宗祠等文物，属清代早期古建筑。

芳村镇矿产资源丰富，集镇发展潜力巨大。石煤、叶蜡石、萤石储量居全县之首，极具开采价值。尤其是石煤含有丰富的稀有金属钒，具有重要战略价值。自古以来芳村集镇商贾云集，市场繁荣，贸易活跃，是原芳村镇、原新桥乡、新昌乡、大桥头乡、东案乡等乡镇重要商贸中心和人员集散地，辐射人口5万多人。集镇规划面积2.25平方千米，常住人口6000多人。集镇功能完善，建有派出所、法庭、工商所、交警中队、农业银行、信用联社、村镇银行以及电信公司、移动公司等机构，拥有中小学、中心医院、农贸市场、污水处理厂、垃圾处理中转站、自来水厂等配套设施，是除县城之外公共服务最为齐全的集镇。

新昌乡

2018年，新昌乡实施“四四二”战略体系，以开展“三年”活动为抓手，一心一意谋发展，惠民生，全乡经济社会发展取得新气势、新成效，迈上新台阶。实现全社会固定资产投资7812万元，比上年增长80.8%；财政收入2149.81万元，其中税收收入361.51万元，增长305.91%，增长33.37%；农民人均纯收入增长10.8%。

强推进、善谋划，发展后劲在增强

深入实施乡村振兴战略，立足现实基础、发展需求、产业导向，紧盯机遇，精心谋划事关长远的美丽乡村基础设施项目、推动转型的产业发展项目、促进共享的民生旅游项目。

快建设、强整治，发展环境在改善

紧抓“一户多宅”整治牛鼻子，强化定力，创新模式，坚定不移推进“五四三”环境专项治理，筑牢生态屏障。

强党建、重引领，发展质量在提高

以党建引领强基础为抓手，全面推进“党建+”，确保美丽乡村各项措施落到实处。

惠民生、增民利，发展成果在壮大

始终把事关百姓福祉的事项作为重点工作来抓，讲民生、做实事，提高群众的幸福感和获得感。

2018年5月10日，浙能集团实地考察郭塘村实施“屋顶光伏”消薄项目（图左四为浙能集团董事长童亚辉）

2018年10月12日，常山革命西源纪念馆开馆

2018年12月20日，方志敏女儿（前右四）参观西源革命纪念馆

白石镇

白石镇位于县境西南，地处浙赣两省三县交界处，素有“两浙首站”“八省通衢”之称。镇政府驻地白石街，距县城公路里程13.5千米。辖区东交天马街道、金川街道，南界江山市大桥镇，西邻江西省玉山县岩瑞镇，西北接壤球川镇。区域总面积46.2平方千米，辖7个行政村99个村民小组，有90个自然村。常住户3549户，总人口10496人。

深挖细掘党建品牌。出台《民情沟通员考核细则》，实行“固定+流动”“网上+网下”共同联动，民情茶馆再升级。2018年来，25名民情沟通员走访农户1200多户，收集意见建议近900条。深化各村党建品牌，白石村围绕提升集镇管理精细化水平，打造集镇服务管理品牌。通过“党建+小城镇综合整治+物业经济”，实现村民与村集体经济双增收。聚宝村深化“三合一”（干部分块服务、党员对点服务、群众志愿服务）服务体系，以荷为引，改善村庄环境，以荷为媒，助推全域旅游发展，以荷为镜，倡导党员高风亮节，以荷为贵，助推经济发展。实施“党建红+发展绿”双色工作法，结合大白线景观节点融入党建元素，展现党组织的引领作用。

创建“养生白石”全域旅游品牌。2018年，白石镇争创市级示范道路，投资374万元，完成大白线沿线景观节点打造。对全镇25条通村公路进行改善提升，创建省级“四好农村路”示范乡镇。设置6个共享单车租赁点。聚宝—新塘岭村通山公路、新移—不老泉道路建设工程均已完工。草坪村打造“浙西门户印象村”，完成40余户古风美丽庭院整治，草坪村被列入全县文化礼堂旅游专线。发布全域旅游手绘地图；举办衢州市品荷摄影大赛暨第三届不老养生文化节，打响“养生白石”全域旅游品牌。

打造全县首个村级“常山阿姨”培训基地。2018年，白石镇投资60万元打造县内首个村级“常山阿姨”培训基地，创新构建一张服务网、建立三支队伍、实现五个全覆盖的“一三五”工作法。白石镇政府被评为“常山阿姨”工作先进集体；草坪村成功创建“常山阿姨”集中村。7月18日，“常山阿姨”经验推广暨全省发展家庭服务业工作经验交流现场观摩会走进草坪。

“常山阿姨”经验推广暨全省发展家庭服务业工作交流会

品荷摄影大赛暨第三届不老养生文化节

油菜花开

球川镇

▲龙绕溪

▲黄泥畈十里桃花

▲集镇鸟瞰

球川镇位于衢州市最西部，距离县城22千米、G60高速出口500米，镇域面积129.5平方千米，下辖20个行政村，总人口4万人。2018年，球川镇以建设“浙西第一镇”为总目标，围绕市委“1433”战略和县委“四四二”战略部署，真抓实干，攻坚克难，全镇经济社会发展保持良好发展态势。全年实现地区生产总值6.15亿元，比上年增长6.9%；一般公共预算收入4727万元，增长34%；农村居民人均可支配收入达17373元，增长10.4%。2018年，球川镇获得市级平安示范乡镇、市级“剿劣”工作先进集体、全市小城镇环境综合整治先进集体、全县安全生产工作先进集体等荣誉，并勇夺市、县年终目标考核“双一等奖”

以“最多跑一次改革”为牵引，全国首创公安窗口进驻乡镇“四平台”，得到省委书记车俊批示推广。创新农民建房“一语统办”模式，255户农民实现建房“一句话搞定、一周内开工”。试点农民诚信体系建设，举办全市基层治理现场会，获市委书记徐文光充分肯定，并在全县推广。全面推行视频智慧办件，全市首本视频分户户口本在球川镇办理，不动产权属证明查询向乡镇延伸在全国现场会成功展示。2018年，市级以上主流媒体40多次报道球川改革创新经验，球川对外的知名度、美誉度不断提升。

同弓乡

TON GON XIANG

同弓乡太公山胡柚基地全景图

同弓乡位于常山县西郊,距离常山县城10千米，东连金川街道和常山县工业园区，南接白石镇，西临球川镇，北倚何家乡。全乡总面积37.28平方千米，辖8个行政村，有农户4133户，人口11637人，其中小城镇建成区占地23公顷，有常驻人口474户1896人。同弓乡生态环境优美、文化底蕴深厚、产业特色鲜明，可以用“一座古桥、十里慢道、百年墟日、千株古树、万亩果园”来概括。

全乡8个行政村，创建有国家级历史文化村落保护利用重点村1个、省级美丽村居示范村1个、市级全面小康示范村1个、市级美丽乡村示范村2个、县“金钉子”党建示范村2个、县级美丽乡村培育村2个。同弓乡先后被命名为全国环境优美乡、省级生态示范乡、省级旅游强乡、省级体育强乡、省级十年平安乡镇创建先进单位和市级美丽乡村示范乡镇。

近几年，乡党委、政府积极推进美丽乡村建设，重点围绕现代农业做大做强、乡村环境整治提升、土地全域综合整治、生态环境保护开发和乡村休闲旅游发展等方面，推动一、三产业融合发展，打造富有本区域特色的经济新增长点，助推农业农村现代化。同时，结合“五四三”“小城镇环境综合整治”“一户多宅”集中整治等工作，做好“土地整治+产业发展”文章，积极探索农民增收的新路子、集体经济可持续发展的新路子、村社治理的新路子、乡村振兴的新路子，推进“特富美安”浙西大花园建设。

2018年，同弓乡被评为全国百佳乡村旅游目的、小城镇环境综合整治省级样板镇、省级卫生乡镇、省级“机器换人”示范乡镇,彤弓山村成功创建国家AAA级旅游景区。

鸡公桥

文昌阁

晒　秋

同弓乡集镇被评为省级样板镇

首届中国农民丰收节（彤弓山）

同弓乡集镇一角

目 录

特 载

专 记

大事记

县情概览

中国共产党常山县委员会

常山县人民代表大会

常山县人民政府

政协常山县委员会

民主党派·工商联

群众团体

法 治

军 事

工 业

农业·林业·水利

贸易

通信

交 通

城乡建设与管理

国土资源·环境保护

综合管理与监督

财政·税务

金融·保险

教育

科学技术·气象

文化·旅游

卫生·体育

人力资源与社会保障

社会生活

乡镇（街道）

组织机构及负责人名录

荣誉录

重要文件目录

国民经济若干统计资料

艺 文

索 引

Contents

Special Reports

Special Accounts

Memorabilia

Survey of Changshan County

Changshan County Committee of the Communist Party of China

Changshan County People's Congress

Changshan County People's Government

Chinese People's Political Consultative Conference of Changshan County

Democratic Party and Association of Industry and Commerce

Social Organizations

Political and Legislative Affairs

Armed forces

Territorial resources, Environmental Protection and Meteorology

Integrated Management and Supervision

Government Finance and Taxation

Finance and Insurance

Education

Sciences and Technology and Weather

Culture · Tourism

Hygiene and Physical Culture

Manpower Resource and Social Security

Social Life

Villages and Towns

List of Organizations and Persons in charge

Honor Roll

Directory of Important Documents

Economic Statistics

Literature and Art

Index

特 载

深入贯彻落实党的十九大精神 全面建设更高质量的“特富美安”慢城大花园

——在县委十三届三次全体（扩大）会议上的报告

叶美峰

（2018年1月19日）

这次全会的主要任务是：认真贯彻落实党的十九大和中央经济工作会议、省市委全会精神，回顾总结2017年工作，研究部署2018年各项任务，动员全县上下高举习近平新时代中国特色社会主义思想伟大旗帜，乘势而上、奋发有为，全面建设更高质量的“特富美安”慢城大花园。

下面，我代表县委常委会，向全会报告工作。

一、顺势而为，担当有为，新一届县委工作实现良好开局

刚刚过去的2017年是极其重要的一年。党的十九大胜利召开，中国特色社会主义进入了新时代。十九大召开后，县委常委会带头深入学习，紧扣学懂、弄通、做实，大力开展专题宣讲和教育培训，全县各级党组织和广大党员干部学习新思想、把握新时代、牢记新使命，切实把思想和行动统一到以习近平为核心的党中央周围，全县上下学习贯彻落实党的十九大精神、投身常山发展新征程热情高涨。2017年，也是常山发展进程中极不平凡的一年。新一届县委团结带领全县广大党员干部群众，深入实施“四四二”战略体系，扎实开展“招商引资年、项目推进年、能力提升年”活动，心往一处想，劲往一处使，提振精气神，全力争上游，全县经济社会发展实现历史性重大突破，主要经济指标排名在全市一路领先，各项重点工作亮点纷呈，开创了近一个时期以来的最好局面。

回顾这一年，我们放开视野谋大事，打造了拔地而起的常山形象。大手笔、快节奏建设国际慢城，获得联盟总部授牌，成为全国第七个“国际慢城”，与意大利韦加拉诺梅纳达市、阿金塔里奥市缔结友好城市关系，三衢石林荣获“全球低碳生态景区”称号。中国观赏石博览馆建成开馆，“8·30”全国第六个赏石日活动盛况空前、无与伦比。成功举办中国山地自行车公开赛总决赛，荣膺年度最佳赛区，中国皮划艇巡回赛等精彩连连。中国油茶博览会效应轰动，首个国家油茶公园落户我县，省级山茶油质量检验中心和油茶标委会成功授牌，“新华-常山”山茶油价格指数引领行业定价，获评首批全国木本油料特色区域示范县。公厕“所

长制”全国率先推行，常山厕所革命登上各大央媒，成为全国“网红”。“常山阿姨”打开农村妇女培训就业新局面，“放心保姆哪里找、常山阿姨就是好”成为市场共识，得到刘延东副总理批示肯定。这一年，我县还获评全国百佳深呼吸小城、中国生态魅力县、中国最美乡村旅游目的地、省休闲农业与乡村旅游示范县、省体育强县、省武术之乡，“何处心安、慢城常山”品牌全面打响，“深呼吸、放下心、享轻松”内涵充分彰显，一座慢城不断走向全国、走向世界。

回顾这一年，我们潜心聚力抓要事，创下了空前强劲的发展态势。坚持大干项目、干大项目，实行招商“百万重奖”，实施项目“百日攻坚”，锦禾总部综合体快速推进，钱塘江治理二期、320国道“二改一”（即二级改一级公路）、048省道延伸线、沿江美丽公路加快建设，常山江航运开发、浙西连廊等项目前期做细做实，衢九铁路正式通车，开启动车时代，百年夙愿得以实现。深入实施“工业新政18条”和“人才新政18条”，全力打造县域经济“顶梁柱”，锦禾农机、哲丰新材料全面投产，天津利安隆、大和热磁等一批大企业加快落地，“攀高亲、结洋亲”硕果不断，瑞典斯凯孚、可口可乐、美国矿物集团三大世界产业巨头联姻常山，组织企业家外出参与高端培训和深度考察，与浙报集团、省体育局、北京大学、衢州学院开展战略合作，新增5家院士专家工作站、3家博士工作站，引进省“万人计划”专家1人。产业融合不断深化，众卡运力龙头崛起，云耕小镇入列全省第三批创建名单，赛得健康养生小镇创成全省老年养生旅游示范基地和休闲农业与乡村旅游示范点。高端民宿加快培育，不老泉、村上酒舍获评全市十佳乡村精品民宿。衢枳壳纳入新“浙八味”，胡柚增收效应全面释放。以“最多跑一次”改革为牵引，深化各个领域改革，乡镇“四个平台”在全市率先建成并全面运行，承担全市媒体融合改革试点任务，新闻传媒集团挂牌运行，行政审批、企业减负、农村产权、国资管理、基层妇女组织“会改联”等方面改革成效明显，产业引导投资基金公司全市首设。

回顾这一年，我们义无反顾攻难事，扛起了不负后人的历史责任。聚焦危旧房这一心腹大患，以“决不把包袱留给后人、决不让悲剧再次上演”的使命担当，顶住压力、举全县之力推进73幢2111户D级危房治理改造，实现“当年签约、当年腾空、当年拆除、当年建设”和“零投诉、零上访、零事故”，袁家军省长批示肯定，广大群众真心点赞。聚焦常山人民的心头之痛，发出振兴教育最强音，全面倡导教育发展“四心”理念，大力实施教育改革“四个一”工程，加快推进名校名站名师战略合作，创办日语班、慈溪班，联手书生学校合作办学，教育激励政策效应充分显现，中高考交出优异成绩单，高考一段线比上年增长41.23%，中考排名全市前10%增加59人，群众充满信心，教育充满希望。聚焦打造健康常山，着力深化医疗改革，成功入列全省首批“医共体”试点县，与浙大一院签约共建“医联体”，黄荷凤院士专家工作站落户县人民医院，群众在家门口享受优质医疗资源的愿望不断得以实现。聚焦营造“六最”发展环境，强力开展“树正气、打歪风”行动，以中医理论指导信访维稳工作，信访积案“清仓见底”行动成效显著，影响发展的难题障碍有效破解，群众深恶痛绝的歪风邪气有效遏止，全面打赢十九大护航保卫战，勇夺全省首批“平安金鼎”。

回顾这一年，我们瞄准短板办实事，夯实了美好生活的共享底本。大力实施城市建设“双十专”，心舟公园、引水入城、七彩夜城等全面完工，展衣山北公园、人行景观桥、文昌阁、城区干道白改黑、文峰路立面改造等有序推进，城市焕发新貌，群众充满自豪。“五四三”行动不断深化，全市率先通过剿劣验收，“骑行河长制”走向全省，农村建房“储备金”制度全覆盖，“无违建县”创建有序推进，小城镇环境综合整治成效明显，美丽城乡点亮美好生活。针对群众反映强烈的环境问题，以中央和全省环保督察为契机，铁腕出击，专项整治，成效显著。聚焦农民增收，抓实困难群众帮扶，加快推动农民持股扩面，全力推进消除集体经济薄弱村三年行动，村强民富更具活力。

“最美常山人”年度榜样温暖人心，崇德向善蔚然成风，“合唱之城·排舞之乡”品牌全面打响，万人大合唱、满天星迎新音乐会、喝彩艺术展演、激情广场月月唱等成为群众的日常文化盛宴。

回顾这一年，我们严管厚爱促干事，迈开了担当有为的前进步伐。围绕打造“德才兼备，敢担当有作为”的常山铁军，坚持“凭实绩论英雄”，为担当者担当、为负责者负责，让实干者实惠、让吃苦者吃香，制定领导干部实名推荐办法，大力开展“五比亮剑”活动，创新推行电视问政和每周聚焦，广大干部攻坚克难能力全面提升，干事创业氛围日益浓厚。聚焦为官不为，创新实施干部末位管理制度，动真格打通干部“下”的渠道，10名县管干部因不作为、慢作为受到组织处理，80余人次被函询提醒、诫勉谈话。村社换届走在省市前列，在全省县（市、区）委书记工作交流会上介绍经验。以“一月一乡一推进”为载体，促进基层党建全域提升，188个村（社区）全部达标。严格落实全面从严治党和意识形态工作主体责任，完成县监察委转隶组建，开展3轮县委巡察，运用“四种形态”，坚定不移纠“四风”、正作风、反腐败，全县各级纪检监察组织共受理信访举报360件次、立案160件，给予纪律处分165人，其中立案查处乡科级干部15人，移送有关机关依法处理2人，保持了惩治腐败的高压态势。

2017年令人难以忘怀。我们一同思考和探索，找准了常山发展的定位和思路，增强了勇往直前的战略自信；我们一同奋进和争取，打破了区域竞争的固有格局，突破了沉淀已久的思想藩篱；我们一同为民和务实，回应了群众的热切期盼，赢得了全县人民的真心拥护；我们一同战斗和拼搏，干成了很多以前想干而没有干成的事，形成了干事创业的强大合力，这是我们继续团结带领全县人民开创美好未来、创造美好生活的最可宝贵的财富。在此，我代表县委，向一年来为常山发展付出辛勤汗水和不懈努力的广大干部群众和社会各界人士，表示衷心的感谢并致以崇高的敬意！

二、乘势而上，真抓实干，努力在高质量发展上取得更大突破

今年是全面贯彻十九大精神的开局之年，是改革开放40周年，是决胜全面建成小康社会、实施“十三五”规划承上启下的关键一年，同时还是常山建县1800年。当前，中国特色社会主义进入新时代，社会主要矛盾发生根本性转变，经济转向高质量发展阶段，供给侧结构性改革持续深化，质量、效率、动力“三个变革”步伐加快，抓重点、补短板、强弱项的力度也将更大，新一轮政策密集出台的窗口期即将到来，这为我们实现后发赶超提供了良好机遇。高铁、消费升级、大众休闲等时代到来，省、市委坚定推进大花园建设，着力打造经济新增长点，为常山乘势而上提供了广阔空间。新的一年，我们既要正视经济总量小、产业竞争力弱、基础设施短板多等不利因素，更要看到常山推进绿色发展具备的资源禀赋、项目储备、产业基础以及战略思路、干事氛围等方面的有利条件，坚定信心，真抓实干，奋力开创我县转型发展、追赶跨越新局面。

今年工作的指导思想是：以习近平新时代中国特色社会主义思想为指导，全面贯彻落实党的十九大精神，深入贯彻中央、省委经济工作会议和市委全会精神，紧扣社会主要矛盾变化，按照高质量发展的要求，突出供给侧改革主线，坚定实施“四四二”战略体系，持续开展“三年”活动，着力提升四大品质，全面打好五大战役，深化全面从严治党，推动全县经济社会持续健康发展，努力建设更高质量的“特富美安”慢城大花园。

根据这一指导思想，今年要着力抓好“一二三四五”。“一”就是高举“一面旗帜”，这是指引全县上下的行动指南。“二”就是围绕“两大目标”，这是新一年奋斗拼搏的价值导向；“三”就是深化“三年活动”，这是统筹各项工作的重要载体；“四”就是提升“四大品质”，这是推进高质量发展的主要支撑；“五”就是打好“五大战役”，这是需要全力突破的重点任务。“一二三四五”是全年工作的总纲，全县上下必须同心同向、群策群力、善作善成，聚力大赶超，实现新跨越。

——高举一面旗帜。就是要高举习近平新时代中国特色社会主义思想伟大旗帜，做到思想同心。

把学习领会党的十九大精神贯穿全年，以“不忘初心、牢记使命”主题教育活动为统领，充分发挥党委（党组）理论学习中心组的带动作用，持之以恒把学习活动不断推向深入，引导广大党员干部深刻领会习近平新时代中国特色社会主义思想的历史地位、精神实质和丰富内涵，牢牢把握“八个明确”的主要内容和“十四个坚持”的基本方略，做到高举旗帜，忠心向党。要坚定不移用党的十九大精神指导推进全年工作，深刻把握新时代的新特征、新矛盾的新要求、新征程的新任务，以更加努力的工作推动发展，以更加优良的作风干事创业，以更加严格的要求管党治党，努力在学习贯彻十九大精神上干在实处、走在前列、勇立潮头。

——围绕两大目标。就是要制定引领方向、科学合理、激发斗志的年度目标，秉持担当有为的价值追求，做到目标同向。

1. 量质并提，整体再进位。牢牢把握高质量发展这一根本要求，深入践行“两山”理论，深化供给侧结构性改革，在盘活存量中转方式，在引进增量中强动能，全面提升综合实力，力争实现“1036”目标。“10”就是GDP在全市占比要突破10%，“3”就是市对县综合考核排名确保前3，“6”就是26县综合考核要确保进入Ⅱ类县前6。

2. 力争上游，单打夺冠军。各个领域各条战线找准标杆、对标看齐、全面发力，在谋划上高人一筹，想人所未想；在争取上先人一步，夺人所未夺；在创新上快人一招，做人所未做，争取更多工作走在全市、全省乃至全国前列，全面创出特色，打响品牌。

——深化三年活动。就是要坚持招商第一工程，人才第一资源，项目第一抓手，能力第一保障，统筹推进，一抓到底，做到重点同步。

1. 招商引智年。坚持眼光放远，步子放快，实施更大力度更广范围的“走出去、引进来”。紧抓长三角一体化发展、“大湾区”产业转移等历史性机遇，围绕“四大百亿”产业、“常山三宝”、旅游服务业、高端民宿等重点领域，深化以商招商、中介招商、重奖招商，实施精准驻点招商，全员抓信息、专业抓洽谈、平台抓落地、部门抓服务，全面加强招商人财物保障力度，更有针对性地招引承接产业和项目，大力引进10亿元、20亿元以上的产业项目。坚持招商与引智同步，打好“引育归”组合拳。重抓人才引进，“刚性”“柔性”引才并举，面向全国“立项招才”，全面扩大与高校、科研院所合作，深化山海协作，加快学研飞地和创新平台建设，打造人才集聚新高地。加强本地培育，重抓企业家培训提升，推动专家工作站建设提质扩面，加快职业化教育发展，持续壮大“常山工匠”队伍。鼓励乡贤回归，完善激励政策，分区域、分领域引进常山籍寓外人才，助力家乡发展。

2. 项目推进年。坚持“项目为王”，紧盯关键之处、薄弱环节，精准施策、集中发力，确保项目推进提质增效。注重政策研究，紧跟政策导向，紧抓中央实施“七大战略”、省委推进“四大”建设和“衢州西拓”等发展机遇，找准产业政策、项目投资的重点，找准常山发展建设的结合点，积极谋划一批重大产业、基础设施和民生项目。以让人“无法拒绝”的目标、信心和激情，跑部进省、向上对接，争取更多项目进入省市和国家重点项目盘子，争取更多高含金量的政策和试点。构筑产业、项目、工作、责任链条，完善项目推进机制，持续开展“树正气、打歪风”行动，除恶务尽，保持“一切围绕项目干”的强攻态势，进一步浓厚大干项目、干大项目氛围。

3. 能力提升年。坚持“干什么学什么，缺什么补什么”，完善干部学习培训、实践锻炼、考核奖惩制度和机制，着力打造高素质专业化干部队伍。强化履职提能力。县级领导着力提升深谋善断、统筹协调的能力，乡镇部门正职领导着力提升驾驭全局、领导一方的能力，班子成员着力提升担当责任、管好一域的能力，中层及一般干部着力提升强化执行、狠抓落实的能力。问题导向提能力。立足产业发展，培养一批懂市场、善研究、会招商的经济型干部；立足项目建设，培养一批懂政策、有办法、能吃苦的攻坚型干部；立足主体期待，培养一批懂业务、高效率、讲奉献的服务型干部。争先创优提能力。深化“五比亮剑”，各领域各条线各层级全面推行比谋划、比办法、比拼劲、比争取、比排名，对标对表、四季竞赛，提升广大干部创新创造、开拓进取的能力，壮大标杆型、标兵型干部群体。

——提升四大品质。就是要突出经济社会关键领域，发挥优势，补齐短板，提升质量，做到品质同创。

1．提升产业发展品质。聚焦布局更佳、结构更优、效益更高，大力推进工业提档、农业提效、服务业提质。做强“四大百亿”产业。筑牢县域经济“顶梁柱”，在加快转型中做强做优主导产业、培育壮大新兴产业、改造提升传统产业，全力营造政企联动、合力兴工的良好氛围。聚焦产业发展、动能转换，以龙头项目推动产业转型、引领产业集聚，专班推进瑞典斯凯孚、美国矿物、天津利安隆、大和热磁等大项目建设，加速轴承产业基地化、“云耕小镇”高端化、新材料和生物医药聚合化，大力推进钢琴制造、商用冷柜全面走向产业化。紧盯实体经济发展，大力实施“2315”企业登高计划和“凤凰行动”计划，进一步做大做强龙头企业，加快“个转企、小升规、规改股、股上市”步伐，着力培育2家年产值10亿元以上企业、3家年产值5亿~10亿元企业，新增15家年产值亿元以上企业。深入实施“腾笼换鸟”行动，坚持“亩产论英雄”，通过“僵尸企业”处置、闲置低效资产盘活，释放发展空间，提升平台活力。大力推进“科技强企”行动，强化产学研深度融合，促进科技成果转化。做优“常山三宝”产业。全面开展常山胡柚证明商标国际注册，启动衢枳壳申报纳入“中国药典”工作，推动胡柚儿童抗炎药物开发研究新突破，加快向生物医药延伸。以“一区两园四中心”为抓手，争取国家级山茶油质检中心落户常山，构筑行业标准、产品研发、创新服务等常山体系，打造全国油茶产业新高地。加快猴头菇对接大市场、携手大企业，加强羊肚菌种植推广。做大特色服务业。深化战略协作，加快建设众卡物流产业园，打造中国最大的卡车运力平台和物流业“常山明星”。以赛得健康养生小镇为龙头，吸引健康领域新投资，催生养老养生新业态，打造产业新支柱。

2．提升城市能级品质。围绕城市让生活更美好，提高城市能级，彰显“干净、安静、干劲、竞争”特质。让市貌华丽蜕变。优化“一江两岸”空间布局，提升南门堤、滨江堤、外港堤沿江水景，建设滨江一期、东明湖人行景观桥和展衣山北公园等城市绿道，大力推进“七彩夜城”提升、城区道路白改黑、主干道立面改造等项目建设，提升城市美丽颜值。让交通跨越聚变。紧扣“十方通衢”，抢抓“1210交通强省行动”机遇，高站位谋划、高等级规划、高效能推进、高密度对接、高强度保障，做深做透通用机场、常山江航运开发、浙赣运河等项目前期，加快杭金衢高速拓宽工程、浙西连廊、351国道等项目开工步伐，推进320国道“二改一”、沿江美丽公路、何辉公路、综合客运枢纽建设，改造提升高速路口，用综合大交通为县域经济插上腾飞翅膀。让文化精彩嬗变。以建县1800年为契机，全力推进城市“双十专”建设，加快文昌阁、定阳书院等古迹重建，全力打造“三馆两中心”现代文化综合体。着力建设一批高品质文化礼堂，大力开展特色性、群众性、民俗性文体活动，举办历史变迁、文脉传承、名人轶事等千年古县大型系列文化展览、文艺会演，彰显城市文脉和灵魂。让管理智慧蝶变。“像绣花一样精细”管理城市，加强城市业态研究和专项管理，科学化人性化治理“城市病”，数字化智慧化调理城市肌体，配强城市智慧大脑。

3．提升全域旅游品质。以争创国家全域旅游示范区、全省美丽乡村示范县为抓手，加快打造华东地区知名旅游目的地。打造高端盆景。突出全面发展、精致精品，推动砚瓦山、彤弓山、黄塘、徐村等一批标杆村再提升，强化示范引领、特色竞争、梯队培育，加快全县美丽乡村提档升级。大力发展高端民宿，围绕山水风、田园风、工业风、复古风，培育打造一批有创意有故事有情怀的民宿，打响系列品牌。塑造主题风景。全力推进赏石小镇、梅树底景区创AAAA，加快三衢石林、油茶公园、黄岗山等景区建设提升。按照“串点成线、块状集聚、辐射带动”的思路，加快景区与景区、景区与村点串联并联，不断培育壮大主题鲜明、产业配套、融合发展的休闲旅游经济带。缔造四季全景。以满足全时节、各群体休闲需求为目标，大力开发多层次休闲旅游产品，精准对接市场，强化慢城、民宿等宣传推介，精心设计一日、二日及多日游精品线路，大力举办各类旅游营销活动，实现全景常山、全域旅游、全时旺季。

4. 提升人民生活品质。坚持“以人民为中心”的发展思想，持续扎实办好民生“关键小事”，让群众拥有更多的获得感和幸福感。崇尚敬老孝老之风。以“幸福爷爷·快乐奶奶”行动为载体，大力弘扬孝善文化，在全社会营造尊老敬老、爱老孝老的良好氛围，全力打造“孝老之城”。提振教育卫生信心。持续加大教育改革力度，深入开展“常雁回归”工程，推广书生模式，加快引进高端民办高中，进一步激发教育活力，推动常山教育实现“洼地崛起”。深化县域医共体试点，建设高水平医联体，让群众享受更优质的医疗资源。加快危房改造速度。以“让危旧房住户早日住进新房”为目标，完善城区危旧房拆后处置利用，全力以赴加快安置房建设，加强农村危房治理，确保群众居有所安。竖起常山阿姨标杆。围绕“保持定力、增强竞争力、凝聚向心力、扩大影响力”，深化分层分类精准培训，不断提升常山阿姨品牌内涵，更高层次经营“常山阿姨”品牌，打造全国家政保姆业标杆。扩大厕所革命成效。以“五度”和“五心”为要求，深化厕所革命，突出重点领域、重点群体，加快推进农村旱厕清零、农村公厕提升、困难群众厕改三大行动，实现“小康路上，一厕也不能少”。

——打好五大战役。就是要聚焦重点难点，坚定信念，众志成城，攻坚克难，做到风雨同舟。

1. 打好国际慢城建设阵地战。以提升人气名气为核心，按照“整体规划、精品设计、组团开发、核心启动”思路，全力推进国际慢城建设。打造形象品质。加快“一阁三路四入口”等基础设施建设，完善步行游憩路网，提升花谷花海、标志性建筑等景观，彰显高端大气形象。提升休闲品位。坚持高标准高品位，集聚高端要素，组团式开发各休闲区块，联动式提升国际慢城村庄，大力发展特色高端民宿，着力引进休闲谷、度假区、主题公园、田园综合体等高品质休闲项目，打造国际一流、特色鲜明的慢村慢乡慢旅。打响赛事品牌。推进山地自行车主题公园提档升级，继续办好中国山地自行车公开赛总决赛。拓展与省体育局合作领域，积极办好中国皮划艇锦标赛、首届全民龙舟赛等，做到月月有赛事、五维有活动，全面启动省运动休闲旅游示范基地和省级体育现代化县创建工作。

2. 打好消除经济薄弱村攻坚战。以产业发展为核心，实施多元开发、精准扶持，持续推动村强民富。强化输血带动。充分发挥政府和社会各界力量，统筹政策、资金、项目等资源，集中用力、精准发力，全力扶持村级产业及配套项目建设，激活农村资源资产，打通“两山”转化渠道，助推村集体经济发展壮大。提升造血功能。因地制宜、因村施策，大力推行“十大模式”，加快发展物业经济、光伏经济、服务经济、电商经济，持续壮大休闲旅游等美丽业态，形成以产业为核心支撑的村集体经济发展格局。推进富民增收。深化农村产权制度改革，盘活农民生产经营资源，大力推进农民持股计划，形成“户户持股，年年分红”的持续增收格局。深化农民精准就业培训，推动职业化、专业化发展，以更好的创业就业保障持续增收。

3. 打好城乡环境整治决胜战。坚持治理修复并举，保护建设并重，推动环境质量持续改善，让天更蓝、水更清、地更绿。严格生态管控。加强国家重点生态功能区环境保护和管理，全面实施负面清单制度，统筹山水林田湖草系统治理，探索建立八面山自然保护区，积极创建常山港流域省级湿地公园，不断提升生态文明建设水平。加强综合整治。巩固提升中央和省环保督察成果，持续严厉打击各类环境违法行为。坚决打好“五四三”组合拳，统筹推进治水、治气、治土，深化小城镇环境综合整治。将垃圾分类处置进行到底，全面推广“123”工作法等有效经验，加快垃圾减量化、资源化、无害化处置，让城乡环境好中更优。深化“一村万树”。统筹推进平原绿化、山地造林，加强古树名木保护，大力实施全域绿化彩化，推动珍贵树种、彩色树种走进千家万户，蓄宝于山，藏富于民，造福后代。

4. **打好改革落地见效主动战**。坚持重点突破，带动整体，全面深化各领域改革，增强发展动能、释放主体活力。深化“最多跑一次”改革。着力打破信息孤岛，持续优化行政审批服务，加快“一窗受理”云平台扩面并向基层延伸，深化乡镇“四个平台”干部管理试点和全科网格建设，实现数据共享、智慧便民、高效运转。深化国资国企改革。大力盘活国有资产，加速资产要素流动，切实提高确权率、利用率、收益率。加快推进旅发等国资公司转型发展，健全职业经理人聘用管理等机制，全面激发国企发展活力。深化媒体融合改革。加快推进县新闻传媒集团机构、人员、技术整合，实行目标管理、量化考核，实现机构更精、机制更活、政策更优、动力更强、视野更宽。深化绿色金融改革。完善绿色金融服务机制，设立绿色专营机构，积极开发绿色信贷产品，创新融资模式，全力支持天子股份等企业挂牌上市，力促优质企业跨越发展。

5. **打好防范化解风险持久战**。紧盯重点节点保稳定，突出关键领域防风险，全面建设更高水平的“平安常山”。守住社会稳定底线。积极构建共建共治共享的社会治理新格局，探索“枫桥经验”常山样本，坚持用中医理论推动信访维稳，统筹“治未病、施汤石、致中和”，抓早抓小，重点突破，真情关怀，严格落实领导干部定期接访和包案制度，持续推进信访积案“清仓见底”，及时妥善处置网络舆情。推进“雪亮工程”建设，完善社会治安防控体系建设，严厉打击各类违法犯罪行为，保持社会和谐稳定。守住金融安全底线。强化金融风险管控，严防金融机构对企业随意抽贷、压贷行为，向上争取不良贷款核销与转让处置政策，妥善解决企业因担保出现的资金链问题，加大对非法集资、恶意逃废债行为的处置力度，确保不发生系统性金融风险。守住安全生产底线。推进安全生产领域改革发展，实施安全生产综合治理三年行动计划，加大监管力度，加强宣传教育，抓好重点部位、重点行业的安全生产检查，消除安全生产隐患，力争不出事，确保不出大事。

三、坚定不移，保持韧劲，推动全面从严治党向纵深发展

办好常山的事情，关键在党，关键在人。全县各级党组织要坚决落实新时代党的建设总要求，牢记“抓好党建是最大政绩”“书记不抓党建，犹如农民不下稻田、工人不进车间，就是丢根忘本”，扛起管党治党主体责任，不做“剃头匠”“泥水匠”“油漆匠”“木工匠”，做敢于动真碰硬的“打铁匠”，推动全面从严治党向纵深发展。

1. **以政治建设为根本，永葆绝对忠诚的政治本色**。充分认识政治建设是党的根本性建设，突出首要地位，旗帜鲜明讲政治。牢固树立“四个意识”，不断增强“四个自信”，坚定执行党的政治路线，严守党的政治纪律和政治规矩，坚决维护习近平总书记在党中央、全党的核心地位，始终与党中央保持高度一致，确保党中央和省、市委决策部署在常山落地见效。严肃党内政治生活，坚持和完善民主集中制，落实“三会一课”、党员领导干部双重组织生活、谈心谈话、民主评议党员等制度。加强党员干部党性锻炼，兴调查研究之风，求理论武装之真，务执政为民之实，不断提高政治担当和服务能力，保持对党和人民的绝对忠诚。加强政治文化建设，规范和纯洁党内同志交往，倡导清清爽爽的同志关系、规规矩矩的上下级关系。

2. **以事业选人为导向，铸造担当干事的铁军队伍**。坚持“德才兼备，敢担当有作为”，把好干部标准落到实处，以正确的选人用人导向全面激励担当干事。突出政治标准，实施“政治体检”制度，改进干部考察

评价办法，建立“立体多维”的干部识别体系。突出事业为上、公道正派，拓宽选人视野，统筹干部资源，选拔重用绝对忠诚、干净担当的干部，坚决不用信仰缺失、精神迷茫的干部；选拔重用勤政务实、专业过硬的干部，坚决不用消极懈怠、作风漂浮的干部；选拔重用饱受磨练、业绩突出的干部，坚决不用谋私钻营、“乱搭天线”的干部，让“实干者实惠、吃苦者吃香”，实现组织放心、群众满意、干部服气。旗帜鲜明“为担当者担当、为负责者负责”，完善容错免责机制，激励大胆干事、放心干事。深入治理“为官不为”“庸懒散浮拖”，完善反向提名和末位管理机制，动真格推进干部能上能下。

3. **以基层基础为重点，建强全面过硬的战斗堡垒。**聚焦提升组织力，突出政治功能，强化基层党组织领导力、治理力、凝聚力，打造坚实战斗堡垒。以“全领域建强、全区域提升”为主抓手，深入实施“金钉铸锋”五大专项行动，加强支部标准化规范化建设，坚持先进支部、中间支部、后进支部“三类齐抓”，切实履行教育、管理、监督党员职责，深耕基层党建“金钉子”品牌，在各领域打造一批高水平、有特色、可推广的党建示范点、示范群、示范带。抓住关键少数，加强支部带头人队伍建设，扎实开展村社换届“回头看”，从严管理，精准考核，创设支部书记学院，抓好经常性教育培训，提炼并弘扬常山支部书记精神，全面放大“头雁”效应。深化支部主题党日活动，全面开展“我是党员我带头”行动，推行党员“学分+工分”制度，加快党建示范基地、展览馆建设，切实提升党员教育管理的针对性和有效性。

4. **以作风纪律为保障，打造海晏河清的发展环境。**深化纪律建设，坚持纪律教育和纪律执行一体推进，重点强化政治纪律和组织纪律，带动廉洁纪律、群众纪律、工作纪律和生活纪律严起来，让党员干部知敬畏、存戒惧、守底线。从严落实中央八项规定实施细则精神，常态化开展正风肃纪，紧盯形式主义、官僚主义“十种新表现”，加大作风问题的曝光和查纠力度，驰而不息纠正“四风”。层层夯实管党治党政治责任，深化监察体制改革，从严从实抓好县委巡察工作。用好监督执纪“四种形态”尤其是第一种形态，立足抓“前”促使自警自省，立足抓“早”做到动辄则咎，防病于未然，治病于初起。坚持重心下移，始终保持“零容忍”的态度严惩腐败，做到有案必查、有贪必反、有腐必惩。深化标本兼治，加强廉政风险防控，强化不敢腐的震慑，扎牢不能腐的笼子，增强不想腐的自觉。

5. **以共同目标为指引，保持和衷共济的良好局面。**加强党对一切工作的领导，全面发挥党委总揽全局、协调各方的领导核心作用，提高把方向、谋大局、定政策、促改革的能力和定力。坚持和完善人民代表大会制度，密切同人大代表和人民群众的联系，推进人大工作理论与实践创新。大力支持政协围绕团结和民主两大主题，更好地协调关系、汇聚力量、建言献策、服务大局。巩固和发展最广泛的爱国统一战线，加强同工商联、无党派人士合作共事，团结凝聚新的社会阶层人士，画好“同心圆”。做好新形势下民族、宗教、外事、侨务、对台、双拥等工作，推动军民融合深度发展。充分发挥工会、共青团、妇联等人民团体桥梁纽带作用，为完成全年目标任务，汇聚起更广泛、更强大的发展合力。

进步是拼搏出来的，成就是实干出来的，幸福是奋斗出来的。我们幸逢建县1800年历史节点，必须增强历史责任感和使命感，加倍努力，不负重托，更加紧密地团结在以习近平为核心的党中央周围，在省、市委的坚强领导下，埋头苦干、锐意进取，在决胜全面小康的时代征程上创造新的辉煌！

政府工作报告

——在常山县第十六届人民代表大会第一次会议上

县长 周向军

（2017年2月14日）

各位代表：

现在，我代表县人民政府向大会报告工作，请予审议，并请县政协委员和其他列席人员提出意见。

一、2016年和过去五年工作回顾

2016年，县政府在县委的坚强领导和县人大、县政协的有力监督支持下，深入实施“实力工业、休闲城市、美丽乡村”发展战略，全力保稳、求进、攻坚，较好地完成了县十五届人大五次会议确定的各项目标任务，实现“十三五”发展良好开局。全年地区生产总值增长6%，一般公共预算收入增长9.8%，固定资产投资增长8.1%，社会消费品零售总额增长12%，外贸进出口总额增长3.5%，城镇居民、农村居民人均可支配收入分别增长9.3%和9%。十方面为民办实事全面完成。

（一）强实体、重转型，工业经济稳中有进。引强做大产业。顺应产业发展趋势，开展产业战略研究。着力招大引强，引进总投资25亿元的锦禾科技农机项目，哲丰新材料一期基本建成，常林纸业技改项目即将投产，农机、新材料等产业发展势头强劲。强化主体引领。深入推进企业“五个一批”，培育平台型企业7家，引进、培育创新型企业19家，盘活“僵尸企业”6家，兼并重组企业16家，新增“新三板”签约企业3家、挂牌企业1家。实施精准服务。完善项目决策咨询机制，健全府院联席会议制度，合力化解企业资金链、担保链风险。帮助企业降成本，兑现企业奖补资金4400万元，落实企业应急专项资金31.2亿元。加快“两化”融合。新增国家高新技术企业5家，环宇轴承荣获中国机械工业科学技术三等奖。支持企业技术改造，工业技改投资增长15.8%，新产品产值增长13.9%。

（二）聚合力、破难点，项目建设提速增效。强化项目攻坚。建立规划国土工作联席会议制度，实施重点项目问题集中交办，一批重大项目取得突破性进展。杭新景高速建成通车，众卡运力链正式启运，钱塘江治理常山段、九景衢铁路、048省道延伸线等项目加快推进，320国道改建、沿江美丽公路常山段开工建设。118个县重点项目实现投资95.3亿元，完成年度计划任务。强化向上争取。351国道、浙西联廊等列入省级项目盘子，5个项目争取到国家专项建设基金4.5亿元，新增地方政府债券7亿元。成功争取到国家山水林田湖生态修复试点县、省清洁能源示范县。强化精准招商。大力开展以商招商、产业链招商，招商引资到位资金41.2亿元，其中浙商回归项目到位资金28.6亿元、亿元以上项目16个。强化要素保障。盘活存量建设用地1482亩，新增建设用地指标1423亩。争取到上级财政转移支付资金32.4亿元。与省建投集团开展PPP战略合作。220千伏柚香输变电工程、辉埠热电联产送出工程建成投用。

（三）补短板、强功能，城镇面貌明显提升。做好规划文章。启动中心城区战略研究，绘就国际慢城整体规划蓝图，完成绿核片区详规和综合交通、燃气等专项规划编制。加快新区开发。滨江路、心舟公园基本建成，东方综合体、信用联社大楼、公安业务大楼拔地而起，火车站站房和站前广场开工建设，锦禾总部经济中心项目即将启动。倾力打造国际慢城，“三环三谷”陆续开工，“五朵金花”竞相开放。提升老城功能。举全民之力创建国家卫生县城，完成大街和文峰路人行道、汽车站、城区公厕、一批老旧小区改造提升，新增城市绿道13.3千米。实施城市夜景亮化提升工程，强化城市治堵、废品收购、餐饮油烟等专项整治，加大保洁频率和垃圾清运力度，城区亮化、序化、洁化水平大幅提升，面貌焕然一新。推进集镇建设。吹响小城镇环境综合整治号角，完成整治规划、方案编制，全面启动综合整治。加快“美丽集镇”建设，招贤、青石、球川、芳村等集镇改造提升成效明显。

（四）抓提升、重经营，乡村活力持续增强。大力振兴“常山三宝”。推进农业供给侧结构性改革，举办首届全国油茶文化节，被授予“全国油茶交易中心”“全国山茶油价格指导中心”两块“国字号”招牌。流转胡柚园1.6万亩，衢枳壳列入《浙江省中药炮制规范目录》。常山胡柚、油茶栽培系统列入全国农业文化遗产普查名录。大力发展美丽经济。围绕“一县一带”，推进连片开发，完成柚石金路带15个节点建设。赛得健康产业园一期建成，不老泉养生养老基地正式运营。建成省级美丽乡村特色精品村4个，新增农家乐特色村（点）5个、民宿床位1586张。黄塘村入选中国美丽休闲乡村，桃花源创成AAA级景区。大力促进农民增收。完成农村屋顶光伏建设1190户，异地搬迁安置1526人，培训农村实用人才3581人次。列入全国首批“智慧县域”试点县，富足山村入选2016中国淘宝村、省电子商务示范村。实施“三位一体”改革，“农合联”组织体系实现全覆盖。

（五）出重拳、治环境，生态优势更加凸显。“五水共治”强势推进。严格落实“河长制”，零容忍整治生猪养殖污染，打响“清塘美河洁村”大会战，农村“双治”基本实现全覆盖，地表水、饮用水源和出境水水质均100%达标。“四边三化”大力推进。完成S221江溪线路域整治提升。整治“四边”区域乱搭乱建9.4万平方米、赤膊墙39.7万平方米。“三改一拆”扎实推进。健全违法建筑防控治理体系，强化农民建房管控，彭川村“拆治归”模式成为全省典型。大气污染治理深入推进。全面实施环保网格化监管，扎实开展百日环保执法专项行动，轻钙、砖瓦企业全面消除冒黑烟现象。成功纳入国家重点生态功能区。

（六）惠民生、促和谐，群众获得感不断增强。加大社会保障力度。完善就业和社保体系，新增就业4200人，“五大”保险累计新增参保1万人。养老服务体系建设扎实推进，社会福利中心主体工程完工。加快社会事业发展。深化合作办学，创办常山一中“慈溪班”，中高考取得重大突破。新常山一中全面建成，育才小学建成投用。公共卫生服务中心开工建设，第三医院建成运营。开展计生“大宣传、大整治”行动，主要指标明显好转。推进公共文化服务标准化、均等化建设，改造提升乡镇（街道）综合文化站，获省农村文化礼堂先进县。打响体育赛事品牌，成功举办2016中国山地自行车公开赛，获评全国优秀赛事组织单位和最佳赛道。加强社会治理创新。开展“矛盾纠纷源头治理年”活动，“12345”统一政务咨询投诉举报平台正式运行。实施户籍管理制度改革。创新交通治理。深化安全隐患大排查大整治，安全事故起数下降35.7%。“4·6”专案组被公安部记集体一等功。圆满完成G20峰会等重大节点维稳安保工作。

过去一年，我们坚持依法行政，自觉接受县人大、县政协和社会各界的监督，共办理人大代表议案建议100件、政协委员提案113件。深入开展“两学一做”学习教育，持续推进作风建设。加强行政监察和审计监督，强化行政问责，政府运行效率进一步提升。

各位代表，县第十五届人民政府自2012年2月选举产生以来，至今已有五年。这五年，是常山应对重大挑战、经受重大考验、实现重大突破的五年。我们牢牢把握“干实事、抓落实”的核心要求，集中力量解决了一批制约发展的难事，办好了一批群众欢迎的实事，干成了一批影响深远的要事，经济社会取得长足发展，向全面建成小康社会目标迈出了坚实的一步。

过去五年，是转型升级跑出加速度，综合实力明显增强的五年。2016年，全县生产总值113.6亿元、固定资产投资127.1亿元、一般公共预算收入9.4亿元、外贸进出口总额1.9亿美元，年均分别增长7.5%、11.3%、12.1%和8.4%。三次产业比重由2011年的8.5：53.1：38.4调整为7.3：44.8：47.9，产业结构调整取得重大突破。工业转型加快推进。“蓝天三衢”生态治理成效显著，列入全省首批传统块状行业“腾笼换鸟”试点。富丽新材料、康盈磁业等一批企业成功引进战略合作企业。建立中国农机院收获机械零部件研发中心，获“中国华东农机产业园”称号。新增产值超亿元企业34家、“新三板”挂牌企业3家。新建企业院士专家工作站2家。入选生态工业发展省级试点县。工业平台建成面积从2011年的16.5平方千米扩大到20.5平方千米。现代农业做特做强。“常山三宝”振兴计划全面实施，“常山胡柚”被认定为中国驰名商标，建成全省最大的油茶苗圃基地，常山胡柚、山茶油在浙商所上市，常山猴头菇通过国家农产品地理标志登记保护，“三宝”精深加工规模不断扩大。新增市级农业龙头企业13家。服务业提速发展。创成AAAA级景区1个、AAA级景区4个，三衢湖省级旅游度假区获批。中国观赏石博览园市场区、浙西世贸商城、东方大酒店等一批重大服务业项目建成。浙江启天建筑公司企业总部迁入常山。新增银行5家，2016年年末金融机构存贷款余额达186.3亿元、146.3亿元，均为2011年年末的2倍。

过去五年，是城乡建设迈出大步伐，人居环境大幅提升的五年。城市功能更加完善。城市化率由2011年的38.5%提高到45%，建成区面积由2011年的18.4平方千米扩展到20.3平方千米。城东新区英姿展现，城市建设跨向“常山江时代”。改造提升旧住宅区19个、城区道路9条，建成公园绿地、公共停车场、公共自行车等一批功能性项目，城区市场化保洁、保绿面积分别达到115.4万平方米和106.8万平方米。中心镇、美丽乡村建设加快推进。球川镇列入国家级中心镇建设示范试点，赏石小镇跻身全省首批特色小镇，辉埠经济强镇加快发展。创建省级旅游强乡镇2个，获评省级美丽乡村创建先进县。城乡基础设施更加完备。常山大桥、紫港大桥建成通车，完成205国道示范改造，新改建国省道及县道98.1千米、联网公路101.8千米。推进小型农田水利重点县建设。实施饮水安全提升工程，改善9.4万农民饮用水条件。

过去五年，是生态整治治出新气象，生态环境不断优化的五年。“五水共治”有效。全面完成河道采砂整治和畜禽养殖整规，整治垃圾河46.6千米、黑臭河22.2千米，成功创建省级“清三河”达标县。推广农村生活垃圾处理“2分+”分类模式。新建、改建城区污水管网149千米，完成171个村生活污水治理。“三改一拆”有力。全市率先启动违法建设专项整治，开展“无违建”三级联创，累计拆违341.5万平方米、“三改”578.3万平方米、拆后土地利用222万平方米，入选省首批基本无违建县。强势推进“一路一镇”集中整治，一批集镇旧貌换新颜，成为全市整治样板。获评全省“两路两侧”“四边三化”专项整治工作优秀县。生态建设有方。关停高耗能、高污染企业123家，完成节能减排任务。狠抓工业烟粉尘治理，淘汰黄标车1202辆，PM2.5均值比2014年下降34.5%。累计造林4.5万亩，森林覆盖率达73.6%。成功创建国家园林县城、省生态县、省森林城市。

过去五年，是民生事业走出新路子，百姓福祉持续增进的五年。社会事业全面进步。教育现代化县建设稳步推进，教育综合改革深入开展，创办育才系列学校，打响“常山育才”品牌，通过全国义务教育基本均衡县认定。有序推进县级公立医院综合改革，协作办医、分级诊疗成效明显，城乡医疗服务体系逐步健全。成功创建全国计划生育优质服务先进县。“常山喝彩歌谣”入选国家级非物质文化遗产名录，建成农村文化礼堂99个。完成广播电视有线网络“一省一网”整合。广泛开展全民健身运动。完成新一轮乡镇行政区划调整和行政村规模调整。国防动员、人民防空、民族宗教、外事侨务、对台事务、妇女儿童、工会、共青团、咨询、双拥、移民、气象、供销、电大、档案、保险、通信、残疾人、新闻宣传、科普等工作取得新进步。社会保障切实加强。人民生活水平稳步提高，城镇居民、农村居民人均可支配收入达30742元和16713元，分别比2011年增长65.3%和65.5%，全面消除年收入4600元以下贫困现象。城乡居民养老、医疗保险参保率分别达到95.1%和96.4%。城乡居民低保标准比2011年分别提高70%和112.5%。建成居家养老服务中心188个。新建公租房5.9万平方米。社会福利、慈善、红十字、住房公积金等工作取得新成效。平安建设不断深化。社会治理、治安防控体系更加完善，食药、校园、企业、交通、消防、网络等重点领域安全水平全面提升，被评为省“无邪教县”，夺得省级平安县“银鼎”，社会保持和谐稳定。

各位代表！过去五年的发展成就来之不易，这是上级党委、政府和县委正确领导的结果，是全县人民齐心协力、奋勇拼搏的结果。在此，我代表县人民政府，向全县人民和驻常部队官兵，向给予政府工作大力支持的人大代表、政协委员，向各民主党派、工商联、人民团体和社会各界人士，向所有关心、支持、参与常山发展的朋友们，致以崇高的敬意和衷心的感谢！

成绩令人鼓舞，但我们也清醒地认识到：常山经济基础差、底子薄、总量小，主导产业不突出，龙头型、领军型企业相对缺乏，生态优势、资源优势、产业优势没有得到充分转化；能够支持发展的大项目少，项目投资产出率低，园区土地利用效益低；城市建设特色不明显，活力不足，城市管理常态长效机制滞后；社会事业发展基础较差，教育质量、医疗水平仍是群众心中的痛点。同时，2016年地区生产总值、固定资产投资增速等部分指标未能达到预期。对于这些问题，我们将采取更加有力措施，认真加以解决。

二、新一届政府的奋斗目标和主要任务

各位代表！未来五年，常山发展正处于机遇叠加的黄金期、爬坡过坎的关键期、争先进位的攻坚期。这一时期，机遇前所未有，挑战前所未有，但机遇总体大于挑战。面对一系列重大机遇与挑战，我们只要坚定信心，因势利导，顺势而为，乘势而上，就能在新一轮竞争中抢占制高点、赢得新优势、实现新跨越。

根据县第十三次党代会精神，今后五年政府工作的指导思想是：高举中国特色社会主义伟大旗帜，深入学习贯彻落实习近平总书记系列重要讲话精神，以省、市、县委重大战略部署为统领，以深化供给侧结构性改革为主线，深入实施“四四二”战略体系，全力抓产业、强统筹、优环境、惠民生、促和谐，全面完成“十三五”目标任务，与全省同步高水平全面建成惠及全县人民的小康社会。

今后五年全县主要发展指标预期是：地区生产总值、人均生产总值年均分别增长7%和6.5%以上，城镇居民、农村居民人均可支配收入年均分别增长8%和9%以上，固定资产投资年均增长10%以上，一般公共预算收入年均增长8%以上。

围绕上述预期目标，今后五年，我们着重在以下四个方面实现新突破：

（一）大干五年，在产业转型强经济上实现新突破。加快工业崛起。全面实施企业发展“12550”行动计划，改造提升轴承、纺织、建材等传统产业，大力培育农机、新材料、生物医药等新兴产业，打造“四大产业基地”，更好发挥生态工业顶梁柱作用。振兴现代农业。聚焦现代农业产业集聚区和特色农业，引入工商资本、金融证券等高端要素，促进农业发展规模化、企业化、市场化、证券化，全面振兴“常山三宝”，打响常山健康放心农产品品牌。壮大现代服务业。大力发展生态旅游，形成“一核两带三圈”新格局，创成国家全域旅游示范区。加快发展生产性、生活性服务业，打造四省边际物流、商贸、商务中心和“互联网+”高地。培育特色小镇。实施“258”发展计划，建设一批产业、文化、旅游和社区功能叠加的特色小镇。

（二）大干五年，在城乡建设提品质上实现新突破。景区化打造城区。坚持“城文景游”一体化，坚定不移丰满城东新区，因地制宜推进老城有机更新，高质量建设独具特质的国际慢城，打造现代、美丽、有序、活力之城。特色化建设集镇。以小城镇环境综合整治为“牛鼻子”和突破口，把特色风貌、特色建筑、特色人文、特色产业与集镇提升有机融合，建成一批功能完善、环境优美、特色鲜明的美丽集镇。精品化建美乡村。整合资源资金，连片改造提升农村环境，打造别具一格的特色风景线，建设记得住乡愁的山水田园村，创成全省美丽乡村示范县。

（三）大干五年，在提升环境扬优势上实现新突破。凸显生态本底优势。围绕国家重点生态功能区建设，深化“五四三”、治气治土等环境专项整治，突出源头严防、过程严管、后果严惩，进一步提升水、空气、土壤环境质量。造就区域交通优势。实施“百亿交通工程”，大力推进快速通道、黄金水道、城际铁路、浙西联廊等交通重大项目建设，构筑“主干畅通、节点贯通、城区环通”的综合交通体系，实现常山人民的“高铁梦”“航运梦”。厚植发展环境优势。健全创业创新扶持政策，为企业、项目提供“店小二”式的服务，大力营造便捷的准入环境、优质的服务环境、良好的人才环境，推动创业创新，激发市场活力。

（四）大干五年，在改善民生促和谐上实现新突破。聚焦社会事业。深化教育综合改革，凝心聚力，抓铁有痕，坚决打赢教育翻身战，实现中高考成绩进位争先，创成省教育现代化县。围绕“健康常山”目标，深化医药卫生体制改革，提升医疗卫生服务水平，推动“病有所医”向“病有良医”升级。全力推进“文化名县”建设，健全公共文化服务、文化遗产保护和文化产业发展三大体系。大力发展体育产业，完善便民体育设施，推行全民健身计划，全力争办2022年亚运会山地自行车赛事。强化社会保障。加快各类社保制度整合，健全以失业、养老、困境儿童和社会救助等为重点的社会保障制度，稳步提高最低生活保障标准和基本养老金标准，让群众拥有更多获得感。创新社会治理。深入推进“平安常山”“法治常山”建设，强化安全生产、食品药品等领域安全监管，健全防灾减灾、治安防控体系，确保人民群众生命财产安全。

三、2017年政府主要工作安排

千里之行，始于足下；五年宏图，重在开局。2017年是实施“十三五”规划的重要一年，也是新一届政府的开局之年，做好今年工作至关重要，意义重大。结合今后五年总体目标任务，综合考虑发展趋势和工作导向，建议2017年全县经济社会发展的主要预期目标是：地区生产总值增长7%以上，工业增加值增长6%以上，一般公共预算收入增长8%以上，固定资产投资增长10%以上，社会消费品零售总额增长10%以上，外贸进出口总额增长5%以上，城镇居民、农村居民人均可支配收入分别增长8%和9%以上，节能减排指标完成上级下达的目标任务。

为实现上述目标，今年要聚焦六个方面重点工作，全力开好局、起好步。

（一）聚焦工业转型，激发内生动力。实施工业转型十大专项，加快传统产业转型和新兴产业培育，走出新常态下工业发展新路子。

促进产业提升。突出战略导向，开展轴承、农机等产业战略咨询，编制产业发展规划，明确产业发展方向。引导产业集聚，鼓励轴承、纺织等企业实施战略重组、开发高端产品，全力打造全国圆锥滚子轴承生产基地、中大型轴承精锻基地。助推锦禾农机建成投产、玉马机械争创驰名商标，建设华东农机产业园。加快哲丰新材料、常林纸业投产，推进无氰电镀液、钕铁硼磁性材料产业化发展，推动新材料特色产业基地建设。

引领企业提质。紧盯“12550”发展目标，实施重点企业培育计划，支持企业通过兼并重组、挂牌上市等方式做大做强做优，力争引进和培育平台型企业5家、创新型企业10家、科技型企业22家、挂牌上市企业1家。高度重视企业家培训、培养、引领和激励，增强企业家市场学习力、理解力、顿悟力、思辨力，打造高素质的企业家队伍。强化府院协同联动，全力打好“僵尸企业”重组盘活组合拳，盘活“僵尸企业”15家。落实惠企政策，帮助企业去杠杆、降成本。坚决打击逃废债行为，积极防范和化解“两链”风险，构建绿色金融生态体系。

狠抓平台提档。提升工业平台。推进产业集聚区扩容，启动新一轮土地征用，动态储备熟地2000亩。推进工业园区、辉埠新区提质，加快景观提升和供气供热、污水处理等配套设施建设。搭建创新平台。推进云耕小镇、钙谷小镇建设，争创省级特色小镇。推进“政企校会”四位一体、“产学研用”深度融合，深化与衢州学院等院校战略合作，职业学校开设专业特色班3个以上，培育省级企业研究院1家、省级以上研发中心1家、院士工作站3家以上。

（二）聚焦大干项目，增强发展后劲。按照“项目为王、特色为要”的战略要求，大力开展“项目推进年、招商引资年、能力提升年”活动，全力以赴扩大有效投资。

深度谋划项目。学会算“大账”、谋长远，抢抓政策窗口期，紧盯国家产业政策导向和投资重点领域，大胆设想、科学论证、主动对接，谋划储备高质量项目200个以上。做深项目前期，做好空间布局，做实工作链条，争取城际铁路、常山港流域治理、辉埠生态废弃矿山治理等更多项目进入国家和省重点盘子。

实施精准招商。坚持“四化”抓招商，大招商、招大商，争取引进20亿元以上项目1个、10亿元以上项目2个以上。全员化抓信息，完善招商引资考核办法，开展“百万招商重奖”行动，形成“人人关心招商、个个参与招商”的氛围。专业化洽谈，建立重点产业招商组，提高研判项目能力和招商洽谈水平。科学化决策，强化项目决策咨询，制定投资负面清单。确立盘活存量就是招商引资的理念，加大闲置低效工业用地处置力度，积极盘活企业存量资产，在处置、盘活中引进增量。优质化服务，实施县领导联系招商项目制度，做好斯凯孚中国制造基地、华通专用汽车等一批大好高项目招商洽谈、落地服务。

全力推进建设。坚持“工作项目化、项目链条化、链条责任化、责任清单化”，明确147个重点项目的时间表、任务书、作战图、责任状，把项目工作落实到每个部门、每个月份，层层压实责任。开展项目建设环境专项整治行动，拔钉除障、疑难交办、强势突破，坚决树正气、打歪风，修明渠、堵暗道，确保钱塘江治理常山段、320国道改建、048省道延伸线等项目无障碍推进。强化要素保障，完成垦造水田2000亩、旱地2000亩，农村土地综合整治2000亩。创新财资营运机制，做大做活做强财政国资“资金池”，加强项目概算、预算、决算评审，提高资金使用绩效。

（三）聚焦城市建设，提升城市能级。树立“产城人融合、紧凑型布局、组团式开发”的理念，抓好城市规划、建设和管理，提升能级，集聚人气。

坚持规划引领。规划是塑造未来的工具和手段。强化规划的规划管理和计划管理，统筹规划编制工作，增强规划编制的科学性、有效性和严肃性。推进总体规划滚动化、专项规划综合化、区块规划规模化、设计工作特色化，抓好县域总体规划、中心城区战略研究、教卫体设施布点规划、历史文化名城保护规划、“一江两岸”城市设计等编制工作。

提升城市品质。实施城市现代功能十大专项，启动城市新地标、国际慢城路网和花海、国家山地自行车公园、人行景观桥建设，完成七彩夜城亮化、文峰街改造、引水入城，建成展衣山北公园、文化创意园，谋划“三馆两中心”项目，打造一批城市新亮点。实施城市古迹修复十大专项，重建文昌阁，修缮李昭炜故居、方文彬故居、德川行、太守公墓、文峰塔，修复傥溪桥、球川古道、芳村古街，保护开发历史街区，丰厚城市人文底蕴。

强化精细管理。建设智慧城市管理平台，建立精细化管理体系。强化进城车辆管控，推进停车位扩容、拥堵点整治、占道经营管理、卫生长效保洁、建筑垃圾集中处置等，巩固创国卫成果。推进综合行政执法改革，深化绿化、环卫等市场化运作，使城区更美丽、更整洁、更舒适，让广大群众感受到实实在在的变化。

（四）聚焦全域旅游，建设美丽家园。围绕“一核两带三圈”，以旅游发展十大专项、农业农村十大专项为抓手，在整合集聚、融合提升、营销运营上下功夫，打造全景常山。

升级升温景区。大力推进“国际慢城”建设。强化政府投资引导和开发管控，建成3个入口、渣濑湾花谷、景观桥等景观节点，建设通景路、府前路、文教路和绿道网等路网，扮靓慢城“五朵金花”，提升慢城环境景观。大力推进“两景区两小镇”建设。提升三衢石林，创建“全球低碳生态景区”。创建白菊花AAAA级景区、3个AAA级景区。加快赏石小镇建设步伐，建成中国观赏石博览园，争创AAAA级景区，举办第六个“全国赏石日”、中国观赏石博览会。加快赛得养生小镇建设步伐，推进赛得健康产业园建设，举办中国老年住区产业联盟发展大会。大力开展旅游宣传推介，创新旅游营销模式，强化旅行社、导游队伍管理，打响“何处心安，慢城常山”品牌。

建精建美乡村。打好小城镇环境综合整治攻坚战，重点打造3个示范城镇，力争7个小城镇通过省级核查验收，实现城镇面貌、品质和功能大提升。围绕创建美丽乡村示范县，深入开展“四百行动”和“美丽庭院”建设，建成一批庭院小品和村庄景点，创建2个美丽乡村示范乡镇、20个美丽乡村示范村。发展特色民宿经济，打造6个高端民宿群。抓好金源村、芳村村、大处村等历史文化古村落保护利用。

做强做特农业。顺应三次产业融合发展趋势，着力激活市场、激活要素、激活主体。实施油茶产业发展三年行动计划，围绕“一区两园四中心”，创建省级油茶产业集聚区、国家油茶公园。引入产业发展基金，推进油茶企业整合、品牌整合，培育油茶龙头企业，建立常山山茶油标准体系。推进胡柚产业链提升，流转胡柚园地5000亩，新增精品胡柚基地2000亩，创建国家柑橘标准果园1个，培育胡柚片产销主体5家以上。开发猴头菇休闲食品，注册常山猴头菇地理标志证明商标。提升现代农业园区，完成土地流转5000亩。

优护优化生态。强化管控，严格实施项目质量、空间布局准入，加大环保巡查、惩处力度，严控能源消耗和污染物排放总量。强化治理，深入实施“五四三”专项整治。深化“河长制”，推进常山港全流域综合治理，深化农村“双治”，实施河湖塘库洁美行动，全面消除劣Ⅴ类水体。持之以恒抓好“三改一拆”，做好农村建房管控，促进农民集聚建房。推进大气污染防治，加大“低小散”企业整治力度，保障空气环境质量稳定提升。

（五）聚焦民生事业，提升幸福指数。多措并举加大民生投入，加强社会事业布局研究，努力补好社会事业短板。

扭转教育质量落后局面。优化教育布局调整，搬迁常山一中、城南中学，推进芳村小学迁建，改善办学条件。教育要翻篇归零开新局，实施“四个一”工程，开展教师提质行动，严把生源关、选拔关、评价关、激励关和考核关，让教师专注教学，让学生学在常山，为坚决打赢常山教育翻身战奠定扎实基础。

提升医疗卫生服务水平。加快公共卫生服务中心建设，开工建设第二医院、中医医院住院大楼。完善分级诊疗服务体系，推进责任医生签约服务，方便群众看病。深化“双下沉、两提升”，强化与省市知名医疗机构深度协作。落实全面两孩政策，加强妇幼保健工作。

大力推进文体惠民建设。深化文化融入工程，加强文化遗产保护、传承和利用，繁荣群众文化。实施广播电视公共服务标准化建设。创建省级体育强县，盘活、开放、建设一批便民体育设施。高标准建设国家级山地自行车赛事基地，办好2017年中国山地自行车总决赛，力争2019年亚洲山地自行车锦标赛承办权，打造常山“金名片”。

提高社会保障管理水平。完善促进就业、鼓励创业机制，努力为城乡居民创造数量更多、收入更高的就业岗位。完善城乡最低生活保障和社会救助体系。深化精准扶贫，减少因病致贫、因残致贫。构建多层次养老服务体系，建成县社会福利中心。深入开展平安建设，加强重点领域安全监管，做好城乡危旧房排查整治工作。健全社会治安防控体系，严密防范和严厉打击各类违法犯罪活动。

（六）聚焦自身建设，打造满意政府。坚持从群众最不满意的地方改起，从群众最需要的地方做起，着眼于“严、实、快、新”，切实提升政府工作执行力，努力打造人民满意政府。

着眼于“严”，打造责任政府。要严加要求，增强责任意识和进取精神，要求一般干部做到的，部门领导先做到；要求部门领导做到的，政府班子先做到。要严格标准，健全目标责任考核制度，认认真真、不折不扣、一丝不苟地履行职责。要严守规矩，坚决贯彻县委决策部署，做到认识上统一、步调上一致。自觉接受人大法律监督、工作监督和政协民主监督。严格落实党风廉政建设责任制，始终把党的纪律和规矩挺在前面。

着眼于“实”，打造务实政府。要立足实际，认清常山发展实情，了解群众实际需求，掌握企业实际困难，脚踏实地、深入一线、现场办公，一件一件抓落实，一项一项出成效，确保“定一件、干一件、成一件”。要真抓实干，强化担当意识，勇于挑最重的担子，敢于啃最硬的骨头。要务求实效，强化督查，发现问题坚决整改到位。要守信践诺，行政决策说了要算、定了要干，切实提高政府公信力。

着眼于“快”，打造高效政府。要倡导立说立行、马上就办的工作作风，坚决克服工作懒散、办事拖拉的恶习，做到“今日事今日毕”。要推行“三重”工作法，挂图作战、挂牌督战，确保重要工作、重大项目早部署、快落实。要推进政府工作制度化、规范化建设，用好的制度管人管事，提高政府运作效能。

着眼于“新”，打造活力政府。只有创新，才有发展。新常态伴随着新问题、新矛盾、新挑战，要审时度势，把握大局，大胆实践，敢于突破思维定势，善于把握发展规律，创新工作理念、思路、举措和机制，变压力为动力、化挑战为机遇、变不可能为可能。

各位代表！为民解忧是政府应尽的职责。按照民生实事“群众提、大家定、政府办”的理念，经县第十六届人民代表大会第一次会议与会代表投票表决通过，确定今年政府十大为民办实事项目，我们将全力协调、全力保障、全力以赴，确保完成。①农村美丽交通提升工程。建设国际慢城通景路，年内完成工程量80%；改善农村公路25千米。②“健康常山”体育设施改造提升工程。改造提升田径场；改造提升30个行政村体育设施。③城乡居民家庭医生服务工程。在全县设置350张残疾人“家庭病床”；开展责任医生签约服务，年内完成有效签约30%。④城区主干道改造提升工程。实施城区定阳北路、文峰路等主干道“白改黑”，同步改造升级道路设施。⑤人行景观桥建设工程。延伸梅园路南段，建设南门溪人行桥，年内完成工程量60%以上。⑥白石、球川饮用水管网改造提升工程。改造白石镇饮用水主管道和球川镇球川村、芙蓉村村级管网。⑦引水入城工程。建设引水设施，提升内河水环境和沿河景观。⑧金融保险惠农工程。在全县各行政村布设助农终端等服务机具400多台；开展农村住房室内财产保险。⑨城市天然气利用工程。完成阳光名都等6个新建住宅小区住户使用管输天然气。⑩七彩夜城亮化工程。改造提升城区桥梁、展衣山、沿江建筑等重点节点亮化。

各位代表！过去皆为序章，未来无限希望。新的一年，蓝图已定、目标已清、任务已明，关键在于抓落实，关键在于干，“干”字当头、“实”字托底，干是本分、更是职责。团队重于个人、合作胜于竞争。政府全体上下必须核心、一心、同心，一体作战，让我们紧密团结在以习近平同志为核心的党中央周围，在中共常山县委的坚强领导下，上下同欲对标干，突出重点精准干，撸起袖子加油干，扑下身子务实干，干出常山新环境，干出常山新风气，干出常山新明天！

政府工作报告名词解释

1. 工业“五个一批”：就是工业经济发展战略，即推进一批实力企业开展行业整合（重组），推动一批中小企业参与战略重组，推进一批企业破产盘活存量资产，引进培育一批创新型企业，推进一批企业上市。

2. 浙西联廊：就是规划省道——常山县宋畈至新桥公路工程，接连杭新景高速公路、黄衢南高速公路、杭金衢高速公路、320国道、351国道、205国道6条县内高等级国省道干线公路。

3. 三环三谷：三环即渣濑湾环形路网、富足山环形路网、山地车环形赛道，三谷即渣濑湾田园花谷、富足山林涧花谷、花果山果园花谷。

4. 五朵金花：就是国际慢城范围内的狮子口村、狮东村、孔家弄村、外港村和渣濑湾村。

5. 一县一带：就是我县打造一条“柚石金路带”，重点以国际慢城、赏石小镇、柚石文化、乡村公园为展示平台，打造常山美丽乡村升级版、美丽经济展示带。

6. “三位一体”改革：就是农业生产、供销、信用“三位一体”农民合作经济体制改革。

7. 农合联：农民合作经济组织联合会简称农合联，为非营利性社会团体，是农民合作经济组织和农民自我服务、自我发展、自我教育、自我管理的综合平台。

8. “四四二”战略体系：就是四大战略定位、四大战略目标、两大战略要求。四大战略定位，即绿色发展、产业崛起、开放创新、民生优先。四大战略目标，即把常山打造成为美丽中国独具特质的国际慢城、华东地区朝气蓬勃的活力高地、江南水乡风物清嘉的文化名县、四省边际宜居宜业的幸福家园。两大战略要求，即项目为王、特色为要和担当有为、力争上游。

9. “12550”行动计划：就是到2021年，培育1家50亿元以上的“航母型”企业、2家20亿元以上的“小巨人”企业、5家10亿元以上的“单打冠军”企业、50家亿元以上“金种子”企业。

10. 四大产业基地：就是中国南方农业机械研制销售基地、全国圆锥滚子轴承生产基地、全国中大型轴承精锻基地、国家钙产业循环经济基地。

11. 一核两带三圈：“一核”即国际慢城，“两带”即一江两岸、柚石金路，“三圈”即三清绿道、十里长风、远山云水三大休闲圈。

12. 特色小镇“258”发展计划：就是2个省级特色小镇，5个市级特色小镇，8个后备培育特色小镇。

13. 百亿交通工程：就是完成交通建设总投资100亿元，其中实施类重点项目9个，计划投资60亿元；开工类项目3个，计划投资40亿元。

14. 引水入城：就是从常山江引水至内河，对沿河两岸设施及绿化进行改造提升。

15. 三馆两中心：就是博物馆、体育馆、科技馆和会展中心、文化中心。

16. 两景区两小镇："两景区"即三衢石林景区和白菊花尖景区，"两小镇"即赏石小镇和赛得养生小镇。

17. 四百行动：就是百村百景村口提升、百村千塘清淤治理、百村万户墙院美化、百村故事挖掘传承行动。

18. 油茶"一区两园四中心"：一区即省级油茶产业集聚区，两园即国家油茶公园、常山油茶产业园，四中心即全国油茶交易中心、价格指导中心、集散中心和文化中心。

19. 教育"四个一"工程：就是一号工程、一号文件、一次大会、一个大讲坛。

20. "三重"工作法："三重"即重点调研课题、重大项目、重要工作任务。

2017年民生实事项目完成情况

1. 农村美丽交通提升工程。建设国际慢城通景道路，累计完成投资7800万元，总体进度达67%。

2. "健康常山"体育设施改造提升工程。田径场改造提升完成跑道彩色沥青铺设，标准足球场人工草坪铺设及其他附属设施建设。

3. 城乡居民家庭医生服务工程。设置"家庭病床"487张，超额完成原定目标。开展全县城乡居民责任医生签约服务，共签约10.51万人，签约率30.56%。

4. 城区主干道改造提升工程。完成文峰路、人民路、白马路及定阳北路沥青铺设及部分标识标线改造。实际完成总工程量的62%。

5. 人行景观桥建设工程。在梅园路南端——东明湖公园东大门之间的南门溪上建设一座人行桥。目前桁架制作已完成50%，完成主桥桩基建设，开展桩基检测。实际完成总工程量的65%。

6. 白石、球川饮用水管网改造提升工程。白石主管道改造将结合320国道改造同步实施，目前没有开工；村级管网已开始埋设跨路套管。球川片区管网饮用水管网改造已完成，并已完成1000户农户的水表安装。

7. 引水入城工程。实施内河水环境提升工程，建设引水设施和提升改造沿河景观，顶管已铺设完成，管理用房、堰坝已建设完成，效果良好，已竣工验收。

8. 金融保险惠农工程。助农机具已进驻180个行政村，配备各类机具381台。出台好邻居·丰收驿站评分考核办法开展17场巡回培训，已举办465场金融夜校活动。在政策性农房险的基础上，开展8万户农户室内财产保险工作，保费每户5元，保期1年。农户室内财产保险已接到农户报案35笔，赔款金额11万元。

9. 城市天然气利用工程。已完成东明湖小区、书香名邸小区、赵家坪小区及阳光名都小区、湖畔嘉苑、米兰花园小区6个小区通天然气。

10. 七彩夜城亮化工程。已完成展衣山、富足山大桥、常山大桥、金川大桥、紫港大桥、长淤大桥、常山江两岸沿江、沿山、沿路亮化验收，现已投入运维使用。

专 记

铁肩担道义 巨腕救沉疴

——常山县城区危旧房治理改造工作专记

一、危旧房拆除的“常山速度”

常山县城区危旧房量大、面广，共有C、D级危旧房424幢，其中D级有73幢,计17.1万平方米，涉及2147户（含店面36户），1万余人。县委、县政府以“铁肩担道义、巨腕救沉疴”的决心，以群众的切身利益为出发点和落脚点，于2016年4月18日在衢州市率先启动城区治危拆旧改造工作，推进城区危旧房治理改造协议签约工作，73幢D级危房、2111户住户、1万左右人口，24天时间全部签约，27天时间全部搬离腾空，共发放首批租房补贴3095万元。6月底，36户100间涉危店面全部完成签约、腾空。治理改造期间，成功实现零投诉、零上访、零伤亡、零群体性事件。

完成签约、腾空后，为了彻底解危，第一时间着手危旧房拆除工作。拆除工作涉及城区范围内73幢D级危旧住宅，3处单位用房，共计拆除面积约18万平方米。结合危旧房区域情况，制定了详细的拆除方案，单幢房屋做到一幢一方案，连片区块房屋做到一片一方案。7月6日对城南小区43幢进行试拆除，研究解决试拆除中存在的问题后，7月22日拆除工作全面铺开。截至2017年年底，涉及安置区建设的危旧房已全部拆除。

为了让危旧房业主能早日搬回新居，在进行签约腾空的同时，安置区的建设规划也在同步进行。通过前期的调查摸底，结合城区D级危房的分布，在老城区规划了4个安置区，满足所有危旧房业主原区块安置。目前，4个安置区块规划设计方案、EPC招标工作已完成，成立了心安城市发展有限公司，进入项目建设阶段，实现了“当年启动、当年搬离、当年拆除、当年建设”的常山速度。接下去将全速推进安置区建设，全力提升人居环境，“决不把包袱留给后人，绝不让悲剧再次上演”。

二、危旧房拆除的“常山背景”

1.危房比例高，受灾影响频繁。经过前期摸排，该县共排查出城区C、D级危旧房424幢、面积37.99万平方米，分别占衢州市的35.9%、31.7%。另一方面，该县地处山区、地质条件较为复杂，我省温州、临安多地发生地震等自然灾害时，该县均受到波及，部分D级危旧房甚至产生振动、摇晃，给居住其中的业主、租户造成较大恐慌。

2.安全隐患多，历史教训惨痛。该县城区范围内的危旧住宅大部分建于上世纪80、90年代，当时的住宅楼普遍存在设计标准相对落后、施工队伍不够专业、建材质量较差等问题，许多危旧房又经过多次转手、野蛮装修等人为破坏，安全隐患较为严重。1997年，该县就曾发生“7·12”倒房事件，造成了36人死亡的严重事故。

3.经济基础差，改造资金紧缺。据初步估算，该县城区危旧房改造项目至少需要资金16亿元以上，但上年度县财政收入却不足10亿元，城镇居民人均可支配收入仅为30742元。钱从哪里来，成为摆在当地政府和危旧房业主面前的头等问题。此外，对危旧房住户的银行借贷情况摸排发现，共涉及个人贷款499户、贷款余额合计为1.38亿元，其中逾期有7户、涉及金额286万元，进入司法拍卖程序有11户、涉及金额974万元，错综复杂的抵押贷款情况也给改造安置工作增加了难度。

三、危旧房拆除的“常山模式”

1.精细准备，谋定后动。将整个危旧房治理改造分为解危战、过渡战、安置战三个阶段。在解危战打响之前，详细制定了政策体系、操作体系“两大体系”和实施方案、操作方案、资金方案、救济方案、督考方案“五大方案”，精确把握危旧房鉴定结果公布时机和场合，确保后续工作能及时跟上。

2.政策惠民，赢得支持。明确指出危旧房治理最直接的受益者是业主，改造工程应以“解危”为目的，绝不拿一寸土地进行商业开发、绝不和群众争夺一丝利益。在治理改造方式上，充分尊重民意，业主可自主选择原区块回迁、新城区安置、房票安置等不同安置方式。在充分考虑政府财政承受能力的基础上，在制定建安成本标准及相关奖补政策时尽量让利于民，前后易稿20多次，最终确定建安成本为每平方米1500元（实际建设成本约为每平方米2700元）。同时，在奖补政策上设置时间阶梯，早签约、早腾空的政策更优，加快了工作进度。

3.领导有力，组织有方。成立危旧房治理改造领导小组和危旧房治理改造指挥部，由县委书记和县长任组长，常务副县长任常务副组长，指挥部负责综合协调、统一指挥。建立“一早一晚”例会制度，及早掌握工作进度、存在的问题，及早部署解决。比如，随着住户大量搬离，城区租房难问题逐渐显现，房源紧张、租金暴涨，指挥部在晚上的例会上掌握到这一情况，当夜召集县城房屋出租中介企业负责人磋商，禁止哄抬租房价格；次日，摸排城区及城郊村后备房源，动员群众适价出租，结果当天多出300多套房源，两天多出800多套，租房价格得以迅速平抑。

4.正面发声，舆论先行。坚持把多角度、高频次的宣传引导贯穿于整个危旧房治理改造过程。通过电视访谈、专题片滚动播放、新媒体密集宣传，让专家发声、让历史发声、让群众发声，使广大危旧房业主真正认识到危旧房的危害，营造“我要搬、我先搬”的良好社会氛围。在强大的舆论宣传引导下，一些业主群众从一开始的有顾虑、不配合逐渐转变观念，全力支持改造工作，有的业主家房子刚装修好却带头去社区签约同意改造，有的业主暂时没有租到合适的过渡房，宁愿暂住宾馆也要配合改造工作。同时，坚持教育在先、警示在前、打早打小，做到“宁花小钱预防，不花大钱治病”。对在网上肆意发布煽动言论的21名网民第一时间进行约谈，明之以法、晓之以理、动之以情。经过教育后，21名网民主动表示，今后将积极宣传危旧房治理改造政策，不传谣、不信谣、不造谣。

5.兵团作战，配合无间。为在最短的时间实现解危目标，从全县抽调了172名精兵干将“进楼入户”，起早摸黑、夜以继日、连续奋战，一周内2111户危旧房业主全部走访到位，一个月来累计上门走访两万余户次，干部用真诚、真心、真情，感动群众、感化群众。670户涉及危旧房的党员干部更是当先锋、做表率、树榜样，仅7天便全部完成签约。全县各部门、乡镇都已参加危旧房治理改造工作为荣，积极主动参与到这项工作中。

6.贴心服务，关心关爱。电信、移动、联通、华数、水电等生活服务型企业组建服务队，提供免费移机、退费等服务；摸排出涉及银行借贷危旧房住户499户，银行提供还贷便利，并为搬迁户提供贴息贷款；团委、妇联、社区、驻城企业志愿者团队多达3000余人，义务提供政策宣讲、寻找房源、搬家等服务。在前期集中攻关签约、腾空工作的同时，提前部署后续服务工作，掌握涉改户搬迁租住等信息，建立“网格化”管理体系，分片区确定责任单位和个人，跟踪联系服务，做到“解危不解关怀，搬离不断关爱”。

（胡剑明）

民生“赶考”的常山“答卷”

——“常山阿姨”品牌建设的实践与思考

2017年，“常山阿姨”品牌建设工作取得初步成效。全县整合万名农民素质培训工程专项资金110万元、职业技能培训补贴130

万元、养老服务产业资金20万元（合计260万元），共开展家政类技能培训2579人次，就业率达到20%左右；其中精品班培训540余人次，就业率40%左右。截至年底，全县从事保姆行业的农村妇女有2200余人，其中在市外从业的从3月的1013人增加到1425人，增长40.67%；人均月工资从培训前的4000元左右提高到5000元～6000元，增长25%以上，全年带动农村妇女增收1.5亿元以上。经过一年时间的努力，常山阿姨产业发展形成了县委领导、妇联牵头、部门协作、全县上下同频共振的良好局面。主要有三大背景、三大亮点和三大收获。

一、三大背景

就业是最大的民生，也是最好的扶贫。如何让群众加快脱贫致富，共同小康，常山把目光聚焦在农民这一重点群众、培训这一关键、就业这一根本上。认清工作形势，把握市场趋势，突显常山优势，常山县委提出了“常山阿姨”品牌建设的自命题。

1.源于上级号召。上级号召，是14年前时任浙江省委书记习近平到常山调研农民培训时的指导精神。上级号召，是全面践行“以人民为中心”的发展思想，坚持以民为本，突出人民至上，让人民在全面小康路上一个都不掉队。常山实施“常山阿姨”品牌建设，就是积极响应上级号召，坚定不移地沿着习近平指引的路子走下去，努力抓实农民培训工作，全面提升培训的针对性和实效性，不断促进农村妇女素质提升、全面发展，服务农村群众更好地走上岗位、加快脱贫致富。

2.源于市场需求。随着人口老龄化和国家二孩政策放开，保姆的市场需求量越来越大，并呈现细分化、高端化、专业化的趋势，家政服务业面临新的发展机遇，具有更为广阔的发展空间。与此同时，当前的家政服务业存在供需矛盾突出、市场主体发育不充分、专业化程度较低、管理机制不健全等系列问题。常山实施“常山阿姨”品牌建设，就是以独到的眼光、敏锐的嗅觉，抢抓发展的大好机遇，从特色化品牌、专业化培训、标准化建设等入手，树立行业新标杆，打响行业新品牌，夺取行业新地位，推动常山家政从业者以更佳面貌、更好姿态、更优服务站立于家政服务市场的潮头。

3.源于常山基础。最直接的是常山有人员基础，多年的努力，造就了全县近4000人的家政服务从业队伍，2017年经过全面调查摸底，常山还有1.5万人左右的从业人员发展潜力。最关键的是常山有培训基础。早在2000年衢州实施“万名农民素质提升工程”时，常山就是试点县。经过多年的实践探索，常山已经形成较为成熟的农民教育培训体系。最根本的是常山有良善文化基础。没有以德为先的职业保障，事业注定走不远。常山是远近闻名的“好人之城”，是全市乃至全省“最美现象”的发源地，总人口34万人中就有1800余名的省、市、县级道德模范，积德行善、孝老爱亲的文化基因已沁入每个常山人民的骨髓和血液之中。守善向善，这是“常山阿姨”立足市场最坚实的基础保障。

二、三大亮点

1.以五类档案为核心，明确“怎样才是‘常山阿姨’”。围绕“放心”二字做文章，以品质保障为先决条件，创新性出台《常山阿姨品牌管理规范》23条，其中又以“五类档案”建设为核心内容，包括家庭档案（家庭成员基本情况和虐待、家暴、邻里纠纷等信息）、品行档案（参与邪教、违法犯罪等信息）、技能档案（技能培训、技能比武、获取荣誉等信息）、健康档案（重大传染性疾病体检情况）和从业档案（从业跟踪、评价记录等信息）。五类档案建设很好地解决了雇主长久以来对“阿姨”信任难题，成为“常山阿姨”品牌的最大亮点。

2.以五项流程为基本，明确“怎样成为‘常山阿姨’”。为支撑五类档案建设，对申报“常山阿姨”的个人，将通过五项流程进行认证，即个人申报、资格初审、部门联审、综合会考、专项体检。12月初，常山县本着专业的态度、严格的要求，启动首期“常山阿姨”资格认证，明确首期“常山阿姨”资格认证的基本条件为年龄50周岁以下（其中养老护理类可放宽至55周岁）、有2年以上从业经验、有国家人社部颁发的技能证书。全县有57名阿姨通过资格审查和部门联审进入会考环节，通过技能考核和综合面试，最后仅有29名阿姨进行体检环节，体检环节又有4名阿姨因为存在重大传染性疾病而被淘汰，也就是说通过率仅为43.8%。因为“常山阿姨”认证将为“常山阿姨”品牌内涵树立标杆，所以考评非常严格。

3.以五大体系为导向，明确“怎样发展‘常山阿姨’”。一是政府性主导。将“常山阿姨”品牌建设工作作为一项县委中心工作，由县委书记任领导小组组长，形成县委领导、部门协作、各级联动的工作格局。专门成立了“常山阿姨事业发展服务中心”，为副科级单位，全面负责“常山阿姨”品牌建设具体工作。专门设立“常山阿姨”发展专项基金，每年投入500万元保障事业发展，同时撬动社会资金投入参与。二是品牌化打造。在名称、制度、内涵、要求、外在设计上强化品牌思维，把标准化、规范化、系统化建设贯穿工作始终，致力推动整个保姆健康有序发展。三是产业化发展。完善产业规划，出台《关于大力推进常山保姆行业转型升级 全面打响“常山阿姨”品牌的实施意见》《关于推动“常山阿姨”产业发展的若干政策》，围绕鼓励群众从业、企业做大做强、社会广泛参与等，向市场取经，向高校求知。四是市场化开拓。对接杭州巾帼西丽、三替集团等家政行业龙头，实施菜单培育、定向输出、联合管理，发挥党政主导力和企业影响力，共同举办“常山阿姨”杭州等专场推介会，促进“常山阿姨”有组织、有依靠、有保障地走进城市。五是标准化评价。阿姨方面，联合企业建立客户反馈渠道，让客服按照一星到五星的客户满意度对“阿姨”进行评价，最终纳入“十佳常山阿姨”评定依据。企业方面，根据品牌授予、企业规模、“常山阿姨”派遣量等实际情况，实施星级家政企业评定。县妇联围绕县委提出的战略思路，协调全县各有关部门和乡镇（街道），将五大体系建设逐步落到实处。

三、三大收获

1.对常山来说，依托家政品牌，助扬县域美名。县委十三届二次全会提出要“让常山走向全国，全国瞩目常山”。7月13日常山阿姨杭州推介会的召开，引来全国30余家主流媒体争相报道，《南方周末》2个版面深度报道“常山阿姨推介记”，得到刘延东副总理批示肯定。9月和11月分别引来人社部和国务院妇儿工委办两个调研组。“常山阿姨”品牌有效助力常山县在全国的美名，尤其“良善”文化、“好人之城”品牌更加深入人心。

2.对妇联来说，巧设服务载体，改革落地见效。“会改联”工作在东案乡成功试点，使得“会改联”常山模式在全省甚至全国小有名气并得以复制推广。4月，全省现场会召开以后，常山县在全省率先完成“会改联”全覆盖，全省甚至全国妇联系统依旧持续关注常山改革成效。“会改联”让1个村妇联主席平均可直接支配的工作力量从1个人变为58个人，力量剧增为“常山阿姨”工作带来强劲动力，新妇联组织尤其在妇女的家庭档案和个人品行调查、宣传动员妇女参与培训和就业等方面发挥了重要作用，“常山阿姨”工作已成为新妇联组织践行群团组织“三性”要求的最好载体。

3.对群众来说，党政精准扶贫，奔赴美好生活。有两组就业增收数据显示如下：①同样在市外就业，从事保姆行业人均月收入5000元～6000元，并且吃住在雇主家中，极少需要日常开支；从事非保姆行业，除去房租、交通费、伙食费等日常开支，人均月收入只有3000元～4000元。②同样在县内就业，从事保姆行业人均月收入3000元以上，极少需要日常开支；从事来料加工行业人均年收入仅为1.66万元（按照2016年数据进行测算：从业队伍3.5万余人，发放加工费5.8亿元）。可见，发动妇女从事家政服务行业是精准扶贫之策，也是提升农村妇女素养、平衡城乡妇女发展、带领妇女奔赴美好生活的重要推手。常山培育的是一批阿姨，富裕的是一方百姓，振兴的是一个产业，弘扬的是整个城市的良善文化。

（县妇联供稿）

搭建体育平台 彰显慢城魅力

——常山县“体育创强”工作专记

2017年，常山县体育局围绕“打造华东地区朝气蓬勃的活力高地”的战略目标，认清新形势，抢抓新机遇，聚焦补短板，全力破难题，提振精气神，实干开新篇。做到“三个融入三个一”，即赛事活动融入常山经济社会发展大局、场地布局融入城市规划建设管理、设施布点融入人民群众的日常生活；同时，落实好一个规划，抓好一批项目，总结一套经验，实现“小县城办大赛、小部门大作为”的目标，形成打造休闲体育的“常山样板”。

一、举办体育赛事，激发体育活力

2017年，全县的群众体育工作依托常山的好山好水，以周周有安排、月月有活动为宗旨，积极开展体育赛事。

一是举办高规格的体育赛事。有“环浙”自行车挑战赛、中国皮划艇巡回赛、第二届浙江省企业（企业家）武术大赛、长三角MBA山地自行车菁英赛、2017中国山地自行车公开赛总决赛等大型赛事。据统计，2017年赛事的成功举办，吸引了国内100多家媒体的宣传报道，共有8亿多人收看比赛新闻、10万多人到现场参赛和观摩比赛。通过举办国家级、省级体育赛事，考验了常山重大赛事的组织能力和工作合力，考验了社会各部门接待能力和服务能力，较好提升了常山县的知名度和美誉度。

二是承办有影响力的体育赛事。有国际慢城首届农民运动会、全县首届企业家职工运动会、“移动杯”男子职工篮球锦标赛、“永乐杯”羽毛球团体赛、“雄狮杯”职工羽毛球赛、“移动杯”气排球赛、全县中小学生运动会、衢州市小学生羽毛球积分排名赛、衢州市“锦禾杯”象棋联赛、衢州市第五届运动会暨市第二届青少年运动会篮球赛（初、高中组）10项市县级体育赛事。通过赛事的组织和举办让更多的人参与体育运动，让体育活动融入群众生活。为打造“健康常山”夯实基础，也是深入贯彻《常山县全民健身实施计划》重要举措。

二、紧推体育项目，实现“体育+”目标

一是完成为民办实事项目。完成县田径场改造提升工程（500万元）；完成农村体育设施提升工程（17个行政村硅PV灯光球场建设和13个行政村的室内活动运动健身器材的安装，投资300万元）。二是完成围绕县政府中心工作的项目。联合团县委和自行车协会，成立骑行河长队伍，在全县范围开展剿灭劣五类水活动；对全县14个乡镇（街道）80多个行政村的黑臭河进行填埋并安装上健身路径，改善了村容村貌。三是完成山地自行车公园建设项目。年内新增一条5千米的国际级专业赛道和儿童滑步车赛道。对原来的主会场进行拓宽至3万平方米左右，建设自行车驿站2所，完成山地自行车公园的路网硬化和主次入口的景观建设，为举办2017中国山地自行车公开赛总决赛奠定了良好的基础。据统计，“十二五”期间，常山县累计投入公共体育资金2200多万元，建成省级体育强乡镇（街道）11个、省小康体育村132个、省级先进社区6个、省中心村体育休闲公园3个、省中心村全民健身广场1个，建成标准篮球场148个、门球场8个、乒乓球台260余张、公共体育场所33个，人均体育场地面积已由2014年的1.44平方米增加到2017年的1.7平方米，为市民健身活动提供了良好的设施。

三、搭建重要平台，助推多方合作

一是签订战略合作协议。2017年6月18日，省体育局与常山县政府签订战略合作协议，在深化体育创建，打造精品赛事，搭建特色平台，培养专业人才，出台扶持政策等方面支持常山体育发展，提供优质保障。同时，这也是省体育局与地方政府签订的首份合作协议。7月4日，县体育局与江苏赛克林体育发展有限公司签订2017中国山地自行车公开赛总决赛（浙江·常山站）赛事合同、二期赛道勘察设计合同、二期赛道建设施工合同，为确保赛事的成功举办夯实了基础。二是开展体育合作。依托山海协作，与慈溪和富阳体育局合作，帮助常山县在体育产业、航空运动等方面有新突破。三是创建体育平台。成功创建“浙江省武术之乡”和“浙江省体育强县”。

四、喜获赛事荣誉，提振发展信心

一是获评赛事荣誉。山地自行车公园被评为浙江省运动休闲旅游优秀项目（全省仅31席），2017中国山地自行车总决赛被列入浙江省重点培育品牌赛事(全省仅39席)；同时还获2017年山地自行车公开赛“最佳赛区”（A级赛区）。二是打造赛事基地。在2017年皮划艇巡回赛的开幕式上，奥运冠军孟关良为常山县“浙江省水上运动训练基地常山基地”授牌。常山国家山地自行车公园获浙江省射击射箭自行车训练基地（常山基地）和南京大学MBA菁才训练基地。这些成绩的取得，实现常山体育零的突破，提振了信心，发出了常山体育的强音，打响了常山体育品牌。

五、配合中心工作，贡献体育力量

一是培育涌现出一批优秀体育人才。全县有16个体育类协会，社会体育指导员650余人。依托山地自行车赛和皮划艇比赛，培训裁判员、教练员46人，依托国家级和省级训练基地，培养更多的优秀体育人才。常山一中女子篮球队向省内各高校输送5名优秀女队员；球川小学田径队在衢州市第五届运动会上摘得12枚金牌，打破市纪录2项。二是配合政府中心工作。在2017年的危旧房治理改造中，县体育局党组提前约谈、主动沟通单位危旧房搬迁户，以最快速度完成搬迁和签约。三是做活“体育+”文章。通过“体育+旅游”“体育+经济”，全年吸引3500余名运动员到常山参赛，上万名县外观众到常山观摩、旅游和住宿，直接经济收入达100万元以上。四是引进高端赛事机构。引进江苏赛克林体育发展有限公司常山分公司，服务全国山地自行车大赛，为更好地推进常山体育事业的发展增添了新的活力。

（县体育局供稿）

2017年常山县大事记

1月

1月1日 中国共产党常山县第十三次代表大会胜利闭幕。大会以举手表决的方式，通过《中国共产党常山县第十三次代表大会关于第十二届县委工作报告的决议》和《中国共产党常山县第十三次代表大会关于第十二届县纪律检查委员会工作报告的决议》；报告代表提案处理意见。出席大会的应到代表217人，请假5人，实到212人。

同日 中国共产党常山县第十三届委员会举行第一次全体会议。叶美峰主持会议。会上，全体委员以无记名投票方式，选举产生中国共产党常山县第十三届常务委员会，常务委员10人：叶美峰、周向军、王郁松、姜良米、秦财华、余风、毛献明、郑建华、黄霏（女）、陈东；叶美峰当选书记，周向军、王郁松当选副书记。会议通过中国共产党常山县第十三届纪律检查委员会第一次全体会议选举结果的报告，通过《中共常山县委关于进一步加强自身建设的决定》《中共常山县委工作规则》，审议决定上报的党的十九大代表和省第十四次党代会代表候选人初步人选推荐名单。新当选的县委书记叶美峰在会上发表讲话。

1月8日 杭州市常山商会第二届三次会员大会召开。省人大常委会副主任毛光烈、省政协副主席陈艳华出席，汪晓村、王和、钱国女、李华、吴雪桦、徐焕凤、刘龙、童禅福等常山籍或在常山工作过的副厅以上领导，县领导叶美峰、周向军等参加。

1月9日 全县领导干部述责述廉大会召开。县党政主要领导和党政班子成员作述责述廉报告。市委常委、纪委书记李伯来作动员讲话。县委书记叶美峰主持，周向军、徐建华、林红汉、王郁松等县四套班子领导参加。

1月10日 由省农业厅副厅长、省治水办副主任陈利江带队的省考核组到常山考核“五水共治”工作。市人大常委会副主任傅炎康，市政府党组成员、市治水办专职副主任洪建新，县委副书记王郁松参加。

同日 市平安建设考核组到常山考核平安建设暨综治维稳工作，并召开汇报会。市委副书记、政法委书记江汛波讲话，县委书记叶美峰、县委副书记王郁松汇报。

同日 市委副书记、市长徐文光到常山调研指导工作。县委书记叶美峰汇报工作，县领导周向军等参加。

同日 第五届“最美衢州人”十大年度人物颁奖晚会在衢州学院举行。常山县的王雪园获评“最美衢州人”十大年度人物，吴兵、严华安获得“最美衢州人”十大年度人物提名奖。

1月11日 县人大及其常委会选举任命“一府两院”人员履职报告会召开。县委书记叶美峰讲话。县人大常委会主任徐建华主持并讲话。

1月12日 全县防范处置企业拖欠工资工作会议召开。

同日 著名教育改革家魏书生带领台州书生中学考察组到常山考察访问。

同日 浙江省宣传思想工作会议授予常山县“2016年度浙江省农村文化礼堂先进县（市、区）”。

1月13日 常山县小城镇环境综合整治规划评审暨市级观摩会召开，省市领导专家，各县（市、区）整治办领导参加。

1月14日 北京市常山商会年会召开。寓京的相关领导、商会会员和社会各界代表等齐聚一堂，共话桑梓，共谋发展。县委书记叶美峰讲话。县委副书记、代县长周向军等参加。

1月16日 2016常山县年度榜样人物颁奖盛典举行。

1月18日 县委巡察工作领导小组会议暨首轮巡察工作动员部署会召开。

同日 全县公安工作会议召开。

1月19日 县委常委民主生活会召开。市委常委、组织部部长陈玲玲参加会议并进行点评指导。

1月20日 县委巡察工作领导小组会议暨首轮巡察工作动员部署会召开。

同日 常山县2017年迎新春企业团拜会。叶美峰、周向军、林红汉、王郁松等县四套班子领导与广大企业家代表、寓外成功创业人士等欢聚一堂，喜迎新春佳节，共商发展大计。

同日 市政协主席俞流传到常山走访慰问困难群众，为他们送去党和政府的关怀及新春祝福。市委常委、纪委书记李伯来，副市长朱建华，县领导叶美峰、林红汉等参加。

是月 第七批浙江省省级文物保护单位名单出炉，全省有286处古遗址、古墓葬、古建筑、石窟寺及石刻、近现代重要史迹及代表性建筑、其他类列入保护目录，另有10处与现有省级文物保护单位合并。此次常山县入选8处34个子项，包括古建筑7处、近现代重要史迹及代表性建筑物1处。具体名单是：德川行（清）、文峰塔（清）、方文彬故居和傥溪桥（清）、大处古建筑群（清）、泰安古建筑群（清）、胡村建筑群（清、民国）、球川建筑群（清、民国）、岩前民国建筑群（民国）。加上此前的6处7个子项，全县共有省级文物保护单位14处41个子项，在衢州下辖县（市、区）中居第二。

2月

2月2日 常山县国际慢城首届农民运动会举行。国际慢城五个核心村（外港村、孔家弄村、狮子口村、渣濑湾村、狮东村）加上邻近的姜家堡村，共组成6支代表队参赛。县委书记叶美峰致辞并宣布开幕。

2月3日 全县机关干部大会召开。县委书记叶美峰讲话，县委副书记、代县长周向军部署“三年”活动。会议对2016年度乡镇（街道）、部门考核情况进行通报；宣读2016年度“集体三等功”“项目功臣、攻坚干将、招商能手”的表彰决定。会上，县领导为受表彰对象颁奖，县招商局、住建局和紫港街道作表态发言。

2月4日 2017年省内人力资源余缺调剂系列招聘会暨常山县春季人力资源交流大会在县城文峰广场拉开帷幕。进场求职应聘人数超过3万人次，有3857名求职者与相关用人单位签订初步就业意向。

2月7日 全县政协委员培训班暨县政情通报会举行。县委副书记、代县长周向军应邀作政情通报。县政协主席林红汉讲话。

2月8日 中共常山县十三届纪委二次全体（扩大）会议召开，县委常委、县纪委书记黄霏作题为《强化政治担当 全面从严治党 深入推进党风廉政建设和反腐败斗争》的工作报告。

2月10日 省委宣传部副部长唐中祥到常山调研文化产业工作。县委书记叶美峰参加。

2月13—17日 中国人民政治协商会议第九届常山县委员会举行第一次会议。大会应出席委员184人，实到183人。县委书记叶美峰代表县委在闭幕式上讲话；林红汉代表第八届县政协常委会作工作报告；与会人员列席常山县第十六届人民代表大会第一次会议，听取并讨论县政府工作报告以及会议其他报告。会议在广泛民主协商的基础上，采用无记名投票方式，选举产生政协第九届常山县委员会常务委员会，选举林红汉为政协第九届常山县委员会主席，黄法云、谢雨生、罗诚剑、范东英、汪卫东为副主席，洪顺根为秘书长。会上，罗诚剑等8位政协委员围绕工业经济发展 、文化名县打造、国际体育赛事产业园建设、农产品质量安全监管等有关问题作专题发言；14位委员作书面交流发言。

县政协九届一次会议收到以提案形式提出的意见建议192件，其中，各民主党派、人民团体提案6件，委员个人提案186件。经提案委员会审定，符合立案条件的178件，经并案后初步审查立案155件，另14件提案转为委员来信处理。

2月14—18日 常山县第十六届人民代表大会第一次会议举行。会议听取并审议县政府工作报告、县人大常委会工作报告、县人民法院工作报告和县人民检察院工作报告，审议常山县2016年国民经济和社会发展计划执行情况及2017年国民经济和社会发展计划、常山县2016年财政预算执行情况及2017年财政预算，通过相关决议；大会报告了代表议案、建议处理结果和县政府年度为民办实事项目票决结果。县委书记叶美峰在闭幕式上讲话。大会应出席代表192人，实到189人。会议期间，收到代表10人以上联名提名的议案29件，经大会主席团第五次会议研究，决定将其中的2件（胡真钢、李永忠、詹乐乐等13位代表提出的《关于加快"国际慢城"建设的议案》；余国义等10位代表提出的《关于盘活两区闲置资产，培育新的经济增长点的议案》）列为正式议案，其他27件改作建议、批评和意见；会议期间还收到代表建议、批评和意见94件。会议采用无记名投票方式，等额选举产生县十五届人大常委会主任、县长、县人民法院院长、县人民检察院检察长，差额选举产生县十五届人大常委会副主任、副县长，差额选举产生县十六届人大常委会委员。徐建华当选为常山县第十六届人民代表大会常务委员会主任，苏新祥、徐柯、王全、王生智、李德勇为副主任；周向军当选为常山县第十六届政府县长，姜良米、揭政东、郑金仙、姜苏州、戴根林、段为斌当选为副县长；黄霏当选常山县监察委员会主任；王小红当选为常山县人民法院院长；柯耀根当选为常山县人民检察院检察长。

2月14日 副省长冯飞到常山调研工业经济情况。

2月18日 常山县监察委员会挂牌成立，实现对全县行使公权力的公职人员监察全覆盖。

2月23日 由省人大常委会委员、财经委主任委员谢力群带队的省企业"降成本"调研组到常山调研。市人大常委会副主任俞顺虎等参加。

2月21—24日 常山县全面从严治党"两个责任"报告评议会召开。

2月24日 全县教育发展大会在常山一中千人报告厅举行。省教育厅副厅长韩平，县委书记叶美峰讲话，市教育局局长徐朝金致辞，县委副书记、县长周向军主持，县委副书记王郁松宣读表彰文件，徐建华、林红汉等县四套班子领导参加。

2月25日 县委书记叶美峰率相关县领导和有关部门一行到南京市高淳区拜会国际慢城联盟主席马可尼、秘书长皮埃尔·奥利维迪和国际慢城联盟中国大使汪帆，就常山县国际慢城创建工作进行交流对接。

3月

3月2日 全县爱国卫生暨血防工作会议召开。

3月3日 省平安建设考核组到常山考核平安建设工作，并召开汇报会。省综治办专职副主任、省平安办副主任沈智深讲话，县委书记叶美峰，县委副书记、政法委书记王郁松作汇报。

同日 县委常委（扩大）会议召开，传达学习市第七次党代会精神和市委书记陈新参加常山县代表团讨论时的讲话精神，研究部署贯彻意见。徐建华、林红汉、王郁松等县四套班子领导参加。

3月4日 常山众卡运力供应链管理有限公司周年庆典暨战略发布会举行。县委书记叶美峰致辞，县政府与众卡运力签约战略合作协议。

3月6日 全县第一次党政班子双月工作交流会召开，县委书记叶美峰强调，要团结奋斗，带个好头，干出新气象，创造新业绩，不辜负组织和全县人民的厚望。周向军、徐建华、林红汉、王郁松等县四套班子领导参加。

3月7日 衢州学院与常山县人民政府“智汇常山”战略合作签约仪式举行。衢州学院党委书记胡建新、县委书记叶美峰致辞，县委副书记、县长周向军代表县政府与衢州学院签约。

3月8日 全县村和社区组织换届工作动员会召开。县委书记叶美峰讲话，县委副书记、政法委书记王郁松主持。

3月9日 省妇联副主席童丽君一行到常山县东案乡弄坞村和田蓬村调研“会改联”工作。县委副书记王郁松参加。

同日 省统计局党组成员、省地方统计调查局局长沈强率考核组到常山考核2016年度粮食安全责任制工作。

3月11日 常山县户外登山运动协会成立大会暨第一届代表大会召开，王土青当选为主席。

3月14日 市委常委、纪委书记李伯来到常山开展市第七次党代会精神宣讲活动。县委书记叶美峰参加。

3月15日 常山县召开市管干部集中学习市第七次党代会精神培训会。县委副书记、县长周向军主持并讲话。县领导徐建华、林红汉等市管干部参加。

3月17日 常山县慢城青年讲坛之志愿服务专题讲座举行，邀请到上海志趣公益基金会秘书长张俊虎开讲。县委副书记王郁松讲话。

3月20日 国际慢城联盟中国大使汪帆一行到常山考察国际慢城建设工作。县委书记叶美峰参加。

同日 常山县召开重点项目暨工业企业问题交办会议。

3月22日 县委理论学习中心组（扩大）学习会暨首期“慢城大讲坛”召开。浙江省工业和信息化研究院院长兰建平作专题讲座，县委书记叶美峰等领导参加。

3月23日 县委常委会召开会议，传达学习市委书记陈新署名文章精神，研究部署常山县贯彻落实意见。

3月24日 市委副书记李锋到常山调研，要求认真贯彻市第七次党代会精神，坚持大党建统领，大融合推进，充分发挥基层党组织的战斗堡垒作用和党员的先锋模范作用，加快美丽乡村“一县一带”建设。

3月25日 常山县率先在全市完成村社党组织换届工作。

3月28日 市委常委、组织部长陈玲玲到常山调研村社换届工作。

3月29日 全县工业经济发展大会在县青少年宫召开。县委书记叶美峰讲话，县委副书记、县长周向军主持，县委副书记、政法委书记王郁松宣读表彰通报，徐建华、林红汉等县四套班子领导参加。

3月30日 县委农村工作会议召开。县委书记叶美峰讲话，县委副书记、县长周向军主持并宣读表彰文件，县委副书记、政法委书记王郁松部署工作，县领导徐建华、林红汉等参加。

同日 全县危旧房治理改造工作动员部署会召开。

3月31日 在全省建设平安浙江工作会议上，常山县被浙江省委、省政府命名为“平安县”（连续第12年），被授予“平安金鼎”。

4月

4月5日 县委政法工作会议暨平安信访工作会议召开。

4月6日 常山与浙江日报报业集团战略合作签约暨浙江新闻客户端常山频道开通仪式举行。浙江日报报业集团社长、党委书记高海浩，县委书记叶美峰致辞。

4月6—7日 在贵州省黔东南苗族侗族自治州黎平县召开的中国林业产业联合会木本油料分会第一届第三次会员代表大会暨特色区域供给侧改革研讨会上，常山县荣获首批“全国木本油料特色区域示范县”，成为浙江省唯一一个获此殊荣的县。

4月8日 常山县城区危旧房治理改造工作培训会召开。

4月11日 省委副书记、省长车俊到常山调研基层治理体系“四个平台”建设和工业转型发展工作。省政府秘书长李卫宁，市领导陈新、徐文光、陈锦标，县领导叶美峰、周向军、王郁松等参加。

同日 中国观赏石协会会长寿嘉华一行到常山听取“8·30”全国赏石日活动筹备工作情况汇报。市领导陈玲玲、朱建华，县领导周向军、徐建华等参加。

4月12日 以团省委副书记王征为组长的省村社组织换届督导组一行，到常山县督导村社组织换届工作。

4月16日 常山县城区危旧房治理改造工作推进会召开。县委副书记、县长周向军强调，坚定思想合力发声完成目标。

4月17日 常山县城区危旧房治理改造工作推进会召开。县委书记叶美峰讲话，徐建华、林红汉、王郁松等县四套班子领导参加。

同日 晚上，省委召开第十六次全省县（市、区）委书记工作交流会。县委书记叶美峰在常山分会场参加并作交流发言，周向军、徐建华、林红汉、王郁松等县四套班子领导在常山分会场参加。常山县是衢州市唯一作交流发言的县（市、区）。

4月18—19日 全省妇联基层组织改革工作会议在常山召开。全国妇联组织部副部长冯曼东，省妇联副主席童丽君，市委副书记、政法委书记李锋等出席会议。

4月19日 常山县人民政府与国网衢州供电公司签署《关于加强“十三五”电网发展战略合作框架协议》。

4月22日 12时23分，天舟一号货运飞船与天宫二号空间实验室顺利完成自动交会对接。常山籍科学家、浙江大学生命科学学院王金福教授团队实验室的人骨髓间充质干细胞，搭载天舟一号进入太空，开展骨细胞定向诱导分化实验。

同日 晚上，全国深呼吸小城建设座谈会召开。中国国土经济学会理事长柳忠勤一行等10多位专家、学者参加。县委书记叶美峰在座谈会上作《畅想“何处心安慢城常山”》演讲。

4月24日 锦禾插秧机示范现场会在同弓乡金川源村举行，各乡镇（街道）农机员、农技员、种植大户等100余人参加。

4月27日 县委常委（扩大）会议召开，传达学习市两会精神，研究部署常山县贯彻意见。

4月24—28日 省科协党组成员、副主席陆锦率省剿灭劣Ⅴ类水第81督导组到常山督导剿灭劣Ⅴ类水工作。

4月28日 联合睿康和锦禾科技智能农机投资签约仪式暨智慧农业高峰论坛在常山县举行。

5月

5月2日 县委常委会召开会议，传达学习省委书记车俊在湖州调研时重要讲话精神，研究部署常山县贯彻落实意见。

5月3日 “弘扬五四精神　争当青年铁军”——2017年常山县青春建功系列行动推进会在县城文峰广场召开。

同日 省整治办副主任、省卫生计生委巡视员叶真一行到常山调研小城镇环境综合整治省级样板镇创建工作。

5月5日 全县组织、宣传、统战工作会议召开。

同日 省社科联党组成员、副主席邵清一行到常山调研各级社科联普及示范基地，并深入赏石小镇、半典阁连环画博物馆、武当太乙拳馆等地，实地察看并详细了解赏石小镇创建等情况。

同日 常山产业升级基金签约仪式暨“常山资本论剑”高峰论坛举行。

5月10—11日 县委书记叶美峰，县委副书记、县长周向军率领常山县党政考察团赴慈溪市考察工作，学习发达地区推动工业经济转型升级、创新创业等方面的成功做法与先进经验。慈溪市委书记高庆丰等陪同。

5月11日 2017年首期“慢城工业论坛”开讲，衢州市经信委党委委员、中小企业局副局长杨剑国专程作专题讲座。

5月12日 常山县城区涉及的2111户D级危房住户全部完成危旧房治理改造签约；已办理腾空手续2074户，整体腾空53幢危旧房。

5月15日 常山县委书记叶美峰率队赴北京与中国观赏石协会会长寿嘉华会见座谈，对接洽谈“8·30”全国赏石日活动筹备工作。

5月16日 “常山阿姨”产业发展战略合作签约仪式暨首届高级创新班开班典礼举行。省家政服务人才培养培训联盟秘书长朱红缨出席并致辞。

同日 由市人大常委会副主任朱建华带队的市“五四三”工作督导组到常山调研，督查“五水共治”“四边三化”“三改一拆”等工作。

5月16日 衢州市柯城区区委书记徐利水，区委副书记、区长方庆建带领柯城区考察团到常山考察，学习常山县城区危旧房治理改造工作经验。

5月17日 省民政厅党组书记、厅长王剑侯到常山调研民政工作。

同日 常山县召开二季度工作部署暨经济形势分析会，传达省、市二季度工作部署会精神，研究分析常山县当前经济形势，部署二季度及全年重点工作。

同日 省政府副秘书长陈广胜到常山调研“最多跑一次”改革和基层治理体系“四个平台”信息系统建设工作时强调，要建立有效机制，搭建技术平台，提高信息化水平，全力构建现代化政府基层治理体系。市委副书记、政法委书记李锋，县领导周向军、王郁松等参加。

同日 县委书记叶美峰率队赴交通运输部对接常山江航运开发等工作，与交通运输部综合规划司领导进行会谈，双方就常山江航运工程、浙赣运河等工作进行深入交流。

5月20日 常山县入选“2017百佳深呼吸小城”榜单。

5月24日 赛得健康集团总部乔迁典礼在赛得健康养生小镇举行。省卫生厅原厅长、现浙江省健康促进会会长戴迪致辞，县委书记叶美峰发贺信。省残疾人福利基金会理事长陈晓非，市人大常委会副主任朱建华等参加。

同日 浙江省疾控中心疫苗临床研究常山工作站成立。

5月25日 全县“五比亮剑”工作交流会暨“树正气打歪风”工作动员部署会在常山一中千人报告厅举行。县委书记叶美峰讲话，县委副书记、县长周向军主持。

同日 省民政厅副厅长王忠志到常山县调研“焕新乐园”等社会救助工作。

同日 衢州市首家博士工作站授牌活动在浙江常山科润新材料有限公司举行，衢州学院党委书记胡建新讲话，县委书记叶美峰致辞。

5月26日 常山“两山”农林合作社联合社开业。

同日 常山县乡镇（街道）“四个平台”改革新闻发布会召开。县委书记叶美峰出席会议并介绍乡镇（街道）“四个平台”建设相关情况，县委副书记、政法委书记王郁松主持。会上，中央、省、市、县各大主流媒体对群众关心的问题进行了现场提问。

5月27日 省政协常委叶真带领省政协医卫界委员一行到常山考察调研。

同日 浙江省散曲工作会议在常山县召开。省诗词与楹联学会会长祁茗田，市政协副主席、市诗词与楹联学会会长陈建良参加。

5月31—6月1日 市委常委、宣传部部长钱伟刚到常山调研宣传思想文化工作。县领导叶美峰等参加。

是月 常山县被中国林业文联确立为“全国生态文学艺术创作基地”。

6月

6月2日 省农业厅厅长林健东到常山调研农业工作。副市长毛建民，县领导叶美峰、周向军等参加。

6月3日 全省铁路护路联防工作会议暨九景衢铁路联调联试会议在常山召开。省综治办专职副主任李景高讲话，市委副秘书长、政法委副书记陈志明，县委副书记、政法委书记王郁松参加。

6月7日 常山县4所高中、1438名考生参加2017年高学习教育常态化制度化座谈会暨“一月一乡一推进”工作动员部署会召开。县委书记叶美峰讲话，县领导周向军、徐建华、林红汉、王郁松等参加。

6月9日 首届中国·衢州月嫂节在市职业技术学院举行。浙江省家政服务人才培养培训联盟理事长、浙江树人大学校长徐绪卿致辞，县委副书记、政法委书记王郁松参加。

6月15日 县委理论学习中心组（扩大）学习会暨“慢城大讲坛”召开。省咨询委学术委副主任、省发展规划研究院首席专家刘亭应邀作《特色小镇的创新发展》专题讲座。县委副书记、县长周向军，县政协主席林红汉等县四套班子领导参加。

同日 全县文化工作会议召开。

6月16日 全省交通建设工程安全应急演练暨全省挖孔桩施工安全管理现场会在位于常山的杭新景高速公路第10标段施工现场召开。省交通运输厅副厅长王寅中、省交通投资集团副总经理陈江讲话，县委副书记、县长周向军致辞。

同日 《中小学生安全漫画教育读本》使用启动仪式在天马二小举行，县委政法委、县教育局等18个部门相关人员及学校、师生代表共150余人参加。

6月18日 2017“爱丽莎”杯中国皮划艇巡回赛（浙江·常山站）在常山港旁举行。省体育局副局长李华宣布开幕。皮划艇奥运冠军、浙江省水上运动管理中心主任孟关良，副市长王良春，县领导叶美峰、周向军等参加。

同日 浙江省体育局与常山县政府战略合作协议签约仪式举行。

6月19日 全县领导干部会议召开，传达学习省第十四次党代会精神，研究部署常山县贯彻意见。

6月20日 常山县“民盟同心·专家工作站”暨“常山盟员之家”成立仪式举行。民盟浙江省委会专职副主委徐燕峰，市委常委、统战部部长傅根友讲话，县委书记叶美峰致辞，民盟衢州市委会主委樊勇花参加。

6月21日 由省农业厅、省林业厅、省海洋与渔业局主办的浙江省知名农业品牌推选网络投票结果揭晓。浙江天子股份有限公司申报的“Tianzi天子”品牌，在企业品牌类中排名第一。“常山山茶油”“常山胡柚”在区域公用品牌类中排名分别为第三、第四。

同日 省人大常委会副主任袁荣祥带领执法检查组到常山县执法检查，重点检查《中华人民共和国动物防疫法》和《浙江省动物防疫条例》(简称“一法一条例”)在常山县的贯彻实施情况。市人大常委会主任居亚平，副主任朱建华，副市长马梅芝陪同检查。

6月22日 常山县创建省级科普示范县检查验收汇报会召开。省科协党组成员、副主席陆锦讲话，县委副书记、政法委书记王郁松作汇报。

同日 国家卫计委规划与信息司发展规划处副处长金玉军率国家卫计委督查组到常山督查基层卫生建设、责任医生签约、分级诊疗、医联体建设等相关工作。

6月22—23日 美国矿物技术集团（MTI）到常山考察。

6月27日 市委副书记李锋到常山调研指导农村基层组织防汛减灾工作。

6月28日 县政府咨询委员会换届大会暨颁发聘书仪式举行。

同日 全省城乡社区负责人示范培训班开班仪式在常山举行。省民政厅副厅长江宇讲话。

同日 省政协副主席、党组副书记王建满到常山调研。县委书记叶美峰，县委副书记、县长周向军汇报工作。市领导吴国升、汤飞帆、马梅芝，县领导林红汉、王郁松等分别参加。

6月29日 县重点工业项目集中投产仪式举行。县委书记叶美峰宣布项目正式投产，县委副书记、县长周向军致辞，县领导徐建华、林红汉等参加，黑龙江农垦建三江管理局党委书记陶喜军、君禾集团董事局主席赵雪君、哲丰新材料有限公司总经理王敏良，省农机局、市农业局、县相关乡镇（街道）、部门、企业等代表参加。

6月30日 中国观赏石协会会长寿嘉华到常山考察国家级非物质文化遗产项目“赏石艺术”传承保护示范遗存和“8·30”全国赏石日活动筹备工作。

是月 辉埠镇中心小学被教育部公布为2017年“全国青少年校园足球特色学校”。

7月

7月1日 自即日开始，常山县全面取消省级设立的涉企行政事业性收费，实现省级设立行政事业涉企“零收费”。

同日 县委书记叶美峰专题调研党风廉政建设主体责任落实情况，强调“书记不抓党建，犹如农民不下稻田、工人不进车间，就是忘根丢本”。

同日晚“喜迎十九大·七一颂党恩”常山县万人大合唱决赛颁奖典礼暨中国音协合唱联盟经典合唱团音乐会在常山一中报告厅举行。国务院发展研究中心中国农村劳动力资源开发研究会秘书长苏宏文，中国音协合唱联盟领导李初建、苏建忠、孙少兰、姚家杰，作家李培禹，叶美峰、周向军、林红汉、王郁松等县四套班子领导参加。

7月3日 常山县首份“多证合一”营业执照颁发。

7月4日 全县党政领导干部依法执政专题研讨会召开。县委书记叶美峰讲话，周向军、王郁松等县党政领导班子成员参加。

7月5日 省住建厅党组书记、厅长项永丹到常山调研。市人大常委会副主任占跃平，县领导叶美峰、周向军等参加。

7月6日 常山县城区危旧房开拆。

7月10日 常山县网络作家协会成立大会暨第一次会员大会召开，选举产生第一届理事会及协会主席、副主席和秘书长。

7月10—11日 慈溪市委书记高庆丰，市委副书记、市长项敏率慈溪市党政代表团到常山考察。县领导叶美峰、周向军、徐建华、林红汉等分别陪同。

7月11—12日 省政协副主席、台盟省委会主委、省台联会长张泽熙到常山开展小城镇环境综合整治行动专项民主监督工作。

7月14日 全县党外知识分子联谊会第二届第一次会员大会举行。

同日 上海生物医药科技产业促进中心主任傅大煦一行到常山，与常山县人民政府签订战略合作协议。县委副书记、县长周向军讲话，县领导林红汉等参加。

同日 县监委完成全市首例不留置案件余某贪污案的监察调查。

7月15日 白石镇第二届不老养生文化节开幕式在聚宝村百亩赏荷景区举行。县委书记叶美峰宣布开幕，县领导王郁松等参加。

同日 常山县正式全面推行重大税收执法决定法制审核制度。

7月16日 2017年常山县观赏石精品展评选活动在中国观赏石博览园举行。

7月19日 副省长孙景淼到常山调研畜牧业转型升级工作。副市长毛建民，县领导叶美峰、周向军等参加。

同日 省委副秘书长、省农办主任章文彪到常山调研美丽乡村建设及农民培训等工作。市委副书记李锋，县委书记叶美峰，县委副书记王郁松等参加。

7月20日 常山县在全市率先完成村级妇女组织“会改联”工作。

7月19—20日 全县基层党建“一月一乡一推进”观摩会暨乡镇（街道）工作交流

会召开。

7月21日 省委统战部副部长、省民宗委主任楼炳文一行到常山调研、指导民族宗教工作。

7月25日 常山县第十六届人民代表大会常务委员会第五次会议决定，任命毛献明、韩金铭为常山县人民政府副县长；接受姜良米、方荣因工作变动提出的辞去常山县人民政府副县长职务的请求，并报常山县第十六届人民代表大会第二次会议备案。

7月26日 国家级“非遗”项目——常山喝彩艺术展演在县青少年活动中心举行。省文化厅副厅长叶菁，叶美峰、周向军、徐建华、林红汉、王郁松等县四套班子领导参加，全国报纸副刊协会副秘书长、驻波兰高级记者杜京，中国艺术报理论副刊部副主任金涛，北京市杂文学会秘书长、著名作家李培禹，上海公安大学教授、著名学者兼海派作家胡伟立，著名艺术家、画家兼文化策划人姜明路，上海电影集团原总制片、上海世博会电影《视觉上海》执行总监王昌仁等相关专家应邀参加。

同日 省文化厅副厅长叶菁一行到常山实地调研基层公共文化建设和管理运行情况。

7月31日 晚上7时，“献给最可爱的人”——常山县庆祝中国人民解放军建军90周年文艺晚会在县青少年活动中心举行。

8月

8月1日 中国林业产业联合会木本油料分会常务副秘书长刘志伟一行到常山调研油茶产业发展情况。

8月2日 召开的全省特色小镇规划建设工作现场推进会上，常山县喜报频传：云耕小镇成功入选省级特色小镇第三批创建名单，赏石小镇2016年度省级考核成绩良好。常山成为全市唯一拥有两个省级特色小镇的县（市、区）。

8月3—4日 省党建研究会会长、省人大常委会原副主任王永昌一行到常山调研指导工作。市委常委、组织部部长陈玲玲，县领导叶美峰、徐建华等参加。

8月8日 斯凯孚中国小圆锥滚子轴承生产基地项目签约仪式举行。县委书记叶美峰致辞，县委副书记、县长周向军主持，县领导徐建华、林红汉、姜苏州参加。

8月10日 全县重点项目推进督查会召开。县委副书记、县长周向军强调，“三力”齐发，大干项目，干实项目。

8月14日 常山召开中央环保督察协调联络组全体会议。县委副书记、县长周向军讲话。

同日 根据网站管理集约化要求，县民政局、县教育局等19个部门网站永久关停，网站相关内容移至县人民政府门户网站的信息公开平台（http://www.zjcs.gov.cn/）。

8月15日 市委常委、统战部部长傅根友到常山调研统战工作。县委书记叶美峰介绍常山工作情况，县委副书记、县长周向军等参加。

8月16—25日 为期10天的全市副厅级以上离退休老干部读书会在常山召开。县委书记叶美峰作汇报。

8月18日 衢州市“百团助力剿劣治水美景”推进会暨“治水美景衢州样本”点赞治水风景系列活动启动仪式在常山召开。市政协副主席、治水办专职副主任徐静旋讲话，中国美术学院团委书记徐增鎏等出席。

8月21日 市委常委、宣传部部长钱伟刚到常山调研常山港“河长制”工作。县委书记叶美峰参加。

8月21日 浙江省旅游局公示拟列入浙江省旅游风情小镇培育名单，衢州市有10个乡镇入选，常山县球川镇、何家乡成功“上榜”。

8月23日 市委常委、纪委书记、监委主任李伯来一行到常山检查指导工作。

同日 县委党校、行政学校、社会主义学院迁建工程奠基仪式在金川街道赵家坪区块举行。县领导叶美峰、周向军等参加。

8月23—24日 省扶贫领域督查组第六组组长、省纪委省监委驻审计厅纪检监察组组长庄莉萍一行到常山专项督查扶贫领域工作开展情况。县领导叶美峰、周向军、王郁松等参加。

8月26日 “爱我中华藏汉一家亲”西藏珠峰灵石入馆仪式在常山县青石镇中国观赏石博览园举行。西藏自治区文化厅副厅长容铁，西藏自治区萨迦县政协副主席洛卓加措等到常山参加仪式并致辞，县委书记叶美峰致辞，县领导周向军、徐建华等参加。

8月26—27日 西藏文化厅副厅长、国家民族书画院副院长、中国书法协会理事、西泠印社理事容铁先后到东案乡金源村、辉埠镇东乡村指导农民书法创作工作。市文联主席欧阳建华，县委常委、宣传部部长余风陪同。

8月28日 常山县与美国矿物技术集团合作备忘录签约仪式在上海举行。县委书记叶美峰出席仪式并致辞，县委常委、辉埠镇党委书记陈东代表常山县政府与美国矿物技术集团代表乔恩共同签署《关于在常山县辉埠镇进行战略投资合作和评估事宜的备忘录》。

8月30日 爱我中华·第六个全国赏石日暨首届常山国际赏石文化节开幕式举行。

同日 由中国观赏石协会、常山县人民政府主办的中国观赏石高级研修班正式开班。中宣部原副部长、中央精神文明办原专职副主任王世明受邀主讲第一课。国土资源部原副部长、中国观赏石协会会长寿嘉华出席，县委副书记、县长周向军致辞。

9月

9月1日 县委十三届二次暨县十六届政府第一次全体（扩大）会议召开。全会围绕县第十三次党代会确立的“四四二”战略体系，研究部署慢城大花园建设。县委书记叶美峰代表县委常委会向全会作工作报告，县委副书记、县长周向军主持，徐建华、王郁松等县四套班子领导参加。

9月4日 省政协副主席陈小平一行到常山调研农产品区域品牌提升发展工作。市领导吴国升、马梅芝、吕跃龙，县领导周向军、林红汉等参加调研。

同日 《浙江省房屋使用安全管理条例》（以下简称“《条例》”）已于9月1日起正式施行，《条例》中针对野蛮装修、房屋鉴定、危险房屋使用等民生关切话题作了明确规定。

同日 省文明办发布《关于拟推荐第五届全国文明村镇、文明单位的公示》，衢州市有9个村镇、单位入选，常山县金川街道十里山村榜上有名。

同日 县交通运输局、县农村信用联社联合县三衢公交有限公司在常山率先开展公交移动支付。常山县城市公交10条线路上的45辆公交车均支持移动支付。

9月5日 中组部组织二局巡视员、副局长张金豹一行到常山调研指导工作。县委书记叶美峰参加。

9月6日 龙游县委书记刘根宏率党政考察团一行到常山考察。县领导叶美峰、林红汉等陪同。

同日 省环保厅公布“第七批浙江省生态文明教育基地”名单，全市仅有2个村和1个农业生态园通过，其中常山的新昌乡黄塘村光荣上榜，这是继天马街道天马村之后，常山创建的第二个省级生态文明教育基地。

9月7日 省“三改一拆”办公室常务副主任、省建设厅副厅长沈敏率省市调研组到常山考察调研“三改一拆”“四边三化”工作。

9月8日 常山县庆祝第33个教师节表彰晚会在常山一中千人报告厅举行。县领导叶美峰、周向军等参加。

9月9日 在第33个教师节即将到来之际，义乌常山商会向城南中学捐资助学活动捐赠仪式在县城南中学举行。

9月10日 常山召开珠峰奇石命名仪式暨常山观赏石文化座谈会。

9月15日 天津利安隆高分子材料抗老化产业项目签约仪式在常山举行。县领导叶美峰、周向军等参加签约仪式。

9月17日 由商务部主办、中华女子学院承办的“2017非盟妇女能力建设研修班”的女官员们到常山开展学习考察活动，深入东案乡、青石镇、白石镇等地，了解妇女发展、女性创业、新农村建设等工作。

同日 “国遗常山喝彩之上梁喝彩展演”暨招贤镇首届畲族文化节在高埂村文化礼堂广场举行。

9月18日 县监委完成全县首例留置案件吴某挪用公款案的监察调查。

9月20日 2017全国科普日暨常山“最美科技（社科）人”表彰活动在紫港街道紫港社区举行，省科协副主席陆锦参加。

同日 县委书记叶美峰主持召开县委常委会议，讨论审议《关于实施消除集体经济薄弱村三年行动计划的意见》，研究部署常山县消除集体经济薄弱村工作。县领导周向军、王郁松等参加，县人大常委会主任徐建华列席会议。

9月21日 全县“决战三十天 护航十九大”誓师大会召开。县委书记叶美峰讲话，县委副书记、县长周向军作工作部署，徐建华、林红汉、王郁松等县四套班子领导参加。

9月22日 晚上，首届慢运动发展论坛在常山举行。省体育局副局长李华讲话，县委书记叶美峰致辞并作主旨发言，《小康》杂志社副社长赖惠能等参加。

9月22—23日 由浙江省互联网信息办公室、省新闻工作者协会主办，省新媒体专业委员会承办的“深化走转改、喜迎十九大”全省新媒体“八八战略新征程”主题采访活动在常山举行。

9月23日 “和也杯”第二届浙江省企业（企业家）武术大赛开幕式在常山一中体育馆举行，省体育局副局长李华宣布大赛开幕，县委书记叶美峰等出席。

同日 县绿色发展座谈会在杭州召开。县委书记叶美峰讲话，县委副书记、县长周向军作汇报。

9月25日 由市人大常委会副主任朱建华带队的市“五四三”工作督导组到常山督查“五水共治”“四边三化”“三改一拆”工作。

同日 美国道富集团全球执行副总裁、首席技术官、道富杭州董事长柯杰瑞一行到常山一中开展捐资助学活动，助力19位贫困学子梦想起航。县委书记叶美峰参加。

同日 浙江省公布第十二批文化精品扶持工程项目和第十三届精神文明建设“五个一工程”入选作品奖名单，全市共有5项文艺作品入选。其中，常山制作的动漫《胡柚娃之仙果奇缘》入围浙江省第十二批文化精品扶持工程项目。入选后，该项目得到省、市相应的资金扶持政策和跟踪服务指导。

9月26日 省第三轮信访工作专项督查汇报会召开。省信访局副局长徐建华讲话，县委书记叶美峰，县委副书记、政法委书记王郁松作汇报。

9月26—27日 省级结对帮扶常山团组十年扶贫路活动在常山举行。省审计厅厅长朱忠明，省农办副巡视员、扶贫办副主任李建新讲话，县委书记叶美峰致辞，县委副书记、县长周向军主持。

9月27日 常山县人民代表大会常务委员会决定任命：胡伟民为常山县人民政府副县长、常山县公安局局长。同时决定：接受姜苏州因工作变动提出的辞去常山县人民政府副县长职务的请求，并报常山县第十六届人民代表大会第二次会议备案；接受宋明亮、程鸿星因工作变动提出的辞去常山县第十六届人民代表大会常务委员会委员职务的请求，并报常山县第十六届人民代表大会第二次会议备案；接受陈岗、王军、唐锡军、程鸿星、朱建红因岗位变动提出的辞去常山县第十六届人民代表大会代表职务的请求。

同日 常山县农信联社的“常山三宝”产业链贷款获评衢州市首届绿色金融十佳产品。

同日 衢州市旅游委员会主办的2017衢州“亲水节”之新昌乡旅游推介会开幕式在新昌乡新昌村、黄塘村举行。

同日 省审计厅厅长朱忠明（左一）带领省级结对帮扶常山团组到新昌乡开展结对调研。

9月30日 常山县举行烈士纪念日公祭仪式。叶美峰、周向军、徐建华、王郁松等县四套班子领导来到东明湖公园常山革命烈士纪念碑广场，与各界代表一起为烈士敬献花篮，默哀、鞠躬，缅怀革命先烈的丰功伟绩和崇高精神。

是月 省建设厅公示浙江首批省级传统村落公示名单（不含国家级），常山县有13个村落上榜。这些村将获得省财政给予的资金补助，用于构建科学合理的古村落规划、保护修缮村落古建筑、完善古村落的基础设施等。上榜村落分别是：招贤镇樊村村、五里村；青石镇桥亭村、江家村；球川镇球川村；同弓乡彤弓山村、胡村村；辉埠镇大埂村； 东案乡金源村、东案村；新昌乡泰安村；芳村镇芳村村、大处村。

10月

10月1日 2017中国常山国际慢城房车旅游节开幕式暨中国旅居车南下起点大本营启动仪式在东案乡举行。

10月10日 由县教育局等6个部门发起的为常山教育事业建言献策征文活动结束，《大力发展教育建言献策汇编》一书新鲜出炉。

10月11日 常山东明湖绿道正式被评为第一届“浙江最美绿道”。

10月12日 全市推动传统制造业改造提升暨重点工业项目建设现场会召开。市人大常委会副主任俞顺虎，副市长王良春，市政协副主席刘炳炎，县委副书记、县长周向军等参加。王良春、周向军分别讲话。

同日 常山召开第三轮巡察工作动员部署会。

同日 市委副书记、市长徐文光到常山调研小城镇环境综合整治工作。副市长毛建民，县委书记叶美峰，县委副书记、县长周向军参加。

10月13日 “领巾心向党 喜迎十九大”纪念中国少年先锋队建队68周年暨第100期“常山县流动少年宫”进校园活动在县第一小学举行。

同日 由常山县委宣传部、县文明办、县妇联主办的文明家庭表彰仪式在金佰汇广场举行。中共常山县委常委、宣传部部长余风出席并讲话。

同日 由共青团浙江省委、浙江省教育厅、浙江省文明办、浙江省少工委等联合主办的浙江省少先队纪念建队68周年暨“美德少年”颁奖典礼举行，来自全省各市共30位学生荣获2017年度浙江省“美德少年”称号，常山县樊春瑛入选。

10月16日 由县委宣传部主办，县文联、文广新局承办，以“喜迎十九大唱响新慢城”为主题的诗歌朗诵大赛总决赛在县文化馆举行。团县委选送的《少年中国说》及县文化馆选送的《常山》获一等奖。

10月17日 省科技厅厅长周国辉一行到常山调研科技创新工作。县领导叶美峰、周向军等参加。

同日 全县禁毒委全体成员（扩大）会议召开。县委书记叶美峰，县委副书记、县长周向军讲话，县领导王郁松、胡伟民参加。

同日 2017浙江省运动休闲旅游节在金华武义开幕，开幕式上公布浙江省（2018—2020）运动休闲旅游优秀项目和示范基地名单。常山县山地自行车公园入选浙江省运动休闲旅游优秀项目。

10月19日 2017中国山地自行车公开赛（浙江·常山站）新闻发布暨招商推介会在常山举行。县委副书记、政法委书记王郁松讲话。

10月20日 经衢州市种子管理站和农作站测产验收，初步估算，常山单季晚稻新品种甬优1540和甬优7850示范方2个品种，亩产均将突破800千克。

10月21—22日 “魅力常山 特色小镇”体育圆桌论坛及长三角山地自行车MBA菁英赛在常山举办。福州大学、南昌大学、南京大学、浙江大学、中国科技大学5所商学院的师生及专家老师们齐聚常山，为体育产业与特色小镇建设的深度融合、MBA与地方发展的校地互动新模式、骑行河长大联盟队伍扩展等建言献策。22日，各校参赛队员参加了长三角山地自行车MBA菁英赛。

10月24日 省政协副主席吴晶率领部分省政协委员到常山就垃圾分类处理工作开展专题视察。市领导吴国升、吕玉茹，市政协秘书长程相，县领导叶美峰、林红汉等参加。

同日 县老年大学举行庆祝建校25周年庆典。

同日 黑龙江省鹤岗市妇联考察团一行到东案乡考察学习基层妇联组织改革工作。

10月25日 衢州市博士工作站授牌仪式举行，县开发区企业衢州正邦电器配件有限公司成为常山县第二家衢州市博士工作站。

10月25日 常山县2017公租房实物配租摇号在县住建局四楼会议室举行。因住房困难的326户申请家庭中有86户摇到新房，12月底即可办理相关入住手续。

10月26日 常山县域医疗服务共同体启动仪式在招贤镇中心卫生院举行。市领导王良春，县领导叶美峰、周向军等参加。

同日 最美常山“十大工匠”颁奖晚会在县青少年活动中心举行。县领导叶美峰、徐建华等参加。

同日 常山县环卫工人们参加拔河、扫球入框、换轮胎等比赛，以此庆祝浙江省第二十一个环卫工人节。

10月27日 常山召开三季度经济形势分析会。

10月28日 全县领导干部会议召开，传达学习党的十九大精神，研究部署常山县贯彻落实意见。县委书记叶美峰主持并讲话，县委副书记、县长周向军传达党的十九大精神，徐建华、林红汉、王郁松等县四套班子领导参加。

10月29日 由县发改局引进、浙江衢州驿动新能源汽车运营服务有限公司投资的常山县新能源汽车分时租赁项目投运仪式举行，标志着“慢城常山”正式迎来了“共享经济”时代。

10月31日至11月2日 国际慢城联盟主席斯蒂凡诺·皮萨尼一行到常山考察国际慢城创建工作。县领导叶美峰、周向军等参加。

11月

11月1日 （美国东部时间10月31日）美国纽约，常山县三衢石林景区在为期两天的第十二届全球人居环境论坛暨可持续城市与人居环境奖颁奖盛典(GFHS-X)上被授予“全球低碳生态景区”荣誉称号。全球仅两个景区（项目）获此殊荣，另外一个为美国维尔京群岛圣托马斯飞索探险旅游项目。

同日 全市建筑行业“无欠薪”建设工作现场会在常山召开。

同日 省司法厅党委书记、厅长马柏伟一行到常山调研。县委书记叶美峰参加。

11月2日 市委副书记李锋到常山深入乡村，宣讲党的十九大精神，调研十九大精神学习贯彻工作。县委书记叶美峰参加。

11月3日 县党政班子双月工作交流会召开，县委书记叶美峰讲话。周向军、徐建华、林红汉等县四套班子领导参加。

11月3—5日 第六届中国老年住区项目交流大会在招贤镇泉目山村赛得健康小镇隆重召开。同时，赛得健康小镇盛大开园。

11月4日 第六届中国老年住区项目交流大会在常山举行。

11月6—7日 全省农民培训工作总结交流会召开。省农办副主任高启华参加并讲话，县委副书记、县长周向军致辞，县委副书记、政法委书记王郁松发言。

11月8日 常山县颁发首本林权不动产登记证书。

同日 2017中国·常山胡柚文化节开幕

式在青石镇江家畈胡柚基地举行。中国果品流通协会会长鲁芳校，农业部全国农业技术推广服务中心副主任、全国首席植保专家张跃进讲话，副市长吕跃龙宣布开幕，县委书记叶美峰致欢迎辞，县领导周向军、徐建华等参加。

11月10日 县委常委（扩大）会议召开，传达学习省委十四届二次全体（扩大）会议精神和市委常委（扩大）会议精神，研究部署常山县贯彻意见。县委副书记、县长周向军主持会议并讲话，徐建华、林红汉、王郁松等县四套班子领导参加。

同日 西藏那曲地区审计代表团到常山县审计局交流学习。常山县审计局负责人与那曲地区聂荣县审计局负责人签订对口援藏友好协议。

11月11日 下午4时许（挪威奥斯陆时间上午9时许），在挪威于尔维克市召开的国际慢城联盟总部协调委员会会议上，常山县正式跻身国际慢城联盟成员，成为中国第七个国际慢城，也是唯一获此殊荣的中国城市。县委书记叶美峰参加。

11月13日 下午7时(意大利罗马时间11月13日上午12时)，正在意大利访问的常山县委书记叶美峰与意大利韦加拉诺梅纳达市市长Barbara Paron共同签订《常山县与意大利韦加拉诺梅纳达市关于建立友好交流城市关系备忘录》，缔结友好交流城市关系。双方将在平等互利的基础上，在经贸、科技、文教、体育、旅游、卫生、人员交往等方面积极开展多种形式的交流与合作。

同日 省经信委公布2017年浙江省隐形冠军”企业及“隐形冠军”培育企业名单，常山县浙江省常山纺织有限责任公司、浙江卡罗莱纳纺织有限公司入选“隐形冠军”培育企业名单。

11月14日 常山县医保移动便捷支付系统正式启用，常山县人民医院成为衢州市第二家正式运行医保移动支付的定点医疗机构。常山百姓去县人民医院看病，可以不需要携带现金和社保卡，直接在手机上完成挂号、社保缴费、查看报告等全过程。

11月15日 国务院妇儿工委办副主任张立一行到常山调研“常山阿姨”工作。浙江省妇联副主席张丽萍主持，县委副书记、县长周向军，县委副书记、政法委书记王郁松分别作汇报。

11月17—18日 由中华合作时报社、中国农金商学院联合主办，县农村信用合作联社承办，以“归根：构建区域小生态”为主题的中国农金商学院深度探访系列活动（常山站）在常山举办。

11月22日 省人大常委会副主任厉志海一行到常山调研指导工作。市人大常委会主任居亚平，县领导叶美峰、徐建华参加。

同日 中国共产主义青年团常山县第二十一次代表大会在县青少年活动中心举行。县领导叶美峰、周向军等参加。团市委副书记李莉到会祝贺并讲话。

11月23日 副省长熊建平一行到常山调研工作。副市长吕跃龙，县委副书记、县长周向军参加。

同日 作为“常山三宝”之一的山茶油走出国门，被作为珍贵礼品赠予英国皇室。

同日 市委书记陈新到常山县球川镇调研三十六天井保护情况。

11月24日 全省钱塘江流域“骑行河长”巡河现场会在常山举行。市政协副主席、治水办专职副主任徐静旋，省河长办业务处处长包增军，省派第81组剿劣督导组副组长王陆军参加。

同日 “慈善领骑，引擎中国”2017首届中国自行车运动产业风云荟高峰论坛在常山一中报告厅举行。

同日 首届中国·常山国际慢城花海旅游节在紫港街道渣濑湾村开幕。

同日 “护一衢清水享自在乡村”衢州市优秀旅游厕所评选活动落幕，常山县梅树底景区公厕获得2017年衢州市优秀旅游厕所称号。

11月25日 2017中国山地自行车公开赛总决赛“锦禾杯”（浙江·常山站）在常山国际慢城山地自行车主题公园开幕。国家体育总局中国自行车运动协会竞赛部部长彭海波，省体育局副局长李华，省射击射箭自行车运动管理中心主任、省自行车协会会长王德刚参加，副市长吕跃龙宣布开幕，县领导叶美峰、周向军等参加。

11月26日 中国山地自行车公开赛总决赛颁奖盛典在常山一中报告厅举行。中国自行车运动协会主席沈金康出席，中国自行车运动协会竞赛部部长彭海波，县委副书记、县长周向军，江苏赛克林体育发展有限公司董事长蔡裕仁等参加。

11月28日 从常山走出去的女教授黄荷凤成为2017年新增的61位中国科学院院士之一。

11月30日 民进浙江省委会医卫专家工作站揭牌仪式在县人民医院举行。民进浙江省委会秘书长姜红雨，民进浙江省委会省委常委、浙江民进医卫专家团团长、浙一医院副院长许国强，衢州市政协副主席、民进衢州市委会主委金召卫等参加。

12月

12月1日 县政府与北京大学政府管理学院战略合作签约仪式举行。县委书记叶美峰，北京大学政府管理学院副院长常志霄等参加。

同日 常山县名优教师工作会议暨市县名师工作室授牌仪式在县职业中专举行。

同日 晚上，第十四期“紫领·问政讲堂”在浙江大学紫金港校区蒙民伟楼举行。县委书记叶美峰应邀作为主讲嘉宾，分享人生经验，诠释行动力量。

12月1—4日 以“走进新时代，相约大花园”为主题的第二届（2017）衢州文化产业交易博览会在市会展中心举行。3日，县委书记叶美峰前往市会展中心参观常山县文化产业展馆，并对常山县文化产业发展和参展工作给予高度评价。

12月6日 由广东省梅州市委书记、市人大常委会主任谭君铁带队的梅州市代表团到常山考察。梅州市委常委、兴宁市委书记陈志宁，梅州市副市长曾尚忠、温向芳，衢州市委副书记、市长徐文光，副市长、公安局长王顺大，县领导周向军、徐建华等参加。

12月12—13日 县委理论学习中心组学习会召开，传达学习贯彻近期中央和省、市相关文件及会议精神，谋划研究2018年工作思路和重点工作。县委书记叶美峰，县委副书记、县长周向军讲话，徐建华、林红汉、王郁松等县四套班子领导参加。

12月14日 全县乡镇(街道)人大工作会议召开。

12月15日 省政协副主席郑继伟到常山调研指导工作。市领导吴国升、王良春，县领导叶美峰、林红汉参加。

同日 常山县新闻传媒集团正式揭牌成立，开启了常山媒体融合发展、创新转型的新征程。市委常委、宣传部部长钱伟刚，县委书记叶美峰为县新闻传媒集团揭牌并讲话。

同日 《浙西一翼土地革命战争纪念馆策划方案》（送评稿）评审会召开。

12月15—16日 常山县副县（处）级以上离退休干部（扩大）读书会举行。县委书记叶美峰讲话。

12月17日 在2017（第三届）“中国美丽乡村建设发展论坛”上，常山县被评为“中国最美乡村旅游目的地”。

12月18日 常山县政府与众卡运力供应链管理有限公司签署战略合作框架协议，双方将重点在物流产业园、物流运输服务等方面开展深入合作，推动共赢发展。市委常委、统战部部长傅根友，县委书记叶美峰讲话，县领导周向军等参加签约仪式。

12月19日 中国科学院院士、上海交通大学医学院附属国际和平妇幼保健院院长黄荷凤与常山县人民医院签订院士专家工作站建站协议。这是黄荷凤院士于2017年11月荣膺院士称号后，签订的第一家院士专家工作站，这也是县委、县政府深入贯彻实施《关于深化完善“智汇常山工程”的若干意见》精神的一项重要成果。

12月21日 省科协党组书记、副主席郑金平一行到常山调研指导赏石小镇建设工作。副市长王良春，县领导叶美峰、周向军等陪同。

同日 常山县总工会第十五次代表大会召开。县委书记叶美峰在开幕式上讲话，县领导周向军、王郁松等参加，市总工会党组书记、常务副主席徐雄强到会祝贺并讲话。

12月26日 常山县举行重大交通项目集中开工活动，掀起“大干项目、干大项目”的建设热潮。杭金衢高速公路（常山段）拓宽工程、320国道改建工程2个重大交通项目集中开工，总投资55亿元。市委常委、常务副市长汤飞帆宣布开工，县委书记叶美峰讲话，县委副书记、县长周向军主持。

同日 常山县人民政府与浙江大学附属第一医院高水平医联体签约揭牌仪式举行。县委副书记、县长周向军致辞，浙大一院院长王伟林，省卫计委医政处副处长孙建伟，浙江大学医管办副主任李伟分别讲话。

同日 常山县与浙江艺术职业学院战略合作签约仪式举行。县委副书记、县长周向军讲话。

12月28日 衢九（九景衢）铁路正式开通运营，每天12趟列车经停常山，常山到衢州最快仅需18分钟。

同日 “诗画浙江”常山行“慢城常山”号旅游专列接站暨常山高铁站启用仪式在常山站站前广场举行。县委书记叶美峰致辞，县委副书记、县长周向军为常山铁路志愿服务队授旗，县领导徐建华、林红汉等参加。上海铁路局客运处副处长徐娟霞宣布常山高铁站启用。金华车务段副段长李达云讲话。

同日 县残疾人联合会第七次代表大会召开。县委书记叶美峰讲话，市残疾人联合会党组书记、理事长徐中华到会祝贺并讲话。

12月29日 全县县管干部学习贯彻党的十九大精神集中轮训开班动员会召开。县委书记叶美峰讲话，林红汉、王郁松等县四套班子领导参加。

同日 县委理论学习中心组（扩大）学习会暨第五期“慢城大讲坛”召开。会议邀请中共第十八届中央委员、全国政协文史与学习委员会副主任叶小文作题为《为强起来聚合磅礴之力》的专题讲座，畅谈学习党的十九大精神体会。县委书记叶美峰主持，林红汉、王郁松等县四套班子领导参加。

同日 “处心安慢城常山——迎新音乐会”在常山一中千人报告厅精彩上演。叶美峰、周向军、林红汉、王郁松等县四套班子领导现场聆听音乐会。

12月31日 亚洲财富论坛副秘书长刘昭辉、中青旅海投实业有限公司执行副总裁那伟一行到常山考察。考察组一行到中国观赏石博览馆，详细了解赏石小镇的建设情况和“石文化+旅游”产业的发展现状。到国际慢城区块和心舟公园，考察了解国际慢城的理念、规划及建设开展情况。县委书记叶美峰陪同。

是月 浙江省关注森林组织委员会命名180个村为第八批“浙江省森林村庄”，予以通报表彰并颁发奖牌。常山县濛桥村和长风村上榜。

县情概览

基本县情

常山县位于浙江省西南部，钱塘江源头，是全省的西大门。全县总面积1099平方千米，下辖3街道6镇5乡、180个行政村，人口34.5万人。

【一座慢城】 常山县域生态环境优良，森林覆盖率73.2%，常年空气质量保持在二级以上，出境水水质达到Ⅱ类水标准，是国家重点生态功能区、浙江省重要生态屏障，有“千里钱塘江、最美在常山”美誉。常山国际慢城位于县城郊区，是中国第7座国际慢城，坐拥31平方千米好山好水，城东新区、省级旅游度假区、慢城核心区、赏石小镇“四体合一”，慢生活、慢休闲、慢运动内涵丰富，“深呼吸、放下心、享轻松”主题鲜明，“何处心安、慢城常山”特质彰显，成为“全景常山、全域旅游、全时旺季”龙头核心。

【十方通衢】 常山区位独特，地处闽浙赣皖四省边际、北上南下大通道，史称“两浙首站”。境内交通体系完善，汇聚十大通道，杭金衢、黄衢南、杭新景三条高速贯穿全境，205国道、320国道、351国道和221省道纵横交错，沿江美丽公路快速便捷，九景衢铁路建成通车，常山港航道综合开发大幕即将拉开，黄金水道通江达海、前景广阔，县城距衢州机场、杭长高铁衢州站均半小时车程。

【百亿产业】 常山县产业转型走出新路，轴承、纺织、建材“老三篇”凤凰涅槃，农机、新材料、生物医药“新三篇”在招大引强中快速崛起。可口可乐公司、瑞典SKF集团、美国矿物集团等全球行业巨头和常山“联姻结亲”，轴承、农机、新材料、生物医药“四大百亿”产业、“四大基地”建设迈出坚实步伐。云耕小镇、赛得健康养生小镇、钙谷小镇培育成型。三大工业平台基础设施完善、要素保障有力、产业集聚集群，政策最优惠、办事最便捷、服务最优良、社会最诚信、治安最稳定、环境最宽松的“六最”环境全面营造，是投资兴业的活力高地。

【千载古县】 常山春秋时为越国姑篾之地，战国归楚，秦属太末县。东汉建安二十三年（公元218年）建县，始称定阳，迄今1800年。境内古道古渡、古街古村不胜枚举，三十六天井记录百年故事，唐宋名刹香火犹盛，古塔古祠挺拔依然；尚书汪韶、贤相赵鼎施政有方，贤良王氏、清简樊莹名垂青史，铁面御史赵抃留迹赵公岩，理学大师朱熹赐名古镇球川，南宋诗人曾几《三衢道中》脍炙人口。国家级非物质文化遗产常山“喝彩歌谣”、常山麦香饼等民俗文化、特色美食传承有序、享誉四方。熔古铸今，贤商文化发扬光大，“常山榜样”德润人心，“善良为本、良善为伍”成为社会风尚，善良沁入每个常山人的血液和骨髓，是衢州“最美文化”发源地。

【万亩金柚】 常山是中国常山胡柚之乡、中国油茶之乡、中国食用菌之乡，绿水青山孕育“常山三宝”。常山胡柚种植面积达10万亩，年产鲜果14万吨，饮料、酵素、果葡糖浆等精深加工快速发展，常山胡柚青果切片“衢枳壳”荣登药典，并入围新“浙八味”，“健康水果”常山胡柚驰名全国，张德江誉之“水果之王”。常山油茶历史悠久，油茶种植面积、产量、加工水平均居全省首位。连续承办多届全国油茶文化节，油茶三大“国字号”经济中心（油茶交易中心、价格指导中心、集散中心）和文化中心落户常山，列全国木本油料示范县榜首。“常山猴头菇”通过国家农产品地理标志登记。

【亿年奇石】 常山地质形成达4.6亿年之久，有中国第一枚“金钉子”剖面——奥陶系达瑞威尔阶全球层型剖面点，地质遗迹极具科考旅游价值，是国家地质公园。国家AAAA级景区“三衢石林”奇石遍布、鬼斧神工，是全球低碳生态景区。矿石资源丰富，石灰石、萤石矿储量和品质均居全省首位，青石、花石品质优良，有华东地区最大的青石花石专业市场，建成中国观赏石博览园，“赏石小镇”为全省首批创建特色小镇，第六个“全国赏石日”活动享誉海内外，是“中国观赏石之乡”。

（县委外宣办）

地形地貌

常山县境内地势南北高、中间低，由西向东倾斜。千里岗山脉自县境东北向县北延伸，怀玉山余脉绵亘于县西南。境内海拔1000米以上的山峰有40座，最高峰在东案乡白菊花尖海拔1390余米，最低点在招贤镇大溪沿村，海拔72米，最大高差1300多米。

全县地貌类型可划分出中山、低山、丘陵、侵蚀岗地、河谷平原等5种类型。中山主要分布于县东北部西岭脚—新桥一带，面积88.27平方千米，占全县总面积8.1%；低山分布于县域西北面的球川—何家—东鲁—新昌以西、芙蓉水库、芳村、金源以北地区和东南部的钳口一带，面积318.13 平方千米，占全县总面积29%；剥蚀丘陵主要分布于中山与侵蚀岗地之间，面积409.4 平方千米，占全县总面积37.2%；侵蚀堆积岗地主要分布于芳村南部和青石一带，面积216.6平方千米，占全县总面积19.7%；沿常山港两岸的河谷平原面积66.7平方千米，占全县总面积的6%；全县山地丘陵面积约占总面积的3/4，属低山丘陵地貌类型。

河流面积约38平方千米。按地形和流向分为钱塘江水系和鄱阳湖水系。钱塘江水系最大支流为常山港，常山港历史上在明清时期称“金川”。鄱阳湖水系发源于玉山县紫坑岭和球川镇的蔑岭。球川溪因1984年千家排水库竣工大部分水量改往钱塘江水系。

（县国土局）

水 文

常山县内主要河流常山港为钱塘江的源头，上接开化县马金溪，下至衢州双港口，其中，在县域内的流程46.6千米，横贯东西，流域面积3176.1平方千米，最大年径流量可达43.74亿立方米，最大洪峰流量5800立方米/秒，易形成洪涝灾害。常山港在县内的支流有菱湖溪、芳村溪、龙绕溪、南门溪、马车溪、虹桥溪、里山溪、大坑溪、官塘溪等9条；县内的另一条主要溪流——球川溪流入江西，最终归入长江流域。县内水力资源十分丰富。

2017年常山港月平均水位一览

表1　（测站基面在85高程以上75.700米）　单位:米

1月	2月	3月	4月	5月	6月	7月	8月	9月	10月	11月	12月	年平均
1.61	1.47	2.07	2.42	2.10	2.95	2.00	1.74	1.67	1.58	1.56	1.59	1.90

说明：最高水位在 6 月24日，9.41米；最低水位在1月2日，为1.23米

（县水文站供）

气 候

2017年，常山县阶段性气象灾害发生频繁，遭受寒潮、连阴雨、局地强对流、梅汛期暴雨、大风、雷电、高温，全县气象部门全年共发布暴雨、雷电、高温、大雾、霾、寒潮预警信号48次。

【气温】 全年平均气温18.1℃，比常年偏高0.4℃，比2016年略偏低0.3℃。年极端最高气温为39.9℃，出现在7月25日；年极端最低气温为零下2.0℃，出现在12月19日。

【降水】 全年总雨量为1584.2毫米，比常年偏少176.2毫米，比2016年偏少455毫米；雨日为151天，比常年偏少9.1天，比2016年偏少29天。

【日照】 全年总日照时数为1731.8小时，比常年偏多1.2小时，比2016年偏多159.7小时。

2017年常山县气象要素一览

表2

要素名称（单位）	1月	2月	3月	4月	5月	6月	7月	8月	9月	10月	11月	12月	合计（平均）
平均气温（℃）	8.6	8.7	11.3	17.9	22.9	22.6	29.7	28.5	26.1	20	13.5	7.2	18.1
降雨量（毫米）	38.9	43.6	208	202.3	128	566.9	59	111.1	34	16.6	118.2	57.6	1584.2
雨日（天）	13	7	21	15	10	27	10	13	5	5	18	7	151.0
日照（小时）	103.3	132.7	80.9	148.3	184	32.3	234.2	235.6	183.7	154.8	92	150	1731.8

2017年常山县气象初终日一览

表3

名称	初 日	终 日	初终间日数	其 他
霜	2016.12.16	2017.02.14	61	
雪	2017.02.23	2017.02.23	1	
结冰	2016.12.16	2017.02.13	60	

【重要气候事件及其影响】

1.大雾、霾　2017年1月26日和27日早晨，常山部分地区出现能见度小于200米的大雾，县气象台提前发布大雾橙色预警信号。

6月10日早晨、6月24日凌晨、6月30日早晨，常山出现能见度小于500米的大雾，县气象台均提前发布大雾黄色预警信号。

12月4日和31日早晨，常山大部分地区出现能见度小于200米的大雾天气。县气象台分别于当日早晨发布大雾橙色预警信号。

2.连阴雨　2017年主要阴雨过程及影响有：

3月10—20日、3月22—25日，常山出现两次连阴雨天气，影响柑橘贩销和其他作物的生长。

4月9—12日，出现连阴雨，主要影响早稻播种和茶叶采摘。

6月中旬至月底，持续阴雨天气，连阴雨长达20天之多，对农作物生长不利。

11月7—22日，全县遭遇连续阴雨寡照的极端异常天气，主要影响连晚稻收晒和柑橘、胡柚采摘。

3.台风　10月14日夜里至15日，受台风“卡努”外围偏东气流影响，全县普降小雨到中雨，局部大雨。

4.暴雨　4月6日傍晚到夜里，全县普降大雨，部分地区出现暴雨天气，过程面雨量42.8毫米，其中最大乡镇站点为芳村镇黄塘村68.4毫米。4月8日夜里到9日，常山出现一次区域性暴雨天气过程，8日8时至10日8

时，全县面雨量64.9毫米，城区降雨量59.2毫米，县气象台提前发布雷电黄色预警信号和暴雨蓝色预警信号。

受梅雨带影响，6月9日下午到夜里、11日白天、28日白天，全县普降大雨，局部暴雨，县气象台均提前发布暴雨蓝色预警信号。6月11日到12日，全县普降暴雨，13日雨量减小，暴雨全县过程雨量为118.1毫米。县气象台在11日09时15分发布暴雨蓝色预警信号，在12日17时升级发布暴雨黄色预警信号。6月20日到21日，过程雨量为121.9毫米。县气象台发布暴雨蓝色预警信号，在22日03时58分升级发布暴雨黄色预警信号。6月23日到25日，出现区域性大暴雨天气过程，6月23日08时至6月25日20时过程降水量161.6 毫米。县气象台在23日17时50分发布暴雨蓝色预警信号，在23日20时升级发布暴雨黄色预警信号，23日14时20分升级发布暴雨橙色预警信号。

5.雷电　6月10日，常山部分地区出现雷暴天气，局地伴有雷电、短时强降水和局地雷雨大风等强对流天气。县气象台提前发布雷电黄色预警信号。

7月10日和8月6日、20日、30日，常山部分地区出现雷暴天气，局地伴有雷电、短时强降水和局地雷雨大风等强对流天气。县气象台均提前发布雷电黄色预警信号。

6.高温　7月全县平均高温日数（≥35℃）18.0天，较常年偏少1.6天，较2016年偏多4.0天。≥38℃高温日数为8.0(常年2.8)。高温时段主要出现在7月下旬,县气象台自7月20日开始分别发布5次高温橙色、5次红色预警信号。全县月极端最高气温为39.9℃，出现在7月25日。

7.梅雨　常山县于6月9日入梅，比常年的6月10日略偏早，6月30日出梅，比常年的7月10日偏早，梅期22天，比常年偏少9天。6月9—30日，全县面雨量579.4毫米，城区总雨量520.1毫米，比常年梅期（339.5毫米）偏多180.6毫米，比常年明显偏多。全县有11个乡镇站点降雨量超过600毫米，最大降雨量为辉埠镇东湖村668.3毫米。

县气象局发布暴雨蓝色预警信号5次，升级暴雨黄色预警信号3次，升级暴雨橙色预警信号1次。

8.冷空气、寒潮　2017年1月21—24日，全县大部分地区出现零下1℃～零下3℃低温，山区零下3℃～零下5℃，有冰冻。

3月1日下午起，气温明显下降，大部分地区出现4～5级偏西风，短时阵风达6～7级，3日大部分地区日最低气温达0℃～2℃，部分山区达零下1℃～零下3℃。

10月，常山县有3次冷空气影响天气过程，伴有弱降水和降温。2日夜里开始至4日受冷空气持续影响，常山阴天为主，部分地区出现阵雨天气，气温明显下降。11日下午起至14日受冷空气持续影响，气温下降，风力加大，局部地区出现6～8级短时大风，部分地区有小雨。29日开始常山受中等偏弱冷空气影响，气温下降，31日早晨县城最低气温下降到8.7℃。

11月，常山冷空气活动频繁，带来降温、降水、大风天气。4日受冷空气影响，全县大部分地区过程降温幅度达5℃～8℃；10日受冷空气影响，普降小雨，局部中雨；18日冷空气主体南下，出现大风和降温天气，其中新昌乡黄塘村出现8级大风（18.5米/秒）；29日下午起冷空气开始影响常山，全县普降中雨，部分大雨，气温逐步下降。

12月5日开始，常山气温明显下降，全县进入气象意义上的冬季，6日早晨县城最低气温开始下降到5℃以下，部分山区出现0℃以下的冰冻天气。

9.强对流　8月6日、20日和30日，常山大部分地区出现雷阵雨天气，局地伴有强雷电、雷雨大风、短时强降水等强对流天气。县气象台均提前发布雷电黄色预警信号；发布天气快报15次。9月，常山短时强降水、雷电和局地雷雨大风等强对流天气多发。

10.大风　受冷空气渗透影响，2月20日下午到夜里，常山本站出现9级大风，有4个乡镇区域自动站出现8级大风。县气象台提前发布大风黄色预警信号。

（周婷洁）

人口

截至2017年年底，全县户籍人口总户数为115165户，比上年增加2581户，总人口（不含服现役人员）为344993人，平均每户3.0人。其中男性178583人，女性166410人，分别占总人口的51.8%和48.2%，性别比为107.3（女=100）。总人口比上年增加1369人，年增长0.4%，增幅比上年下降0.06个百分点。

全县办理出生登记4888人，比上年增加717人，出生率为14.2‰，比上年提高2.0个千分点。死亡2141人，比上年增加168人，死亡率为6.2‰，比上年提高0.5个千分点。其中男性死亡1253人，女性死亡888人。人口自然增长2747人，比上年增加549人，自然增长率8.0‰，比上年提高1.6个千分点。全县城镇人口98270人，乡村人口246723人，分别占总人口的28.5%和71.5%。全年迁入1079人，比上年增加45人；迁出2471人，比上年增加847人。18岁以下的为66851人，占总人口的19.4%；18岁至34岁的为66814人，占总人口的19.4%；35岁至59岁的为143476人，占总人口的41.6%；60岁以上的为67852人，占总人口的19.7%。其中，百岁以上老人17人，比上年增加4人。

（占慧臻）

国民经济和社会发展

【概况】 2017年，常山县上下深入实施“四四二”战略体系，扎实推进供给侧改革，加快培育新兴产业，经济工作精准发力，经济运行持续稳走，形成稳中求进、动力转换、结构优化的较好局面。全县实现生产总值1274012万元，比上年增长6.6%。其中，第一产业增加值83832万元，增长2.1%；第二产业增加值536650万元，增长5.9%；第三产业增加值653530万元，增长8.0%。三次产业增加值结构由上年的6.9：41.8：51.3调整为6.6：42.1：51.3。全县人均生产总值按户籍人口计算为37002元，折5480美元，比上年增长6.1%。

【农业】 2017年，全县实现农林牧渔业总产值130716万元，比上年增长1.4%。全年农作物播种面积21122公顷，其中粮食播种面积10917公顷，油料播种面积3995公顷，蔬菜种植面积4130公顷，果用瓜种植面积668公顷（粮食、油菜籽播种面积取自粮食生产统计监测调查，其他经济作物取自全面报表）。粮食作物总产量68494吨，比上年下降0.4%；油料产量7301吨，增长0.3%；蔬菜产量102126吨，增长5.5%；果用瓜产量25407吨，增长7.3%。柑桔总产量144429吨，比上年增长5.3%，其中胡柚产量为110216吨，增长7.4%；茶叶产量为216吨，增长0.5%；蚕茧产量为32吨，下降11.1%。肉类总产量为11256吨，比上年下降7.2%，其中猪肉6254吨，下降14.8%；蛋类产量3278吨，下降1.8%。生猪年末存栏为4.5万头，比上年增长21.8%，其中能繁殖的母猪为0.4万头，增长2.7%；肥猪年内出栏数为8.6万头，下降16.5%；家禽年末存栏120.3万只，下降20.2%；家禽年内出栏389.9万只，增长4.1%。全年水产品总产量为6223吨，增长5.3%。

2017年，“衢枳壳”成功纳入新“浙八味”。创建省级第一批农业“机器换人”示范乡镇2个、示范基地5个。首次成功试栽羊肚菌，亩产鲜菇100千克，亩产值2.6万元，亩利润1.6万元以上。新增全国休闲农业与乡村旅游四星级示范企业1家、省级休闲农业与乡村旅游示范点1个。新增省级骨干龙头企业1家、省级示范性家庭农场7家。新增无公害农产品5个、绿色食品3个、全国农交会金奖1个、省农博会金奖3个。

【工业和建筑业】 2017年，全县实现工业总产值158.3亿元，其中主营业务收入2000万元以上（即规模以上）工业企业104家，完成产值106.4亿元；规模以下工业企业完成产值51.9亿元。全年全部工业完成增加值按可比价格计算比上年增长7.2%。

在规模以上工业中，水泥产量比上年增长15.5%，其中散装水泥增长24.6%；水泥熟料产量增长7.3%；纱产量增长10.1%；轴承产量增长21.5%；铜材产量增长1048.8%；精制食用植物油产量下降20.9%；钢材产量增长37.6%；半导体分立器件产量下降86.1%；印制电路板产量增长1.3%；互感器产量下降4.5%。全县建筑业实现总产值473886万元，与上年持平。建筑业实现增加值112103万元，增长0.5%。全县有资质建筑业企业35家，具有一级资质企业2家、二级资质企业10家、三级资质企业23家。

【固定资产投资和房地产业】 2017年，固定资产投资比上年增长13.1%。其中第一产业投资下降19.6%；第二产业投资增长8.3%；第三产业投资增长20.4%。工业投资比上年下降8.3%，其中制造业投资下降4.0%。采矿业，电力、热力、燃气及水的生产和供应业，交通运输、仓储和邮政业，住宿和餐饮业，科学研究和技术服务业和文化、体育和娱乐业6个行业的投资增速超过50%。制造业、金融业、教育和公共管理和社会组织4个行业呈下降态势。基础设施投资比上年增长32.4%。其中，水利、环境和公共设施管理投资增长10.2%；电力、燃气及水的生产供应业投资增长96.3%；交通运输、仓储和邮政业投资增长56.7%；教育设施投资下降34.4%；广播、电视、电影和音像业下降74.8%；卫生设施投资下降44.3%。

房地产开发投资比上年增长13.1%。房屋施工面积增长22.1%；销售面积增长15.5%，其中住宅销售下降14.7%。商品房实际销售额增长22.0%，其中住宅销售额下降2.7%。

全县141个县重点项目累计完成投资106亿元，完成年度计划的102.3%。其中，16个省重点项目完成投资35.0亿元，完成年度计划的136.7%；33个市重点项目完成投资58.7亿元，完成年度计划的120.5%。城区危旧房治理改造工程、320国道“二改一”、048省道延伸线、钱塘江治理常山港二期工程、斯凯孚等一批重点项目积极推进，常山县客运中心建设工程、九景衢铁路常山段工程、常山县第一中学迁建工程等项目建成。

【国内贸易】 2017年，全县实现社会消费品零售总额678969万元，比上年增长11.4%。其中限额以上批发零售业实现消费品零售额57056万元，增长36.3%。城镇55643万元，增长37.2%；乡村1414万元，增长8.1%；餐饮收入5614万元，增长12.9%，商品零售48326万元，增长42.4%；粮油食品、饮料烟酒类增长70.5%，日用品类增长200.1%，书报杂志类增长 2.1%，家用电器和音像器材类增长41.8%，中西药品类增长4.3%，石油及制品类下降21.1%。

【对外经济】 2017年，全县新增拥有自营出口权企业24家，累计拥有自营出口权企业224家，实际出口企业62家，新增实际出口企业10家。全年实现外贸进出口总额25974万美元，比上年增长29.1%，其中出口25948万美元，增长25.2%。全年新批外商投资企业3家，实际利用外资515万美元，下降14.2%。

【交通、邮电和旅游业】 2017年，全县完成交通运输和邮政业增加值41187万元，比上年增长8.4%。各种运输完成公路货物运输量1191万吨，比上年增长14.6%；公路客运量535万人次，增长6.0%。县境内铁路有1条。衢九铁路常山段全线长35.3千米，途经何家、辉埠、金川、紫港、青石、招贤6个乡镇（街道），占浙江段主线的39.6%。常山段共设置辉埠货站和常山客站2个站点，2017年12月28日正式通车。境内有国家高速公路3条、国道2条、省道1条、县道22条、乡道34条，村道362条，公路总里程1050.4千米，公路网密度95.6千米/百平方千米。国家高速公路境内总里程89.0千米，其中G60杭金衢段41.6千米，G3黄衢南段31.1千米，G60N（即杭长高速）16.2千米。一般国道总里程63.5千米，其中G205常山段23.5千米，G320常山段40.0千米。221省道江溪线常山段里程8.6千米。县境内国、省道干线公路里程161.1千米，占公路总里程的15.3%；县道公路257.6千米，占公路总里程的24.5%；乡道公路168.2千米，占公路总里程的16.0%；村道公路463.4千米，占公路总里程的44.1%。全县公路桥梁总长26630.1延米/364座，其中互通式立交桥1636.3延米/9座，每百公里拥有桥梁34.7座。特大桥1263.2延米/1座，大桥15797.4延米/56座，中桥4693.2延米/84座，小桥4876.3延米/223座。全县公路隧道总长30352.4延米/34道，其中长隧道19793延米/9道，中隧道7133.4延米/10道，短隧道3426延米/15道。公路通乡率100%，通行政村率100%，村道总里程463.413千米。

全年电信业务收入2.9亿元，比上年增长21.0%。城乡固定电话用户3.3万户，增长7.8%；移动电话用户24.0万户，增长1.1%，国际互联网用户（不含手机）24.9万户，增长19.7%。

旅游业快速发展。2017年常山县正式跻身国际慢城联盟成员，成为中国第7个国际慢城。中国第一个以观赏石为唯一展示内容的主题博物馆——中国观赏石博览馆自8月30日试运行以来，接待游客约15万人次。黄冈村、黄塘村、郭塘村、高峰村成功创建AAA景区村，赏石小镇完成AAAA景区景观质量评审。全年新增民宿床位10002张，三星级以上农家乐180家，农家乐综合体6个。接待游客792.4万人次，比上年增长24.3%，实现旅游收入503235.6万元，比上年增长25.1%。

【财政、金融、证券和保险】 2017年，全县完成金融业增加值71155万元，比上年增长6.0%。实现财政总收入139715万元，比上年增长9.8%，其中公共财政预算收入98780万元，增长9.2%；上划中央“六税”收入40935万元，增长11.4%。税收收入64653万元，增长4.9%，占一般公共财政预算收入的65.5%，占比比上年回落3.8个百分点。公共财政预算支出377589万元，增长7.4%。其中民生支出301621万元，增长11.0%，占一般公共预算支出的79.9%；财政八项支出260684万元，增长10.5%，占一般公共预算支出的69.0%。

截至2017年年底，全县金融机构本外币存款余额1966457万元，其中人民币存款余额1963367万元，比上年增长5.4%。在各项存款中，其中住户存款余额1077620万元。年末金融机构本外币贷款余额1621786万元，其中人民币贷款余额1620184万元，增长10.7%。

2017年，全县保费收入3.8亿元，比上年增长21.6%；支付各类赔款1.3亿元，增长2.6%。

【教育和科学技术】 2017年，全县有中小学校40所，其中，高级中学3所；完全中学1所（民办）；职业高中1所；普通初中7所；培智学校1所；中心小学25所（民办1所），完小2所，另有教学点13个（含新昌乡半源、招贤镇五里2个无学生的教学点）。全县有持证幼儿园104所，其中，教育部门办3所、其他部门和集体办幼儿园8所、民办幼儿园93所，幼儿园数比上年减少1所。全县有中小学生及在园幼儿41284人，其中，普通高中4548人、职业高中在校生2113人、普通初中8678人、小学16433人、培智学校88人，在园幼儿9424人。小学适龄儿童入学率100%，初中入学率100%。小学、初中巩固率100%。初中毕业生升高中段比例98.4%；九年义务教育完成率100%；“三残”（指智残、体残、肢残）少儿入学率96.4%；职校毕业生就业率100%，职校双师型教师占专业教师比例83.3%。学前三年幼儿入园率97.0%，学前一年入园率99.7%。十五年教育普及率98.5%。小学英语普及率100%。截至2017年年底，全县教育部门办学校在职教职工2327人，其中，高中411人、初中678人、小学1108人（含特殊教育学校16人）、幼儿园63人、其他人员51人；民办学校教职工1020人（含幼儿园872人）。

全县高考一段上线人数161人，比上年

增加47人，增长41.2%，增幅及绝对数均创历史新高。中考进入全市前10%的考生217人，比上年增加59人。承办衢州市学前教育公共服务体系建设工作现场会，常山学前教育“公建民办公助”经验登上中国教育报头版。2017年小学段、初中段优秀生源外流比上年分别下降5.5%和10%。

全县争取上级到位科技经费547.9万元。申报市级以上科技项目54项，其中省级22项、市级32项。新增国家高新技术企业6家、省科技型中小企业23家。全年完成网上技术交易合同登记额1.2亿元。全县新增省专利示范企业1家、贯标企业1家，申报市专利示范企业6家，完成县经济技术开发区市级知识产权示范开发区创建工作。组织落实浙江环宇轴承有限公司、浙江永合新材料有限公司、常山县人民医院等单位申报市科技进步奖9项，其中工业类4项、医药卫生类4项、社会公益类1项，获奖3项。全县申请专利808件，授权专利354件，其中发明专利分别为62件和21件。全年向企业发放创新券259.7万元，使用144.4万元，对60家企业和3家载体兑现资金104.9万元，在全市6个县（市、区）中，发放额度位居第一。组织申报2017年度省科技特派员扶贫专项项目12项、团队特派员项目3项。建成常山县科技特派员示范基地7个，示范面积5000多亩，引进新品种8只，推广新技术10项；组织申报省市科技特派员扶贫专项项目19项，获上级专项资金158万元。

【文化、卫生和体育】 2017年，常山县全面实施第二轮省级公共文化服务重点县提升建设工程，26县文化考核得满分，全省排名第一；基本公共文化服务数据评估，名列衢州地区第一。推进城市古迹修复十大专项工程建设。开展“喜迎十九大·七一颂党恩”全县万人大合唱比赛和“喜迎十九大·舞动新慢城”全县万人排舞大赛。组织举办5场喝彩歌谣艺术集中展演活动，开展“爱我中华”第六个全国赏石日暨首届常山国际赏石文化节晚会演出活动。举办2017年春节元宵系列文化活动；开展16场“激情广场月月唱”活动和14场“一乡一节”活动；举行“常山艺苑”周末越剧免费专场演出活动和“东鲁戏剧角”周末越剧免费专场演出活动58场。全年开展送演出戏下乡169场，送图书下乡12450册，送电影下乡2955场次，讲座展览27期，跨县域文化走亲9场。新建农村文化礼堂达18个。成功获批8处省级文物保护单位。

全县有广播电台1座，广播综合人口覆盖率99.9%。电视台1座，电视综合人口覆盖率99.9%。有文物保护单位57个，公共图书馆图书藏书量295千册，比上年增长3.2%。

全县有各级各类医疗机构280家，其中，县人民医院、县中医院、县妇保院各1家，乡镇（中心）卫生院14家，民营医院3家（贞元医院、民康医院、第三医院），其他医疗机构2家（省三监医院、县疾病预防控制中心），村卫生室（社区卫生服务站、卫生院分院）203家、有乡村医生179人（不包括在村卫生室执业的执业助理及以上人员），个体诊所37家(其中中医诊所9家)，厂矿医务室18家。各级医疗机构核定床位1001张。全县执业(助理)医师数748人，每千常住人口医生数3.1人；全县执业护士数591人，每千常住人口注册护士数2.5人。卫计系统在编专业技术人员1100人，其中正高级33人，占3%；副高级105人，占9.6%；中级320人，占29.1%；助理级344人，占31.2%；员级252人，占22.9%；见习期46人，占4.18%。全县公立医疗机构业务总收入为4.4亿元，比上年增长13.2%；门诊人次118.5万人次，比上年增长2.1%；住院人次34841人次，比上年增长6.4%。

2017年，常山县举办“环浙”自行车挑战赛、中国皮划艇巡回赛、第二届浙江省企业（企业家）武术大赛、长三角MBA山地自行车菁英赛、2017中国山地自行车公开赛总决赛。承办国际慢城首届农民运动会、全县首届企业家职工运动会等11项市县级体育赛事。常山山地自行车公园被评为浙江省运动休闲旅游优秀项目（全省仅31席），2017中国山地自行车总决赛被列入浙江省重点培育品牌赛事(全省仅39席)。获2017年山地自行车公开赛“最佳赛区”（A级赛区）。奥运冠军孟关良给常山授牌“浙江省水上运动训练基地常山基地”。山地自行车公园获浙江省射击射箭自行车训练基地（常山基地）和南京大学MBA菁才训练基地。完成“浙江省武术之乡”和“浙江省体育强县”创建工作。

【资源、环境】 2017年，常山县主要地表水体水质和集中式饮用水源地水质100%符合水功能区要求，出境水质100%达到II类水标准（其中I类水134天，占37.3%），出境水中高锰酸盐指数、氨氮、总磷全年平均浓度比2016年分别下降6.9%、31.1%、40.0%，出境水总磷指标优于入境水，出境水I类水天数比入境水多25天。城区环境空气有效监测天数为362天，优良天数338天（其中优秀133天，良好205天），优良率为93.4%，比上年提高3.1%，PM2.5平均浓度为38微克/立方米。全县森林覆盖率73.2%。

【城市建设】 截至2017年年底，常山县城建成区面积18.7平方千米；供水总量1253万吨，售水量903万吨；城市生活垃圾处理率达到100%，县城平均污水处理率93.7%。

（占慧臻）

精神文明建设

【概况】 2017年，常山县精神文明建设委员会办公室（以下简称“县文明办”）开展系列群众性精神文明创建活动。开展社会主义核心价值观进学校、进社区、进宗教场所“三进”活动。全县14个部门、行业开展“最美常山人”系列评选活动。开展省市级文明单位（村镇）评选、复评工作，金川街道十里山村入选全国文明村，天马街道、农信联社、文峰社区等10家单位（村、社区）被评为省级文明单位（村镇）。评选、表彰县级文明家庭2049户。王雪园家庭（天马街道）、胡富生家庭（辉埠镇宋畈村）、邱木兰家庭（白石镇）、徐宝英家庭（招贤镇）获省级“最美家庭”荣誉。县“治危攻坚小分队”、县“移动结核门诊”团队分获第六届“最美衢州人”十大年度人物、十大年度人物提名奖。启动小城镇文明三年行动计划。通过走村入户等形式发放倡议书、宣传单约6万份，及时编发小城镇文明行动工作信息。围绕县委、县政府中心工作，发动各单位志愿者、社会志愿者团体(协会)参与，提供志愿服务约2万小时。“常山县党员干部一小时志愿服务”项目获评衢州市“文明创建优秀志愿服务项目”，常山县农信联社“好邻居·红马甲”志愿服务队、常山县青年志愿服务队获评衢州市“文明创建最美志愿服务队”，廖慧忠等5人获评衢州市“文明创建最美志愿者”，国网浙江常山县供电公司、常山县公安局获评衢州市“文明创建志愿服务工作先进单位”。县文明办报送的广播作品《让好家风延续》入选浙江省“讲文明树新风”公益广告作品库。蓝燕萍（麦田计划常山站负责人）入围全国100名最美志愿者候选人。

【社会主义核心价值观宣传教育】 2017年，县文明办开展社会主义核心价值观进学校、进社区、进宗教场所“三进”活动，每个乡镇（街道）创建社会主义核心价值观展示示范学校1所；城区8个社区核心价值观展示全覆盖；3家宗教场所显著位置树立核心价值观铁塑，在衢州市率先实现核心价值观三大宗教全覆盖。塔山公园植入核心价值观景观30处，成为衢州市首个社会主义核心价值观主题公园。招贤小学拍摄的社会主义核心价值观微电影《一张试卷》获全国校园影视一等奖。

【“最美常山人”系列评选】 2017年，全县14个部门、行业开展“最美常山人”系列评选活动，表彰行业最美个人约200人。开展年度榜样评选活动，从各单位推荐的249名候选人中，选出县治危小分队、“移动结核门诊”、杨龙名等22个年度榜样（团体）。完善“好人地图”，收集整理2011—2016年评选表彰的97名最美人物的相片、地址等资料，形成“最美常山人地图”；将“最美常山人”典型事迹与照片制作成广告灯箱，打造最美一条街。制作“最美常山人”公益墙绘300多平方米。

【城镇文明活动深入开展】 2017年，县文明办开展省市级文明单位（村镇）评选、复评工作，指导各单位进行网络申报、复评工作。金川街道十里山村入选全国文明村，天马街道、常山农信联社、文峰社区等10家单位（村、社区）被评为省级文明单位（村镇）。开展“传家风立家训”活动，在全县各中小学开展“好家风”演讲比赛活动，组织20所中小学校的选手参加县级决赛。选送2个节目参加衢州市“方言传家训·家风润衢城”百姓大舞台活动，均获优秀节目奖。开展县、乡两级文明家庭评选活动，评选表彰县级文明家庭2049户。邀请省家庭家风家教大讲堂特邀讲师周玉蓉到常山作家庭教育专题讲座。王雪园家庭（常山县天马街道）、胡富生家庭（常山县辉埠镇宋畈村）、邱木兰家庭（白石镇）、徐宝英家庭（招贤镇）获省级最美家庭荣誉。启动小城镇文明三年行动计划，通过走村入户等形式发放倡议书、宣传单等近6万份；通过网络及时发布小城镇文明行动工作信息。

【志愿服务队伍迅速扩大】 2017年，县文明办开展“最美常山学雷锋先进”评选表彰活动，县财政局、同弓乡人民政府等6家单位被评为“学雷锋先进单位”，县文化志愿服务队、“好邻居·红马甲”志愿服务队等6家单位被评为“学雷锋县级单位”，李洋、林小剑等10人被评为“最美常山十佳志愿者”，徐国英、叶小龙等6人被评为“最美常山优秀志愿者”。围绕危旧房治理改造、“厕所革命”“国际慢城”建设等中心工作，组织开展志愿服务约2万小时。创新志愿者招募模式，通过互联网发布活动方案、募集活动经费、招募志愿者，开展留守儿童志愿服务活动。通过“麦田计划”常山站、“双木关爱中心”等社会公益组织招募来自布里斯托大学、衢州学院、衢州职业技术学院等院校的43名大学生志愿者，在紫港街道姜家堡村、芳村镇芳村村、球川镇芙蓉村、大桥头乡浮河村建立8个支教点，为约600名“留守儿童”义务辅导假期作业、培训手工绘画技艺，开展防溺水宣传、心理疏导等贴心服务。

【未成年人思想道德教育内容丰富】 2017年，县文明办整合部门工作资源，把“春泥计划”提质工程与文化礼堂阵地建设结合实现资源共享。落实7所学校的中央彩票公益金支持的乡村学校少年宫项目任务，组织大学生暑期志愿服务行动，为农村未成年人营造良好文化氛围。开展节日娱乐文化民俗、经典诵读等活动，把“我们的节日”系列活动办成爱国节、文化节、道德节、仁爱节、传承节。以春节、元宵节等传统节日为节点，开展一系列有利于青少年健康成长的主题实践活动。落实“立德树人”根本任务，以实施“亲子共成长”工程为龙头，推进学校、家庭、社会“三结合”网络建设，为未成年人健康成长营造良好的网络环境。

（黄红霞）

乡镇（街道）和村居概况

2017年度，常山县域面积1099平方千米，全县辖3街道6镇5乡，其中8个社区，4个居委会，180个行政村，2个渔业大队，总人口34.50万人。

2017年常山县乡镇（街道）基本情况简介及行政村、社区名称一览

表4

乡镇（街道）名称、概况	行政村、社区（居委会）名称
天马街道办事处（区域面积75.50平方千米，辖12个行政村，6个社区，常住19161户，年末总人口约4.90万人）	东方红 南前坊 西峰 北屏山 常年青 蒲塘 东港 周塘 天马 五联 天安 和平/屏山社区 金川社区 东明社区 定阳社区 文峰社区 渡口社区
紫港街道办事处（区域面积41.30平方千米，辖10个行政村，1个渔业大队，1个社区，6790户，约1.57万人）	富足山 外港 后坊 枧头 大弄口 狮子口 狮东 姜家堡 孔家弄 渣濑湾/渔业大队 紫港社区
金川街道办事处（区域面积57.50平方千米，辖14个行政村，1个社区，年末总人口约2.12万人）	常桥 新建 五里亭 十里山 新都 蒋家 十五里 胡家淤 朱家坞 湖东 徐村 上埠 上蒋 金川弄/ 赵家坪社区
白石镇（区域面积46.20平方千米，辖7个行政村，1个社区居委会，常住人口约1.05万人）	十八里 曹会关 白石 小白石 草坪 新塘岭 聚宝/白石街居委会
招贤镇（区域面积69.80平方千米，辖18个行政村，年末总人口约3.49万人）	官庄 高埂 大溪沿 游林 古县畈 古县 招贤 汪家淤 渔溪口 纱帽山 溪上 泉目山 大弄 五里 樊村 鲁士 山底 象湖
青石镇（区域面积78.70平方千米，辖18个行政村，1个渔业大队，年末总人口约3.63万人）	山溪边 湖头 虹桥 阁底 塘边 山头 江家 新站 马车 水南 飞碓 澄塘 砚瓦山 和尚弄 溪口 大塘后 九龙山 桥亭/溪口渔业大队
球川镇（区域面积129.50平方千米，辖20个行政村，1个社区居委会，年末总人口约3.96万人）	后弄 芙蓉 红旗岗 东山 西村 杨家 球川 东坑 王家 三溪 吴家 上安 馒头山 沙安 黄泥畈 九都 棋盘山 常周 龙绕 新店/龙头街居委会
辉埠镇（区域面积127.10平方千米，辖17个行政村，1个居委会，年末总人口约3.52万人）	大埂 山背 鸭坞 石姆岭 辉埠 东乡 童家 久泰弄 宋畈 达坞 路里坑 彭川 双溪口 桐村 黄坞岭 才里 东鲁/辉埠居委会
芳村镇（区域面积148.70平方千米，辖20个行政村，1个社区居委会，常住人口约2.89万人）	泮坑 园区新村 芳村 洁湖 河边山 上猷阁 下猷阁 猷阁口 大处 前进 石塘 芙蓉湖 修书 井河 东源 横山路 新桥 前姜 东岗 前塘 /水阁亭居委会
何家乡（区域面积56.90平方千米，辖8个行政村，年末总人口约1.38万人）	何家 樊家 江源 江湾 钱塘 长风 黄冈 双安
同弓乡（区域面积38.50平方千米，辖8个行政村，年末总人口约1.16万人）	彤弓山 同心 关庄桥 山边 金川源 湖石头 中和 胡村
大桥头乡（区域面积49.90平方千米，辖8个行政村，年末总人口约1.53万人）	浮河 客弄 友好 新村 大桥 樟山 莲塘 濛桥
新昌乡（区域面积110.60平方千米，辖10个行政村，年末总人口约1.58万人）	新昌 对坑 黄塘 岩前 輶辂 郭塘 达塘 茶源 泰安 西源
东案乡（区域面积68.80平方千米，辖10个行政村，年末总人口约1.74万人）	高峰 金源 呈东 弄坞 田蓬 前库 朝阳 东案 白马 万安

2017年常山县乡镇街道基本情况

表5

乡镇街道名称	年末总户数（户）	年末总人口（人）	其中		城镇人口（人）	农村户数（户）	农业人口（人）	其中：男	农村劳力（人）	其中：男
			男	女						
天马街道	19161	48958	25099	23859	40696	5457	15392	7861	10739	5592
紫港街道	5721	15680	7823	7857	15680	4520	13348	6704	8431	4477
金川街道	7829	21199	10401	10798	17932	6710	19395	9400	12323	6439
白石镇	3549	10496	5411	5085	3614	3249	9597	4895	6297	3285
招贤镇	11463	34859	18176	16683	4313	10332	32178	16873	21945	11825
青石镇	11125	36253	18987	17266	1370	10437	32818	17272	21653	11791
球川镇	11842	39565	20584	18981	14394	11290	36901	19015	23805	12792
辉埠镇	10863	35186	18215	16971	6371	10473	33076	17325	22301	12284
芳村镇	9323	28883	15106	13777	7049	7943	25824	13930	17958	9652
何家乡	4471	13760	7163	6597	—	4471	13760	7163	8652	4648
同弓乡	3776	11636	6016	5620	—	3480	11215	5848	6930	3610
大桥头乡	5087	15277	8086	7191	—	5087	15277	8086	9578	5182
新昌乡	5147	15817	9204	8220	—	5616	13257	7010	8597	4619
东案乡	5808	17424	8312	7515	—	4414	14194	7552	9445	5092
全县合计	115165	344993	178583	166410	111419	93479	286232	148934	188654	101288

说明：(1)年末总户数、年末总人口、城镇人口数据摘自县公安局《2018年人口及其变动情况统计报表》
(2)农村户数、农业人口、农村劳力数据摘自《2018常山统计年鉴》

中国共产党常山县委员会

综 述

2017年，中共常山县委团结带领全县广大党员干部群众，深入实施“四四二”战略体系，开展“招商引资年、项目推进年、能力提升年”活动。全县经济社会发展实现历史性重大突破，主要经济指标排名在全市一路领先，各项重点工作亮点纷呈。

常山县全年实现地区生产总值129.9亿元，比上年增长6.6%；财政总收入14亿元，增长9.8%，其中一般公共预算收入9.9亿元，增长9.2%；全县社会消费品零售总额67.9亿元，增长11.4%；外贸进出口总额2.58亿美元，增长30.6%；农村居民人均可支配收入18317元，城镇居民人均可支配收入33539元，增长9.6%和9.1%。

放开视野谋大事。2017年，常山县获“国际慢城”联盟总部授牌，成为中国第七个“国际慢城”，与意大利韦加拉诺梅纳达市、阿金塔里奥市缔结友好城市关系，三衢石林获“全球低碳生态景区”称号。中国观赏石博览馆建成开馆，举办“8·30”全国第六个赏石日、中国山地自行车公开赛总决赛、中国皮划艇巡回赛等重要活动。举办中国油茶博览会，首个国家油茶公园落户常山，省级山茶油质量检验中心和油茶标委会成功授牌，“新华—常山”山茶油价格指数引领行业定价，获评首批全国木本油料特色区域示范县。在全国率先推行公厕“所长制”，常山“厕所革命”成为全国“网红”。“常山阿姨”打开农村妇女培训就业新局面，得到国务院副总理刘延东批示肯定。获评“全国百佳深呼吸小城”“中国生态魅力县”“中国最美乡村旅游目的地”“省休闲农业与乡村旅游示范县”“省体育强县”“省武术之乡”。

潜心聚力抓要事。实行招商“百万重奖”，实施项目“百日攻坚”，锦禾总部综合体快速推进，钱塘江治理二期、320国道“二改一”、048省道延伸线、沿江美丽公路加快建设，常山江航运开发、浙西连廊等项目前期做细做实，衢州—九江铁路正式通车。实施“工业新政18条”和“人才新政18条”，锦禾农机、哲丰新材料全面投产，天津利安隆、大和热磁等一批大企业加快落地，瑞典斯凯孚、可口可乐、美国矿物集团三大世界产业巨头联姻常山，组织企业家外出参与高端培训和深度考察，与浙报集团、省体育局、北京大学、衢州学院开展战略合作，新增院士专家工作站5家、博士工作站3家，引进省“万人计划”专家1人。产业融合不断深化，众卡运力龙头崛起，“云耕小镇”入列全省第三批特色小镇创建名单，赛得健康养生小镇创成全省老年养生旅游示范基地和休闲农业与乡村旅游示范点。高端民宿加快培育，不老泉、村上酒舍获评衢州市十佳乡村精品民宿。“衢枳壳”纳入新“浙八味”，常山胡柚增收效应全面释放。以“最多跑一次”改革为牵引，深化各个领域改革，乡镇“四个平台”在全市率先建成并全面运行，承担全市媒体融合改革试点任务，新闻传媒集团挂牌运行，行政审批、企业减负、农村产权、国资管理、基层妇女组织“会改联”等方面改革成效明显，产业引导投资基金公司全市首设。

义无反顾攻难事。推进73幢2111户D级危房治理改造，实现“当年签约、当年腾空、当年拆除、当年建设”和“零投诉、零上访、零事故”。全面倡导教育发展“四心”理念，大力实施教育改革“四个一”工程，加快推进名校名站名师战略合作，创办日语班、慈溪班，联手书生学校合作办学，中高考出色发挥，高考一段线比上年增长41.23%，中考排名全市前10%增加59人。医疗改革持续深化，入列全省首批“医共体”试点县，与浙大一院签约共建“医联体”，黄荷凤院士专家工作站落户县人民医院。营造“六最”发展环境，强力开展“树正气、打歪风”行动，以中医理论指导信访维稳工作，信访积案“清仓见底”行动成效显著。全面打赢党的十九大护航保卫战，勇夺全省首批“平安金鼎”。

瞄准短板办实事。实施城市建设“双十专”，心舟公园、引水入城、七彩夜城等全面完工，展衣山北公园、人行景观桥、文昌阁、城区干道白改黑、文峰路立面改造等有序推进。“五四三”行动不断深化，在全市率先通过剿劣验收，“骑行河长制”走向全省，农村建房“储备金”制度全覆盖，“无违建县”创建有序推进，小城镇环境综合整治成效明显。聚焦农民增收，抓实困难群众帮扶，加快推动农民持股扩面，全力推进消除集体经济薄弱村三年行动。“最美常山人”年度榜样温暖人心，“合唱之城·排舞之乡”品牌全面打响，万人大合唱、满天星迎新音乐会、喝彩艺术展演、激情广场月月唱等成为群众的日常文化盛宴。

严管厚爱促干事。制定领导干部实名推荐办法，开展“五比亮剑”活动，创新推行电视问政和每周聚焦。创新实施干部末位管理制度，动真格打通干部“下”的渠道，10名县管干部因不作为、慢作为受到组织处理，80余人次被函询提醒、诫勉谈话。村社换届走在省市前列，在全省县（市、区）委书记工作交流会上介绍经验。以“一月一乡一推进”为载体，促进基层党建全域提升，188个村（社区）全部达标。落实全面从严治党和意识形态工作主体责任，完成县监察委转隶组建，开展3轮县委巡察，坚定不移纠“四风”、正作风、反腐败，全县各级纪检监察组织共受理信访举报360件次、立案160件，给予纪律处分165人，其中立案查处乡科级干部15人，移送有关机关依法处理2人。

重要会议

【常山县机关干部大会】 2017年2月3日，常山县机关干部大会召开。县委书记叶美峰讲话，县委副书记、代县长周向军部署“三年”活动，县委副书记、政法委书记王郁松主持会议。徐建华、林红汉等县四套班子领导参加。县委书记叶美峰强调，“招商引资年、项目推进年、能力提升年”是2017年工作的主载体，全县上下要进一步振奋精神，深入推进“三年”活动。

【常山县教育发展大会】 2017年2月24日，常山县教育发展大会在常山一中千人报告厅举行。省教育厅副厅长韩平出席并讲话，市教育局局长徐朝金致辞，县委副书记、县长周向军主持，县委副书记王郁松宣读表彰文件，徐建华、林红汉等县四套班子领导参加。县委书记叶美峰发表《一枝一叶总关情》重要讲话；副县长郑金仙作教育工作报告。

【县委理论学习中心组（扩大）学习会暨首期“慢城大讲坛”】 2017年3月22日，县委理论学习中心组（扩大）学习会暨首期“慢城大讲坛”召开。会议邀请浙江省工业和信息化研究院院长兰建平作讲座。叶美峰、周向军等县四套班子领导参加。会上，兰建平指出，常山发展要以信息化推动工业化、促进城镇化、带动农业现代化。

【常山县工业经济发展大会】 2017年3月29日，常山县工业经济发展大会在县青少年宫举行。县委书记叶美峰讲话，县委副书记、县长周向军主持，县委副书记、政法委书记王郁松宣读表彰通报，徐建华、林红汉等县四套班子领导参加。会上，县委书记叶美峰强调，工业是常山的“一号经济”，要发扬工业的“制造精神”和“创造精神”。副县长姜苏州部署2017年工业转型升级十大专项重点工作。

【全国深呼吸小城建设座谈会】 2017年4月22日，全国深呼吸小城建设座谈会召开。中国国土经济学会理事长柳忠勤等10多位专家、学者参加。会上，县委书记叶美峰作《畅想“何处心安 慢城常山”》演讲。相关专家介绍全国深呼吸小城评审情况，对常山创建深呼吸小城的条件进行点评。

【县委十三届二次暨县十六届政府第一次全体（扩大）会议】 2017年9月1日，县委十三届二次暨县十六届政府第一次全体（扩大）会议召开。全会贯彻习近平总书记治国理政新理念、新思想、新战略，落实省、市党代会和市委七届二次全会、市七届政府第一次全体会议精神，围绕县第十三次党代会确立的“四四二”战略体系，研究部署“慢城大花园”建设，动员全县上下进一步解放思想、狠抓落实，顺势而为、奋发有为，推进“八八战略”在常山的新实践，全力推动各项工作取得新突破。县委书记叶美峰代表县委常委会向全会作工作报告，县委副书记、县长周向军主持，徐建华、王郁松等县四套班子领导参加。

重大活动

【重点项目集中开工暨锦禾总部综合体项目奠基仪式举行】 2017年2月16日，常山县2017年度重点项目集中开工暨锦禾总部综合体项目奠基仪式举行。县委书记叶美峰宣布集中开工，县委副书记、代县长周向军主持。县领导徐建华、林红汉、王郁松、姜苏州等参加。县委常委、常务副县长姜良米介绍全县2017年重点建设项目和此次集中开工项目情况。2018年，常山县计划实施重点建设项目147个，其中续建项目59个、新建项目88个，总投资386.6亿元，当年计划投资109.3亿元。此次集中开工的42个项目包括常山云耕小镇项目、国家级山地自行车赛事基地工程项目、常山县小城镇环境综合整治项目等一批亿元以上项目，总投资136亿元，当年计划投资42.5亿元。

【车俊到常山调研】 2017年4月12日，省政府在衢州举行推进“最多跑一次”改革座谈会。4月11日，省委副书记、省长车俊到常山考察了解便民平台建设情况。省政府秘书长李卫宁，市领导陈新、徐文光、陈锦标，县领导叶美峰、周向军、王郁松等参加。

【开展党风廉政建设调研】 2017年7月4日，县委书记叶美峰到天马街道天马村、县公安局城关派出所调研党风廉政建设主体责任落实情况，观看党风廉政建设宣传展板，实地查看廉政长廊、廉政教育室等场所，与干群认真交谈，详细了解工作落实情况。随后召开座谈会，听取相关情况汇报。叶美峰强调，要切实把责任放在心上、扛在肩上、抓在手上，确保全县政治生态“山清水秀”。

【常山喝彩艺术展演举行】 2017年7月26日，国家级非物质文化遗产常山喝彩艺术展演举行。省文化厅副厅长叶菁，县领导叶美峰、周向军、徐建华、林红汉、王郁松等参加，全国报纸副刊协会副秘书长、驻波兰高级记者杜京，《中国艺术报》理论副刊部副主任金涛，北京市杂文学会秘书长、作家李培禹，上海公安大学教授、学者兼海派作家胡伟立等专家参加。《常山喝彩》《夸栋梁》《非遗乡韵》等8个节目上演。

【常山县与美国矿物技术集团合作备忘录签约仪式举行】 2017年8月29日，常山县与美国矿物技术集团合作备忘录签约仪式在上海举行。县委书记叶美峰出席仪式并致辞，县委常委、辉埠镇党委书记陈东，县人大常委会副主任王全，美国矿物技术集团高级副总裁乔恩等集团高层参加签约仪式。签约仪式上，县政府与美国矿物技术集团签署《关于在常山县辉埠镇进行战略投资合作和评估事宜的备忘录》。

【常山成为中国第七个国际慢城】 2017年11月11日，在挪威于尔维克市召开的国际慢城联盟总部协调委员会会议上，常山县正式跻身国际慢城联盟成员，成为中国第七个国际慢城，也是2017年唯一获此殊荣的中国城市。县委书记叶美峰参加。常山国际慢城位于县城东部，规划范围33平方千米，区域内山体以低丘缓坡为主。南侧的常山江岸线达7千米，北端的三衢湖库容达1500万立方米，另有八里塘水库、山坞水库、虹桥溪等水系资源。

（鲁雪远）

纪检监察工作

【概况】 2017年，县纪监委受理信访举报360件次，办结296件次，处置反映问题线索443件，立案160件，运用“四种形态”（即①经常开展批评和自我批评，让“咬耳扯袖、红脸出汗”成为常态；②党纪轻处分和组织处理成为违纪处理的大多数；③党纪重处分、重大职责调整的成为少数；④严重违纪涉嫌违法立案审查的成为极少数）处理447人次，给予党纪政务处分165人（含乡科级15人），县监委立案4人次，移送监察机关依法审查起诉2人，法院作出一审判决2人。组建县委反腐败协调小组追逃追赃办公室，加强常山县国家工作人员出国（境）监督管理。规范问题线索处置流程，完善执纪审查制度，强化全过程监督，实现审查调查安全“零事故”、案件“零申诉”。严明换届纪律，从严从快查处村级组织换届贿选案件2起。加强廉政教育建设，组织开展党章党规党纪知识测试7场次，开展集中轮训和专题讲座12场次，接受教育2200余人次；编印《违反中央八项规定精神问题案例选编》；拍摄《廉政时空》专题片；挖掘整理优秀传统家规家训；推送廉政短信52条、“清廉常山”微信公众号91期。加强干部队伍建设，严格执行“两个提名考察办法”，建立全县纪检监察干部廉政档案，加强干部日志管理，严格执行纪检监察干部八小时外净化社交圈、朋友圈、生活圈制度，完善重大事项和节假日外出报告、发表重大言论审批报备等配套制度。严格执行监督执纪工作规则，对22名纪检监察干部进行提醒谈话，问责处理2人。

【监督检查工作获县委主要领导的批示肯定】 2017年，县纪监委围绕县委、县政府中心工作开展营造良好发展环境“六大督查”23批次，下发交办函（督办单）38份，督促整改问题243个，问责处理5人次。其中，开展重点项目建设专项督查8次，下发督查通报7期，督促整改问题96个，对2起因作风不实导致项目建设严重滞后问题进行公开通报，对4名项目责任单位负责人由分管县领导约谈提醒，以助推项目建设提速增效，这项工作获县委主要领导的批示肯定。紧盯权力运行关键点、内部管理薄弱点、问题易发风险点，开展立项监督126个，督促整改问题628个，运用“四种形态”处理275人。

【“两个责任”层层落实】 2017年，县委常委会6次研究部署全面从严治党工作，出台《2017年党风廉政建设和反腐败工作组织领导与责任分工》，县纪监委督促指导各单位结合实际逐级建立个性化责任清单和履责留痕制度，推动党风廉政建设责任制层层落实。全面落实“两个责任”（即落实党风廉政建设责任制，党委负主体责任，纪委负监督责任）报告评议制度，分批听取全县67个部门和14个乡镇（街道）党委（党组）履行主体责任和主要负责人履行“第一责任人”职责情况报告。县纪监委协助县委抓好年度主体责任落实情况专项检查，县委、县政府领导带领19个检查组，对14个乡镇（街道）和部分县直单位开展重点检查，发现问题62个，提出整改意见58项。完善主体责任检查考核办法，对考核结果排名靠后的单位党委（党组）主要负责人进行约谈并督促整改。严格执行党内问责条例和浙江省实施办法，加大“一案双查”（即既要追究当事人责任，又要倒查追究相关领导责任，包括党委和纪委的责任）力度。

【常山县监察体制改革试点工作取得实效】 2017年2月18日，常山县监察委员会挂牌成立，推动机构、人员、业务全融合，实现对全县行使公权力的公职人员监察全覆盖。县监委探索运用监察措施，用留置取代“两规”，实行“一事一交办”“一案一授权”，全年立案4人次，开展谈话3人次，讯问4人次，留置3人次，询问76人次，查询102人次，搜查3人次，扣押2人次，调取证据4人次，鉴定1人次。

【作风建设措施有力】 2017年，县纪监委按照“越往后越严”要求，开展正风肃纪和廉节清风、违规公款购买消费烟酒问题集中整治、落实中央八项规定精神“回头看”等统一行动，查处违反中央八项规定精神和“四风”问题59起，处理党员干部105人，实名通报曝光典型违纪案例5起。开展纪检监察信访举报“护航十九大”专项督导活动，严肃查处扶贫领域腐败和作风问题。严格执行查处违反中央八项规定精神问题提前报告制度和执纪审查对象存在“四风”问题先予查处、通报制度。深化“一案一整改”制度，下发纪检监察建议书16份，督促相关职能部门建章立制，由县处级分管联系领导带队深入重点单位召开专题民主生活会，推进系统治理。

【“两巡”工作扎实推进】 2017年，县纪监委以《常山县委巡察工作政治体检“三十项”指标》为指南，开展三轮对13个单位的县委巡察，发现问题492个，发放《立巡立改通知书》86份、《巡察建议书》10份，督促整改问题219个，移交问题线索22个，移送有关机关依法处理2人，党纪处分6人，免职1人，问责4人，提醒谈话19人，追缴违规款物86.18万元。制定《巡察工作实施细则（试行）》《县委巡察工作协作协调机制》《被巡察党组织配合巡察工作的暂行规定》《巡察组工作细则》《巡察办工作细则》《巡察干部管理办法》系列规范性文本。围绕“三资”（即资金、资产、资源）管理、土地征收等群众反映强烈的重点领域，对61个行政村进行基层作风巡查，发现问题409个，督促整改问题372个。

▲“两巡”工作：县委巡察工作和农村基层作风巡查工作。

【能力提升年活动全面开展】 2017年，县纪监委开展“学思践悟·岗位练兵”能力提升年活动，开展岗位练兵23期，组织纪检监察干部培训227人次，顶岗培训12人次、挂职锻炼4人次，促使纪检监察干部善于学、勤于思、践于行、悟于心。

【开展“寻标杆、提实效”活动】 2017年，县纪监委开展“寻标杆、提实效”活动，对内用活季度例会平台，针对“两个责任”、立项监督、农村基层党风廉政建设等重点工作开展交流比拼3次；对外找准县外标杆单位，全程跟踪、寻找差距、加快追赶。

（刘光军）

县委办公室工作

【概况】 2017年，常山县委办公室（以下简称“县委办”）围绕县第十三次党代会确定的“四四二”战略体系要求，以“三年活动”为载体，紧扣县委中心工作，履行“参谋助手、信息反馈、督促检查、综合协调”的职责，为县委各项工作高效运转、决策部署有效落实提供有力保障。加强与市委办公室的业务联系，及时了解市委、市委办公室工作重点和动态，为县委工作决策提供超前服务。按照县委总体工作部署，协助县委领导做好与县四套班子、县级部门单位和乡镇间协调工作，使各方面关系更加和谐，工作步调协调统一。

做好办文办会和接待工作。精简会议文件，严格控制数量，提高质量，实现行文办会的科学化、制度化、规范化。新出台《关于严控会议、压减检查、简化考核活动的通知》，减轻基层负担，释放基层活力。年内组织筹办各类会议400余场，编发文件简报800余件，完成党代会各项会务服务工作。严格接待标准，完善规范接待程序，接待省、市领导到常山考察调研300余次。

加强文字锤炼，推动文稿服务。健全综合文稿写作机制，规范材料起草修改相关流程，吸收办公室其他干部共同参与重要文稿起草，并定期不定期召开文稿点评会，互相交流，共同提高。完成县委十三届二次全会报告、工业经济大会、教育发展大会、"五比亮剑"交流会等重要会议材料和省、市领导到常山调研汇报材料的起草工作，撰写各类重要材料300余篇。开展调查研究，安排县级领导重点调研课题24项，撰写教育、信访、"常山阿姨"等各类理论文章10余篇，编发《常山政研》4篇。

县督查考核办梳理督查事项，超前谋划督查计划，实行定期与不定期相结合，确保阶段重点工作快速推进。开展各类督查178次，发督查通报92期，下发督查事项交办单50份，获县委、县政府主要领导批示22次。

县保密办落实各项规章制度，执行24小时值班，做到全方位、全天候服务，确保密码通信畅通。加强密码通信安全建设，推进密码通信渠道标准化建设。加强视频会议保障工作，全年保障中央和省、市视频会议53场次。持续做好保密工作，明确各单位分管领导和保密员，层层落实党政领导干部保密工作责任制。

【信息服务创佳绩】 2017年，县委办深入挖掘信息素材，及时上报各类信息，全年上报信息820篇，被省《每日汇报》《工作情况交流》《中办专件》等刊物采用88篇，其中上报的《浙江常山县认真贯彻落实刘延东同志重要指示精神全力打响"常山阿姨"品牌实现精准扶贫》系衢州市2017年度唯一被省委办采用上报中办专件；被市《衢州信息（工作动态）》《专报》采用25篇，全年获各级领导批示35条，其中"四个平台"、工业转型、信访维稳和"厕所革命"等信息获得省委、省政府领导批示肯定，危旧房治理改造和"国际慢城"专报获市委书记陈新重要批示，批示数位列全市第一。注重发挥信息的参谋助手作用，全年编发《常山信息》普刊42期、增刊53期、业务通讯12期、《领导参阅》8期、《每日要情》28期。做好信访维稳类信息预判，确保在规定时间内准确及时上报。连续五年获省、市党委系统信息工作先进单位。

【宣传报道谱新篇】 2017年，县委报道组就"厕所革命""常山阿姨""国际慢城"和"常山三宝"转型提升、"四大百亿产业"壮大、乡村振兴重点工作组织采访和宣传报道工作。在市级以上党报党刊及新媒体上发稿400余篇。其中，纸媒发稿322篇、除转载外的新媒体发稿100余篇；《光明日报》1篇，《新华每日电讯》头版1篇，《浙江日报》发稿48篇（包含10个头版、1个头版头条），《衢州日报》发稿224篇（头版头条11篇），《衢州晚报》20篇，在《浙江日报》《衢州日报》等主流媒体上发布专版10余个。介绍常山危旧房治理改造工作经验的内参刊登于浙报《内部参考》，获省长袁家军批示"常山工作很有力度"，全县上下备受鼓舞。报道组连续2年被评为浙报集团"最佳报道组"和衢报集团"优秀报道组"。

【《光明日报》刊发叶美峰署名文章】 2017年7月18日出版的《光明日报》教育思想专版，刊发常山县委书记叶美峰的署名文章——《教育：一枝一叶总关情》。该文巧妙地借用树的"根、茎、叶、花、果"五大组成，阐述作者对常山教育发展的理解和想法。文章已在《人民论坛》《中国教育报》《浙江日报》《浙江教育报》《衢州日报》

《衢州通讯》等报纸、杂志刊出。

【委办机关自身建设】 2017年，县委办利用周一夜学、全体机关干部会议等形式，第一时间传达中央经济工作会议、省第十四次党代会、市第七次党代会、县第十三次党代会、县委十三届二次全会等重要会议精神和关于全面从严治党的重大决策部署，并及时研究部署贯彻落实意见，全年共组织集体学习20多次，专题大讨论2次。班子建设注重团结清廉。坚持民主集中制原则，严格按照“集体领导、民主集中、个别酝酿、会议决定”的原则办事。强化纪律规矩意识，组织开展民主生活会和组织生活会，遵守《中国共产党章程》《中国共产党纪律处分条例》和《中国共产党问责条例》，执行廉洁自律各项规定。干部管理注重实干担当。树立“为担当者担当、为负责者负责，让实干者实惠、吃苦者吃香”导向，鼓励党员干部大胆干事，敢抓敢管，敢于创业，敢于探索。

（鲁雪远）

组织工作

【概况】 2017年，全县组织系统坚持对党忠诚、服务大局的定位，坚持问题导向，开展“干部能力提升年、基层基础深化年、招才引智突破年”三年活动，提振精气神，全力争上游，为“特富美安”慢城大花园建设提供坚强组织保证。至年底，全县有县管干部537人，其中，部门359人、乡镇（街道）178人；女干部100人、党外干部25人、80后干部105人。有基层党（工）委37个、党组38个、党总支41个、党支部724个；党员19914人，其中行政村党员10502人。

【“千场党课”全覆盖开展】 2017年，县委组织部牵头组织县级领导以上率下带头到所在支部、到联系单位上专题党课，统筹机关、“两新”组织、农村、社区各领域党组织书记交叉上党课；组建“慢城讲师团”开展巡回宣讲，发动各支部开展看齐创优当先锋“金钉论坛”专题讨论，组织流动党员通过民情通、微信群等参加现场学习，第一时间把党章党规和习总书记最新讲话精神传达到最基层。在党的十九大召开前夕，举办“喜迎十九大·支部主题党日微视频”评选展映活动；召开期间，开展“平安护航十九大、全神贯注抓维稳”活动，指导各基层党组织站好岗、放好哨，确保全县未发生一起信访对象到省会、到首都上访事件；召开后，在全县组织系统开展“八个一”（即一轮基层宣讲、一次主题党日、一场专题培训、一次集中调研、一场思路研讨、一次业务竞赛、一轮专项督查、一批先进典型）活动，推动组工干部走在前列、争做表率。

【“主题党日”规范有特色】 2017年，县委组织部在规范化求实效、可操作可落实上下功夫，率先建立主题党日“八有”（有详细的活动安排、有统一的活动仪式、有党员的参会桌牌、有规范的会议记录、有固定的党性教育、有具体的活动内容、有创意的组织生活、有完善的考评制度）规定，排出“党性教育、组织生活、民情沟通、党费收缴、服务中心、志愿服务”六个规定动作，推行党员先锋指数考评“学分+工分”模式，创设一批主题党日示范教育基地，加强“96345”党员志愿服务乡镇分站建设，使党内生活的炉火越烧越旺，党员的党性意识在“四个平台”（即综治工作、市场监管、综合执法、便民服务）、“最多跑一次”“剿劣”“治危拆违”工作中越来越强。

【“五比亮剑”争先创优】 2017年，县委组织部全面开展比谋划、比办法、比干劲、比业绩、比形象“五比亮剑”行动，以“全市争一流、全省叫得响、全国有影响”为标准，推动各单位放眼全省和长三角地区找标杆、学标杆、超标杆，先后两次共遴选20名乡镇部门一把手、村社组织书记上台打擂，分享工作经验、交流工作体会，形成全县上下“守责担当，力争上游”的浓厚氛围。

【坚持实干实绩导向使用干部】 2017年，县委组织部坚持实干实绩导向，一大批长期奋战在项目攻坚、招商引资、“五四三”(五水共治、四边三化、三改一拆)组合拳等重点工作一线的干部被委以重任。全年涉及干部调整5批次，新提拔或转任重要岗位118人，1名乡镇副职因工作表现突出被直接提拔到部门正职岗位。

【实施干部末位淘汰管理办法】 2017年，县委组织部出台“严管干部、淬炼铁军”末位管理实施办法，按照县管干部、中层干部、一般干部总数各1%左右的比例刚性实施末位淘汰。建立反向提名机制，确立交办任务严重滞后拖延、热衷找关系“拉天线”等12条“负面清单”，定下31项量化扣分指标。建立干部提醒、函询、诫勉等制度。实行“新起点”计划，通过跟踪帮教、一线重塑、专项考察等，对干得好的干部重新提拔重用。全年函询提醒、谈话等80余人次，10名县管领导干部被免职、降职、改任非领导职务。

【“百千万”行动打造“常山铁军”】 2017年，县委组织部组织实施“百名干部上挂外派行动”，选派20名干部到国家部委、省级部门、省属企业等挂职锻炼。实施“百名干部服务一线行动”，围绕中心工作主战场，抽调243名干部到“五水共治”“三改一拆”（即旧住宅区、旧厂区、城中村改造和拆除违法建筑）、危旧房改造等一线磨练。实施“百名干部进村入户行动”，健全完善生态指导员、农村工作指导员等联村指导制度，使干部在最基层接受教育。开展常山铁军培训“千人计划”，与国内知名高校常态化合作办班，打造以党校为主平台、相关单位有机植入的立体化办班模式。推行周末“万人选训”，满足干部多样化学习需求。全年举办项目建设、招商引资、县管干部能力提升等专题班次40期，覆盖不同层次干部4300余人。

【“四个平台”派驻干部管理考核探索】 2017年，县委组织部以全省“四个平台”派驻干部管理考核“自主型”试点为契机，坚持“县级统、部门派、乡镇管、平台用”的基本原则，突出县级统领，成立由组织、政法、编办、人社等多部门组成的考评领导小组，在组织部设立“四个平台”干部管理科，打造自主灵活的“N+X”派驻模型，建立联席会议制度。突出精准精细，强化属地管理，出台系列管理考核办法，将平台干部年终考核80%权重落实到乡镇，并由乡镇负责统一兑现年终考核奖金（部门、乡镇二八比例）。突出关心关爱，派驻干部的年终考核优秀等次、经济待遇与乡镇干部一视同仁，两个20%政策落实到位。树立优选优用导向，将“四个平台”打造为干部培养的摇篮，全年有3名表现优异的派驻干部被提拔为副科级领导干部。

【在全市率先完成村社党组织换届】 2017年，县委组织部坚持依事选人、凭绩用人，在全市率先完成村社党组织换届，实现过程最平稳、选风最优良、结果最理想、历史最成功。支部书记一次性成功当选率达99%，支部委员一次性选足率达95%以上。村委会换届全面不发误工补贴。班子结构全面优化，大专及以上学历、35周岁以下年轻党员当选分别较上届提高23.9%、12.3%，28名党员大学生村官全部进入村党组织班子。换届平稳有序，没有发生一起闹选事件，信访量比上届下降57.14%。县委书记在全省作交流发言，介绍经验。

【“树正气打歪风”整改突出问题】 2017年，县委组织部针对阻碍项目建设“歪风邪气”这一突出问题，在全县党员队伍中开展“五查五看”（一看理想信念，查是否信仰缺乏、信念缺失、精神缺钙，是否做到“四个自信”；二看纪律规矩，查是否牢固树立

"四个意识"，是否做到同以习近平同志为核心的党中央保持高度一致；三看工作作风，查是否牢固树立宗旨意识，是否严格执行"八项规定"；四看组织观念，查是否认真参加组织生活，是否坚持请示报告制度；五看责任担当，查是否认真履行岗位职责，是否发挥模范带头作用），集中整治阻碍项目、非法闹访、非法"三抢"（抢栽、抢种、抢建）、违法建筑、农村难点、执法难题共6个"十大典型"，重点打击"村霸""恶霸"，组织处置党员26人，营造风清气正的农村发展环境。

【在全市率先组织"双整"攻坚】 2017年，县委组织部在全市率先吹响"双整"（即基层党建整乡推进、整县提升）攻坚冲锋号，县委与乡镇、部门层层签订责任书，建立部领导干部联系乡镇（街道）制度，分片包干，挂联指导"双整"工作，实行"1名督导员+1名指导员 +1名组织员+1名联络员+1名讲解员"推进机制，压实"双整"工作全员责任。建立"责任、队伍、服务、保障、发展、口碑"六个维度和乡镇"七个一"（指一徽一廊一栏一线一牌一区一员）、村（社）"五个一"（指一个方案、一份申请、一部短片、一本画册、一篇解说）38项指标，推行基层阵地"五室一馆一站一中心"（党员活动室，远教播放室，大型会议室，党代表工作室，民情档案室；民情茶馆·民情沟通平台；党员加油站·图书室；便民服务中心）建设标准和党建标识"7+X"模式（"7"即四套组织各一块牌、活动场所楼顶一块党徽，活动室内一面党旗、一套组织制度、一套远教设备，村中一条党建文化长廊、每名党员一块共产党员户牌；"X"即各村党组织结合实际，因地制宜设立户外显性红色阵地，如党员服务包干区、党旗合影阵地等）。组织"一月一乡一推进"攻坚战，采取实地核查、现场打分、拍摄短板、清单反馈等形式，每月择优确定乡镇（街道）召开基层党建现场会，对因问题整改不到位的4名组织委员进行诫勉谈话。至2017年年底，全县所有村（社）实现"双百"（达标率100%，标准化党群服务中心覆盖100%）目标，达标率100%，标准化党群服务中心覆盖100%，其中精品村（社）58个，示范村（社）81个，达标村（社）49个。

▲一徽一廊一栏一线一牌一区一员：①一徽：村办公楼统一悬挂党徽，一般为红底黄徽；②一廊：即党建文化长廊，包括支部组织架构图、支部主题党日年度计划、党员先锋指数考评、党建品牌、星级评定、支部特色活动、党员网格联户情况、书记党建项目、一句话承诺，其他特色内容结合各村实际在长廊里体现。③一栏：建有党务、村务和财务公开栏，栏内整洁规范。④一线：每个村规划设计一条观摩路线，沿线环境优美，党建元素抬眼可见，美丽庭院品位较高，墙绘设计精美。⑤一牌：党员户统一挂牌，身份公开，结合最美家庭、文明家庭等上墙公示；非党员农户门前悬挂联系党员牌。⑥一区：对无职党员进行设岗定责，分配任务或岗位，明确责任区、包干区、联系户等，晾晒公示牌，有体现每个党员履职情况的工作台账记录。⑦一员：每个村明确一名讲解员，一般由村支部书记介绍，能鲜明的展现本村的党建品牌。

▲村（社）"五个一"：①一个方案：制定"整乡推进"实施方案；②一份申请：乡镇基本达到达标创建水平，提出现场验收申请；③一部短片：提炼党建品牌，制作一部党建宣传片；④一本画册：紧扣党建品牌，制作一本图文并茂的党建宣传册，突出"一村一品"；⑤一篇解说：准备一篇乡镇书记随车解说词。

【基层党建"金钉铸锋"专项行动】 2017年，县委组织部推行"金钉铸锋"专项行动引领基层党建全面全域过硬。推行城市党建街道"大工委"、社区"大党委"制，探索共驻共建、相融共进、群众参与的城市基层党建区域化模式；开展机关党建"五推五强"专项行动，建立机关党建报备制、旁听制和通报制，完善党组织、党员社区共建挂联制度；围绕两新党建组织凝聚力、队伍战斗力、发展推动力、文化支撑力、区域影响力，全面推进有形覆盖、有效覆盖和长效覆盖；成立赏石小镇和云耕小镇党（工）委，建立区域党群服务中心，完善“小镇党工委+党建联盟+党群阵地”的工作架构和运行机制，推进特色小镇“一镇一品”创建；首创教育系统“第一书记工作法”，选派10名党代表进驻城区10所中小学校任“第一书记”，为全县教育综合改革提势助力；卫计系统以“红细胞”党建品牌为引领，群众对医疗教育事业满意度明显提升。

【引才工作取得新突破】 2017年，县委组织部全面推行“人才+”行动，健全县委人才工作领导小组运转体系，出台人才新政18条，推进常山县与北京大学政府管理学院、浙江工业大学、衢州学院等开展战略合作，首次开展人才工作专项述职。年内新引进院士工作站5家，新建博士工作站3家；引进省万人计划专家1人。

【“本土专家三年行动计划”启动】 2017年，县委组织部启动实施“本土专家三年行动计划”，因地制宜挖掘培养本土人才、用好本土人才，提高人才基金产出效率。在农业、教育、卫生等重要领域，梯队培养产业人才2000余人。联手浙江树人大学，设立“浙江树人大学常山阿姨培训学院”，按照初级“简单劳务型”、中级“知识技能型”和高级“综合管家型”的标准设置不同的家政人才培养课程，革新家政领域评价标准，树立家政服务领域的权威标杆。

【“以才育人”创佳绩】 2017年，县委组织部围绕卫生、教育领域的多年“民生痛点”，通过“以才育人”，打好为民服务攻坚战。启动卫技人才“双下沉”（人才下沉、资源下沉）队伍建设，与浙江大学附属第一医院签订“医联体”合作协议，依托省级医疗卫生力量，开展导师结对帮扶、专项人才进修、团队项目引进、人才共享共育，不断强化医疗卫生人才队伍建设。以“希望之光”项目为支撑，加强与宁波慈溪市、杭州上城区等地合作结对，推行教师轮岗和信息化资源共享。吸引常山籍在外骨干教师回常山任教，按照“一人一策”迎凤归巢，打造常山名师团队。通过引才推改革，2017年常山县高中一段上线人数大幅提升40.35%，增幅及绝对数均创历史新高。

（陈安龙）

机构编制工作

【概况】 2017年，县编办受理机构编制事项58项，下发编委文件41件，重点对纪检监察体制改革、县委巡察机构设置完善，法院、检察院体制调整完善，健全保密机构设置及结合“四个平台”建设工作需要对部分单位内设机构乡镇内设机构进行调整完善。

全县事业单位法人设立登记8家，变更登记50家。全县机关、群团单位完成存量主体赋码71家。新注册中文域名数27个，中文域名的覆盖率达107.94%，网站挂标率为100%。

开展用编计划、核准单申请、人员进编备案、中层职数管理等编制业务网上办理工作，提高实名制系统数据质量，优化进出编等工作流程。与组织、财政、人力社保等部门建立实名制管理联席会议制度，共享机构编制实名制数据信息，做好领导干部配备情况、财政预算和机关事业工资及参保信息资源的共享利用，形成长效管理机制。

【乡镇“四个平台”建设创新基层治理模式】 2017年4月11日，省委副书记、省长车俊到球川镇视察“四个平台”建设试点情况并给予肯定。5月26日，全县乡镇（街道）“四个平台”全部建成并运转。9月30日，各乡镇（街道）基层治理综合信息平台全部安装调试到位并正常使用。开展“自主型”的派驻机构管理试点工作，明确派驻干部的管理考核坚持“县级统、部门派、乡镇管、平台用”的基本原则。按照“一网全科、一员多用、一规管理”要求和“大党建统领、大整合架构、大服务融合”的原则，将各自为政的条线网格整合成全科网格。乡镇级统一设置综合信息指挥室，统筹协调指挥本乡镇（街道）“四个平台”及区域内各条块的管理服务力量。建立县级综合信息指挥室，形成部门联动、县乡贯通的指挥协调体系。联合县级相关部门组成工作专班，研究出台综合信息指挥室和各个分平台的一系列运行机制。“梭子型”基层治理模式是常山县在推动“四个平台”建设过程中注重和“最多跑一次”改革有效衔接的一大创新，通过拓展便民服务平台“一窗”的功能，将受理事件发往综合信息指挥室，由指挥室交办其他平台处理。

【“最多跑一次”改革实现“受办分离”】 2017年，县编办梳理行政审批改革事项共810项，其中已实现“最多跑一次”的有753项，占总事项的92.96%，超过省市90%的考核要求。行政服务中心进驻事项827项，建成了“5+3+14”模式的“一窗受理”业务板块，实行“前台综合受理、后台分类审批、统一窗口出件”的模式。制定各事项标准化手册和办事指南，作为综合受理窗口受理审核申报材料的依据，并实施动态调整。会同各相关部门研究制定五大板块实施细则，建立并联审批、模拟审批、容缺受理、统一收费、邮寄送达制度，形成“1+N”制度体系保障“一窗受理”改革运行顺畅。依托浙江政务服务网，启用“一窗受理”云平台。通过云平台前台进行受理，各审批部门后台审批，实现“受办分离”，2017年办理事项2000余件。

【各类事业单位统一登记试点工作出成果】 2017年，县编办框定民办事业单位的登记范围，构建《常山县各类事业单位统一登记管理暂行办法》等一系列配套的政策体系，继县育才中学后又完成县育才幼儿园的转登工作，将民办学校教师纳入与公办学校教师同系列、同要求、同待遇的教师培训计划，在资格认定、职称评审、进修培训等基本保障方面享受与公办学校教师同等的权利和政策，促使优秀人才双向流动。统一登记工作作为常山县编办2017年度改革代表项目，由市编办汇编成册向全省展示。

（樊寒宜）

宣传工作

【概况】 2017年，常山县宣传思想文化战线主动作为，确立“宣传工作项目化”理念，以强烈的责任担当推动宣传思想文化工作。组织开展党的十九大精神宣讲50余场，县委理论中心组学习10次，“慢城大讲坛”专题讲座5次，“慢城分讲坛”专题讲座130余场，“慢城讲师团”宣讲活动200多场。推出一系列重量级报道，国家和省级以上媒体刊播有关常山的新闻稿件207篇，比上年增长260%，其中中央媒体采用29篇、省级新闻178篇。率先开展媒体融合改革，成立衢州市首家综合性新闻传媒集团，率先在全市成立文化创意产业办公室和新媒体中心，焕发新闻传媒新活力。牵头开展对外文化交流、合作和招商推介活动，协助县文广新局拟定常山县文化产业发展政策与规划，推进文化创意创作和品牌建设。成立常山县喝彩协会。打造“合唱之城·排舞之乡”文化品牌。举办全国生态文学研讨会，常山县获评首批“全国生态文学创作基地”。

【党的十九大精神宣讲】 2017年，县委宣传部组建县委党的十九大精神宣讲团，深入基层开展党的十九大精神宣讲50余场，受众1万多人。创新开展以国家级非遗常山喝彩歌谣宣讲党的十九大精神，编排《为十九大喝彩》《我为祖国喝大彩》等喝彩节目，赴全县14个乡镇（街道）农村文化礼堂开展巡演，用乡音土话宣讲党的十九大精神。

【“慢城大讲坛”宣讲活动】 2017年，县委宣传部开设“慢城大讲坛”，成立“慢城讲师团”，围绕党的十八届六中全会、党的十九大和省、市、县党代会精神，为全县领导干部党员干部提供一个高层次的学习交流平台。举办“慢城大讲坛”活动5次，邀请中宣部原副部长、中央文明办原主任王世明，全国政协文史与学习委员会副主任叶小文到讲坛授课。全县各乡镇（街道）、部设慢城分讲坛，开展“慢城分讲坛”专题讲座130余场。“慢城讲师团”开展理论教育和形势政策宣传教育，累计开展宣讲活动200多场。

【内宣工作重点突出】 2017年，县委宣传部坚持正确舆论导向，围绕“四四二”战略体系和县委中心工作，突出重点，强化议题设置，掌握话语权，唱响主旋律。指导新闻单位开展“提振精气神 全力争上游”“聚力建设‘特富美安’慢城大花园”“项目推进年”“能力提升年”系列主题宣传活动。在媒体上开设“危旧房治理改造”“树正气 打歪风”“厕所革命”“常山阿姨”“8·30全国赏石日”主题专栏，起到良好的宣传效果。特别是浙江新闻客户端刊载《常山，坚决打赢城区危旧房治理改造攻坚战》专题栏目，总阅读量突破1500万人次。

【对外宣传力度加大】 2017年，县委县政府中心工作多次被中央和省级媒体报道，其中《教育：一枝一叶总关情》《从珠峰到常山》《综合施策推动干部“能下”常态化》被《人民日报》《光明日报》等中央级报刊刊发，抗洪救灾工作受到央视新闻直播的高度称赞，“厕所革命”被央视新闻多次报道。做好沟通对接，吸引新华社、中新社、中央电视台、浙江卫视、《南方周末》等权威媒体关注“最美常山”“厕所革命”“常山阿姨”，推出一系列重量级报道。全年省级以上媒体刊播涉及常山的新闻稿件207篇，其中中央媒体采用29篇、《浙江日报》刊发50篇、其他省级新闻采用128篇。地市级新闻用稿量1054篇。浙江卫视上稿率比上年增长32.5%。开展浙江首届国际慢城农民运动会、“常山阿姨”杭州推介会、中国皮划艇巡回赛常山站、“8·30”全国第六个赏石日、2017中国·常山胡柚文化节、2017中国山地自行车公开赛总决赛的对外宣传报道，邀请新华社、中新社、中央电视台等国家级媒体，邀请《浙江日报》、浙江电视台、《南方周末》等省级媒体，以及《今日头条》、网易、新浪、腾讯等全国知名网络媒体的记者共500多人次，到常山开展相关活动报道，累计在中央和省、市级媒体及新媒体刊发推送各类报道270多篇（幅）。2017年新拍摄的时长7分30秒《何处心安 慢城常山》城市形象宣传片经常山发布推送后，迅速产生“霸屏”效应。

【网络舆情监测处理】 2017年，常山县建成衢州市首个县（市、区）舆情监测中心，建立全员网信员制度。做好党的十九大和第四届世界互联网大会召开期间，以及中央环保督查进驻浙江等重点敏感时期网络安全保障和网上舆论引导工作。及时应对处置危旧房治理改造谣言、村级组织换届选举举报、哲丰纸业谣言、中央环保督察期间、“8·30”赏石评选等负面舆情，为全县经济社会发展创设良好的网上舆论环境。策划“最美骑车天使”网络话题，新闻报道《浙江常山“最美骑车天使”的施救面画获60多万名网友关注——医警联动 溺童获救》被上级网信部门在全国全网推送，并获省委宣传部常务副部长来颖杰批示肯定。

【率先在全市开展媒体融合改革试点】 2017年，常山县承担衢州市媒体融合改革工作试点任务，率先开展媒体融合改革。县委宣传部在前期赴湖州、安吉、长兴、台州、临海、三门、仙居考察调研的基础上，根据常山实际制定详细的媒体融合实施方案，按照“机构更精、政策更优、机制更活、动力更强、视野更广”的要求，整合常山新闻中心与常山县广播电视总台，成立全市首家综合性新闻传媒集团，并于12月15日正式挂牌运营。该项工作被衢州市评为宣传思想文化工作创新奖。

【率先在全市成立新媒体中心】 2017年，常山县在全市率先成立新媒体中心，由县委宣传部直接管理。首次对县党代会、县“两会”、全县“万人大合唱”决赛等重大活动进行移动视频直播，县委官方微信公众平台“常山发布”粉丝量从原来不到3000人猛增到25万余人，总阅读量超350万人次，影响面迅速扩大。《今日头条丨刚刚，从挪威传来喜讯：常山正式成为中国第七个国际慢城！》《刚刚发现丨珍贵绝版视频！1971年的常山油茶视频重现，它上了当年的“新闻联播”》《滚动直播丨常山普降暴雨 各地紧急抗灾》《这个常山人带队培养的干细胞，被天舟一号快递了》的信息，阅读量均超10万人次，有效扩大了常山的知名度和影响力。

【与重量级媒体的战略合作加强】 2017年，县委宣传部与浙江日报报业集团签订战略合作协议，借助浙报集团强大的读者影响力和先进的技术支撑，建立浙江新闻客户端常山频道。多次组织人员赴浙报集团学习培训，提高新媒体运作能力。通过常山频道推出的《常山，坚决打赢城区危旧房治理改造攻坚战！》专栏，阅读量超过1500万人次；《放心保姆哪里找 常山阿姨就是好》《常山8·30赏石日》等新闻专题，集中归纳相关报道，总阅读量超2000万人次。

【农村文化礼堂建设】 2017年，县委宣传部巩固省级农村文化礼堂先进县创建成果，突出长效机制，加快推进新建农村文化礼堂硬件建设及示范文化礼堂重点提升，新建完成文化礼堂21个，文化主题展馆提升建设6个。辉埠镇东乡村书法文化主题展馆，招贤镇古县村喝彩歌谣主题展馆、高埂村畲族风情主题展馆，天马街道农耕文化主题展馆，大桥头乡浮河村抗战文化主题展馆，何家乡长风村赵鼎文化主题展馆，芳村镇芙蓉湖村古桥文化展馆建成并投入使用。提高文化礼堂的使用率，全年在文化礼堂举办演唱、排舞、开蒙、敬老、成人节活动1000多场次，全县文化礼堂基本实现“日日有活动、天天有人管”，进文化礼堂群众不断增多，进宗教教堂群众日益减少。辉埠镇东乡村文化礼堂、青石镇砚瓦山村文化礼堂被省委宣传部评定为五星级文化礼堂，金川街道徐村村文化礼堂、辉埠镇彭川村文化礼堂、招贤镇招贤村文化礼堂被市委宣传部评定为四星级文化礼堂。

【国家级“非遗”常山喝彩传承】 2017年，县委宣传部在全县范围内开展“常山喝彩歌谣”传承人（民间彩师）摸底普查，全面了解和掌握149名常山喝彩传承人现状，并组织开展喝彩技艺的海选，加强对喝彩歌谣的抢救性发掘和保护。创作一批具有浓郁“喝彩”气息的文艺节目，组织策划“为‘非遗’喝彩——国家级‘非遗’常山喝彩艺术展演”等5场集中展示活动，搭建弘扬发扬“常山喝彩歌谣”艺术的展示平台，营造良好的文化氛围。成立常山县喝彩协会，弘扬常山喝彩艺术。

【“合唱之城·排舞之乡”文化品牌打造】 2017年，县委宣传部围绕县第十三次党代会提出的打造“合唱之城·排舞之乡”文化品牌，组织骨干力量外出考察学习，编排合唱精品节目、打造各类合唱团队和排舞团队，策划推出“万人大合唱”，组建柚都女子合唱团、职业中专FLY合唱团等5支合唱团。开展全县“万人排舞”比赛活动。邀请中国音协合唱联盟经典合唱团、满天星业余交响乐团、浙江省京剧团等到常山举办专场音乐会。参加衢州市文化产业博览会，常山喝彩、常山观赏石、常山钢琴、胡柚娃动漫成为会展热点。“激情广场月月唱”活动常态化，受到广大群众的热烈欢迎。

【文艺创作有新突破】 2017年，县委宣传部组织全国生态作家到常山采风，举办全国生态文学研讨会，常山县获评首批“全国生态文学创作基地”。邀请著名作家黄亚洲到常山讲学，留下组诗《常山情愫》。以“环境保护”为主题的动漫短片《胡柚娃》第五季拍摄完成，《胡柚娃》动漫影片被列入浙江省文艺精品扶持工程。以常山喝彩为主题的长篇小说《喝彩师》出版发行。原创歌曲《常山喝彩》被改编为广场舞曲，深受百姓喜爱，广为流传。

（黄红霞）

新闻传媒工作

【概况】 2017年12月18日，原常山县新闻中心与原常山县广播电视总台整合，组建常山县新闻传媒集团，保留常山县广播电视总台的牌子。2017年，常山县新闻舆论工作取得崭新成绩。广播电视方面，《常山新闻》开设《喜迎十九大 我家这五年》《冲刺830》等45个专栏，播出新闻稿件3015条；《提振精气神 全力争上游》播出36期；《每周聚焦》播出30期；《常话常说》播出50期；《柚乡新视野》播出152期。自办节目时长230多个小时。外宣工作上，26条新闻被中央媒体采用，152条新闻被省级媒体采用；800余条新闻被地市级广播电视采用。与2016年相比，在中央媒体和省级媒体上，上稿率增长260%；在卫视上，上稿率增长37.58%，卫视名次排在全省第13名。报刊方面，《今日常山》全年刊出270余期，编辑版面近1200个，开设《提振精气神 全力争上游》《危旧房治理改造进行时》《深化“四四二”，建设慢城大花园》等专栏60余个，微信稿件推送2600余条，各类文章、图片刊发9700余篇（幅），宣传量达360余万字。对外宣传常山好典型，塑造常山好形象，在上级媒体刊发稿件200余篇。

新闻宣传质量全面提升。2017年4月，全市广播通联工作暨应急广播节目经验交流会在常山召开，常山县新闻传媒集团在会上作常山通联经验介绍。在《衢广新闻》发稿449条，常山县以总分3018分的成绩获2017年全市广播新闻协作特等奖；在卫视通联上，从2014年通联的第46名，到2015年第38名，再到2016年第24名，跃居2017年第13名，取得历史最好成绩。2017年度全省广电新闻融合传播协作会议专门介绍常山经验。

是年，常山县广播电视新闻有17件作品获2017年度“衢州广电新闻奖”，其中一等奖1件、二等奖3件、三等奖13件；报刊新闻11件作品获全省县（市、区）域报好新闻奖，其中一等奖作品2件、二等奖作品6件、三等奖作品3件；《国家级非遗常山喝彩歌谣》获2017年度浙江在线支站优秀专题二等奖；常山新闻网荣获2017年度先进支站。

【《每周聚焦》舆论监督类栏目定期播出】 2017年1月1日，县督考办和县广播电视总台联合开设建设性舆论监督电视栏目，《每周聚焦》电视栏目采取录播的形式，每期3～5分钟，每周一期，每周三晚上在常山电视台新闻综合频道《常山新闻》节目中播出，次日跟踪播放整改行动情况。以每周一期、一事一调查的方式，有针对性地开展舆论曝光行动。全年播出30期，获县委副书记、县长周向军的批示。

【广播电视节目（栏目）视听评议监督】 2017年3月20日，县广播电视总台建立视听评议小组，从台内科室精选6位资深记者、编辑和播音主持等业务骨干，建立一支专业化的评议员队伍，每周定期对总台所属2个广播频率、3个电视频道的9档自制节目（栏目）进行点评，采取责任到人、分工负责的的形式对广播电视节目（栏目）进行监听监看，进行每周一次集中点评，每月一次优秀作品公开讲评，并编发《节目评议监督》简报发布评议意见、反馈整改实效、提出商榷意见。

【“剿灭劣V类水”大型新闻宣传行动】 2017年3月27日，常山县新闻传媒集团在《常山新闻》重点时段和《今日常山》头版开设《剿灭劣V类水》专栏，派出两组记者，全程跟踪报道各级、各部门贯彻落实全省剿灭劣Ⅴ类水誓师大会精神的实际行动情况，每天至少播出2篇新闻。以“海采”形式全方位反映“共治共享”理念，组织30余名记者、主持人、编辑，兵分11组，深入治水一线开展现场采访。开通《我来说》等新媒体互动专栏建设，策划喜闻乐见的选题，推送广泛传播的融媒体作品。在《常山信息港》首页开设“剿劣我在现场”等专栏，多屏发声，传播剿劣新闻。

【“危旧房”治理改造大型新闻行动】 2017年3月30日，常山县新闻传媒集团开启“危旧房”治理改造大型新闻行动，为“危旧房”治理改造行动营造强大舆论声势。面对“危旧房”治理的复杂情况，各岗位人员发扬“白+黑”“5+2”精神，坚持全员在岗，时刻待命，强化传播政策。至年底，此项行动播出各类新闻38条，晚班出动记者59人次，人均累计加班时长120余小时。48小时连续收集材料、编辑、完成专题片《让居者安全 居者安心》，有效巩固动员阶段的宣传效果。

【《提振精气神 全力争上游》电视访谈栏目热播】 2017年4月19日，常山县新闻传媒集团推出《提振精气神 全力争上游》电视访谈栏目，围绕“招商引资年、项目推进年、能力提升年”活动和县委、县政府重点工作，以及老百姓普遍关注的热点、难点问题，以演播室主持人＋嘉宾＋（外景主持人）＋短片+新媒体（现场观众）互动的形式，对话县领导，访谈各部门、乡镇（街道）负责人，制作10～20分钟的节目，剖析常山经济社会发展中的热点、难点、痛点问题。全年播出工业、厕所革命、教育改革等36期。

【新闻记者“三联系”制度建立】 2017年5月9日，常山县新闻传媒集团启动“走基层、转作风、改文风”活动，将全台职工分为34组，分别联系全县100多家部门（单位）、106家规模以上企业、180个行政村，建立“三联系”制度，确定每组人员联系3～4家单位、3～4家企业和6个行政村，陆续推出《县国税局：为纳税人撑起权益保护伞 实现“纳税人”最多跑一次》《中晚熟葡萄陆续上市 市民可前往采摘游》等“三联系”稿件400余篇，强化新闻工作者与全县部门、规模以上企业、乡镇（街道）和行政村（社区）组织的紧密联系，展示广电新形象。

【“8·30”赏石日特别报道有声势】 2017年6月21日，常山县新闻传媒集团全台参与、全媒体报道，为推进“8·30”全国赏石日项目建设营造强大声势。县电视台开设《冲刺“8·30”》专栏，常山新闻推出的《奇石配底座 提升艺术品质》，常山三地带推出《诗画常山》；新媒体推出《辽宁大学实习生到青石镇采风》《名石落常山 赏石小镇添风光》；文化民生电视频道推出方言栏目《常话常说》，播出一批产业新政、石头发家记、石业创业等亲和力的作品，全方位展示赏石小镇建设风采，播送好声音。

【“四个平台”建设喜登浙江卫视联播头条】 2017年8月29日，常山县新闻传媒集团采写的新闻《常山：打造“四个平台”推动基层治理现代化》喜登浙江卫视联播头条，该条新闻是常山县近十年首次以单条“民生新闻+评论”的形式登上浙江卫视联播头条。

【喜迎党的十九大主题报道】 2017年9月22日，常山县新闻传媒集团开设《学习贯彻喜迎十九大》电视报纸专栏，策划街头海采等采访行动，播报部门、企业及社会各界收听收看党的十九大开幕式，热议党的十九大报告等内容。联动浙江卫视推出“十九大心愿亭”活动，100余位普通市民走进“十九大心愿亭”讲述对党的十九大和美好生活期盼等。整个活动分为动态报道、主题策划两个层面进行报道，推出《喜迎十九大 我家这五年》《不忘初心 牢记使命 砥砺前行》等多个专栏，刊播经济新发展、慢城新建设、乡村新提升等报道318篇。

【常山县新闻传媒集团揭牌】 2017年12月15日，常山县在全市率先整合广电台、新闻中心资源，成立常山县新闻传媒集团，打响衢州县域媒体融合第一枪。这标志着常山新闻媒体告别传统单兵作战模式，开启“一次采集、多种生成、多元传播”的新模式，形成广播、电视、报纸、网站、微信公众号、户外广告屏等传统媒体、新兴媒体、社会宣传资源融为一体，内宣、外宣、网宣等职责融为一体，新闻从业人员采、编、播等技能融为一体的格局，实现向立体多维传媒方式的转型。

【采编播数字一体化项目全面建成】 2017年，常山县新闻传媒集团追加投入138万元，实施采编播数字一体化工程的两个子项目建设，即温州银行常山支行大楼前的LED电子大屏提升项目和常山信息港的改造项目。截至2017年年底，总投资1020万元的采编播数字一体化项目全面建成。

（涂江浩）

统战工作

【概况】 2017年，常山县委统战部抓好学习教育培训工作，着力提高全县统一战线广大成员的政治素养和思想理论水平。通过组织专题学习、政策解读、座谈研讨等活动，依靠党校、社会主义学院等宣传主阵地，组织广大统战成员学习贯彻党的十九大精神和习近平新时代特色社会主义思想，贯彻落实省、市、县党代会和“两会”精神，贯彻落实省、市委统战工作会议精神。召开全县统一战线读书会，学习统战理论方针政策。召开全县统战工作会议，明确新时代统战工作任务。举办全县统一战线工作培训班，加强党性教育，坚定理想信念，巩固团结奋斗的共同思想政治基础。

是年，县委统战部获评2016年度衢州市统战工作先进集体、2016年度全市统战信息工作先进单位、2016年度全市统战理论调研优秀成果一等奖。

【服务中心工作贡献统战力量】 2017年，县委统战部发挥常山异地商会等统战资源优势，助推“常山阿姨”打响品牌。号召广大统战成员投身危旧房治理改造工作，涉改成员全部首批签约、带头腾空。引导广大统战成员主动参与剿灭劣V类水活动。促成浙江省首家“民盟同心·专家工作站”落户常山，助力企业发展。成立“民进浙江省委会医卫专家工作站”，借助专家力量，为常山人民提供优质的医疗服务。

【统战队伍建设加强】 2017年，县委统战部一次性全覆盖配备乡镇统战委员并全部安排新一届政协委员。支持民主党派加强自身建设，建成“常山统战之家”，畅通政党间沟通协商渠道。建立民主党派和无党派干部信息网络，加大发掘培养使用力度，年内提拔民主党派和无党派干部4人。完成县九届政协委员的提名推荐、民主协商、联审考察等各项工作。完成县工商联、知联会换届工作和网联会成立工作，新的社会阶层人士统战工作有序推进。引导鼓励全县统战各界代表人士建议献策。

【基层统战工作载体创新】 2017年，县委统战部将统战元素纳入乡镇“四个平台”建设，探索开展基层统战“四网五有”建设，即构筑社情民意沟通观察网、民族宗教和谐稳定网、非公有制经济健康发展网、统战对象贴心暖心网，实现基层统战有组织队伍、有工作目标、有平台载体、有特色品牌、有作为贡献。

【少数民族帮扶取得新成效】 2017年，县委统战部争取上级扶持资金40万元，用于民族村项目建设，帮助高埂村争取到省民宗委为期四年的精准帮扶名额。引导支持浙江“赛得健康”总部乔迁常山县泉目山民族村，并签署《扶持民族村经济发展和村民致富战略合作协议》，帮助发展壮大村集体经济。把少数民族村发展专项补助资金用于购置物业投资，把投资分红用于村经济发展，变“输血式”帮扶为“造血式”帮扶。

【宗教安全管理举措有力】 2017年，县委统战部推进全县宗教场所视频安装工作，安装73处，超额完成建设任务并全部实现联网。开展宗教场所消防安全大检查，做好重要节点宗教安全稳定工作，推进宗教管理三级网络体系建设，衢州市民间信仰工作现场会在常山召开。开展“惠民政策进宗教场所”活动，让广大信教群众加深了解和享受各项惠民政策。

【助推非公有制经济发展有作为】 2017年，县委统战部开展“真诚服务面对面、助推发展心贴心”新春走访企业活动，走访企业40多家。组织非公有制企业赴新疆乌什等地开展项目考察对接。引导寓外创业成功乡贤回乡创业，助推地方经济发展。在北京大学举办常山民营企业家素质提升研讨班，县委书记叶美峰带班培训，非公有制经济人士40余人参加研讨班学习。会同县金融办、县域各银行设立“知识贷”，可以凭学位、学历证书免于抵押发放信用贷款，帮助初次创业、自谋择业的知识分子解决贷款难、抵押难的问题。截至年底，常山农信联社等5家试点银行共发放“知识贷”34户，金额639万元。

【与港澳台及海外人士沟通联系密切】 2017年，县委统战部密切与港澳台及海外人士的沟通联系。年初，组建“故乡是常山”微信群，年内有在外工作生活的海内外常山籍代表人士近200人入群。春节期间，走访慰问港澳同胞及其眷属、侨界重点人士、困难侨眷、台胞台属等统战成员150多户。4月，联络30名香港青少年及其亲属，回到常山展开“寻根”“逐梦”之旅。8月底，邀请18名台湾花莲赏石界人士参加“爱我中华·第六个全国赏石日暨首届常山国际赏石文化节”系列活动。9月初，随衢州侨务访问团出访日本，走访在日华侨华人，宣传常山县引智引才政策并发放相关资料。9月底，随市委统战部到香港开展系列交流活动。12月，组团到台湾进行为期7天的“中国常山海峡两岸文化交流活动”，并拜访常山旅台同乡会。

（袁前锋 樊 宇）

民族宗教工作

【概况】 常山县属少数民族散杂居地区。2017年，常山县有少数民族成份30个，常住少数民族人口2610人；流动少数民族人口484人，其中新疆籍维吾尔族6人。有5个少数民族行政村，分别是招贤镇的高埂村、泉目山村、官庄村，何家乡的璞石村（2013年并入黄冈村）、球川镇的坞口村（2013年并入芙蓉村）。全县农民人均可支配收入18317元，其中少数民族农民人均可支配收入16515元，略低于全县平均水平。年内争取中央补助资金、省级少数民族发展资金合计40万元，用于官庄、高埂两个少数民族村项目建设。帮助高埂村争取到省民宗委精准帮扶名额，为期4年，每年20万元。春节期间，县民族宗教局组织开展“访民情、送温暖”活动，走访慰问少数民族困难群众31户，发放慰问金2.48万元以及价值6200元的实物。在金川社区做好城市少数民族管理试点工作，帮助少数民族群众解决实际困难。为县内外35名符合条件的少数民族考生办理加分审核手续，维护少数民族群众的合法权益。

2017年，全县依法登记的宗教活动场所66处，民间信仰场所登记编号23处，依法登记的宗教团体有3个，即佛教协会、天主教爱国会、基督教三自爱国运动委员会（基督教协会）。县民族宗教事务管理局发动宗教团体参与全县中心工作，县内三大宗教团体与高埂民族村实现“民宗联姻”，捐款3万多元助力高埂民族村剿灭劣V类水；全县佛教场所捐款1.16万元助力官庄村集体经济建设；在城区危旧房治理改造过程中，涉及10

户信教群众全部按时实现腾空搬迁。

【协同赛得集团帮扶民族村】 2017年5月，浙江赛得健康集团总部乔迁常山县泉目山民族村。7月4日，县民宗局与浙江赛得健康集团签订《扶持少数民族村经济发展和村民致富战略合作协议》，与赛得健康产业园签订《关于扶持少数民族村经济发展的协议》，变“输血式”帮扶为“造血式”帮扶。浙江赛得健康集团以用工合作、公司加农户合作、置业合作的方式与周边泉目山、高埂、官庄3个少数民族村开展合作。

【民族村特色产业发展】 2017年，全县民族村有来料加工联系点21个，其中高埂村2个、泉目山村4个、官庄村2个、璞石村2个、坞口村11个。少数民族村参与来料加工人数有1113人，发放加工费1430万元；其中，少数民族参与人数264人，发放加工费420万元，人均收入1.59万元。黄冈村全力争创AAAA级景区，投资100多万元用于游步道改造,茶叶种植基地200亩，发展农家乐8家，黄冈1号民宿启动高端民宿创建评审工作。

【维护宗教活动场所安全与稳定】 2017年，县民宗局与三大宗教团体签订安全稳定责任书，与各宗教活动场所签订消防安全管理目标责任书，并定期开展检查。联合公安、消防大队，对全县范围内的宗教活动场所和民间信仰活动场所进行消防安全专项检查和整治，并与各场所当场签订《消防安全检查情况登记表》，对不符合消防规定的场所要求场所负责人立即整改落实，确保场所安全。完成宗教活动场所视频安装73处，超额完成辖区内宗教活动场所视频监控安装联网建设并全部实现联网。完善常山县宗教工作网络体系建设，明确乡镇宗教管理员26人，村级宗教助理员85人。

【正言正行教育培训】 2017年4月，县民宗局联合县纪委第五纪检组为全县宗教场所负责人举办财务专题讲座。5月，组织宗教骨干参加市局举办的红色爱国主义教育培训。6月，组织全县宗教团体骨干、宗教场所暨民间信仰场所负责人参加政策法规宣传、核心价值观、反邪教等同心同行主题教育讲座，全县宗教界代表人士230余人参加培训。

（张晓蕾）

侨务及港澳工作

【概况】 2017年，常山县侨务办公室（以下简称“县侨办”）负责人到上海走访看望在上海工作的部分常山籍海外归国留学人员，组织在英国驻上海总领事馆、汇丰银行上海分行、上海红鲷鱼网络科技公司等单位工作的部分海归人员参加常山县上海商会年会，考察上海鸿晟通信设备有限公司和秦古美术馆暨海上画院秦古窑陶瓷艺术创作中心。配合做好“2017香港青少年常山寻根逐梦之旅”活动，为30余名常山籍香港青少年及其亲属参加活动做好服务保障工作。实施“归侨侨眷关爱工程”，完善困难侨眷和空巢老人信息库。走访慰问20户侨界重点人士和困难侨眷。联合民政局、团县委探索侨界空巢老人智能养老、智能医疗和智能安防模式，为16户侨界高龄空巢老人安装远程看护系统，组建关爱侨界空巢老人志愿者队伍，使侨界空巢老人得到周到及时有效的关爱和服务。

截至年底，常山籍海外华侨华人、港澳同胞有3342人，其中华侨2122人、华人331人、港澳同胞889人；分布在世界39个国家和地区，主要集中在美国、日本、加拿大、新加坡、澳大利亚、英国。归侨、侨眷、港澳同胞眷属、海外留学人员家属3224人，归国留学人员150多人，海外留学人员60多人。政治上有地位、经济上有实力、学术上有造诣、社会上有影响的海外“四有”重点人士70多人。

【赴日本开展侨务访问】 2017年9月8—12日，县侨办负责人随衢州侨务访问团赴日本开展侨务访问，组织常山籍的华侨华人、留学生参加日本衢州同乡会成立大会，常山籍邱小伟当选日本衢州同乡会理事。播放《何处心安 慢城常山》宣传片，走访在日华侨华人和留学生，介绍常山最新的人才新政18条，宣传常山县经济社会发展情况和引智引才政策。

【助力危旧房治理改造工作】 2017年，县侨办主动介入县城区73幢2111户危旧房的治理改造工作，深入各社区全面摸排掌握涉侨户危房情况，建立17户涉侨D级危房户档案，协助发放D级危房告知书、危旧户治理改造申请书、产权安置选择意向书以及《常山县危旧户治理改造宣传手册》等相关资料，有针对性地解答涉侨户的疑虑。动员、组织涉侨户在规定时间内选择安置方式，签订危旧房治理改造协议。17户涉侨D级危房户都在规定时间里签订协议并搬离腾空房屋。

【侨界委员参政议政】 2017年，县政协九届一次会议期间，8名侨界政协委员认真参会，建言献策，运用议案、提案形式，提出意见建议11件，内容涉及开发建设常山胡柚精品基地、加快发展休闲旅游农业、鼓励青年人回乡创业、关爱侨界空巢老人、提升青少年科学素养。海归政协委员官文景提交的《关于助力常山经济，鼓励我县年轻人回乡就业创业的若干建议》提案获评县政协优秀提案，受到通报表彰。2名侨界委员当选为县政协九届常委，1名90后海归委员成为常山政协最年轻的政协常委。

【侨办“最多跑一次”和“一窗受理”事项梳理完成】 2017年，县侨办多次开展“最多跑一次”事项的标准化梳理和比对规范工作。华侨归侨和侨眷身份认定，归侨、华侨子女、归侨子女考生身份确认，华侨回国定居等3项权力；侨务信访；特殊困难归侨侨眷应急救助；侨法进社区、进乡村、进党校、进侨企活动和华侨及其子女在县内幼儿园和中小学的入学工作等4项公共服务涉及“最多跑一次”和“一窗受理”事项。开通网上办事服务，及时修改调整浙江政务服务网相关的权力事项清单。全年为2名阿联酋的华侨出具华侨身份证明。

（余金荣）

对台工作

【概况】 2017年，常山县对台湾工作办公室（以下简称“县台办”）开展涉台宣传教育，利用走访、慰问、接待台属台胞、赴台行前教育等各种渠道，宣传中央对台工作的方针政策，介绍当前两岸关系的发展动态。编发《对台工作简报》，不定期编印工作动态、信息。加强常山县赴台陆生教育，利用寒假、暑假召开陆生及家长座谈会，了解掌握赴台陆生的学习和生活情况。开展台属台胞节日走访慰问活动，走访慰问9户台胞、台属、大陆新娘等，向他们送上慰问品。加强对台交流，接待台湾来宾陪同考察5批次60余人。加强台联会工作指导，协助解决台胞、台属在求学、继承、房产纠纷等方面的问题。

2017年12月8日，组织县台联会代表13人参加衢州市台胞台属联谊会第七次代表大会。常山县浙江周福生珠宝首饰股份有限公司经理郑智斌当选衢州市第七届台联会副会长，常山县烟草专卖局办公室副主任郑泽慧、常山县世纪联众商贸有限公司经理陈金红当选衢州市第七届台联会理事。

【接待台湾人士到常山考察交流】 2017年6月5日，中国商业网、中商全联董事长郭向朝、东方园林李总、中国台创园董事长李伶女士就常山县国际慢城项目与县领导交流该业态的发展方向并进行实地考察。2017年7月5日，市台办组织10名台湾青年大学生到常山参观交流。2017年8月29—31日，台湾花莲县文化局局长陈淑美、花莲县石艺文化推行协会理事长胡家诚、花莲县奇石协会理事长廖文雄等一行18人应邀到常山县参加“爱我中华·第六个全国赏石日暨首届常山国际赏石文化节”系列活动。2017年9月27日，接待《中国时报》《台湾新生报》《中国电视公司》《中天电视》等9家台湾媒体14人到常山赏石小镇青石镇采风。2017年10月26日，接待台湾高雄围棋交流团一行7人参观中国观赏石博览馆。

【举办涉台知识辅导培训】 2017年8月10日，常山县举办由县农办组团的“高级农村实用人才培训”赴台行前教育，邀请市台办副主任叶卫兵主讲辅导。市台办秘书处副处长刘长骞、县台办主任程鸿星、县农办主任汪启红及将赴台参加培训的29名赴台人员参加。2017年12月11日，举办由常山县委统战部组团的赴台基层交流行前教育，邀请市台办副主任陈逸静主讲辅导。县委常委、统战部部长郑建华，市台办经济联络处副处长周日成，县台办主任程鸿星以及将赴台参加基层交流的7名赴台人员参加。

（詹　伟）

党校工作

【概况】 2017年，中共常山县委党校、常山县行政学校、常山县社会主义学院（以下简称“县委党校”）实施“常山铁军”培训“千人计划”，全年举办县管干部、中青年干部、农村社区主职干部等多种类别培训班33期，培训3000多人次；配合举办周末选训13期，培训3640人次；开设基层“党课讲坛”，累计开展宣讲76场次，培训基层党员达6000余人次。创新“送训出县”模式，全年累计与国内知名院校合作举办各类培训班13期，培训干部650余人次。创新“实践锤炼”模式，对年轻干部采取一线培养法，抽调40名年轻干部成长班学员参与危旧房治理改造、剿灭劣V类水、项目服务等重点工作。

是年，县委党校在全省党校系统中特理论研究中心课题立项5个，衢州市情研究中心课题立项9个，市社科规划课题立项7个，课题立项持续达到新高；获全省党校行院系统二等奖2篇，市社科系统一等奖、二等奖各1篇，省委党校领导批示4篇，获全省党校系统第六届科研工作进步奖。

【党校迁建项目推进】 2017年2月，县委党校（县行政学校、县社会主义学院）迁建工程项目完成EPC总承包招标，确定中国联合工程公司为中标单位。8月16日完成修建性详细规划和初步设计方案会审。项目建设用地4万平方米（60亩），总建筑面积25795平方米，包括新建教学综合楼、大报告厅、室内运动馆及学员餐厅、学员住宿楼、党员服务中心等建筑，总投资1.49亿元。8月23日，县委党校迁建工程奠基仪式在项目选址现场赵家坪地块举行。

【“党的十九大精神”宣讲活动】 2017年，县委党校专门组建“党的十九大精神”宣讲组，多次举行专题研讨会、集中备课会，对宣讲内容、宣讲方式进行专题讨论，确定将“习近平新时代中国特色社会主义思想”作为宣讲的重点内容，并结合宣讲团成员各自研究方向，进行专题课程开发。宣讲团在乡镇、部门宣讲之余，还将宣讲主体延伸至企业、学校、社区，共开展宣讲40余次，参加听课人数3600余人次。

【“周末自主选训”活动】 2017年，县委党校运用菜单式选课，以“周末自主选训”为平台，推行干部自主选学，实现个性化、全员化培训，并实行学分制考核。重点围绕党性教育、能力提升、休闲城市、特色产业、人文健康五大专题，邀请省、市领导、专家授授课，全年举办13期，累计培训人数3640人次。

【基层“党课讲坛”扩面】 2017年，县委党校深化基层“党课讲坛”活动载体，主动将党校阵地下移、阵线前移，派教师前往为社区、企业、农村等基层党员上党课，扩大培训覆盖面。全年开展宣讲76场次，培训基层党员6000余人次。

【县管领导干部能力提升春季进修班举办】 2017年3月22日至4月23日，县委组织部、县委党校联合举办“常山铁军”·县管领导干部能力提升春季进修班，50名县管干部参加培训。培训分四个阶段：第一阶段在县委党校学习，时间为3月22—24日；第二阶段到省委党校学习，时间为3月26—31日；第三阶段为自主学习、撰写调研报告，时间为4月1—18日；第四阶段到复旦大学学习，时间为4月19—23日。培训内容包括马克思主义中国化的最新成果、当前经济形势、依法行政等。

【项目铁军培训班举办】 2017年6月5—9日，县委组织部、县发改局、县委党校联合举办全县项目铁军培训班，全县52名项目管理人员到苏州大学参加集中学习。培训内容包括宏观经济形势、项目策划管理、招商引资等。

【全县统一战线工作培训班举办】 2017年9月14—18日，县委统战部、县社会主义学院联合举办“喜迎十九大·永远跟党走”全县统一战线工作培训班，各乡镇（街道）统战委员或分管副书记、各民主党派负责人、骨干成员、各统战团体主要负责人以及县教育局、县卫计局、县财政局、县市场监管局统战工作分管领导或从事统战工作干部共47名学员参加培训。在县社会主义学院进行短期的理论学习之后，全体学员到重庆大学进行全封闭专题培训，学习内容包括习近平总书记系列重要讲话精神、中央及省市统战工作会议精神、《中国共产党统一战线工作条例（试行）》等。

【县管领导干部能力提升秋季进修班举办】 2017年9月15日至10月13日，县委组织部、县委党校联合举办“常山铁军”·县管领导干部能力提升秋季进修班，50名县管干部参加此次培训。培训分四个阶段：第一阶段在县委党校学习，时间为9月15—17日；第二阶段到清华大学学习，时间为9月18—23日；第三阶段为自主学习、撰写调研报告，时间为9月24日—10月8日；第四阶段到省委党校学习，时间为10月9日—13日。培训内容包含马克思主义中国化的最新成果、党风廉政建设、党性修养、经济转型与创新发展、国际化视野、互联网金融与政府投融资管理、交通运输发展战略和规划、农业供给侧结构性改革、“一带一路”战略等。

【第十二期中青年干部培训班举办】 2017年9月15日至11月4日，县委组织部、县委党校联合举办第十二期中青年干部培训班，41名优秀后备干部参加培训。此次培训分五个阶段，既包括复旦大学、省委党校的理论学习，又融合周边党校现场教学与学员调研总结。学习内容涵盖马克思主义中国化的最新成果、法治建设、创新与管理等多方面内容。

【全县公务员“学法用法三年轮训”培训班举办】 2017年11月7—9日，县委组织部、县委宣传部、县人力资源和社会保障局、县司法局、县委党校和县行政学校联合举办2017年全县公务员“学法用法三年轮训”培训班，对全县第一批720名机关科级及以下公务员（含参照公务员法管理的事业单位工作人员）进行“学法用法”专题培训，培训内容包括宪法、行政法和公务员法等。

【第九期初任公务员培训班举办】 2017年11月15—30日，县委组织部、县人力资源和社会保障局和县行政学校联合举办第九期初任公务员培训班，52名初任公务员参加此次培训。培训内容包括党的十九大精神、公务员法、公务员修养、公共管理、依法行政、公文写作、经济发展形势等。

【县管干部学习贯彻党的十九大精神轮训班举办】 2017年12月29日，由县委组织部、县委党校联合举办的县管干部学习贯彻党的十九大精神轮训开班，党的十八届中央委员、全国政协文史和学习委员会副主任叶小文出席并作专题讲座，县委书记叶美峰作主题报告。全县县管干部、县纪委副书记、审计局局长、法检“两院”副职、审判（检察）委员会专职委员近600人，分两期进行轮训。

（方欣泳）

机关党的工作

【概况】 2017年，县直机关工委批准建立4个机关党（总）支部，撤销2个机关党（总）支部，指导19个直属党(总)支部进行换届选举。发展新党员37人，办理预备党员转正22人。抓好党务干部培训。举办党务干部培训班，走出常山、走进高校学习。推行机关党建工作标准化。编制《机关党建规范化手册》。规范流动党员管理。成立杭州常山商会流动党支部。至年底，县直机关工委辖机关党组织157个，其中党委1个、党总支18个、直属党支部110个、党委建制机关党支部28个。

【“五推五强”行动创设】 2017年，县直机关工委创设“五推五强”行动，在机关党组织建设上有新突破。推规范化建设，强组织基础。62个机关党组织建立党员活动阵地“五有五上墙”规定。推进 “三会一课”（即定期召开支部党员大会、党支部委员会和党小组会，上好党课）、支部主题党日、组织生活会、民主生活会、民主评议党员、谈心谈话等制度。推常态化教育，强“四种意识”。推进“两学一做”学习教育常态化制度化，强化政治意识、大局意识、核心意识和看齐意识；以“五比亮剑”活动为总抓手，成立突击队、先锋队和服务队等20余支队伍，发挥机关党员先锋作用。推区域化联动，强互促共建。深化“1+N”党建共建，实现机关党组织和党员“双下沉”（指机关党组织下沉到社区党支部，实现党建共建；机关党员下沉到社区党小组，参与社区服务），全县70个机关党组织4600余名党员到社区报到并开展共建活动。推品牌化创建，强服务效能。各机关党组织创新、实施、提炼具有部门特色的党建品牌，涌现出教育局“护旗手”党建、卫计局“红细胞”党建、新闻传媒集团“三联系制度”等一系列党建品牌。推精准化管理，强责任监督。创新建立机关党组织生活报备制、旁听制、“学分+工分”等制度，成立180余人的旁听员库，旁听各支部组织生活。

【服务中心工作争先创优】 2017年，县直机关工委组织开展“剿灭劣V类，一线锻铁军”活动，发动党员4300余人次深入乡村，对池塘、沟渠、小溪流等小微水体和山塘、水库等水域开展清理活动，认领清理小微水体86座，促进全县“剿劣”任务如期完成。开展“读好书增才干”活动，为机关党员免费办理读书卡，引导党员月读一本好书，撰写读书体会。围绕“厕所革命”，免费开放机关事业单位卫生间，对12家单位统一规范卫生间设施标准，制订管理制度，免费对外开放。发动机关党员投身危旧房治理改造志愿服务，53个机关党组织共组织300余名机关党员志愿者，帮助142户孤寡老人搬离腾空房屋，27天完成2111户危旧房屋签约、腾空工作。组织参加市直机关合唱比赛，推送“常山柚子花开女子合唱团”参加全市机关合唱大赛，该合唱团获比赛金奖。成立国际慢城临时党支部，定期开展支部活动，在项目中锤炼党员的作风，提升干部能力。

【举办入党积极分子和党务干部培训班】 2017年，县直机关工委举办入党积极分子和机关党务干部培训班。4月，组织92名入党积极分子参加为期5天的教育培训，从十八届六中全会精神、党的基本知识等方面进行系统的培训；到龙游华岗故居现场教学，接受爱国主义和革命传统教育。11月，举办为期2天的机关党务干部培训。

（占烁雯）

老干部工作

【概况】 截至2017年年底，常山县有离休干部92人（含代管国税系统3人），平均年龄88.3周岁。按参加工作时间分，抗战后期参加工作的10人、解放战争时期参加工作的82人；按工作机构分，行政离休干部36人、事业离休干部21人、企业等统筹离休干部35人；按享受待遇分，县处级待遇38人（其中生活副处5人、邮电一级副处1人），科级54人；按安置地分，异地安置县外（山东、杭州、嘉兴、金华、诸暨）的有5人；按年龄分，80～85岁的22人，86岁以上70人，其中90岁及以上32人，最高龄100岁。此外，有副（县）处级以上退休干部28人（含兼任副处职务的8人），平均年龄约71.8岁，其中随子女居住县外3人、身体状况欠佳6人。

2017年，县委老干部局紧抓中办发〔2016〕3号、浙委办发〔2017〕51号文件的贯彻落实，把中央和省委的新理念新要求落实到每项工作中，围绕“两项待遇”（即政治待遇、生活待遇）、“两项建设”（即政治建设、党支部建设）、“两个阵地”（即老干部活动中心、老年大学）进行开拓创新，通过座谈解读、上门讲学、智慧送学等，引导老干部深刻认识全面从严治党贯穿每名党员一生的重要意义，深刻认识积极参加正能量活动是不忘初心的信念要求、永葆本色的责任要求、彰显优势的使命要求。

【离退休干部“两项建设”推进】 2017年，县委老干部局推进离退休干部思想政治建设和党组织建设。12月15—16日，举办全县副县（处）级以上离退休干部（扩大）读书会，县委书记叶美峰作动员讲话并通报经济社会发展形势。党代会报告、政府工作报告等重要文件起草、重大工作部署都会邀请老干部出席并征求意见建议。强化离退休干部党性教育，推进离退休干部党员“两学一做”（即学习党章党规、学系列讲话，做合格党员）学习教育，引导老干部进一步加强组织生活、增强“四个意识”（即政治意识、大局意识、核心意识和看齐意识）。7月和12月，分别召开乡镇（街道）和全县离退休干部党支部书记培训工作，交流经验、统一思想。围绕“喜迎十九大”“学习十九大”“畅谈十九大”，开展“不忘初心 薪火相传”主题教育活动。拍摄《红色典藏》专题纪录片、开设十九大学习点播平台、举办“感触最深的一句话”十九大精神学习心得交流会等。开展离退休干部党（工）委建设专题调研。系统摸排全县离退休干部党支部及离退休干部党员基本情况，召开老干部支部书记、大系统大单位等各层级座谈会，分别赴建德、温州、杭州等地学习交流，研究出台加强常山县离退休干部党支部建设的具体办法。

【公益活动平台搭建】 2017年，县委老干部局搭建老干部发挥作用、服务大局的平台。引导老干部参与城区危旧房治理改造、“五水共治”等工作。成立“五老”（即老干部、老战士、老专家、老教师、老模范）志愿者助帮团。组织“五老”深入城区77幢、涉及2111户D级危旧房开展政策宣讲、解疑释惑、纠纷调解、法律帮助等工作，协助签约、腾空安全快速推进。在14个乡镇（街道）成立“老骥常青”河长服务队。与县治水办、河长办联合下发“老骥常青”河长服务队常态化工作方案，召开全县“治水剿劣”工作老干部专题通报会，为全面深化河长制补充强有力的社会力量、民间力量。在全县优秀党员志愿服务队授牌仪式上，“五老”志愿者助帮团成为被授牌的10支队伍之一。开展召开一次纪念学雷锋活动54周年座谈会、举办一个成果展、创办一份《小巷雷锋报》等“小巷雷锋”十周年“十个一”主题系列活动。邀请国家级著名诗人、剧作家黄亚洲先生作“弘扬雷锋精神”专题报告会。10月17日，省关工委副主任江坪、陈仲方一行到常山调研，赞扬“常山关工委是‘五老’学雷锋的典型”，老干部作用发挥有品牌、有成效。

【老干部服务保障工作】 2017年，县委老干部局构筑立体式服务“三张网”，为老干部办实事做好事。构筑倾情关爱网。党政主要负责人带头联系、经常走访老干部。春节元旦期间，县四套班子走访慰问副处实职以上离退休干部，局领导带队分组走访长期患病、生活困难离休干部、生活困难遗属145人，发放慰问金15.06万元。开展“夏日送清凉·送学上门”全面走访活动，为115位老干部送去学习资料、送去党和政府的关心关怀。11月到12月上旬分别到青岛、无锡、杭州、嘉兴、金华走访慰问易地安置的老干部，为他们协调解决生活就医上的实际问题。坚持每月一次走访因病住院老干部，给予年内首次住院老干部500元探望费，累计探望老干部100余人次，发放首次住院慰问金2.75万元。构筑生活关爱网。全面落实中央和省委关于老干部生活待遇政策。按时足额发放“两费”（即离休费和医疗费），发放“一键通”手机，保障车改后老干部工作用车，做好老干部年度体检和健康休养工作。加强对“四就近”（即就近学习、就近活动、就近得到关心照顾、就近发挥作用）服务社区的支持指导，做好“96811”家政服务平台项目对接工作。构筑困难帮扶网。及时转发中共浙江省委组织部等四部门《关于提高我省长期完全不能自理的离休干部护理费标准和高龄护理补贴的通知》，做好待遇保障落实。通过健全党内关怀机制、推进志愿服务、纳入社会救助等，对有特殊困难的离退休干部给予更多关照。坚持“五必访”（即节日必访、过寿必访、有病必访、有难必访、有故必访）制度，做好老干部来信来访工作。

【离退休干部活动学习阵地建设】 2017年，县委老干部局围绕“老有所乐、老有所学、老有所为”主题，打造“安全舒适、软硬件过硬”的学习活动阵地。集中资源开展综合大楼维修改造，对大楼内存在的用水、用电安全隐患，破损的墙面等开具“修缮清单”。加强制度建设，进一步明确“两个阵地”开放时间、参加学习活动人员条件、工作人员服务承诺制等各类管理规范制度，加强信息对外公开公示，新增各类展板和温馨提示，提升老干部知晓率、参与率，引导他们以“主人翁”意识共建共治共享“两个阵地”。以“三个一”（即一台文艺会演、一本纪念画册、一个成果展览）隆重举办老年大学25周年校庆。5月16—19日举办县第二十一届老干部（工人）趣味运动会，参赛人数3480人次；县老年大学举办“迎‘七一’永远跟党走暨常山老年大学第25届毕业汇演”，参加全市“建军90周年合唱比赛”并获银奖。

【全市副厅级以上离退休老干部读书会】 2017年8月16—25日在常山召开，为期10天。县委书记叶美峰作汇报，县委常委、组织部长秦财华参加。叶美峰对各位老干部的到来表示热烈欢迎，介绍常山的县情及发展形势。在听取相关情况汇报后，老干部们对常山未来发展充满信心和期待。今后会继续发挥自身优势，大力关心和鼎力支持常山发展，合心合力开创各项事业发展新局面。

（潘　辰）

关心下一代工作

【概况】 2017年，常山县关心下一代工作委员会（以下简称“县关工委”）发挥基层关工委组织以及“五老”（即老党员、老专家、老教师、老战士、老模范）的优势，以培养和践行社会主义核心价值观为根本，开展有利于青少年健康成才的各类实践活动，狠抓工作落实，促使全县关心下一代工作取得新成效。学习贯彻省“两办”发布的《关于进一步加强关心下一代工作的意见》精神，与县委组织部联合下发《关于进一步加强基层关工委组织建设的意见》，对全县乡镇（街道）、有关部门关工委的组织建设提出要求，推进基层关工委组织建设规范化、制度化。

【学雷锋月志愿活动】 2017年3月，县关工委推进学雷锋月系列志愿活动。在天马街道关工委举行“小巷雷锋”纪念学雷锋活动54周年座谈会，分享学雷锋活动经验体会，研究探索新形势下继续传承雷锋精神的方法路子。举办纪念“小巷雷锋”志愿团成立10周年成果展；县关工委协助天马街道关工委创办全县关工委系统的第一张报纸——小巷雷锋报。组织全县各中小学开展学雷锋主题班会和团日活动。城区6个社区关工委组织“五老”携手青少年同台学唱《学习雷锋好榜样》《接过雷锋的枪》《雷锋之歌》等10首歌曲。组织“五老”和中小学生开展卫生大扫除、文明劝导、爱心公益等活动。县关工委为社区青少年图书室赠送长篇小说《雷锋》一书，供暑期青少年阅读。邀请著名诗人、剧作家黄亚洲先生在“慢城青年讲堂”作弘扬雷锋精神的专题报告。

【“五好小公民”主题教育读书活动】 2017年，县关工委开展全县青少年“五好小公民”主题教育读书活动。联合全县中小学围绕“阳光少年，我们的好伙伴”目标，举行征文、演讲比赛。帮助各学校加强心理健康教育研究，将心理健康教育纳入课程计划，对学生进行心理辅导，以此促进中小学生形成健康的心理。县教育局关工委被教育部评为“全国青少年‘五好小公民’主题教育读书活动先进集体”，县城关中学获组织奖和“读书教育活动示范学校”称号。

【“浙江好家风”主题读书教育活动】 2017年，县关工委组织全县各中小学参加“浙江好家风”网上主题征文活动及主题演讲比赛，传承向善向美向上的文化基因，自觉践行社会主义核心价值观。据统计，全县有216篇稿件参加“浙江好家风”网上主题征文活动，其中常山一中24篇、紫港中学23篇、城南中学21篇、招贤初中20篇、龙绕中学20篇、何家初中20篇、球川小学20篇、钳口小学18篇、青石小学18篇、大桥头小学17篇、同弓小学15篇。10月，县教育局关工委、天马镇关工委联合县文明办、新华书店有限公司举办“浙江好家风”主题演讲比赛。

【帮困助学服务】 2017年，县关工委按照省关工委“福彩资助”活动要求，给予60名困难少年儿童每人2000元和13名困难大学生每人8000元的资助。同时，开展“小巷雷锋”“点点滴滴，心系贫困生”等帮扶助困活动，多方筹集资金，牵头联系企业主、爱心人士与家庭特别困难学生结对资助，帮助1800余名贫困学生募集希望工程救助款700余万元；协助县妇联落实春蕾计划，发放爱心款260余万元。

【帮教关爱服务】 2017年5月，县检察院关工委联合常山一中举办“反对校园欺凌、共创和谐校园”法治讲座。6月，县关工委联合县法院开展法制讲座活动，邀请政府系统法律工作者为社区居民和学生提供法律咨询，并在县职业中专举行以“关爱明天德治与法治”为主题的法律授课活动。全县建立帮教小组45个，有200余名老人结对帮教失足青少年62人，大部分被帮教对象进步明显。

【“五老”服务队助力中心工作】 2017年，县关工委围绕危旧房治理改造、“五水共治”、美丽乡村建设、打造“特富美安”国际慢城、文明城市创建工作，组建“五老”服务队助力中心工作。4月5日，县关工委组建“五老”危旧房治理改造助帮团，针对城区77幢2111户D级危旧房居民开展政策宣讲、解疑释惑、纠纷调解、法律帮助工作，协助做好签约服务，促进腾空工作安全快速推进。在全县优秀党员志愿服务队授牌仪式上，“五老”志愿者助帮团成为10支队伍之一。5月10日，全县各乡镇（街道）成立“五老”治水剿劣服务队和“老骥常青”

河长服务队；与县治水办、河长办联合下发“老骥常青”河长服务队常态化工作方案，召开全县“五老”治水剿劣工作专题通报会，成为全面深化河长制的一支有战斗力的社会力量。

【“小巷雷锋”品牌建设深化】 2017年，县关工委突出“小巷雷锋”特色，精心打造关工委工作品牌。3月，在全县关工委系统开展“强化‘小巷雷锋’品牌建设，推进学雷锋月志愿行动”活动；4月，举办纪念“小巷雷锋十周年成果展”；8月，召开推进“小巷雷锋”品牌工作座谈会；10月，建立“小巷雷锋”服务青少年协调中心，统筹全县志愿者服务青少年工作。以乡镇（街道）和建立关工委组织的部门为中心，建立“小巷雷锋”服务站54个，并开展正常活动。以村、居、学校为基点，建立村、居、学校“小巷雷锋”服务分队200支，实施面对面精准服务。以楼道、庭院为单元，建立楼道、庭院“小巷雷锋”特色服务小组507个，其中楼道465个、庭院102个，进行个性帮教工作。志愿者服务团队形成“协调中心+服务站+服务分队”的三级工作机制，在组织架构上建成横向到边、纵向到底的团队体系。同时，加大对“小巷雷锋”品牌工作的宣传，创建关工委“小巷雷锋”陈列室，不断提升“小巷雷锋”影响力。

（王红平）

信访工作

【概况】 2017年，全县信访工作总体平稳有序，在市对县信访综合考核中排名全市第一。与14个乡镇（街道）、89个部门签订信访工作目标管理责任书，压实事权单位责任。重视初信初访工作。采取多形式培训提升信访干部业务水平，规范信访事项办理，举办两次全县信访干部短期集中培训班。坚持和完善每月21日“县领导接待日”，全年安排33名县级领导在县信访局定点接待群众12次；每月10日县领导下访约访日，每位县领导分别到所联系乡镇（街道）下访约访接待群众。做好全国、省、市、县两会、“一带一路”高峰论坛、党的十九大等重大政治活动期间的信访维稳工作。做好常山县“8·30”全国第六个赏石日、中国山地自行车公开赛总决赛（浙江·常山站）、中国皮划艇巡回赛、中国·常山油茶博览会等活动期间的信访维稳工作。

是年，县信访局在衢州市对县信访综合考核中全市排名第一，首次位居六个县（市、区）榜首。陈芳被省委、省政府评为“在全省党的十九大维稳安保工作中做出突出贡献的个人”。

【信访积案“清仓见底”专项行动】 2017年，县信访局排查梳理出省、市、县三级信访积案34件，全部由县处级以上领导包案督办，其中省级积案1件由县委叶美峰书记包案督办。对没有纳入省、市、县交办的滚动积案，实行责任单位领导办案化解制度。33位县处级以上领导深入一线开展积案攻坚，做到全程跟踪、督办到底、案结事了。化解信访积案11件，在市对县信访工作单项考核中，信访积案化解工作全市排名第二。

【人员机构变化】 2017年12月，常山县“12345”政府热线服务中心由县信访局下属全额拨款事业单位改为县委办公室代管，为县委、县政府直属全额拨款事业单位。常山县信访联合接待中心调整为单设，仍为县信访局下属全额事业单位，明确编制数4名。

（张洋洋）

档案工作

【概况】 2017年，常山县档案局馆接待档案查阅利用者8962人次，查阅档案10757卷次，复印7201张次。其中，电话查档300余人次，节假日提供查档服务20余人次，开展跨馆查询17次。档案宣传工作持续发力，有200余篇档案信息、报道、文章在各级网站、报刊、杂志等媒体上发表，其中被国家级媒体采用40余篇、被省级采用93篇，名列全市各县、市（区）前茅。举办、协办各类展览，3月会同县教育局开展“看见彩虹”乡村儿童绘画展；6月会同团县委开展“治水勇担当，剿灭V类水”绘画展；10月会同县委老干部局、县文联等单位举办“喜迎十九大”系列展览等活动，吸引参观群众2万多人次。开展第五届“6·9”国际档案日宣传活动，举办常山县“五水共治”成就图片展、档案馆开放日活动、档案知识竞赛，承办“最多跑一次”事项电子化归档现场会、成立“兰台”志愿者队伍等系列活动，发放宣传资料300多份，赠送史料图书500余册，累计吸引观展群众6000余人次。在全市6个县（区）中率先开通常山档案微信公众号，档案工作宣传力度进一步加大。深化档案安全管理措施，投资35万元开展三馆综合楼屋面修缮工程及档案库房通风管道维修工程，保障档案安全保管。开展档案数据异地备份工作，与慈溪市档案馆继续履行“山海协作”异地异质备份协议，6月22日将新形成的3.6TB馆藏档案数字化成果、网站备份、馆藏系统备份交付对方保管。强化档案业务指导工作，完成全县80多个单位的日常档案业务指导工作，重点做好乡镇档案、重点建设项目档案及全县“土地确权”档案的业务指导工作，全年举办档案业务培训班3期，培训人次320余人。开展省级文明单位创建活动并通过考核验收。

是年，县档案局获评《浙江档案》杂志社“2017年度宣传工作先进集体”“2017年度衢州市档案宣传报道先进集体”；饶贤福获评《浙江档案》杂志社“2017年度优秀通讯员”“浙江兰台铁军法治标兵”。

【档案工作转型升级】 2017年，县档案局在全省率先开展全县“河长日志”档案的收集整理工作，形成“五水共治”档案104卷 554件，扫描15315页，照片档案15卷287张，条目287条，数字化成果共49.3G。推进“千村档案”项目建设，通过“上下联动共合拍，左右联合聚合力，专兼联手优合作”的“三联三合”工作机制，联合县农办下发文件，争取财政资金支持，通过竞争性谈判，好中择优，引进杭州中元数据科技有限公司，利用第三方力量全面开展21个历史文化村落文化信息资源调查摸底、资料收集和建档工作，其中，《为古村落“公厕”建档》获《中国档案报》宣传报道。至年底，已基本完成全县21个村的档案数据资源外围采集工作。

【档案文化建设初见成效】 2017年6月，县档案局在全国率先成立“档案文化研究中心”，落实编制4名（全额事业和计划内合同工各2名），具体承担档案文化研究、观赏石文化研究及观赏石品鉴指导等工作职能。成立局档案文化建设领导小组，全面负责档案文化的挖掘与传承工作。增设研究专刊，宣传档案文化。4月，在《常山档案》工作简报增设“档案文化建设专刊”，2017年4月至12月，刊出《浅谈常山县档案文化建设》《南宋爱国诗人陆游的常山情结》《北宋哲学家邵雍家祠在常山》等12期。着眼常山特色，开展专题编研，全年共开展《常山档案集萃》《名人与常山》《寻找美国飞行员白郎及其家人》《常山—印度茶渊源查考》4个专题编研工作；至年底，《常山档案集萃》《名人与常山》已完成初稿。8月30日，在“爱我中华·第六个全国赏石日暨常山县首届观赏石艺术节”活动中，县档案局档案文化研究中心承担《赏石与健康》首发式策划安排，对接与接待全国赏石艺术高级研修班学员200余人。

【“1+3”档案服务新模式成效显著】 2017年，县档案局在全省率先开启“1+3”档案服务新模式，助力档案事业“加速奔跑”。“1+3”档案服务模式，即县档案局档案业务专业人员+各单位基层专（兼）职档案员、浙江省档案事务所常驻常山档案服务站和其它档案中介服务机构3支队伍，在县档案局的统一协调、指导、监督下，负责全县各单位进行档案整理归档和数字化加工等工作。县档案局负责对全县各单位的档案业务指导、监督检查和安全监管等工作，并实行分类指导。全年完成档案整理与数字化加工25174件、41223卷，输入条目39261条，扫描5166793页。2家示范数字档案室，8家规范数字档案室，13家数字档案室通过各级档案专家测评验收，其中示范数字档案室完成率达22.22%，提前两年完成省档案局下达工作目标，数字档案馆（室）建设继续保持全市前茅、全省上游。

（郑严倩璇）

党史工作

【概况】 2017年，县委党史研究室根据省委党史研究室的统一部署，组织学习《习近平论中国共产党历史》，用讲话精神指导党史工作。球川红色纪念馆申报“第三批衢州市党史教育基地”工作完成，9月通过市委党史研究室考评小组的现场考评。向《衢州党史》刊物报送纪念抗日战争爆发80周年文章2篇；向《衢州党建》刊物报送有关常山党史题材的专稿2篇，其中《红军北上抗日先遣队两次转战常山》一文在《衢州党建》2017年第3期上刊登。完成《新民主主义革命时期常山地方党组织的创建与发展》辅导材料的编写工作。完成2017年常山县党史大事记的采编工作。完成省委党史研究室关于2016年度浙江省革命遗址保护专项资金项目绩效自评工作的上报工作。完成市委党史研究室关于党史资料数字化（2017—2020年）分年度工作计划目录清单的上报工作和2017年度党史资料的数字化工作。

【常山西源革命纪念馆策划方案形成】 2017年10月，县委党史研究室成立党史文化挖掘工作小组，具体承接西源红色文化挖掘工作，围绕打造常山西源革命纪念馆（又名闽浙赣皖土地革命战争浙西纪念馆），深入新昌乡西源村梳理革命历史，挖掘麻山革命精神，系统还原浙西一翼乃至闽浙赣皖边区十年土地革命战争的发展脉络。经过组织分工、外出考察、搜集资料、初稿撰写、求教省市党史部门领导和专家以及史料论证，形成策划方案送评稿。12月15日，策划方案通过专家论证。至年底，完成纪念馆策划方案《闽浙赣皖土地革命战争浙西纪念馆策划方案（定稿）》，该策划方案共分4篇、3.5万余字，主要介绍闽浙赣皖土地革命战争对浙西地区的影响，以及常山西源一带艰苦卓绝的土地革命战争故事。

（郑严倩璇）

地方志工作

【概况】 2017年7月，常山县地方志编纂委员会办公室（以下简称“县方志办”）完成《常山年鉴（2016）》的出版发行工作。根据衢州市地方志办公室的统一部署，完成《衢州年鉴（2015）》的审稿工作；开展《衢州方志提要》常山部分的出版前的校对工作，编辑、增补《常山军事志》《常山县教育志（2005—2014）》等条目。参加《常山县林场志》专家评稿会并提出具体修改意见；指导球川镇启动编纂《球川镇志》；指导同弓乡继续开展《同弓乡志》的修改工作。为县政协开展乡镇历史文化研究提供史志文化服务，参与编辑《常山古道》《邹鼎山回忆录》相关资料的考证工作。

【《常山年鉴（2016）》出版发行】 2017年7月，《常山年鉴（2016）》由方志出版社公开出版，精装16开本，30.375印张，72.9万字，印数800册。《常山年鉴（2016）》记载时限从2015年1月1—12月31日，全鉴由卷首、百科、卷尾三部分组成，百科按类目、分目、条目三个层次框架编排。全书共25个类目、172个分目（副分目）、803个条目、74张数据表、44张随文插图。入鉴资料由县内各部门、乡镇（街道）和在常山的省部属单位提供，经编辑部编辑加工并经各单位审核后定稿，所采用数据以县统计局提供为准，旨在全面、系统地记载常山县行政区域自然、政治、经济、文化社会方面的情况和社会发展的历史进程，为社会各界人士和中外投资者了解、研究、建设常山，提供丰富翔实的地情资料，也为续修《常山县志》积累资料。

【县政府印发《关于推进地方志事业发展的实施意见》】 2017年7月，县方志办推动县政府出台《关于推进地方志事业发展的实施意见》。该《实施意见》提出今后一段时期常山县地方志工作的指导思想、基本要求、总体目标、主要任务和保障措施。对今后全县地方志工作的基本要求是：坚持正确方向、依法治志、全面发展、改革创新、质量第一、修用并举的基本原则。采取各种措施，全面完成《规划纲要》、省市《实施意见》提出的各项工作任务。以修志编鉴为主业，坚持全面发展，突出常山本地特色，努力打造走在全市乃至全省前列的拳头产品和亮点工作，实现从一项工作向一项事业的转变。

【《常山县教育志（2005—2014）》出版】 2017年8月，由《常山县教育志（2005—2014）》编纂委员会编纂、浙江教育出版社出版的《常山县教育志（2005—2014）》正式出版发行。这是常山县教育史上的第二部专志。该志于2015年12月始编，2016年11月定稿，历时近一年，全面、系统、真实、客观、准确地记述了2005—2014年常山教育的概况，融资政、教化、存史于一身。全书42.5万字，包括序2则和凡例、目录、概述、大事记，正文共13篇59章，专记1篇，附录2篇，卷首有常山县学校布局图1幅，彩照31页98幅。

（郑严倩璇）

常山县人民代表大会

综 述

2017年，县人大常委会服务发展大局、增进民生福祉、促进社会和谐，依法履行职责。全年举行常委会会议9次，听取和审议“一府两院”工作报告18个，作出决议决定13个，任免国家机关工作人员96人次；召开主任会议13次，听取政府专项工作报告9个；组织代表视察22次，对县人力社保局、县综合行政执法局开展工作评议，完成县十六届人大一次会议确定的各项任务，推动常山县“特富美安”慢城大花园建设。

规范行使人事任免权。坚持党管干部原则与严格依法任免有机统一，完善任免议案提请、党组会议研究、主任会议初审、任前法律考试、任前表态发言、会议票决、任命书颁发等任免程序。开展宪法宣誓，47名受任国家机关工作人员庄严向宪法宣誓。注重任后监督，深化履职报告制度，84名“一府两院”（即人民政府、人民法院、人民检察院）受任人员向县人大常委会报告年度工作，其中10人向常委会专题会议述职并接受测评。

依法行使重大事项决定权。坚持议大事促发展，对涉及全局性、根本性、长远性的财政预决算调整、国有资产管理使用特定问题调查、民生实事项目代表票决等重大事项，依法、科学、及时作出决议决定。

助力经济科学发展，推动产业转型升级。支持县政府加快转变经济发展方式，不断增强发展后劲和整体实力。深化预决算“全口径、全过程”监督，初审2018年财政预算编制情况草案报告，4本预算、县级部门预算编制草案和重点部门细化预算草案提交人代会审议。听取和审议2016年财政决算、2017年上半年预算执行情况、2016年财政预算执行和其他财政收支审计工作报告。推进产业发展，组织视察油茶产业发展情况，听取县电力事业发展情况报告，开展屋顶光伏产业、土地综合治理推进工作视察，组织视察火车站站前广场一期建设工程、常林纸业等重点公用基础设施、招商引资、浙商回归项目推进情况。

服务中心工作，推动民生项目。协调推进“8·30”第六个全国赏石日活动筹备举办，领衔领创轴承、油茶、食用菌、九景衢铁路等产业、重点项目。做好十大“三抢”（即抢种、抢栽、抢建）行为打击督查、重点项目“拔钉除障”督查，促进天津利安隆项目顺利签约，推动351国道等重点项目加快建设。各级代表围绕危旧房治理改造、“五水共治”和剿灭劣Ⅴ类水体等中心工作开展跟踪监督。持续跟踪监督城市公交运营情况，建立专项监督小组开展全程监督；主任专题会议先后2次分别听取整改方案制定以及落实情况报告，3次组织代表视察公交运营情况，推动公交运营首末站建设、线路优化、车辆更新、服务质量提升等群众反响强烈问题的解决。专题调研并组织考察“最多跑一次”改革暨乡镇“四个平台”建设情况。组织代表检查“厕所革命”推进情况，提出深化推进公厕建设、解决老旧小区如厕难题、优化公厕布局等意见建议。听取和审议县智慧环保项目建设、环保督查情况报告，加大对环保违法行为查处力度。组织代表督查“国家卫生县城”创建深化推进工作、小城镇环境综合整治、农村环境整治与垃圾分类处置、文教路沿线立面改造、城东新区景观桥建设情况。

推进依法行政，加强司法监督。严格规范性文件备案审查，审查县政府规范性文件21件。联动开展《衢州市城市市容和环境卫生管理条例》执法检查，组织代表检查电动自行车管理情况。配合做好立法调研工作，上报2018年度立法建议项目3个，提出《衢州市城市绿化条例（草案）》《衢州市信安湖保护条例（草案）》修改建议23条。集中学习《浙江省村民委员会选举办法》《衢州市城市市容和环境卫生管理条例》等5部法律法规，组织代表开展形式丰富的法治教育活动。组织代表考察县人民法院诉讼服务中心建设情况，专题听取县人民检察院关于环境资源保护检察监督工作报告，听取禁毒工作情况报告，组织代表考察社区矫正工作情况。重视信访工作，全年受理群众来信32件，来访87人次，督办重点信访件4件，妥善化解一批信访矛盾，维护社会稳定。

强化代表履职保障，夯实代表履职平台，规范代表履职行为，注重代表履职实效。县十六届人大一次会议邀请省人大常委会专家为新一届代表作履职辅导，完善代表列席常委会会议制度，深化组成人员联系代表以及代表密切联系群众制度，提升代表履职能力。发布重大事项以及县域经济社会发展情况等重要内容，拓宽代表知情知政渠道。新设立代表服务中心，强化代表履职的组织保障。规范代表辞补，辞补代表15人次。深化代表参与常委会活动“菜单式”服务机制，邀请代表列席常委会会议70人次，代表参加常委会执法检查、工作评议、视察、民生实事项目专项监督活动常态化。推广代表履职服务平台应用，深化“线上+线下”代表联络站建设，14个乡镇（街道）网上代表联络站实现全覆盖。开展代表联络室向人口密集村延伸试点，探索代表联络“站+室”模式。完善《关于进一步加强代表工作的意见》等制度，做好履职服务平台新一届代表个人信息更新，组织开展代表履职服务平台使用培训，督促代表发布履职信息。开展代表向选区选民述职活动，制定《常山县人大代表向原选区选民述职办法（试行）》，规范述职形式、内容和程序等，规定每位代表届内向选民述职不少于1次，20名县代表、67名乡镇代表向原选区选民现场述职或书面述职，由选民进行满意度测评。听取和审议代表议案建议办理工作情况报告，深化常委会领导领衔督办、“三见面”、重点建议办理“回头看”等举措，县十六届人大一次会议122件议案建议，问题解决或部分解决率首次突破50%。

全面加强自身建设。组织党的十九大精神系列学习，推进“两学一做”学习教育常态化制度化。严格落实党风廉政建设责任制和中央八项规定及省、市、委实施细则。认真落实中央和省委关于加强县乡人大工作和建设的意见，新一届县人大设立法制（内务司法）委员会和财政经济委员会。强化制度建设，修订完善《县人大常委会议议事规则》《主任会议议事规则》；制定和修订完善专题询问办法、讨论决定重大事项规定、跟踪监督办法、处理审议意见规定等30余项制度。聚力基层人大建设，规范乡镇人代会程序、内容以及乡镇人大主席团履职。加强对乡镇（街道）人大（工委）的指导。组织乡镇（街道）人大（工委）干部参加全国、省、市人大培训。宣传报道县人大工作动态，在市以上报刊网站等主流媒体发表各类宣传稿件200余篇。

重要会议

【县第十六届人民代表大会第一次会议】 2017年2月13—18日，常山县第十六届人民代表大会第一次会议召开。会议听取和审议常山县人大常委会工作报告、县人民政府工作报告、县人民法院工作报告、县人民检察院工作报告；审查常山县2016年国民经济和社会发展计划执行情况、2017年国民经济和社会发展计划草案的报告，审查、批准常山县2016年国民经济和社会发展计划执行情况的报告、2017年国民经济和社会发展计划；审查常山县2016年财政预算执行情况和2017年财政预算草案的报告，审查、批准常山县2016年财政预算执行情况的报告和2017年财政预算；选举常山县第十六届人民代表大会常务委员会主任、副主任、委员；选举县人民政府县长、副县长；选举县监察委员会主任、县人民法院院长、县人民检察院检察长；通过常山县第十六届人民代表大会法制委员会、财经委员会组成人员名单；选举常山县出席衢州市第七届人民代表大会代表，并票决确定2017年度县政府民生实事项目。会议期间，代表们提出议案建议122件。

【县第十五届人大常委会会议】 2017年1月12日，县十五届人大常委会举行第四十一次会议，会议听取和审议县公安局《关于要求许可对县人大代表郑建平采取刑事强制措施的报告》；听取和初审县人民政府《关于常山县2016年预算执行情况和2017年预算草案的报告》《关于2017年政府性投资重点项目资金意向性安排情况的报告》，并提出审议意见；听取《关于我县监察体制改革试点工作推进情况的报告》《关于常山县县乡两级人大代表换届选举工作情况的报告》；听取并讨论通过县人大常委会代表资格审查委员会《关于常山县第十六届人民代表大会代表资格审查的报告》；初审县人大常委会工作报告、县人民政府工作报告、县人民法院工作报告、县人民检察院工作报告等4个送审稿；讨论作出关于召开常山县第十六届人民代表大会第一次会议的决定；讨论通过县十六届人大一次会议预备会议日程（草案）；讨论提出县十六届人大一次会议有关事项的建议。

2月4日，县十五届人大常委会举行第四十二次会议，会议听取和表决通过有关人事免职事项；听取县十六届人大一次会议筹备工作情况的报告；讨论并通过《常山县第十六届人民代表大会第一次会议列席人员名单》；讨论并通过《常山县第十六届人民代表大会第一次会议各代表团组成人员名单》《常山县组织实施宪法宣誓制度实施意见（修正案）》；讨论提出县十六届人大一次会议有关事项的建议。县人大常委会主任徐建华就县十六届人大一次会议有关事项讲话。

【县第十六届人大常委会会议】 2017年2月18日，县十六届人大常委会举行第一次会议，会议听取和表决通过有关人事任免事项。县人大常委会主任徐建华就新一届人大常委会工作讲话。

3月28日，县十六届人大常委会举行第二次会议，会议听取和审议县人民政府《关于我县养老服务体系建设情况的报告》《关于我县智慧环保项目建设情况的报告》；讨论并通过《常山县十六届人大常委会2017年工作要点》《关于设立常山县十六届人民代表大会常务委员会代表资格审查委员会的决定》和常委会相关制度；会议听取《浙江省村民委员会选举办法》法律辅导。

4月14日，县十六届人大常委会举行第三次会议，会议听取和表决通过有关人事任免事项。会后，举行受任人员宪法宣誓仪式。县人民政府县长周向军、县人大常委会主任徐建华分别讲话。

5月26日，县十六届人大常委会举行第四次会议，会议听取和审议县人民政府《关于我县村（居）民委员会换届选举工作情况的报告》《关于我县剿灭劣V类水体工作情况的报告》；听取和审议县人大常委会主任会议提交的《关于设立国有资产管理使用特定问题调查委员会的议案》，作出《关于设立国有资产管理使用特定问题调查委员会的决定》；听取《衢州市城市市容和环境卫生管理条例》法律辅导。

7月25日，县十六届人大常委会举行第五次会议，会议听取和表决通过有关人事任免事项；听取和审议县人民政府《关于我县2017年1—6月国民经济和社会发展计划执行情况的报告》《关于我县2016年财政决算的报告》《关于我县2017年1—6月财政预算执行情况的报告》《关于我县2016年财政预算执行和其他财政收支审计报告》，作出《关于批准常山县2016年财政决算的决议》；会议听取和审议《关于我县2017年地方政府债务限额的报告》，作出《关于批准常山县2017年地方政府债务限额的决议》。

9月27日，县十六届人大常委会举行第六次会议，会议听取和表决通过有关人事任免事项；听取和审议《关于我县大力推进教育质量提升实施意见落实情况的报告》《关于县十六届人大一次会议议案建议办理情况的报告》。

11月22日，县十六届人大常委会举行第七次会议，会议听取和表决通过有关人事任免事项；听取和审议县人民政府《关于我县全域旅游工作开展情况的报告》《关于我县工业经济专项工作情况的报告》《关于我县小城镇环境综合整治情况的报告》和《关于我县2017年财政预算调整方案的报告》，作出《关于批准常山县2017年财政预算调整的决议》。

重大活动

【首次实行民生实事项目代表票决制】 2017年1月22日，县人大常委会向县委报告试行民生实事代表票决事项，县委研究同意后，县人大常委会制定民生实事代表票决办法。县政府对征集到的项目进行分类、筛选、论证后，提出初步候选项目交县人大常委会主任会议讨论，并经县人大常委会会议初审后送代表征求意见，形成候选项目（草案）于2月中旬提交县十六届人大一次会议主席团讨论确定最终候选项目，并提交至各代表团讨论、审议，以代表团投票表决的形式确定2017年度10件民生实事项目。

【全程跟踪民生实事项目】 2017年，县人大常委会围绕县十六届人大一次会议首次代表票决确定的10件民生实事项目，坚持问题导向、效果导向，审议通过《民生实事项目监督暂行办法》，成立10个由常委会组成人员、基层代表广泛参与的专项监督小组。建立监督小组月度视察看形象、季度座谈查问题、年中主任专题会议听进展、年末常委会评估测绩效的全程动态监督机制，督促责任单位强化工作落实。除白石饮用水管网改造提升工程因320国道改造进度滞后外，其余9件完成既定目标任务。

【对县人力社保局、综合执法局进行工作评议】 2017年，县人大常委会依法对县人力社保局、综合执法局进行工作评议，常委会广泛征集被评单位、人大代表、服务对象意见建议，调查收集、梳理反馈意见100余条。专题听取被评单位工作报告和评议组工作评议调查报告，并进行满意度测评。县人力社保局、综合执法局做到边评边改，着力解决在依法行政、为民服务方面的短板问题，切实提升依法行政能力和水平。

【聚焦国资管理质效】 2017年，县人大首次启用特定问题调查，作出《关于设立国有资产管理使用特定问题调查委员会的决定》。特定问题调查委员会通过走访、座谈、听汇报、查资料等形式开展调查，摸清国有资产“家底”。主任会议3次专题听取调查进展情况汇报，县十六届人大常委会第八次会议听取和审议特定问题调查委员会《关于国有资产管理使用的调查报告》，作出《关于加强国有资产管理使用的决议》。

【创新人大代表信息化监督治水系统】 2017年，县人大常委会贯彻落实省人大常委会关于加强人大信息化工作指导意见，先试先行，探索开展“一塘一场一代表”信息化监督治水工作，形成人大代表监督治水巡查信息在履职服务平台APP上提交，巡查发现的问题通过APP直通“四个平台”办理的“常山模式”，创新人大监督方式和代表履职形式，提升人大监督绩效，进一步巩固治水成效，获2017年度全市人大工作创新奖。

（段寿平）

小资料 人大代表优秀议案

关于要求有效盘活不良资产促进产业转型升级的议案

中央经济工作会议提出，要以推进供给侧结构性改革为主线，积极稳妥化解产能过剩，有效盘活僵尸企业，促进结构调整和转型升级。僵尸企业的定义是连续一年以上停止生产经营活动且未缴增值税，或者资产负债率超过100%且连续三年以上亏损，或者连续3年以上欠薪、欠税、欠息、欠费，或者陷入“两链”风险导致资不抵债且解套无望、长期停产且复产无望的工业企业。按照这个定义，截至2016年年底，我县僵尸企业达100家左右，涉及不良贷款近6亿元，工业用地2500亩左右，厂房面积约60万平方米，不良资产达10亿元以上。僵尸企业低效挤占了资源、消耗了社会成本、阻碍了我县产业转型提升。对此，为加快我县工业转型发展步伐，促进工业平稳健康发展，现提出要求有效盘活闲置不良资产，促进工业产业转型升级议案。

1. 加快僵尸企业处置。一是加强组织领导强化协调。县委县政府要高度重视并大力支僵尸企业处置工作，成立专门组织机构，专门负责全县僵尸企业处置工作，开展排摸调查。县主要领导要专题研究重要企业处置方案，要定期听取汇报。县各部门要积极配合，特别是法院、公安、经信、国土及两个园区等要专门研究主动参与。二是设立县级资产管理公司。资管公司收购处置经营僵尸企业的不良资产。三是允许僵尸企业土地分割出让。僵尸企业土地处置要灵活，允许整体出让，在一定的面积基础上，也可以分割出让，规划、消防等部门要予以配合。

2. 明确产业发展规划。要按照“四四二”战略要求，明确常山产业发展规划，做好“老三篇”升级改造文章，同时，要大力引进战略新兴产业和产业链高端产业。

3. 形成产业倒逼机制。要以水、电、税、环保、能耗、亩产效益等为约束指标，制定并形成倒逼机制，促使“低小散”企业转型升级。

4. 加强招商引资对接。在储备有效不良资产的同时，要加强招商引资对接，完善招商政策，着重开展以商招商、产业招商和资本合作，宁做凤尾不做鸡头。

5. 制定专门政策扶持。在现有“工业18条”基础上，专门制定对于僵尸企业处置的政策扶持，对债权人申请企业破产的，实行经费补助；鼓励企业兼并重组，对资产交易、过户环节上给予补助，对战略投资者以投资额比例实行奖励；鼓励银行核销不良资产，按比例给予政策支持。

（余国义）

关于加强我县“国际慢城”建设的议案

“慢城”是一种新的城市模式，与快节奏的生活方式不同，这里有更多的广场、更多的绿地、更便利的商业条件等供人们休闲、交流与享受。它的内涵、功能及创建方式，与新农村、美丽乡村建设完全不同。为将我县建成符合国际标准的“慢城”，建议：

1. 制定一个规划。要参照国际慢城的建设标准，制订我县的规划，包括核心区块的整体规划，区块内各村庄、社区建设的专项规划，并将慢城规划纳入整个城东新区建设规划。

2. 组建一个机构。慢城建设涉及多个部门，要有一个机构、一个领导班子统筹各项工作的开展。如核心区块内各种杆线迁移、土地征迁、道路修建以及各项工程实施等，会遇到很多难题，需要一个机构来协调解决。

3. 明确一个目标。也就是说我们要建设怎样的一个“慢城”，慢城的功能是给人提供一个放松身心的场所，让人休闲、享受纯粹的生活。它要求保留地方传统，追求人与自然的高度和谐，核心区域内各村庄、社区的建设目标要明确，比如每个村庄都应有自己的特色，有以赏花为主的、农业观光采摘为主的、美食休闲为主的等等。此外，在什么区块建设慢餐厅、咖啡厅、慢行区、绿色与生态食品商店等都要因地制宜并保留地方传统。

4. 落实一笔资金。无论是政府主导的基础设施建设，还是企业或村集体的建设项目，都需要大量的资金，建议采用PPP模式，吸引社会资本参与，因为国际慢城创建成功后，势必会带动旅游的发展，回报也是可期的。

5. 打造慢城五朵金花（紫港街道下属狮子口、狮东、孔家弄、渣濑湾、外港5个行政村）。一是启动旅游策划。通过战略策划解决旅游定位问题、通过创意策划解决旅游产品问题 、通过模式策划解决效益分配问题、通过营销策划放大品牌效益；根据策划方案倒推乡村规划和旅游产品设计。最终实现思路规划化，规划项目化，项目具体化。二是充分挖掘民俗特色文化。注重“文化”立村，充分挖掘“国际慢城”所在村的民俗特色文化、传统故事传说及现有文化资源，丰富文化内涵；做到村庄有传说、景点有故事，为“国际慢城”注入更多的文化元素。加快形成具有常山特色的农产品文化，聚沙成塔为发展农产品特色旅游提供文化支持。三是加快旅游商品研发。以具有常山地方文化及资源特色的“常山三宝”为基础，建立旅游商品开发基金，实施鼓励扶持政策，努力形成组织化、规模化、市场化、规范化发展的局面。采用以企业化运作模式为主、村民自发为辅的旅游商品开发模式，组建设计—加工—生产—销售一条龙的公司和企业群。鼓励开发新产品，重视产品的命名宣传和专利申请； 鼓励民间工艺品的手工制作、鼓励现场制作和精工细作；培育本土艺术家和工艺大师，创建技术交流平台，加强对外沟通。四是推进旅游基础设施建设。通过村道改建、村庄景观提升、打造特色名宿、配置休闲运动设施等方式，夯实村庄旅游基础。在交通、服务、休闲游乐等各方面，满足游客日益增长的需求。

6. 改造提升城东入口（富足山地段）环境。近年来，我县对农村环境整治的力度逐步加大，但富足山村周边环境局部改善与整体恶化的趋势还没有根本性得到遏制，农村的脏、乱、差现象还是普遍存在，当前村庄的发展严重滞后，村容村貌、周边环境急需得到整治改善。

（胡真钢 李永忠 詹乐乐）

常山县人民政府

综 述

2017年，全年实现地区生产总值129.9亿元，比上年增长6.6%；财政总收入14亿元，增长9.8%，其中一般公共预算收入9.9亿元，增长9.2%；全县社会消费品零售总额67.9亿元，增长11.4%；外贸进出口总额2.58亿美元，增长30.6%；农村居民人均可支配收入18317元，增长9.6%；城镇居民人均可支配收入33539元，增长9.1%。

工业态势更好。实施工业“四个一”工程（即召开一次工业经济大会、出台一批工业发展政策、组织一次企业家培训、组织一次先进地区考察），实施“工业新政18条”“人才新政18条”。锦禾农机、哲丰新材料同日投产，瑞典斯凯孚、美国矿物、日本菲洛泰克、天津利安隆等一批大企业成功引进。新增10亿元和5亿元以上企业各1家，规模以上工业总产值增长18.5%，增加值增长7.1%。开展“工业百难”攻坚行动，加强政银企交流合作，破解企业审批难、落地难、融资难等实际问题91个。各项惠企政策落实到位，兑现政策资金4000余万元。7家“僵尸企业”实现破产盘活，盘活土地280亩。三大园区设施更加完备、功能更加完善，储备熟地2000亩，云耕小镇入选省级特色小镇第三批创建名单。实施“智汇常山”工程，牵手北大政府管理学院、衢州学院借智升级，培育院士工作站5家、博士工作站3家，新增高新技术企业6家。

农业品牌更响。推进油茶“一区两园四中心”（一区：省级油茶产业集聚区；二园：国家级油茶公园、常山油茶产业园；四中心：全国油茶交易中心、价格指导中心、集散中心、文化中心）建设，首个国家油茶公园、省山茶油及食用植物油质量检验中心、省油茶产业协会落户常山，被授予首批“全国木本油料特色区域示范县”称号。“常山山茶油”“常山胡柚”入选全省知名农产品区域公用品牌50强。常山胡柚价格创近年新高，“衢枳壳”成功纳入新“浙八味”，带动农民增收1.6亿元。天子股份与可口可乐合作，常山胡柚作为“美汁源”原料推向世界。新增国家标准常山胡柚园1个。与上海生物医药科技产业促进中心合作，加速常山胡柚精深加工研究。加强示范县创建工作，常山县获评省级农产品质量安全放心县、省休闲农业和乡村旅游示范县。青石镇胡柚产业强镇项目入选省农业“12188”工程。全县创建市级以上美丽生态牧场14个。

服务业基础更实。推进全域旅游示范区创建，中国观赏石博览馆建成开馆，赏石小镇通过AAAA级景区景观质量评价，三衢石林获评“全球低碳生态景区”，梅树底创AAAA级景区进展顺利，新增1个AAA级景区、4个AAA级景区村，全年接待游客增长31%。高端民宿加快培育，不老泉、村上酒舍、云上轩等一批特色民宿脱颖而出。赛得健康小镇一期建成开园，被认定为浙江省老年养生旅游示范基地。金融商贸稳步发展，县金融机构存贷款余额分别增长5.4%和10.7%，处置不良贷款9.4亿元，不良贷款率比上年下降0.9个百分点。与众卡运力深入开展战略合作。新建农村电商服务站点58个、智能投递终端25个。东方广场全面建成，新增市重点服务业企业2家。

大干项目增动力。建立项目推进“六大机制”（即要素保障联席会议机制、要素保障联动机制、动态管理机制、2+2+N协调决策机制、督查推进机制、项目联席会议机制），大力推进“6+1”十大专项（即城市建设“双十专”、工业转型十大专项、农业农村十大专项、旅游发展十大专项、社会事业十大专项和十大为民办实事项目），在全市率先开展“树正气、打歪风”专项行动、“项目百难”攻坚行动，确立项目谋划“4个关注、7个优先”（“4个关注”就是关注趋势、关注超前性、关注项目结构、关注资源整合；“7个优先”就是市场化项目优先、产业化项目优先、四大占比项目优先、战略性项目优先、增长效率型项目优先、满足功能型项目优先、民生项目优先）原则，大干项目氛围浓厚。项目建设在攻坚中提速，衢九铁路开通运营，常山迎来“动车时代”；外港大道建成通车，土地开发“4个2000亩”超额完成，常山港治理二期、320国道“二改一”、沿江美丽公路、048省道延伸线、党校迁建等项目加快建设，常山江航运开发、通用机场、浙西连廊等项目前期扎实推进。17个项目列入省重点项目盘子。

节会赛事展魅力。第六个“全国赏石日”暨首届常山国际赏石文化节盛况空前，中国老年住区项目交流大会、中国·常山油茶博览会暨第二届油茶文化节、中国·常山胡柚文化节好戏连台。中国山地自行车公开赛总决赛热烈精彩，获“年度最佳赛区（A级）”称号。中国皮划艇巡回赛、“环浙”自行车挑战赛、全省企业家武术大赛场场精彩。

深化改革添活力。“最多跑一次”改革持续发力，梳理办事事项810项，实现“最多跑一次”事项753项，比例达93%。“一窗受理”全面实现，“四个平台”全面建成并有效运转，在全省率先实现全覆盖。企业、群众对“最多跑一次”改革成效满意率达98.5%。媒体融合改革试点取得突破，新闻传媒集团挂牌运行。旅投公司启动组建。新一轮乡镇（街道）、园区财政管理体制调整完成，基本财力保障力度进一步加大。“三位一体”农合联改革稳步推进，农村土地承包经营权确权登记颁证工作基本完成。

慢城常山特质彰显。国际慢城获得联盟总部授牌，成为全国第七个“国际慢城”。慢城“五朵金花”（即国际慢城范围内的狮子口村、狮东村、孔家弄村、外港村和渣濑湾村）、四大入口（即渣濑湾主入口、中央公园次入口、公安入口、狮子口村入口）、三条大道（即府前路、通景路、文教路）、渣濑湾花谷、山地自行车主题公园项目建设多点开花，“何处心安、慢城常山”品牌日益打响。引水入城、七彩夜城、高速入口景观提升、心舟公园等项目顺利完工，展衣山北公园、文峰路立面改造、城区主干道白改黑项目扎实推进，东明湖和滨江一期人行景观桥、城市新地标开工建设，文昌阁、傥溪桥等古迹修复项目完成前期，东明湖绿道荣获“浙江最美绿道”。城市管理更加有效，市场化保洁、保绿和数字城管扩面增效，深化治堵治乱，新建和改建公交站点16个，新增停车位935个，城区洁化、美化、序化水平不断提高，成功创建“国家卫生县城”。

镇村建设多点出彩。集镇整治成效初显，小城镇环境综合整治深入开展，球川镇、青石镇等一批集镇旧貌换新颜。民生小事件件落实，“厕所革命”全省领先，72座等级公厕美如景点；“常山阿姨”品牌全面打响，获得刘延东副总理批示肯定；地质灾害“除险安居”行动搬得出、搬得快，30处隐患点全部腾空，拆除房屋174幢；消除经济薄弱村三年行动计划全面实施，128个村实现“脱帽”；垃圾分类加快普及，“二分+”模式和“123工作法”有效推广。美丽乡村建精建美，“一村万树”行动积极开展，创建市级示范村35个，建成特色风景大道4条。彤弓山村列入省级“非遗”旅游景区。新昌乡入选省美丽乡村示范乡镇，5个村入选省美丽乡村特色精品村。

国家重点生态功能区底色擦亮。省“剿劣销号”验收一次性通过，芳村溪流域综合治理有序推进，出境水100%达到II类水标准。省“无违建县”创建深入开展，拆违249.6万平方米，完成“三改”536.4万平方米。通过国家土地督察上海局土地例行督察。14个乡镇（街道）均获评市级“无赤膊墙乡镇（街道）”。大气环境不断改善，城区空气优良率达93.4%，比上年提高3.1个百分点，入选全国“2017百佳深呼吸小城”。环保执法动真碰硬，零点行动、铁拳行动重拳出击，查处环境违法案件51起，依法处置24人，中央环保督察交办件整改基本完成。生态保护红线区占比由14.94%调至30.61%。获“中国生态魅力县”称号。

保障体系不断健全。城区危旧房治理初战告捷，27天城区73幢、2111户D级危旧房业主全签约、全腾空，创造了“当年腾空、当年拆除、当年建设”的“常山速度”，获省市主要领导批示肯定。就业保险覆盖更广，城镇新增就业5225人，培训各类技能人才4600人；五大保险进一步扩面，累计新增参保12600人；失地农民保障工作更加规范，注入保险资金5.3亿元。城乡居民低保标准分别提高11.1%和18.5%。新增城镇居民住房保障142户，完成农民异地搬迁428户1536人。县社会福利中心一期主体建成。优抚安置、残疾人、红十字、慈善、老龄等工作取得新成效。

教卫文体事业蓬勃发展。教育质量翻身仗全面打响。“四个一”工程（即一号工程、一号文件、一次大会，一个大讲堂）深入开展，教育“五关”（即生源关、选拔关、评价关、激励关、考核关）把牢抓实，与书生学校合作成效显现。常山一中新校舍投入使用，完成3所小规模初中撤并。高考一段上线人数增长41.2%，中考排名全市前10%增加59人，创历史新高。“办人民满意的医疗卫生事业”目标坚定。全省率先启动县域医共体建设，并列入省级试点。与浙大一院共建医联体。公共卫生服务中心主体建成，妇保院完成过渡搬迁并正常运营，人民医院获全国“改善医疗服务先进典型”称号。文体事业加快发展。公共文化服务重点县建设持续推进，建成文化礼堂21个。“省体育强县”创建通过验收，“省武术之乡”“省科普示范县”创建通过验收。第三次农业普查全面完成。妇女、儿童、档案、气象、物价、工会、共青团、电大等工作取得新进展。

社会保持和谐稳定。便民信访促稳控。群众诉求渠道更加畅通，县级领导定点接访、下访、约访群众765人次。严保安全促稳固。安全生产大检查、安全专项整治严格开展，“1+X”安全生产责任体系有效发挥，安全生产事故起数同比下降45.6%。强化综治促稳定。社会治安防控体系更加完善，“雪亮工程”照亮盲区，成功破获“12·27”等大案要案，城关派出所被公安部评为全国基层执法示范所队。创建省级放心农贸市场2个。平安创建实现“十二连冠”，被授予“平安金鼎”。国防动员、人民防空、民族、宗教、外事、侨务、对台等工作进一步加强。

系统思维得到强化。政府工作全局统筹、产业思维、整合推动“三个意识”逐步确立，“四重工作法”全县推行，“四提”要求有效落实。工作推进更加高效。坚持政府工作项目化，项目管理机制化，建立健全规划国土工作联席会议、“2+2+N”协调决策、专项督查推进等机制，项目谋划、项目推进有章有法。钉钉办公有效运用，助推政府重点专项高效落实。廉政建设深入开展。认真落实“一岗双责”和党风廉政建设责任制，加大行政监察力度，强化项目“三算”管理、审计监督，审计项目134个，核减政府投资额3160万元。法治政府加快建设。乡镇部门法律顾问实现全覆盖，法治意识不断提升。主动接受县人大依法监督、政协民主监督和社会监督，305件人大代表议案建议和政协提案全部按时办结。

县政府常务会议

【县政府十五届第55次常务会议】 1月12日召开，县长周向军主持。会议的主要议题是：贯彻落实市长徐文光到常山调研讲话精神、部署春节期间安全生产工作，研究《2017年政府工作报告（送审稿）》《2017年十大为民办实事项目和2017年工业、城市、交通、农业农村、社会事业、旅游6个十大专项汇报（送审稿）》《关于要求增拨2016年我县企业退休军转干部及家属发放特殊困难救助专项经费的报告和关于要求增拨2017年我县企业退休军转干部发放春节慰问金专项经费的报告（送审稿）》《关于调整县行政服务中心工作人员岗位补贴等事宜的建议（送审稿）》《关于公开招标确定党校迁建工程EPC总承包单位工作方案（送审稿）》《关于2017年财政预算安排情况》。

【县政府十五届第56次常务会议】 1月23日召开，县长周向军主持。会议的主要议题是：研究《关于进一步加强土地整治工作的意见》《2017年重点项目计划（送审稿）》《关于开展“项目推进年”活动实施方案（送审稿）》《关于大力推进教学质量提升工作的意见（送审稿）》《常山县全民健身实施计划（2016—2020年）（送审稿）》《关于给予常山县公安局等6家单位记集体三等功的决定（送审稿）》《招商引资奖励事项（送审稿）》《“招商引资年”活动实施方案（送审稿）》。

【县政府十六届第1次常务会议】 2月22日召开，县长周向军主持。会议的主要议题是：研究《县政府领导分工》《县政府工作规则（送审稿）》《2017年政府工作报告重点工作责任分解（送审稿）》《常山县发展和改革局关于污水处理服务费调整审核意见的报告（送审稿）》《关于2016年度常山县政府质量奖评审工作情况汇报（送审稿）》。

【县政府十六届第2次常务会议】 3月20日召开。会议由县长周向军主持。会议的主要议题是：《2017年重点项目、工业企业问题交办情况汇报（送审稿）》《关于加快推进工业经济转型升级的若干政策（送审稿）》《关于表彰2016年度县长特别奖等有关奖项的通报（送审稿）》《提振精气神·全力争上游访谈栏目实施方案（送审稿）》《关于设立睿康常山山茶油产业基金有关事项的报告（送审稿）》，听取部分单位“四重”工作汇报。

【县政府十六届第3次常务会议】 4月5日召开，县长周向军主持。会议的主要议题是：研究《关于常山县工业发展公司为常山兴宇电子科技有限公司担保贷款有关情况的汇报（送审稿）》《危旧房治理改造实施办法（送审稿）》《常山县地质灾害综合治理“除险安居”行动实施方案（送审稿）》《常山县行政服务中心“一窗受理”改革工作实施方案（送审稿）》《关于要求明确若干紧急项目施工委托方式的建议（送审稿）》《常山火车站新建站房及广场景观照明事项（送审稿）》，听取部分单位“四重工作”汇报。

【县政府十六届第4次常务会议】 4月20日召开，县长周向军主持。会议的主要议题是：研究《关于要求重新启动实施县中医医院新建住院楼建设项目情况汇报（送审稿）》《关于常山县民政局关于社会福利中心一期工程“公建民营”的情况汇报（送审稿）》《关于设立常山产业升级股权投资基金有关事项的情况汇报》《2017年常山县金融工作考核办法（送审稿）》《常山县邮政分公司关于城南邮政储蓄所搬迁选址的情况汇报（送审稿）》《常山县发展和改革局关于调整常山育才中学收费标准的情况汇报（送审稿）》《关于我县国家重点生态功能区产业准入负面清单编制情况的汇报（送审稿）》《关于绿色产业聚集区常山片区2017-1地块开发建设有关事项的情况汇报（送审稿）》《关于公开招标确定常山县国际慢城渣濑湾花谷景观工程EPC总承包单位工作方案（送审稿）》《常山县城区主干道改造提升PPP项目实施方案（送审稿）》《2017年招商引资考核办法》和《常山县中介招商奖励办法（送审稿）》《关于中国观赏石博览园第二功能区回购协议书、石博览园第二功能区和博物馆装修项目当前需要县政府明确的有关事项（送审稿）》

《2017年常山县财政专项资金细化预算（送审稿）》，听取安全生产有关工作的汇报。

【县政府十六届第5次常务会议】 5月9日召开，县长周向军主持。会议的主要议题是：研究《常山县关于加快推进油茶产业发展实施意见》《常山油茶、胡柚、食用菌产业转型发展三年行动计划（2017—2019）（送审稿）》《关于加快推进工业经济转型升级的若干政策（试行）实施细则（送审稿）》《关于常山县政府质量奖管理办法（2017年修订）的情况汇报（送审稿）》《关于常山县促进散装水泥发展和应用管理办法（送审稿）》《关于要求给予浙江宏图建筑工程有限公司财政奖励的情况汇报（送审稿）》《关于深化完善"智汇常山工程"的若干意见的情况汇报 （送审稿）》《关于我县与北大台州附属书生学校合作办学有关事项汇报（送审稿）》。

【县政府十六届第6次常务会议】 6月1日召开，县长周向军主持。会议的主要议题是：研究《关于2017年度住房公积金缴存工资基数调整方案（送审稿）》《关于推进我县被征地农民基本生活保障工作的意见（送审稿）》《常山县人民政府关于设立教师荣誉奖项的意见（2017年修订）的情况汇报（送审稿）》《同弓初中、何家初中、阁底初中等三所小规模初中撤并及城南中学、城关中学学区调整的情况汇报（送审稿）》《关于常山县盛长矿业和塔山矿业有限公司政策处理的情况汇报》《关于常山县地质灾害避让搬迁安置实施意见（送审稿）》《关于要求对城郊（大弄口、富足山）等五个村购置资产的情况汇报（送审稿）》《2017年常山县政府投资项目资金安排计划（送审稿）》。

【县政府十六届第7次常务会议】 6月8日召开。会议由县长周向军主持。会议的主要议题是：研究《城区危旧房治理改造具体政策及汽车站搬迁相关事项（送审稿）》《常山县新能源汽车分时租赁项目进展情况汇报（送审稿）》《常山县农信联社农商行改革相关政策支持的建议（送审稿）》。

【县政府第十六届8次常务会议】 6月20日召开，县长周向军主持。会议的主要议题是：研究《关于发放G20考核奖情况汇报（送审稿）》《常山县属国有房地产集中规范管理工作实施方案（送审稿）》《中商广场项目规费缴纳的汇报（送审稿）》《关于"8·30"全国第六个赏石日相关工作的汇报（送审稿）》，听取有关人事事项汇报。

【县政府十六届第9次常务会议】 7月4日召开，会议由县长周向军主持。会议的主要议题是：研究《关于城区危旧房后续安全监控及业主信贷政策等相关问题的汇报（送审稿）》《优先发展城市公共交通的实施意见核心内容汇报（送审稿）》《常山县美丽公路（一期）工程PPP项目实施方案核心内容汇报（送审稿）》《常山县城区民用管道天然气定价方案（送审稿）》《关于推进教师"县管校聘"工作的实施意见（送审稿）》《2017年度常山县供电、通信部门工作目标考核办法（送审稿）》，听取《关于答复县第十六届人代会第一次会议正式议案的情况汇报（送审稿）》。

【县政府十六届第10次常务会议】 7月31日召开，县长周向军主持。会议的主要议题是：研究《关于我县〈空间规划工作方案〉和编制费用情况汇报（送审稿）》《浙江省常山县碳酸钙产业整治升级发展规划（2017—2020）（送审稿）》《利安隆年产7000吨紫外线吸收剂项目〈项目合作协议书〉（送审稿）》《SKF中国小圆锥滚子轴承生产基地〈项目合作协议书〉（送审稿）》《关于加快解决常山工业园区征迁遗留问题的工作方案（送审稿）》《关于对建设项目未批先建等环评违法行为处理实施意见（送审稿）》《常山县农民资金互助会试点工作实施方案（送审稿）》《常山县农合联农民合作基金管理暂行办法（送审稿）》《常山县小额建设工程交易管理办法（送审稿）》《关于成立常山县心安城市开发有限责任公司相关事宜的汇报》《关于常山县2017年地方政府债务限额及新增债务预算调整方案的说明（送审稿）》，听取《关于2017年度县属国有公司经营预算收支计划汇编情况的报告（送审稿）》。

【县政府十六届第11次常务会议】 8月25日召开，县长周向军主持。会议的主要议题是：研究《常山一中迁建项目涉及的投标无报价的下浮率等事项的处理意见（送审稿）》《关于收储三衢教育发展公司土地房产设施涉税等事项的处理意见（送审稿）》《关于消除集体经济薄弱村三年行动计划的意见（送审稿）》《关于常山县大力推进医疗服务质量提升工作的意见（送审稿）》《县社会福利中心一期工程“公建民营”实施方案（送审稿）》《常山县中医医院新建住院大楼建设项目变更资金拼盘方式的情况汇报（送审稿）》《关于排污权交易政府直接出让排污权指标的若干规定（送审稿）》《关于调整常山县产业投资引导基金管理委员会的通知（送审稿）》和《关于成立产业基金和PPP项目投资决策咨询委员会的通知（送审稿）》《常山县城区危旧房拆除现场施工考核办法（送审稿）》《关于常山万通房地产开发有限公司要求返还转让大酒店有关税收的汇报（送审稿）》。

【县政府十六届第12次常务会议】 9月30日召开，县长周向军主持。会议的主要议题是：学习《法治政府建设实施纲要（2015—2020年）》，研究《常山县项目工作联席会议制度（送审稿）》《关于进一步完善常山县统计工作联席会议制度》《常山县农贸市场新一轮改造提升三年行动计划（2017—2019年）（送审稿）》《常山县引进人才保障住房管理暂行办法（送审稿）》《关于进一步加强常山县政府投资项目管理的意见（送审稿）》《常山县政府投资项目评审等管理办法（送审稿）》《关于浙江万通房地产开发有限公司转让东方大酒店的亏损部分要求财政返还有关税收的审核意见（之二）（送审稿）》《关于进一步严格规范工程建设项目招标投标活动的意见（送审稿）》《常山县国有投资建设工程招标投标评标办法（送审稿）》《常山县城区道路亮化智能节能改造PPP项目实施方案（送审稿）》《关于常山皮尔轴承有限公司老厂区资产收购情况的汇报（送审稿）》《关于常山国家油茶公园景观提升改造工程采用EPC模式的情况汇报（送审稿）》《常山县残疾人集中托养服务中心和康复指导中心项目经营权招租实施方案（送审稿）》《中国观赏石博览馆装饰布展项目有关情况的汇报（送审稿）》《常山县农民建房规划审批、管控暂行办法（送审稿）》《城市规划红线外违法建筑分类处置补充意见（送审稿）》，研究县政府领导分工安排。

【县政府十六届第13次常务会议】 10月18日召开，县长周向军主持。会议的主要议题是：研究《常山县县域医疗服务共同体试点工作实施方案（送审稿）》《常山县高层次、紧缺急需人才引进暂行办法（送审稿）》《351国道常山段工程PPP项目实施方案（送审稿）》《关于完善乡镇（街道）财政管理体制的意见（送审稿）》《关于完善经济强镇和中心镇财政管理体制的意见（送审稿）》《关于完善我县经济技术开发区财政管理体制的意见（送审稿）》《2018年重点建设项目及重大前期项目计划（第二稿）》。

【县政府十六届第14次常务会议】 11月13日召开，县长周向军主持。会议的主要议题是：学习《行政诉讼法》、党的十九大会议精神；研究《常山县农村公路管理办法（送审稿）》《关于推动“常山阿姨”产业发展的若干政策（送审稿）》《关于常山县落实环保督察工作情况的报告（送审稿）》《常山县生态保护红线划定方案（送审稿）》《常山县轻钙产业整治工作实施方案》（送审稿）《常山南方水泥有限公司厂区用地处理意见（送审稿）》《常山县城区危旧房治理改造安置房建设工程设计采购施工总承包（EPC）招标方案（送审稿）》《城东新区城市综合体项目相关支持政策问题（送审稿）》《推进县域政策性融资担保体系建设及县中小企业贷款担保公司代偿县农信联社不良担保贷款的意见（送审稿）》。

【县政府十六届第15次常务会议】 12月7日召开，县长周向军主持。会议的主要议题是：研究《351国道常山段工程PPP项目重新组织采购事宜（送审稿）》《关于加强常山县渔业资源管理的实施意见（送审稿）》《关于促进服务业企业做大做强的若干政策（送审稿）》《关于进一步深化退役士兵社会化服务工作的实施方案（送审稿）》《常山县深化退役士兵社会化服务工作实施细则（送审稿）》《常山旅游发展投资运营公司组建方案及其管理人员招聘相关事宜汇报（送审稿）》《常山县人民政府与浙医一院高水平医联体合作协议（送审稿）》《关于重新公布征地补偿安置政策的情况汇报（送审稿）》《浙江省常山县矿产资源规划（2016—2020年）（送审稿）》《常山县光伏小康工程实施方案（送审稿）》《关于进一步推动企业上市的补充意见（送审稿）》《新华-山茶油价格指数项目合作协议和第二届油茶文化节有关事宜（送审稿）》《邀请招标确定西源红色景区项目一期工程EPC总承包单位工作方案（送审稿）》《安全生产工作情况汇报（送审稿）》。

【县政府十六届第16次常务会议】 12月29日召开，县长周向军主持。会议的主要议题是：研究《常山县工业投资项目负面清单管理办法（送审稿）》《2018年重点建设和重大前期项目计划（送审稿）》《常山县盐业体制改革实施方案（送审稿）》《2018年常山县预算安排情况汇报（送审稿）》《关于2017年政府工作报告汇报（送审稿）》。

县政府办公室工作

【概况】 2017年，县政府办公室办理各级各类文电：中共中央、国务院及其办公厅文件119件；省政府及其办公厅文件293件；市政府及办公室文件112件，县政府及办公室文件562件；各乡镇（街道）及县直各部门主送件500件。全年打印各类文电、领导讲话、汇报材料等130万余字，复印1.2万余张。做好保密和印鉴管理、资料订阅与管理。

【信息工作】 2017年，县政府办公室全年编发《政务参阅》12期、《常山政务增刊》57期、《要情快报》47期。被省政府办公厅采用信息15篇，被市政府办公室采用信息85篇，获国务院、省、市政府领导批示8条次。

【承办提案议案】 2017年，县政府办公室承办县十六届人大一次会议提交的议案建议2件，县政协九届一次会议提交的提案25件，办结率均为100%。

【综合工作】 2017年，县政府办公室全年撰写综合文字材料350余篇，组织起草全县性重要会议上的县政府领导讲话材料，完成向省、市领导到常山视察调研工作时的汇报材料，协助县政府领导把关修改在全局性工作会议上的讲话材料以及其他综合文字材料。

【政工人事】 2017年，县政府办公室健全办公室党组理论学习中心组和全体干部职工的学习制度、计划与安排，坚持开展每周集体学习活动；协助党支部开展党务工作；办理全体干部职工调资补贴工作；搞好县政府办公室机关的党风廉政建设；组织职工参加经常性捐助和联系乡镇困难户；做好退休职工的慰问工作。

（张徐琳）

政府咨询工作

【概况】 2017年，常山县人民政府咨询委员会（以下简称“县咨询委”）根据《关于建立人民政府咨询委员会的通知》“咨询委任期（聘期）与党委政府届期相同，一届一聘”精神进行换届。截至年底，新一届县咨询委组成人员共57人，其中特邀委员27人(含专家学者14人、省级部门领导6人、市级专家领导7人)，县内委员24人，名誉主任1人，主任1人，副主任2人，秘书长1人，副秘书长1人。

【咨询委换届大会暨颁发聘书仪式举行】 2017年6月28日，县委、县政府举行县咨询委换届大会暨颁发聘书仪式。市咨询委主任黄会荣、副主任周鸿富应邀到会祝贺和指导。县四套班子领导叶美峰、周向军、徐建华、林红汉、王郁松，县咨询委名誉主任余鹤樑参加。会议由县委副书记、县长周向军主持，县委副书记、政法委书记王郁松宣读新一届县咨询委组成人员名单文件，县咨询委主任王文达作大会发言，县委书记叶美峰发表重要讲话。县领导为受聘委员代表颁发聘书。

6月28日，县领导为县内委员代表颁发聘书
（杨登 摄）

【调研咨询报告成果转化】 2017年，县咨询委按照换届后确定的课题计划，聚焦热点、难点问题，深入调查研究，完成5篇咨询报告，供县委、县政府领导决策参考。这5篇报告的题目是:《关于努力提高我县国有资产运营效益的若干建议》《加快培育和推进“村集体+”新业态的几点对策建议》《我县担保公司经营现状与风险化解路径选择》《依托体育赛事平台彰显慢城常山魅力的思考与建议》《关于进一步推进工业前期项目谋划的几点思考》，其中《关于进一步推进工业前期项目谋划的几点思考》课题报告获得县委书记叶美峰的批示，《关于努力提高我县国有资产运营效益的若干建议》课题报告获得县委副书记、县长周向军的批示，《我县担保公司经营现状与风险化解路径选择》课题报告获得县委常委、常务副县长毛献明的批示，《依托体育赛事平台彰显慢城常山魅力的思考与建议》课题报告获得副县长郑金仙的批示，这四个课题的意见和建议均被部分吸收和采纳，成果当年转化。

（杨 登）

机关事务管理

【概况】 2017年，常山县机关事务管理局服务保障“三年”活动、“最多跑一次”、国际慢城建设、危旧房治理改造、“8·30”全国赏石日活动、全国山地自行车总决赛、招商引资等县重大活动和重大项目推进工作。严格执行后勤接待规定，完成中国皮划艇巡回赛、胡柚文化节、中国•常山油茶博览会暨第二届油茶文化节等全县重大活动和重要公务接待的后勤保障工作。接待来宾687批12548人次。其中，省部级领导19人次；地厅级领导218人次；县处级领导2525人次。完善县公务用车保障中心管理，全县公务用车次数约10560次（其中大型活动及会议4300次），用车131万千米。规范全县机关事业单位办公用房调剂，完成县政府大楼办公用房整合调配，政法委、台办、机关工委搬出大楼，各纪检监察组归随所在部门办公。完成县水利局、商务局、团县委、县委巡察办、综合执法大队办公用房调剂搬迁工作。开展县政府大楼维修改造提升工作。完成县政府大楼卫生间改造工程、办公室地面改造工程和走廊通道吊顶改造工程，完成办公室门更换、县政府大楼外墙景观灯、路面“白改黑”等一系列改造提升工作约20次。完成县“两会”、全县机关干部大会和全县千人教育大会，以及全县工业经济发展大会、全县农村工作会议等全县重大会议500余场。做好县委机关大院信访劝访安全工作，外来人员登记3200余人次，进出车辆登记1800余车次，为县委、县政府等机关单位提供安全有序的工作环境；维稳安保工作落实到位，全年无治安案件发生。

【全县机关事业单位办公用房维修改造管理】 2017年11月，全县机关事业单位办公用房维修改造工程经审批核定，概算造价在30万元以上的由县机关事务管理局负责组织实施。县机关事务管理局会同县财政局拟定《常山县属国有房地产集中规范管理工作实施方案》《常山县属国有办公用房维修改造项目实施细则》，组织实施常山县行政服务中心办事大厅即“最多跑一次”窗口亮化提升维修工程、新昌乡宿舍楼维修改造工程和县信访局维修改造工程等。

【公共机构节能管理】 2017年，县机关事务管理局开展全县机关事业单位能耗统计，全面推行网络版能耗统计软件应用，完成人均综合能耗下降2.3%、单位面积能耗下降2.1%、人均水耗下降3.5%的工作目标。开展县政府大楼空调系统改造，实现24小时供冷、暖气服务。据统计，单位时间节约电量40%。开展“新能源”革命，助力新能源使用，推进新能源汽车分时租赁项目，在县政府大院内，设计安装新能源汽车分时租赁车位4个、充电桩11个。

(程志文)

政协常山县委员会

综 述

2017年，政协常山县委员会坚持团结和民主两大主题，发挥协商民主重要渠道和专门协商机构作用，履行政治协商、民主监督、参政议政职能，开展全会协商1次、常委会议协商4次、主席会议协商9次、专委会对口协商8次，形成各类调研材料46篇，为深入实施“四四二”战略体系提供智力支持。

围绕全面剿灭劣Ⅴ类水，决战治污水、大战防洪水排涝水等重点任务，全体政协委员组成10个民主监督小组，参加省政协“五水共治”民主监督“干、查、督”大行动，防止劣V类水体反弹，推行委员联系劣V类水体制度，组织监督小组以小分队、小团组的形式深入一线开展日常监督。全年开展监督活动91次，发现各类问题153个，提出意见建议182条；收到委员提交的各类信息186篇，经整理后向省、市政协和县委、县政府报送51篇，其中《关于长江与钱塘江浙赣运河的规划建议》等10篇信息被省、市政协综合采用。

参加省、市政协主席读书会、浙皖赣三省十一县（市）政协工作联谊会，促进政协工作交流。加强与省市政协联系，协助省政协开展“最多跑一次”改革、农村垃圾分类处理等调研视察，配合市政协民主监督小组开展“五水共治”民主监督。组织市政协常山委员小组开展跨区域视察，接待35批次省内外政协客人到常山考察，提高常山对外知名度。深入挖掘常山历史文化、风土民俗，启动常山建县1800年资料收集整理，编辑出版《常山轶事》《一个百岁老人的往事》。联系协调胡柚产业发展，推动胡柚片产业规范健康发展以及衢枳壳评选新“浙八味”等工作。担任6条河道河长、2条县道路长，及时掌握情况、出谋划策，助推治水剿劣、“四边三化”（即在公路边、铁路边、河边、山边开展洁化、绿化、美化行动）取得成效。

制定委员履职工作规则和服务管理细则，出台《加强委员履职服务管理办法》《委员履职量化考核办法》《委员小组考评办法》。建立政协履职信息服务管理系统，对委员履职情况进行动态登记、量化考核。加强日常联系服务，听取委员对政协工作的意见建议，帮助委员解决实际困难，组织引导委员参与送医下乡、捐资助学等活动，做好委员参加政协活动的各项服务工作。全年走访基层委员216人次，收集各类意见建议253条。

重要会议

【县政协九届一次会议召开】 2017年2月12—17日，政协第九届常山县委员会第一次会议在县城举行。184位县政协委员参加会议，在常山的省、市政协委员，历届离退休县政协主席、副主席、秘书长，届末不再担任九届县政协委员的八届县政协常委，县人大常委会各委室主任，县级机关各单位、各乡镇（街道）的主要领导以及乡镇（街道）分管政协工作的党委领导列席会议。会议听取和审议县政协主席林红汉作的县政协常委会工作报告、副主席谢雨生代表政协第八届常山县委员会常务委员会作的县政协提案工作报告；同时，听取县委书记叶美峰在此次会议上的讲话。与会人员列席常山县第十六届人民代表大会第一次会议，听取并讨论县长周向军所作的《政府工作报告》，听取并讨论其他报告。会上，8名委员代表各自党派界别就打造国际体育赛事产业园、建设油茶四个中心等工作进行大会口头发言，14位委员作书面交流发言。县委书记叶美峰对3篇大会发言材料作出重要批示，县长周向军听取委员发言并作重要讲话。

【县政协常委会议】 2017年，县政协召开常委会议5次，分别为：

1月13日，县政协召开八届常委会第二十八次会议，协商讨论《政府工作报告》（意见征求稿）、《政协常委会工作报告（讨论稿）》和《提案工作报告（讨论稿）》，审议通过政协第九届常山县委员会委员名单，审议召开县政协九届一次会议的有关事项。

2月21日，县政协召开九届常委会第一次会议，审议通过《政协第九届常山县委员会常务委员会关于加强自身建设的意见》、县政协2017年度工作计划和有关人事事项。

8月10日，县政协召开九届常委会第二次会议，围绕县委十三届二次全会重大决策及健康常山发展开展专题协商，表决通过有关人事事项。

11月10日，县政协召开九届常委会第三次会议，专题协商常山文化名县建设工作，民主评议提案办理工作，传达学习中共十九大精神，表决通过有关人事事项。

12月28日，县政协召开九届常委会第四次会议，协商讨论《政府工作报告》（征求意见稿）、《政协常委会工作报告（讨论稿）》和《提案工作报告（讨论稿）》，审议通过关于召开常山县政协九届二次会议的有关事项，审议通过有关人事事项。

【县政协主席会议】 2017年，县政协召开主席会议9次，分别为：

1月5日，县政协召开八届五十六次主席会议，初审政协第八届常山县委员会常务委员会工作报告（讨论稿）和政协第八届常山县委员会常务委员会关于提案工作情况的报告（讨论稿），协商讨论召开县政协九届一次会议有关材料，研究确定县政协2017年度协商视察工作计划，协商讨论召开县政协八届常委会第二十八次会议有关事项。

2月21日，县政协召开九届一次主席会议，审议讨论《政协第九届常山县委员会常务委员会关于加强自身建设的意见》和县政协2017年度工作计划，审议通过县政协各委员小组组长、副组长名单和有关人事事项。

3月21日，县政协召开九届二次主席会议，专题协商常山民宿经济发展工作，研究确定县政协委员管理相关制度、县政协九届一次会议重点提案和县政协“五水共治”民主监督实施方案。

5月17日，县政协召开九届三次主席会议，视察协商常山国际慢城建设情况，讨论研究《提案协商办理工作联络员制度》。

5月31日，县政协召开九届四次主席会议，专题协商常山教育改革工作。

8月3日，县政协召开九届五次主席会议，协商常山广电事业发展情况，研究提案办理民主评议工作，审议有关人事事项。

9月8日，县政协召开九届六次主席会议，专题协商常山城市管理提升工作。

9月30日，县政协召开九届七次主席会议，协商常山中药材产业发展工作，研究提案办理民主评议工作，研究确定召开县政协九届三次常委会有关事项。

12月25日，县政协召开九届九次主席会议，专题协商常山新材料产业发展工作。

协商议政

【政协专题考察】 2017年，县政协组织专题考察6次，分别为：

3月29日，组织部分政协委员对常山县农机产业发展情况进行专题考察。

5月16日，组织部分政协委员对常山县黄岗山景区创建工作开展专题考察。

7月4日，组织部分政协委员对常山县工业平台建设情况开展专题考察。

9月21日，组织部分政协委员对常山县农业两区建设情况开展专题考察。

11月3日，组织部分政协委员对常山县古文化遗产保护开发工作开展专题考察。

12月29日，组织部分政协委员对常山县重点交通项目建设情况开展专题考察。

【政协对口协商】 2017年，开展专委会对口协商活动8次，分别为：

6月26日，由县政协文史资料委员会牵头，召开对口协商会议，专题协商常山民间文艺保护传承工作。

7月14日，由县政协社会法制和民族宗教委员会牵头，召开县政协对口协商会议，专题协商常山县被征地农民生活保障工作。

9月20日，由县政协教育文化卫生体育委员会牵头，召开县政协对口协商会议，考察协商常山社会资本办医工作。

9月28日，由县政协提案委员会牵头，召开县政协对口协商会议，专题协商常山老民生计量工作。

9月30日，由县政协委员工作委员会牵头，召开县政协对口协商会议，专题协商常山国家卫生县城长效机制运行情况。

10月16日，由县政协港澳台侨委员会牵头，组织召开县政协对口协商会议，考察协商常山社会福利中心及乡镇敬老院建设。

11月15日，由县政协经济科技委员会牵头，组织召开县政协对口协商会议，考察协商常山工业经济发展。

12月28日，由县政协农业农村和人口资源环境委员会牵头，组织召开县政协对口协商会议，专题协商常山食用菌产业发展情况。

【县政协九届一次会议提案办结】 2017年，广大政协委员和政协各参加单位共以提案形式提出的意见建议197件，经县政协提案委员会审查，符合立案条件182件，并案后立案158件。同时，围绕县委、县政府工作大局和人民群众普遍关注的热点问题，遴选出《关于要求打造常山县国际体育赛事产业园的建议》等3件提案作为重点提案，分别由分管县长领办、政协领导督办，确保重点提案的办理落实到实处。探索行之有效的督办方式，深化民主评议提案办理工作，组织8个由县政协领导带队、各专委会牵头、所有提案委员参加的评议小组，对182件提案的办理工作全面进行评议，均已办结。

2017年常山县政协九届一次会议优秀提案一览

表6

提案号	提案人	提案主题
003	民革常山总支	关于要求打造我县国际体育赛事产业园的建议
006	教育组	关于全面挖掘我县人文资源 倾力打造文化特色旅游县的建议
096	赵四清	关于加强衢枳壳规范化管理，促进产业健康发展的建议
007	农工党常山总支	关于深化特色发展，加快打造风情民宿的建议
008	民建常山总支	关于推进我县特色小镇建设的几点建议
027	王 俊	关于进一步加强我县项目工作队伍建设的建议
030	王悦芳	关于加快我县城区危旧房改造工作的建议
154	官文景	关于助力常山经济，鼓励我县年轻人回乡就业创业的若干建议
075	张菊红	关于发展我县节会经济的建议
106	徐俊燕	关于在我县推广应用新能源汽车的建议

（樊 蓉）

小资料

关于要求打造常山县国际体育赛事产业园的建议

2016年11月，中国山地自行车公开赛（浙江·常山站）在我县国际慢城山地自行车主题公园圆满举行，不仅成功宣传了常山，推介了常山国际慢城，也打响了常山体育赛事品牌发展的第一枪。紧接着，2017年中国山地自行车总决赛又花落常山，为下一个时期我县体育赛事工作开展和国际慢城开发指明了方向。体育作为关联度极高的“上游产业”，可与国民经济的诸多产业产生渗透融合，显示出较强的乘数效应。据统计，2016年厦门国际马拉松赛带来综合经济效益高达5.55亿元，拉动效益非常明显。我们认为，依托国际慢城，把常山打造成为国际体育赛事的知名举办地，做大做强国际赛事产业园大有可为、前景看好。

为此，我们建议：依托国际慢城，以各类体育及体育产业规划为导向，依据自然条件布置、统筹赛事场地，同时配套室内馆和服务设施，把国际慢城规划和体育赛地产业园的规划高度融合，加快发展体育赛事产业，打造富有特色的面向国际的体育赛事产业园及国际慢城。

（一）强化政策保障，提升发展环境。一是优化产业发展布局。要制定县级赛事和产业发展规划、全民健身实施计划等，结合十三五国民经济和社会发展规划及其他专项规划，形成中长期国际体育赛事产业园发展规划。二是加大政策扶持力度。尽快促进关于加快体育产业发展、体育消费的政策出台，设立县级体育产业发展引导基金，将全民健身事业经费纳入财政预算，健全体育设施建设、维护和管理经费投入保障机制。建议对国际体育赛事产业园项目进行“一事一议”。二是形成部门合力。要成立体育产业发展领导小组，整合财政、发改、经信、国土、体育等多部门职能，定期召开联席会议合力推动产业园建设。各职能部门要积极向上争取支持，拼盘各类项目资金。各乡镇（街道）、部门要将相关体育项目列入各级规划、计划，保障资金和用地。三是加大舆论宣传力度。要借助全域旅游营销、中国山地自行车赛承办以及国际慢城打造等契机，为体育赛事产业园宣传造势。要积极向上争取品牌体育赛事在我县举行，努力挖掘赛事经济和社会价值。

（二）完善基础设施，深化项目支撑。一要科学谋划项目。结合国际慢城、三衢湖省级旅游度假区、城东新区等相关规划，科学编制项目规划，促进多规融合等。在当前国际慢城建设过程中，也要为今后体育配套设施建设布点留足发展空间。二要加大配套项目建设力度。要针对体育赛事产业园的具体业态和项目，开工建设一批符合行业发展标准的基础体育设施配套工程，继续开展山地自行车公园内标准赛道的建设和完善，按照体育标准化水平启动功能田径场改造提升工程，铺设彩色沥青跑道，实施标准人工草坪足球场及周边场地平整。要结合为民办实事项目，为产业园配套建设游泳馆。同时，要加强城东新区中心广场、滨江公园的沿江步道和健身体育设施等建设。三要深化项目招商。按照近期、中期、远期分类实施，推出一批体育设施及娱乐项目招商，充分发挥社会资本对投入体育产业的积极性，加大招商引资力度，大力推广PPP模式，形成多元化投入格局。

（三）树立“体育+旅游”理念，丰富产品业态。一是主打自行车赛事。认真筹备2017中国山地自行车公开赛总决赛，积极申报2018中国山地自行车黄金赛和2019年亚洲山地自行车锦标赛承办资格，在赛事宣传过程中融入旅游营销。结合三衢湖省级旅游度假区开发，打造环三衢湖的精品骑行线路。推进开发新的自行车赛道，打造山地自行车、公路自行车和铁人三项自行车等多种类型赛事。二是开发水上运动。立足三衢湖省级旅游度假区子项目招商，启动滨水旅游项目，建设大型水上乐园，打造浙西水上运动、水上娱乐中心。进而开发赛艇、皮划艇、滑水、航海模型等各类水上运动项目，积极争取部分国家级水上运动训练中心落户我县。三是提升综合接待能力。根据相关体育赛事和运动需要，大力引进培育体育赛事和产业相关的服务业。建设特色民宿、精品酒店等疗养康复中心，为体育赛事参与者提供运动损伤类治疗、中医康复疗养以及休闲度假养身等服务，并提供具有常山本地特色的风味餐饮、运动型餐饮等。四是引进体育衍生产业。根据国家重点生态功能区要求和国际慢城建设要求，适度引进运动装备销售维护中心（如羽毛球拍、皮划艇、潜水装备及自行车等）、人员培训中心（本地国家一、二级裁判员培养培训考核、赛事服务人员培训等）以及低污染或污染易控的相关制造业（如小区休闲运动设施、乒乓球拍、球网、球桌等）。

（四）倡导全民健身，浓厚发展氛围。一要拓展健身活动。充分发挥“全民健身日”、全民运动会等载体作用，丰富活动内容，增强实际效果。要在全县各机关、企事业单位率先开展健康生活方式行动，确定以自行车为主要的常山全民健身项目；要定期举办城乡体育健身竞赛、表演和交流活动并积极申办省、市级全民体育大会营造氛围，支持创办经营性健身中心、俱乐部等，满足群众多层次的健身需求。要继续开展武术进学校活动，吸引更多的学生参与健身活动。二要重视学校体育工作。严格执行学校体育课程计划，组织学生开展形式多样的体育健身活动，规范体育教学行为，提高体育教学质量，保证学生在校期间每天锻炼时间不少于1小时。三要加强国民体质监测。要出台政策扶持促进县级国民体质监测中心建设，定期开展监测工作，跟踪监测群众体质，建立数据档案，及时向社会公布监测结果。

（五）积极申报国家、省、市级赛事。以赛事宣传常山。国家、省、市每年都有无数种类与级别的赛事计划，政府要鼓励我县相关职能部门与相关体育协会、俱乐部及体育事业爱好者，去通过各种途径，向上争取赛事计划，让更多赛事落实于常山举办，通过赛事氛围营造，常山影响力与日俱增，推动常山经济社会发展快速前行。

（民革常山县总支）

民主党派·工商联

综 述

2017年，中国国民党革命委员会常山县总支委员会（以下简称“民革常山总支”）有党员26人，分2个支部，每个支部各13人，总支主委郑金仙。总支成员担任县级机关单位中层以上干部的有15人，占57.7%，其中县（处）级领导干部1人，科级领导干部4人；具有高级职称的8人，占30.8%；教育行业4人，卫生行业4人，企业界3人，政府机关9人，离退休党员6人。

2017年，中国民主同盟常山县总支委员会（简称“民盟常山总支”）有盟员32位，分两个支部（教育支部15人，郑俊民担任支部主委；综合支部17人，陈青寿担任支部主委），罗诚剑担任总支主委。根据盟员所在单位分，教育界12人、医药卫生界3人、文化艺术界2人、经济界9人、政府部门6人。盟员中，有市人大代表1人、市政协委员2人、县人大代表2人、县政协代表5人；担任处级实职的2人、科级实职的2人、各业务单位中层职务的8人。盟员徐柯当选常山县第十六届人民代表大会常务委员会副主任，总支主委罗诚剑当选政协常山县第九届委员会副主席，总支副主委曾晓燕、总支委员陈青寿当选政协常山县第九届委员会常委；总支委员叶水爱当选为政协衢州市第七届委员会常委。

民盟常山总支助推剿灭劣V类水，号召全体盟员争当剿灭劣V类水的宣传者、实践者、监督员，用实际行动全面助力常山“剿灭劣V类水”。助力危旧房治理改造，成立民盟志愿者服务队，开展义务宣传、义务搬迁等活动。涉及危旧治理改造的盟员郑少文，带头作出表率、带头签约、带头腾空搬迁。开展各项社会服务工作，组织“送教下乡”“高考自愿填报辅导”活动等；组织医卫界盟员“送医下乡”，到龙游名医工作站、常山县各乡镇卫生院参加义诊活动，服务高考学子、服务县内各项大赛。开展学习交流活动，主委罗诚剑带队到衢州职业技术学院等地交流学习；接待丽水市莲都区、松阳县等兄弟盟组织到常山开展工作交流活动。

盟员叶水爱被评为省优秀竞赛教练、常山县首届教育感动人物、常山县教学质量标兵；盟员王勇带领科室团队获得2017年4月“最美衢州·身边好人”称号、全国抗痨协会主办的“协和杯百家医院324结核病知识宣传大赛”大众传播奖，科普微纪录片《不让一个人掉队》获浙江省第二届“泰茂杯”结核病防治优秀科普作品评选一等奖，王勇获衢州市结核病临床技能竞赛个人第一（团体全市第一）、衢州市总工会“金牌职工”及年度十大衢州最美统战人物称号；盟员胡美军获市115人才第三层次、县学科带头人、市优秀护士、市三八红旗手、县十大百姓楷模提名奖荣誉。

2017年，农工党常山县总支新发展党员3人，累计有党员32人；其中，医药卫生、人口资源和生态环境领域的党员22人，占比68.8%。农工党常山县总支组织党员参与“五水共治”“危旧房改造”等中心工作，为推进常山经济社会发展贡献新的力量。

是年，农工党常山县总支资源环境支部被农工党衢州市委会评为2017年度先进支部；陈江被农工党浙江省委员会评为“浙江省社会服务工作先进个人”，并入选县“115”人才库，获常山县拔尖人才人称号；宁永伟被评为2017年度浙江省绿道和园林绿化建设管理先进个人。

2017年，中国民主建国会常山县支部委员会（以下简称“民建常山支部”）新增会员2人，会员总数12人，其中担任县政协委员的有6人（含县政协常委3人）。年内，民建常山支部开展“学习近平总书记系列讲话精神，学民建章程；做合格会员，做合格社会主义事业建设者”的双学双做活动，在塑形象聚力量、务实履职、社会服务等方面加强组织建设，提高参政议政能力，扩大社会影响力。

2017年，常山县工商业联合会（以下简称“县工商联”）辖招贤、芳村、球川、青石4个基层商会和杭州市、深圳市、义乌市、北京市、上海市、宁波市、温州市、福建省8个异地常山商会；对常山县钙产品工业协会、常山县纺织服装行业协会、常山县轴承行业协会、常山县餐饮协会、常山县物流协会、常山县永康商会进行业务指导。县工商联坚持每季度召开一次主席（会长）工作例会，邀请县领导参加，听取企业意见建议；定期走访企业，对企业经济增长方式转变、融资情况、行业文化建设等重大课题进行调研，在商会、协会承接政府职能转移，加大扶持小微企业力度等方面提出意见和建议。

是年，县工商联被全国工商业联合会评为“五好”县级工商联；“助力‘常山阿姨’打响品牌”工作被评为“2017年浙江省工商联系统亮点工作”；杭州市常山商会被评为衢州市工商联系统“四好”商会创建工作先进。县工商联主席涂国红单位浙江赛得健康集团被评为全市工商联系统先进会员，常山众卡运力供应链管理有限公司、常山南方碳酸钙有限公司被评为全市工商联系统履行社会责任先进会员，浙江锦禾农业科技有限公司被评为全市工商联系统招商引资先进会员。

（黄爱珍 王丽燕 蒋国平 郑素芳 毛 腾）

民主党派重要活动

【民革参政议政】 2017年，民革常山总支鼓励党员针对群众关心的热点、难点问题，搜集社情民意，撰写调研文章。在县两会上，民革常山总支《对接衢州 协同发展 开启常山向东融进新局面》和《加强非物质文化遗产保护、传承与发展 着力推进文化名县建设》2篇提案议案选为大会发言材料。在省、市、县“两会”期间，共提交提案16件、议案8件。

【民革服务全县中心工作】 2017年，民革常山总支参与社区服务和扶贫帮困等慈善活动。组织全体党员到白石镇开展“剿灭劣五类，民革在行动”主题活动，清理河道700余米，清理陈年垃圾10余车。组织医生党员开展老党员“夏日送清凉”走访慰问活动。开展捐资助学活动，党员企业家符和根先后向宋畈小学、县职业中专、县培智学校、贫困大学生捐款捐物共计20万余元；助力美丽乡村建设，符和根捐助大桥乡公共自行车20辆，领衔承办浙江省第二届企业家武术大赛。党员毛春财参与“8·30”全国第六个赏石日活动，为全国赏石日活动举办作出较大贡献。党员曾令兵作为常山喝彩歌谣传承人，一心扑在发展民俗文化事业上。党员黄歆婷、徐晓菡在县危旧房治理改造工作中，第一时间签订搬迁协议并腾空，起到示范带头作用。

（黄爱珍）

【民盟成立“民盟·同心”专家工作站】 2017年6月，民盟常山总支围绕县委“四四二”发展战略，做好常山四大百亿产业发展的服务工作，联系浙江大学、浙江理工大学、浙江工业大学、浙江中医药大学、浙江水利水电学院的民盟组织，成立“民盟·同心”专家工作站。到年底，工作站累计开展活动10余次,参加活动的高校民盟组织专家有59人次，深入26家企业和县水利局、县旅委、县治水办、辉埠镇、青石镇、东案乡开展服务活动。

【民盟完善参政议政工作机制】 2017年，民盟常山总支完善由全体盟员参与，宣传委员负责社情民议的搜集，盟员中的人大代表、政协委员负责参政议政材料、议案、提案的撰写和提交的参政议政工作机制。民盟常山总支向市两会提交提案议案3件，向县两会提交团体提案3件、个人提案8件、个人议案1件。在县政协九届一次会议上，主委罗诚剑代表民盟常山总支作《帮扶困难企业走出困境 助推工业经济良性发展》的大会发言；同时，盟员撰写的《发展农村电子商务 加快常山农民增收》《加强产儿科建设 切实保障妇女儿童健康权益》被列为大会书面发言材料。

（王丽燕）

【农工党参政议政】 2017年，农工党常山县总支的谢雨生、汪卫东、林永祥、陈江、宁永伟、盛瑶当选为县九届政协委员，汪卫东、谢雨生当选县政协副主席，林永祥当选县政协常委，汪卫东、陈江当选市七届政协委员；何水清当选为县十六届人大代表、常委，姚小娟当选为市七届人大代表。在市、县两会上，农工常山县总支党员提交上《全面推进特色民宿发展 全力增色美丽幸福家园》《优化医疗结构营造健康衢州》《适应打造四省边际"互联网+"高地要全面提升百姓手机电脑应用能力》《关于加快推进城东新区污水主干管建设的建议》《关于开通汽车站至绿色产业区公交线路的建议》《关于低效闲置资产处置的建设》《关于开展工间操活动的建议》提案和建议。

【农工党服务社会】 2017年，农工党常山县总支开展社会服务活动。其中农工党常山县总支资源环境支部围绕常山农业农村发展和种粮大户的增产增收开展社会服务，推广再生稻生产技术，获得好评。常山县总支综合支部为考生提供高考志愿义务咨询服务。常山县总支医卫支部联合县疾控中心在芳村卫生院开展义诊咨询宣传活动。

【农工党选派党员到重庆参加主题教育培训】 2017年11月6—10日，农工党常山县总支7人参与衢州市农工党市委会组织的"不忘合作初心 继续携手前行"重庆主题教育培训活动，参观重庆的统一战线教育基地，感受革命先烈们为夺取新中国的胜利所付出的牺牲，体会农工民主党在中国革命历史的地位。

【农工党开展党派内交流活动】 2017年9月，农工党常山县总支部接待农工党嘉兴市委会的党员到常山开展工作交流，介绍常山"最多跑一次"工作的现状、好经验；陪同参观中国观赏石博览馆和常山石博园，宣传常山石文化。

（蒋国平）

【民建参政议政】 2017年，民建常山支部围绕县委"四四二"战略体系实施中的重大问题，发挥政党职能，推荐优秀会员，1名会员入选市工商联执委，1名会员被提拔为县管领导干部。章金平、郑素芳被评为县政协"优秀委员"。《关于推进我县特色小镇建设的几点建议》被县政协评为年度优秀提案；2篇提案被评为年度优秀个人提案。

【民建服务社会】 2017年，民建常山支部创办"奇点沙龙"，发挥组织优势，开展社会服务。依托一乐大学生创业园，助力大学生创业创新，发挥民建组织联系经济界的优势，结合常山实际，开展相关主题沙龙活动，为常山县广大青年创业者提供一个具备政府产业政策宣导、优质产业项目合作推介等多方面功能的创业创新平台。在县危旧房治理改造工作中，发动企业家会员，发放倡议书，组织对接会，党派与联系部门共同参与，齐抓共管，共同推进危旧房治理改造工作。

（郑素芳）

工商联重要活动

【县工商联（商会）第八次会员代表大会第一次全体会议召开】 2017年8月10日，常山县工商联（商会）第八次会员代表大会召开，衢州市委统战部副部长、市工商联党组书记余永军，县委书记叶美峰出席大会开幕式。会议选举产生主席（会长）：涂国红；专职副主席（副会长）（2名）：付小明、徐志标；兼职副主席（12名）：王玉林、毛春财、甘晓华、汪骏、张诚、范建新、周长发、郑裕才、姜云水、祝建辉、徐小明、琚夏利；兼职副会长（10名）：王强、王光明、毛赛赛、叶春旭、吴土金、张婷、陈金红 郑智斌、 袁文才、 徐靓；秘书长（1名）：付小明；常委（9名）：毛燕燕、吕一斌、朱金奎、江明霞、孙拥军、季飞、程凤莲、樊燕霞、潘晓钢；执委（32名）：陈芝兰、王红建、毛承志、甘礼荣、叶朝晖、史华平、乐军英、朱爱良、李卫国、杨晓华、沈志良、陈慧、陈平生、陈君海、郑英禄、郑舍有水、郑金华、郑晓东、官文景、俞根兰、姜泽民、洪承青、徐爱君、徐敬春、郭文胜、符和根、蒋明聪、傅三良、曾金龙、裴海君、廖红俊、樊杰贵。

【县工商联推进公益事业发展】 2017年，县工商联发动行业协会、异地商会会员通过捐款捐物，参与集镇建设、创“国卫”、帮困扶贫等公益活动。9月9日，义乌常山商会向常山县城南中学捐资助学活动捐赠仪式在县城南中学举行。12月2日，杭州市常山商会同杭州市嘉兴商会、杭州市陕西商会等企业家代表，到常山县湖东小学给18名受助学生捐资助学。

【福建常山县商会成立】 2017年，县工商联推进异地商会建设，指导和推动商会制度化、规范化发展。福建常山县商会于11月11日成立，符长春担任福建常山商会会长。至此，常山县异地商会共有8家。

（毛 腾）

群众团体

常山县总工会

【概况】 截至2017年年底，常山县有工会组织837个，其中单独建会794个、联合工会43个，工会会员41232人，其中农民工26629人。有产业工会2个，乡（街道）总工会14个，经济技术开发区总工会1个，区域性、行业性工会3个，覆盖小企业2164家；实行职代会厂务公开企业735家。

2017年，全县工运事业保持创新发展的良好势头。常山县总工会（以下简称“县总工会”）以劳动竞赛、包村联企、劳模引领为主抓手，发挥工人阶级主力军作用，引领广大职工建设“两美”常山。深入企业，发挥“驻企联络员”作用，掌握企业生产经营情况，帮扶企业破解生产困境、服务企业转型升级。履行“包村”部门职责，参与联系村剿灭劣V类水工作。多次组织劳模志愿团加入到剿灭劣V类水、服务“8·30”、为危旧房困难职工搬家、赏石文化节志愿服务等活动。

做好企业职工维权帮困工作。县总工会在全县167家企业中推行工资集体协商和集体合同签订工作，开展和谐企业创建活动，营造和谐稳定的劳动关系。开展职工法律援助工作，接待涉及工伤认定处理、职工欠薪、劳动合同执行、解除方面的职工劳动争议案件。做好医疗互助保障、结报工作，执行并完善首问责任制等相关制度，全年受理职工医疗互助报销435人，报销金额46.9万余元。对困难职工实行“常态化”管理，“动态化”帮扶，全年走访慰问城镇困难居民、企业困难职工、贫困劳模和各类贫困对象637户，发放慰问金、慰问物资合计63.7万元。完成“爱心透析”人员的申报、建档和公示工作，上报“爱心透析”困难职工13户，发放专项帮扶资金5.85万元。开展“金秋助学”活动，为40户贫困职工子女发放助学金8万余元。

是年，常山青石特色小镇联合工会被评为“浙江省首批百家示范基层工会”。

【基层工会组织建设】 2017年，县总工会改革换届系列工作按计划完成。辉埠镇总工会、球川镇总工会、青石镇总工会、经济技术开发区总工会完成换届选举；天马街道总工会、紫港街道总工会、芳村镇总工会相继建立，实现所有乡镇（街道）成立总工会的目标。全县新组建基层工会20家，组织换届22家。指导常山众卡运力供应链管理有限公司成立工会，协助开展规范工会建设。指导青石产业工会开展规范化建设。

【特色“职工之家”创建】 2017年，县总工会以在常山务工的江西籍职工为对象，创建“江西之家”。先后组织“江西之家心连心——野外拓展训练”“浙赣情相依、共筑中国梦”等系列活动，为2000多名在常山务工的江西籍职工搭建交流平台，解决实际困难，营造安心工作生活的良好氛围。

【职工文体活动丰富多彩】 2017年，县总工会举办首届全县企业职工运动会，45支企业代表队的652名职工参加7个大项目的比赛。举办迎“五一”全县职工篮球赛和羽毛球赛。挑选优秀职工和劳模代表组建劳模文艺队，排练节目《劳动号子喝彩谣》参加各类文艺会演。参与返乡春运工作，开展“温暖回家路，工会伴您行”活动。组织全县广大干部职工参与“喜迎十九大·七一颂党恩”全县万人大合唱活动。举办最美常山“十大工匠”颁奖晚会，邀请四套班子领导参加并为获奖者颁奖，以“工匠精神”引导广大职工为“慢城常山”建设做贡献。

【专业技能人才培育】 2017年，县总工会开展最美常山“十大工匠”和“十大能手”评选活动，评选出樊忠荣、张洪波、徐功武、包雪明、张毅、栾国俊、赵正雄、姜通华、叶永清、肖人钟10名最美常山“十大工匠”，引导广大职工发挥工匠精神，投身常山经济建设。选派145名选手参加第四届职工职业技能大赛，为企业转型升级提供实用人才。县教育、卫生等系统相继进行技能大比武。发挥工会“大学校”的作用，组织开展企业安全员、电子商务等职业培训，培训职工1400余人。

【职工疗休养管理与服务】 2017年，县总工会重新修订符合常山实际的职工疗休养实施细则，并按《细则》要求做好各基层工会外出疗休养人员的备案和审批工作。全县共安排6205名职工参加疗休养。同时，县总工会向外推介常山的疗休养优势，加强与外地总工会的对接联系，吸引外地职工到常山开展疗休养。

【“职工安康行”专项行动】 2017年，县总工会在全县开展以加强电动自行车管理为主题的“职工安康行”专项行动。邀请交警进企业讲解交通安全知识，剖析事故案例等，提高职工安全意识，为广大职工张贴电瓶车反光提示标识3万余份。

【工会依法维权服务】 2017年，县总工会职工法律援助中心接待职工法律咨询48件，涉及职工316人次，金额421万元，案件涉及工伤认定处理22人、职工欠薪265人、劳动合同纠纷6人；掌握和处置职工群体性事件2件，涉及职工33人，涉及金额20万元。

【基层工会财务规范化建设】 2017年，县总工会组织全县基层工会财务专题培训，对工会经费收入来源、计提方式、标准和支出等内容进行培训，下发工会财务规章制度汇编2000余册。制定出台《常山县基层工会经费使用情况监督检查制度》，对行政事业单位工会财务开展全面大检查，推进基层工会财务规范化建设。

【工会干部队伍建设】 2017年6月，县总工会举办工会干部培训班，全县100余名基层工会干部参加培训，并组织到长兴县实地考察，听取经济发达地区职工服务中心建设、“职工之家”建设及劳动关系和谐企业创建等方面的经验介绍。

（郑 蔚）

共青团常山县委员会

【概况】 共青团常山县委员会（以下简称“团县委”）机关内设青少部和办公室，设有1个下属事业单位，即县青少年活动中心。2017年，全县团支部有569个；团县委直属团（工）委75个，其中乡镇11个、街道3个、机关部门和企业团组织50个、学校团组织11个；下属专职团干部75人，其中本科及本科以上学历62人、大专以上学历13人，团干部平均年龄26.8岁。全县8周岁～35周岁户籍青少年11.18万人，其中共青团员29123人、少先队员19204人。全年新发展共青团员1000人，新加入党组织的共青团员有91人。

组织动员全县各部门单位、阳光志愿者协会、自行车协会等200余人参与县危旧房治理改造工作，开展政策宣传、义务搬迁、困难帮扶等“一条龙”服务；制作发布《团团带你了解危旧房治理改造政策》卡通宣传片，向全县各乡镇（街道）、部门、学校、企业、社会志愿组织团员青年代表发放《倡议书》600余份；利用志愿汇APP发布危旧房改造志愿者召集令，发动23个团组织采取“一对一”认领模式，为特困户家庭开展“青春帮”志愿服务。

打响同弓乡“骑行青差”、大桥头乡“阳光跑小二”、行政服务中心“青春跑小二”等“青春助跑”系列品牌，引领全县团员青年全面助力“最多跑一次”改革。深化校地团委合作，同中国美院开展“青春河小二治水”，助力“最多跑一次”改革。邀请浙师大、中国美院大学生志愿者为孔家弄村设计7款美丽乡村庭院方案。中国美院“双百双进”走进常山，助力常山“国际慢城”建设。对全县3000余名在校大学生进行摸底，召开座谈会，与32家企业单位对接，通过开展实习见习双选会等形式，推动大学生进企事业单位实习308人，助力“常雁回归”。

举办“我为常山添光彩 常山因我更精彩”主题演讲大赛，全县各系统562名青年干部参加。在五四青年节，联合县信用联社、跑步协会举办“荧青春 享慢城”主题夜跑活动，活动吸引500多名青年参加。县青少年活动中心每月有计划开展“流动少年宫”活动，让农村孩子享受均等的教育资源。开设“成长大讲堂”“慢城朗读者”“少先队队长学校”等活动平台。开展“希望工程”助学、助医、助困、圆梦四大行动，共筹集资助金55万余元，资助常山县贫困大中小学生239人。

2017年，团县委获评全省“两项计划”三支一扶优秀单位；县青少年活动中心获评浙江省县（市、区）级示范（一级）青少年宫。

【共青团常山县第二十一次代表大会】 2017年11月22日，中国共产主义青年团常山县第二十一次代表大会在青少年活动中心开幕，会期2天，代表180人。县委书记叶美峰，县委副书记、县长周向军，县委副书记、政法委书记王郁松等出席。团市委副书记李莉到会祝贺并讲话。会上，叶美峰作重要讲话；团县委书记饶群代表共青团常山县第二十届委员会作工作报告；选举产生共青团常山县第二十一届委员会委员23人，候补委员6人，常务委员9人，书记1人，专职副书记2人，挂职副书记1人，兼职副书记2人。

【引领青少年思想建设】 2017年，团县委组织全县各级团组织学习党的十九大精神，开展“践行新思想、拥抱新时代”主题团日系列活动。以纪念五四运动、建党96周年等重大节日为契机，开展“不忘初心跟党走”“我与团旗合个影”等党团队日主题教育活动，创建“红心向党 青春筑梦”党建品牌，建设青少年党建公园，打造“三创三强”特色小镇团建“石头样本”。开展“最美志愿者”“美德少年”等评选活动，用身边的优秀典型激励青少年。

【开启“青春治水”新模式】 2017年，团县委在全省率先成立“骑行河长”队伍，开展巡查活动35次，协助发现疑似劣V类水体138个，“骑行河长”参与治水行动被《浙江日报》《青年时报》大篇幅图文报道，《衢州日报》头版刊登。全省钱塘江流域“骑行河长”巡河现场会在常山举办。组建“塘帮手”、青年志愿突击队56支；开启“高校+”“企业+”治水新模式，美院师生用画笔描绘治水人物，青年企业家出资认领柳泽塘，得到省、市主流媒体的高度关注。

【志愿服务广泛开展】 2017年，团县委推广“志愿汇”APP，全县注册志愿者达1.5万余人，服务时长超20万小时。组织小胡柚志愿服务队为“8·30”全国赏石日活动、2017全国山地自行车公开赛、中国油茶节等重大赛事、展会、项目提供服务。节假日、春运期间，组织志愿者开展“青春志愿行 温暖回家路”主题活动；“3·5”学雷锋日、“3·12”植树节等节点，均开展志愿服务活动。开展“孝老爱亲”主题志愿服务，阳光志愿者协会走遍敬老院，开展夕阳红助老服务。开设“常山县慢城青年讲坛”，邀请中国青年志愿者协会副秘书长张俊虎到常山为全县300余名志愿者作《志愿服务，你懂的》专题讲座。

【团的基层建设全面加强】 2017年，团县委完成县、乡、村三级共青团组织换届工作。坚持党建带团建，制定出台《常山共青团改革方案》，落实团干部“1＋100”直接联系青年制度，配备团县委挂职副书记1名、兼职副书记2名，推进各项改革落地。推进青春党建工作，抓好赏石小镇、电商园等新兴领域团建，团干部队伍建设不断强化，成立特色小镇团委，新建非公有制企业团组织5个。开展“五比亮剑”活动，组织全县团干工作能力大比武、大练兵，提高团干部的业务能力、群众工作能力和社会沟通能力。

（徐易易）

常山县妇女联合会

【概况】2017年，常山县妇女联合会（以下简称“县妇联”）以群团改革为契机，取得浙江省“会改联”试点县资格，在试点中走出一条可操作、可复制的基层妇联组织改革新路子。4月18—19日，浙江省妇联基层组织改革工作会议在常山县召开，全国妇联组织部副部长冯曼东出席并讲话。9月21—22日召开的浙江省群团改革推进会上，省委常委、组织部部长任振鹤充分肯定会改联“常山模式”。会改联“常山模式”已被全国和省级主流媒体报道10余次，国内外40余批次考察团到常山考察学习；作为整乡试点的东案乡被浙江省妇女干部学校评为第一批妇女干部教育培训现场教学基地。6月28日，县妇联在浙江省妇联系统权益保障工作暨“平安家庭”工作会议上作典型发言。7月5日、21日，常山县在全市率先完成“会改联”和乡镇（街道）妇联组织改革全覆盖工作。全县14个乡镇（街道）妇联选举产生专职副主席14人、兼职副主席23人，执委205人、特色执委26人。全县180个村妇联选举产生主席180人、副主席286人，执委1355人、特色执委290人。从农村女性参政比例进一步提升：妇女村民代表占村民代表会议组成人员比例33.53%，占三分之一以上；村民委员会女委员100%实行专职专选，村委会成员中女性比例比上届提高1.3个百分点；村党支部中女性成员的比上届增加23人；担任村党支部、村委会正职的妇女比例由上届的4.4%提高到6.1%；村妇联主席进村两委的比例由上届的70.5%提高到92.8%。

聚焦妇女发展和助农增收，擦亮“常山阿姨”金名片。5月16日，常山县举行“常山阿姨”产业发展战略合作签约仪式暨首届高级创新班开班典礼；6月9日，常山县承办“首届中国衢州月嫂节”；7月13日，常山县委、县政府到杭州举办“常山阿姨”专场推介会，县委书记叶美峰到会推介，新华社、中新网等全国30余家主流媒体参加报道，《南方周末》用两个版面深度报道《常山阿姨推介记》。国务院副总理刘延东对“常山阿姨”工作批示肯定。9月、11月，人社部调研组、国务院妇儿工委调研组分别到常山开展“常山阿姨”工作调研。

县妇联全方位推动妇女维权，助力常山县获评浙江省“平安金鼎”十二连冠。关爱困境妇儿，开展城乡妇女“两癌”免费检查，全年摸排26位符合条件患病妇女提交至全国“两癌”救助系统，获配套专项救助资金2万余元。向上争取“中国少年儿童基金·肯德基中国小候鸟专项基金”9600元，建立8个小候鸟图书角，累计开展“小候鸟护眼行动”“祖国在我心中”等各类主题活动32场，500余名留守儿童参加活动；向上争取由省妇女儿童基金会和阿里巴巴集团联合组织实施的“焕新乐园”公益项目资金31.5万元，帮助低保家庭改造装修房子42间，惠及150余人。开展“千户家庭晒家风”活动，评选出县级文明家庭2049户；1户家庭获评省级“最美家庭”，2人获评衢州市第二届“孝心好媳妇”。开展“百村万户美丽庭院”创建活动，全县累计打造美丽庭院2000余户。发展来料加工业，全县培育来料加工经纪人436名，从业队伍4.2万余人，集中加工点191个，全年发放加工费约5.8亿元，累计实现转型升级企业80多家。

是年，县妇联获评2016年全国维护妇女儿童权益先进集体、衢州市妇联系统“基层组织建设”工作先进集体；东案乡妇联和县财政局妇委会获评衢州市三八红旗手集体；县公安局和县民政局获衢州市实施妇女儿童发展规划先进集体；县人民医院儿科、县新闻中心采编一线、县育才幼儿园、县电力实业有限公司财务资产部、金华银行常山小微企业专营支行营业部、常山锦绣职业培训学校被认定为2016年度衢州市巾帼文明岗；东案乡妇联、何家乡妇联、辉埠镇路里坑村妇联、大桥头乡浮河村妇联、芳村镇下猷阁村妇联获评衢州市“百万妇女学贺田”工作先进集体；天马一小获评衢州市家庭教育工作先进集体；县妇联温三英、县财政局陈一芳、县人民医院胡美军获衢州市“三八”红旗手称号；招贤镇山底村郑文英和白石镇小白石村徐惠萍获衢州市第二届“孝心好媳妇”称号；县妇联巫正霞、东案乡张秀珍、县环保局郑慧君获评2016年度衢州市巾帼建功标兵；县卫计局徐青华和县统计局郑燕获评衢州市实施妇女儿童发展规划先进个人；常山县曾令华家庭、黄英华家庭和郑素芳家庭获2017年衢州市“书香家庭”荣誉称号；县妇联龚琪、金川街道徐红媛、天马街道蒲塘村曾水兰、紫港街道孔家弄村方小花、招贤镇古县村李小英、青石镇砚瓦山毛菊仙、新昌乡黄塘村方菊丹、白石镇十八里村揭小香、球川镇后弄村陈明洋、同弓乡中和村徐晓琴获评衢州市“百万妇女学贺田”工作先进个人；县妇联龚琪、县教师进修学校曾令华和常山一小洪永海获评衢州市家庭教育工作先进个人。

【“最美常山十大女杰”颁奖典礼】 2017年3月7日，县妇联举行庆祝“三八”国际妇女节107周年暨“最美常山十大女杰”颁奖典礼，县委书记叶美峰到会并作讲话。县级各部门妇委会主任，各乡镇（街道）妇联全体执委，全县各村（社区）妇代会主任（妇联主席），国际慢城妇女代表等300余人参加。庆典以VCR的形式展示“十大女杰”在各自工作岗位上的最美故事和拼搏精神。颁奖典礼中穿插各种文艺表演，县女企业家协会、县旗袍爱好者协会、县教育局妇委会等多家单位选送参演节目，展现常山女性积极向上的精神风貌，表达对各界女性的节日祝福。会场外还设置了“美丽庭院”创意点赞台，现场参会者领取点赞卡给喜欢的作品点赞，最后评选出第一、第二、第三名作品。

【全省妇联基层组织改革工作会议在常山召开】 2017年4月18—19日，全省妇联基层组织改革工作会议在常山召开。全国妇联组织部副部长冯曼东，省妇联副主席童丽君，市委副书记、政法委书记李锋等领导出席会议，全省11个地市妇联的160余人参加会议。会前一起观看了常山县“会改联”工作纪实微电影《浅袖执菊步流芳》，该影片取材于常山县东案乡弄坞村妇代会改建村妇联的故事，由参与改革的县、乡、村三级妇联干部本色出演，展现了改革前的村妇代会困境、改革过程中的探索以及改革后的新篇章。会上，衢州市委副书记、政法委书记李锋致辞，常山县委副书记、政法委书记王郁松作试点工作经验介绍，杭州市江干区妇联、象山县妇联、长兴县妇联、岱山县妇联、台州市路桥区妇联分别作大会交流发言。其间，与会的各地妇联干部还前往东案乡田蓬村、弄坞村实地考察常山县村级妇联改革工作。

【“常山阿姨”产业发展战略合作签约仪式举行】 2017年5月16日，“常山阿姨”产业发展战略合作签约仪式暨首届高级创新班开班典礼在常山举行。县委副书记、县长周向军出席典礼并致辞。省家政服务人才培养培训联盟秘书长朱红缨致辞。仪式现场，常山县政府分别与杭州华红家政有限公司、宁波柏育人力资源服务有限公司两家省内位居前列的家政服务企业签署战略合作框架协议。“常山阿姨”首届高级创新班为首批200多名学员开设月嫂、育婴师、家护师3个课程，将家政服务业进行全面转型升级。

【县妇联承办“首届中国衢州月嫂节”】 2017年6月9日，由县妇联承办的“首届中国衢州月嫂节”在衢州职业技术学院举行。县委副书记、政法委书记王郁松在开幕式上宣传推介“常山阿姨”项目品牌。200多名“常山阿姨”在月嫂嘉年华等活动中精彩亮相。在供需洽谈会上，130多名阿姨与省内各大家政公司达成就业意向协议。其间，在“常山阿姨”专题研讨会上，常山县政府与浙江树人大学签订战略合作框架协议。

【“常山阿姨”杭州专场推介会】 2017年7月13日，由中共常山县委、常山县人民政府、浙江省家政人才培养培训联盟主办，县妇联承办的“常山阿姨”推介会在杭州举行。县委书记叶美峰推介致辞，浙江树人大学校长、浙江省家政服务人才培养培训联盟理事长徐绪卿，省妇联副主席张丽萍，省农办副主任蒋伟峰，省人社厅副厅长金林贵，浙江日报报业集团副总编、《钱江晚报》总编李杲应邀参加。推介会上，“常山阿姨”事业发展服务中心驻杭办事处和浙江树人大学“常山阿姨”培训学院揭牌成立。“常山阿姨”集体宣誓，首批20多名“常山阿姨”现场签订就业意向书。

【基层妇联组织改革“五个五”常山经验】 2017年，县妇联围绕群团改革“三性”(政治性、先进性、群众性)要求，坚持“问题导向”，在全市率先开展乡、村两级妇联组织改革试点，并总结出“五个五”常山经验。第一，工作方法上，改革“五步”。（1）建设妇女人才库、功能数据库、妇联工作库“三个库”，改革妇联土壤工程；（2）划分功能性、网格型、网络化“三个组”，改革妇联基石工程；（3）明确网格代表、功能代表、协商代表“代表三来源”制度，改革妇联砖瓦工程；（4）配强主席、副主席、执委“三班子”，改革妇联主梁工程；（5）运转执委会分工和工作项目、执委会和妇女代表联系群众、妇联队伍和自身建设提升“三体系”，改革妇联成效工程。第二，职能分工上，执委“五专”。各村妇联均按“5+N”执委架构设置，即除主席、副主席外，分别设置宣传文体、组织网格、妇女发展、妇女维权、家庭建设5个固定席位，再根据需要增设N个特色执委。第三，能力水平上，干部“五型”。按照创业带动型、团队管理型、活动组织型、知识引领型、热心公益型五个类型发现女性人才，挖掘培养女性典型。第四，改革红利上，工作“五变”。（1）队伍变大，建立健全执委会，村妇联主席可直接支配的工作力量平均58人；（2）覆盖变广，构成一个“田字格”式的新型有机整体，实现对广大妇女的覆盖无遗漏、覆盖有效益、覆盖更扁平；（3）能力变专，“5+N”执委架构不但满足村妇联日常工作的开展和妇女姐妹的需求，更让每个执委都有专业；（4）服务变主动，村妇联凝聚力不断增强，以崭新的姿态活跃在新农村建设一线，为农村“双治”、美丽庭院建设、剿灭劣V类水等中心工作发挥不可替代的重要作用；（5）地位变高，培育了一批优秀的村妇联主席进入省、市、县参政议政平台，担任各级党代表、人大代表等，展现新时代农村女性的风采。第五，深化思考，经验“五得”。（1）理清“为何改”，明确“党建带妇建”总体方向；（2）定位“改什么”，确保改革方向不走偏；（3）明确“怎么改”，确保改革过程不走过场；（4）制度保障“改成怎样”，确保改革目标不落空；（5）推动“持续改”，确保改革追求不止步。

【“常山阿姨”品牌管理规范出台】 2017年，县妇联创新制定《常山阿姨品牌管理规范》23条。以“五类档案”建设为核心，破解“怎样才是常山阿姨”，解决雇主对“阿姨”信任难题，成为“常山阿姨”品牌的最大亮点。“五类档案”建设包括家庭档案（家庭成员基本情况和虐待、家暴、邻里纠纷等信息）、品行档案（参与邪教、违法犯罪等信息）、技能档案（技能培训、技能比武以、获取荣誉等信息）、健康档案（重大传染性疾病体检情况）和从业档案（从业跟踪、评价记录等信息）。为支撑“五类档案”建设，对申报“常山阿姨”的个人，需通过“五项流程”进行认证，即个人申报、资格初审、部门联审、综合会考、专项体检。12月初开始启动首期常山阿姨资格认证，明确首期常山阿姨资格认证的基本条件为年龄50周岁以下（其中养老护理类可放宽至55周岁）、有2年以上从业经验、有国家人社部颁发的技能证书。全县57名阿姨通过资格审查和部门联审进入会考环节，通过技能考核和综合面试，有29名阿姨进入体检环节，体检环节有4名阿姨因为存在重大传染性疾病而被淘汰。

【助推常山保姆行业转型升级】 2017年，县妇联聚焦妇女发展和助农增收，助推保姆行业转型发展，开展家政类技能培训2579人次，其中精品班培训540余人次，就业率40%左右。截至年底，全县从事保姆行业的农村妇女有2200余人，其中在市外从业的从3月的1013人增长到1425人，增长40.67%；人均月工资从培训前的4000元左右提高到5000元～6000元，增长25%以上，全年带动农村妇女增收1.5亿元以上。县委出台《关于大力推进常山保姆行业转型升级 全面打响“常山阿姨”品牌的实施意见》，明确提出以产业扶持、品牌塑造、主体培育、市场拓展和标准评价五大体系建设，着力破解“怎样发展常山阿姨”。县妇联牵头协调全县各相关部门和乡镇（街道），将五大体系建设落到实处。

【妇女儿童权益保护】 2017年，县妇联利用“会改联”契机，在全县188个村（社区）妇联组织架构中普设“妇女维权执委”，负责妇女维权站的制度化、规范化运行。按照“妇女小组长入户走访搜集—妇女维权站汇总提交—村妇联会议集中商议—妇女维权站协调办理和反馈—妇女小组长入户回访—维权工作库登记”的流程，确保家庭矛盾纠纷的搜集、办理、反馈“一个口子进、一个口子出”。在“三八”节期间，县妇联组织县法院、检察院、司法局、公安局、县委政法委的巾帼志愿者开展“建设法治中国 巾帼在行动”三八维权周法律咨询宣传活动，发放各类宣传资料2000余份；在“6·26”禁毒日节点，组织县公安、政法等部门的巾帼志愿者开展“不让毒品进我家”主题活动，展示毒品样本，普及毒品危害；在“12·4”国家宪法日期间开展法律宣传活动。在全县基层妇女干部培训班之际，邀请资深律师、省婚姻家庭咨询协会讲师团成员陈淑芳为新上任的乡、村妇联干部230余人进行反家暴维权专题培训。利用“垃圾分类百人网格宣传团微信群”“乡镇街道妇联组织钉钉群”、县妇联微信公众号等平台，定期推送家庭教育、防邪教、妇女维权等条目信息。县妇联联合县司法局成立县婚姻家庭纠纷人民调解委员会，聘用兼职人民调解员，落实经费1万元。在县公安局成立“家庭暴力110救助中心”“家庭暴力伤情鉴定中心”，举办反家暴告诫的处警培训，至年底，已发出反家暴告诫书3份。县妇联帮助受害妇女向县法院申请人身安全保护令案件6起，其中发出3份；配合县民政局做好县家庭暴力受害妇女庇护所的日常管理工作。县妇联全年接待来访案件45例，均获妥善处置，调处率达100%。全县范围内未发生因婚姻家庭矛盾纠纷引发的有较大社会影响的案（事）件。

（巫正霞）

常山县科学技术协会

【概况】 2017年，常山县科学技术协会（以下简称“县科协”）下属自然科学、社会科学和交叉学科学会（协会、研究会）30个，企业科协5个，乡镇（街道）科协14个。县科协推进网上科普工作，运用“互联网+科普”的创新模式，开展科普E站进党政机关、进服务窗口、进社区中心等项目建设，开设华数广电网络本地屏科普宣传专用渠道，将科普信息服务深入到机关、窗口、城镇和广大农村基层。全县8个社区全部建成科普E站，其中金川社区和紫港社区建有科普特色场馆；特色小镇（赏石小镇）也建成科普E站。开展“五四三”工作、反邪教工作和农机、轴承、电商产业发展等专项科普建设。利用全国科普周、全国科普日、科技工作者日等重大科普活动平台，构建社会力量参与科普的制度体系。成功创建浙江省科普示范县。

【常山县省级科普示范县创建通过验收】 2017年4月，常山县省级科普示范县创建工作通过验收，7月被认定为省级科普示范县。县科协作为省级科普示范县创建工作的牵头实施单位，制定下发创建工作方案，推动各部门协作完成科普工作，全县科普工作动员机制得到健全；开展针对性的科普活动，以科普社区E站、科普示范学校及华数农网科普频等基层渠道端建设，实现科普活动覆盖面达到全县常住人口的80%以上的目标任务。

【院士专家工作站建设】 2017年，县科协围绕常山县发展轴承、农机、新材料、生物医药四大主导产业，对接、推进院士专家工作站建设。先后推动3家企业与院士签订建站合作协议，开展技术服务与项目合作。与黄荷凤院士签订院士工作站建站协议，实现首家事业单位院士工作站落户。与陈旭院士签署院士工作站建站意向书，在地质公园建设和提升方面开展合作。

【社区科技工作者之家建设试点】 2017年，县科协选取紫港社区作为试点，探索服务科技工作者的有效途径。做好一个社区科普馆，县科协联合紫港街道等共同出资50余万元，投资兴建紫港社区科普馆，馆区面积超过100平方米，建有运动与健康、多媒体主控台和航空航天三大功能区块，接待社区居民参观体验，成为科普信息化服务主阵地。科普E站在城镇社区实现全覆盖。做细一个科技讲堂，成立社区讲堂工作机构，落实专人负责科普进讲堂工作；[illegible]区全年组织科技工作者开展各类科普[illegible]开展科普宣传活动5次，居[illegible]上。做实一个科技服务站，社区党员干部、科普志愿者、各行业技术人员等组成服务力量，设置科技咨询、科普志愿、科普宣传等服务窗口岗位，提供健康养生、创业政策咨询、科普志愿宣传等相关服务。

【“屏联网”云平台建设】 2017年，县科协印发《关于进一步加强全县科普信息化建设的实施方案》，明确建立县、乡两级“屏联网”云平台的目标任务，即筹建覆盖县、乡两级的科普信息化云中心，在县科协机关和各乡镇便民服务中心建成3×3拼接大屏55寸LCD显示系统及标准机房，突出科普云中心对科普E站的后台管理和各科普E站与移动终端的互联互通这两大核心能力建设。注重挖掘科普云平台的功能扩展和共享能力，推荐选择第三方参与在科普大屏上嫁接适合的电商平台和当地动态内容。

【常山“最美科技（社科）人”评比表彰】 2017年，县科协联合县委宣传部、文明办、社科联共同举办首届常山“最美科技（社科）人”评比活动。经过推荐申报、初审评议、网络投票及综合评比等程序，评出施堂红等10名“最美科技工作者”和甘礼鸿等4名“优秀科技工作者”。9月20日，2017全国科普日暨常山“最美科技（社科）人”表彰活动在紫港街道紫港社区举行，省科协副主席陆锦、副县长戴根林参加。

（汪予雷）

常山县文学艺术界联合会

【概况】 2017年，常山县文学艺术界联合会（以下简称“县文联”）编制2名，实际在岗1人。县文联下辖10个协会，即作家协会、美术家协会、书法家协会、摄影协会、音乐家协会、舞蹈家协会、诗词楹联学会、民间文艺家协会、戏剧协会、观赏石行业协会；有个人会员724人，其中国家级会员12人、省级会员77人、市级会员156人。主编发行《三衢山》刊物2期。年内主要活动有：喜迎党的十九大系列活动、国家级非物质文化遗产·常山喝彩艺术展演、省诗词学会走进慢城采风活动、第32届“三山”（江山、常山、玉山）艺术节书画联展和摄影作品展、全国山地自行车公开赛摄影比赛。

是年，常山县被中国林业文联确立为首批“全国生态文学艺术创作基地”，东案乡金源村被浙江省书法家协会授予“浙江省书法村”称号。

【全国生态文学创作研讨会在常山召开】 2016年4月22日，“何处心安、慢城常山”全国生态文学创作研讨会在常山召开。中国林业文联常务副主席、生态文学作家李青松，《中国报告文学》主编李炳银等10多位全国知名作家、专家参加会议。县委书记叶美峰讲话，县委常委、宣传部部长余风参加。

【《三衢山》刊物改版】 2017年5月1日，《三衢山》文艺刊物改版编印完成，含有文笔、旧事、光影、墨韵、人物、动态专栏。2017年共编发两期，每期印数1200册，寄发到全省各县（市、区）文联，县内各乡镇（街道）、部门、学校和文艺家协会。

【“常山文艺”微信公众号开通】 2017年5月15日，县文联官方微信公众号“常山文艺”正式开通，栏目有文笔、旧事、传说、人物、名胜、光影、墨韵7个，全年编发微信70余篇，阅读量最高的单篇达3000多人次。

【“文峰墨韵”十四人书法作品展举行】 2017年5月26日，“文峰墨韵”十四人书法作品展在常山书画院举行，展出提俊丰等5名中国书法家协会会员、9名省书法家协会会员的书法作品70幅，常山王阳君的5幅书法作品入展。

【省诗词曲联作家走进常山采风活动】 2017年5月27—28日，42名省诗词学会的诗词曲联作家走进慢城常山，先后到赏石小镇、心舟公园、芙蓉峡谷和桃花源开展采风活动，共创作诗词散曲近200首。同时，全省散曲工作会议在常山召开，省诗词与楹联协会会长祁茗田全程参加活动。

【参加衢州市手工艺术展】 2017年6月22日，由衢州市文联、市文广局主办，中国儒学馆、市民间文艺家协会协办的“意匠生辉——民间手工艺术展”在中国（衢州）儒学馆开展，展期一个月。常山县民间文艺协会选送88件（套）工艺品（包括袁冬华的剪纸、戴松林的系列棕编、毛春良的竹编、戴理平的蛋雕）参加展出。

【国家级非遗常山喝彩艺术展演举行】 2017年7月26日晚，国家级非物质文化遗产·常山喝彩艺术展演在常山县青少年活动中心举行。省文化厅副厅长叶菁出席。此次晚会创作推出了《常山喝彩》《夸栋梁》等“非遗”名录节目和《非遗乡韵》《袋袋传》《侃新娘》等喝彩主题节目。

【承办全县诗歌朗诵大赛】 2017年10月16日，由县委宣传部主办，县文联、县文广新局承办的“喜迎（党的）十九大、唱响新常山”常山县诗歌朗诵大赛决赛在县文化馆小剧场举行，有67组选手参加比赛，最后评出一等奖2个、二等奖5个、三等奖9个。县委常委、宣传部部长余风出席活动。此次活动还邀请衢州学院沈茂生、衢州广电总台孔繁康、衢州作家周新华、开化诗人赖子作为嘉宾和评委参与活动。

【组织“喜迎（党的）十九大”系列文艺活动】 2017年10月，县文联组织“喜迎（党的）十九大、翰墨书慢城”全县书法作品展，参展作品61幅；“喜迎（党的）十九大、翰墨颂党恩”县美术家协会会员作品展，参展作品49幅；“喜迎（党的）十九大、永远跟[illegible]走”摄影作品展，参展作品50幅，讴歌全[illegible]济社会的崭新变化，为党的十九大召[illegible]好氛围。

【组织全国山地自行车公开赛总决赛摄影比赛】 2017年11月25日，由县委宣传部、县文联主办，县摄影协会承办的全国山地自行车公开赛总决赛摄影比赛在常山国际慢城自行车公园举行，江苏、福建、安徽、江西、浙江5省12地的100余位摄影家参加比赛。此次比赛现场还举办2016年全国山地自行车比赛（中国·常山站）优秀摄影作品展，展出作品58件。同日晚上，上邦国际摄影俱乐部总经理邱太建为摄影爱好者作《我所理解的摄影人文精神》报告。

【常山县喝彩协会召开成立大会】 2017年12月31日，常山县喝彩协会成立大会在柏丽大酒店召开，县委常委、宣传部部长余风出席大会并讲话。曾令兵当选为协会主席，曾令华、李志强、毛阳寿、陈土根当选副主席，徐新霞为秘书长，祝慧君、徐新德、李婷婷为副秘书长。

【系列文艺工作者个人作品展举办】 2017年，县文联鼓励引导文艺工作者突破自我、展示自我，先后举办书法作品展3场，即“王阳君个人书法作品展”“姜水根个人书法展”和“王梦耀先生八十华诞书法作品展”；雕塑作品展2场，即“袁冬华个人美术雕塑作品展”和“‘暖冬’朱孙国根雕作品展”；举办“林能刚个人摄影美术作品展”等多场个人作品秀。

（王有军）

常山县残疾人联合会

【概况】 2017年，常山县残疾人联合会（以下简称“县残联”）内设办公室（县政府残疾人工作委员会办公室）、综合科（县残疾人康复工作办公室）；下属单位2个：常山县残疾人劳动就业服务所、常山县残疾人康复指导中心。全县14个乡镇（街道）全部配备残联理事长，有乡镇（街道）残疾人专职委员20人；村（社区）残疾人协会188个，专职委员188人。至年底，全县有11423名持证残疾人，其中，一级、二级重度残疾的4277人，三级、四级残疾的7146人；视力残疾1748人，听力残疾1934人，言语残疾74人，肢体残疾5605人，智力残疾1065人，精神残疾954人，多重残疾43人。

残疾人事业发展机制不断完善。残疾人“家庭病床”康复服务纳入2017年度县政府十大为民办实事项目之一；依法维护残疾人合法权益纳入“平安常山”考核评价内容。5月18日，县委常委、副县长张亮在全市残疾人事业发展大会上作题为《主动作为 砥砺前行 努力实现残疾人全面小康多彩梦》的典型发言。6月29日，全县残疾人事业发展大会召开，县政府领导与各乡镇（街道）负责人签订《2017年残疾人工作重点任务责任书》。印发《关于落实常山县残疾人事业发展“十三五”规划重点任务分工的通知》和《关于县政府残工委成员单位2017年度重点工作及任务分解的通知》，明确“十三五”规划期间和2017年的重点工作。出台实施常山县“三年行动·精准助残”方案，对残疾人精准助残工作的具体内容、指标、数据进行逐项分解。

残疾人共享小康基础更加厚实。2017年，全县符合条件的一级、二级重度残疾人享受基本生活保障政策，3972名重度残疾人享受护理补贴，其中机构托养92人；实施困难残疾人生活补贴政策，严把残疾类别关，及时抓好动态调整，6640名残疾人享受困难生活补贴；落实残疾人参加城乡居民基本养老保险政策，基本医疗保险补贴全面覆盖，为1500名有需求的残疾人缴纳意外伤害保险，落实托养庇护服务中心机构综合保险；落实儿童康复补贴47人。帮助县第三人民医院残疾人居家照料（庇护）中心申报创建市级残疾人小康阳光居家照料（庇护）中心，该庇护中心为57位轻度精神残疾人提供庇护照料服务。建立10家辅助性就业机构，为206名残疾人提供庇护照料服务。

残疾人就业创业工作有效推进。2017年，县残联举办中国手语培训班1期；举办残疾人职业技能培训209人次；输送10名残疾人参加全省工匠大赛集训和比赛；组织127名残疾人进行电子商务培训；输送7名残疾人参加医疗按摩培训。1名残疾人被县国土局下属事业单位招考录用为在职在编工作人员。

深入实施精准康复服务。残疾人康复工程有序推进，落实193名残疾人“助听、助明、助行”康复项目，其中20名下肢缺失残疾人安装假肢，人工膝关节置换手术6名，验配助听器120名、配助视器15名，盲人定向行走培训32人；实施48名0~6周岁残疾儿童抢救性康复，免费发放各类辅助用品用具115件，辅具服务率达90%以上，县残疾人康复指导中心被确认为市级定点儿童康复机构。推进精准康复行动，出台精准康复实施文件，落实587名重性精神残疾人免费服药，完成3家县级康复示范站建设。无障碍进家庭56户，无障碍进机构2家。

残疾人节日活动内容丰富。在“全国爱耳日”“全国助残日”“国际盲人节”等残疾人节日，累计发放助残手册1000多份。2017年8月25日，是第一个全国“残疾预防日”，围绕“推进残疾预防，建设健康中国”主题，县妇保院医务人员、残联工作人员和志愿者在县街心广场开展义诊咨询、健康指导、政策解读等宣传活动，现场摆放残疾预防宣传展板，发放残疾预防宣传折页、康复方面的书籍300多册，吸引众多市民前来咨询参观。开展残疾人慰问和临时救助工作，春节期间走访慰问贫困残疾人178户，赠送慰问品和慰问金13.22万元。

是年，县残疾人康复指导中心副主任朱华敏、白石镇残联理事长吴圣被评为市“最美基层残疾人工作者”。

【服务残疾人“最多跑一次”改革】 2017年4月，县残联召开残疾人办证“最多跑一次”暨残疾证鉴定专家库成员沟通协调专项座谈会，围绕残疾证鉴定流程以及鉴定过程中遇到的问题进行讨论，提出残疾人证鉴定工作改进方案。5月，联合县卫生与计划生育局出台《常山县残疾人证鉴定办理“最多跑一次”工作方案》，利用残疾人流动服务车为偏远山区、行动困难的重度残疾人开展上门办证服务，实现残疾人服务“跑零次”。全年上门办证10批78人次。会同县交警大队、县人民医院制定《常山县道路交通事故伤残评定联评联动运行方案》，第一时间对指征明显的当事人进行鉴定、办证，减少办证环节。同时，制定出台《关于深化“最多跑一次”改革工作的通知》，对“最多跑一次”的权力事项进行梳理，强化流程再造，把改革服务范围扩大到13项，将“最多跑一次”改革引向深入。

【残疾人“阳光康复·家庭病床”行动】 2017年，县残联对全县有康护需求和康复指征的重度残疾人进行全面排查，规定重度残疾、三瘫一截、残疾儿童的对象约占一半，建立排查对象档案，从中筛选出符合条件的“家庭病床”医疗康复对象487人。每个乡镇（街道）建立1~3个阳光康护服务小组，由卫生院选派的责任医生、残联选派的康复协调员等组成，一个团队负责服务10~15名医疗康复对象，主要为“家庭病床”医疗康复对象提供上门医疗、康复、健康教育、家庭护理指导、心理疏导和送药上门等个性化服务。在服务过程中做好服务定位，每次服务结束后，第一时间将服务对象、服务内容输入“乐湾云”系统，并对残疾人康复情况初步评估。加强乡镇（街道）平台录入的数据定期检查，督促服务缓慢乡镇（街道）及时改正，提高团队服务自觉性、主动性、时效性。

【县残联“两个中心”捆绑运营招投标】 2017年，完成县重度残疾人托养服务中心土建工程建设，9月通过竣工验收。县残疾人康复指导中心于2011年9月建成并投入使用，主要用于0~6周岁残疾儿童康复训练。为推进残疾人托养、康复服务社会化、产业化，将残疾人托养中心和康复中心捆绑，引入社会资本运营。8月17日，县政府专题会议研究确定，两个中心项目PPP模式转为经营权租赁模式，并根据会议精神制订实施方案。12月25日，通过招投标，县第三人民医院有限公司中标，内部装修和设备配置不少于1500万元。

【县残疾人联合会第七次代表大会举行】 2017年12月27—28日，县残疾人联合会第七次代表大会在县华府大酒店举行，县委书记叶美峰，市残联党组书记、理事长徐中华出席开幕式并致辞，县委副书记、县长周向军等领导参加会议。根据《中国残疾人联合会章程》的要求，大会通过县残联第六届主席团所作工作报告的决议；选举产生县残联第七届主席团主席、副主席；推举出县残联第七届执行理事会理事长；通过县残联第七届执行理事会副理事长、各专门协会主席和副主席名单及聘请主席团名誉主席和副主席的决议；通过参加衢州市残联第七届主席团委员候选人名单。

【残疾人油茶栽培技术培训班举办】 2017年10月，县残联举办为期2天的全县残疾人油茶栽培技术培训班，全县近40名残疾人参加。培训期间，县林业局高工杜红亮就油茶良种繁育技术、高效栽培技术、低产林更新改造等方面进行授课，并组织学员到东案乡朝阳村华荣油茶种植基地进行实地讲解和操作。

【农村困难残疾人危旧房改造】 2017年，县残联开展农村困难残疾人危旧房改造工作，深入农村核实困难残疾人家庭户，对符合条件的残疾人在自愿改造的基础上，根据重残特困危房户优先原则，确定并完成危旧房改造51户，其中市级16户。推进农村残疾人家庭赤膊墙整治，对全县城乡残疾人家庭的住房赤膊墙情况进行核实，结合扶贫开发、保障性安居工程、抗震救灾、扶贫易地搬迁工作，完成整治958户；推进“光伏”扶贫工作，抓好残疾人“光伏”扶贫户调查，筛选30户符合政策条件的残疾人家庭完成“光伏”安装。

【服务城区危旧房治理改造】 2017年4月，县残联结合全县城区危旧房治理改造工作，迅速启动城区残疾人“危旧房治理改造”服务工作。发挥街道残疾人专职委员、社区残疾人工作者作用，以严谨规范的实地查证，收集汇总残疾人基本情况，综合考虑受助对象贫困程度、残疾程度、家庭人口等因素，确定不同的帮扶措施，建立“一户一档”帮扶方案。经排查，城区危旧房治理改造涉及文峰、东明、定阳、金川四个社区的77户残疾人家庭，其中有一级、二级重度残疾人的26户，有三级、四级残疾人的51户，确定其中的17户残疾人家庭为实施上门服务的对象。制定《城区残疾人危旧房治理改造帮扶工作实施办法》，成立工作组分片区、分难易，会同街道、社区等工作组成员一起上门向残疾人家庭发放危旧房住户倡议书100余份、宣传解释政策400余次。组织残疾人志愿者队伍上门为16户重度残疾、缺少劳力及生活困难的危旧房治理改造对象搬迁，解除残疾人的后顾之忧。建立工作进度日报和信息通报工作制度，全程跟踪残疾人“危旧房治理改造”工作。定人定员与重度残疾人家庭保持长期联系，做好日常联系工作，每日定期上门了解情况，及时掌握残疾人的动态，促进治理改造工作顺利进行。77户残疾人家庭的腾空搬迁工作按时全面完成，5名残疾人“危旧房治理改造”对象于5月1日之前全部腾空。

【残疾人教育扶持有力度】 2017年，县残联抓实残疾人教育扶持工作，为27名残疾人开展送教上门；为127名残疾学生及残疾人家庭子女提供助学帮助，其中在校大学生学杂费全额补助15人。全县残疾少年儿童义务教育入学率超过95%；残疾幼儿入园率超过75%。

【残疾人文体活动丰富多彩】 2017年，县残联开展以“读书会、参观展览、社区活动”为主要内容文化助残“五个一”活动，350余位残疾人参加文化进社区、进企业、进家庭活动。结合农村文化礼堂文艺演出，组织3场特殊艺术进农村、进社区演出。开展“文化艺术周”“全民健身周”活动，残疾人社区文体参与率在53%以上。创建1家市级残疾人文化艺术体育示范基地。开通“常山残联”微信公众号，办好县电视台手语新闻节目。选送1名残疾人（吴雨鑫）参加浙江省冬残奥运动员集训，选送1名社区残疾人工作者参加浙江省残疾人文化体育辅导员培训。

（王诚 蔡卿）

常山县红十字会

【概况】 2017年，常山县红十字会弘扬“人道、博爱、奉献”的红十字精神，抓好组织建设、救灾救助、救护培训、献血、造血干细胞捐献、人体器官捐献工作。全年争取到省红十字会价值100万元的暖心救助药品，其中，价值50万元的康恩贝救助药品用于无偿救助县内500名家庭贫困心脑血管患者，疗程约90～180天，会同县卫计局基本完成药品发放及资料收集工作；其余50万元的康恩贝天保宁、可达宁心脑血管疾病救助药品于11月交付。与浙江省红十字会和东阳、常山两地医院于11月15日联合举办浙江省红十字会“康心基金”心脏病患者救助项目义诊活动，邀请著名心脏病专家现场义诊，为常山120名心脏病患者免费体检。春节前夕，开展博爱送万家活动，筹集款物9.06万元，为常山160户困难家庭、5户器官遗体（组织）捐献者家庭送上慰问款物和新春祝福，其中市红十字会慰问30户，款物价值1.8万元。实施“母婴平安”项目，全年争取到上级救助资金21.55万元，对84名贫困外来务工孕产妇进行救助，项目救助资金利用率达100%。提高乡镇、村（社区）红十字基层组织凝聚力，通过县委组织部印发的《关于加强村级配套组织建设的实施方案》，明确村级红十字组织的人员组成、主要职责。加强基层学校红十字组织建设，与县教育局联合下发《关于进一步加强学校红十字会工作的通知》，重新明确学校红十字组织构成名单，加强学校红十字组织凝聚力。

【红十字博爱救助】 2017年，县红十字会联合县卫计局设立“健康常山博爱基金”，筹集资金320万元，用于支持常山县医疗卫生机构采购医疗物资和为经济困难的特殊疾病患者提供救助。争取社会爱心企业捐赠总计24.7万元，实施多个博爱救助项目。其中，争取到中国人民财产保险股份有限公司常山支公司捐赠款8万元，用于支持县红十字应急救援队购买设备等；联合县“五水共治”办公室，争取到金华银行股份有限公司衢州常山小微企业专营支行捐赠款5万元，用于县治水办（河长办）开展治水巡河美丽家园常态化全民化活动，推动常山剿灭劣V类水工作；争取到常山县金盾保安服务有限公司捐赠款5万元，设立“金盾保安助老博爱基金”，用于重阳节期间走访慰问紫港街道大弄口村99位年满70周岁的老人，每人发放慰问金500元；争取到浙江省常山县医药有限公司捐赠款3.2万元，用于慰问紫港社区困难家庭20户、东明社区困难家庭20户，每户困难家庭资助800元；争取到常山招贤寓外爱心人士（品融控股集团有限公司总经理）的定向捐赠1万元，用于救助常山县尿毒症患者；争取到县烟草公司0.5万元及省第三监狱2万元定向捐赠用于县红十字救护培训工作。

【红十字救护培训】 2017年，县红十字会培训救护员1184人次，普及救护培训20075人次。6月，联合县教育局、县安监局等部门，耗时2个月编写完成《中小学生安全漫画教育读本》，提高广大学生的防灾减灾和应急自救能力。联合县农办等部门，将救护培训课程纳入常山农民工素质提升工程课程，为月嫂、育婴师、家护师讲授心肺复苏、常见急症的现场应急救护技能，助力“常山阿姨”等品牌打造。12月，为全县生态指导员开展红十字救护员取证培训，提高生态指导员履职时的自救和他救能力。

【红十字应急救援】 2017年，县红十字会整合民间救援力量，组建常山县红十字会应急救援队，参与常山户外救援、体育赛事急救保障等。5月21日，完成2017“环浙”自行车挑战赛（常山站）暨“赛得健康杯”第二届环常山骑游活动的应急救援保障工作；10月22日，完成“骑行河长联盟杯”长三角山地车MBA精英赛（常山站）应急救援任务；12月，参与衢州市马拉松比赛的赛事服务工作。参与招贤镇樊村村走失儿童樊宇鑫等10多位失踪人员的搜寻，收到群众赠送锦旗3面。参与常山“6·24”抗洪救灾工作，前往金川街道徐村村帮助转移受灾村民及财物，参与金川社区夜间巡逻，帮助社区内临时需要帮助的家庭。争取到省、市红十字会一批抗洪救助款物，包括毛巾被、家庭包、衣服、救助款等，总计价值约10万元。

【红十字大爱三献】 2017年，全县新增人体器官捐献1例、遗体捐献3例。11月29日，球川镇龙绕村石碑坞9岁男孩杨君望因交通事故死亡后，捐献一肝两肾一对眼角膜。他的肝脏移植给一位7岁患先天性胆道闭锁的男孩，一个肾脏移植给一位受尿毒症困扰了9年的患者，另外一个肾脏移植给患多囊肾20年的患者。通过志愿者下乡宣传等多种形式，加大在社区、学校、农村中进行“无偿献血、无偿捐献造血干细胞、无偿捐献人体器官”的宣传力度。会同县献血办表彰134名累计献血达1000毫升的无偿献血者。做好造血干细胞捐献工作，宣传造血干细胞捐献知识，动员31人加入造血干细胞资料库；完成9例初筛、1例再动员、1例高分辨。

（徐雨燕）

法 治

政法委及综治

2017年，常山县委政法委围绕“守好西大门、护航十九大、平安金鼎再加星”工作主线，按照建设“平安常山、法治常山”的总部署，统筹抓好平安与经济两张报表。突出组织保障，及时调整领导小组，层层签订平安、综治、维稳责任书，召开全热风县平安维稳工作部署会、县委政法工作会议暨平安信访工作会议、县委政法委全体（扩大）会议暨党的十九大维稳安保动员会等。建立县委常委会月度分析平安维稳形势工作制度。突出服务中心，开展“树正气、打歪风”专项行动，主攻“六个十大”专项（即十大信访维稳难题、十大重点项目、十大涉企执行案件、十大“三抢”行为、十大典型违法建筑、十大农业农村难点），确立重大决策社会稳定风险评估项目53件，评估完成率达100%。突出机制落实，完善考核细则，健全督查暗访机制，全年省、市平安办到常山明查暗访8次，反馈问题45个，完成整改44个，县平安办组织督查4次，暗访3次，通报3次，下发督办单或函32份，问题整改完成率达100%。开展平安护航党的十九大暨“深化平安建设、提升‘平安三率’（即知晓率、参与率、满意率）”等主题集中宣传活动，全年发送短信12万条，下发各类宣传资料10万份，开展各类宣传活动23次，宣传面达35万人次。组织全县90余名平安综治维稳干部开展业务培训，并邀请省委维稳办、市综治办等省市相关领域领导专家授课，提高各级领导干部抓平安建设的能力和水平。

围绕党的十九大、厦门“金砖峰会”、第四届互联网大会等重要节点，实体化运作工作专班，坚持从严从紧、整体防控，实现“一少三无”（指进京上访总量少，无较大规模集体上访、无集体非正常上访、无恶性滋事事件发生）的工作目标，完成省长到常山调研、“环浙”自行车挑战赛、全国赏石日暨首届常山国际赏石文化节等大型活动安保任务47场次。全面推进影响社会稳定和信访突出问题破难攻坚专项行动，排查梳理汇总各类涉稳问题134件，筛选79个进行集中交办、挂牌督办、限时销号，全年信访件累计化解13件，降低风险105件，其余16件严格落实稳控措施。开展社会治安重点地区挂牌整治工作，强化打击查处、安全防范、源头治理、内外联动措施，全县3个市、县挂牌整治社会治安重点地区于党的十九大召开前完成销号验收。重视严重精神障碍患者预防管理，首创严重精神障碍患者监护人责任险，落实严重精神障碍患者家属“以奖代补”政策，全县1103名严重精神障碍患者实现保险全覆盖，投入保费10.13万元、发放“以奖代补”资金9.88万元。落实重点人员“三色（蓝色、黄色、红色）预警”机制，排查重点人员，健全完善重点人群服务管理数据库，畅通情报信息渠道，落实“6+X”情报信息会商研判制度（“6”是指维稳办、信访局、公安局、民政局、人力社保局、网信办6个部门，“X”指根据事件实际需要，新增的部门或乡镇（街道）），掌握、分析、研判重点群体动态风险。按照“三张清单”（即问题清单、任务清单、责任清单），落实“六个一”（即一名重点人员、一套个人档案、一名责任领导、一个责任单位、一个帮教小组、一个工作方案）与“五包”（即包掌握情况、包解决困难、包教育转化、包管理稳控、包依法处置）工作措施，强化“属地责任”，加强对重点群体的服务管理。掌握“法轮功”“全能神”“菩提教”等邪教组织活动动向，坚持打击处理与教育转化并重，侦破公安部督办“12·27”全能神邪教专案，摧毁“全能神”常山小区组织，抓获处理12人（其中牧区级骨干4人、小区级骨干3人），减轻现实危害和潜在威胁，确保政治安全。开展安全生产大检查暨平安护航党的十九大专项行动，开展客货运、危化品运输企业突击检查6次，落实动态监控责任企业12家、车辆188辆次，检查各类经营单位和场所3178家，发现隐患4764个，整改完成4689个，限期整改65个，关停企业5家，停产整顿18家，行政处罚79.99万元，责令3家矿山企业和4家危化企业停产整改。加强食品药品、森林消防等领域监管，推进行业监管全覆盖。聚焦反恐防暴、寄递、危化品等重点行业，公共场所、人员密集场所、党政军驻地、水利交通设施等重点区域，落实实名制，消除安全隐患。全县未发生一起重大公共安全事故。

全面完成县、乡两级社会治理综合指挥平台规范化建设。推进“雪亮工程”建设，新增一类点位743个、三类点位1112个，总投资3400万元，实现城区公共场所监控全覆盖。探索拥有天眼、网眼、众眼的“雪亮网格”模式，在全国、全省“雪亮工程”现场会上，球川镇进行现场连线并作经验交流。成立常山县法学会并召开第一次会员大会，吸收会员80人，县委副书记、政法委书记王郁松任会长。修订《常山县司法救助实施细则》，累计开展司法救助9件，发放资金43万元。坚持村（社区）每天排查、乡镇（街道）每周排查、县每半月排查制度，滚动化开展安全隐患、矛盾纠纷大排查、大管控、大整治工作，累计上报事件22232条，处理完成率99.9%；受理矛盾纠纷5543件，调解成功率99.83%。组建8支、64人城区义务巡防队，累计投入资金100万元。

是年，常山县连续13年荣获省“平安县”称号；县委政法委被省委、省政府评为浙江省党的十九大维稳安保工作先进集体；县委维稳办被评为2016年度全市平安建设暨综治维稳工作先进集体；王郁松、徐家善获评浙江省“党的十九大维稳安保工作”先进个人；连中福被评为“全市十佳群众点赞政法干警”。

【“树正气、打歪风”专项行动】 2017年5—8月，常山县以“打击歪风邪气、净化社会风气、维护公平正义、确保社会和谐稳定、优化发展环境”为目标，成立由县委书记叶美峰、县长周向军为组长，县委副书记、政法委书记王郁松和县委常委、常务副县长姜良米为常务副组长的领导小组，围绕重点歪风邪气，召开千人大会动员部署，举全县之力开展问题线索“大起底、大清理”，重点突破“六个十大”案例，在全县范围内开展“树正气、打歪风”专项行动。政法委牵头下发《全县政法系统“树正气、打歪风”服务保障重点工作的实施方案》，妥善处置聚访、闹访等事件苗头16起，成功化解群体性事件3起，化解信访维稳难题5件、转法律诉讼1件。

【在全市率先开展电动自行车综合治理工作】 2017年，县委政法委（综治办）、县公安局在全市率先开展电动自行车登记管理暨智能防控网建设工作，制定电动自行车防盗智能网建设工作规范，对电动自行车集中免费上牌登记并安装防盗定位芯片，在城区和乡镇主干道布建射频有源雷达侦测基站暨智能物联网基站650个，从全县低保户、生活困难户及享受政府扶贫政策的群众中招录126人组建半义务交通协管员队伍，推行城区交通网格化管理，将保险业务纳入电动自行车防盗备案登记管理，发放专项整治宣传资料1.67万份，推送短信18万条，实行交通违法人1小时交通执勤制度，全年完成电动自行车登记上牌10万辆，累计投资400多万元，文明劝导2.68万人次，查处违法违规行为1.15万起，电动自行车失窃案比上年下降88.23%。

【全科网格建设】 2017年，县委政法委（综治办）按照“大党建统领、大整合架构、大服务融合”的原则，深化全科网格建设，在全县划分网格数494个，选聘“一长三员”（即网格长、协管员、监督员、联络员）1398人，制定《常山县全科网格建设和管理十条规范》，出台《常山县网格员误工补贴及绩效考核奖励办法（试行）》，落实以奖代补政策，谋划资金790.5万元/年。

【司法体制改革】 2017年，县委政法委（综治办）、司法局推进以司法责任制为核心的司法体制改革，分两批遴选员额法官检察官45人，法官检察官、司法辅助人员和司法行政人员占比优化为35%、57%、8%。组建20个以员额法官为核心的新型审判团队，明确办案任务，办结案件3753件，占全院结案数的42.98%；员额检察官累计办案209件，占全院办案数57.9%。建立司法雇员制度，首批12名司法雇员已到位。推进内设机构改革，法检两院内设机构数由25个精简为17个，比上年下降32%。制定《院庭长办案实施办法》等配套制度20余项，以制度保障司法体制改革落地生根。出台《常山县公证处体制改革工作方案》，在全省率先完成公证处事业体制改革，配备全额事业编制3名。

（邱　俊）

法治政府建设

【概况】 2017年，县政府法制机构贯彻落实新修订的《中华人民共和国行政诉讼法》，做好新《行政诉讼法》应对工作。完善行政机关领导干部和工作人员学法制度，出台《关于印发县政府常务会议学法制度的通知》（常政办发〔2017〕154号）；县政府领导班子开展学法工作，完成《法治政府建设纲要》《行政诉讼法》等相关法律知识学习。做好法制服务工作，县法制办先后参与常山县国土审价会议、县委县政府信访复查会议、轻钙行业整治、美国矿业招商引资谈判、浙能集团天然气分布式能源供应谈判、PPP合同审查方面的法律论证会，为县委、县政府作出决策提供法律意见。全面推行行政规范性文件“三统一”工作，县政府、各乡镇（街道）、各县级部门对涉及广大公民权利、义务、社会公共利益以及技术规范的行政规范性文件，实行公开征求意见和专家论证制度。推进规范性文件合法性审查制度化、规范化建设，加大合法性审查力度；做好行政规范性文件制定、审查、备案、清理和汇编工作。

全年制发行政规范性文件21件。结合省市对“放管服”“最多跑一次”等工作，组织清理、废止已不适应的行政规范性文件。乡镇（街道）、部门出台的行政规范性文件均向县政府报送备案，县政府出台的行政规范性文件，也都按规定及时报送县人大常委会和市政府备案。

【行政复议和行政应诉】 2017年，县政府法制机构贯彻落实《中华人民共和国行政复议法》和国务院《行政复议法实施条例》，加强行政复议工作。依法受理行政复议申请，保障行政相对人的救济权，受理行政复议案件9件，其中不予受理3件、经调解撤回1件、维持1件、撤销1件、尚在审理中的3件。在行政复议工作中，坚持依法受理行政复议申请，没有出现应受理而不受理的情况；健全完善行政复议工作机制和制度；执行听证制度，严格依法审理行政复议案件；坚持采取协调和调解等途径解决行政争议，做到案结事了，切实维护行政相对人合法权益。

【行政执法监督指导】 2017年，县政府法制机构发挥行政执法例会的平台作用，对行政强制措施、行政强制执行、房屋征收补偿、违法建筑处理、环保整治进行指导。加强重大行政行为备案审查工作。贯彻落实浙江省行政强制常用执法文书参考样式和重大行政强制案件备案制度。加强行政执法案卷评查工作，对行政执法单位的行政许可、一般程序行政处罚和行政强制案卷进行评查。开展行政执法主体确认工作。贯彻落实重大行政执法决定法制审核、行政执法全过程记录等工作，加强行政合同的管理。完成2017年执法证培训考试申领工作；完成证件到期及跨区换证、年审等工作。推进行政处罚全过程网上公开。丰富县政府行政执法特邀监督员工作形式，组织监督员参加业务培训、参与案卷评查、诉讼案件协调等，在全市首先开展监督员参与行政复议听证活动。遵照《关于进一步落实行政执法责任制工作的通知》要求，探索深化行政执法责任制的工作机制，完善和落实相应的配套制度，及时调整行政执法责任制的相关内容，修订和完善行政执法责任制的实施方案，行政执法责任制实施情况良好。加强司法建议处理和反馈工作，司法建议、检察建议的反馈率和整改率达100%。推动政府法律顾问全覆盖，完成全县县级部门及乡镇（街道）法律顾问全覆盖。

【预防化解行政争议】 2017年，县政府法制机构深化完善行政调解工作机制，发挥10个专业委员会的作用，加强行政调解规范化建设。完善行政争议预防化解机制，实施《政府与法院共同预防化解行政争议工作机制》，召开府院联席会议，加强行政复议、行政诉讼、行政执法的良性互动，形成行政和司法预防化解行政争议的合力。完善行政执法与刑事司法互动机制，加强行政执法与刑事司法信息共享平台建设，行政执法与刑事司法互动机制全面形成。完善执法投诉举报处理机制。健全行政执法投诉举报制度，及时处理公民、法人和其他组织投诉举报案件，依法保护行政相对人合法权益，维护社会稳定。

（何欣欣）

公安

【概况】 2017年，常山县公安局（以下简称“县公安局”）内设机构27个，下辖城关、外港、城郊、招贤、新都、球川、芳村、大桥头8个派出所。行政编制318名，在编在职313人，其中实有在编在职民警304人、无执法权干部2人、职工7人；辅警333人，其中局机关和派出所工勤人员80人，交警大队辅警92人。全县公安机关以省公安厅“十大专项行动”（即“双万”和“周三访谈夜”行动；服务提能增效行动；信访积案化解行动；“810”重点项目行动；均衡教育行动；贴心就业行动；放心食安行动；“五水共治”行动；征迁扫尾行动；创建“无违建区”行动）为引领，深入实施“八化八感”（“八化”是指反恐维稳实战化、治安防控立体化、攻坚能力专业化、警务运作信息化、执法建设规范化、打击犯罪合成化、基层基础网格化、队伍管理科学化。“八感”是指让社会有安全感、让群众有获得感、让全局有责任感、让团队有荣誉感、让同事有信任感、让自己有紧迫感、让民警有归属感、让家属有自豪感）战略，夯实基层基础，全面从严治警，维护社会稳定，提升人民群众安全感、满意度和公安机关执法公信力，全面服务平安常山、法治常山和慢城大花园建设。涌现出一批优秀集体和个人，获国家级荣誉2项、省级荣誉38 项，获集体二等功、三等功9个，获个人三等功以上荣誉14人次；获集体嘉奖9个、个人嘉奖24人次；李道仲获评全国优秀人民警察，吴兵获评全国向上向善好青年，高播获评全市十大巾帼女警，韩飞获评市局先锋党员，琚哲麟获评全省优秀辅警。

是年，县公安局立刑事案件1000起，破455起，抓获逃犯103人，抓获各类犯罪嫌疑人515人，其中刑拘301人、取保候审388人、提请批准逮捕127人，移送起诉462人。

【电动自行车管理防盗智能网建设】 2017年，县公安局将电动自行车登记管理暨防盗智能网建设纳入城市交通秩序综合整治工作内容，县政府成立以县长为组长的工作领导小组，县财政拨出700万元专项资金予以保障。县公安局通过“四化机制”（即构建“立体化”监管体系，聚合力深落实；开展“实时化”联动整治，强入轨优秩序；推行“专职化”团队宣讲，提素质浓氛围；力抓“效益化”有机结合，促长效惠民生），探索出一条符合常山实际的电动自行车管理的新路子，推进电动自行车登记管理暨防盗智能网建设。全年发布宣传资料1.67万份，电视滚动播放整治公告2.30万次，发送提醒短信18万条，查处电动车乱停、乱闯红灯等违法行为11460起，教育警告电动车非法载客345人、查处124辆，文明劝导26780人次，完成电动自行车登记10万辆。

【节假日窗口二十四小时预约办证】 2017年，县公安局针对节假日办证高峰的实际，调整县公安局及派出所办证窗口工作时间，张贴公布办证24小时预约电话；同时，采取延时服务、取消休假等措施，满足和方便返乡农民工在节日期间的办证需求。各办证窗口共办理身份证2336人，办理户籍业务1212次，送证上门104人，答复咨询1480人次。

【网上监督中心扩容升级】 2017年，县公安局整合政工、督察、纪检、法制4个部门监督职能和资源优势，投入资金30余万元用于“四位一体”网上监督中心建设，扩容升级网上监督中心，接入内部视频监控信号485路,高清探头比例占63.5%；接入音频电话监控线路46路，实现系统功能全应用、基层单位全覆盖、工作流程全监督、督办整改全落地。其间，共设立22个工作站，巡查视频监控5000余个次，发现各类问题69个，发布督察通报12期。

【禁毒“流动课堂”宣传成效显著】 2017年，县公安局利用在人员高度聚集、流动频繁的车站等重点场所，开展禁毒“流动课堂”宣传活动30余场，发放宣传资料2.80万份，约3万名农村群众接受识毒、拒毒、防毒知识教育，禁毒活动宣传成效显著。

【“三化”机制筑牢消防安全防火墙】 2017年3月，县公安局全面打响消防安全主动战，吸取天台县“2·5”重大火灾事故教训，以“三化”(即网格化、项目化、全民化）机制快速构筑消防安全防线：领导体系“网格化”，设立专项工作小组，明确各项任务的责任领导和责任人；工作落实“项目化”，开展“全域式”“拉网式”排查，对各职能单位开展督查暗访，严格按照“六个一律”依法查处；消防意识“全民化”，开展消防安全宣传教育行动，传授消防安全知识和逃生技能，提高群众防范意识和自救能力。挂牌整治3处市级交通隐患点和108处消防安全隐患点，处罚消防安全隐患单位11家，发布消防安全提示短信2000余条，发放宣传资料5000余份，全县重大安全实现零事故。

【无户口人员专项清理】 2017年，县公安局按照《全省户口管理专项清理整治工作方案》的要求，成立专项工作领导小组，抽调10名骨干民警成立清理工作专班，具体负责无户口人员清理的业务指导、协调推进和督查考核等工作。针对智障人员、弃婴等特殊群体，按照先易后难、分步实施的原则予以解决。通过县第三人民医院的鉴定和采集血样及指纹信息，送市公安局DNA鉴定中心进行失踪人员及打拐库DNA比对，排除拐卖的可能；经过在全县范围内的细致调查，对排查出的352名无户口人员，全部完成落户工作，落户率达100%。

【“三色预警”护航村级组织换届选举】 2017年，县公安局在全县村级组织换届选举中，发挥公安机关情报信息优势，开展“三色预警”工作：以绿、黄、红三色对全县各行政村换届存在的风险隐患点进行动态预警，“绿色预警”表示换届选举整体平稳；

"黄色预警"表示选举形势趋于严峻;"红色预警"表示村级内部矛盾复杂,选举中存在极大风险隐患。通过"三色预警",及时查清风险隐患并报县里处置,确保村级组织换届选举平稳有序。其间,对全县13个乡镇(街道)、180个行政村开展系统摸排,评估红色预警村32个,编写上报《情报专刊》10期,为村级组织换届选举工作奠定基础。

【护航"危旧房"改造工作】 2017年,县公安局在"危旧房"改造专项工作中,明确"认识要高、推进要快、力度要大、排查要细、问责要严、效果要好"的工作目标,成立由局长任组长、政委任执行组长的工作领导小组。开展为期3个月的"拳打谣言、铁帚净网"专项行动,调度全局优势警力,组建舆情稳控、社会面管控、宣传引导组等工作分队,抽调部分警力全程参与全县工作专班,确保实体运转、成效转化。全局32名"危旧房"直接相关人员第一时间全部签订"承诺书";通过自我加压排查出的37名民警、辅警去引导亲属、邻居及朋友全力配合专项行动。

【村级换届选举安保工作圆满完成】 2017年,全县启动村级换届选举工作,县公安局组织全部警力开展"铁拳一号"专项行动,推进"资格审查、信息研判、防控打击、现场安保"四项重点工作。此次安保投入警力412场次,计2000余人次;配合开展资格审查635人,核查重点人员39人,检查重点场所132家、出租房136户,消除消防安全隐患24处,抓获17名各类违法嫌疑人。

【交管综合性集成办事平台建成】 2017年,县公安局按照"最多跑一次"改革要求,在县车管所改造项目建设中,筹措经费500万元,建成占地面积2.1万平方米、建筑面积1400平方米的新"车驾管中心"。对群众关注的交通违法处理、车辆管理、检验监管等重点环节,建成"一个平台服务、一个窗口受理、一套流程办结"的综合性集成办事平台,创新交管"慢城9.1—站式集约化云服务"(指整合9个部门的交管业务,推行"一窗受理、集成服务")新模式,以"慢城9.1"服务打出常山公安品牌,让群众办事实现"最多跑一次"。

【基层保障能力建设工作获公安部法制局肯定】 2017年,县公安局守牢"执法生命线,100-1=0"底线,在全省试点办案功能区改造中,投入1000多万元,将城关派出所建成标准化"三位一体"示范区,将其他派出所的"三位一体"进行改造升级。同时,筹措2300余万元完成天网工程第四期建设,购置特种车辆、枪支弹药、警械等应急物资,完成电子数字实验室建设。基层所队实战响应和应急处置能力明显提升。该项工作获公安部法制局局长孙茂利肯定,全国180多家单位到县公安局实地考察学习。

【电信网络诈骗犯罪的打击防范】 2017年,县公安局在打击治理电信网络诈骗犯罪活动中,构建快速堵截、高效联动、常态打击、精准防控的"四项机制", 提升打击防范电信网络诈骗犯罪工作能力。开展全方位、多角度防诈骗宣传,在公共场所设立宣传展板100余块,悬挂横幅120条,张贴海报7000余张,发放宣传资料3万余份,接受群众咨询6万余人次,提高广大群众识骗防骗意识和能力。破获"1·6"网络诈骗团伙案、"9·14"百万诈骗大案以及被公安部及省公安厅督办的社会影响较大的诈骗案件,打掉诈骗团伙3个,捣毁诈骗窝点14个,破获本地及外省案件150余起,抓获72名诈骗犯罪嫌疑人。

【公安出入境服务效能有新提升】 2017年,县公安局围绕"建强平台、做实服务、精细管理"三个方面开展工作,扎实推进"最多跑一次"改革工作深入开展,提升群众满意度、获得感和公安出入境服务效能。依托有13万余名粉丝的"常山公安"微信公众号,推广办理出入境证照微信预约、预约查询、进度查询和咨询服务，组织全县各乡镇（街道）开展网格员业务培训14次。在非工作时间受理群众办理各种出入境证照306起，上门为58名特殊群体提供服务，多家网络媒体给予正面宣传。

【基层治理“网格代办”工作机制创新推出】 2017年，县公安局主动融入乡镇“四个平台”（指综治工作平台、市场监管平台、综合执法平台、便民服务平台）建设，利用延伸至基层最末梢、与群众接触最广泛的网格员力量，创新推出“网格代办”工作机制，搭建“县、乡、村、网”四级架构，不断伸展触角、拓展内涵，将工作做到群众的家门口，用民警和网格员的“辛苦指数”换取老百姓的“安全指数”和“幸福指数”。

【交管工作的“加减乘除”法】 2017年，县公安局以“防事故、保畅通、护民生”为核心，运用“加减乘除”（“加法”：多措并举，提升“一创一治”（即创文明交通、治秩序乱象）效能；“减法”：清单治理，扎紧“事故防控”篱笆；“乘法”：深化改革，倍增“管理服务”水平；“除法”：齐抓共管，打牢“工作实效”根基）四项举措，统筹推进“一创一治”、事故预防、“最多跑一次改革”、基层基础、警务技能提升工作，倡导文明交通行为，全面整治交通乱象。查处各类交通违法行为80785起，比上年增长12.16%，其中现场处罚27899起，增长31.9%。县域内未发生一起较大以上道路交通事故，城区街道未发生长时间、大面积交通拥堵的现象，道路通畅有序。

【全国赏石日暨首届国际赏石文化节安保工作】 2017年8月30日，“爱我中华”第六个全国赏石日暨首届常山国际赏石文化节在常山举行，全国各地2000余名嘉宾、4万余名观赏石爱好者和群众到现场参加活动。县公安局以“平安护航赏石节”为牵引，投入800余人次警力到安保执勤中，圆满完成此次国际赏石文化节系列活动的安保任务。

【反恐特战专业队伍建设】 2017年，县公安局反恐特战中队成立。为提升反恐处突能力，县公安局对反恐特战中队装备实行高标准配备，按照“来之能战 战之必胜”的要求，配套跟进培育计划，拨付专门经费，组织骨干到外地进行反恐处突、安检排爆、警务技能等业务培训，提高特战队员理论功底、技战术水平和实战经验。成功处置“芳村镇大坞蓬村黄牛发狂撞伤路人”“精神病人持刀自杀”等突发性事件20余起，圆满完成“省长到常山调研”、“环浙”自行车常山站挑战赛、常山国际赏石文化节等重大安保任务50余个，协助抓获21名各类违法嫌疑人。

【全市首例环境污染违法犯罪案件告破】 2017年6月，常山县境内出现大量外地工业（固废物）垃圾，县域内的生态与发展环境遭受破坏，社会稳定受到负面影响。县公安局与县环保局等部门密切协作，经过两个月的缜密侦查，成功侦破以富阳人盛某为组织者，安徽人张某等为运输者，衢州人宋某、范某等为接应者的非法转移倾倒工业垃圾（固废物）、涉嫌污染环境罪的“6·21”环境污染案，抓获相关涉案人员24人，其中采取刑事强制措施24人、取保候审17人、行政拘留5人、逮捕7人。

【“除毒瘤净土壤”严打整治专项行动】 2017年，县公安局以“打造全国治安首善之地”目标，成立以局长任组长的行动领导小组，投入400多万元建成电动自行车智能物联网，布建基站650个，构成“城区核心圈、集镇中心圈、边际防控圈”三圈技防物联网，结合公安视频专网、公安交警“六合一”平台，落实治安防控、刑事办案、事故预防等工作，推进“除毒瘤 净土壤”严打整治专项行动，夯实社会治安防控基础。全县发生刑事案件782起，比上年下降7.57%，命案和“五类案件”（即强奸、绑架、爆炸、放火、劫持）破案率均为100%，抓获处罚1157名各类违法犯罪嫌疑人,严打整治行动绩效居于全市前列。

【中国山地自行车公开赛总决赛安保工作】 2017年11月25—26日，中国山地自行车公开赛总决赛（常山站）在常山举行，全国1000余名选手参加，新闻媒体记者、自行车运动爱好者、观众等1万余人到场观看。县公安局成立以局长为总指挥、政委为副指挥的现场指挥部，下设赛场、交通、消防等8个安保小组。总指挥部全面负责组织、协调、应急处置工作，共出动警力500余人。落实人员安检、记者引导、现场安保、交通保障、外围管控工作，圆满完成中国山地自行车公开赛总决赛（常山站）安保工作。

【“所队合一”勤务模式改革试点】 2017年，县公安局为深化警务体制改革，进一步整合和优化基层所队警务资源，全面构建农村治安和交通管理长效机制，启动“所队合一”勤务模式改革试点工作，将派出所民警和交警中队合二为一，对治安民警和交警加强交通管理业务和治安管理业务的跨警种业务培训，配齐装备，确保实现“一警多能”，实现既管治安又管交通，解决警力不足和群众办事不方便等难题。10月，“所队合一”勤务模式改革试点工作在芳村派出所和大桥头派出所及县交警大队芳村中队正式开展。

【破获公安部督办“1·6”特大网络诈骗案】 2017年1月6日，被害人严某到县公安局报案称：有人冒充淘宝客服以收取“保证金”等名义，诈骗其11万元。县公安局立即成立专案组，经过6个余月缜密侦查，历经多个阶段的不断循线深挖、攻坚克难，灵活运用多种资源手段，寻求阿里巴巴公司、腾讯公司云数据支撑，最终摧毁20余个通讯网络诈骗犯罪窝点和20余个游戏点券洗钱变现工作室，抓获94名各类违法犯罪嫌疑人，缴获一大批电脑、上网卡、手机、银行卡、电话卡作案工具。该案涉及全国33个省（区、市）的受害人4万余人，涉案金额6000余万元，是全国侦破的首例冒充淘宝客服类型诈骗案。

（王宏军 鄢晓刚）

消防

【概况】 2017年，常山县消防大队（以下简称“县消防大队”）配备行政车辆2辆、执勤车辆6辆、战勤保障车2辆；有干部8人、士官12人、义务兵7人，合同制7人，文职人员10人，外聘人员4人。县消防大队根据衢州市消防支队的部署，开展了重大活动消防安保、“霹雳行动”、居住出租房整治、夏季消防检查、冬春火灾防控等工作，将重点单位、工业企业、居住出租房、易燃易爆场所、高层建筑、人密场所作为消防管控重点场所，强化日常监督检查。明确和细化各类场所消防安全主要监管单位和隐患排查内容，发动乡镇（街道）开展大排查大整治。提请县政府与各乡镇（街道）以及行业主管部门，县公安局与各派出所签订消防工作目标责任书，开展集中约谈，明确划分乡镇政府、公安派出所和相关部门的责任。推动政府将消防安全“网格化”纳入“网格化管理、组团式服务”体系，全县划分各级大、中、小网格300余个，各乡镇（街道）全都成立消防安全委员会和消防工作站。推动辖区派出所加强消防监管力度，县消防大队提请县公安局每月召开一次消防工作例会，每月下发消防监督执法数。县消防整治办公室全面升级，实现政府消防专班实体化办公。全年检查2910家单位，发现火灾隐患5763处，督促整改隐患5742处，下发责令改正通知书2287份，下发行政处罚决定书152份，下发临时查封决定书41份，责令“三停”29家，罚款48.17万元。办理消防设计备案项目55个，抽查项目28个；验收备案项目54个，抽查项目26个。县消防中队接警262起，出动消防车辆516车次，出动消防官兵2949人次，抢救被困人员75人，疏散人员

56人，抢救财产价值336.3万元。

【重点领域火灾隐患集中排查整治】 2017年，县消防大队提请县政府部署开展民房等重点领域火灾隐患集中排查整治行动，每天汇总统计各乡镇（街道）和部门数据，精准研判火灾形势和消防整治工作进度。针对严重影响消防安全的违法建筑、存在较大隐患的单位等情况，向乡镇（街道）和行业主管部门发送抄告函告13份，形成“各司其职，各负其责，相互配合，齐抓共管”的消防工作格局。针对隐患突出、整改难度大的3家单位提请县政府挂牌督办，年内2家单位已整改到位，1家单位在施工当中。强化对“开关型”企业等场所的检查，督促提高“个小微”主体自我管理能力。县消防大队与县民政、电力、安监等部门合力推动老旧建筑、“三合一”场所（即住宿与生产、仓储、经营一种或一种以上使用功能违章混合设置在同一空间内的建筑）、养老机构设置火灾应急广播、独立式感烟火灾探测报警器、简易喷淋、电动车智能充电桩设施。依托社会单位推广智慧用电系统。

【消防宣传教育工作】 2017年，县消防大队联合宣传、教育、文化等部门，以消防宣传“七进”活动为载体，深入农村、社区、学校和机关企事业单位普及消防常识，多形式、多渠道开展消防宣传培训教育活动。每月坚持“两进三出”宣传活动，“两进”指每周两次组织社会各界人士参观体验消防站、消防教育培训基地，“三出”指在社区、街道、公众聚集场所和消防安全重点单位张贴各类消防安全宣传标语、图画，联合社区消防宣传大使、消防志愿者深入农村群众居民家中开展消防安全宣传并为居民检查家中隐患，联系乡镇街道、各企业、单位、学校开展疏散逃生和灭火演练，提升群众逃生自救能力。拓宽宣传载体，联合常山县新闻媒体集团每月两次播出广播节目《常山消防之声》，在常山信息港开设消防专栏；联合县公安局制定“消防知识”微信公众号专栏；联合移动通信每周两次向群众发送消防提示短信，并开设微博和微信公众平台“常山消防”，在户外大型LED屏和电影院影片播放前加播消防公益宣传片。据统计，县消防大队组织“两进三出”宣传活动300余次，消防站全年对外开放80次，发放宣传资料10万余份，发送微博微信短信12万余次，受益群众8万余人。

【天马水电站大坝下方落水被困人员救援】 2017年7月4日下午1:30分，县消防中队接到110指挥中心报警，称常山天马水电站附近有人员落水。常山消防迅速出动水域救援小组赶赴现场救援。到达现场后，发现两名被困人员位于大坝水闸下方，其中一名腰部受伤。附近河水深度不明确，水下有礁石，水流较急，增加了救援作业的难度，经过约2小时的救援，终于把两名被困者成功救上岸，并送往120急救中心救助。

【消防战士合力救援被压老人】 2017年12月8日上午，县公安消防大队战士马德宇应实验小学邀请，为该校的升旗手学生进行队列培训。培训结束归队途径文峰东路县中医院门口时，马德宇看到一辆厢式货车正在倒车，不慎将路边一名老人撞到并碾压在车后轮轮胎底下。当时货车驾驶员毫不知情，仍在继续倒车，车轮已碾压至老人双腿。情况十分危急，马德宇立马冲上前去喊停货车驾驶员；随后打电话通知中队派员前来帮忙救援，同时让路人帮忙通知120急救中心。及时赶到的中队长张俊杰与20多位路人合力抬起货车后车厢，马德宇和其余路人将老人慢慢从车轮底下移出。经过3分钟的合力救援，老人被成功救出。随后，马德宇和张队长上前观察老人情况，安慰老人并做相应急救措施，并合力将老人抬上救护担架，送上120救护车。之后，马德宇等交警赶到事故现场，向交警说明了具体事故原因后，才放心归队。

（徐 屹）

检 察

【概况】 2017年，常山县人民检察院（以下简称“县检察院”）履行检察维稳职责，把护航党的十九大作为首要政治任务，落实重大敏感案件办理、维稳研判、分析报告制度，压实保一方平安的检察责任。依法严把批捕、起诉关，受理审查逮捕案件133件198人，作出逮捕决定151人、不逮捕决定43人；受理审查起诉案件367件534人，提起公诉396人，作出不起诉决定96人。从严从快办理“两抢一盗”（指抢劫、抢夺、盗窃等三类多发性侵财案件）、涉黄赌毒等危害公民人身、财产安全、危害社会管理秩序犯罪，办理“4·6”涉枪案、“5·5”澳门地下钱庄案、“8·21”聚众斗殴案等多起重大、疑难复杂、新类型犯罪案件，有效打击一批严重刑事罪犯，助力夺取平安金鼎。参与大调解格局构建，依法办结刑事申诉案件3件，妥善处理、分流群众来信来访35件，引导群众运用法律手段解决诉求，没有在检察环节激化矛盾、引发信访。派员参与全县村级换届选举工作，当好换届选举工作的宣传员、监督员、服务员，深入联系乡、村开展换届后系列廉政教育活动，为基层组织建设提供法律保障。

加强诉讼监督。重视案件源头预防，因案件证据不足、事实不清作出不捕或不诉37人，对23件重大案件侦查活动开展提前介入、引导取证，形成长效协作机制。监督侦查机关立案3人，被判处3年以上刑罚2人，对不规范侦查行为提出整改建议6件次。追诉追捕罪犯3人，提起抗诉3件，法院改判2件。在“1·6”淘宝网诈骗案中追加起诉犯罪事实280笔，使3名主犯均被判处10年以上有期徒刑；在“4·6”涉枪案中对一嫌疑人追加起诉11起贩枪犯罪事实，使其量刑幅度提高到10年以上；在“5·5”澳门地下钱庄案中监督侦查机关补充证据40余卷。加强基层检察室对辖区“两所一庭”法律监督，捕诉一体化办理刑事案件16件44人，列席法庭现场监督4次，监督司法所规范开展社区矫正工作。强化刑事执行监督，监督2名患尿毒症毒品惯犯收监服刑。做好羁押必要性审查工作，对6名在押人员提出变更强制措施建议并得到落实，监督并协助处理好一艾滋病患者嫌疑人严重闹监事件。监督执行财产刑4件4人，执行金额1.3万元。加强民事检察监督，认真办理民事裁判监督案件，为当事人追回经济损失100余万元，排查3批涉嫌虚假诉讼的民间借贷案件。

推进社会治理。立足司法办案实践，运用法治手段优化社会治理。综合衡量案件情况，对因社会危害小、犯罪情节轻微等原因依法作出不捕或不诉92人，实现审前羁押率、轻刑案件起诉率比上年“双下降”。从严从快打击2起性侵未成年人犯罪案件，落实未成年人司法关怀，对6名未成年犯罪嫌疑人作出不逮捕、不起诉决定，落实未成年人犯罪社会调查、帮教协作机制。强化轻微刑事案件诉前和解、检调对接处理，贯彻调整后醉驾案件适用缓刑、不起诉或免于刑事处罚标准，全年醉驾案件起诉数比上年下降30.2%，不起诉数比上年增长56.2%。对发生在邻里、亲属之间因民事纠纷引发故意伤害案件适用刑事和解程序，作出不起诉决定18人。

民生领域法律监督。在职务犯罪侦查和预防部门转隶后，依然对各类腐败犯罪保持高压打击势头，依法从重从快办理扶贫帮困及中央惠民补助工作中各类损害群众利益的职务犯罪2件2人。严厉打击电信诈骗、非法吸收公众存款等涉众犯罪，会同有关部门开展专项打击，依法批捕、起诉该类犯罪19人。保障“舌尖上的安全”，开展食品药品安全专项立案监督工作，监督职能部门就查获的冷冻肉类案件移送公安机关立案处理。参与“拆治归”等转型升级组合拳治理，参与全县轻钙产业专项整治，监督有关街道对辖区内企业、加工作坊、仓库等违章建筑履行监管职责。

强化案件质量管理。以“一站式”检察服务大厅建设为载体，协调与公安、法院相关对口部门的衔接，统一归口案件内外流转。加强涉案财物管理，做到管案与办案相分离、服务与监督相统一。健全月度、季度案件通报机制，累计制作办案情况通报12期，加强案件流程监督、动态监督。强化案件质量评查力度，对不逮捕、不起诉案件、行政执法检察监督案件、退回补充侦查案件开展专项评查，不断改进管理方法，提升案件质量。运用检察机关统一业务应用系统加强案件办理审核，强化检委会业务引领作用，召开检察官联席会议，对9件案件作出处理决定。全年所办案件未出现错捕错诉，5件案件被省、市检察院评为精品案件、优秀案件、优秀监督案例。

讲好检察故事。加快网上检察院建设，利用并推广检察机关门户网站、人民检察院案件信息公开网以及微信公众号等平台运用，及时公开案件程序性信息1214条、终结性法律文书462份、重要案件信息7条。加强检察职能宣传，提升检察工作知晓度，利用报纸、网络、微信等媒体广泛宣传检察工作动态，全年编发检察信息85期，被省、市检察院、县委信息期刊采用19篇，制作检察工作微信120期，在省级以上媒体发表稿件42篇，市县级媒体发表稿件102篇，“常山检察”微信公众号在全省基层检察院“互联网+检察”指数月度排名第九。《检察日报》对常山县检察院办理刑事和解案件的做法作专题报道，市电视台对县检察院“百佳政法干警”徐华仙先进事迹进行报道。邀请人大代表、政协委员及有关人士参加“加强行政检察、促进规范执法”“加强未检工作、护航未成年人成长”为主题的检察开放日活动，全面通报县检察院开展行政执法检察监督、强化未成年人检察工作等情况，争取人大代表、政协委员对检察工作关心与支持，提升检察工作的影响力。邀请市、县人大代表、政协委员、律师代表参与检律庭审巡查、庭审旁听活动，构建新型检律关系。落实人民监督员制度，组织人民监督员参与和监督检察工作17件次，对1起不起诉案件开展现场监督。

【服务保障绿色发展】 2017年，县检察院组建生态环保检察办公室，采取逮捕、起诉、监督、预防一体化工作模式，办理破坏环境资源保护审查逮捕案件6件9人，审查起诉案件13件22人。开展破坏环境资源犯罪专项立案监督活动，全年立案监督2件23人。通过舆情分析成功挖掘出富阳造纸废渣跨境倾倒系列污染环境案件线索，该案被公安部挂牌督办，共抓获涉案人员26人，督促犯罪嫌疑人向富阳区运回造纸废料1.4万余吨。在森林公安机关设立派驻检察官办公室，办理盗伐林木等相关案件，与森林公安形成打击涉林犯罪合力。率先在全省开展“治污水行政执法监督专项行动”，对畜禽养殖业、生猪定点屠宰、石材加工作坊等废水排放问题进行专项监督，向有关部门、乡镇发送检察建议9份，监督职能单位依法取缔5家小炼铝作坊，责令4家石材加工作坊和2家企业停产整顿，接受罚款处理，促使16家畜禽养殖场退养生猪200余头、麻鸭5万余只、拆除栏舍1万余平方米，助力打赢剿灭劣V类水攻坚战。同时，注重在执法办案中落实生态环境修复工作，对2名认罪态度好、主动赔偿损失并及时履行生态修复义务的犯罪嫌疑人作不起诉处理。稳妥推进公益诉讼工作，成立专项工作领导小组，出台工作制度，以生态环境资源保护为突破口，累计办理公益诉讼诉前程序案件10件，案件数居全省第一位。成功办理省级水土流失重点预防区——白菊花尖山脉部分林地被毁生态修复监督案，促成涉案企业缴纳保证金，承诺实施生态修复方案。

【助力非公有制经济发展】 2017年，县检察院严厉打击盗窃、诈骗企业财产等犯罪，办理多起流窜辉埠、新都工业园区盗窃园区企业财产案件，为相关被害企业追回损失30余万元。制定非公有制企业案件办理风险评估制度，较好办理企业重大责任事故、拒不支付劳动报酬等案件，在办案中注重化解企业用工、安全生产等环节的矛盾纠纷，为企业依法经营与管理提供检察方案。立足办案实际，对涉案企业及业务骨干少用慎用强制措施，加强对涉企财产查封、扣押、冻结的合法性、必要性审查，开展涉企刑事案件侦查规范化检察，落实企业产权司法保护措施。开展非公企业法律服务活动，组织辉埠工业园区100余家企业听取相关法律讲座，提高企业依法经营意识和风险防控能力。

【履职检察诉讼服务】 2017年，县检察院推进“最多跑一次”改革，梳理检察工作对外服务内容，列出事项清单，对查询案件信息、申请阅卷、申诉等11项事项作出“最多跑一次”或“不跑也能办成事”的服务承诺。完善窗口设置和受理模式，调整“12309”为检察服务热线，通过检察官网、官微等平台亮化办事流程、标准，实现“一窗受理、集成服务”办理效应。全年办理行贿犯罪档案查询264件次，为辩护人提供电子化阅卷服务65件次，其他申请事项20件次，当日当次办结率100%。

【顺应监察体制和司法体制改革】 2017年，县检察院推进监察体制改革，严明组织人事纪律，按时完成职务犯罪侦查、预防部门12名干警转隶，依法及时稳妥处理存量案件及线索，探索建立与监察委工作协作机制，确保思想不乱、工作不断、队伍不散。主动适应以审判为中心的诉讼制度改革，对8起案件落实“四类人员”出庭制度，7名侦查人员、6名鉴定人及证人出庭作证，强化庭审质量；与公安机关建立普通刑事案件同时移送同步录音录像资料工作机制，强化侦查活动监督。深化简易程序案件集中诉、集中审机制，适用案件比例达65%，提升诉讼效率。深化司法责任制落实，完成三类人员划分，首批9名员额检察官充实到办案一线，领导干部带头办案累计209件，占全院办案数57.9%；完成第二批3名员额检察官遴选工作，优化办案组织结构，完善轮案规则，实现检察业务与管理同步加强、办案质量与效率同步提升。谋划并推进内设机构大部制改革，全院11个内设机构合并为5个部门和1个基层检察室。

【打造“常山检察铁军”】 2017年，县检察院推进“两学一做”学习教育制度化、常态化，学习贯彻党的十九大精神，坚持以党建带队建，坚持党组理论中心组学习、党员学习日制度，压实“一岗双责”政治责任。开展“浙检英模大讲堂”宣讲活动，开展检察人员“八小时外”监督执纪专项工作，强化纪律、规矩经常性教育。抓好检察队伍业务本色，与中国政法大学证据学院建立协作关系，互为对方研究培训基地。参加全国以审判为中心诉讼制度改革研讨会并做主题发言，6篇检察调研文章被省、市级期刊采用。坚持正确的用人导向，公开竞选4名中层干部，坚持在实际办案中锻炼队伍提高水平。在上级党委和检察机关组织的各项岗位练兵、业务竞赛、评先评优活动中有20名个人、6个集体获得荣誉和奖励。

（杨腾飞）

小资料

谢某某盗窃企业财物案

2017年6月22日凌晨，谢某某窜至常山县辉埠工业园区，通过攀爬围栏的方式进入常山县雪亮厨房用品有限公司办公楼内，并利用工具撬开该楼二楼财务室的保险箱，窃得现金17.2万元。同月27日晚，被告人谢某某又窜至常山县新都工业园区，通过攀爬围栏的方式进入常山县正丽机电有限公司二楼实施盗窃，但撬开保险箱后未发现财物，便逃离现场。案发后，县检察院及时派员提前介入了解案情，引导侦查取证。本案移送审查起诉后，因谢某某所偷盗的金额巨大，为及时、有效挽回被害企业的损失，县检察院检察官双管齐下：一方面结合案件事实在提审过程中向被告人说明法律责任和后果，促使被告人愿意配合案件的调查和处理；另一方面，检察官积极与公安机关沟通，依法要求其尽快将所扣押的涉案赃款退还给被害企业，2017年9月29日，常山县公安局将17.2万元发还常山县雪亮厨房用品有限公司。常山县人民法院经开庭审理，对县检察院提起公诉的被告人谢某某盗窃企业财物一案当庭作出判决，以盗窃罪判处被告人谢某某有期徒刑六年，并处罚金人民币26万元。

（吴抗抗）

法院

【概况】 2017年，常山县人民法院（以下简称“县法院”）受理各类案件9662件，办结8731件，分别比上年增长12.70%和9.53%，一线法官人均结案340件。法官人均结案数、实际执行率、执行标的到位率等10余项主要办案指标位列衢州市甚至浙江省法院前列。受理一审民事案件4473件，审结4268件，分别比上年增长5.27%和7.16%，服判息诉率93.79%。审结金融借款案件458件，标的额5.78亿元。审结民间借贷纠纷案件1064件，标的额2.71亿元。成立环境资源与旅游审判合议庭，专门审理辖区内环境污染侵权和旅游纠纷诉讼案件，促进常山全域旅游发展。依法审结“死飞”自行车案，取得良好社会效果。

县法院推进机关和两个法庭新型诉讼服务中心建设，建设“大立案、大服务、大调解”机制。以“简案快审、繁案精审”为目标，创新实践主客观标准相结合的繁简二次分流法。完善多元矛盾纠纷化解体系，推进诉调对接，构建引导调解、特邀调解和法官调解“三调合一”的大调解工作机制，全年引调案件473件，司法确认286件，民事案件调撤率为67.09%。红旗岗和芳村两个人民法庭立足辖区，全年受理案件973件，办结1013件。

县法院主动服务社会综合治理，做好各重大活动期间的信访维稳和安保工作，全年处理群众来信来访108件次，通过判后答疑、主动约谈、司法救助、引导诉讼等途径化解信访事项87件。主动加强人民法庭与辖区政府沟通联系，对接基层治理体系“四个平台”建设，全面提升人民法庭参与基层社会治理和服务群众水平。为生活困难当事人发放司法救助金43万元，依法为当事人缓、减、免收诉讼费29万元。

【依法惩治各类犯罪】 2017年，县法院受理一审刑事案件260件419人，审结243件383人，分别比上年下降25.93%和27.03%。审结全国首例冒充淘宝客服新型网络诈骗案1件9人，为被害人挽回损失73.7万元。审结公安部、国家外汇管理局挂牌督办的“505地下钱庄案”14件38人。打击犯罪与保障人权并重，为51名被告人指定法律援助律师出庭辩护，可能被判处有期徒刑三年以上的被告人律师参与辩护的覆盖率辩达100%，对207名具有从轻情节的初犯、偶犯、从犯依法判处缓刑。探索以审判为中心的刑事诉讼制度改革，通知鉴定人员和侦查人员到庭作证各2人。统一审判标准，制定《常用罪名罚金收取标准》《关于故意伤害罪、盗窃罪、寻衅滋事罪量刑指导意见的办法（试行）》等。

【破产审判工作位列全市法院第二】 2017年，县法院新收破产案件16件，涉及债务总额12.23亿元，土地1406亩，厂房24.56万平方米，处置浙江绿洲节能科技有限公司等5家企业，盘活工业用地260亩、厂房8.98万平方米，化解银行不良贷款1.55亿元，配合政府分流安置职工570人，破产审判工作位列衢州市法院第二。执行工作中，坚持司法网拍与招商引资工作相结合，共依法拍卖处置德衡电子有限公司等13家企业，盘活工业用地315亩、厂房9.45万平方米，有效服务全县招商引资工作和产业升级发展。

【推进基本解决执行难工作】 2017年，县法院推进基本解决执行难工作，受理执行案件4646件，执结3939件，分别比上年增长27.92%和18.86%。落实24小时执行备勤制度，司法拘留108人，将1374人纳入失信被执行人名单。加大拒执罪打击力度，移送公安4件6人，判决1件3人。结合全县“树正气、打歪风”专项行动，执结“德衡电子”等十大涉企执行难案。加大财产申报及处罚力度，发布、张贴公告4期4000余张，对逾期未履行财产申报义务的12家企业和78名个人各罚款5万元和1万元，督促主动履行执行款6900余万元。设立执行款缴纳社保金专户，有效解决劳动争议仲裁案件社保金执行难问题。与县供电公司、县水务公司达成停电停水司法协助协议。为老赖定制失信彩铃，促成被执行人主动履行执行款73.4万元。

【司法改革深入落实】 2017年，县法院推进以司法责任制为核心的法院司法改革，完成2批33名员额法官遴选，确保更多优秀法官到审判一线办案。组建20个以员额法官为核心的新型审判团队，做到“让审理者裁判，由裁判者负责”。探索建立司法雇员制度，县编办批复同意新增33名司法雇员，截至2017年年底，首批12人到位。出台《院庭长办案实施办法》等司法改革配套制度10余项。

【调查研究工作领先全市】 2017年，县法院有18篇调研文章在国家、省、市级研讨会获奖或在刊物发表，调研工作位列全市基层法院第一。其中，受邀参加中国社会科学院法学研究所主办的“依法治国与实证法学理论研讨会（2017）”年会，1篇论文被收录年会论文集。2篇论文在全省法院论文研讨会上分获二、三等奖，2篇论文在全市法院论文研讨会上分获一、二等奖。9篇案例在全国、全省、全市法院系统获奖或采用。1项课题获全市法院重点调研课题一等奖。加强院校合作，搭建共赢平台，深化与西北政法大学研究生院在法律实训和培训教育上的合作交流。

【交通事故“网上数据一体化处理”平台有序运行】 2017年，常山县交通巡回法庭深化“刑民一体”审判模式，设立衢州市保险行业人民调解委员会常山工作室，共同搭建道路交通事故“网上数据一体化处理”平台，开启快速理赔之路。全年受理案件346件，审结339件，其中审结交通肇事、危险驾驶等刑事案件52件，审结交通赔偿民事案件287件。

【智慧法院建设深入推进】 2017年，县法院推进网络庭审直播，通过新浪网法院频道等平台对198件案件的庭审进行同步网络直播。推进裁判文书公开上网，上网率为98.32%，获省高院通报表扬。发挥网拍优势，拍卖拍品147件，成交99件，网拍率达100%，为当事人节省佣金600余万元。

小资料

审结公安部、国家外汇管理局挂牌督办的505地下钱庄案15件41人

被告人徐上懂与颜爱护等15件41人非法经营系列案件，系公安部、国家外汇管理局挂牌督办案件，犯罪金额达45亿元。2016年被告人利用本人及他人的名义在境内银行办理多个账户，通过境外交易外币，境内交易本币的方式进行非法买卖外汇，即利用澳门ATM机或内地解码后的POS机套现港币，出售给当地从事买卖外汇的店铺，店铺再将相应的人民币通过境内银行账户汇入被告人账户。被告人通过循环取现，获得兑换利率差来谋利。

自2016年11月起，常山县人民法院先后判决上述被告人1年至5年不等有期徒刑，并处相应罚金。

（詹 勐）

司法行政

【概况】 2017年，常山县司法行政系统以全面提升司法行政工作法治化水平为目标，坚持法治引领，强化改革推动，加强执法规范化、服务专业化、保障信息化、队伍正规化建设。完成上级交办的10件信访积案集中攻坚化解工作；开展“树正气、打歪风”专项行动；完成党的十九大维稳安保工作。把惠企便民工作与加强法律服务管理、加强法律援助工作相结合推动公共法律服务转型升级，服务企业破产重组，增强企业转型升级、抵御风险能力；完善人民调解、司法调解、行政调解“三调”联动工作体系，整合婚姻家庭、物业纠纷、环保等14个行业性专业调委会力量，实现各类调解主体有效互动，形成调解工作合力；紧扣改革任务，完成公证体制改革；实现“最多跑一次”，配合做好“四个平台”建设。开展“法治宣传助力村级组织换届选举”“法治宣传助力危旧房治理改造”“树正气打歪风专项法治宣传活动”和“传播法治好声音 助力剿灭劣V类水”主题法治宣传活动。发放宣传手册和各类宣传品10万余份，张贴宣传标语宣传横幅500多条，发送普法短信、普法微信10万条，出动普法宣传车96次，开展专项法治宣传30场次，现场解答群众咨询1500多人次，在《今日常山》刊登以案释法29期。

开展矛盾纠纷大排查大调处活动。2017年，全县各级调解组织受理矛盾纠纷5996件，比上年下降3.2%，调处成功5819件，调解成功率达97%，涉及当事人数12954人，涉及金额2942.39万元，其中调解复杂疑难纠纷1750件。防止群体性上访116起1107人，防止群众性械斗21起401人，防止民间纠纷转刑事案件110件399人，全年累计调解协议涉及金额2942.39万元。医调会调解成功13件，其中涉及人员死亡7件；诉前纠纷调解成功260件；交调会调处成功254件；警调衔接处理纠纷217件，共涉及金额3074余万元。

确保特殊人群管控安全稳定。2017年，全县重新违法犯罪率控制在0.5%以内。县司法局社区矫正管理科先后对违规社区服刑人员警告处罚80人次，累计办理居住地变更21件、撤销缓刑4人、暂与监外执行罪犯收监执行2人。对长期请假外出的3名社区服刑人员，进行实地走访，了解其生活、工作现状。

提升安置帮教工作人性化水平。利用节假日、重点敏感时期的大排查行动，对全县归正人员进行进一步排查，摸清底数。2017年，全县归正人员1880人，比上年增加0.11%。对3名重点帮教对象落实“必接必送”制度，协助乡镇、街道实施就地安置。

2017年，县法律援助中心受理法律援助案件909件，接待来电来访2542人次，提供上门办理服务81人次，为当事人挽回损失、取得利益1200万元。全县律师承办各类案件1092件，其中民事诉讼代理868件、刑事辩护及代理177件、行政诉讼代理47件，非诉讼代理7件，担任常年法律顾问73家，业务收费563.97万元。基层法律工作者代理各类案件363件，担任常年法律顾问97家，业务收费81.75万元，提供法律咨询2300余人次。公证处办理各类公证873件，其中经济类3件、民事类870件。

是年，县司法局获2016年度“三星级规范化司法行政法律服务中心”称号，获“以网络法律课堂扩大普法效应”创新项目奖和12年平安建设工作先进集体奖。

【“6+1”新模式化解信访积案】 2017年，县司法局创新实施1件信访积案由1个指导协调小组、1个包案领导、1名调解员、1名律师、1名司法所干部及1名案件涉及部门干部组成的“6+1”联调模式。对疑难案件和信访积案进行分类梳理，制定一对一的调解方案，把问题症结找到位，责任细化定到位，化解措施跟到位，把个案情况分析到位，相关政策宣传到位，调解人员把调解方法用到位，律师把司法程序引到位。同时，加强与所在乡镇和涉案部门的沟通协调建立严防死守、盯死看牢的帮扶稳控机制，形成化解工作合力。2017年6月底，交办的10件疑难信访积案化解3件，引导进入司法渠道1件，稳控3件，建议从严管控3件。

【保障危旧房治理改造工作】 2017年，县司法局保障危旧房治理改造工作平稳、有序开展。成立危旧房治理改造普法宣传队，加强法治宣传教育，提供相关法律服务，推进矛盾纠纷预防化解。创设司法所、派出所、律师事务所“三所联调”工作机制，整合专业调解员、社区老娘舅以及社区法律顾问等力量，综合运用上门调解、联合调解、互助调解引导群众通过法律途径解决纠纷；开通法律援助热线“12348”24小时服务，对来电咨询的危旧房业主优先接待，对符合条件的即时受理、即时审批、即时指派。

【普法工作针对性推进】 2017年，县司法局重点抓好领导干部这一“关键少数”，实现任前法律考试和年度述法全覆盖，先后组织119名拟提拔或转任重要岗位的领导干部进行任前法律知识考试。抓好青少年这个“关键群体”，全年举办校园法制讲座116场，赠送中小学生“七五”法制读本1500余本。抓牢企业经营者这个“关键基础”，加强企业经营管理人员法治观念建设。组织律师、法律工作者和公证员开展“法律进企业”宣传活动36次，为常山30家规模以上企业进行“法律体检”，通过系列宣讲活动引导职工遵纪守法、依法维权，提高企业经营者诚信守法、依法经营、依法办事的观念和能力。

【创新“互联网+”普法新模式】 2017年，县司法局在普法书籍、普法展板和普法资料上印制微信公众号二维码，通过社区、企业流动图书馆宣传推广，提高法治建设知晓率、满意率和参与率。编发12期网络法律课堂，通过公文交换系统和常山司法微信公众号进行推送。同时，抓住“三八”妇女维权周、“3·5”消费者权益保护日、“综治宣传月”“4·15”国家安全日、“6·5”世界环境日开展形式多样的宣传活动。

【“谁执法谁普法”的普法责任制落实】 2017年5月，县委、县政府出台常山县《关于建立重点单位法治宣传教育责任清单制度的实施意见》，明确各部门单位履行普法责任清单。全面落实关于实行国家机关“谁执法谁普法”“谁主管谁负责”普法责任制的要求，制定出台《常山县落实“谁执法谁普法”普法责任制考评办法》，明确各行业、各单位认真履行“谁执法谁普法”“谁主管谁负责”责任，健全完善“党委领导、人大监督、政府实施、政协支持和各部门各负其责、全社会共同参与”的领导体制和工作机制。

【服务村级组织换届选举】 2017年，县司法局对全县2872名在册社区服刑人员、登记在案刑释解矫人员逐一摸排，按时保质完成1964位村两委候选人资格联审工作；安排13名律师和基层法律工作者深入基层开展指导，帮助联系村制定和完善换届方案、选举办法；出动法治宣传车78次，发放宣传手册和各类宣传品（环保袋、纸杯）5万余份，张贴标语100多条，发送短信5万余条；组织排查150次，调处矛盾纠纷78起，调处成功76起。

【党的十九大维稳安保工作完成】 2017年，县司法局制定下发《常山县司法局“四心”建设护航十九大维稳安保工作方案》，成立领导小组，明确工作目标，建立责任清单，强化社区矫正安全防范措施，严格规范律师执业行为，加大信访隐患排查和积案化解力度，组织开展请假外出社区服刑人员实地走访、清理回常、矛盾纠纷大排查大调解等专项行动和维稳安保实战演练，完成护航党的十九大的各项任务。

【人民调解员等级评定工作完成】 2017年，县司法局根据《浙江省人民调解员等级评定办法（试行）》，组织开展人民调解员等级评定工作，将人民调解员划分为四个等级，即特级人民调解员、一级人民调解员、二级人民调解员和三级人民调解员。经过人民调解员等级评定委员会审核申报材料，最终评定出刘晓章等2名一级调解员，周太清等30名二级调解员以及朱爱华等2名三级人民调解员。

【青少年观护基地建立】 2017年，县司法局联合县检察院在社区矫正劳动教育基地共建常山县青少年观护基地，针对附条件不起诉的青少年帮教对象和在矫社区服刑人员中的青少年。对7名适用附条件不起诉对象和29名在矫青少年实施帮教，累计组织观看普法视频、案例解说等视频137人次，同时组织帮教对象进行社区服务。9月初，社区矫正执法大队会同县检察院监所科、县法院刑庭，联合走访7名未成年帮教对象，实时掌握帮教对象的思想动态、生活状况等底数，夯实帮教成果。

【完善社区矫正工作人员队伍建设】 2017年，县司法局调整完善社区矫正工作者队伍、志愿者队伍以及专职社工队伍。招聘6名社工，社区矫正专职社工队伍扩大到12人。社区矫正工作者队伍增加至28人，增加64.7%。组织4次各乡镇（街道）的司法所长、司法助理员、社区矫正专职社工参加的社区矫正业务培训，同时组织工作人员到兄弟县市区司法局学习考察社区矫正工作，提高队伍专业化水平。组织84人次参加业务培训、学习考察活动。

【社区服刑人员帮扶工作推进】 2017年，县司法局设立教育基地，从文化普及、技能培训、普法宣传等各方面入手，培养服刑人员自主学习的良好习惯。加强职业培训，培育社区“心灵导师”。传递正能量，通过观看法律讲坛、现身说法、“以案释法”栏目，开展对矫正人员的法治宣传和思想教育，积极传播社会正能量；开展技能培训班，因势利导，促使矫正对象向社会平安过渡转型；联合民政、工会、共青团、妇联等相关部门，协商解决涉及社区矫正人员的入户、就业、低保救济、困难补助问题，落实临时救助和帮扶政策。全年累计帮扶、感化矫正对象达300余人，做到连续5年矫正犯罪零发生。

【监地衔接机制完善】 2017年8月，县法律援助中心组织律师到省第三监狱开展帮教活动，针对服刑人员的家庭纠纷、债务纠纷、劳务纠纷等问题进行解答，推进法律服务进监狱工作；10月中旬，社区矫正执法大队组织东案乡政府、村干部及服刑人员王战雄的家属到省金华监狱对王战雄开展“多对一”帮教，帮助他化解家庭矛盾及征地纠纷。

【“翻篇归零、再找短板”专项整改活动开展】 2017年，县司法局加强廉洁教育，完善防范措施，落实执法监督；建立完善县级以下社区矫正机构权力清单、责任清单制度，厘清县乡两级社区矫正机构职责。通过明查暗访、对口检查、工作交流、定期通报等方式，全面查摆贯彻执行《浙江省社区矫正教育管理工作规定》存在的突出问题和薄弱环节，整治走访流于形式、矫正小组虚设、村（居）工作站虚化以及社区服刑人员不假外出、信息监管人机分离等现象和问题，着力破解“两个八小时”落实难问题。从建、管、用三方面着手，全面深化县级社区矫正中心建设，发挥中心场所设施和功能作用；创新教育方式方法，推行社区服刑人员教育学习“学分制”管理，深入推进三个月以下短期社区服刑人员教育管理机制试点。

【公证体制改革完成】 2017年，县司法局出台《常山县公证处体制改革工作方案》，确定人员安置、经费形式、分配机制等更利于公证机构发展的政策。2017年10月24日，常山县编委办印发《关于同意将常山县公证处改制为事业单位的批复》（常编复〔2017〕26号），批准确定常山县公证处改革方案，并同意配备全额事业编制3名。

【司法服务实现“最多跑一次”】 2017年，县司法局梳理出“最多跑一次”事项11项，其中法律援助2项，公证服务9项。法律援助审批办理由法定期限为7个工作日压缩至基本实现当场即办；9项公证事项由法定15天的办理期限压缩为当日出证。同时，改进文书送达方式，在与当事人协商一致的基础上，可采取邮寄、快递等方式送达各类文书。全年办理最多跑一次法律援助300余件，公证400

余次，快递寄送各类文书30余份。

【法律援助案件办案水平提升】 2017年，县司法局规范一整套法律援助服务标准，明确1名案件质量责任人，由县法律援助中心主任担任案件质量评估员，做到每卷必查，对案卷材料中的瑕疵当面指出，确保每一案、每一档都能达标。指定1名全程跟踪监督员，对法律援助案件全程跟踪、随时督查、案后回访，对办案时间期限、会见（询问）笔录、辩护词、庭审笔录审查监督、追责问效。健全奖励惩处机制，严把评估关。案件补贴实行“一季一结，专人专卡”，做好案件评审表彰。法律援助案件办案质量得到浙江省法律援助中心屡次认可，衢州市2017年度优秀法律援助案件评比中，浙江无剑（常山）分所的徐文军律师取得刑事类一等奖。

【法律援助助力农民工讨薪】 2017年，县法律援助中心共办理农民工讨薪案件667件，占法律援助总案件的73.38%，比上年增加119件，涉及农民工667人次。开通农民工讨薪绿色通道，简化受理手续。组织8名律师、法律工作者为讨薪农民工提供专项法律咨询。接待来电、来访2542人次，涉及金额919万元，主要解决拖欠农民工工资、不按规定为员工缴纳社会保险等问题，受援群众满意度为100%。

【企业法律服务水平提升】 2017年，县司法局深入调研51家企业，聚焦有实际困难、存在法律风险的10家重点企业，选派6名经验丰富、专业对口的资深律师组建企业律师服务团，“点对点”为企业提供专业化法律服务。组织法律服务团前往辉埠工业园区和新都工业园区，为轴承、石灰钙等行业破产清算、重整重组提供专项法律服务，参与企业破产清算、重整重组4家，标的额3.78亿元，涉及员工1000多人。全县有50家企业聘请律师担任企业法律顾问，开展企业“法律体检”130次，提供法律意见、建议114个。办理企业招投标、保全证据、抵押贷款等公证300余件，办理企业委托公证375件。

（徐瑛琦）

浙江省第三监狱

【概况】 2017年，浙江省第三监狱（以下简称“省三监”）践行“治本安全观”，推进“修心教育”工程实施，推动平安、法治、智慧“三位一体”新型监狱建设，完成年初确定的各项目标任务。至年底，监狱实现20年1个月无罪犯脱逃、16年3个月无罪犯自杀身亡、16年10个月无重大生产安全事故，实现了监管安全“四无”（即无罪犯脱逃、无重大狱内案件、无重大安全生产事故、无重大疫情）10周年的目标。开展剿灭劣V类水工作，彻底整治毛竹园山塘劣V类水体。

推进监管改造精细化管理。党的十九大期间，召开安保动员大会，制定《百日安全竞赛活动方案》和《安保工作二十条规定》，编印《十九大安保工作手册》。创新“体检式”视频督查模式，实行“一问题一通报”制度，全年下发督查通报60余期、督察通知单400余份，及时纠偏，堵塞漏洞。

推进修心教育常态化建设。开展法治教育，举办“新政面对面电视访谈”“新政知识大比武”“法律援助进监”等活动；开展道德教育，以道德润心，邀请万少华团队进监作先进事迹报告会，开设入监忏悔教育课、开展“向党旗忏悔”演讲比赛；开展心理健康教育，举办第五届文化艺术节，开展“红旗杯”球类争霸赛、八段锦和太极拳，以及“快乐星期天”等文体活动，推动监区文化与心理健康教育相融合；开展情感教育，深化“百警助百囚圆百梦”工作机制，举办“温暖2017 亲人在呼唤”主题系列亲情帮教活动，让596名家属与235名罪犯在大墙内团聚。

推进狱警队伍职业化建设。制定《关于推进“两学一做”学习教育常态化制度化的实施方案》，完成“两学一做”专题民主生活和组织生活会；制定《关于全面推进支部主题党日活动的通知》，开展以党的十九大精神学习、传统教育和警示教育为主题的党日活动；深化“红旗党支部”和党员先锋岗评选机制，召开“七一”表彰大会，向省司法厅监狱局推荐表彰先进党组织2个、先进个人5人。开展职工气排球赛、职工趣味运动会、第二十届“常新杯”篮球赛等文体活动，凝聚人气，增添活力。强化活动设施建设，对原篮球场进行翻修，对多功能厅、图书室和健身中心进行修缮，职工运动场于年初投入使用。开展关爱慰问活动，全年慰问民警职工39人次。

推进智能化和行政后勤服务保障。推进新建监管大门信息化工程、会见楼信息化工程和教育实训基地等信息化工程；完成武警三化（即正规化、信息化、数字化）工程及公安“天网”视频接入工程，对驻监武警数字监控、对讲、报警等装备进行改造。部署外来人员生物识别系统、IT运维系统，对外来人员、车辆进出进行人脸验证，对安防硬件运行进行自动监测。加强食堂员工管理，落实三级考评制度、岗位职责上墙制度；在伙食供应方式和内容上不断创新，坚持每月推出1～2个新菜品，提高民警职工对伙食的满意度。

【文明执法公信力增强】 2017年，省三监制定《罪犯提请减刑、假释择优呈报暂行办法》，将罪犯的考核情况、奖励情况、违规情况等进行量化积分。推动刑务新机制，制定《刑务新机制实施办法》，建立集中办案、交叉审案等功能为一体的刑务工作室。完成2批“刑务师”资格考试，48人取得准入资格。健全执法监督机制，开展专项督查4次、案卷评查96份、合同审查248份，解决纠纷案件1件。加大狱务公开力度，增设闭路电视、电子显示屏、教育专网等平台，及时公布相关信息。办理罪犯保外就医续保考察案件40件、初保案件9件；办理罪犯假释案件38件、减刑案件576件。

【生活卫生规范水平提升】 2017年，省三监加快推进罪犯生活物品清单式管理，制定《罪犯生活物品清单式管理实施细则》，实现对罪犯物品定种类、控数量、定点定位。开展“健康管理年”活动，在入监教育中增设健康知识宣讲、疾病防治讲座等内容。强化监地合作力度，邀请社会专家进监巡会诊17次，诊疗罪犯199人。强化应急救护能力提升，医务民警、罪犯卫生员接受培训638人次，442名罪犯获得“应急救护合格证书”。组织民警参加省监狱局CPR操作比武，获得一等奖。

（张霞晖）

军 事

人民武装

【概况】 2017年，常山县人民武装部（以下简称“县人武部”）深入学习贯彻习近平强军思想，拥护落实国防和军队改革，全面推动武装工作和后备力量建设。落实党管武装工作制度，坚持双重领导的根本制度，协调召开县委常委议军会、武委会，调整专武干部队伍建设，抓好基层规范化建设。推进国防教育进机关、企事业单位、乡村、学校、社区,在征兵、民兵训练之际，利用橱窗、墙报、标语、横幅、新闻媒体等形式进行大力宣传。加强安全管理，做到“四常”（即经常性教育道理常讲，针对性教育警钟常敲，常识性教育定期常学，个别人教育定责常谈），严格安全隐患排查，落实每周一次安全检查，每月一次形势分析，每季一次隐患排查等制度，紧抓“四反”保密工作。

战备训练。紧贴形势任务夯实战备基础，细化战备“三室一库”（指办公室、资料室、执勤室、战备器材库）建设，常态落实日常战备制度。采取定期训练和临机拉动方式，巩固深化军地情报信息互通成果，组织召开由军地相关单位组成的军地情报信息互通协作领导小组会议，确保军地双方及时准确掌握辖区内突发事件的情报信息，快准稳妥处置突发事件。

深化民兵工作调整改革。围绕“编、装、建、用、管、保”六个方面，着眼“四队兼备”建设目标，盘活地方各行业系统资源，对情报信息、气象水文、网络防护等6支新型民兵分队进行调整优化，共组建3类25支基干民兵队伍,退伍军人比例和专业对口率分别达到65%和80%以上。

是年，县人武部被浙江省评为“征兵工作先进单位”、被军分区评为“安全管理先进单位”。

【上级机关首长到常山检查指导工作】 2017年1月4日，军分区原参谋长刘剑明大校一行到常山检查指导工作；2017年1月11日，省军区副政委张晓林少将率工作组到常山检查安全保密工作；2017年5月16日，军分区司令员林建敏大校、副司令员陈鹏飞大校到常山指导工作。

【国防教育】 依托国防教育专网、国防教育公众微信和当地报刊电视、广告大屏，开展国防教育活动。抓好国防教育进入党政机关理论学习、党校干部培训课堂、中小学生课堂班，推开“军人荣誉墙”进村（居）文化礼堂、中学校园“国旗下讲话”教育新模式，打造军民共建国防文化示范社区。开展国防教育进校园、进国企活动。县人武部领导先后两次赴县委党校，围绕我国周边安全形势为两期共200余名中青年干部进行国防教育，授课辅导。春节前，大力开展现役军人家属“大走访”活动，并分批走访慰问生活困难退役军人家庭。结合“八一”建军节，收集整理常山籍现役官兵先进事迹制作立体式“常山儿女建功军营光荣榜”，并通过广播、电视、报刊、国防教育公众微信等媒体公示，进一步激发官兵军营建功立业的热情。

【征兵工作】 按照“一季征兵、四季准备”的要求，扎实做好兵役登记、征兵宣传等各项征兵准备。严密组织征兵体格检查和政治考核工作，严肃廉洁征兵纪律，突出高学历新兵征集重点，圆满完成年度征兵任务，兵员质量再创新高。2017年，新兵大学生比例达到73%，比上年增长8.1个百分点，并成为衢州市唯一实现零退兵的县（市、区）。

【民兵组织整顿工作】 2017年12月，县人武部深入开展“十三五”民兵工作调整改革工作，核心任务是压减总体规模，转变训管模式，谋求实现转型发展。军地双方成立调整改革专项领导小组，确保大事大抓，强力推进。

【军事训练】 县人武部领导把狠抓军事训练，摆在突出位置，扎实抓好专武干部、民兵应急队伍、专业保障分队和民兵技术骨干训练，着力提高后备力量遂行任务能力。2017年4月上旬，先后组织民兵连长和专武干部集训以及铁路护路分队、重要目标安全警戒分队、县属应急连训练，重点突出“四个基本”（基本理论、基本制度、基本方法、基本技能）。5月底—6月初，组织实编125人的县属民兵应急连集中强化训练，提高应急防暴，森林灭火，水上救援等专业技能。11月初，组织民兵应急连125名官兵，进行自动步枪精度射击和手枪对隐显目标射击等课目训练，进一步提升民兵干部的组织指挥能力和民兵分队遂行多样化军事任务能力。

【遂行应急抢险任务】 2017年6月中下旬，驻地常山连续遭受四轮强降雨，防汛形势严峻，县人武部主动与地方相关部门对接需求，按规定要求保持民兵应急分队在职在位，备好装备器材，参与应急抢险任务。其间，先后出动民兵200人次，冲锋舟20台次，转移受困群众130余人,相关事迹在央视频道播出,在全国引起较大反响。全年先后组织民兵680人次参与首届常山国际赏石文化节、全国皮划艇竞标赛等重大活动安保，广大民兵预备役人员积极投身“五水共治”保护母亲河绿色行动，用实际行动展示常山民兵新风貌和良好形象。

（谢华新）

人民武警

【概况】 中国人民武装警察衢州支队一大队由一大队部、一大队三中队、常山县中队、开化县中队、江山市中队组成，管辖常山、江山、开化三县片区工作。驻地武警以努力建设一支听党指挥、能打胜仗、作风优良的现代化武警为目标，强化思想建设，采取理论学习、重大主题教育、经常性思想教育，引导官兵自觉树立忠诚于党、热爱人民、报效国家、献身使命、崇尚荣誉的当代革命军人核心价值观。

2017年，常山县中队以迎接、保卫党的十九大召开为重点，以正规“四个秩序”（即战备秩序、训练秩序、工作秩序、生活秩序）为抓手，按纲抓建，抓经常，打基础，求实效，部队建设稳步健康发展，高标准实现“两个确保”（即确保以执勤处置突发事件为中心的各项任务圆满完成，确保部队内部高度稳定和集中统一）。常山县中队连续23年被省总队评为基层建设“先进中队”，执勤目标连续29年安全无事故。

是年，常山县中队获“正规化执勤标兵单位”“基层按纲建队先进中队”称号；常山县中队党支部被评为先进党组织，1名战士荣获个人三等功。

【中队党的组织建设加强】 2017年，常山县中队注重党支部“三个能力”（即解决自身问题的能力、领导单位全面建设的能力和带领官兵遂行任何作战的能力）建设，把理论学习作为硬任务、硬指标，采取“重点内容集中学、难点问题讨论学、理论联系实际学”等方式，狠抓支部班子的理论学习。紧盯争创“武警部队全面过硬的标兵中队”这一目标，不断提高支部班子理性思维层次和决策水平。严格“十六字”（即集体领导、民主集中、个别酝酿、会议决定）原则程序议事，做到重大问题问计于兵、敏感问题公示于众、难点问题借智于兵。在发展党员、评功评奖、士兵考学等方面，坚持公平、公正、公开的原则，确保部队风气纯洁向上。坚持务实作风，在精细务实抓工作上下功夫。引导官兵纠正和克服虚假作风，踏踏实实，扎扎实实地抓好经常性、基础性工作。

【中队政治思想教育抓实】 2017年，常山县中队围绕学习贯彻党的十九大精神抓好官兵的政治思想教育工作，着重学习贯彻军委主席习近平“7·26”重要讲话、建军90周年庆祝大会和阅兵时的重要讲话精神，引导官兵自觉对照讲话精神不断进行思想改造和灵魂净化。开展好“维护核心、听从指挥”主题教育，认真落实习近平关于思想政治教育“三真”（指用真理说服人、用真情感染人、用真实打动人）指示要求，丰富教育手段，增强教育实效。抓好经常性的政治教育，利用执勤、训练和劳动间隙谈心交心，拉近官兵距离。在营区内制作培养官兵理想信念和战斗精神条幅。切实做好一人一事思想工作，认真开展群众性谈心和“三互”（即互帮、互学、互教）活动做到经常性思想工作大家做，有困难集体帮。

【中队执勤战备基础夯实】 2017年，常山县中队狠抓制度落实，严格落实勤务分析汇报制度，从勤务有无特殊情况、官兵有无特别反应、上级有无特别要求等，正规执勤秩序。常态化与看守所进行联合隐患排查，对排查出的问题及时进行整改；注重加强抢险救灾和自救互救教育训练，提高官兵应急避险和抢险救灾能力。抓训练，强化执勤技能。每周至少进行一次方案演练和执勤技能会操讲评，利用干部查控、领班员直控间隙提问哨兵理论、出执勤情况，提高哨兵处置能力。不定时对应急班、应急小组进行拉动，提高第一反应能力，确保遇有情况能够拉得出、打得赢。

【中队军事训练从严抓】 2017年，常山县中队严格落实军事训练“八落实”，即对人员、内容、时间、质量、弹药、摩托（飞行）小时、教练员、场地进行落实。坚持按纲科学施训，在实施训练过程中，制定每周每月达标计划，针对战士的个体差异和身体素质，每周队务会认真分析训练情况，对训练较差的制定帮教措施，明确帮教负责人，提高训练效果。坚持干部骨干带头训练，严格落实“五同”（即同吃、同住、同劳动、同训练、同娱乐）。坚持考训结合，把训练场当考核场，坚持会操制度，营造比学赶帮超的良好氛围，提升官兵的争先创优的荣誉感。坚持做好训练中的政治工作，将政治工作做到训练场，做好宣传鼓动，认真落实奖惩和干部讲评制度，活跃训练场氛围，消除个别士兵怕苦怕累的思想。

【内务管理正规有序】 2017年，常山县中队重视内务形象的正规工作，从注重一点一滴、从细小环节、从言行举止入手抓好官兵的养成，规范着装仪容，每天检查官兵仪容着装，每周组织作风纪律、内务卫生检查评比；开展比执勤、比训练、比工作和进门看内务、出门看队列、外出看仪表、营区看秩序为主要内容的“三比四看”活动，提高官兵的号令意识、规范意识。开展安全大检查活动和百日安全竞赛活动，防范遏制各类事故发生；对照《安全基本工作规范》，逐条逐项落实，确保部队安全稳定。

【中队后勤保障有力】 2017年，常山县中队严格落实早餐“1126”（指1个鸡蛋、1瓶牛奶、2个主食、6个小菜）、午晚餐“6211”（指6个菜、2个主食、1个汤、1种水果）等伙食管理制度，在伙食质量上，本着“粗粮细做、细粮精做”的原则，遵循“早餐讲营养、午餐讲质量、晚餐讲调剂”的思路做好调剂工作。做好季节性事故预防工作，夏季开展哨位和训练场送清凉活动，冬季做好防寒保暖工作。开展密切内部关系、心理健康、法纪教育，增强战士法纪意识。

（周 帅）

人民防空

【概况】 2017年，常山县人民防空办公室（以下简称“县人防办”）坚持“发展大融合、能力大提升”的理念，推动常山人防结建工程的建设和管理工作。做好节假日期间的人防宣传教育工作。完成社区人口疏散演练活动；参加上级人防部门组织的“浙江金盾-1708”演习活动。规范开展人防指挥系统的日常维护，日常应急救援指挥通信畅通保障有力。

【人防工程互联互通实现零的突破】 2017年，县人防办在东方综合体地下人防工程建设过程中，指导预留互联互通通道口；在锦禾总部经济大楼项目人防工程审批工作中，提前做好指导和服务，在规划设计条件中明确其人防工程与相邻东方综合体人防工程互联互通，从而实现全县人防工程互联互通零的突破。

【人防审批助力“最多跑一次”】 2017年，县人防办全面开展建设、人防、消防、气象施工图审查“多审合一”，推进“最多跑一次”向纵深延伸。组织审批和工程质监技术人员参加省、市人防办组织的施工图审查技术培训班，提升业务水平，确保施工图“多审合一”工作顺利实施。

【建立全市首个人防质监站】 2017年，县人防办全面承接衢州市人防办人防工程质量监督职能下放工作，及时与县编办衔接，在常山县人防应急指挥保障中心增挂“常山县人防工程质量监督站”牌子，承担之前需由市人防办核查、办理质监、隐蔽工程验收、办理人防项目验收备案等工作。

【部门协作推动人防事业大发展】 2017年，县人防办与县气象局签订《共建防灾减灾预警体系合作备忘录》，推进全县防灾减灾预警体系进一步健全完善；与县住建局签署《关于做好人防工程质量监督的合作意见》，县质监站选送2～3名在编在岗专业人员通过培训取得“人防质监上岗证”，协助县人防办开展人防工程质监工作；与县华数公司衔接，挖掘防空防灾警报系统、公共区域电子显示屏、华数监控系统、应急广播资源，探索在人防设施监控平台、应急广播平台、华数宣传平台方面的合作。

【承办全市区域联动应急支援实战化演习】 2017年9月20日，县人防办承办的衢州市人防区域联动应急支援实战化演习（浙江金盾－1708）在常山县辉埠镇宋畈村举行。衢州市及各县（市、区）人防指挥部、民防应急救援队参加演习，无人机、生命探测仪等先进设备首次在全市实战演习中运用。

（周 蕾）

工 业

经济和信息化

【概况】 2017年，常山县经济和信息化局（以下简称“县经信局”）深入推进“四大百亿”产业培育、工业经济转型“十大专项”行动，工业经济发展取得新突破，各项指标在全市创优争先中均位列前茅。全县110家规模以上工业企业实现产值112.7亿元，比上年增长18.5%，增速在6个县（市、区）中排名第一；规模以上工业增加值26.25亿元，比上年增长7.1%，增速在6个县（市、区）中排名第一。重点行业发展势头强劲，轴承、新材料、纺织服装、水泥建材、金属加工等行业产值均实现两位数快速增长态势，分别比上年增长19.1%、27.1%、13.3%、17.3%、23.8%。重点企业引领发展，110家规模以上企业中产值增长的企业79家，占比71.8%，其中，产值增速快于规模以上工业平均增速的有37家企业。新增10亿元以上企业1家、5亿元以上企业1家，常纺、卡罗莱纳列入浙江省“隐形冠军”培育企业名单。企业效益水平稳步提升，全年规模以上企业主营业务收入比上年增长17.5%，利税总额比上年增长96%，利润总额比上年增长141.1%。全县信息化应用效率持续提升，网络信息基础设施发展水平居全市前列，信息化发展指数为90.51，比上年提高7.06，在全市排名第二；在全省排名比上年提升19位，在26县第二类地区中排名第4，比上年提升6位。

开展“树正气、打歪风”专项行动、环保执法零点行动、安全隐患排查专项行动。开展“工业百难”集中攻坚行动，帮助企业解决共性问题10个，个性问题91个。开展最美常山“十大工匠”评选，弘扬工匠精神，打造品质建设。开展企业家队伍培训，举办4届工业大讲堂，开设特色产业班，组织企业家培训10余次，累计培训人员超600人。

县委、县政府召开全县工业经济发展大会。组织县内有关企业家赴新昌县、余杭区等地考察学习在智能制造、转型提升等方面的宝贵经验。在北京大学举办常山县民营企业家素质提升研讨班，推动常山广大企业家管理理念的更新，开阔企业发展的眼界思路。实施“工业新政18条”政策，聚焦“12550”行动计划，鼓励企业做大做强。实施创新驱动发展战略，打造县域经济升级版，鼓励节能降耗，助推绿色发展，优化发展环境，加快建设步伐。全年兑现工业激励政策4000多万元。

【招商引资和平台建设推进】 2017年，招商引资“一号工程”实行书记县长“挂帅领征”、县级部门“点将出征”、骨干力量“驻点长征”，对招商能手给予50万元重奖。加快平台建设，云耕小镇列入浙江省第三批特色小镇创建名单，钙谷小镇创建工作有序推进。锦禾农机和哲丰新材料于6月29日投产；SKF轴承生产基地、大和热磁先导科技园、利安隆新材料等投资超5亿元以上的项目落户常山。

【传统产业改造提升力度加大】 2017年，县经信局推进锅窑炉淘汰改造，淘汰改造锅窑炉61台，排名全市第一。推进“四无”（即无证无照、无安全保障、无合法场所、无环保措施）企业、“低小散”（即技术含量低、规模小、分布散）块状行业整治提升，整治“四无”企业（作坊）224家。推进“僵尸企业”处置，实现“僵尸企业”破产重组7

家，盘活存量资产6500万元，释放土地280余亩。推进“小升规”工作，培育“小升规”企业7家。推进企业分类绩效综合评价，帮助企业转型升级，推进生产要素优化配置。推进传统产业改造提升，9月12日，常山县传统产业改造提升做法作为衢州市唯一经验在全省推进会上作书面典型交流；10月12日，衢州市推动传统制造业改造提升暨重点工业项目建设现场会在常山县召开。

【校企合作升级】 2017年，县经信局开展校地合作，实施“智汇常山”工程，联合北大政府管理学院、衢州学院借智升级，新增院士工作站3家、博士工作站2家，促进产学研用深度融合。加快科技创新，累计开发省级新产品26只，列入省级技术创新项目9个，新增高新技术企业6家。全年企业上云数261家，上云标杆企业2家。捷姆轴承被评为“省级制造业与互联网融合发展示范企业”。常山县在全省首创“钉钉企情在线”系统。深化金融服务，支持企业迈向多层次资本市场，以上市倒逼企业优化治理结构，3家企业在新三板挂牌，8家企业在省股权交易中心挂牌，科润新材料投入上市公司怀抱，天子股份谋划主板上市。

（祝倩云）

经济技术开发区

【概况】 2017年，常山县经济开发区管委会（以下简称“开发区”）按照“工业是区域经济发展的顶梁柱”的总要求，以“四个转型”（即园区转型、产业转型、企业转型和服务转型）为抓手，深入推进园区企业发展。常山工业园区企业实现工业总产值50.8亿元，比上年增长18%；销售收入39亿元，增长13.4%。其中，41家规模以上企业实现工业总产值38.1亿元，增长22.3%；实现税收6874万元，增长19.4%；销售收入29.1亿元，增长7%。园区在建项目70个，累计完成固定资产投资27.2亿元，增长18.8%。其中，新建项目47个，完成投资12.4亿元；续建项目23个，完成投资14.8亿元。

常山工业园区平台建设品质提升。园区规划修编及规划环评获得通过。园区天然气主干网完成铺设，爱丽莎、威诗朗等4家企业成功接入天然气，凯迈生物、健达农业2家企业签订用气协议。

集聚区“两纵六横”道路框架全面拉开。纬五路、纬三路等道路高标准绿化基本完成，经一路、纬五路等2条主干道亮化工程全面完工。集聚区2号泵站建成，纬八路片区600亩地块平整已完成。新增规模以上企业2家（恒盛汽车、锦禾农机），新培育的3家小升规企业（辰通轴承、天英电子、顺发箱包）基本达到上规条件。玉马机械等8家国家高新技术企业实现工业总产值13.7亿元，比上年增长13.2%。通过租赁、司法处置等方式，累计盘活土地743亩、厂房19.4万平方米，引进项目26个。

常山工业园区征迁遗留问题处置稳步推进。签订征收协议28户，完成房屋拆除35栋。园区污水处理厂土地预征、设计招标等工作完成，新能源汽车等生活配套设施进驻园区。循环化改造中期调整方案获批，淘汰改造28台燃煤锅炉。

【云耕小镇列入省第三批特色小镇创建名单】 2017年，开发区启动云耕小镇整体规划、VI专项规划等各类规划编制工作，进行小镇入口景观布设，谋划小镇客厅项目。在8月2日召开的全省特色小镇规划建设工作现场推进会上，常山云耕小镇作为全省高端装备类小镇，成功入选省级特色小镇第三批创建名单。在8月21—22日召开的全省第三次特色小镇“镇长”论坛上，常山云耕小镇是会上作交流发言的7个特色小镇之一。

【“全程代办”提升审批效率】 2017年，开发区探索出一套“网上预审”与“全程代办”相结合的内部闭环审批系统，通过网上预审APP软件的研发，实现“掌上化”移动审批，让数据替跑，该系统已经进入推广应用阶段。同时，“一张身份证全程代办”服务正在从重点企业拓展到一般项目，工业项目行政审批效率得到进一步提升。

【服务企业精准到位】 2017年，开发区探索“政企”互动机制，针对企业反映的融资难等问题，建立“金融超市”机制，召开2次“政银企”联席会议，专题协调解决企业融资难题；同时，全力做好工业政策宣讲解读工作，引导企业对照政策制定小目标，印制并发放“工业18条”“人才新政18条”等宣传手册各2000册。截至2017年年底，园区爱丽莎等2家企业获政策奖励，顺发箱包等3家企业正在申报政策奖励。建立网格化管理体系，每位干部联系2～3家企业，负责日常企业问题反馈，帮扶锦禾、德迅达、迈峰宠物、正丽机电等企业完成招工计划；协助企业赴河南、陕西、上饶、永康等地招工10次；新增6条天眼监控线路；新增40家企业纳入安全生产社会化服务体系。

【龙头型项目加速落户园区】 2017年，开发区联合睿康集团注资10亿元与浙江锦禾农业科技有限公司达成智能农机项目合作；康盈磁业获得上市公司中科三环注资1560万元；上市公司天津利安隆10亿元投资项目、世界轴承巨头SKF制造基地项目分别签约。3月，锦禾农机与清华大学长三角研究院杭州分院建立合作。5月，常山科润新材料公司建立全市首个政校企博士工作站，7月与李亚栋院士签订院士专家工作站合作协议。10月，衢州正邦电器配件有限公司设立常山县第二个博士工作站。

【农民工工资清欠工作出实招】 2017年，开发区重视农民工工资清欠工作，以“叮盯钉”方式，“叮”嘱农民工作出正确选择，“盯”住企业履行法定责任，“钉”牢重点领域牛鼻子，保障职工就业环境，维护园区稳定发展大局。建立《欠薪垫付制度》，提前实行农民工欠薪垫付，打好时间差，变“农民工讨薪”为“政府讨薪”，有效解决农民工工资清欠周期长问题。开发区为一片情纸业等8家企业欠薪垫付，涉及371人，代垫工资129万元，同时，通过司法拍卖，回笼嘉铭文体等2家公司垫付资金57万元。针对租赁企业固定资产较少、风险承担能力较弱等问题，为严防企业恶意欠薪出逃情况的发生，开发区通过建立《租赁企业欠薪保证金制度》，提前做好欠薪预防工作，要求租赁项目在入园前，支付一定数量的欠薪保证金，避免追责难执行、损害农民工切身利益的情况发生。对神通服饰等6家企业收取欠薪保证金50万元。

（王伟）

招商引资

【概况】 2017年，常山县招商局（常山县人民政府经济技术协作办公室）深入实施“招商引资年”，推进项目招商“三百”行动，加强产业研究分析，了解县外相关产业布局，集中攻坚工业招商“十大重点盯引项目”，理出重点区域、重点企业，实行精准招商。修订完善《招商引资考核办法》，出台《中介招商财政奖励办法》，推进招商引资工作。为投资方提供五星级“店小二”服务。加强项目跟踪管理，摸排已签约项目履约、开工、投产情况，配合做好项目政策兑现工作；针对已落户重点项目，了解开工、投产状况及企业生产形势，协调解决企业面临的实际困难和问题；梳理正在跟踪衔接的重点项目,明确责任人，强化工作力度，及时反馈项目跟踪洽谈进程。2017年，全县引进市外资金63.1亿元，完成考核任务的143.4%；浙商回归项目到位资金44.09亿元，完成考核任务的163%。新落地33个项目中，10亿元以上项目1个（锦禾总部经济综合体），5亿元以上项目5个，1亿元以上项目29个，上市公司5家，基金1家，总部经济1个。与宁波市慈溪市继续加强山海协作工程实施，常山—慈溪山海协作产业园基础设施建设和项目资金引进按计划进行，双方协作不断深化。与杭州市拱墅区、上城区的新农村建设结对继续推进。鼓励县内企业实施走出去战略，协助优雅贸易等公司参加兰博会、义博会。

【重大招商引资项目取得新突破】 2017年，县招商局重视项目质量，加大选商力度，从源头入手优化产业结构，突出工业招商首位度，主攻大产业、大企业、大项目。全县引进亿元以上新项目29个。签约重大招商引资项目6个，其中工业项目5个，协议投资额51亿元。包括总投资20亿元的众卡智能车厢项目、总投资10亿元的斯凯孚中国小圆锥滚子轴承生产基地项目、总投资10亿元的由上市公司天津利安隆新材料股份有限公司投资的年产7000吨紫外线吸收剂项目、总投资5亿元的日本大禾热磁产业园项目等。此外，还与美国矿物技术集团签署合作备忘录。

【产业招商多措并举】 2017年，县招商局主抓产业招商，成立8个专业产业招商组，推进招商引资工作。对接浙江省委省政府“大湾区经济”，实施“驻点招商”，县招商局临时驻点招商组组长多次带队到富阳考察、对接、洽谈。搭建“推介招商”，县招商局举办“上海禾梦”、各商会年会等，宣传常山投资环境、招商政策和重点项目。在推进“特富美安”慢城大花园项目建设中，引进并注册 “常山望山投资有限公司”。借力“以商招商”，借力锦禾农机和SKF轴承开展产业链上、下游招商，引进同源地企业和相关配套企业。

【山海协作更趋活跃】 2017年，县招商局推进山海协作高层对接。3月中旬，县委常委、副县长张亮带队赴慈溪考察参观，与慈溪市举行交流合作；5月10—11日，县委书记叶美峰，县委副书记、县长周向军率常山考察团到慈溪举行两地高层和部门乡镇对接工作，签署山海协作协议书。拓宽协作平台，促成杭州市拱墅区与何家村结对帮扶；常山—慈溪山海协作工程深入实施。山海协作项目到位资金18.5亿元，完成年初目标的102.8%；劳动力培训转移1000人次，完成年初目标的100%；群众增收、社会事业新农村建设项目6个，到位资金335万元，完成年初目标的209.4%；上报山海协作、国内合作专题信息5篇，完成年初目标的83%。

（占 玲）

主要工业产业

·轴承产业·

【概况】 2017年，轴承行业16家规模以上企业实现产值13.4亿元，比上年增长19.1%，拉动全县规模以上企业产值增长2.3个百分点。全年轴承行业发展形势良好，企业订单饱满，产值增长的企业13家，占比达81.2%。其中，皮尔、双明、康乐等注重技术创新和管理创新的企业，发展势头强劲，产值实现两位数快速增长态势。8月8日，常山县与斯凯孚中国小圆锥滚子轴承生产基地项目签约，合力打造国内圆锥滚子轴承生产基地和国内中大型轴承精锻基地。

·新材料产业·

【概况】 2017年，随着哲丰、先导、常林等项目逐步投产、达产，新材料行业逐步成为常山工业经济增长的重要支撑。新材料行业28家规模以上企业实现产值25.6亿元，比上年增长27.1%，拉动全县规模以上企业产值增长5.7个百分点。行业内产值增长的企业有24家，产值增长面达85.7%。其中，常丰特种纸当年投产且当年上规，年内投产3条生产线，第4条生产线预计2018年建成投产，投产预计产能达10万吨。2017年常丰特种纸实现产值2.3亿元，拉动全县规模以上工业产值增长2.4个百分点。

·水泥建材产业·

【概况】 2017年，水泥建材行业6家规模以上企业实现产值19.7亿元，比上年增长

17.3%，带动规模以上企业产值增长3.0个百分点。其中，南方水泥、江山虎水泥产值分别比上年增长23.6%、12%。2017年7月起，随着国家去产能、环保督查的力度加强，水泥价格不断攀升。水泥企业水泥产品最高出厂价格达350元/吨。由于水泥价格指数较高，虽然水泥企业产值增幅迅猛，但是增加值不高。

·纺织业·

【概况】 2017年，纺织行业12家规模以上企业实现产值8.0亿元，比上年增长13.3%。纺织行业扭转2016年以来产值、利润等经济指标持续回落的态势，呈现恢复性增长态势。其中，常山纺织、民盛纺织、云泰纺织等重点企业产值实现两位数增长，并带动整个行业产值的增长。

（祝倩云）

·电力工业·

【概况】 2017年，全县电力用户数13.9万户，全社会用电量13.96亿千瓦时，比上年增长13.05%。城镇用户供电可靠率99.96%，农村用户供电可靠率99.87%，综合供电电压合格率99.98%，综合线损率2.8%。全县电网最大网供负荷18.5万千瓦，比上年增长10.12%。全年未发生安全考核事故，累计安全生产日3913天。

截至2017年年底，常山电网建成220千伏变电所2座，变电容量63万千伏安；110千伏变电所8座，变电容量60.3万千伏安，其中用户变电站2座，变电容量7万千伏安；35千伏变电所8座，主变容量11.7万千伏安，其中用户变电站2座，变电容量2.88万千伏安；10千伏配电变压器2520台，容量74.22万千伏安，其中专用变压器用户1289台，容量38.11万千伏安。拥有110千伏线路16条，长度171.28千米，其中用户线路2条，长度10.36千米；35千伏线路16条，长度212.86千米，其中用户线路3条，长度9.6千米；10千伏线路130条，长度1342.93千米，其中用户线路10条，28.04千米。国网浙江常山县供电公司（以下简称“县供电公司”）完成县两会、中高考、“8·30”常山国际赏石日等重要活动保电任务18次，完成“6·24”洪灾供电保障及恢复工作。完成石博园段电力线路迁改和孔家弄村、渣濑湾花海等慢城规划区域的电力设施改造。建成山地自行车赛道新增低压电缆和房车展览会等重要活动现场的供电工程，确保重要赛事活动供电。服务危旧房治理改造，完成73幢危旧房屋电力设施迁改。推进小城镇环境综合整治，完成新昌、青石、球川、招贤集镇电力线路整治。加强电力配套设施建设，完成35千伏红旗岗变新增临时变工程。完善组织结构，打造全能型供电所。联合县经信局、发改局等相关部门试点开展房电联动过户。优化供电服务，建立规模以上企业一对一走访机制。助力降本增效，全县152家企业实现电力直接交易，交易电量达2.1亿千瓦时，累计减少企业电费支出588.74万元。实施柴改电、煤改电、电采暖等17个电能替代项目，全年完成替代电量1322万千瓦时。加快电动汽车充电基础设施建设，建成快充站3座，完成城区100个充电桩建设。助力光伏扶贫，完成8家企业和1823家居民屋顶光伏并网发电，累计发电量1061.91万千瓦时。

是年，县供电公司获常山县垂直管理部门年度工作目标综合考核一等奖，获2016年度常山县信访工作目标考核优秀单位。

2017年常山县全社会用电量、售电量指标完成情况

表7 电量单位：千瓦时

全社会用电量	供电公司售电量	线损率	工业用电量	农业用电量	居民生活用电量
13.96亿	9.27亿	2.8%	10.76亿	1.46亿	1.74亿

（罗艳明 陈运鹏）

农业·林业·水利

综 述

2017年，全县上下贯彻落实省、市农村工作会议精神，围绕县委“四四二”战略体系，突出“常山三宝”振兴、农民增收、农村改革、环境整治等重点，现代农业加快发展，农民普遍增收，农村社会和谐稳定。全县实现农业产值12.1亿元，增速1.9%；农业增加值8.4亿元，增长2.1%；农民人均可支配收入18317元，增长9.6%。

以提高农民群众收入，满足农村群众对美好生活的向往为核心目标，不断拓宽农民群众的增收致富渠道。把低收入农户作为重中之重，加大扶贫保障力度，重新核定低收入农户12832户19182人。赵家坪、芳村镇、球川镇等7个集中安置区建成并投入使用，完成异地搬迁428户1536人。成功列入2018年省光伏小康工程试点县，上级补助资金7989.6万元，消除“4600元”低收入农户工作得到巩固。推进产业增收，2017年全县胡柚总产量10万多吨，基地统货价格每千克3元以上，胡柚产值达9.4亿元，带动农民增收2.7亿元。油茶籽产量4200吨，山茶油价格130元～160元/千克，比2016年提高15%。加大农村改革力度，濠桥、黄塘、下猷阁等改革模式，不断得到复制推广。农村土地承包经营权确权登记颁证实测全面完成，土地承包合同签订率达91%，成为衢州市第二个通过省专项质检的县。集体经济薄弱村消除三年行动全面启动，总收入10万元以上的村122个，超出2017年省定目标任务79个村，年度完成率达283%。年经营收入超过5万元的村108个，超出2017年省定目标任务54个村，完成率200 %。

践行“绿水青山就是金山银山”理念，统筹推进生态文明建设取得新成效。全力打好剿灭劣Ⅴ类水体大会战。深化“河长制”建设，创建“钉钉治水·智慧平台”，围绕“横下一条心、消灭四类水、誓死夺鼎”目标，建立35位县级领导包干、94个县级部门包村制度，推进“大干50天、剿灭劣Ⅴ类水体”攻坚战，一次性通过省“剿劣”销号验收。“骑行河长”推向全省，全省钱塘江流域“骑行河长”巡河现场会在常山举办。在治水的同时，推进山乡环境扩绿增彩。完成春季绿化造林3842亩，推进“一村万树”行动，重点建设以“国际慢城”为重点的10个示范村和20个一般示范村。整县制建设美丽牧场，创建市级以上美丽牧场14个，生态循环牧业发展模式得到副省长孙景淼的批示肯定；全省动物卫生监督示范窗口创建现场会在常山县召开。成功创建省级农产品质量安全放心县，绿水青山得到守护。

坚持把“振兴三宝”作为推进农业供给侧改革的第一载体，铸造品牌、培育名品。油茶产业在全国发出强音。深入推进油茶“一区两园四中心”建设，实施油茶产业发展新三年行动计划，省油茶产业协会和浙江省山茶油及食用植物油质量检验中心入驻常山，被授予首批“全国木本油料特色区域示范县”称号，“常发山茶油”获首届中国绿色产业博览会金孔雀奖。中国常山油茶博览会暨第二届油茶文化节成功举办。国家油茶公园当年设计、当年建设、当年完成并申报国家林业局成功获批，成为常山县北部山区一道靓丽的风景。油茶产业发展获副省长孙景淼的批示肯定，并在全省农业品牌大会、全省林业科技创新大会上作经验推广发言。常山胡柚产业在提质中增效。天子股份与可口可乐合作，常山胡柚成功打入美汁源三重果粒橙，“水果之王”走向世界。推进优质胡柚基地建设，新建国家标准柑橘果园2个，认定“常山胡柚优质果园”6家。“衢枳壳”成功纳入“新浙八味”，规范“衢枳壳”药材生产，培育“衢枳壳”产销主体5家，青石镇、球川镇分别被评为浙江“衢枳壳”之乡、浙江中药材之乡。成功举办常山胡柚文化节和常山胡柚微商大会。常山胡柚、常山山茶油进入全省知名农产品区域公用品牌50强；“常山猴头菇”证明商标注册顺利推进。加强与上海生物医药科技产业促进中心对接，开辟“常山三宝”生物医药产业新的局面。“常山三宝”加强与叶氏超市、布瑞克（农牧人）、盒马鲜生、微商、淘宝等知名平台合作，成为常山农业品牌的一张“金名片”。北部现代农业园区、常山胡柚全产业链项目列入全省“12188”工程。全县新增全国休闲农业与乡村旅游四星级示范企业1个（白石镇不老泉）、省级休闲农业与乡村旅游示范点1个（赛得产业园）、省级骨干龙头企业1家（常山县爱佳果蔬开发有限责任公司）；新增无公害产品6个、绿色食品3个。

打好民生“战役”，夯实民生之本，让百姓享受到真正的实惠。抓环境治理，推进赤膊墙整治，成功创建“无赤膊墙乡镇”6个。以何家乡农村生活垃圾分类“123工作法”为载体，全域化推广农村生活垃圾“二分+”处理模式。全县累计建成乡镇垃圾中转站16个，电力（阳光房）垃圾堆肥站22个，提升垃圾分类示范村45个，新增垃圾兑换超市103个。开展农村“厕所革命”，全年新（改）建的72所公厕均达到A级以上标准。完善农业农村基础设施，常山港治理二期工程和芳村溪流域综合治理列入市“百项千亿”防洪排涝工程，总投资8.8亿元的常山港治理二期工程在全市率先获批；完成5座小型水库除险加固，山塘整治24座。利用“四个平台”推进基层防汛体系建设，“6·24”洪灾损失降到最低，获央视直播、浙江卫视和省领导点赞。球川镇、白石镇饮用水管网改造提升工程基本完成，提升2.04万农村人口饮水安全条件。以“三年行动，两年完成，一年搬迁”为目标，强势推进“除险安居”三年行动计划的地质灾害隐患综合治理，避让搬迁3年总任务309户968人，已完成房屋拆除264户804人，超额完成市级下达解危750人的目标任务，避让搬迁工作受到省、市领导的肯定，并获《浙江日报》《中国国土资源报》报道。抓好“4个2000亩”土地开发建设，完成新增旱地2558亩，新增水田2192亩，旱改水2000亩，上交省统筹150亩，农村土地综合整治完成2091亩，超额完成县政府年初制定的目标，超额完成省、市下达的任务数。高标准基本农田建设完成报备入库17965亩，超额完成省下达的1.54万亩任务数。10个标准农田建设项目完工，建成二等标准农田1800多亩，超额完成省下达的1000亩任务数。全年土地开发指标调剂和土地出让为县财政创造了可观的收入，有力保障和促进了全县经济社会发展。加强矿管、渔政、林业、采砂、农业执法力度，查处和制止白石镇曹会关、招贤镇金家塘、辉埠镇石姆岭等多起涉嫌偷采盗采行为，违法犯罪得到有效遏制。加大水库巡查频次，开展标准化管理创建，加强违法垂钓巡查，收缴钓具160余件套，饮用水源垂钓违法现象已基本控制。做好上海土地督察局督查整改工作，通过整改一批、补办一批、拆除一批，顺利通过的整改验收，土地卫片执法检查的违法比例暂为2.3%。

农村工作

【概况】 2017年，县农办贯彻落实县委农村工作会议精神，以建设美丽乡村升级版为载体，以五件“关键小事”（即“厕所革命”、赤膊墙整治、污水治理、庭院整治、垃圾分类）为突破口，全面开展美丽乡村提质扩面、环境整治、业态培育、传承保护、三治融合、改革攻坚六大行动，书写好“美丽乡村释放美丽经济”“美丽家园承载美好生活”两篇文章。

美丽乡村建设展现新面貌。2017年，全

县完成村口景观建设提升126处，粉刷赤膊墙2.4万处、640余万平方米；建成省级美丽乡村特色精品村4个，市级美丽乡村精品村25个，授牌县级美丽乡村示范村27个。全域创建无赤膊墙乡镇（街道），农村建房储备金制度实现全覆盖。开展“百村万户美丽庭院”创建活动，全县创建美丽庭院示范户1000户，评比美丽庭院示范村10个（孔家弄、路里坑、弄坞、濛桥、河边山、郭塘、黄塘、草坪、同心）。以“所长制”为统领，新（改）建的72座公厕，全部按照《旅游厕所等级划分与评定》的标准建设，并达到A级以上标准，其中AAA级10座、AA级25座、A级37座。建设与保护并重，完成芳村村、大处村、金源村历史文化古村落保护重点村既定项目。

是年，新昌乡获评浙江省美丽乡村示范乡镇；孔家弄、彭川、彤弓山、砚瓦山、弄坞5个村获评浙江省美丽乡村特色精品村。

【农村生活垃圾治理】 2017年，常山县创新农村生活垃圾分类“123工作法”，以何家乡农村生活垃圾分类“123工作法”为载体，全域化推广农村生活垃圾“二分+”（即分为可烂和不可烂）处理模式，实现源头分类、垃圾兑换超市和终端设施“三个全覆盖”及有技术、有队伍、有资金、有机制、有成效的“六有”工作目标。截至年底，全县累计建成乡镇垃圾中转站16个、电力（阳光房）垃圾堆肥站22个，提升垃圾分类示范村45个，新增垃圾兑换超市103个，更新分类垃圾桶1.1万余只，购置分类垃圾清运车214辆，举办垃圾分类知识讲座283场1.26万人次。

【农家乐乡村休闲旅游发展】 2017年，县农办结合全域旅游发展契机，助力农家乐乡村休闲旅游高质量发展。全县拥有农家乐民宿床位3874张，比上年增加21%。制定出台《关于加快高端民宿发展的实施意见》，以高端化、精品化、特色化为发展方向，引领产业转型升级，村上酒舍、彤弓山居、不老泉、云上轩主题民宿品牌效应不断增加。村上酒舍、不老泉民宿获评“衢州市十佳精品民宿”。全年累计接待游客424.5万人次，营业收入2.21亿元,床位1万余张。

【扶贫开发工作推进】 2017年，县农办重新核定低收入农户12832户19182人。赵家坪、芳村镇、球川镇等7个集中安置区建成并投入使用，完成异地搬迁428户1536人。投入保险资金185.9万元，有效遏制低收入农户因病返贫。农民增收能力进一步增强，常山县成功列入2018年浙江省光伏小康工程试点县,争取专项资金4795万元。全县农民人均可支配收入18317元，比上年增长9.6%。

【农民素质提升工程】 2017年，县农办以就业为导向，围绕“常山阿姨”品牌打造和“常山三宝”人才培育，开展各类培训58期，培训农民3851人，其中“常山阿姨”2579人、“常山三宝”产业领军人才628人。全省农民培训总结交流会在常山召开，常山培训经验在全省推广。

【农村生活污水治理】 2017年，在完成农村生活污水治理“三年行动计划”的基础上，全县建成农村生活污水处理终端742个，其中处理能力5吨以上的518个、5吨以下的120个、30吨以上的104个，受益农户58967户。对照“建得成、管得好、用得上”的农村生活污水治理要求，县农办做好农村生活污水运维移交的前期相关工作，实施农村生活污水治理提标改造工程，完成农村生活污水治理设施提标改造村33个。助力剿灭劣V类水体中心工作，对2013年以前建成的污水处理设施进行全面排查整改，全年计划提标改造的101个村（为旧行政村数）、11817户农户的污水处理设施项目已全部完工；在助力改善和保障农民生产生活上，与住建部门共同推行“五位一体”农村生活污水治理设施管理体系，全县180个行政村（为新行政村数）的农村生活污水治理终端全部移交完毕，确保农村生活污水治理设施“建得成、管得好、用得上”。

【农村厕所革命提升人居环境】 2017年，县农办推进农村厕所革命工作。细化出台《关于在全县农村开展“厕所革命”专项行动的实施方案》。围绕“一厕一景”的建设目标要求，建立县、乡、村三级联动的工作推进机制，明确职责和管理标准，使厕所革命在目标转化中、方案细化中、措施创新中、督促检查中得到推进。全年新（改）建的72所公厕，全部按照《旅游厕所等级划分与评定》的标准进行施工，达到A级以上标准。其中AAA级10座、AA级25座、A级37座。

【历史文化古村落保护】 2017年，县农办推进以古建筑修缮、古街道修复、基本公共服务设施建设、绿化与景观建设、文化与旅游发展项目为主题的历史文化古村落保护利用工作。完成4个历史文化保护重点村的项目建设，其中彤弓山村成功通过省级验收，大处村提前1年完成省定工作目标任务；24个一般村完成在建项目18个，其余6个按时序稳步推进。村庄历史文化得到有效挖掘。启动全县历史文化村落“百村档案”工作的收集、整理工作，通过构建“一村一档”，全面盘清常山历史文化村落家底，丰富“百村档案”数据库。

（俞晨皓）

·农业综合开发·

【概况】 常山县农业综合开发办公室（以下简称“县农发办”）加强项目实施管理，强化机制创新，规范产业化项目资金报账程序，推进常山县高标准农田建设，促进农业特色产业发展，为发展常山现代农业提供有力支持。至2017年年底，全县有历年累积和2017年新立项的土地治理项目16个，产业化发展财政补助项目15个，部门项目2个。

2017年，全县农业综合开发项目总投资28562.11万元，其中省以上财政资金20810万元。新增灌溉面积0.15万亩，改善灌溉面积0.88万亩；新增除涝面积0.1万亩，改善除涝面积0.78万亩；新增节水灌溉面积0.35万亩，增加农田林网防护面积0.05万亩；年节约水量40万立方米；扩大良种种植面积0.1万亩，新增粮食产量35.8万千克；新增油料2.75万千克、其他农产品8万千克；新增种植业总产值207.14万元；项目区农民收入增加总额166.11万元。

【项目申报力度加大】 2017年，县农发办加大农业综合开发项目申报力度。全县获批立项2017年农业综合开发项目7个（土地治理项目3个，产业化发展项目4个），累计争取省以上财政资金3783万元，其中土地治理项目3500万元、产业化发展项目283万元。加强与省、市农发办的对接工作，申报2018年农业综合开发项目17个。其中，土地治理项目可行性研究报告5个，通过省农发办评审4个，通过土地治理部门项目评审1个；产业化发展“先建后补”项目5个，通过省农发办评审；财政补助项目2个，通过省农发办评审；贷款贴息项目计划5个,被省农发办列入贴息名录。

【项目推进行动】 2017年8月7日至11月14日，县农发办开展“拼搏100天 强力推进农发项目建设全竣工”行动。县农发办联合施工单位、项目区政府及村“两委”，加快推进项目建设工作，倒排工期，责任到人，将项目推进工作纳入考核。完成历年累积和新立项目11个，累计完成投资7749.89万元。千红中灌、上安畈、菱湖畈3个项目通过县级验收，并申请省级验收。东山畈、江源畈、彭川畈、埂田畈4个项目完成主体工程建设任务。完成常山县年产500吨胡柚纯露、精油及提取液加工建设项目和800亩优质胡柚标准化栽培基地新建项目的县级验收工作。常山县800亩优质胡柚标准化栽培基地项目，100亩优质虾、蟹生态健康养殖示范基地项目和300亩胡柚标准化基地建设项目完成工程建设，截至年底项目在审计中。

（郭　锋）

农 业

【概况】 2017年，常山县农业局（以下简称“县农业局”）推进农业供给侧结构性改革，农业各项工作取得明显成效。常山县成功创建2017年度浙江省休闲农业与乡村旅游示范县、省级农产品质量安全放心县，被认定为浙江省农产品“智慧监管APP”试点县，被评为2017年全省农业展会工作先进集体、2017年度全省水稻病虫害专业化统防统治与绿色防控融合示范创建单位。“衢枳壳”成功纳入“新浙八味”。青石镇、球川镇分别被评为浙江衢枳壳之乡、浙江中药材之乡。球川镇红旗岗芙蓉旺胡柚基地被认定为第二批浙江省出口农产品生产示范基地。森力灵芝种植示范基地、美柚衢枳壳中药材种植示范基地被认定为浙江省道地中药材示范基地。全年创建省级第一批农业“机器换人”示范乡镇2个、示范基地5个。

是年，县农业局被评为2016年度全省“五水共治”工作先进集体、全省农业工作先进集体、全省农业工作目标责任制考核优秀单位、浙江省农业综合执法示范窗口、浙江省农业行政执法绩效考核优胜单位。

· 粮油生产 ·

【概况】 2017年，全县粮食播种面积16.37万亩，粮食总产量6.85万吨。水稻播种面积10.21万亩，单产506.25千克，总产量5.17万吨，其中，早稻面积3.23万亩，平均单产458千克，总产量1.48万吨；单季稻面积5.64万亩，平均单产545千克，总产量3.07万吨；连作晚稻面积1.35万亩，平均单产458千克，总产量0.62万吨。全县大小麦面积0.04万亩，单产183千克，总产量0.007万吨；玉米面积2.17万亩，单产332千克，总产量0.72万吨。大豆面积2.43万亩，单产160千克，总产量0.39万吨；番薯面积1.03万亩，单产455千克，总产量0.47万吨；全年夏收油菜面积5.56万亩，总产量0.68万吨。

【新品种推广和高产示范片创建】 2017年，县农业局从省内外农业科研单位引进高产、优质水稻良种4个，其中，早稻品种准两优608和单季稻品种甬优12、甬优15、春优84作为主推品种广泛种植，水稻良种覆盖率97%。实施省级千亩水稻高产创建示范片7个，总计7810亩，涉及6个乡镇，带动辐射周边面积5万亩，示范片内采用精确定量栽培、测土配方施肥和病虫害综合防治技术，推广“早稻+再生稻”模式1万亩，再生季平均亩产250千克，增加粮食产量2500吨，每亩增加纯收入500元以上。

【粮食生产功能区建设】 2017年，全县建设粮食生产功能区9个，面积2665亩。建设区域主要分布于何家、辉埠、芳村、球川4个乡镇（办事处）的9个田畈。其中，辉埠镇高峰畈100亩，辉埠镇鸭塞弄畈200亩，何家乡湖口畈250亩，何家乡源口玉坑畈300亩，辉埠镇桐村畈600亩，芳村镇大坞蓬畈520亩，球川镇外东坑畈345亩，球川镇马村畈200亩，球川镇上安周弄畈150亩。

【水稻产业提升项目实施】 2017年，全县建成6个水稻育秧、烘干中心，其中育秧、烘干用房4600平方米，晒场2200平方米，热风炉2台。实施田间基础设施建设项目7个，分别位于芳村镇洁湖畈、球川镇梧桐畈和三里江畈、何家乡金蓬畈、新昌乡葛坂畈、同弓乡赤阳江畈和古塘畈。

· 蔬菜瓜果 ·

【概况】 2017年，全县蔬菜瓜果产业保持稳定快速发展，面积、产量、产值均呈现上涨态势。蔬菜瓜果播种面积77104亩，其中，蔬菜种植面积61469亩，比上年增加1914亩；总产量9.95万吨，比上年增加0.42万吨；总产值19161万元，比上年增加753万元，增长4.1%。西甜瓜面积15635亩，比上年增加150亩；总产量7.37万吨，增加0.15万吨；总产值18246万元，比上年增加620万元，增长3.5%。谷舞仁生蔬菜生产示范基地、新地西瓜集约化育苗、天马五联茭白生产示范基地等新型农业生产基地生产良好，技术实施到位，示范带动效应较强。新地西瓜集约化育苗基地育成西瓜实生苗70万株、嫁接苗90万株，育成番茄嫁接苗20万株，其余品种20万株，项目年育苗能力达1000万株，促进常山县蔬菜瓜果产业进一步发展。球川镇上安畈瓜菜生产示范基地、天马五联蔬菜基地等设施蔬菜生产基地探索蔬菜高效种植模式，“辣椒—莴笋”、“水稻—松花菜”种植模式效益较好，推动全县蔬菜产量和质量提高。山地蔬菜栽培面积24310亩，生产商品菜3.75万吨，产值9640万元。大棚西瓜保持良好生产效益，播种面积15032亩，总产量7.27万吨；总产值17804万元，比上年增加603万元。

·经济特产·

【概况】 2017年，常山水果主要以常山胡柚为主，小水果梨、李、桃、杨梅、葡萄、枇杷、柿子、猕猴桃的面积和产量均不大。截至2017年年底，全县小水果总面积9341亩，总产量7750吨，总产值5850万元。全县茶园面积10650亩，生产各类茶叶258吨，总产值2150万元，其中名优茶产量152吨、产值1620万元。

·常山胡柚·

【概况】 2017年，常山胡柚产业稳步发展。全县各级党政领导贯彻落实《常山胡柚产业发展三年行动计划（2017—2019）》文件精神，推进常山胡柚（柑橘）产业转型升级。全县常山胡柚总面积10.5万亩，产量9.8万吨，优质果率达90%。全年推广柑橘优良品种2626亩，橘园流转面积4565亩，落实改造低产低效胡柚2887亩，大棚设施建设374亩，新注册家庭农场83家。11月8日，县委、县政府在青石镇江家畈胡柚基地举行“2017年中国·常山胡柚文化节”。

【十大优质果园评选】 2017年，为促进常山胡柚（柑橘）产业转型发展，发展精品胡柚基地，县农业局举办常山胡柚优质果园评选活动。活动从6月初开始申报，全县有29个胡柚基地参与评选，21个基地进入初选名单并下达实施计划。由衢州市农业局、市柑橘研究所、县检验检测研究院、县胡柚研究院组成的评定小组，通过对初选基地实地勘察打分和果实品质测定鉴评检测打分后，选取85分以上的常山县明鹰果业专业合作社桐门寺胡柚基地、常山县鑫农果蔬专业合作社七七场基地、常山县雪海果业专业合作社陈塘水库胡柚基地、常山谢雨根果蔬专业合作社五里仓坞胡柚基地、常山县大宝山柑桔专业合作社大宝山胡柚基地与常山鸿湖胡柚专业合作社凤家山鸿湖胡柚基地6个基地，列入“2017年常山胡柚优质果园”。

【规范“衢枳壳”药材生产】 2017年，县农业局加强“衢枳壳”药材的规范种植与生产的指导工作，培育“衢枳壳”药材主体5家。全县胡柚片销售4800吨，胡柚干片2.5万元/吨，总产值达1.2亿元。县农业局、市场监管局联合制定胡柚枳壳中药材生产、加工、销售管理办法，使胡柚功能性价值得到进一步发掘。

·常山食用菌·

【概况】 2017年，常山县食用菌办公室（以下简称“县食用菌办”）围绕食用菌周年化、园区化生产，以秀珍菇、猴头菇、黑木耳为主导品种，主推黑木耳“稻—耳”轮作、羊肚菌钢架大棚栽培模式。全县食用菌栽培总量1.03亿袋（瓶），产鲜菇4.42万吨，总产值3.17亿元。7月，黄良水著作的《猴头菇生产加工与烹饪》一书由中国农业科学技术出版社出版，用于食用菌生产主体和农技推广的培训教材。

【羊肚菌试种成功】 2017年，县食用菌办农技人员结对指导县友仙家庭农场开展珍稀食用菌新品种羊肚菌引进试验，试种10亩，鲜菇亩产量达100千克，亩产值2.6万元。天乐食用菌研究所成功繁育羊肚菌母种、原种、栽培种，在生产上试用，产量质量表现较好。

【液体菌种引进成功】 2017年，县金童食用菌专业合作社引进液体菌种生产工艺设备，通过4个多月的试验研究，有效缩短金针菇生产周期、提升出菇均一性，节本增效明显，工厂化金针菇栽培效益每瓶提升0.3元以上。

【全县食用菌产业带头人知识更新培训班举办】 2017年10月30日至11月1日，县食用菌办与县农民学校联合举办食用菌产业带头人知识更新培训班，全县各乡镇（街道）食用菌辅导员、生产主体代表、食用菌办农技人员等44人参训，到龙泉市学习考察浙江双益菇业有限公司、龙泉八都食用菌基地、龙泉香菇博物馆等。

·畜牧业·

【概况】 2017年，全县生猪养殖场55户，生猪存栏4.09万头，折合饲养量11.10万头；牛存栏1900头，出栏955头；羊存栏1.09万头，出栏0.89万头；家禽存栏152.68万羽，出栏303.54万羽；蜜蜂饲养量5000箱；肉类总产量7830吨；禽蛋产量2365吨；畜牧业产值达1.9亿元。

【畜禽养殖污染治理】 2017年，全县养殖场在粪污储液池上安装线上监控、液位仪、智能电表三套智能设备，通过数据分析和实时影像，达到养殖污染智慧防控作用。成立14个乡镇（街道）联系小组，要求定期到场到点做好养殖污染巡查，并结合第三方监管工作，彻底杜绝偷排、漏排、超排现象发生。

【美丽生态牧场创建】 2017年，县畜牧兽医局按照《浙江省省级美丽牧场验收评分标准》，围绕“绿化美化、布局合理、技术先进、安全高效、资源利用”五大要素，通过项目化手段“整县制”推进美丽牧场建设，累计投入财政补助资金448万元。全年成功创建省级美丽牧场10家、市级美丽牧场4家。

【生猪屠宰管理】 2017年，常山县新增地方政府债券资金项目，由县城投公司投资200万元，用于屠宰场污水处理设施改造升级，生猪定点屠宰场污水应急处理能力大幅提升，生猪屠宰效率和猪肉产品供应能力明显提高。常山县肉产品检疫检验率达100%。生猪定点屠宰管理工作，按照“属地管理”原则，建立网格化巡查长效监管机制，保障全县猪肉产品质量安全。

【病死动物无害化处理】 2017年，全县开启养殖环节生猪保险联动模式，累计处理病死猪2.39万余头。严格执行生猪屠宰检疫无害化处理规定，检疫后不可食用的生猪产品及病死猪经驻场检疫人员拍照记录，依法进行无害化处理。累计无害化处理不可食用生猪产品34.11吨，病死猪66头；定期组织开展无害化处理专项执法行动，查处乱弃病死动物案件1个。

【动物卫生监督执法】 2017年，县畜牧兽医局推进常山省际动物检查站、青石动物卫生监督分所、生猪定点屠宰场3个服务优、形象美、业绩实、队伍强的基层动物监督“最美”窗口创建工作；9月全省动物卫生监督示范窗口创建现场会在常山举办。常山县15个检疫申报点和1个动物卫生监督分所，共开具畜禽动物检疫合格证7485份。其中，开具生猪动物检疫合格证2349份，检疫生猪6.01万头；开具禽类动物检疫合格证5136份，检疫禽类235.03万羽。常山省际动物检查站查验出入境（县境）运载动物及产品车辆3.25万辆，其中生猪26072辆、牛2388辆、羊3辆、家禽174辆、动物产品3742辆、动物副产品135辆。查验生猪349.96万头、牛6.00万头、羊0.11万头、家禽65.43万羽、动物产品2.91万吨、动物副产品0.90万吨。劝退违规车辆15辆，立案查处4起，合计罚款3900元。加大生猪养殖、运输、屠宰“三环节”瘦肉精等违禁药品检测力度，抽检盐酸克伦特罗8937份、莱克多巴胺9407份、沙丁胺醇6693份，检测结果均为阴性，合格率100%。县畜牧兽医局与衢州市出入境检疫局对接，抽检猪肉、猪肝、猪尿、禽肉、鸡蛋等畜产品80份，抽检合格率100%。

【重大动物疫病防控】 2017年，全县使用禽流感疫苗156.08万毫升，免疫家禽145.03万羽次，应免密度达100%；使用牲畜口蹄疫疫苗28.31万毫升，免疫牛、羊2.18万头次，免疫生猪17.19万头次，应免密度达100%；使用猪瘟疫苗33.9万头份，免疫生猪8.28万头次，应免密度达100%；使用猪高致病性蓝耳病疫苗8.12万头份，免疫生猪6.02万头次，应免密度达100%；使用鸡新城疫疫苗84.7万羽份，免疫鸡新城疫78.34万羽次，应免密度达100%。采集监测各类畜禽血清5522份次，其中牛、羊O型口蹄疫抗体630份次，羊亚I型口蹄疫抗体630份次，小反刍兽疫630份次，布病640份次；采集猪O型口蹄疫抗体195份次、A型口蹄疫抗体100份次、猪瘟抗体195份次、猪蓝耳病抗体277份、禽流感H5抗体940份次、H7N9血清学监测980份次、新城疫抗体305份，抗体监测合格率均符合省市要求。

·农业产业化·

【概况】 2017年，全县新增省级骨干农业龙头企业1家，新增全国休闲农业与乡村旅游四星级示范企业1个（常山县常青泉旅游开发有限公司），省级休闲农业与乡村旅游示范点1个（常山县赛得健康产业园）。截至年底，全县有国家级农业龙头企业1家（浙江天子股份有限公司）、省级骨干农业龙头企业4家、市级农业龙头企业34家、县级农业龙头企业187家；有全国休闲农业与乡村旅游四星级示范企业6家、省级休闲农业与乡村旅游示范点3家、市级休闲观光农业示范点6家。

【名特优新农产品展示展销】 2017年9月20—24日，第十五届中国国际农产品交易会在北京举行，常山县组织森力家庭农场、常山县爱佳果蔬开发有限公司2家农业企业参展。11月24—29日，浙江农业博览会在浙江新农都会展中心（萧山）和浙江农业展览馆（杭州和平会展中心）举行，常山县参展企业24家，展示展销“常山三宝”等系列产品。“森力”牌灵芝切片荣获第十五届中国国际农交会参展农产品金奖，“千峰月”牌山茶油、“常庆”牌香肠、“晟泰”牌山茶油获2017浙江农业博览会优质产品金奖。县农业局连续第五年摘得省农博会“组织工作先进单位”桂冠。

·农业项目·

【概况】 2017年，县农业局落实年度现代农业发展专项资金项目12个，累计总投资960.6万元，累计向上争取到位资金1.13亿元；决策农业项目31个，谋划重大农业项目11个，推进县重点建设项目5个，累计完成投资1.825亿元。完成《常山县现代农业项目建设领导小组成员及工作职责》项目管理文件1个。

【省级现代农业发展专项资金建设项目】 2017年，县农业局完成2017年度省级现代农业发展专项资金储备34个，经专家初审论证、局办公会议讨论，并商县财政局通过，“天源葡萄栽培示范基地提升建设”等12个项目列为常山县2017年省级现代农业发展专项资金建设项目，总投资960.6万元，其中省级补助资金550万元。

【农业项目决策咨询】 2017年，县农业局组织召开农业项目决策咨询会议，完成对钱江源罗曼休闲农庄建设项目、柚香谷创新农业园建设项目、浙中西部现代农业科技园建设项目等31个农业项目的决策咨询工作，决策项目总投资22.53亿元。

【农业重大项目谋划和建设工作】 2017年，县农业局谋划重大项目11个，项目计划总投资34.75亿元，其中10亿元项目以上1个，5亿～10亿元项目4个，1亿～5亿元项目3个，1亿元以下项目3个。完成2016年县重点建设项目5个、重大前期项目2个，累计完成投资1.825亿元；全面完成2017年重点建设项目计划。

·现代农业园区·

【概况】 2017年，县现代农业园区管理委员会推进项目建设、园区招商和基础设施建设。全县历年累计建成现代农业园区产业区块27.2万亩，有2个现代农业综合区、4个主导产业示范区、18个特色农业精品园通过省级认定，科学、高效、生态的现代农业生产布局基本形成。推进农业招商引资工作。奔赴杭州、义乌、金华等地宣传推介常山相关的政策、环境，重点引进技术含量和附加值高的大项目、好项目。全年引进青林家庭农场美人指葡萄基地、浙江每日会庄园有限公司等项目20余个。

【现代农业综合区建设初见成效】 2017年，和禾农业发展有限公司优质水果组合栽培基地、绿藤葡萄精品化栽培基地、天慈农业科技园、美青葡萄精品化栽培基地、沃田农业有限公司红心火龙果种植基地、常嵊香榧种苗基地基本建成，面积3000多亩的核心区形成以美人指提子、优质新品种葡萄为主栽品种，以红心火龙果、红心猕猴桃、香榧、哈密瓜、爱媛38号蜜橘为组合品种的现代农业产业园。区内全部采用大棚避雨、肥水滴灌、促成栽培等现代农业生产技术。采摘游已初具规模，逐渐成为常山集休闲、观光、采摘的旅游新景点，休闲观光农业。

【现代农业园区入口景观项目建设】 2017年，县现代农业园区内建设以太公山胡柚基地、现代农业园区等为节点的生态农业示范长廊，发展生态农业，带动周边村庄大力发展旅游观光、水果采摘游等，实现现代农业园区建设“产业化、景区化、生态化”。园区入口景观项目建设用地征用等政策处理和项目周边绿化工作已完成。柴家畈核心区观光长廊建成；提子精品园内美人指大道绿化完成。同时，开展园区内部环境整治，疏通渠道，补植道路景观苗木，设立园区内采摘游标识牌。

·农业执法·

【概况】 2017年，常山县评选出一批农资信息化诚信经营示范点，促进了全县农资行业整体水平和形象的提升。通过农资信息化系统监管等手段从源头上监管，提升工作效率，维护全县农业投入品和农产品质量安全。全年开展农资信息化培训会3次，新建信息化单位6家。截至2017年年底，全县有农资信息化单位29家，使用率上升至全省前3名。在全省农资信息化大会中，常山县代表在大会中做典型发言。

是年，县农业执法大队获省年度农业行政执法绩效考核优胜单位。

【“绿剑”集中执法行动开展】 2017年，县农业行政执法大队开展“绿剑”春季、夏季、秋季集中执法行动，检查农资经营户350余家次，发送各类信息4万余条次，检查各类农资生产、经营企业150余家，发放《国家禁限用药品名录》《农业部推介高效低毒药品名录》《2017农药管理条例》200余份。县农业局与县公安局、县市场监管局等部门组成联合执法行动组，开展历时一周的护农保春耕联合执法行动，出动执法人员70人次，检查农资批发经营店47家，对2起种子未审先推、1起擅自修改农药标签、1起销售无登记证农药的违法行为立案查处。在元旦、春节、中秋、国庆及夏季等农产品产销旺季，对各类农产品产销基地开展集中检查。全年检查各类种粮合作社（家庭农场）、果蔬生产基地等125家，开展限用农药使用的宣传，做好高毒、禁用农药的退市，未发现有不按规定使用禁限用农药、高毒农药和其他非法添加物的行为。开展党的十九大召开期间安全生产专项检查行动，对全县农业投入品生产经营单位开展安全风险隐患排查和整治，出动执法人员60人次，检查农药、饲料、兽药等农业投入品生产经营企业55家。全年查处案件22起，结案22起，处罚金额81925元。

【农业投入品和农产品质量抽检】 2017年3月起，县农业行政执法大队组织执法人员对全县各大农资批发经营企业、养殖场、生产厂家进行质量监督抽检，抽检种子16份、农药24份、肥料15份、饲料13份、兽药10份，合计78份样品，超额完成任务。不合格的5个农药、4个肥料、1个兽药、2个种子均立案查处完毕。抽检西瓜、葡萄、火龙果、茶叶、蔬菜、禽蛋等农产品249批次，抽检的样品经省农业厅检测全部合格。

【诚信经营示范店评选】 2017年3月，县农业局出台《创建农资信息化诚信经营示范店实施方案》，通过考评表对申报单位的证照、制度、台账、仓储、货架、柜台、价格牌、进货渠道、投诉、处罚、信息化系统使用方面予以细化，结合浙江省农业执法总队出台的《2017年全省规范提升农资经营行动方案》，通过集中申报，资格审核，现场考评等一系列步骤，评选出农资经营诚信示范店10家。

【农民利益保护】 2017年，县农业执法大队妥善处理农民有关种子、农药质量等投诉19起，为广大农户赢得67.75万元的经济补偿，维护农业生产安全和农民群众合法利益。其中最大的一起投诉，涉及48户农民的4000多株胡柚树，经协调，经销商分3次支付赔偿金66万元。

·农产品质量安全监管·

【概况】 2017年，县农产品质量安全监督管理中心围绕“省级农产品质量安全放心县”创建，抓好责任落实，开展日常监管和监督抽检，推行标准化生产，推进农产品质量安全追溯体系建设，构建信用体系、社会共治等长效监管机制，确保农产品质量安全监管水平稳步提升，维持农产品质量安全稳定向好态势。

【农产品质量安全放心县创建】 2017年，县农产品质量安全监督管理中心持续深入开展农产品质量安全放心县创建工作。1月，经自评打分，市级初评合格，常山县人民政府向省农业厅农产品质量安全放心县创建办公室提出考评验收申请。6月，省农业厅等四部门成立联合考评验收组到常山对常山农产品质量安全放心县创建工作进行考评验收。8月，省农业厅等四部门联合发文公布常山通过省级农产品质量安全放心县考评验收。

【农产品质量安全巡查抽检】 2017年，县农产品质量安全监督管理中心开展农产品质量安全专项整治行动，监督巡查农产品生产基地426家（次），省、市、县三级定量检测抽检农产品567批次，总体合格率99.75%。全年未发生重大农产品质量安全突发事件。

【农业标准化生产】 2017年，全县农作物种植标准化实施面积22.11万亩，农作物种植标准化生产程度达61.7%；畜禽养殖标准化实施规模109.66万头羽，畜禽标准化生产程度达72.93%，农业标准化生产程度为66.19%。

【农产品质量安全体系建设】 2017年，县农产品质量安全监督管理中心建设农产品质量安全追溯平台和农产品公共追溯查询平台，开展农产品生产经营主体信息大调查，

292家规模以上农产品生产经营主体纳入主体信息库管理。引导建设主体开展农产品质量安全追溯和快速检测工作，新建24家农产品质量安全主体追溯系统，其中8家加配农产品农药残留快速检测设备。建立完善农产品质量安全信用体系，有效运行农产品质量安全“黑名单”制度。

【农产品合格证管理全面推行】 2017年，县农产品质量安全监督管理中心推行上市农产品合格证管理。截至年底，全县303家农产品生产经营主体使用农产品合格证，其中从农产品合格证管理系统中打印二维码农产品合格证36866张，使用“三品一标”（即无公害农产品、绿色食品、有机农产品和农产品地理标志）标志5.56万张，自行印制农产品合格证标签5.75万张。

·土壤肥料·

【概况】 2017年，常山县推进土壤肥料工作。截至年底，全县实施3.9722万亩标准农田质量提升项目，其中，占补标准农田质量提升项目19个，实施质量提升面积1.4907万亩，通过提升建设，2个项目通过验收达到一等田标准，面积0.228万亩。省下达标准农田质量提升项目5个，提升面积2.7095万亩；通过项目评审达到一等田质量标准农田项目2个,面积1.2218万亩。全县已建立农业”两区”土壤污染防治监测点14个,其中常规监测点10个，综合监测点4个，农业“两区”农田重金属污染修复试点工作在白石镇小白石村进行，面积50亩。实施测土配方施肥面积42万亩，推广使用商品有机肥2.5万吨，全县减少化肥使用量345吨，氮肥用量比上年下降2.6%。全县实施垦造耕地培肥项目80个，面积4530.46亩。设施农业用地审批项目28个，面积270亩。

·植保植检·

【概况】 2017年，县农业局植保植检站推进农作物病虫害及检疫性有害生物防控工作，未出现重大病虫大面积暴发成灾、重大植物疫情恶性传播蔓延的现象。坚持定点监测与面上普查相结合，准确掌握病虫发生动态，发布《农作物病虫情报》9期，指导农户科学防控病虫害，避免滥用、乱用农药。全县主要农作物病虫草鼠害发生面积189.19万亩次，防治面积261.89万亩次，挽回产量损失10.49万吨。把好产地检疫关、调运检疫关、市场检疫关和疫情监控关，疫情普查率100%、防控率100%，将柑橘黄龙病（柑橘木虱）、黄瓜绿斑驳花叶病毒病、梨树疫病和甘薯茎腐病阻截于县域之外，未新增植物疫情；将已在常山县境内发生的加拿大一枝黄花、柑橘溃疡病控制在局部区域零星发生状态。

是年，县农业局植保植检站被浙江省重大农业植物疫情防控指挥部评为“2017年度重大农业植物疫情防控工作优秀单位”。

【统防统治与绿色防控融合示范县建设】 2017年，常山县被确定为省级统防统治与绿色防控融合示范县，组织实施农作物病虫害统防统治13.61万亩，绿色防控12.17万亩（核心示范区面积3.15万亩），农药减量技术应用面积26.23万亩，农药减量比例20%，超额完成考核任务。对示范主体给予最高每亩125元的补助，建立“县有万亩示范集聚区、乡镇有千亩示范样板区，畈有百亩核心示范区”的示范格局，形成农药减量增效“政策激励+示范推广”模式，成功入选省级生态循环农业机制创新模式。10月18—19日，全市植保检疫工作暨再生稻绿色防控现场会在常山召开。

【农药废弃包装物回收处置】 2017年，县农业局植保植检站落实“市场主体回收、专业机构处置、公共财政扶持”的农药废弃包装物回收处置机制，投入资金156万元，依托农药经销商设立回收点有偿回收农药废弃包装物52.29吨，由归集主体（常山县金太阳供销农资有限公司）归集转运至中心仓库集中存储，并由浙江衢州巨泰建材有限公司无害化处置。

·农村经济管理·

【概况】 2017年，县农业局开展农村土地承包经营权确权登记颁证工作、集体经济薄弱村消除工作心，按照高起点规划、高标准建设、景观式打造的思路，整合相关涉农项目，结合“常山三宝”发展规划，对家庭农场给予政策支持，拓展农业生产、生活功能。

【集体经济薄弱村消除】 2017年，常山县委、县政府制定《关于实施消除集体经济薄弱村三年行动计划的意见》。通过实施“经营平台打造、集体股份改革、集体资产盘活、民宿旅游发展、物业经济振兴、服务业态壮大、光伏经济扩面、经营队伍培育”八大工程建设，破解村级集体经济发展过程中的难题，全面消除省定10万元以下薄弱村128个，三年消除薄弱村的任务一年全部完成，超过省定目标任务43个的197.7%，超过衢州市定目标任务64个的100%。完成经营性收入5万元以上目标任务108个，超过省市目标任务200%。

【集体经济发展试点项目扶持】 2017年3月，县委、县政府整合现有扶持新农村建设和公益事业发展资金2040万元，通过乡镇（街道）、村申报，由县组织部、县农办、县财政局、县农业局、县林业局、县水利局组成的项目评审组评审，确定天马街道西峰村、天马村，金川街道徐村村、上埠村，辉埠镇彭川村，何家乡长风村、黄岗村，招贤镇招贤村，东案乡田蓬村，新昌乡黄塘村、西源村、郭塘村、輶輅村，白石镇聚宝村，球川镇黄泥畈村、东坑村，以及同弓乡中和村（共17个行政村）为2017年度扶持集体经济发展试点项目村。至年底，天马街道西峰村“综合服务中心”项目和金川街道上埠村“创业致富综合楼”项目完工。

【村主职干部离任经济责任审计】 2017年，全县21个行政村村干部任期和离任经济责任进行审计，主要审计农村经济责任目标完成情况、“三资”管理法纪执行情况、农民群众关注的热点问题、村干部个人收入及廉政自律情况。10月，通过招投标，委托常山县恒立会计师事务所有限公司审计。

【土地确权赋权颁证工作】 2017年，全县14个乡镇（街道）的180个行政村，开展土地确权的有175个村，其中5个村暂缓确权。全县完成承包方调查户和承包地测绘户各为74533户；完成实测承包地面积153528亩，完成审核公示行政村175个，完善承包地合同74533份。开展土地确权颁证工作质量检查，并且合格通过。

【村级公益事业“一事一议”项目】 2017年，县农业局向省争取到村级公益事业建设“一事一议”财政奖补项目29个，主要包括13个农村生活污水提标改造工程和及16个其他村级公益项目，项目总投资4732.8万元，其中省级奖补补助资金1800万元、地方财政投入1260万元、村民筹资筹劳697.21万元、村集体投入797.69万元、社会捐助177.9万元。

【新型农业主体培育】 2017年，县农业局将新型农业经营主体培育工作重点放在推动家庭农场发展上，全县家庭农场呈快速发展势头。截至年底，新注册登记家庭农场162家，全县经工商注册登记家庭农场1036家，注册资金9.771亿元，经营面积8.1687万亩。累计创建省级示范性家庭农场28家、市级示范性家庭50家、县级示范性家庭农场81家、县级规范化家庭农场108家。至2017年年底，全县合作社总数1537个，比上年增加17个。完成2017年省级示范性家庭农场的申报与监测工作，共申报省级示范性专业合作社6家，完成16家省级示范性家庭农场的监测工作。

·农村能源·

【概况】 2017年，全县农村清洁能源利用率72.57%，秸秆综合利用率达93.10%。新增沼液推广应用5万吨。共计建成沼气集中供气点10处，供气农户860户。沼气年发电量8.8万千瓦时。新增太阳能热水器3200平方米。

【沼气安全生产】 2017年，全县开展沼气安全管理常识宣传和农村沼气安全巡查工作，对全县沼气集中供气站点进行安全检查，特别是确保夏季和党的十九大召开期间的沼气安全生产。发放各类安全使用手册图书、材料100余份。与集中供气点签订沼气安全生产责任书，落实沼气业主的安全生产主体责任。在全县范围内对有沼气、沼液相关设施的场（点）开展拉网式调查摸底，查处各类问题6项，发放整改通知书5份，并督促限期整改到位。

【农村能源综合利用】 2017年，全县新增沼液推广应用5万吨，有55家养殖场以大公养殖场的“猪—沼—果（菜）”生态循环模式为典范，总计建成雨污分离设施管道4万米，沼气池、储液池8.2万立方米，铺设沼液管道25万米，沼液排放墩1万个。

【秸秆综合利用】 2017年，全县开展农作物秸秆综合利用的宣传，发送秸秆禁烧宣传短信2条计50294人次；提高农作物秸秆综合利用率，农作物秸秆综合利用率提高到93.10%。探索秸秆多元化综合利用模式，建设秸秆固化成型、炭化、食用菌等项目，建成同弓乡秸秆利用中心，扩大秸秆综合利用区域。开展农作物秸秆综合利用和禁烧的宣传，各乡镇（街道）、村级组建巡查队，基本形成“项目引导+巡查监管”模式。

·农业机械化·

【概况】 2017年，全县农机总动力9.8913万千瓦，由于统计规则改变，减少了农用运输车、三轮车、农村建设机械等统计类别，比上年减少21.2%。全县机耕面积22.5214万亩，机播面积2.002万亩，机收面积10.4472万亩。水稻耕种收综合机械化率68.57%,其中机耕面积9.2977万亩、机耕率91.02%，机播面积2.002万亩、机播率19.6%，机收面积8.9479万亩、机收率87.6%。

【农机化发展】 2017年，全县落实农机惠农政策资金254.341万元，其中农机购置补贴资金240.291万元、农业机械报废补偿（更新）资金14.05万元。发展先进适用机具139台套，其中轮式拖拉机25台、联合收割机19台、粮食烘干机22台、水稻插秧机1台、育秧机械设备1台、山地轨道运输机1台、耕地机械46台、增氧机15台、碾米机5台、简易保鲜冷库4套681立方米。创建同弓乡为农业“机器换人”示范乡镇，常山县雨生茶业专业合作社（茶叶）、常山县森力家庭农场（食用菌）为农业“机器换人”示范基地，常山县辉宏农机专业合作社为省级农机合作社示范社。举办农业“机器换人”现场会，开展插秧机作业示范，承办市农业局主办的农业“机器换人”暨柑橘转型农用无人机现场会。新建粮食烘干中心5个，新增烘干机22台、烘干能力220吨/批；全县累计有烘干中心42个、烘干机106台，烘干能力1057吨/批，实际烘干粮食3.37万吨。新建水稻育秧中心2个，新增育秧机械设备1套、育秧能力750亩；全县累计有育秧中心19个、年育秧能力4.35万亩，实际育秧2.58万亩。调查动力喷雾器1台，风送式高射程喷雾器2台。受理2起农机质量投诉，其中1起投诉收割机产品质量，为用户争取维修费用0.8万元；另一起投诉烘干机三包服务问题也通过协商解决。

【农机安全管理】 2017年，全县发生农机事故1起，为拖拉机道路交通事故，死1人，伤2人，直接经济损失0.2万元。未发生特大交通事故，无拖拉机道路交通甲方事故，无农机安全事故瞒报、拖延、漏报情况，农机安全状况显著好转。全县14个乡镇签订管理责任书，播发安全管理信息17条，通过农民信箱发送短信6.7万条，微信群发送安全信息100条。推广《农村信息报》230份、《现代农机》67份，教育培训农机从业人员4期141人次。推进农机安全保险，全年投保农业机械50台，其中拖拉机26台、联合收割机24台，保费2.72万元，保额1883万元。组织开展农机作业现场宣传33次，悬挂标语12条，粘贴宣传画23张，出黑板报10期，发放宣传资料4200份，教育群众5230人次。举办农机安全知识教育培训1次84人。整理核实拖拉机档案3438份，按规定注销拖拉机档案3200份；整理核实拖拉机驾驶证档案4157份，按规定注销拖拉机驾驶证档案3183份；对缺失的纸质档案进行补建，先后按规定补建拖拉机档案7份，补建拖拉机驾驶证档案30份。开展农机打非治违、安全生产隐患排查治理、安全生产月等农机安全活动。组织39次165人次执法检查和隐患排查。检查14个乡镇街道、91个主体和323台机具，纠正违章43起，排查治理安全隐患76个，提出农机安全生产建议28个，新登记外省籍拖拉机信息36台。开展交警农机联合执法检查8天，查处违章行为16台次，消除拖拉机安全隐患40个。参加交警、交通、农机部门22时至次日6时的联勤巡逻，保障道路交通事故不超标。落实农机牌证“最多跑一次”，免费上门更换农机维修技术合格证11本，实地检验农业机械245台，其中拖拉机134台（上道路拖拉机30台、农田拖拉机104台）、联合收割机84台、插秧机27台。办理拖拉机注册登记25台，联合收割机注册登记19台，插秧机备案登记1台，新办拖拉机驾驶证15本，到期换证93本，转入换证3本。

(黄敏媛)

林 业

【概况】 2017年，常山县林业局（以下简称“县林业局”）实现全县林业二、三产业总产值11.12亿元，比上年增加6.7%，其中林业二产业产值8.89亿元，比上年增加2%，林业三产业产值2.23亿元，比上年增加16%。建成常山县国家油茶公园。常山山茶油成功入选浙江知名品牌百强榜；山茶油两项质量技术处于国际领先水平，油茶籽油列入美国药典委食品法典FCC标准，成为山茶油进入美国市场的重要保证；角鲨烯作为橄榄油和油茶籽油鉴别标记物的建立方法获得世界知识产权。县林业局组织建立18支各专业、半专业森林消防队伍，购置140余万元物资装备，为乡（镇）街道配发高压水泵等“引水灭火”先进装备并为其培训，提高乡镇利用机具扑救能力。县森林消防指挥办公室分两批次组织常山县森林消防省级机降队伍赴建德培训。分两次组织15名扑火骨干参加省森林消防骨干队伍指挥员提升班培训。组织全县各乡镇分管领导参加衢州市森林消防指挥员培训班。组织省级森林消防机降队伍在何家乡长风村进行演练。全年处置火警火情25起，未发生重大、特大森林火灾和人员伤亡事故。森林消防指挥部对春节、“党的十九大”森林消防安保期间各乡镇（街道）、国有林场值班人员和森林消防措施的落实情况进行专项督查和隐患排查。强化火源管理，通过广播电视台发布“禁火令”，严防春节期间发生森林火灾。加大巡查力度，督促各级加强值班管理制度,加强巡山力度,对重点林区、重点造林地由专人进行巡查，严防死守，及时排查火险隐患。强化对痴、呆等特殊群体的专人监护，对全县特殊群体250余人都有专人联系、监护，确保智障人员不发生意外火灾。严格执行24小时领导带班、干部职工轮班制度，确保政令畅通。

全县森林资源保护工作深入推进。“常山县松材线虫病防治指挥部”更名为“常山县重大林业疫情防控指挥部”。制定《常山县松材线虫病防控方案》，明确各乡镇政府（街道办事处）为本行政区域松材线虫病防控的责任主体。简化审批程序,先清理、后验收，统一报林业局林政科备案，抵扣本年度或下一年度的森林采伐限额。完成古树名木普查工作，全县初步调查2210株，其中散生998株、群生1212株。完善古树名木系统，制定32株古树的“一树一策”保护方案，全面保护古树名木。常山港流域湿地公园规划编制完成，并获批常山港省级湿地公园。创建常山港省级湿地公园，全县湿地保护力度不断加大。

全县国土绿化美化取得新成效。完成春季绿化造林4560亩，其中平原绿化700亩，珍贵彩色树种1000亩，发展珍贵树种29万株。完成油茶基地造林1250亩、老油茶林更新改造2400余亩、油茶抚育6000亩、油茶低改1万亩，培育油茶嫁接容器苗130多万株。四旁植树50万株，发展珍贵树种29万株。调拨新品种容器苗34万株。

全县林政执法监督检查工作加强，木材管理工作更加规范。严格执行3.65万立方米采伐限额，报批林地征占用15项23.4公顷，其中，长期使用林地3项、临时使用林地1项、林业生产设服务设施1项，收缴植被恢复费467.7万元。审批采伐240份，计9609.69立方米，其中商品林7196.22立方米、公益林2413.47立方米。

是年，县林业局获评第10届中国义乌国际森林产品博览会先进单位、衢州市“2017利剑行动”先进集体，获浙江省山林纠纷调处集体三等功、衢州市森林消防应急演练三等奖、常山县人民政府集体三等功。常山县获评全国木本油料特色区域示范县，常山县人民政府获首届绿色产业博览会优秀组织奖，常山山茶油获金孔雀奖。

【首个国家油茶公园在常山县建立】 2017年，常山建成全国首个国家油茶公园，是集油茶资源保育、生产经营、科研研发、观光休闲四大主体功能于一体综合性公园。一期项目已建设完成，建成7个节点，从黄衢南高速芳村出口到新昌乡黄塘村，串成18千米长的油茶主题风情景观带。有大型竹筒雕塑和周恩来、李时珍雕塑，有油茶大道和溪地花谷，有油香黄塘、饮水思源和油茶人家景观。公园内设有儿童乐园、滑草场、漂流等游乐性项目，提供民宿、餐饮和文化休闲等服务。完成油茶物种源保护区、油茶发源地文化展示馆、农旅结合精品科普基地和旅游基础配套设施规划编制。

【珍贵彩色树种“一村万树”行动】 2017年，县林业局出台珍贵树种“一村万树”三年行动计划和实施意见。整合“两山”和美丽乡村建设资金500万元重点打造34个示范村，整合项目资金800万元建设4条特色风景大道，种植珍贵彩色树种苗木53.12万株，其中珍贵树种约11万株、彩色树种约42.12万株，超额完成市政府下达的52万株目标任务。

【油茶产业科技创新】 2017年，常山油茶研究所加快打造技术创新体系，自主培育“长林”系列新品种，建成全国最大的油茶良种苗圃基地，年育苗能力达300多万株，并建立“物联网”智慧型苗圃，实现自动化生产。建立山茶油专家工作站、成立油茶机械研发产业中心；加强与上海生物医药科技产业促进中心产品孵化服务平台、林科院亚林所等科研院所的合作，推广良种良法，成功繁育油茶良种苗木130多万株，研发出化妆用油、茶皂素等五大类16大系列深加工产品；加快打造科技创新公共服务体系，浙江省山茶油及食用植物油质量检验中心授牌，建成油茶从基地到餐桌的“一瓶一码”的产品追溯体系；常山山茶油英文版标准成功获批美国药典食品法典委员会（FCC）油茶籽油国际标准，并获得一项国际专利；筹建国家级山茶油质检中心和油茶标委会，与浙江大学生物系统工程学院与食品科学学院合作，从油茶良种来源入手，到油茶产品上市销售，形成一套山茶油的分类标准、质量要求、检验方法及规则、标签、包装、贮存和运输等要求的行业标准体系。

【油茶产业服务平台打造】 2017年，常山县打造产业服务平台，设立油茶气象指数保险，全县4000余亩油茶完成投保；联合新华社，发布新华—山茶油价格指数；完成集展示、交易、信息、研发、论坛于一体的全国油茶交易中心实体土建，引进有实力的大企业入驻。打造金融服务平台，对接申请木本油料产业基金。成立常山两山联合社，由县财政和联合社共同注资2000万元，通过利率下浮、财政贴息、风险补偿，加强生产、供销、信用三位一体的协同运作。运行以来，已担保放款客户52家、金额3735万元，吸收会员270家，其中872家企业和合作社完成转贷3.4亿元，有效解决油茶主体“贷款难、贷款贵”的问题。

【产业品牌体系打造】 2017年，常山县加大油茶区域品牌整合力度，设计“常山山茶油”logo标识，采取“一标志双商标”，统一包装标识。常山山茶油成功入选首届浙江农业品牌百强榜知名区域公用品牌。

【油茶产业发展机制和模式创新】 2017年，常山县建立全省第一家县级油茶产业办公室。创建森林小镇、森林人家、油茶小镇和油茶主题公园，促进一、二、三产业融合。新昌乡黄塘村借助万亩油茶林，以“资金+资源入股、全民分红”模式，把油茶从“吃”到“看”再到“游”做出“一条龙”产业。2017年村集体收入超250万元，村民户均分红增收1万元。创新使用PPP模式，利用政府与央企、国企等企业的合作，吸引社会资本进入油茶产业，推动本地油茶产业转型升级。开启创新发展模式，建立全国油茶交易中心北京战略窗口，打造常山—北京线上线下同步联动的市场运营体系。

【森林村庄和重点示范村建设】 2017年，县林业局落实专项资金200万元重点建设城东新区5个重点示范村（孔家弄村、渣濑湾村、狮东村、外港村、狮子口）。投资133万元建设常山县花果山果园花海项目，建成总面积4.8万平方米的花海果园。加快狮东村百竹园工程实施，打造木槿花长廊。创建2个省级林业特色小镇，创建2个省级森林村庄、10个市级森林村庄。

【生态公益林管护】 2017年，县林业局封山育林，管护全县60.95万亩省级以上生态公益林。完成公益林更新造林970多亩，其中火烧迹地更新220多亩，采伐迹地更新200多亩，宜林地更新100多亩。完成林业有害生物除治面积450多亩。开展公益林矢量数据核实完善，校对公益林生态补偿资金账户信息，全县149个村集体和19470户农户享受公益林补偿资金的补偿。全县聘用专职护林员257人。

【现代国有林场创建】 2017年，县林业局制定《常山县林场创建浙江省现代国有林场实施方案》并上报县政府和省林业厅。按照实施方案加快建设林场场馆，实施林场的场容场貌改建工程；制定出《2017年度森然公司绩效考评办法》，对森然公司的业绩进行考评。完成《常山县紫竹山省级森林公园可研报告》编制。

【有害生物防控】 2017年，县林业局全面监测全县29.6万亩松林，在重点乡村聘用协管员，开展疫情监测。城东绿核区块松林挂设诱捕器70个，进行松褐天牛监测诱捕共捕获松墨天牛3800头。开展“森林医生服务年”活动，做好有害生物生产性预报和防治技术服务，提供技术服务21次。在何家乡笋用竹基地推广无公害防治技术，施放白僵菌，以菌治虫,预防面积1000余亩。多次调查监测常山县同弓乡田美家庭农场油茶幼林油茶织蛾为害状况，对虫害进行分析诊断，提出防治建议。开展古树名木病虫害防治，救助古树名木11株，联合市森防专家到博览园实地调查古樟，提出复壮建议。对棋盘山、中和、同心古树群等进行白蚁防治，防治面积100亩。防治芳村横山路古樟树樟叶蜂、金川街道胡家淤古樟红蜡蚧。解答市民咨询17件，普及绿化养护知识，同时做好林业有害生物防控宣传。加强检疫监管工作，开展“绿剑”检疫执法专项行动20次，出动人员100人次。宣传《植物检疫条例》（林业部分）、《浙江省松材线虫病防治条例》等林业法律法规，发放国家林业局疫区公告、《常山县松木检疫监管告知书》等。集中开展涉松企业检疫检查3次，检查19家加工、利用企业，4批电缆盘，检查原木463立方米，锯材281立方米，提取混合样本21份。开展“守青山、护绿水”活动，查处一起无检疫证书运输松木案件。

【林权改革取得新突破】 2017年，县财政和联合社共同注资2000万元成立两山农林合作社联合社，担保放款客户28家、金额2270万元，吸收会员135家，其中15家企业和合作社完成转贷8695万元，解决油茶主体贷款难的问题。不动产登记、林权发证业务移交县不动产登记中心。推进林权抵押贷款，受理林权抵押贷款11笔，发生贷款额3453万元，抵押林地面积20497亩，完成全年抵押贷款任务。

【林业安全生产】 2017年，县林业局制定常山县林业安全生产大检查实施方案，成立林业安全生产大检查工作领导小组，开展为期6个月的林业安全生产大检查，重点检查林业生产企业30多家，与林业生产企业签订责任书30余份。累计开展检查40多次，排除安全隐患8起。全年未发生重大、特大安全生产事故。

【森林资源和野生动植物保护】 2017年，县林业局组织检查站人员学习相关法律、法规和业务知识培训。加大执法力度，严厉打击破坏森林资源和野生动植物的违法行为。落实常山县人民政府办公室“守青山、护绿水”专项行动暨集中打击破坏森林和野生动植物资源违法犯罪行为专项行动方案，开展为期2个月的打击破坏森林资源和野生动植物专项整治活动，查处6起非法侵占用林地、滥伐林木和违法贩卖野生动物行为，挽回经济损失10万余元。

【森林公安专项行动】 2017年，县森林公安局开展“利剑”“禁种铲毒”“野生动植物”等系列专项行动。在开展“利剑”清火专项行动中，全县发现森林火情25余起，其中林政案件立案12起，查结8起，处罚7人，罚款3万元，协助民事调解1起，赔偿100元，出动执法人员214人次，出动车辆58车次，制止违规用火行为42次。开展“禁种铲毒”行动，联合地方公安、乡镇林业站，首次启动无人机在全县范围内排查毒品原植物罂粟种植地，出动执法人员96人次，查处种植点17处，收缴毒品原植物罂粟1271株。开展“野生动植物”保护专项行动，联合县工商局等部门，与林政、木检等站所，在全县范围内多次组织清查整理行动。全年接处警94起，出动警车257车次，出动警力944人次，立案23起,其中刑事案件5起、行政案件18起、结案查处13起（林业行政案件），追究5人刑事责任，移送起诉刑事案件2起，收缴罚款51202.2 元。

【林区警长制启动】 2017年，县森林公安局启动林区警长制实施方案调研工作，制定《常山县林区警长制实施办法》。按照“一乡（镇）一警（长）”的原则，将14个林区乡（镇）街道办事处加一个国有林场划分为2个警务区，下设14个乡（镇）街道办事处警务室；制定《林区警务室职责》《警长职责》等林区警长制工作制度，印制林区警长警民联系卡；落实各乡（镇）街道办事处警务室办公场所，林区警长公示牌、工作职责牌等张贴上墙；收集各乡（镇）街道办事处“三情”信息（即林情、社情、山情），“三情”信息收集率达85%，完成林区警务室工作台账的基础数据录入登记工作。辖区内发放宣传卡片、警长名片等宣传资料，使群众形成“有事找警长“的意识习惯，能及时调解纠纷，化解矛盾，促进林区治安稳定。

（黄　波）

水利

【概况】 2017年，常山县水利局始终以“五水共治”为抓手，全面助力“慢城大花园”建设。累计完成水利投资2.8亿元，水利基础进一步夯实；关注民生，解决2.04万人口饮水安全问题；改善灌溉面积5500亩，新增高效节水面积4100亩；改善环境，实施农村河道综合治理工程10千米、河湖库塘清淤68万方；完成水土流失治理面积7.03平方千米；渔业富民，全年实现水产品产量6223吨，渔业经济总产出达到2.15亿元；防洪减灾，完成5座水库除险加固，新建钱塘江干流常山港防洪堤2千米，实施山塘综合整治24座；科学调度，积极防御常山港“6•24”流域性洪水并得到央视、浙江卫视等媒体播报关注。跑项争资、政策破冰、水利工程建设顺利推进的同时，超额完成全县水利投资年度计划、提前完成“五水共治”年度任务目标。加强水土保持工作力度，继续开展《浙江省水土保持条例》宣传及《中华人民共和国水土保持法》的专项执法检查活动；审批水土保持登记表11份，监测项目4个，监督检查记录36份，征收水土保持补偿费 84.03万元；治理水土流失面积7.03平方千米。在完成常山县天马坡面径流场监测数据采集分析上报的基础上，做好日常管理维护工作。

【防汛抗旱工作加强】 2017年，县水利局开展4次防汛专项检查，排查安全隐患55处，完成抢险物资储备更新，开展群策群防体系建设，完成“村级防汛防台形势图”绘制。全市抗洪抢险实战演练在常山举行；汛期发送预警短信3.9万多条，科学调度3座中型水库拦蓄洪水8700万立方米水量，期间泄洪4047万立方米，成功抗击“6·24”流域性洪水；面对出梅后的持续旱情，协调三大灌区计划用水。抽调局机关技术人员15人、投入抗旱机埠191处，引水堰坝75条，出动抗旱设备120多台套次，维修抗旱设备65台套，筹措抗旱资金365万元。

【水利项目推进】 2017年，县水利局全力推进项目建设,切实破解工程建设中遇到的资金、土地等要素瓶颈制约,争取到中央和省财政资金补助1.43亿元。完成《常山县芙蓉水库灌区节水配套改造工程可行性研究方案》省级审查，芳村溪流域、龙绕溪流域2018年度初步设计审批。钱塘江常山港段治理二期初设获得省发改委批复，成为衢州市“百项千亿”首个获批项目；工程建设提速,全年完成水利投资2.8亿元，超额37%。常山港治理二期工程，投资1亿元，新建堤防2千米；水库除险加固5座，实施山塘综合整治24座、灌区改造2处，高效节水6处。县域内劣V类水体全部销号，2.04万农村人口饮水安全条件得到改善。衢州市首家水土保持科技示范园区开工建设。

【节水型社会建设】 2017年，县水利局强化水资源论证、规范取水许可、推行节约用水、加强水资源保护、推进监督考核，推动水资源管理水平提升。加强水资源费征缴力度，入国库水资源费465万元。严格取水许可制度，全县原有取水户许可证40本，2017年新办理取水户许可证3本，到期延续换证20本。加强实时监控系统的运行管理，取水许可5万立方米以上用水户全部安装实时监控系统。完成1个节水型灌区、6家节水型企业、43家节水型公共机构和1个县级节水型小区创建。入河排污口设置审核，完成常山县范围内9个存量入河排污口的设置审核登记工作，并公布名单信息，完成入河排污口信息录入，初步建立入河排污口信息管理系统。

【水利工程标准化创建】 2017年，县水利局用标准化手段破题“重建轻管”共性难题，补齐“水利工程管理”短板。投资2000多万元，实施创标化项目31个。其中，堤防7段，水库14座，山塘4座，农村水电站4座，水文测站1个，河道水闸1个；完成验收18个。山塘、水库、水闸、堤防、水电等管理手册全部完成；工程划界方案完成政府审批；标识、标牌完成安装；信息化平台建设进入实施阶段。

【助力渔业转型升级】 2017年，县水利局推广洁水养鱼，突出稻田养鱼示范引领，优化渔业区域布局，提高水产养殖的综合效益。开展初级水产品安全“三大一严”（即大排查、大整治、大督查，严打击）专项行动，对全县养殖户发放200份行动通告和初级水产品质量安全告知书，签订水产品质量安全承诺书135份。加强初级水产品药残抽检及水质抽查，整治突出问题，全县初级水产品质量检测安排抽检37批次，部级和省级抽检共14批次，全部合格。开展对305座山塘水库洁水渔业示范点水域环境的水质检测。增殖放流2059万尾，增加渔业资源，改善江溪水域生态环境。开展水产品质量安全追溯点建设，全县已建设追溯点5家，其中2017年新建设2家。渔业富民，实现水产品养殖产量2628吨，捕捞产量118吨，合计水产品总产量2746吨，渔业产值5169万元，总量比上年增加5.69%，产值增长5%。

【水环境整治深化】 2017年，县水利局深化“河长制”管理，全县“一港四溪”（即常山港、南门溪、芳村溪、龙绕溪、虹桥溪）和21条小流域全部实施三级河长制管理体系，落实“一河一策”，并配备河长制APP。加大非法采砂、电毒炸鱼、非法占用水域、芙蓉水库水源地保护方面的打击力度，开展巡察执法200余次（夜间执法90余次），参与1000多人次；非法采砂现场责令停止22起，立案查处12起，处罚金及没收违法所得共计20余万元；渔业执法缴获电瓶50多只、地笼网70多张、钓具160多副，办理案件6起。

【“世界水日”“中国水周”宣传活动】 2017年3月22—28日，全县开展纪念第25届“世界水日”、第30届“中国水周”系列宣传活动。通过水利成就展、节水宣传图片展、有奖问答及“我的节水故事”等形式，接待咨询群众150余人，发放资料3000多份，纪念品及奖品500余份。围绕“城市用水人人有责”主题，在城区小学开展“节水小卫士”评选活动。常山电视台全程跟踪报道3月22日“世界水日”活动现场，并在宣传周期间滚动播放宣传主题宣传口号及水生态文明建设知识。通过LED电子屏、微博微信、“农技110”、《衢州日报》《衢州晚报》《今日常山》、常山信息港进行宣传，营造惜水、节水、护水的良好社会氛围。

【水利服务实现“最多跑一次”】 2017年，县水利局梳理、完善“最多跑一次”事项清单和办事指南，做好水利与海洋渔业公共服务事项和“最多跑一次”二级确认，梳理出水利与渔业系统群众和企业到政府办事事项主项24项、子项38项，其中实现“最多跑一次”事项主项21项子项34项，实现所有水行政许可事项“最多跑一次”。实现受办分离的有6个主项、10个子项。全年办理群众和企业到政府办事事项118件，其中行政许可62件、“受办分离”办件量24件，118件全部按期完成，收缴各类规费5266962.6元。推行“双随机、一公开”制度，全年开展“双随机”抽查活动4次，抽查事项8项(其中水产苗种监督检查因常山没有1家苗种许可单位而免查)，抽查对象48个，出动执法人员和专业技术人员148人次，抽查覆盖率达到100%，抽查率、抽查频次都达到或超过省水利厅要求，抽查结果全部在县政府门户网站进行公示，加强水利与渔业行业各项监管工作。

（刘冬杰）

·中型水库管理·

【概况】 2017年，常山县中型水库管理局完成三座水库闸门启闭机维修养护、库面保洁、绿化养护，狮子口水库、芙蓉水库的管理房维修，狮子口水库视频监控系统的安装、标志标牌的更新、确权划界的测量以及千红灌区总干渠的面貌提升工作。督促狮子口甲鱼养殖场周边环境、养殖尾水整治，全面推进“五水共治”与“清三河”（即治理黑河、臭河、垃圾河）工作，落实“河长制”挂联部门、生态指导员联系村职责。做好水库标准化创建工作。狮子口水库通过浙江省水利厅标准化管理验收，千红灌区节水配套改造项目完成竣工自验，长风灌区南干渠倒虹吸工程成功试通水。

是年，县中型水库管理局被评为2017年度县级治安安全先进单位；狮子口水库获浙江省水文情报预测中心加报下泄流量条数全省第二的表彰；芙蓉水库获浙江省水文局2016年度大中型水库水文资料质量优秀奖；芙蓉水库被评为衢州市“秀美湖库”。

【狮子口水库泄洪信息报送获表彰】 2017年，常山县中型水库管理局各水库管理站严格水库运行调度，水库开闸泄洪时，一旦闸门变动、出库流量变化及时加报出库流量信息。常山狮子口水库泄洪信息报送及时，获“浙江省大中型水库加报下泄流量条数位居前十站点”荣誉表彰。2017年6月26日，浙江省水文情报预测中心颁发荣誉证书。

【各中型水库相继泄（溢）洪】 2017年梅季，受三轮强降雨影响，常山县各中型水库水位持续上升并逐步逼近汛限，6月22日10:00至25日10:00，各中型水库相继泄（溢）洪，其中6月22日是狮子口水库开年后的第三次泄洪。狮子口水库6月22日8:00开闸泄洪，24日15:00堰流段开始溢洪，27日16:00闭闸停止泄洪，泄洪水量1770万立方米，电站发电泄水量650万立方米。千家排水库25日2:15溢流堰开始溢洪，截至30日17:00水位仍超汛限0.13米，溢流堰继续溢洪。芙蓉水库6月25日10:00开闸泄洪，26日16:00闭闸停止泄洪，泄洪水量640万立方米，电站发电泄水量179万立方米。

【中央环保督察组检查千家排水库水源保护】 2017年7月5日，中央环保督察组检查常山千家排水库饮用水源保护工作。督察组听取常山县中型水库管理局饮用水源保护工作介绍、实地察看千家排水库并了解相关情况。

【灌区抗旱灌溉协调会议召开】 2017年7月19日、20日，县防汛防旱指挥部分别召开千红灌区、狮子口灌区抗旱灌溉协调会议。会议介绍各灌区基本情况，强调灌溉抗旱工作的重要性与紧迫性，要求各相关单位相互配合，根据旱情发展实际确定放水周期，统一调度，科学用水、节约用水、有序放水，确保灌溉工作顺利进行。

【多部门联合整治水库垂钓】 2017年8月11日至11月30日，针对饮用水源水库垂钓屡禁不止的问题，县水利局（县中型水库管理局）、县环保局、县公安局芳村派出所等单位开展联合执法行动，对芙蓉水库、千家排水库垂钓行为进行专项整治。其间，教育并查处违法垂钓者140余人，收缴垂钓工具160多件套，登记备案垂钓车辆40余辆；发放《致广大人民群众的一封公开信》1万份，并在县电视台一套、二套黄金时段滚动播放，利用宣传车在县城城区、球川镇、芳村镇、新昌乡沿线巡回宣传《禁止游泳垂钓公告》，通过“农民信箱”、防汛短信平台发送手机短信，制作“美篇”在QQ、微信、钉钉群分享联合执法活动开展情况。

（王海松 商星星）

河道采砂管理

【概况】 2017年，常山县河道采砂管理办公室（以下简称“县采砂办”）实行县域内河道全面禁止采砂政策，联合县水利局、县公安局等部门开展专项整治，杜绝非法采砂行为。全年县域内未审批办理任何一家采砂场。通过专项整治、政策宣传、舆论引导等方式，积极引导群众、村级组织走出“砂石资源归村级所有”的误区，树立起“河道砂石为国有资源”的公共意识。严厉打击“乱租乱包”现象，鼓励群众自觉加入监管队伍，遇到偷盗采砂行为积极举报，从临时打击转变为长效管理。根据不同时期非法采砂特征，完善日常巡查打击工作制度和重点时期突击巡查制度。对县级河道进行全面巡查，重点河段进行反复巡查，易发、多发盗采点进行不定时随机巡查。执行24小时不间断值班制度，接到举报立即出动。河道、库区巡查150余次，出动300余人次，农民建房自用、村集体建设用挖砂现场责令停止30起，立案查处18起，处罚金及没收违法所得共计31万余元。

【陆域碎石场专项整治】 2017年7月3日，县采砂办会同县国土局、县公安局、县供电局等11个部门，成立现场指挥组、断电实施、安全保卫和后勤保障4个工作组，开展陆域碎石场专项整治统一断电行动，对全县5家限期处置到期的碎石场点进行断电停产。加强对已关停的5家碎石场的日常巡查，严防私自搭电加工。同时，加强对重点项目部碎石场的日常监管。联合紫港街道、何家乡对两处私自搭电加工的碎石场强制拆除电源，并予以警告。

【用砂管理】 2017年，县采砂办加强涉水工程用砂管理。对县水利局新开工涉河工程进行备案，同时加强管理，联合乡镇和县水利局工作人员对施工现场进行经常性监督检查，严格规定砂石除工程自用外一律不得外运，如有外运按规定进行严肃处理。重要节假日期间，整合县采砂办、县水利局执法大队和中型水库管理局力量，对水库、河道进行集中巡查。推进全县制石制砂厂布点和规范化工作，解决常山河道采砂专项整治和陆域碎石场专项整治造成的建筑用砂紧缺问题。此外，县采砂办会同政府办、县国土局、县环保局等单位实地调研建德、龙游等地的制砂厂，学习管理经验。

（黄丽丽）

贸 易

国内商贸

【概况】 2017年，全县实现社会消费品零售总额67.9亿元，比上年增长11.4%。中商广场商贸综合体、双禧酒店等一批重大商贸项目建成运行，城东新区东方广场综合体等亿元以上项目有序推进。常山县电子商务发展稳中求进，特色分明，呈现出蓬勃发展的态势。全年实现网络零售额13.52亿元，比上年增长65.61%。网店数量增长迅速，在重点监测第三方电子商务平台上有各类活跃网络零售网店381家，天猫商城、淘宝网、京东网等网购平台成为主流，主要经营农特产品、服装服饰、母婴用品、办公用品。电子商务就业创业氛围良好，直接解决就业岗位1003个～1053个，间接带动就业岗位2739个～2873个。

【电商进村持续推进】 2017年，全县新建农村服务点40个，完成108个农村服务点改造，社区终端25个，普及培训2.5万余人次，省级电商人才培训100余人次，规模以上工业企业应用电商比例达75%，在服务业电商平台新开张业务商家数达100家，纳入统计企业报送率达100%。

【商贸主体不断壮大】 2017年，全县社会消费品零售额统计面进一步扩大，规模以上企业对社会消费零售总额增长的贡献率进一步提升。全县新增规模以上企业9家，其中电商企业3家、常山胡柚贩销大户3家、餐饮企业2家、加油站1家。

【常山美食宣扬推广】 2017年，在常山胡柚文化节、衢州小吃节、中国山地自行车公开赛总决赛期间推广常山麦香饼，宣传"一座慢城，十方佳客，百年老味，千人共尝"；联合县餐饮协会开展常山县名店、名厨评比活动，评选出常山县餐饮名店12家、常山县餐饮名厨12人、餐饮特色店9家、餐饮优秀厨师11人。

【散装水泥管理】 2017年，全县水泥产量呈持续上升态势，散装率有所提高。全县4家水泥生产企业水泥年产量534.41万吨，比上年增加33.68万吨，其中散装水泥供应量293.66万吨，比上年提高20.86%，散装水泥率为54.95%。

（樊鑫磊）

对外贸易

【概况】 2017年，县商务和粮食局鼓励有条件的县内外贸企业申办自营进出口经营权，引导代理出口企业早日实现自营出口，直接与国外终端客户进行商务往来。鼓励浙江环宇轴承有限公司、浙江开拓休闲家具用品有限公司、常山顺发箱包有限公司、浙江威诗朗照明有限公司，与环球资源网站、阿里巴巴国际站等电子商务平台签约合作，以了解国际市场动态和客户需求、结交海外客户、宣传企业产品、获取海外贸易机会。全县新增自营出口企业24家，拥有出口实绩企业61家，出口实绩企业增加5家。全县外贸进出口总值实现25830.22万美元，比上年增长30.08%。

【外贸业务指导服务优化】 2017年，县商务和粮食局组织县内100余家次外贸企业参加培训，推行国家最新外贸政策。引导外贸企业开拓东盟、南美、中东、非洲、东欧市场，扩大常山对新兴市场的出口份额，加强与国外新兴市场的经贸交流活动。组织20余家次外贸企业赴欧洲、中东等地，参加轴承、灯具等专业性展会，带回意向订单900万美元。

2017年常山县自营出口业务统计

表8

企业名称	出口额（美元）	主要出口产品	主要出口国或地区
合计	—	—	—
浙江四通进出口有限公司	146686	轴承	阿联酋 土耳其 保加利亚 白俄罗斯 南非
常山县海诚化工有限公司	29962139	硝体	印度
衢州聚科化工有限公司	297740	化学品	印度
常山县立凯进出口有限公司	92961	手套	欧洲
常山优泰机电有限公司	151101	柴油发电机组以及配件、工业洗衣机、制冷机组	马尔代夫
衢州长航贸易有限公司	850729	日用品	欧美 中东
常山沃瑞贸易有限公司	53458	日用品	欧美 东南亚
浙江世嘉控股有限公司	307229	面纱	南美
浙江四通轴承有限公司	5083628	轴承	阿联酋 土耳其 保加利亚 白俄罗斯南非
浙江捷姆轴承有限公司	9684444	轴承	印度 巴西 意大利 法国 西班牙
常山县环宇轴承有限公司	2640309	轴承	迪拜 俄罗斯 乌克兰 新加坡 南非 孟加拉
常山县双明轴承有限公司	1175894	轴承	欧美
浙江恒嘉轴承有限公司	5095	轴承	欧美
浙江常山纺织有限责任公司	3746353	棉纱线	孟加拉国 印度尼西亚
浙江云泰纺织有限公司	489372	色纺纱	中国香港
浙江隽美纺织服饰有限公司	2100424	服装	北欧 中东 加拿大
浙江卡罗莱纳纺织有限公司	1296171	纱线	中国香港
衢州格劳威服装有限公司	746332	专业服装	东南亚 美洲
浙江天子果业有限公司	3193364	蜜桔	东南亚 加拿大
浙江衢州常发粮油食品有限公司	44820	油茶	东南亚
浙江开拓休闲家具用品有限公司	5868004	户外用品	欧美
衢州新鑫户外用品有限公司	391143	户外用品	欧美
常山县豆豆文体用品有限公司	566193	无纺布制品	美国
浙江傲克密管件有限公司	2109614	铜管件	美国 东南亚 欧洲
浙江玛莉莎工贸有限公司	6965447	铝锅	沙特 埃及 伊朗 阿联酋
浙江雄狮工贸有限公司	168969	保温杯	巴西 西班牙
浙江创建厨具有限公司	3932369	咖啡壶	欧美
浙江南洋精工酒店用品制造有限公司	4998478	餐厨用具	美国 德国
浙江常山施翔工贸有限公司	1142415	节日服装	欧美
常山县万谷电子科技有限公司	186351	温度计、制冷器	欧美 日本
浙江常山硅峰电子有限公司	703788	抛光片	美洲 东南亚
浙江威诗朗智慧能源科技有限公司	466481	路灯灯杆	中东 非洲
浙江百晔塑料有限公司	278754	PVC软管	美国 中东
浙江常山迈峰宠物用品有限公司	2305683	狗咬胶	欧美
浙江爱丽莎环保科技股份有限公司	2386992	强制	非洲 印度
衢州瑞宝亚克力有限公司	1048904	亚克力板材	印度 加拿大 新加坡
浙江常山科润新材料有限公司	2676768	化学品	印度
衢州特美舒鞋业有限公司	10024897	鞋	美国 欧洲
浙江雪村制冷设备有限公司	550578	冰柜	东南亚
浙江泰士特贸易有限公司	412485	日用品	美洲
衢州正邦电器配件有限公司	132869	电器插座	美国
衢州市宏远鞋业有限公司	1532165	鞋	美洲
衢州高盛医疗用品有限公司	27300	医疗用棉	东南亚
常山县冬顺非金属矿产品加工厂	75000	矿类	东南亚
浙江富欣达健康科技有限公司	343952	体育用品	欧美
浙江灵腾铸造科技有限公司	114648	不锈钢精密铸造	欧美
浙江雪村国际贸易有限公司	179741	冰柜	东南亚
浙江普尔泰科电气有限公司	162124	电器设备	东南亚
常山皮尔轴承有限公司	17195768	轴承	美国
浙江盈特轴承有限公司	13312	轴承	中东 欧美

续表8

企业名称	出口额（美元）	主要出口产品	主要出口国或地区
常山百花服饰有限公司	611636	环保袋	日本

2017年常山县出口产品分类

表9

行业	出口额（万美元）	全县出口额占比（%）	行业	出口额（万美元）	全县出口额占比（%）
轴承	3579.85	27.41	家具工艺品	682.53	5.23
纺织	899.03	6.88	金属加工	1943.19	14.88
化工	3293.89	25.22	鞋类	1155.71	8.85

（廖震伦）

供销合作

【概况】 2017年，全县供销系统实现销售总额13875万元，比上年增长22%；实现利润总额52.99万元，增长19.88%；其中全资、控股企业营业总收入1067.63万元，增长21.23%，利润总额42.36万元，增长18.60%。全资、控股企业净资产收益率1.9%。基层社营业收入10万元，利润总额1.3万元。全县有基层供销社4家，参股公司1家，代管公司1家，全资公司2家，社会团体1家。常山县农民合作经济组织联合会（以下简称“县农合联”）完成民政注册登记，并开始日常运作。县农合联运营中心暨现代农业综合服务平台建设工作启动。建成农合联农产品展销中心及上海、杭州、宁波、金华、义乌等配销点，形成网上交易、仓储物流、终端配送一体化经营；开展乡镇街农合联基层服务示范窗口创建。新昌乡农合联以全国油茶文化节举办为契机，建成集山茶油展销服务中心、乡村旅游推介中心、农技服务中心、农民培训中心等于一体的农合联现代农业综合服务中心；紫港街道农合联借力电子商务示范园建设，联合行业主体、整合资源创建以农产品线上线下销售配送、农村商贸物流配送分销为主导的农合联电子商务服务中心。组建常山两山农林合作社联合社，可提供社员融资担保额度2亿元。与浙江中农在线电商公司合作，结合乡镇农合联建设，引进经营服务主体，以新型庄稼医院为基础实现农资销售与技术服务等有机结合，实现“互联网+”乡镇智慧农资服务。

【县农合联建设与运作】 2017年，县委、县政府将县农合联建设工作纳入乡镇部门年度工作考核内容，县农合联建立乡镇（街道）农合联工作年终绩效考评制度；县政府常务会议审议通过《常山县农合联农民合作基金管理暂行办法》和《常山县农民资金互助会试点工作实施方案》，同意设立县农合联农民合作基金专户，并注入初始资金总规模500万元；通过农业“三项补贴”（即良种补贴、种粮直接补贴、农资综合补贴）综合改革试点，落实资金700万元，其中200万元作为成员互助基金、500万元作为成员贷款风险基金。县农合联委托县供销社全资企业——常山县联农供销发展有限公司承担县农合联资产经营公司职能，开展日常运作。根据县农合联《关于建立“三位一体”农民合作经济组织体系建设工作机制的通知》精神，县农合联执委会与县农业局、县农信联社共同开展合作社规范和星级评定工作，通过开展农民专业合作社授信评级，全县评出星级专业合作社475家，授信贷款额度1.47亿元；采用“信用+保证”“信用+联保”等方式向120多家专业合作社发放6000多万元的生产资金贷款和农副产品贩销款。

【常山两山农林合作社联合社正式运行】 2017年，县农合联以中央财政支持农民合作社创新试点为契机，组建具备金融创新服务功能的现代农业联合服务组织——常山两山农林合作社联合社（以下简称“联合社”），联合社发起人出资1000万元，县财政注入风险金1000万元，联合社可运营资本共2000万元，县农信联社以资金池形式予以信贷授信放大10倍，即联合社实际可提供社员融资担保额度2亿元。银行贷款利率为人民银行同期基准利率下浮10%，县财政按发放的贷款额以基准利率的40%补贴给贷款银行。经半年试运行，吸收会员100余个，有意向贷款并通过联合社担保的会员有50余个，资金需求7000万元左右。通过与县农信联社共同调查，已给予30余个会员近5000万元的预授信金额，已担保放款客户30个、金额2400万元。联合社建立与县农信联社、担保公司合作机制，创建银行授信体系，通过对社员的产前金融服务、产中技术服务、产后销售服务，为社员贷款提供有偿担保和资金互助。全县有96家合作社、家庭农场等主体通过联合社获得资金互助，在县农信联社顺利转贷，续贷金额7600万元。联合社代表县农合联承接县政府转移的农业“三项补贴”综合改革试点资金定向服务和粮食生产产业化服务，指导科隆粮食专业合作社联合社成立粮食银行，探索粮食生产合作互助服务的新领域，投资300余万元建成粮食烘干、加工厂，全年实施统防统治和农机作业近1万亩，带动粮农3000余户。

【助力常山特色农产品发展】 2017年，县农合联开展为农服务活动，助力常山特色农产品发展。3—5月，帮助完成衢枳壳等常山特色农产品烘干、加工及产销主体培育；4—11月，现场指导高端农产品生产基地建设；6—12月，开展浙江衢枳壳之乡、浙江中药材之乡培育及申报参评活动。完成培育衢枳壳等常山特色农产品烘干、加工及产销主体10家。建成高端农产品（葡萄柚）生产基地1个。青石镇被评为浙江衢枳壳之乡、球川镇被评为浙江中药材之乡。

【基层供销组织建设】 2017年，全县新增联合社2家，分别是开展金融服务创新试点的常山两山农林合作社联合社和集粮食生产、加工、销售于一体的常山县湖东粮食专业合作社联合社。新昌乡供销社会同新昌乡农合联，对供销社场地进行全面修缮改造，设立特色农产品销售中心、商贸配送分销站、农业综合服务中心等，建成全县乡镇级农合联首个示范点。白石中心供销社会同白石镇农合联对白石中心供销社局部进行翻修，设立农资超市、庄稼医院、农业综合服务中心等，搭建起农合联、供销社联合为农服务平台，试行基层供销社和乡镇农合联融合发展模式,两家均当年通过考评认定。截至2017年年底，全系统领办农民合作社78家，联结30家，总数108家，占全县农民合作社总数比为30.51%。

（黄雪风）

粮食购销

【概况】 2017年，常山县粮食收储公司加强库存粮油质量管理和检查，加强粮食收购企业资格证办理和年检管理，粮食市场监督检查和监测预警工作运行正常；严格执行地方储备粮管理条例，县级储备管理实现规模、仓储、费用“三落实”，完成当年储备轮换和储备调拨任务。开展城镇粮油供应网点经销、库存情况调查，粮食质量监测工作规范有序；开展质量、品质检测工作，为粮食安全体系建设提供科学数据和监管保障。开展“双拥”(即拥军优属、拥政爱民）活动，提升军供服务水平。做好应急管理、抗灾防灾工作，做到“人员、物资、预案、措施”四到位，确保国家粮食和财产的安全。

【早稻订单落实到位】 2017年，全县落实早稻订单数量11938吨，比上年增加381吨，其中省级早稻订单委托收购计划8500吨，比上年增加500吨，县级储备轮换计划3409吨。早稻订单面积39262亩，涉及12个乡镇（街道）2021个农户，其中，大户93户，订单面积30016亩；散户1928户，订单面积

9246亩。粮食订单数量基本稳定。

【粮食收购政策严格推行】 2017年，常山县粮食收储公司严格执行早稻粮食订单收购和晚稻谷最低收购价格收购政策，做到“四上墙、五公开”（即服务承诺、收粮守则、收购价格、收粮人员名单上墙，服务时间、服务内容、入库仓点、计价办法、质量标准公开），让农民卖上“明白粮”“放心粮”“舒心粮”。全年实际收购县内农户的早稻谷11480吨，其中订单粮食早稻谷11374吨，包含芽谷比例超标的早稻谷621吨，重金属超标早稻谷1662吨，订单履约率95%；收购晚稻谷500吨，对县内粮食收购不足的地方储备粮晚稻谷，分二次委托中国网上粮食市场进行公开采购，按时保质保量地完成县级储备粮轮换计划。

【种粮大户融资改革】 2017年，常山县粮食收储公司采取早稻“预订单”形式，为种粮大户提供订单质押贷款。全县发放大户粮食订单质押贷款63户，发放贷款1323.4万元，比上年增加6户计149.4万元；发放预付定金27户，金额110万元，比上年增加4户17万元，有效解决大户的前期资金需求问题。

【常山县粮食收储公司效益稳步提高】 2017年年底，常山县粮食收储公司粮油储存数量达51529吨，其中省储粮达19500吨，衢州中央库代储粮食14439吨，代慈溪收储公司收购早稻谷1700吨。全年实现净利润127万元。

（樊鑫磊）

烟草专卖

【概况】 2017年，常山县烟草专卖局（分公司）实现卷烟销售量9725箱，实现销售额4.6亿元，实现税利1.2亿元。推进支付宝结算项目和星级终端建设，全县156零售户在口碑成功开店，完成支付宝结算交易笔数2.6万笔；建成星级终端292家，占比15.5%。查处各类涉烟违法案件54起，卷烟9.3万条，案值1922万元；破获网络案件2起，其中“1·1”案件被公安部列为部督案件、特级网络案件，被评为2017年全国十大经典案例，该案件持证户售私获刑在浙江属首例，在全省、全市烟草工作会议上得到肯定。

是年，县烟草专卖局（分公司）获评“全省卷烟打私工作成绩突出集体”、全市烟草系统年度综合考核第二名；县烟草专卖局（分公司）机关党总支获评“衢州市烟草系统2016—2017年度先进基层党组织”；县烟草专卖局（分公司）车队获评“浙江省烟草系统安全生产工作先进车队”。县烟草专卖局（分公司）干部职工获评“全省卷烟打私工作成绩突出个人”4人、“全省第四届烟草制品购销职业技能竞赛”二等奖各1人；获评“衢州市烟草系统打假破网标兵”1人、获评“衢州市烟草系统2016—2017年度优秀共产党员”“衢州市烟草系统2016—2017年度优秀党务工作者”各1人。获“衢州市烟草系统优秀模板”1个。

【市场净化专项行动全面开展】 2017年，县烟草专卖局（分公司）开展“猎狐1号”“猎狐2号”“金盾一号”专项行动，强化卡口和本地市场监管，维护卷烟市场秩序，市场净化率达98.8%。探索许可证网上受理及完善许可后续监管工作，实行即来即受，落实“最多跑一次”改革，全年办理受理各类行政许可类事项申请804份；未发生行政复议及行政诉讼案件。

【“阳光助学”活动开展】 2017年，县烟草专卖局（分公司）开展“阳光助学”活动，资助2016年考上全日制大学本科以上的15名零售客户子女。开展扶贫帮困和志愿活动，支持联系村、挂联社区建设，全年捐赠13.5万余元。利用“3·15”消费者权益保护日、“浙江法治宣传月”、“5·15”打击和防范经济犯罪宣传日、“12·4”宪法宣传日活动，宣传烟草专卖法律法规，提供投诉处理、真假烟鉴别等服务。

（吴菁）

通 信

邮 政

【概况】 2017年，中国邮政集团公司浙江省常山县分公司（以下简称“邮政常山分公司”）注重金融业务、寄递业务和农村电商业务发展，为广大城乡居民提供储蓄、汇兑、便民取款等基础金融服务和代理保险服务，并提供工资、社保、养老金、来料加工费各类补贴代发服务。截至2017年年底，全县有邮政局所8处、邮政储蓄网点10处、空白乡镇邮政局所6处、信筒信箱38个、用户信报箱1584只、从业人员127人。固定资产净值1110万元，邮政生产用房2732平方米，非生产用房12319平方米，邮政生产用计算机111台，邮政邮运汽车3辆，邮运路线3条，其中乡邮4条、总长1450千米。从常山出口的信件和物品可以递送到世界各地，特快专递通达200多个国家和地区。全年完成邮政业务收入2097万元，比上年增长14.61%。在全县范围内新增15个E邮柜站点，给更多市民提供取件便利。邮政常山分公司配合常山县D级危旧房治理改造工作，完成城南网点的迁址。抽调人员、车辆成立“邮政服务小分队”，采取业主自行去金融网点登记预约、邮政小分队拆迁现场宣传预约、打电话预约等方式，面向所有涉及危旧房治理改造的业主进行不间断服务，累计提供服务100多次。

【邮政储蓄】 2017年，邮政常山分公司以客户为中心，以市场为导向，开展电话营销、走访宣传、联谊活动，梳理客户信息，实行客户分层分级管理，注重客户资源的挖掘与维护，建立起“获客、获信、获金”的销售模型，有效吸引客户，聚集网点人气，促进金融业务发展。至年末，储蓄余额7.3亿元，比上年净增11847万元，居民储蓄存款市场占有率7.87%，比上年提高0.48个百分点。全县代理保险新增系统内保费6395万元，完成全年总保费目标任务114%。

【函件邮册主题营销】 2017年，邮政常山分公司函件业务以主题营销为切入点，对接14家县级机关单位，编绘《常山县中小学生安全漫画读本》。制作第六个“全国赏石日”个性化邮册《何处心安 慢城常山》1000册，用作县文化外宣礼品；该邮册由“中国梦·民族振兴”及12枚个性化邮票组成，展示常山县重点项目建设成果，累计实现业务收入28.8万元。

【快递包裹业务】 2017年，邮政常山分公司落实“建档—蓄客—提升”三步走策略，促进快递包裹业务发展。3月开发“柚子茶”项目，单日最多收寄3500件；8月开发“小番薯”项目，单日最多收寄500件；11月开发“胡柚生鲜”项目，日均收寄均在800件左右，单日最多收寄达1500件。

【城南营业网点搬迁】 2017年，经浙江省建设工程质量检验站有限公司鉴定，中国邮政储蓄银行股份有限公司常山县城南营业所所在楼房为D级危旧房屋，为落实政府工作安排，常山县分公司对城南营业所进行迁址,从原址常山县天马街道朝阳路42—48号，搬迁至新址常山县天马街道人民路79—83号。

【“百日大行动”员工行为排查】 2017年，邮政常山分公司开展“百日大行动”员工行为排查，从章戳管理等基础工作入手，细化重点关注人员的排查指标。坚持问题导向，狠抓风险隐患治理工作。完善事故、案件防控机制和工作措施，注重过程管控，突出节点，严密防范。加大安防设施投入，确保人身、资金安全。

常山邮政分公司2017年业务收入情况

表10

收入名称		金 额（万元）	比上年增长（%）
邮政业务总收入		2097	14.61
其中	函件收入	83	10.99
	快递包裹	134	70.92
	报刊收入	173	-20.63
	储蓄收入	1322	27.02
	集邮收入	89	-15.47
	分销业务	8	-77.73
	信息业务	52	4.38
	机要通信	2	497.33
	其他收入	234	4.08

（周露婷）

电信·移动·联通

【概况】 2017年，中国电信股份有限公司常山分公司（以下简称“电信常山分公司”）完成56个新增800M基站建设工作，累计在网4G基站数354个，实现全县800M信号全覆盖，CA业务在城区全面拓展，楼宇、弱覆盖区域的4G微站覆盖进一步深化，4G业务网络服务质量全面提升。新增主干10G链路扩容8条，确保乡镇一级网络带宽；FTTB网络开始向全FTTH网络转型，新开ONU设备100余套，简化网络结构，通信网络实现扁平化管理和传输网络IP化。完成56台DSLAM设备共计1821个ADSL用户和6379户单固用户的FTTH平移，100余台SDH设备的退网割接及其关联的147台接入设备的退网工作。在2016年光网全覆盖的基础上，全县农村老用户全部实行平移至光网上，让农村每个用户进入到光网时代。完成主营收入4532万元。截至2017年年底，中国电信天翼移动通信、光宽带、天翼高清（ITV）用户数达14万余户。全县14个乡镇（街道）覆盖19家专营门店，并通过翼支付商户、丰收驿站、邮乐购等合作新增59条延伸到村的泛渠道，实现电信服务网点达到“一乡镇一网点（专营店），一村一点”的有效覆盖。

电信常山分公司配合全县“危旧房”改造工作，提前完成73幢危旧房拆除涉及的杆线迁改。保障常山“国际慢城”开发建设，率先完成电信常山分公司责任区块通信杆整治的联合杆路及管道建设工作。服务全县小城镇环境综合整治行动，助推大桥头乡、同弓乡、辉埠镇、球川镇、新昌乡、青石镇的美丽乡村综合整治项目建设。

是年，电信常山分公司获2017年度先进经营单位、衢州市“治安安全先进单位”等荣誉。

2017年，中国移动通信集团浙江有限公司常山分公司（以下简称“中国移动常山分公司”）在职员工74人，固定资产超过2.63亿元；4G基站站点有320个；家庭宽带户籍覆盖率为115.59%。推进“4G+”一号工程，完成全球移动通信系统改造365个，全网基站具备GSM/FDD/NB-IOT三模能力，制定网络质量评估体系和业务感知指标体系。配合县政府完成第六个全国“赏石日”和“房车节”等大型保障活动10余次，助力县危旧房治理改造工作，完成迁改立项70个。运营收入比上年增长8.04%；用户日通份额占比87.5%。

2017年，中国联合网络通信有限公司常山县分公司（以下简称“联通常山分公司”）聚焦4G规模发展、集团攻坚、存量经营、渠道布局、队伍建设工作，加强企业党风廉政和纪检建设。通过铁塔公司基站共享共建，常山联通无线网络覆盖快速提升，移动基站累计282个，新建室分12套，新建4G站点50个，新建光缆260千米，新建管道70千米，实现县城、乡镇、工业园区LIE连续覆盖，党政机关、商务楼宇、医院等高流量区域深度覆盖。通过流程优化，宽带装移机及时率达100%，客户感知持续提升。至年底，联通常山分公司有员工21人，拥有市级专业技术骨干1人、省级内训师1人、市级销售服务精英1人。

是年，联通常山分公司获常山县“县级精神文明单位”“常山县数字城管先进单位”。

【电信助推“智慧城市”建设】 2017年，电信常山分公司根据“云上浙江、数据强省”以及衢州“全域智慧化”的战略部署，会同常山县信息中心开展全县电子政务无线网项目建设，实现移动智慧办公，将电子政务延伸到180个村和8个社区，实现电子政务无线网进百家单位，为推进“最多跑一次”基层建设提供网络基础。电信常山分公司对接全县“四个平台”基层治理系统建设，第一时间完成县级指挥中心及辉埠镇指挥中心建设，完成辉埠镇各行政村的监控覆盖。通过发展无线城市、政务云、教育云、翼支付，全县信息化水平大幅提升，“智慧常山”“平安常山”建设步伐明显加快，“智慧城市”建设成果不断扩大。

【移动服务和业务转型】 2017年，移动常山分公司开展销售服务能力优化升级，转型实体渠道经营模式，新建加盟厅2个。开展客户服务满意度提升活动，全年满意度保持在99%以上。推进智慧运营项目，开发大数据应用分析、千里眼平台等应用，助力智慧城市管理。与政府部门、集团开展5个合作项目，投入资金336万元，以大数据分析为基础，为城市规划、旅游开发、人口统计等提供科学决策依据。

【分组传输网络核心层互通联调测试完成】 2017年，衢州联通和衢州电信通过双方核心设备采取L3VPN option_A方式互联，采用BGP动态路由协议，完成分组传输网络核心层互通联调测试。双方核心设备采用口子型网络拓扑，通过不同节点不同路由互联实现网络安全保护，同时采用BFD检测技术，有效缩短保护倒换的时间，确保业务体验不受影响。

【“国考”网上巡查系统常山一中考点建设】 2017年3月，联通常山分公司会同县教育局推进国家教育考试网上巡查系统常山县第一中学考点建设工作，完成常山一中考点107个点位建设。建成的常山一中考点国家教育考试网上巡查系统，包含普通教室100个、计算机教室6个，以及保密室、考务工作室、校级巡考指挥室、校园广播室各1个。

【助力“智慧农业”信息化建设】 2017年，联通常山分公司中标实施常山县农业物联网项目“智慧农业”。该项目基于物联网的精准农业监测系统，通过无线传感器节点实时采集农作物生长所需的空气温度、空气湿度、土壤温度、土壤湿度、光照强度、二氧化碳浓度等参数；同时，在环境参数超标的情况下，系统可以远程对遮阳帘、风机、灌溉装置等进行控制，实现农业生产的智能化管理。

（张芹 章国芳 樊雄飞）

交通

综述

2017年，常山县交通运输局（以下简称“县交通局”）计划交通项目建设投资7.1亿元，实际完成投资约8.38亿元，年内8个重点建设项目（320国道衢州航埠至常山草坪段改建工程、048省道延伸线常山溪口至宋畈公路工程、常山县农村公路提升改造工程、国际慢城通景道路工程、衢州市沿江公路常山段工程、常山县公铁路衔接型综合客运枢纽建设工程、杭金衢高速公路拓宽工程、351国道建设工程）突破难题提速推进，3个重大前期项目（何家至辉埠公路工程、常山江航道开发工程、浙西连廊工程）进展顺利，15个非重点项目同步跟进。

公路养护围绕美丽公路和民生服务两条主线。推行科学管养方法，提高管养水平，完善公路养护管理体制，建立长效管理机制，2017年投入资金5606万元，增设各类交通警示标志、交通安全设施，养护累计清理路肩10.55万平方米，清理边沟260.6千米，人工清扫路面1493千米，清扫车扫路面8.01万千米,清理白色污染586千米,路面冲洗36千米,撒防滑料6800平方米,清理塌方10590立方米，桥面保洁排水746座，隧道保洁5.32万平方米，修补坑槽沉陷3.24万平方米，清理堆积物1795立方米,疏通排水0.73千米,处理拥包泛油1200平方米，裂缝封口灌缝处理1.2万平方米，疏通修理涵洞8道，刷新里程碑、百米桩、示警桩1268个，绿化草坪清理8.72万平方米，草坪治虫6000平方米，行道树抹芽7980株，行道树刷白52.6千米，化学除草599千米，绿化带修剪610千米。以浙江省“四好公路”（即建好、养好、管好、经营好）要求为蓝本，编制《常山县美丽公路总体规划》，创建10条精品旅游休闲美丽农村公路网格。以省政府“农村公路提升改善工程”为契机，常山县完成衢州市2017年农村公路工作目标任务的要求。常山县农村公路管理中心（以下简称“县农管中心”）组织实施2个公路养护工程：一是东龙线至梅树底改造工程，全线拓宽改造里程2.04千米，工程于2016年10月底开工，截至2017年年底全面完工，完成投资922万元；二是姜家堡至渣濑湾改造工程，硬化里程4.905千米，计划投资1800万元，截至2017年年底完成桥梁和路基建设，占总工程量的70%。常山县公路管理局（以下简称“县公路局”）发挥养护技能，实施代建和外接业务建设项目3个，其中代建工程（常山工业园区纬二路与205国道交叉口改造工程）和205国道山深线开化金星至江山廿八都段2017年路面整治工程（开化段），均于2017年年底完工；外接的常山县湖口至黄冈山公路改造提升工程中标价为685.84万元，全线长3.03千米，2017年8月10日开工，工期6个月，截至年底已完成工程进度65%。

运输管理围绕服务和安全两个意识。县交通局优先发展城市公交，有序发展网约车；开启“互联网+”便捷移动支付模式；更新10辆新能源公交车，新建27个农村港湾式停靠站。10月完成全省“村村通”行动部署任务，惠及偏远山区群众1.1万人。开展“三防”“安全生产月”“安全生产万里行”“道路平安年”活动，在全国两会期间、一路一带高峰论坛期间和世界互联网大会，以及节假日期间加强安全生产工作监管。完成春节运输任务，全县在春运期间投放营运车辆268辆5758客位，完成公路客运量68.3万人和周转量1761万人千米。开展安全隐患大排查大整治专项行动，全年开展行业安全检查216次，全系统排查房屋24幢、客运站场7个、公交客运车辆191辆、危险货运运输企业2家、维修企业11家、渡船6艘、公路隧道6处、在建工地10处，整治市级事故黑点3处，排查出危房2处（湖东道班房、球川道班房），下发整改通知书12起，消除安全隐患74处，整改率100%。组织开展“三防”应急抢险和交通战备钢桥架设演练，累计参加演练人数260多人，累计投入安全宣传培训及演练资金7.5万元。

行政执法突出素质培养和执法规范两个重心。2017年，县交通局组织执法人员培训150多人次，强化培训管理，内部建立机制无缝监管，通过“12328”平台、“12345”政府服务热线、信访举报和网络举报等方式实现外部监督。落实常山县人民政府办公室《关于开展行政规范性文件清理工作的通知》文件，梳理出历年规范性文件18个，其中对县级涉及交通的规范性文件8个提出梳理意见。助力“最多跑一次”改革，制定占用、挖掘公路等11项行政许可标准模板，实行标准化管理，细化具体实施的程序和实体要求，建成电子证照库，提供数字证照的生成、管理、共享服务。开展多方联合执法，落实交警牵头，路政、运政配合的超限超载综合执法机制，推进“跑冒滴漏”专项治理，淘汰不达标石灰钙企业44家、整治轻钙碳酸钙企业16家；超限检测站查处超限车辆157辆/次，卸载157辆，卸载货物5451.66吨，卸载率达100%。县公路局路政大队开展严禁在公路用地内“抢栽、抢种、抢建”等三抢宣传活动，出动路政人员300人次、路政车辆100辆次；公路沿线集镇、村庄、社区等发放宣传资料800余份。实施交通工程质量和安全监督工作，全年下达质量监督意见书8份，安全监督4份，确保受监项目监督覆盖率达100%，监督工程质量合格率达100%，全年无重大质量安全事故，安全生产零伤亡。办结行政处罚案件45起（运管案件），交通窗口办理许可服务事项 8291件，其中办理审批许可155件、许可证发放（含换证、补证、变更、注销）815件，新增车辆道路运输证1594件，从业资格证发证77件，从业资格证继续教育273件，审验运输车辆3216件，车辆技术评定2161件。

是年，县交通局获市交通局2016年度目标综合考评优秀奖和安全生产目标责任制优秀等次；常山县交通战备办公室获衢州市国防动员委员会2016年国防动员工作先进单位；048省道延伸线L3标获市交通局2016年度公路水运工程“平安工地”市级示范施工合同段；县交通局获常山县2016年度全县建设“平安常山”暨综治维稳工作先进集体，获县政府2017年全县春运工作先进集体。

公路

【概况】 截至2017年年底，常山县境内有国家高速公路3条、国道2条、省道1条、县道22条、乡道34条、村道362条，公路通车总里程1050.38千米。公路密度每百平方千米95.58千米，其中，高速公路89.00千米(G60即沪昆高速公路41.63千米、G3即京台高速公路31.13千米、G60N即杭长高速公路16.24千米)，一般国道63.45千米（205国道即山深线23.49千米、320国道即沪瑞线39.96千米），221省道（江溪线）8.63 千米，县道257.65千米，乡道168.24千米，村道463.41千米。国省道干线公路里程161.08千米，占公路总里程的15.34%；县道占公路总里程的24.53%；乡道占公路总里程的16.01%；村道占公路总里程的44.12%，公路通行政村率100%。全县公路桥梁364座，总长26630.09延米；其中，互通式立交桥9座、1636.34延米，每百公里拥有桥梁34.69座；按跨径分，特大桥1座1263.18延米，大桥56座15797.38延米，中桥84座4693.2延米，小桥222座4856.33延米。全县公路隧道34道，总长30352.4延米；其中，长隧道9道19793延米，中隧道10道7133.4延米，短隧道15道3426延米。

2017年，全县从事道路旅客运输经营业户数12户，其中城市公交公司1户；出租公司2户；班车客运9户，其中包车客运

1户。公路旅客营运车辆222辆（包括出租车54辆），合计4112座位（包括出租车270座），其中大型客车33辆1769座、中型客车136辆2343座。完成旅客运输量423万人次，客运周转量15070.8万人公里。全县在册物流公司103户，货物运输车辆总数2697辆52423吨，其中12吨以上重载营运货车1248辆18385吨；全县从事危险品运输车辆48辆824吨。全县道路客运线路61条日发班次706个，其中跨省线路1条日发班次20个，跨市线路16条日发班次34个，跨县线路3条日发班次143个，县境内线路41条日发班次509个。全县等级客运站7个，其中二级站1个、四级站6个。农村客运班线通建制村率100%。客运出租汽车经营车辆54辆。全县机动车驾驶培训机构6个，其中二级驾培机构1个、三级驾培机构5个；全县教练车128辆，教练员146人，全年培训驾驶员2851人次，教学场地（含租赁场地）9万平方米。全县各类机动车维修企业户25个，其中一类机动车维修企业2个、二类机动车维修企业14个、三类机动车维修业户9个，维修各类车辆33759辆次。全县汽车综合性能检测站1个，检测车辆2375辆次。道路运输从业人员合计2571人，其中道路旅客运输从业306人、道路货物运输从业1651人、站（场）经营从业30人、机动车维修从业230人、机动车驾驶员培训从业172人、其他从业182人。

【320国道衢州航埠至常山草坪段改建工程】 2017年8月18日，浙江省发展和改革委员会发布《关于320国道衢州航埠至常山草坪段改建工程初步设计批复的函》文件，该工程主线采用部颁《公路工程技术标准》（JTGB01－2014）中的双向四车道一级公路技术标准，设计速度80千米/小时，路基宽24.5米（穿镇路段路基宽31.5米），主线新建特大桥1座2045米，大桥1座662米，改建老桥5座103米、互通立交1处、公路服务站1处；用地种规模1983亩，核定投资概算130362.94万元，建设资金除省交通运输厅投资补助3.93亿元外，其余由柯城区、常山县财政筹措。该工程分2个标段，其中L1标为新建路段（起讫桩号为K469+000～K475+840）施工单位，计划先行开工建设，L2标段为原路加宽施工单位，9月29日完成新建路段招投标，L1标中标单位为南京交通工程有限公司，主要工程为路基、路面、桥涵等工程的实施、完成及缺陷责任期内的缺陷修复，工期为24个月，缺陷责任期24月，监理单位为湖州市公路水运工程监理咨询有限公司。10月19日，组织中标单位法人约谈、发放中标通知书、签订施工合同。10月24日，施工单位完成项目部人员组建进场，做开工前的准备工作。11月9日，青石镇政府召开320国道新建段沿线行政村征迁动员会。11月13日，召开320国道施工安全总体风险评估论证会。12月，进入渣赖湾村梦之岛段路基清表阶段，常林纸业第一区块厂房拆除进度达80%，至年底完成投资2.3亿元，L2标段已完成施工图审查，准备招投标。

【048省道延伸线常山溪口至宋畈公路工程】 该工程设计单位为衢州市交通设计有限公司。截至2017年年底，第一合同段全部完成；第二合同段开工日期2014年1月18日，工期已延期35个月，累计完成工程量4154万元，占合同总价的92.6%，剩余工程量为标尾路基填筑及边坡防护等；第三合同段有5幢房屋未拆除，部分高压杆线未迁移，于2016年4月20日开工建设，累计完成工程量4472万元，占合同总价的46%，剩余工程量为路基填筑、挖方、砌筑工程、路基防护，路面工程等；第四合同段有13幢房屋未签订协议，相关杆线尚未迁移，于2017年5月21日开工建设，累计实际完成工程量1193万元，占合同总价的17.9%。

【2017年全县农村公路工作任务完成】 2017年4月17日，衢州市交通运输局下达常山县2017年农村公路工作目标任务，包括农村公路提升改造50.9千米、新建农村公路5.1千米、路面维修33.04千米、安全生命防护工程里程15.85千米、危桥改造5座、规范化

管理站1个、服务站点3个、客车通达建制村10个、港湾式停靠站27个。县交通局进行任务分解并全部完成。其中，县农管中心完成农村公路提升改造里程51千米、投资2372万元，新建村道3条5.1千米、投资640万元，安全生命防护工程道钢质护栏13.07千米、投资230万元，东案乡前库桥病危桥改造、投资110万元，乡村道维修21043平方米、投资501万元，同弓乡规范化管理站创建、投资20万元；县公路管理局完成县道路面维修23.79千米、投资2250万元，危桥3座（东鲁桥、塘边公铁立交桥、大湖口桥）改造、投资380万元，以及完成东案、芳村、三衢山3个服务站点改造项目建设；县运管所负责完成村村通和港湾式停靠站建设。

【国际慢城通景公路工程】 该项目是常山县首个交通土建类PPP项目，社会资本方为浙江省建工集团有限责任公司（浙江常绿投资有限公司），工程建设内容包括三衢湖至城东新区道路工程和狮子湖环路建设工程，路线全长17.04千米，其中三衢湖至城东新区道路工程（通景路）路线全长6.44千米，路面宽6米，公路等级三级。全线涉及紫港街道的狮子口村、狮东村、外港村、渣濑湾村。狮子湖环路建设工程（环湖路）路线全长10.6千米，主要沿狮子口水库周边布设，路面宽度3.5米，彩色沥青路面，公路等级准四级。该项目于2017年2月完成工程招投标，总投资1.16亿元，施工单位为新疆塔里木建设集团有限公司，监理单位为浙江求是监理咨询有限公司，2017年3月开工，截至年底，路基、桥梁施工完成80%，完成投资约8060万元（含征迁费），工程进度为73%。

【衢州市沿江公路常山段工程】 2016年9月21日取得市发改委项目立项批复，2017年3月2日取得市发改委工程可行性研究批复，6月6日取得常山县发改委初步设计批复，9月29日，县交通局与中电建路桥集团有限公司签署衢州市沿江公路常山段工程项目PPP合同，注册成立中电建路桥集团有限公司常山沿江公路投资发展有限公司，继签项目实施的补充合同；12月19日取得施工许可证；12月22日取得通过衢州市水利局关于湖口大桥防洪影响评价。截至2017年年底，实施固定资产投资9800万元，完成工程进度约20%。

【常山县公铁路衔接型综合客运枢纽工程】 该项目选址在常山县火车站区块，用地面积约60亩。2017年7月21日县发改局签发受理项目；8月8日县住建局颁发选址证书；8月17日通过县国资局无矿产资源压覆和用地预审的审批；8月28日通过常山县万合测绘有限公司土地勘测定界报告；9月12日经核工业金华工程勘察院通过地质灾害评估报告；9月28日并委托县国土局统征办与外港村、渣濑湾村签订征地补偿协议草案；12月通过县国土局统一将土地农转用报批材料报送省国土厅审批。截至年底，工可方案报批稿已完成。

【杭金衢高速公路拓宽工程】 2017年6月19日，省发改委批复该工程可行性研究报告。7月19日，衢州市人民政府办公室发文成立杭金衢高速公路衢州段改扩建工程建设领导小组。9月30日，省发改委批复该工程初步设计方案。10月11日，常山县人民政府办公室发文成立杭金衢高速公路常山段改扩建工程建设领导小组。11月10日，常山先行段勘界报告初稿递交省指挥部；11月13日省交通厅批复《先行段工程土建施工图设计方案》。12月26日举行重大交通项目集中开工仪式。截至年底，完成约72亩的土地分户丈量及地面附着物清点，土地征收进度35%，招贤镇山底村路段启动路基清表工作。

【351国道常山段建设工程】 351国道龙游横山至开化华埠公路常山段建设工程可行性研究报告于2017年6月20日获省交通运输厅批准；7月20日，初步设计审查会议在衢州召开。10月30日，县交通局根据县政府批复组织实施PPP项目方案开展政府采购，由

于投标单位家数少于规定数量，项目采购流标。12月，县政府授权县交通局为该项目PPP实施机构，负责项目的前期评估论证、实施方案编制、合作伙伴选择、项目合同签订、组织实施及合作期满移交等工作；县交通局根据县政府十六届第15次常务会议精神重新组织PPP项目采购事项。该项目先行开工段于12月10日完成施工图设计，征迁工作同时进行，12月26日完成监理招标。截至年底，完成投资2.2亿元。

【衢州绿色产业集聚区何家至辉埠公路工程】 2017年7月31日，常山县人民政府审核并同意该项目社会稳定风险评估报告。9月8日，该项目可行性研究报告评估咨询会在杭州召开。12月13日，省交通运输厅办公室转发浙江省发展和改革委员会的文件，通过该项目的可行性研究报告。县交通局根据此批复对建设方案作进一步优化。至年底，初步设计方案呈报省公路管理局组织审查审批。

【鲁里合资加油站试营业】 2013年，常山县交通发展投资有限责任公司与中国石化销售有限公司合资组建“常山县中石化交通经营有限公司”，其中前者占40%股份，后者占60%股份。鲁里合资加油站位于朱家坞205国道服务区内，是常山县中石化交通经营有限公司首个投资完成的加油站，2017年4月6日进入试营业阶段，至年底产生经济效益20余万元。

【常山县出租车更新】 2017年1月6日，常山县52辆新起亚出租车启用，其中有7辆油气两用车，每次充足天然气可行驶200千米左右。此次投放的新车，采用驾驶员以车辆入股出租车公司的管理方式。创立出租公司、移动通信、广告公司三方合作的模式，出租车免费安装LED顶灯，闪烁着“何处心安，慢城常山”“常山欢迎您”的公益广告，车内安装GPS和车辆监控、视频等，平台管理人员通过电脑或手机掌握车辆行驶路径及更换广告语。更新后的出租车计费标准为1.5千米范围内5元起步价，超出基价里程每千米2.2元计算价格，利用微信软件建立“常山TAXI叫车群”，可在此微信群约车，也可在滴滴平台预约出租车。

【建制村客车“村村通”专项行动】 2017年4月13日，县交通局制定《常山县建制村客车“村村通”专项行动的工作方案》，对全县没有通客车的招贤镇游林村，大桥头乡友好村、客弄村，芳村镇大处村、前进村、石塘村、前塘村、东岗村，新昌乡西源村、泰安村10个建制村（即行政村与客运车辆运行起点、终点或中途停靠站点距离超过2千米的建制村）研究解决方案，首先由县农管中心对西源村、大处村、前进村、石塘村、前塘村、东岗村、游林村、客弄村8个村的道路进行通行状况提升改造，涉及里程35.8千米，投资1219.5万元；其次，由县运管所向通往这10个村的道路上新建港湾式停靠站3个，新购客车2辆，采取新增、延伸、优化等方式，新开通农村线路7条，新增运营里程120.4千米。10月25日，县交通局对整改情况进行实地踏勘和联合复审，认为以上10个村的7条客运班线的农村道路基本符合通车条件，并报县政府批准通车。至此，全县所有建制村100%通客车。

【新常山一中校区交通保障】 自2017年2月5日开始，县交通运输部门对7路公交车运行方式和走向作出调整：每天6:05开始由常山汽车站直接发往新常山一中校区（富足山），每趟班次间隔10—15分钟。每逢星期天下午12:00—16:00，加开常山汽车站至新常山一中校区专线班车，每趟间隔约20分钟，线路由常山汽车站经广电大楼、梅园小区、国际大酒店、农贸城、建材市场（迅鸿国际）、新常山一中校门。晚自修离校共安排3趟，21:30发2车，21:50发1车，路线由新校区出发经农贸城、国际大酒店、渡口小区、大东门市场、财政大楼（影剧院）、建设银行、教育局、汽车站。另外，星期六离校班车安排可根据学校具体放学时间确定。

【巴巴快巴在线服务开通】 2017年8月28日，常山县开通常山至衢州巴巴快巴，投资144万元(裸车价)购买6辆14座大巴车投入运营，前6个月推出1分钱乘车活动，后售票15元，停靠站点为常山塔山公园—教育局公交站—常山汽车站公交站—常衢候车点—农贸城公交站—金朝阳建材市场公交站—石博园大门公交站—衢州火车站—衢州客运中心—衢州花鸟市场—衢州红太阳停车场。至年底，客运量从开始的12%上升到45%。

【交通系统危旧房治理改造】 2017年4月7日，县政府印发《关于城区危旧房屋治理改造实施办法》，县交通局立即成立危旧房治理改造工作领导小组，对交通运输系统职工中本人及其直系亲属危旧房情况进行排查，第一批查出62户，任务数位居全县部门单位第二。通过成立“青年交通铁军”，采取“五加二”“白加黑”工作模式，开展房屋搬迁腾空上门政策宣传工作，至4月中旬，第一阶段62户危房搬迁腾空协议签约任务全部完成。至5月13日，第二、第三批共11户危旧房腾空任务全部完成。

【备战常山国际赏石文化节】 2017年，“8·30”第六个全国赏石日暨首届常山国际赏石文化节筹备期间，县交通局派出执法人员271人次参与青石镇政府、交警等联合行动，对320国道青石段、221省道常山段公路沿线进行路域环境整治；县公路局投入资金15万多元，修复指路标志牌6块，增设标志牌8块，道口示警柱杆10余根，划标志标线4000多平方米，整顿车辆修理点8处。活动期间，县交通部门增添6辆客车，每天增开常山至衢州火车站的客运班车24班次。

【常山公交车实现移动支付】 2017年9月4日起，县交通运输局、县农村信用联社联合县三衢公交有限公司率先推出公交移动支付。常山县城市公交10条线路上的45辆公交车均支持移动支付。常山城市公交在原有IC卡支付的基础上，增加银联卡云闪付、微信支付等功能。各大银行发行的以“62”开头且开通闪付功能的金融IC卡，Apple Pay或具有NFC功能的手机、手表、手环等各类移动设备绑定银联IC卡后都可以在公交车上进行移动支付，刷卡乘车。此外，市民也可以使用微信中的付款码支付公交费用。

【9路公交车开通】 2017年12月28日，县交通运输部门与九景衢铁路及常山县火车站正式开通运营的同日，开通9号公交专线。该线路由常山县三衢公共交通有限公司负责投资运营，选用8米长纯电动公交客车，固定座26个，核定载客45人；线路走向：由常山汽车站发车，途经广电大楼、梅园小区（中医院）、东苑小区（国际大酒店）、湖畔嘉苑、江滨小区（交警大队）、人民法院（泰隆银行）、东方广场、外港大道、火车站；票价实行全途2元一票制；每日发11个班次。至年底，日均客流量约200人，路线班次基本能够保证该线正常客流运行。

【赵家坪城市公交首末站建设】 2017年7月4日，常山县规划国土工作联席会议第十一次会议同意常山县城市公交首末站选址赵家坪；7月14日，县发改局签发受理项目；8月2日，县住建局批复选址证书；8月4日，县国资局批准用地；10月17日，县国土局划拨用地。该项目总投资约650万元，建设施工单位为浙江顺风建筑工程有限公司，监理单位为浙江金凌监理咨询有限公司。10月进场施工。至年底，主体工程完成40%；20台纯电动车充电桩开始安装调试。

【城南临时城市公交首末站建设】 城南临时公交首末站项目临时用地选址在城南三号路与宾馆路交叉口东北侧，用地面积3500平方米，建设资金纳入危旧房治理改造专项资金中，总投资约45万元，由县交通运输部门组织实施。施工单位为浙江顺风建筑工程有限公司。2017年9月27日进场施工，至年底，主体工程完成96%，4台纯电动车充电桩安装调试。

【赵家坪临时汽车站建设】 2017年6月8日，县政府第7次常务会议确定在赵家坪建设临时汽车站。赵家坪临时汽车站计划2—3年过渡期，面积比原汽车站多一倍，达56亩，采取钢结构建筑设计，主体建筑面积4500平方米，其他附属建筑面积3000多平方米，候车室、停车场、安全检查、维修设施俱全，站内设计155个停车位，总投资1200万元（不含后续搬迁、设备采购、内部改造费用）。该项目建设资金纳入危旧房治理改造专项资金中。该项目业主单位为常山县交通发展投资有限公司。6月21日完成项目招投标，中标单位为浙江顺风建筑工程有限公司，采取设计采购施工（EPC）总承包方式，监理单位为浙江金凌监理咨询有限公司，7月12日进场施工建设。7月14日县发改局签发受理项目。8月15日县住建局颁发选址证书。8月28日县国资局批复有限期用地许可。至年底，主体工程全部完工。

【纯电动公交车投入使用】 2017年，常山三衢公交公司与县政府各出资50%，共投入410万元，购买10辆纯电动公交车，于11月4日开始在1路公交线路上运营。此次投入运营的每辆纯电动公交车辆均为24个座位，核定载客45人。

【交通战备钢桥演练】 2017年11月8—10日，由常山县交通战备办公室组织，县公路局承办的钢桥架设演练竞赛在县公路局城北公路站举行。到场参加演练有省交战办、省公路管理局、市国防动员委员会综合办、市总工会、上海瑞沃路桥设备有限公司战备事业部，市交通运输局、市公路管理局领导及相关科室，各县（市、区）交通运输局领导、交战办副主任、联络员，各县（市、区）公路局（段）领导、联络员，总人数152人，其中交通战备专业保障队员7人、其他参赛队员47人，分6个代表队参加。演练内容有：理论模拟培训演练；应急出库演练，库内分类发货、装卸构件；分科目演练，实地拼装各类钢桥构件；共同科目演练，钢桥架设比赛。钢桥架设演练后，举行钢桥通车仪式和颁奖。

（朱月亮）

水路·铁路

【概况】 2017年，常山县水路交通以《2017年度主要工作目标责任书》为蓝本，预防和遏制水上重特大公共安全事故的发生，抓住各个事故多发时间节点和节假日渡口运输的安全隐患排查工作重点，实现连续34年水上交通安全无事故。开展联合水路运输核查工作，促使全县水运市场经营行为和秩序更加规范，渡口品质得到提升。在常山县溪东渡口码头和象湖渡口码头分别安装监控系统，实行数字化远程监控。开展常山港航所指导象湖渡口航段进行航道疏浚工作，向上争取补助资金5万元，完成象湖渡口南北两岸的疏浚。向上争取补助资金20余万元，完成溪东和千家排渡埠、候船亭的改造。常山县溪东渡口申报全省美丽渡口的创建评选。

2017年，常山县铁路工作办公室（以下简称“县铁办”）以“确保九景衢铁路顺利通车”为重点，全面完成“四电”（即通信、信号、电力、电力牵引供电）工程用地、既有衢常铁路南侧用地、视频监控用地以及基站、直放站进站道路用地征收工作，并督促施工单位完成铁路沿线“三改”（即改水、改渠、改路）工程152处。九景衢铁路于7月初全面完成工程施工，9月初正式启动联调联试，11月开始试运行，12月28日正式通车运营。是年，县铁办被授予“衢州市重点项目建设立功竞赛先进集体”称号。

【常山江航道开发工程】 2017年4月1日，县委、县政府决定成立由县委书记和县长分别担任组长的常山江航道开发工作领导小组，领导小组下设指挥部，指挥部成员从县交通局、水利局、规划中心、有关乡镇抽调。6月1日，湖北省交通规划设计研究院总工龚国祥一行4位专家到常山调研常山江疏浚及整治建设方案。7月27日，浙江省水利水电勘测设计院专家，市水利局、柯城区水利局有关专家到常山参加常山江航道开发建设方案技术研讨会。11月17日，交通运输部规划研究院水运所副所长袁其军一行3人到常山调研常山江航运和浙赣运河规划情况。12月11日，《常山县航运开发工程水路运量专题调研报告》编纂完成，为该工程纳入国家高等级航道网、列入交通部“十三五”规划中期调整实施类项目提供依据。

【九景衢铁路通车运营】 2017年12月28日，九景衢铁路正式通车运营，常山站每天有12趟列车经停，其中6趟D字头列车，6趟K字头列车。从常山站出发，可直达杭州、上海、南京、合肥、婺源、黄山、景德镇、九江、成都。

【常山高铁站启用】 2017年12月28日，“诗画浙江”常山行“慢城常山”号旅游专列接站暨常山高铁站启用仪式在常山站站前广场举行。常山高铁站位于紫港街道外港村（原麦坞村）和渣濑湾村交界处，站房规模为4000平方米，采用现代休闲风格，与城东新区城市设计建筑风格相协调，由中铁建设集团有限公司承建，于2016年6月5日开工建设，2017年12月28日正式交付使用。

（朱月亮 徐敏超）

城乡建设与管理

综 述

2017年，常山县城乡规划建设管理工作围绕城市发展，强化中心城市规划研究，完成规划编制项目7项，深化《常山县区域综合交通规划研究》等规划编制工作。城乡规划管理进一步加强，城乡空间布局更加协调。全县房地产有序发展，东方广场、西城花园等项目建设持续推进。实施“最多跑一次”改革，梳理事项清单。危旧房治理改造工作有序推进。加强农村规划管理，成功申报省级传统村落，指导美丽乡村及美丽宜居示范村建设。加强农房建设规划管控，建立健全农民建房审批权下放机制。开展小城镇环境综合整治行动，集镇建设取得长足发展。完善基础地理信息，加快智慧城市建设，完成数字城市地理空间框架建设，开展城市地下管线普查。全年办理建设项目选址意见书275份，选址面积200.1万平方米（不含乡镇）；办理建设用地规划许可证157份，用地面积75.6万平方米（不含乡镇）；办理建设工程规划许可证272份，建筑面积54.6万平方米（不含乡镇）；竣工规划核实21件，有力推进项目建设。出具规划设计条件11件；办理乡村建设规划许可证145份，建筑面积3.84万平方米。农村私人建房选址（用地）773件，许可（乡村建设规划许可、工程许可）740件，竣工规划核实13件。

规划编制

【概况】 2017年，县城乡规划中心实施完成规划编制项目7项，即《常山县燃气专项规划》《常山县城乡供水一体化专项规划》《常山县中心城区海绵城市专项规划》《常山县中心城区地下管线（含综合管廊）规划》《常山县胡柚大道景观概念规划》《常山县中心城区公交车线路近期规划》《常山县第一批历史建筑保护图则》。启动《常山县域空间发展战略研究》《常山县历史文化名城保护规划》《常山县社会事业布局规划》等规划的编制，深化《常山县区域综合交通规划研究》等规划编制工作。

【常山县燃气专项规划】 2017年，县城乡规划中心进行常山县燃气专项规划，规划范围以常山县中心城区为主，兼顾县域其他乡镇燃气工程。规划确定常山县输配系统由“二源、四站、一心、六支、多点”（“二源”即两路气源，“一路”即由常山门站、产业集聚区高中压调压站引入的省网管输天然气，为主气源；另一路为LNG气化站，通过公路槽车运送而来，作为管输气供应区域的应急气源及芳村镇的过渡气源。“四站”即四座主要的天然气场站，即由常山门站、产业集聚区高中压调压站、LNG应急气源站、芳村综合气源站。“一心”指中心城区中压管网。“六支”指由中心城区中心管网延伸至各乡镇的中压主干管：即辉埠支线、球川支线、白石支线、宋畈芳村支线、青石支线、招贤、大桥乡支线。“多点”指其他偏远乡镇自建供应站独立供应的区域管）组成，该规划设置天然气加气站10座、CNG汽车加气站4座、LNG车用加气站5座、LNG船用加气站1座。

【常山县城乡供水一体化专项规划】 2017年，县城乡规划中心编制《常山县城乡供水一体化专项规划》，合理确定常山县第二水源及取水口位置，推进常山城乡居民用水安全、水环境保护。该规划在现状城乡一体化格局的基础上，结合地形、区位、用水量预测分析，提出县域规划供水分区，中心城区、辉埠镇、青石镇、招贤镇、大桥头乡、东案乡、同弓乡、何家乡为分区一；球川镇、白石镇为分区二；芳村镇、新昌乡为分区三；原宋畈乡为分区四；原新桥乡、偏远村庄等分散供水区域为分区五。

【常山县中心城区海绵城市专项规划】 2017年，县城乡规划中心编制《常山县中心城区海绵城市专项规划》。该规划为涉水综合性规划，涉及面多、涉及面广，故突破规划要求的规划范围，分为县域规划范围、流域规划范围、重点规划范围3个层次。常山县海绵城市建设总体目标为“小雨不积水、大雨不成涝、水体不黑臭、热岛有缓解”。综合分析常山县山、水、林、田、湖等各种生态要素，综合叠加“基底—廊道—斑块”，构建常山县“一环、四核、五带、多廊、多点”（“一环”即千里岗山脉和怀玉山脉形成的两条山脉作为常山生态系统的大背景，将常山中心城区环绕在其中，形成生态防护的绿环。“四核”即北部是以芙蓉水库饮用水水源保护区为主的生态核心区；西部是以千家排水库饮用水水源保护区、三衢国家森林公园保护区为主的生态核心区；西部是以常山地质公园保护区为主的生态核心区；中部则是常山港饮用水水源保护区、三衢国家森林公园保护区、常山地质公园保护区和同弓伏江鹭鸟自然保护区为主的生态核心区。“五带”即以连续或间隔带状分布在生态功能保障区与人居环境保障区、环境优化准入区、环境重点准入区之间的生态农田。“多廊”即常山河道滨水绿廊、交通防护生态绿廊等；“多点”即楔入城中的山体斑块、水库斑块和公园斑块。）的“山—水—林—田—湖”相融的县域海绵城市总体空间格局。

【常山县中心城区地下管线（含综合管廊）规划】 2017年，县城乡规划中心编制《常山县中心城区地下管线（含综合管廊）规划》，完善城市地下管线体系，提高城市综合承载能力和城镇化发展质量。结合常山县现状，选择局部管廊建设的节点主要有道路与铁路交叉处、过江（常山港）通道、穿山隧道等，规划在童家路与铁路交叉处，徐村大桥、紫港大桥及富足山大桥，产业集聚区经六路与新都片创新东路，主城区望江路向南至胜利街再至支路一，建设综合管廊5处。

【常山县胡柚大道景观概念规划】 2017年，县城乡规划中心编制《常山县胡柚大道景观概念规划》。胡柚大道位于常山县东北部，西南起自狮子口，苦狮线与048省道交叉，北达芙蓉水库，全程长约30.6千米。核心区范围为常山国际慢城与胡柚大道相交的核心区域。研究范围包括国际慢城区域以及胡柚大道两侧村庄。规划胡柚大道的定位为一条连接慢乡和慢旅的景观带；一段重塑胡柚文化的展示载体；一处衔接胡柚产业的重要环节。该规划确立胡柚大道的空间结构为“一核、二心、两带、三片区”（“一核”即胡柚文化展示中心；“两心”即大桥头乡服务中心，东案乡服务中心。“两带”即虹桥溪景观带，芳村溪景观带。“三片区”即胡柚文化展示片区，美丽乡村示范片区，精品文化游览片区）。

【常山县中心城区公交车线路规划】 2017年，县城乡规划中心编制《常山县中心城区公交车线路规划》。该规划范围为常山县中心城区范围，部分线路延伸至辉埠老集镇及青石石博园区块。根据城市用地、人口布局，考虑县部分重大基础设施已经完成（如常山一中迁建、汽车站迁建、锦禾农机项目、东方广场地块、九景衢铁路常山站即将开通等），提出此次规划公交车近期线路方案。近期公交车线路方案以赵家坪公交枢纽站为中心，向东南西北各个方向辐射，形成“一环六射”的公交线路方案。近期规划公交线路有11条。

【常山县第一批历史建筑保护图则】 2017

年，县城乡规划中心编制《常山县第一批历史建筑保护图则》。通过开展常山县历史建筑实地普查与专项调查，比较全面地掌握常山县域范围内现存有价值历史建筑的整体数量、分布情况、保存现状、文化价值、周边环境的基本信息。此前，全县有326处历史建筑进行名录库并上报至上级主管部门，2017年报经县政府公布100处历史建筑，并编制50处历史建筑保护图则。100处历史建筑主要分布在里择祠历史文化街区、北门历史文化街区、芳村镇（芳村古街）。

规划管理

【概况】 2017年，县城乡规划中心实施“阳光规划”审批工作，办理建设项目选址意见书210份，选址面积200.1万平方米；办理建设用地规划许可证122份，用地面积75.6万平方米；办理建设工程规划许可证226份，建筑面积54.6万平方米；办理乡村建设规划许可证145份，建筑面积3.84万平方米。

【土地规划设计制定】 2017年，县城乡规划中心完成6宗土地的规划设计条件制定，即北门1区块1～4号地块、常山县徐家坞三期1号和2号地块、城南周塘花海地块、常山县第一小学西侧地块和江北农民新村1～7号地块，以及外港加油站地块。

【规划许可】 2017年，县城乡规划中心完成县西城花园二期、紫荆花园住宅高层1～6号及会所、东方广场城市综合体A地块、新都物流中心二期、翡翠园二期、第三人民医院房地产项目的方案审查和工程规划许可。

【城市交通规划管理】 2017年，县城乡规划中心根据《常山县治理城市交通拥堵工作任务书》的要求，完成年初确定的城市治堵工作目标，城区新增公共停车位600个，新增社会停车位100个。东方广场城市综合体A地块建设项目，地下空间总面积46650平方米；新增停车位1152个，其中地下停车位939个、地上停车位213个。北门一期地块的零担市场东面新增临时公共停车位213个。高标准执行项目停车位配建，对商业、办公、居住等不同类型项目均严格执行2013年12月1日起施行的《浙江省城市建筑工程停车场（库）设置规则和配建标准》的配建要求，鼓励小区按人车分流设计，车辆停放向地下空间发展，并要求必须在规划设计条件的制定上合理利用地下空间。

【违法建筑整治行动】 2017年，县城乡规划中心开展违法建筑整治行动，对已经发生的违法建筑提出规划处理建议。配合相关部门查处违法建设项目50件，根据违法性质，及时提出规划处理意见。结合整治、拆违工作开展规划巡查，掌握违法建设发展动态，提出相关建议措施，形成书面材料向上级领导汇报；按照《常山县违法建筑分类处理指导意见》，完成相关规定处罚后的补办审批工作。

村镇建设

【概况】 2017年，全县乡镇（不含街道）共审批公建及工业项目选址65件、用地许可35件、工程许可46件、竣工规划核实21件，出具规划设计条件11件、农村私人建房选址（用地）773件，办理乡村建设规划许可和工程许可740件，竣工规划核实13件。

【招贤镇规划建设】 2017年，招贤镇完成招贤镇总规编制；完成官庄村、高埂村村庄规划文本初稿修编；完成15个行政村(除招贤村、官庄村、高埂村)村庄规划初稿的编制，并对溪上村、游林村、樊村村3个村的村庄规划评审；重点完成官庄村、象湖村、山底村美丽乡村培育村建设，打造官庄村、高埂村美丽庭院建设示范村。强化小城镇环境综合整治，重点对主街道路进行“白改黑”、外立面整治、店招广告牌整治、污水处理站提升改造、东西入口节点景观改造、商户门前花岗岩铺设、强弱电“上改下”改造，共投入资金1600余万元,已通过省级核查验收。

【芳村镇规划建设】 2017年，芳村镇在集镇范围内开展拆违治乱飓风行动，拆除350户违章建筑物构筑物，约2万平方米。重点整治背街小巷违章搭建情况。投资300万元，完成主街芳鑫路、联鑫路外立面整治及沿街店招改造。投资200万元，完善集镇基础设施，建设停车场3个，新增停车位150个；新建或改建公厕3座，其中AAA级公厕一个；新建市民休闲广场3个、游步道5千米，增设农民健身点2处、盲道2条。投资700万元对芳村老街进行整治修缮，打造有文化、有乡愁的特色景点。开展道乱占、车乱开、摊乱摆、线乱拉、低小散等专项治理行动，清理占道166处、牛皮癣广告1555处、僵尸车2辆、乱摆摊20处；完成集镇主街道杆线整治；整治集镇区“低小散”（即技术含量低、规模小、分布散）作坊16家，其中关停2家、搬迁入园2家、整治提升12家。

【辉埠镇规划建设】 2017年，辉埠镇完成达坞村、东鲁村、山背村村庄规划修编。完成小城镇环境综合整治项目31个、工程类24个，涉及道路、景观、外立面、公厕、农贸市场、停车场、交通设施、监控，总投资约3340万元。邱家篷安置区内完成土石方工程、挡土墙工程、小区配套工程、自来水管网、低压杆路工程，总投资约700万元。

【青石镇规划建设】 2017年，《常山县青石镇城镇总体规划（2014—2030）》《常山县青石镇小城镇环境综合整治规划》报县政府审批，编制工作正式完成；《常山县青石镇镇区控制性详细规划》《青石镇马车村村庄规划修编》完成评审工作。青石镇小城镇环境综合整治项目有序推进，柚香路、清溪街、溪口街、石景路等主要道路改造完成，集镇沿街立面风貌大为提升，休闲公园等配套项目建设扎实推进。

【球川镇规划建设】 2017年，球川镇完成《常山县球川镇小城镇环境综合整治规划》《常山县球川镇绿地系统及园林绿化建设规划》和《常山县球川镇镇区局部地块控制性详细规划调整》。球川镇小城镇环境综合整治项目34个，严格办理“一书三证”（即选址意见书、乡村建设许可证、建设用地规划许可证、建设工程规划许可证）。完成九都村、东山村、西村村等12个村庄规划的设计、评审工作，实现镇域范围村庄规划全覆盖。

【白石镇规划建设】 2017年，《白石镇城镇总体规划》《白石镇镇区控制性详细规划》修编完成。白石镇新建污水主管1100米，集镇污水管网建设基本完善。集镇商服用地出让约6亩。白石村、聚宝村、草坪村农村生活污水治理提标工程实施完成，农村生活环境明显改善。聚宝村、曹会关村农民饮用水设施不断完善，农民饮用水安全得到保障。

【农村危房改造救助】 2017年，全县408户农村困难群众获得农村危房改造项目的资金救助。县财政下达资金386万元，已发放救助资金353.75万元。

【美丽宜居示范村建设】 2017年，县城乡规划中心按照省美丽宜居示范村工程建设要求，指导东案乡金源村按时完成示范村工程项目建设，并于2017年6月通过省级核查；指导何家乡长风村、新昌乡郭塘示范村工程项目建设。东案乡弄坞村、何家乡黄冈村建设项目有序推进。

【13个省级传统村落申报】 2017年，常山县招贤镇樊村村、五里村，青石镇江家村、桥亭村，球川镇球川村，同弓乡彤弓山村、胡村村，辉埠镇大埂村，东案乡金源村、东案村，新昌乡泰安村，芳村镇芳村村、大处村共13个村成功申报省级传统村落，并正在编制传统村落保护发展规划。

【农村危房治理改造】 2017年1月，全县开展乡镇（街道）农村房屋排查工作，初排出疑似C级、D级危房约1.5万幢。经浙江省建设工程质量检验站有限公司“全面初筛、精准鉴定”，在2月10日前鉴定出全县农村C级危房3883幢、D级危房1253幢，同月全面录入系统。至年底，全县各乡镇（街道）结合“三改一拆”“土地综治”“地质灾害安置搬迁”“拆违”工作，完成D级危房治理1253幢，其中拆除1030幢、腾空防控223幢；完成C级危房治理3262幢。

（邱 琦）

城市建设

【概况】 2017年，常山县住房和城乡规划建设局（以下简称“县住建局”）围绕提升城市形象功能大抓项目建设，新开工受监工程60个（其中房建项目40个，市政项目20个），比上年增长25%；总建筑面积76.6万平方米，增长85%；竣工验收工程项目69个，备案工程69个，备案率100%。试验室完成常规试验项目15788组次，其中混凝土抗压9028组、砂浆889组、钢材力学1315组、钢筋称重1312组、焊接1731组、砖425组、水泥224组、稳定层无侧限75组、混凝土抗渗203组、钢管扣件24组、配合比108组、蒸压加气砌块31组、砂分析44组、石分析18组、岩石抗压8组、砼抗折25组、门窗三性48组、电线95组、管材管件53组、防水卷材74组。室外现场检测完成398次，其中现场检测185次，实体检测32次。开展工地巡查104次，下发整改通知单44份，函件7份，基本整改完毕，深化落实“两书一牌”工程信息档案制度（即建设工程法人授权委托书、工程质量终身责任书、永久性工程质量铭牌及工程信息档案制度），明确建设工程主体责任，落实率100%。全县工程质量处于受控状态，没有发生重大工程质量事故。

是年，常山县东方广场城市综合体项目C地块一期8号楼、常山县第八期保障性用房2号及地下室工程、常山县滨江公园（滨江路）建设一期工程（园林绿化部分）被评为常山县建设工程“常江杯”优质工程。

【城区危旧房治理改造】 2017年4月，县住建局制定《危旧住宅房屋日常巡查制度》《县住建局城镇危旧住宅房屋异常情况应急处置工作方案》。6月，县住建局与县危旧住宅改造指挥部、省建科院一同研究危旧房拆除周边房屋动态预警检测系统的迁移、安装工作，确定移除原60幢D级危房的动态预警监测系统，安装至其余四层及以上C级房屋，对四层以下C级房屋进行动态排查。配合监测周边房屋33幢。全面启动全县四层以上C级房屋的动态监测安装工作，截至年底，共安装77幢，仪器设备283台。

【城市道路建设】 2017年，县住建局以“高效能管理，高质量建设，高标准维护”为宗旨，启动第三期绿道网项目，在12月全部完工。10月，完成常山县望江路与天马路交叉口改造。8月初，开始实施常山县城区道路白改黑项目，总投资约1.65亿元，年内完成工程量50%。

【城区旧房与排水管网改造】 2017年，县住建局实施县政府大院周边9幢房屋修缮工程，于9月底竣工，共修缮完成外立面17030平方米。12月，完成城南暗渠加固及暗渠内的污水截流工程施工，共加固650米。“为民办实事”工程——内河引水工程在12月底全面完工，该项目在施工中采用地下暗挖顶管技术，该技术是常山首次在市政工程中采用DN1500毫米大直径顶管技术，且单根长度为170米。配合“五水共治”办公室完成城区排水整治和封堵工程、阳台水改造利用工程等项目。

【市政公用设施管理】 2017年，县住建局开展市政公用设施维修工作，疏通雨污水井4700座次，清除污泥100余立方米。完成修复人行道2000余平方米、破损路面4000余平方米；更换窨井盖板200余套。完成行政审批45项。完成紫港、桃园、城南3座泵站全面维养工作，对抽水机里的杂物进行全面的清理；同时挖取污水沟更换管道42米；建东河南街一体化排涝泵站，桃园小区东片水淹的安全隐患问题获解决。

【城市天然气利用工程】 常山县城市天然气利用工程由县天然气有限责任公司作为实施主体，建设城市天然气管网82.7千米、高中压调压站、天然气门站各一座，项目总投资1.40亿元。截至2017年年底，已建设LNG瓶组气化站1座，天然气门站1座，敷设中压管网32千米。累计完成31个住宅小区配套施工，通气工业用户17家，商业用户7家，居民用户650家，安全运行1272天。完成紫港大桥常山江、经四路及文峰桥等瓶颈路段主管网穿越，沿朱富线（经四路至外港大道）等城市主干道铺设DN250中压管网4千米，完成年度投资额1500万元，实现主城区管输气通气。完成6个住宅小区（东明湖小区、赵家坪小区、阳光名都小区、书香名邸小区、湖畔嘉苑小区、米兰花园小区）约2200户用户管输天然气供气。

市政园林与环境卫生

【概况】 2017年，县住建局加强市政道路养护，确保市政公用设施完善。全年疏通雨污水井4700座次，清除污泥100余立方米；完成修复人行道2000余平方米，破损路面4000余平方米，更换窨井盖板200余套，完成行政审批45项。加强城市公园建设，对文峰广场、塔山公园、东明湖公园等处的公厕进行全面整治。排查安全隐患，加强森林防火工作，全年未发生重大火灾情况和重大安全事故。开展物业企业园林修剪技能大比武活动，共十多家物业公司约30多人参会，提高物业企业园林养护技能水平。

【城市亮化建设及设施管理】 2017年，县住建局实施城市亮化改造，完成对七彩亮化工程的监管，保证七彩亮化的高效运行；承担金川大桥亮化工程、主城区建筑亮化工程的建设任务和常山县外港堤、滨江堤、南门溪堤亮化景观提升的前期设计任务，完成城区亮化智能化提升改造工程前期调查摸底。强化监督职能，对城区范围内路灯、景观灯等亮化设施进行逐一排查，全面检修；对市民来电来访和投诉的路灯故障及时安排人员维修，全年维修路灯500余盏。

【河道整治疏浚】 2017年，县住建局加强水域保洁管理工作，管理的水域（内河、南门溪）保洁面积约25万平方米，每天安排4名工人清理内河及南门溪漂浮物，保持水域清澈。

【城市公园建设】 2017年，县住建局完成县文峰广场音乐喷泉提升改造工程。投入50余万元，完成对文峰广场喷泉的叠水长廊、广场旱喷、灯光、音箱设备、假山瀑布的提升改造。完成公园养护工作，使用各类优质化肥2吨、杀虫剂100多千克；修剪绿地草坪约9万平方米，修剪花坛、灌木3.8万平方米；补植苗木1万余株、乔木300余株、草皮2000平方米；清运垃圾280多吨，填埋树枝树叶60多吨。投入10万多元对公共设施进行维修，维修园内游步道500多平方米、广场铺砖100多平方米、公厕设施维修180多次；更换照明设施1000多盏（件）、供水配件150件、护栏500米；新增警示牌、指示牌15套。园区6座公厕纳入县“公厕革命”，从软硬件上全面提升公厕品质；文峰广场公厕按国家AAA级旅游公厕标准进行设计提升。截至年底，文峰广场公厕、塔山东公厕、塔山西公厕、文化馆一楼公厕投入使用，东明湖毛竹山公厕、东明湖健身场公厕已纳入第三期公厕改造。

【公园森林防火工作】 2017年，县住建局在公园各主要登山入口处树立森林防火指示牌及悬挂防火标语，向周边单位派发森林防火倡议书，提高市民森林防火意识。高温夏季、秋冬干燥季加强东明湖公园森林防火的宣传检查力度，组织开展消防培训和演练，提高应急作战能力。定期检查器材的完好使用性，对过期、失效部分消防器材及时更换。对保卫人员进行消防培训，坚持24小时巡查制度。栽植防火苗木，及时清理森林防火隔离带约4500米。加强安全巡查，禁止园区兜售、燃放孔明灯，杜绝隐患发生。

【公共绿地养护】 2017年，县住建局管理的城市公共绿地为106.79万平方米，莳花3733平方米。3月，根据县政府《关于进一步建立健全城区洁化、绿化、序化和城市治乱工作长效机制的意见》精神，开展“城区绿化养护一体化”工作，将主城区所有分散外包的绿化养护区归并为一个标段对外招标；同时，建立健全园林绿化管养规范化制度，制定园林绿化长效管理机制，确保城区绿化整治有序。

【环境卫生管理】 2017年，县住建局加强城区144万平方米主次道路保洁管理工作，推进环卫作业市场化，道路市场化保洁面积从105万平方米增加至115万平方米，公厕市场化保洁从6座增加到24座，总机械化清扫率从61%提升至69%。路段保洁工作采取“定人定岗+机动”模式，构建横到边、纵到底，条块结合的环卫管理体系，加强快速道的抛洒滴漏清理速度，提升保洁质量。专人清理和清洗城区果壳箱、垃圾桶，确保环卫设施干净整洁。完善网格监管，将道路与公厕市场化进行网格划分。保障全县各项重大活动的环境清洁卫生工作，做好现场、城区道路卫生保洁，全年完成7项重大活动的卫生保障工作。全年收运和处置生活垃圾5.84万吨，其中城区2.32万吨，农村3.52万吨，无害化处理率100%，清运粪便1600吨。

【环卫基础设施建设】 2017年，县住建局完成星月湾垃圾中转站工程建设并投入使用，总投资270万元，有效满足星月湾小区、阳光名都小区、徐村村、天马路等周边垃圾转运工作，缩短转运路程，提高转运效率。完成垃圾填埋场渗滤液提标改造工程项目，总投资1250万元。配合做好“厕所革命”工作，对完成提升改造的公厕及时接收管理，做好保洁工作，城区36座公厕分三批进行施工，总投资800万元，其中，新建公厕2座，拆建1座，扩建6座，提升改造27座。

建筑业与房地产业

【概况】 2017年，全县建筑施工企业有50家，其中，一级总承包2家，二级总承包6家，三级总承包31家，专业承包3家，混凝土企业3家，劳务企业1家，中介机构4家。总施工合同额51.9043亿元，与2016年基本持平；总产值47.6712亿元，比2016年上升0.79%；县外产值26.6014万元，比2016年度增幅21.08%。全年审查办结21项，总建筑面积18.8万平方米，为建设单位节省图审费用约17万元。开展建筑节能审查项目23件，建筑面积63.681万平方米。建筑工程竣工备案97个。落实《关于进一步完善常山建筑业企业发展政策的意见》中的奖励政策，财政兑现建筑业奖励40万元。

全县有房地产开发企业17家，房地产开发完成投资额190638万元，比上年增加13.1%。商品房新开工面积27.31万平方米，合计批准预售商品房面积29.2万平方米。办理商品房预售合同备案3417件，销售面积29.05万平方米，比2016年增加15.5%。销售均价有所上升，为7081元/平方米，比上年增加8.14%。其中，住宅销售1418套，销售面积16.91万平方米，比上年下降33.19%；住宅均价7636元/平方米，比上年上升17.33%；商业销售655套数，销售面积43999平方米，比上年增加72.37%；商业均价10060元/平方米，比上年下降22.75%。

常山县房地产管理处（以下简称“县房管处”）督促各房开企业在办理预售许可证时严格执行一次性公开全部准售房源及明码标价制度。推动小区物业管理工作，做好房地产产权产籍管理工作，加大公房安全检查力度。加强房屋白蚁虫害的防治工作，全年签订白蚁预防合同59份，预防房屋117幢，面积445149.42平方米。

是年，常山县东方广场城市综合体项目C地块一期8#楼、常山县第八期保障性用房2#及地下室工程、常山县滨江公园（滨江路）建设一期工程（园林绿化部分）被评为常山县建设工程“常江杯”优质工程。

【小区物业管理】 2017年，全县从事物业管理的企业19家，其中，本地企业12家，外地企业7家；一级资质企业1家，二级资质企业3家，三级资质企业15家。19家物业管理企业管理的面积约249.55万平方米。20万平方米以上住宅小区1个，10万平方米以上住宅小区6个。敞开式住宅小区物业服务费6元～12元/月/户，封闭式住宅小区物业服务费0.4元～1.5元/平方米/月/户。全年物业管理服务收入共计1858.72万元，平均收率为65%。26.3%左右的物业管理企业经营亏损，从业人员615人。归集物业专项维修资金491.58万元，拨付使用物业专项维修资金77万元，归集物业保修金75.17万元。此外，7个社区承担约120万平方米的老旧住宅小区卫生保洁工作。

【直管公房管理】 2017年，县房管处通过系统数据化快捷模式加强对直管公房住宅管理，对非住宅进行市场化经营管理。全年收缴公房租金233万元，办理租赁许可证108件。对公房检查17次，维修公房166户，房屋大修加固10处，对17户违规转租、转让、转借公房事件进行查处，清退非法转租公房17户。对559户住房保障申请户资料审核、汇总，发放租赁补贴148万元。

城乡供水

【概况】 2017年，常山县水务公司完成制水总量1559.62万吨，出厂水水质综合合格率达100%；售水总量1262.76万吨；管网漏水率为9.78%；水费回收率97.61%。完成工业销售产值1878万元，安装产值2821.38万元，代收污水处理费872万元。完成污水处理量1225.2万吨，COD消减量2815.51吨，氨氮消减量198吨；出水综合合格率达到100%，运行负荷率为83.92%，城市污水处理率达到91.36%；处置污泥4318.43吨，处置率100%。开展常山县后坊水厂附属生产管理用房建设工程，工程总投资约2500万元，建设地点为位常山县后坊水厂东侧补缺地块，项目总用地面积1998平方米，建设主楼5层、副楼4层。截至2017年年底，该项目已完成地上主体三层建设。

制定危旧房改造IC卡预留水费处理方案，并给予解危假期方案，组织成立“党员先锋队”和“志愿者服务队”，利用休息时间帮助危旧房对象搬家腾空。成立水表安装和拆表小组，做好水表、管线迁移事项，拆除水表2000多只；卡表水费退费199户，卡表转户46户；封堵水道共73幢，挖回阀门井盖30只，确保无障碍拆迁。

是年，常山县水务公司获“省级治安安全突出单位”“市级安保先进单位”等称号。

【白石、球川饮用水管网改造提升工程】 2017年，常山县水务公司启动白石、球川饮用水管网改造提升工程，工程总投资2040万元，其中白石农民饮用水管网改造500万元，球川农民饮用水管网改造1540万元。白石镇管网改造因320国道扩建，主管道部分暂未实施。球川农民饮用水工程完成总工程量的90%，完成投资额1380万元，其中老集镇片（球川村）“一户一表”安装全部完成，共1175户。

【智慧水务建设】 2017年，县水务公司加快智慧水务平台建设，完成远传表改造集中器定位29个点，城区地下管线走向管网标识1964只。完成管网数据探测入库19.2千米。城区310余只消防栓实现GIS管理。完成天子果业公司、常山纺织公司等5户远传用水大表改造，完成远传表改造2150只。

【供水管网新建、改造】 2017年，县水务公司相继完成紫港中学、阳光名都二期一期、绿色产业集聚区常山片区市政配套--纬五路、恒润浅水湾美墅等一批供水工程。全年承接DN100以上管道安装工程38个，新建管道27.12千米，改造1.13千米。

【管网巡查与维护工作推进】 2017年，县水务公司完成各类报漏、报修1081次，修理DN100以上管道295处；查出漏点404处；更换、修理消防栓104处，报修完成及时率达99%以上,组织在建工程安全检查16次，发放整改通知书10份。以“安全生产月”和水质监管为抓紧手，确保中考、高考、“8·30”赏石日期间的安全正常供水。

造价管理

【概况】 2017年，全县有招标代理机构13家，其中，县内企业2家，县外企业11家；甲级资质企业5家，乙级资质企业8家。常山县造价所受理备案355件，比上年增加6件，其中招标控制价备案195件，比上年减少18件，招标控制价约15.8777亿元，比上年增加9.7867亿元。施工合同备案87件，比上年增加16件，合同造价约20.5254亿元，比上年增加9.3134亿元。监理合同备案73件，比上年增加8件，监理合同费用约3153万元，比上年增加1606万元。针对本地建材市场情况，从厂家、供应商、施工方等多源头采集信息，整理和上报建筑材料市场价格信息12期。城市园林绿化资质取消后，县造价所及时拟定常山县园林绿化工程施工招投标相关要求。

【新型工程招标模式学习】 2017年，县造价所做好新型模式下的招标控制价备案工作。学习PPP、EPC等新型模式相关知识，分析招标成功典型案例。参加县第二医院（PPP）、县委党校迁建工程项目总承包（EPC）、县国际慢城渣濑湾花谷景观工程（EPC）等招标文件审查会议，了解和掌握相关情况。与招标代理单位、建设单位沟通联系，探讨分析每个细节，最大限度地减少和避免招标文件的漏洞。

安全监督

【概况】 2017年，县住建局监督项目78个，其中房建39个，市政39个，高层建筑21幢，为历史最多。年初与35家施工企业，9家监理企业签订安全责任书。对69个新建项目进行现场踏勘和安全告知，对未按照县住建局要求落实相关措施的，不予备案。下发文件50余份，开展各类大检查15次，巡查240余次，下发整改单144份，涉及隐患整改740余条。对26个工程，26个项目经理及10个项目总监实行行业自律扣分；对5个工程、5个项目经理及5个项目总监实行衢州市建筑业违法违章扣分；对22个工程实行停工整改，清退1家建筑起重公司；对1家施工企业不良行为公示6个月。开展专项检查，两次会同省建科院检测专家对常山起重机械开展专项治理，查处起重机械隐患21处，停止使用起重机械5台。查出重大危险源4处，开展全面整治。

【在建工程扬尘治理工作推进】 2017年，县住建局制定《关于开展2017年建筑领域扬尘治理专项工作的通知》和《关于危旧房拆除防扬尘治理工作的通知》等文件，出台扬尘治理技术规程，与23家施工单位签订《2017年度建筑企业文明施工责任书》，对扬尘治理重点难点路段、区块，划分包干区，明确施工单位职责分工。加大巡查监管力度，将扬尘治理工作与日常检查巡查相结合，强化监督执法。截至年底，“绿色化工地”建设，经查全部达标，并通过中央环保督查组等上级部门有关检查。

（徐晓蕾）

住房公积金管理

【概况】 2017年，衢州住房公积金管理中心常山分中心（以下简称“县公积金分中心”）归集住房公积金3.8亿元，比上年增长19.1%。办理职工个人住房贷款535户，发放贷款2.14亿元，比上年下降11.2%，支持购房面积 77272平方米。年末职工个人住房贷款余额8.36亿元，增长8.8%，住房公积金增值收益939万元，下降65.4%。新增37个单位2000名职工建立住房公积金制度。新增200多名自由职业人员缴存，开设综合户。新增非公有制企业及单位编外人员1485人。截至2017年年底，缴存单位546家，正常缴存职工15040人；累计归集住房公积金23.88亿元，归集余额7.53亿元。

2017年，县公积金分中心实施住房公积金管理体制改革。3月，将县委组织部保管的常山分中心干部人事档案移交衢州市公积金中心；4月，开始房改职能的移交工作；6月，将住房制度改革职能以及房改房上市、房改业务档案、住房维修基金等工作移交县住建局。县公积金分中心执行衢州市住房公积金管理中心统一政策，公积金缴存、提取、贷款业务全面执行衢州市住房公积金管理中心政策和业务操作办法；对于与衢州市住房公积金管理中心不一致的，进行宣传解释和业务调整。

是年，县公积金分中心获评2016年全县落实党风廉政建设责任制考核优秀等次及2016年全县信访工作目标管理考核优秀单位。

【“最多跑一次”工作全面实施】 2017年6月，县公积金分中心整合办事大厅、购置设备、网络，落实人员和培训等工作，实施“最多跑一次”改革。通过与银行联系对接，落实设备、人员进驻到公积金中心窗口。对科室排出工作计划、完成时限，落实工作责任。整合服务大厅，配备业务柜台。将原信贷科与业务科整合，单独设立公积金贷款服务大厅，新配备5个工作柜台。

【按月提取公积金还款范围扩大】 2017年5月，县公积金分中心进行技术升级，扩大按月提取公积金还款范围。以前只有县内缴存公积金、县内办理公积金贷款的职工，才可以按月提取公积金还款。5月1日起，这项业务扩大到衢州市范围。即在常山县缴存公积金并在衢州市范围公积金贷款的职工，都可以按月提取公积金还款。

【公积金短信提示服务开通】 2017年5月，县公积金分中心开通公积金短信提示服务，向缴存职工发送短信。职工在缴存、提取公积金时，可以即时收到短信，显示缴存或提取金额及当前余额，方便缴存职工及时获取公积金个人账户信息。对没有收到短信的职工，县公积金分中心在《今日常山》等媒体上进行通知宣传。

【公积金网上服务大厅开通运营】 2017年，县公积金分中心组织实施，开设网上服务大厅。通过印发通知、电话联系、签订协议、与杭州技术部门对接，已受理175个单位申报公积金缴存业务，制作完成密匙175只，印制《网上办事大厅业务手册》500本。6月，召开全县公积金专办员培训会，指导帮助各单位通过网上服务大厅开展公积金缴存业务。

【“双贯标”和新程序上线工作】 2017年，县公积金分中心对照“双贯标”（即贯彻《住房公积金基础数据标准》及接入《住房公积金银行结算数据应用平台》）要求，开展历史数据补录工作，更正补充身份证号、手机号等数据信息，合并账户，梳理分析近年未分配及挂账款项。与县财政对接并报批处理，将经整理补录后的数据信息上报衢州市住房公积金管理中心。做好新程序上线工作，组织动员和前期培训工作，抓好操作实施，10月，新程序上线，业务工作正常运行。

【危旧房改造户职工公积金贷款收回和置换贷款工作】 2017年，县公积金分中心配合城区危旧房改造工作，做好收回公积金贷款和办理置换贷款工作。通过公积金系统及银行合作排查出危旧房涉及70户职工贷款，掌握危旧房改造涉及公积金贷款的准确信息。多次与县金融办、危旧房改造指挥部等职能部门对接，提出意见建议。根据市、县政府确定的办法和要求，建立4个工作小组，由4个科室负责人担任组长，与4家受托银行对接，印发催收《函》及《关于危旧房改造涉及公积金抵押贷款有关问题解答》；开展提前一次性收回贷款和办理置换贷款工作。截至2017年年底，收回危旧房改造公积金贷款工作基本完成。

（黄海彤）

城市综合管理

【概况】 2017年，常山县综合行政执法局（以下简称“县综合执法局”）推进中心工作，开展市容整治，指导衔接推进综合执法平台实体化运行，持续提升数字城管作用，严格规范执法办案，严格考核外包服务。全年立案查处各类违法案件121件，涉及不按规划审批建设、擅自改造人防工程等违法行为；受理各类投诉412起；无行政复议案件、诉讼败诉案件，未发生暴力抗法事件。面向社会公开招考事业人员15人。

推进集中整治和专项治理相结合的市容管理工作。开展城区主要道路占道经营、倚门设摊、违章停车等城市顽疾集中整治和运输车辆抛洒滴漏、小餐饮行业、洗车店占道洗车、非法广告、背街小巷环境卫生等专项整治。累计拆除户外广告（横幅）600多处，规范各类占道经营3500余次，清理流动摊贩540余次，查处违规弃土外运运输车210余次，清运乱堆杂物200余吨。

【综合执法平台建设运用】 2017年，县综合执法局在全县率先开展综合执法平台建设工作，明确各阶段实施任务。5月，全面建成各乡镇街道综合执法平台并实质性运转；11月，实现执法平台A岗人员全部派驻到位。立足基层管理资源整合，构建“资源共享”的村（社区）综合行政执法工作网格体系。专职网格员通过移动终端APP，实时将亟待整治的问题上传至综合执法平台，有效发挥综合执法平台的快速反应作用。综合执法平台全年受理案件1650件，案件办结率达100%。

【服务外包模式有序运行】 2017年，县综合执法局在市场序化管理、犬类管理、餐厨垃圾、牛皮癣广告清除等非执法服务类事项采取服务外包模式，强化对外包公司的考核管理。城区犬类规范放养管理保持高压态势，强化重点区域的巡查，强制收容违规放养犬只613只，签订规范养犬劝导书1623份，行政处罚11人。餐厨垃圾收运委托利东保洁有限公司负责统一收集、运输、处置。县城14平方千米范围内学校、街道、社区、家庭食堂、餐馆饭店基本做到统一收运，日均收运餐厨垃圾21吨，全年清理餐厨垃圾6500余吨，基本做到日产日清。市场实现序化管理，城区大东门、北门、柚香城三大市场及渡口、城南等区块环境得到明显改善。牛皮癣广告得到有效整治，城区整体形象不断提升。

【数字城管二期（智慧城管）项目建设开展】 2017年，县数字城管指挥中心加大对重点区域城市问题的采集频率和交办力度，落实常态化考核体系，确保高效运作。2016年12月，开始实施的数字城管二期（智慧城管）项目建设，范围从主城区的9平方千米拓展至包括城东新区、经济开发区、青石镇、球川镇在内的18平方千米，平台功能主要拓展户外广告、弃土外运、违章建筑等方面。至2017年12月，已完成数字城管门户网站、微城管、市民通等便民服务平台建设，并实现与数字城管综合管理系统无缝对接，有效调动了公众参与城市管理的积极性和主动性，推动城市共治管理、共建共享。

（周歆怡）

城东新区（城投公司）

【概况】 2017年，常山县城东新区（城投公司）重点建设项目有15个，其中省级重点项目2个、市级重点项目7个，经二路、夺煤路、心舟公园二期、火车站站前广场工程项目建设完成，外港大道二期工程基本完成，文教路改造、府前路、滨江路东段和渣濑湾花谷在建项目有序推进，人行景观桥、文昌阁、危旧房安置房建设项目扎实推进。全年计划投资30460万元，完成投资财务数约3.5亿元，完成固定资产投资额约4.6亿元，占全年计划总投资的151%。在全县率先引进项目管理系统，将前期、招标、施工管理、竣工验收、工程价款结算审计工作清单化、规范化。确立设计单位年度入围制度，启动地勘、测绘单位、工程招标代理及造价咨询年度入围制度。对国资注入资产及城投公司自有资产进行系统性的分类整理；对历年的欠租钉子户进行集中清理，年内催缴租金近800万元，全年收益比上年增加500万元。完成拆迁安置房交付39套，异地迁建安置房40套，选房82套；办理安置房不动产权证1324本，注销产权证415本；办理国资注入资产房产证376本，土地证245本。推进土地连片征收，完成项目建设土地征收及土地流转面积总计3723亩；完成坟墓迁移及就地平整246穴；征收房屋面积约500平方米。完成“五水共治”“四边三化”垃圾清理10余处，拆除蓝色屋面1万多平方米；清腾旧厂房3座；完成“三改一拆”旧房拆除3处、面积9000多平方米。常山国际慢城建设加快推进。11月，在挪威于尔维克市召开的国际慢城联盟总部协调委员会会议上，常山县正式跻身国际慢城联盟成员，成为中国第7个国际慢城，也是2017年唯一获此会员的中国城市。

【外港大道建设工程完工】 2017年4月，城东新区外港大道建设工程完工。该工程为城市主干道，总投资9960万元，全长约为1690米，设计时速40千米/小时。外港大道建设工程南起常山港大桥北侧桥头，北至048省道，与048省道接顺。沿线与狮子口路、原朱富线、纬三路、纬二路、纬一路、048省道平交。

【富足山片区入口、公安主入口建设工程开工】 2017年6月，常山国际慢城富足山片区入口、公安主入口建设工程正式开工，总投资2168万元。该工程项目用地总面积87亩，其中建筑占地面积1981.3平方米，总建筑面积2209.8平方米；拟建一幢二层2105.7平方米、高10.05米的入口服务性建筑，一座面积为103.8平方米、高5米的公厕，一个占地7636平方米、有464个停车位的停车场，总长约380米、宽4米的沥青混凝土休闲园路以及配套绿化、照明、景墙等附属设施。

【渣濑湾花谷建设工程开工】 2017年7月，常山国际慢城渣濑湾花谷（含渣濑湾主入口）建设工程正式开工，总投资1亿元，规划面积约52公顷，其中花卉种植面积37公顷，引入高经济价值花卉植物，按四大色彩分区、三季轮播、四季有景的植物种植体系打造；同时，建设配套景观盒、观赏平台、渣濑湾风景道、渣濑湾主入口以及渣濑湾溪生态治理。

【滨江东路建设工程开工】 2017年7月，城东新区滨江东路建设工程正式开工。滨江东路建设工程包括长约550米、宽25米的市政道路及道路沿江侧景观提升，总投资额为2900万元。

【滨江公园一期工程获评省“优秀园林工程”】 2017年9月，常山县滨江公园（滨江路）一期工程被评为浙江省“优秀园林工程”。该工程总投资27936万元，位于城东新区地块，主要包括滨江景观带、中央公园、变电站周边景观提升、滨江路四大块内容，项目用地面积522亩。其中，滨江路（常山大桥—富足山大桥）道路全长1940米，是城东新城一条东西向城市次干路，设计时速40千米/小时，路宽度25米，其中道路沿线设箱涵3座。市民文化公园6.56万平方米。滨江公园绿地20.17万平方米。变电所绿化面积3.69万平方米。其中，工程范围内建有会所、景观亭、公厕、城市阳台，建筑占地总面积约1.46万平方米。

【常山国际慢城建设加快推进】 2017年，常山国际慢城围绕“大环小环，环环相扣；山谷溪谷，谷谷相连；互建共享，城乡相融”的总体目标，聚焦7平方千米的绿核区块建设，实施基础设施(含入口建设)、环境景观、美丽乡村五大专项，完成风景路一期、心舟公园次入口工程，完成风景路二、三期工程可施工范围内的全部工程。首个EPC项目——渣濑湾花谷（含渣濑湾主入口）建设项目完成招标。常山国际慢城通景路、府前路、文教路改造PPP项目完成招标。全年向上争取资金4815万元。

【火车站站前广场一期建设工程完工】 2017年11月，常山县火车站站前广场一期建设工程完工。该工程主要包括两部分：停车场、辅道及匝道。停车场车行道路总面积10310平方米，包括出租车、公交车两类停车场，出租车停车场面积2000平方米，公交车停车场面积4000平方米。站前广场建筑工程占地面积1414平方米，地上建筑面积264平方米，建筑层数一层，建筑高度7.8米，主要功能内容为商业及室外工程。

（周 静）

国土资源·环境保护

国土资源

【概况】 2017年，常山县国土资源局（以下简称“县国土局”）开展2016年度土地利用总体规划数据库成果年度执行和更新工作，将2013年1月1日至2016年12月31日时段内发生的土地利用总体规划执行和更新情况、永久基本农田和示范区划定成果及时更新到常山县土地利用总体规划数据库。制定中心城区土地利用总体规划局部调整方案2个，涉及建设用地项目23个，用地面积79.73公顷；一般乡镇土地利用总体规划局部调整方案15个，涉及建设用地项目42个，用地面积35.13公顷，通过省、市人民政府审批。争取各类新增建设用地计划指标114.47公顷，其中“坡地村镇”试点项目专项指标2.33公顷；向上申报建设用地计划10批次，涉及建设用地项目162个，使用新增建设用地计划指标112.13公顷；申报“坡地村镇”建设用地试点项目2批次，涉及建设用地项目2个，使用新增建设用地指标2.261公顷。完成供地49宗，总面积84.15公顷，出让金、划拨价款合计9.21亿元。完成建设用地预审、单独选址建设项目国有土地使用权审核等两项网上申报测试工作，办理建设项目用地预审42件。收储土地10宗，面积25.89公顷，征收集体土地85.30公顷。完成永久基本农田划定工作，划定永久基本农田15936.73公顷（其中示范区5838.45公顷）；划定永久基本农田储备库396.47公顷。全面完成2016年度耕地保护补偿工作，耕地补偿面积17861.6公顷，其中一般耕地2432.68公顷、永久基本农田15428.92公顷，发放耕地保护补偿资金1263.3975万元。超额完成县政府提出的“四个2000亩”（即垦造2000亩水田、2000亩旱地、旱地改水田2000亩和完成农村土地综合整治2000亩）工作目标，新增耕地完成市政府下达任务数。完成土地开发整治570.60公顷，并顺利通过验收。高标准基本农田建设完成报备入库1197.67公顷，超额完成省国土资源厅下达的1026.67公顷任务数。10个标准农田建设项目完工，建成二等标准农田120.00公顷，超额完成省国土资源厅下达的66.67公顷任务数。完成建设项目占用耕地表土剥离任务数12.00公顷。

2017年，县国土局获评衢州市2016年度国土资源工作目标责任制考核和党风廉政建设责任制考核优秀单位，获全县党委信息工作先进单位和全县政府信息工作先进单位。

【矿产资源管理工作有效落实】 2017年，县国土局实施第三轮县级矿产资源规划。完成绿色矿山建设1家、废弃矿山治理4家等年度任务。实施地矿信用综合监督管理，完成17家企业地矿信息综合录入。强化矿产资源勘查开采监督管理，全县矿山数量由40家缩减为38家，开采矿种数量为12个，征收采矿权出让金30146.87万元。落实矿山动态巡查制度、矿产资源勘查、开发利用年度信息公示制度及矿山储量动态检测制度，完成全县38个矿山采矿权告示牌标识牌、埋设界桩设置，出动人员670余人次，定期巡查220次，发放责令整改通知15份，移交违法案件线索1起。分别在全省矿产开发管理业务培训班、全省矿产资源勘查开采监督管理工作座谈会上作典型发言。

【土地违法历史遗留积案的处置】 2017年，县国土局按照省国土资源厅要求，开展“亮剑行动”，处置土地违法历史遗留积案。共清查出国土资源历史积案341宗，涉案面积21.41公顷。拆除历史违法用地8宗，面积1.09公顷；处罚后补批2宗，面积0.26公顷；处罚后重新出让1宗，面积3.37公顷；移交国有资产监督管理委员会办公室进行没收处置11宗，面积4.16公顷。其余部分案件按照文件要求，重启申请强制执行程序，重新催告当事人履行处罚决定。并通过整改一批、补办一批、拆除一批，用时3天完成原计划半个月完成的上海土地督察局督查整改任务。

【违法开采盗采矿产行为的查处】 2017年，县国土局加大与县矿管办、公安、林业等部门的联合执法力度，查结违法开采案件2起，查扣违法盗采设备（挖机、铲车）15台，查处和制止白石镇曹会关、招贤镇金家塘、紫港街道048省道、辉埠镇石姆岭、招贤镇象湖村、大桥头乡复兴矿业多起涉嫌盗采矿产行为。

【村级土地利用规划编制工作在中和村试点】 2017年，县国土局经过前期调研，确定同弓乡中和村作为第一批开展村级土地利用规划编制的试点村，并于8月启动中和村村级土地利用规划编制工作，规划成果初稿于2017年12月15日编制完成。

【土地整治“以奖代补”新政策出台】 2017年，常山县出台土地整治工作“以奖代补”新政策。县国土局会同各有关部门、乡镇（街道）完成一大批多年烂尾项目的政策处理工作，重启垦造旱地项目93.33公顷、在建垦造旱地提升水田项目106.67公顷、球川西村村旱改水项目72.47公顷。抓住浙江省放开26个欠发达县的增减挂钩节余指标调剂机会，加快实施建设用地复垦项目，全县共完成133.33公顷建设用地复垦任务。

【地质灾害“除险安居”三年行动实施】 2017年，常山县制定“三年行动，两年完成，一年搬迁”的目标，制定《2017年地质灾害年度防治方案》《地质灾害“除险安居”实施方案》，县政府与各乡镇（街道）、有防治任务的部门签订地质灾害防治责任书；建立县领导督查指导制度，制定出台《地质灾害避让搬迁实施意见》，充分考虑安置方式、补偿方式、奖励方式，尽可能满足搬迁农户的各种需求；同时，分时段进行奖励，汛期实现地质灾害搬迁点100%人员撤离。建立7处隐患点视频监测，实现数字化监测预警，提升预警预报精度；日常采用无人机巡查，提高巡查效率。2017年全县地质灾害避让搬迁共完成房屋拆除268户815人，工程治理项目完工5处，核销隐患点63处365户1198人。

【不动产统一登记发证】 2017年，县国土局制定《关于加快推进农村宅基地及住房确权登记发证工作的实施方案》《常山县农村宅基地及住房确权登记发证实施细则（试行）》，助力不动产登记“最多跑一次”改革。县不动产登记中心从3月31日起开始实施“一窗综合受理、后台并联审批、统一窗口出件、证书快递送达”的不动产登记“最多跑一次”模式，优化服务流程，提升服务效率。全年颁发不动产登记证书8784本，其中国有土地使用权及房地产权证书8753本；集体土地使用证及房地产权证书11本；宅基地使用权及房地产权证书19本。颁发不动产登记证明6712份，不动产抵押金额超过100亿元。10月26日，常山县第一本不动产林权证书颁发，不动产统一登记工作实现新的突破。

【信访工作严格落实】 2017年，县国土局严格落实信访制度，维护群众权益和社会稳定。调查处理实名举报信访件2件，对每起信访都做出相应的跟踪和排查，并对每起信访做到及时化解和报结。办结信访件88件，办结率100%，满意率96.6%。做好全国两会、“一带一路”峰会、党的十九大和省党代会期间的信访维稳工作。

【年度土地变更调查工作综合评分位列全省

前三】 2016年度土地变更调查，国家共计下发484个遥感监测图斑，总面积3899.2亩，经过对每个遥感监测图斑的实地自查、内业举证材料梳理、省级外业核查、市级内业对接后，按照省级外业核查意见，市级内业对接意见进行变更上图，并按时上交土地变更调查成果至省国土资源厅，成果通过国土资源部审核认可。2016年土地变更调查，全县新增建设用地1099亩，临时用地154.8亩，设施农用地99.82亩。2017年，根据省国土资源厅对各地2016年度土地变更调查工作的综合评分情况，常山县取得全省前三，获得50亩新增建设用地指标奖励。

（彭秋雁）

·矿产资源整治·

【概况】 2017年，常山县矿山管理办公室（以下简称“县矿管办”）做好矿产资源管理工作，推进矿产资源勘查开采监督管理、废弃矿山生态环境治理。牵头完成《常山县矿产资源规划（2016—2020年）》的编制工作，3月通过衢州市国土资源局审查，10月征求县人大常委会意见并公示。实施矿产资源规划，采矿权总量控制在省厅下达的指标内，严格按照矿产资源规划实施，采矿权总量控制在市国土资源局下达的指标38家以内。全县调查整治废弃矿井769个；12家矿山企业基本建立矿山粉尘防治制度。11月，县矿管办与中国科学院院士陈旭签订院士站建设合作意向，推进常山县金钉子地质公园院士工作站建设。

【矿产资源整治提升】 2017年，县矿管办牵头实施常辉线道路运输综合整治。协调交通、交警、辉埠镇等单位实行科技管理，推进建立长效监管机制。开展源头矿山及矿产品加工企业巡查工作，全年出动200余人次，制止违法行为12次，拆除违法供电设施1起。完成2017年轻钙整治提升工作。配合整治组开展各企业用地规范调查，监督各轻钙企业建立规范管理制度。重点督促联系企业常山县龙山塔酸钙有限公司、常山县骏飞碳酸钙有限公司保质保量地完成整治工作。

【依法打击非法盗采】 2017年，县矿管办联合乡镇、监察大队、环保、公安、供电部门开展定期巡查、突击检查，严厉打击矿区私挖滥采、非法经营行为。年内立案4起，处罚4.6万元,查扣盗采挖掘机13台、铲车2辆，严厉打击无证开采、乱采滥挖、超层越界等违法行为。

【地矿信用综合监督管理】 2017年，县矿管办完成17家企业地矿信息综合录入，初步建立地矿信用体系制度。基本落实矿山动态巡查制度、矿产资源勘查、开发利用年度信息公示制度及矿山储量动态检测制度，完成全县40个矿山采矿权告示牌标示牌、埋设界桩设置。全年出动人员670余人次，定期巡查220次，发放责令整改通知15份，向大队移交违法案件线索1起。

【矿产资源出让及许可证管理】 2017年，县矿管办完成常山江山虎水泥有限公司中兴矿业辉埠镇石灰岩矿二期协议出让及采矿权登记、常山南方水泥有限公司砂岩、页岩及石灰岩与中兴矿业石灰岩矿零矿界处理等工作；完成何家乡红旗村页岩矿出让工作；辉埠镇大柴坞石灰岩矿设置及出让工作取得较大进展。

（蒋文雁）

环境保护

【概况】 2017年，常山港流域地表水质和饮用水源地水质100%符合水功能区要求，出境水质100%达II类水标准，比考核要求的III类水标准提高一个等级。城区环境空气有效监测天数为363天，优良天数339天，优良率为93.4%，比上年增加3.1%。$PM_{2.5}$平均浓度为38微克/立方米，与2014年（54微克/立方米）相比下降29.6%，远超过11%的考核目标值。

县环保局推进全县生态环保工作，持续

开展“蓝天三衢”生态治理工程，对16家轻钙企业的废气、废水、固废和厂容厂貌方面深入整治。深化化工行业整治，督促园区内5家化工企业委托省环科院编制整治方案，实施全面整治。结合“四无”（指无证无照、无安全保障、无合法场所、无环保措施）企业排查整治工作，完成全县224家涉水企业的污染整治工作。做好剿灭劣V类水服务工作，对全县35个重点劣V类水体进行采样监测。加大排污费的收缴和追缴力度，共收缴2017年排污费558万元，追缴2015年、2016年欠缴排污费359万元。全年接收环境信访投诉324起，处理率100%，办结率100%，辖区内无因环境污染而造成群体性上访事件的发生。

是年，县环保局在全市环保系统第一次环境执法专项竞赛活动中获第一名，并被评为“2017年度全省环境监察执法工作先进集体”。

【配合中央、省环保督察】 2017年中央环保督察期间，常山县累计收到中央督察组转交办的信访件28件，立案处罚12家、罚款79万元，停产7家，关停3家，责令整改22家，立案侦查1起，约谈3人，问责2人。浙江省环保督察期间，常山县共收到信访件21件，立案处罚6家、罚款68万元，停产5家，责令整改13家。

【生态保护红线划定】 2017年6月，常山县启动生态保护红线划定工作，在原先14.94%的生态红线的基础上，进一步完善红线范围，最终将红线占比调至30.61%，高于浙江省提出的全省红线占比为25%～30%的最高标准要求，以最严格的生态红线保护制度呵护常山县的重点生态功能区、生态环境敏感区和脆弱区。

【环境执法行动】 2017年，县环保局通过开展县领导带队零点执法、铁拳系列专项执法等行动，重点查处外来车辆非法倾倒工业垃圾等重大环境违法案件。全年累计查处环境违法案件49起，罚款金额181余万元，其中移交公安5起，行政拘留9人，刑事拘留16人。

【智慧环保建设】 2017年，常山县持续推进智慧环保项目建设，完成辉埠空气自动站、芳村溪水站、虹桥溪水站、29家企业在线监测系统和县环保局智慧环保中心平台建设。其中，辉埠空气自动站可实现对辉埠园区VOCs（即挥发性有机物）排放情况的跟踪监测，是全市首个具备VOC监测能力的自动监测站；具备对生态园区废气采样监测的能力。文图站为全省首个具备藻类分析的监测站。

【世界环境日宣传活动】 2017年6月5日，县环保局开展“绿水青山就是金山银山”为主题的世界环境日宣传活动。此次活动通过“线上线下”联动开展，“线上”平台发送8万多条环保宣传短信，“线下”采用沿街设点、下乡入企进村、阳光志愿者“骑行宣传游”等活动。据统计，近百名环保志愿者参与活动，发放宣传单3000余份、环保围裙和环保袋600余套、环保法律法规宣传手册300余本。

2017年常山港各断面水质监测结果统计

表11 单位：毫克/升

断面名称	溪东断面	枧头断面	富足山断面	招贤断面
高锰酸盐指数浓度范围	0.9～1.5	0.7～1.8	0.9～1.9	1.2～1.7
高锰酸盐指数平均浓度	1.2	1.3	1.4	1.4

续表11

单位：毫克/升

断面名称	溪东断面	枧头断面	富足山断面	招贤断面
氨氮浓度范围	0.03 ~ 0.41	0.03 ~ 0.26	0.03 ~ 0.25	0.04 ~ 0.16
氨氮平均浓度	0.13	0.10	0.09	0.10
总磷浓度范围	0.01 ~ 0.03	0.01 ~ 0.04	0.01 ~ 0.04	0.01 ~ 0.04
总磷平均浓度	0.02	0.02	0.02	0.02
目标水质	III类	II类	III类	III类
现状水质	II类	II类	II类	II类

2017年常山县城区环境空气质量统计

表12

单位：毫克/立方米

项目	测值范围	平均浓度	特定百分位数浓度
二氧化硫（SO_2）	0.003 ~ 0.034	0.010	0.020
二氧化氮（NO_2）	0.010 ~ 0.084	0.033	0.061
可吸入颗粒物（PM_{10}）	0.009 ~ 0.208	0.061	0.124
细颗粒物（$PM_{2.5}$）	0.004 ~ 0.174	0.038	0.081
臭氧（O_3）	0.023 ~ 0.158	0.075	0.117
一氧化碳（CO）	0.2 ~ 1.6	0.7	1.0

说明：臭氧为最大8小时浓度，二氧化硫、二氧化氮为第98百分位数；可吸入颗粒物、细颗粒物、一氧化碳为第95百分位数；臭氧最大8小时浓度为第90百分位数

（裴高颖）

综合管理与监督

发展和改革

【概况】 2017年，常山县发展和改革局（以下简称“县发改局”）紧扣经济社会发展目标，实施“四四二”战略体系，加强规划引领、重大项目推进、扩大有效投资、重点领域改革、增强产业发展动能等各项工作获得新的突破。常山县列入浙江省省级空间规划先行试点县；国家重点生态功能区产业准入负面清单在省级层面开展审查论证；“大花园”建设储备项目形成初稿，并启动课题编制；通用机场争取工作顺利推进，进行多个选址的方案比选，同时与上海航天机电等航空相关产业的企业开展对接洽谈，争取有航空产业落户常山。争取中央及省级各类补助资金近4亿元,其中牵头编制“两山”建设财政专项激励政策实施方案，争取“两山(二类)”建设财政专项激励资金3亿元。20个项目列入省级各类重大项目盘子。

创新项目推进机制，在全省率先实施“红绿灯”项目管理预警机制、重点项目要素保障“5+1”协调机制等，助推省、市、县三级重点项目超时序进度完成全年任务。全年完成固定资产投资140.5亿元，比上年增长13.1%，排名衢州市第二。320国道改建、沿江道路、斯凯孚轴承基地、城东新区总部经济中心、“国际慢城”等一批10亿元以上项目的开工和建设，为常山经济发展形成有力支撑。推进赏石小镇等项目建设，赏石小镇从原来的濒临淘汰进位为良好等次，2017年考核在浙江省78个特色小镇中排名第26位。“云耕小镇”入围第三批省级特色小镇创建名单，常山县成为全市唯一一个拥有2个省级特色小镇创建县。全县服务业实现增加值66.9亿元，三次产业增加值结构由上年的7.3：44.8：47.9调整为6.4：42.1：51.5。

推进能源项目建设，全县累计建成屋顶光伏装机总量25兆瓦，拉动固定资产投资3亿元以上。引进新能源汽车分时租赁项目，10月25日正式投放运行，已建36个网点，198个充电车位。推进省级园区循环化改造工作，23个重点支持类项目累计完成投资20亿元。落实大气污染防治工作，配合推进全国碳排放权交易市场启动相关工作，县16家重点企（事）业单位（碳交易纳入企业和非纳入交易企业各8家）拟纳入交易名单。实施“811”美丽常山建设行动方案，推动6个项目列入省循环经济发展“991行动计划”2017年度实施计划。

开展降成本促发展工作和惠民生保稳定工作。2017年4月1日起，全县取消电价中的城市公用事业附加费，5月1日起49家农产品（胡柚）收购加工企业执行农业用电价格；7月1日起，降低浙江省大工业用电和一般工商业及其他用电价格每千瓦时2.22分钱（含税）；9月1日起，降低非居民用天然气销售价格每立方米0.12元。3月启动民用管道天然气定价程序，制定民用管道天然气基准销售价格，实行阶梯气价，东明湖小区、书香名邸小区、赵家坪小区及阳光名都小区等4个小区已建成通气。严格价格行政执法，全年受理价格举报和咨询件95件，其中查处价格违法案件1件、价格举报件35件、咨询件59件。实行经济制裁总金额3.5万元，均已办结，办结率100%。

【省级设立的涉企行政事业性收费全面取消】 2017年7月1日起，常山县全面取消省级设立的涉企行政事业性收费。同时，取消行政事业性单位开展的各类培训班收费；将特种设备检验费由行政事业性收费转为经营服务性收费，并规定转为经营服务性收费后，收费标准只减不增。取消的7项收费具体为：教育部门的义务教育阶段公办学校住宿费（城市学校）、公安部门的戒毒人员戒毒费、人力社保部门的职工伤残医务劳动鉴定费和医疗保险IC卡遗失补发工本费、文化部门的借书证遗失补证工本费、人力社保部门的省计算机应用能力考试费和外语水平等级考试费。5项行政事业性收费转为经营服务性收费管理，具体为：教育部门的普通高校招生体检费、卫计部门的机动车驾驶员体检费和干部职工健康体检费、农科院的农产品及药肥测试鉴定费和农产品及药肥试验推广费。县发改局会同有关部门，开展涉企经营服务性收费清理规范工作，对涉企中介服务、行业商会协会收费进行清理规范。通过放开一批、取消一批、降低一批、规范一批，出台惠企政策措施，常山县企业运行成本和制度性交易成本进一步降低。

【“云耕小镇”入选省特色小镇创建名单】 2017年8月2日，浙江省特色小镇规划建设工作现场推进会召开，云耕小镇入选省级特色小镇第三批创建名单，赏石小镇2016年度省级考核成绩良好。云耕小镇位于城区西郊，规划面积3.09平方千米，将按照产业+旅游+文化+社区“四位一体”和“生产生活生态”高度融合的创建要求，以“一核两轴三片”，即产业核，产业景观轴、生活配套景观轴，小镇特色产业片（工业）、文化旅游片（文化旅游功能）、功能配套片（创业创新社区功能）为建设重点，力争在3－5年内打造成以“云计算”为支撑、“耕种收”全系列农机制造为特色的中国南方高端装备制造业小镇。

【新能源共享汽车正式投运】 2017年10月29日，由县发改局引进、浙江衢州驿动新能源汽车运营服务有限公司投资的常山县新能源汽车分时租赁项目投运仪式举行，标志着“慢城常山”正式迎来“共享经济”时代。该项目于6月19日签约落地，总投资约1.1亿元，分3期建设，计划2—3年内建设网点100个、充电桩位600个，投放运营车辆300台。年内已在全县范围建成网点20个、充电桩数量107个；在建网点6个、充电桩数量31个；签约待建网点36个，发展签约会员近千人。

（黄般若）

行政审批服务

【概况】 2017年，常山县行政服务中心（以下简称“县行政服务中心”）常驻部门21个，窗口工作人员100余人。根据常编复〔2017〕14号《关于同意县行政服务中心管理办公室机构编制调整的批复》，原内设“办公室”更名为“综合科”，增设“受理协调科”，增加科（股）级职数1名。县行政服务中心围绕“最多跑一次”改革，以“一窗受理、集成服务”改革为抓手，以“四个平台”建设为契机，进一步优化常山政务服务环境，全年办理各类事项20万多件，即办率76.5%，按期办结率100%，“最多跑一次”改革实现率为99%，满意率96.7%，分别位列全省第39名和第3名。

【“一窗受理、集成服务”改革全面实行】 2017年，全县建成“5+3+14”模式的“一窗受理”业务板块，即县行政服务中心按政府投资项目审批、商事登记、不动产交易登记、国地税联合办税、其他综合事务五大业务板块，公安交管大厅、医保社保大厅、开发区大厅三大分中心，14个乡镇（街道）便民服务中心，设置相应的综合受理窗口，实行“前台综合受理、后台分类审批、统一窗口出件”的模式。推进“一窗受理、集成服务”向基层延伸工作，制定《常山县乡镇（街道）便民服务中心“一窗受理”改革指导意见》，14个乡镇（街道）均按照“一窗受理”的要求对办事大厅进行改造，将常办事项纳入“一窗受理”云平台进行受理。同时，梳理农村群众日常办得最多、最迫切需要的如老年证办理等28项便民审批代办事项，社保查询、网上挂号、水电费收缴等21

项公共服务事项。

【重点领域专项改革全面开展】 2017年，县行政服务中心以群众和企业办理“一件事”为标准，推进“多证合一、一照一码”及工商登记与涉及后置审批事项的“证照联办”。推进不动产登记“最多跑一次”，通过整合住建、地税、国土等部门，办结时间提效50%以上，受理材料由3套减少为1套；同时，在行政服务中心不动产交易登记板块设立水电气联动过户专窗，实行不动产登记与水电过户联动办理。全市首个推进国、地税联合办税“一窗一人通办”，通过资源整合，实行国税地税 373项业务通办。在全省率先成立县级交管中心，公安（交警）、国税、交通运管、卫计、商务、综合执法、高速交警、保险、银行9个部门统一进驻办公，实现交管事项“最多跑一次”全覆盖，业务办理平均时限提速5倍以上。推进“图审合一”等专项改革工作，实现全流程施工图电子化图审；上线运行浙江政务网投资项目在线投资审批平台2.0版，实现“四个100%”（即100%应用平台、100%网上申报、100%系统打通、100%网上审批）。

【政务服务智能化水平全面提升】 2017年，县行政服务中心对二楼服务大厅进行装修改造，划分前台业务区、后台审批区、群众休闲等侯区等一系列配套服务区域，配置具有网上受理、排队叫号、服务评价等功能的系统设备及触摸式自助网上查询、办理一体机。依托浙江省政务服务网行政权力运行系统，启用“一窗受理”云平台。2017年年底，常山县1432个事项纳入云平台进行受理，通过“一窗受理”云平台受理监察各类政务服务类事项36985件。推进数据共享，向省数据中心申请相关共享数据36项，通过云平台在商事登记、公积金、不动产、公安事务、其他综合事务板块实现跨部门数据共享。

（郑小琴）

公共资源市场化配置监督管理

【概况】 2017年，常山县公共资源市场化配置监督管理办公室（以下简称“县监管办”）开展进场公共资源交易活动1409次，交易金额24.4亿元，其中建设工程项目招投标活动290次，预算造价250077万元，中标价219339万元，降低造价30738万元，资金节约率12.3%；举行政府采购952标次，预算价5180.9万元，中标价4782.7万元，节约资金398.2万元, 资金节约率7.7%；国有土地拍卖20宗，起拍价16400.2万元，成交价19010.5万元，增额2610.3万元，增幅15.9%；国有资产拍租147宗，起拍价386.8万元，成交价454.4万元，增额67.6万元，增幅17.3%。

【电子招标工作正式推行】 县监管办积极推进工程建设项目的电子招标工作，于2016年12月15日成功试运行首个电子招标项目、2017年4月26日成功开展首个正式电子招标项目，在此基础上，会同软件公司、相关部门，进一步查找问题，对部分流程给予优化。2017年7月20日，首次运行200万元以上项目的电子招标工作，比预期进度提前一个月，在全市处于前列。电子招标投标人背靠背投标，投标保证金缴纳、投标文件投递、专家评标全程网上开展，有效遏制串围标等不法行为，提高优质企业中标机会，提升常山县公共资源交易的科技监管水平。

【招投标制度整合完善】 2017年，为解决常山县原有招投标制度不成体系、对招投标市场存在的问题破解办法不多等问题，县监管办对原有的招投标有关规定进行梳理，将有关制度整合为三大板块、3个文件，分别是《常山县小额建设工程交易管理办法》（常政办发〔2017〕128号）、《关于进一步严格规范建设工程招标投标活动的意见》（常政办发〔2017〕171号）、《常山县国有投资建设工程招标投标评标办法》（常政办发〔2017〕174号），扩大建设单位的自主权，创新交易方式，方便各方主体执行。

（唐必明）

审计工作

【概况】 2017年，常山县审计局（以下简称“县审计局”）完成审计项目126个，查处管理不规范金额1.66亿元，移送案件线索4起，完成工程结算审计项目135个，送审造价56130万元，审定造价50976万元，核减工程造价5154万元，平均核减率为9.18%，比上年增长1.91%。推动行业系统政策、法规“废改立”（即对现行制度、规章进行废止、修改、新立）19项，推动县级层面、被审计事项的行业主管部门和被审单位体制、机制创新优化15项，推动解决“老大难”或历史遗留问题18项。

围绕权利运行，促进经济责任审计全覆盖。县审计局完善经济责任审计计划管理，根据《常山县经济责任审计对象分类管理办法》，制订经济责任审计中长期计划，对重点地区、部门、单位及关键岗位的领导干部三年至五年一轮审，任期内至少审计1次。2017年，县审计局完成经济责任审计项目8个，提出工程、财务、资产、土地及村级管理等方面问题28个，发现管理不规范金额516万元；完成31名领导干部离任经济责任事项交接。

深化专项审计调查，促进政策审计落地开花。县审计局坚持把政策措施的执行情况和重大决策的落实情况作为审计监督的重要内容，关注政策执行成效，发现问题，分析原因，提出审计建议。坚持问审于民，把党委政府最关心、人民群众最关注的重点资金、重点项目、重点部门作为审计监督重点。开展保障性住房、地方政府性债券资金、“最多跑一次”改革、水库移民后期扶持资金、被征地农民基本生活保障等多项审计调查。

【投资审计工作规范化】 2017年，县审计局退出议事机构，不再参与工程项目变更联席会议等与履行投资审计职能不一致的议事协调工作，不越位承担投资项目管理职能，保持审计的独立性，强化审计监督职能。完善审计程序，严格执行被审计单位在各个时间节点表上签字确认，以节点控制防范审计延误风险。针对土石方项目的隐蔽性，推动建设单位聘请测绘单位2家以上，同时进行测量，减少测量误差，以确保工程量的准确性，规避在土石方工程量准确性上的审计质量风险。

【审计整改机制完善】 2017年，县审计局完善工作机制，推行审计整改“挂销号”制度，采取“四同步”工作方法，审计整改工作逐步规范化、常态化、制度化，审计整改资料由零散管理向集中统一管理，由单纯的整改报告向能全面真实反映和支撑报告内容的并有附件资料转移，在工作中树立坚持发现问题与解决问题并重，推进审计整改取得实效，建立和巩固审计整改的长效机制。

【审计质量控制】 2017年，县审计局转变方式，多头推进，有效提高审计质量水平。出台《审计项目进度管理办法》，实行“进度上墙、列表推进”的挂图作战管理方式。从微观入手、从全局着眼，改变过去就事论事的审计方式，点面结合，将审计过程中发现的普遍性、苗头性以及倾向性问题进行归纳分析，站在全县发展的角度去考量，从制度上找原因、提建议，审计成果通过审计专报、审计要情的形式呈现给县领导。

（方效圆）

统计工作

【概况】 2017年，常山县统计局做优常规工作，做精工业、投资、商贸等专业月报工作，做好服务业、农业经济、城乡一体化、劳动工资等专业季报的上报工作，进行上报过程中数据对比、分析工作。完成第三次全国农业普查工作。开展住户调查样本轮换工作。按时发布《2016年度常山县国民经济和社会发展统计公报》。每月20日左右收集各兄弟县市区数据并进行比较分析，向党政主要领导提供月度塑封数字卡片；每月25日左右发布《统计数字月报》。全年完成党政、综合、专业、农普、舆情信息90余条，其中，被省统计局采用7条，被市统计局采用15条，被市农普办采用7条。

是年，辉埠镇统计站成为浙江省第四批乡镇（街道）统计工作示范点建设单位。

【统计工作联席会议制度创新】 2017年10月，常山县政府下发《关于进一步完善统计工作联席会议制度的通知》，明确联席会议的总召集人为分管常山县经济社会发展各条战线上的副县长，明确联席会议的主要任务及成员单位职责。建立6个子制度，分别是GDP核算、固定资产投资、工业经济、服务业统计、基本单位名录库建设、农林牧渔业增加值联席会议制度。

【第三次全国农业普查开展】 2017年，县统计局开展第三次全国农业普查工作。探索农普新思路，抓好基层普查员培训，建立清查摸底进度日报制度，开展清查摸底工作督查，做好清查摸底数据评估工作。承办市级PDA（移动手持终端）专项试点工作，完成现场登记工作。强化数据审核，加强督查指导，主攻PDA录入，部署查漏补缺，做好数据对比分析。

【住户调查样本轮换工作】 2017年，县统计局开展住户调查样本轮换工作，从全县193个村（社区、居委会）中抽选25个点2100户住户进行摸底调查，最终从摸底户中抽选250户作为调查户进行记账工作。前期走访25个抽中点，熟悉了解抽中点相关情况，并绘制、编制小区图和建筑物清查表。再经由计算机根据随机抽样原则抽选出2100户大样本进行入户摸底调查工作，由各抽中村（社区、居委会）调查员进行入户调查。截至2017年年底，此项工作完成，新样本户开始记账。

【“统计专报”成品牌】 2017年，县统计局将专报的报送范围扩大至市统计局和调查队。全年向外报送24期统计专报，涉及农民增收问题、工业情况、固定资产投资情况、GDP测算。其中，《开展“中国常山油茶指数”编制工作的建议》《上半年GDP预测分析》等多篇专报被县长批示。另有多篇分析调研材料被《领导参阅》《政务参阅》《今日常山》刊登或被县级领导批示。

【特色小镇监测推进】 2017年，县统计局综合核算科负责云耕小镇的业务指导和协调工作，围绕特色小镇统计数据报送工作，召开云耕小镇统计协调会，加强统计监测业务学习和培训。同时，紧抓赏石小镇监测工作不放松，多次向县委、县政府反映特色产业投资不达标、特色小镇统计力量薄弱等问题，并提出对策建议。

【基础工作人员培养】 2017年1月，县统计局招聘12名编外专职统计员，派往重点乡镇、街道、开发区，充实基层力量。对现有的评优工作进行改进，组织一次外出学习。6月组织开发区统计分局和乡镇（街道）统计站新进人员，赴浙江大学学习。开展“每月一次”的统计教学，将统计业务学习扩大到全县的乡镇统计员、部门统计员及编外专职统计员，提高整个统计系统的业务能力。

（占慧臻）

市场监督管理

【概况】 2017年，常山县市场监督管理局（以下简称“县市场监管局”）坚持服务发展主线不动摇，在商事登记制度改革、商标品牌创建、质量标准体系建设等领域助推经济社会发展。坚守安全底线不松劲，抓好食品药品、特种设备、产品质量安全监管。坚持保障民生实线不懈怠，做实农贸市场提升、民生计量服务、放心消费环境打造等惠民工程。

【“最多跑一次”改革深化推进】 2017年，县市场监管局在全县率先公布“最多跑一次”事项清单，在全市率先推出EMS免费证照寄递服务。运行全程电子化登记系统，完成证照联办2006件。深化“工商注册通”业务，与县农信社合作，在全县营业网点设立代办服务点，实现就近办理、全城通办。全年办理“最多跑一次”行政审批3574件，每件平均用时约0.5小时，比改革前提速1倍以上。全年新设各类经济主体3216户，比上年增长19.42%。其中，新设私营企业618户，比上年增长23.11%。

【“双随机一公开”试点经验在全省推广】 2017年，县市场监管局成为浙江省市场监管领域“双随机一公开”（即在监管过程中随机抽取检查对象，随机选派执法检查人员，抽查情况及查处结果及时向社会公开）试点县级唯一单位。组织成立试点领导小组，创新“一单、两库、一细则”（“一单”指随机抽查事项清单；“两库”指市场主体名录库、执法检查人员名录库；“一细则”是指规范“双随机”抽查工作细则）常山操作模式，对110家企业进行检查。在全省市场监管领域“双随机一公开”监管现场推进会专门介绍常山经验。浙江日报以《常山探索市场联合监管“一次到位”》为题编发内部参考资料。这项工作编入省政府《专报信息》，分别获国务院总理李克强、副秘书长孟扬、国家工商总局局长张茅、浙江省委书记车俊、浙江省省长袁家军的批示肯定。衢州（常山）试点经验上升为浙江经验，在全省、全国推广。

【“联千企搞服务”三年行动启动】 2017年，县市场监管局启动“百名干部联千企搞服务”活动，组织干部到联系企业至少访一次，重点在注册登记、标准制定、质量认证、品牌创建、融资渠道、安全管理六个方面提供有效服务。全年走访企业1152家次，发放资料2200余份，为企业解决各类难题238个。

【食品安全监管常抓不懈】 2017年，县市场监管局深化食品小作坊“整改提”工程，投入专项资金50万元，推进食品小作坊“整改提”工作向农村延伸，完成18个小作坊改造提升。推进“阳光厨房”建设工程，新建成“阳光厨房”13家，累计建成37家；32家学校食堂，12家社会餐饮接入“智慧监管”系统。深化千万学生饮食放心工程，40所学校食堂、23所幼儿园食堂达到B级以上等级，占比分别为95.2%和67.6%。强化重要活动食品安全保障，出动执法人员460多人次，完成 2017“环浙”自行车挑战赛、2017中国皮划艇巡回赛、“8·30”全国赏石日等16个餐饮食品安保任务。

【药品药械严管严控】 2017年，县市场监管局抓好医疗器械生产源头管控，检查企业254家，其中生产企业3家、经营企业64家、使用单位187家，责令整改5家。全面推进新修订药品GSP认证、全省化妆品“百千万”美丽消费示范工程创建等工作。

【特种设备专项整治】 2017年，县市场监管局先后开展室燃锅炉、大型游乐设施、危化品等专项整治和“8·30”全国赏石日等专项行动，出动执法人员218人次，检查单位87家，提出落实整改要求270项，确保特种设备运行安全。

【“三强一造”深入实施】 2017年，县市场监管局推进“质量强县、标准强县、品牌强县”建设和“浙江制造”品牌工程，在全省农产品区域公用品牌工作现场交流会上做典型发言。全年新申请商标注册493只，核准注册223只。“常山油茶”产业三产融合省级标准化试点获省质监局批准立项。

【农贸市场改造提升】 2017年，县市场监管局制定《常山县农贸市场新一轮改造提升三年行动计划（2017—2019年）》，县财政安排专项资金900万元，用于城乡农贸市场改造提升。柚香城农贸市场和芳村镇农贸市场被评为省级放心市场，白石、青石、辉埠、同弓4个市场被评为一星级乡镇农贸市场，柚香城农贸市场被评为市级“智慧市场”。

【省级山茶油质检中心落户常山】 2017年，县市场监管局编制《国家级山茶油质检中心建设项目》，多次向上汇报对接，邀请省、市专家实地考察论证，得到浙江省质监局的肯定。12月初，省质监局正式行文批复，同意筹建浙江省山茶油及食用植物油质量检验中心，标志着全省首个山茶油专业质检机构在常山落户。

【消费维权社会共治】 2017年，县市场监管局制定《关于全面实施“放心消费在常山”行动的意见》，建立消费者权益保护工作联席会议制度。组织开展“万家企业无理由退货”社会承诺百城联动活动，45家企业首批承诺。在全县12家金融单位成立金融消费维权服务站；依托“亿家网络”电子商务平台，建成全市首家网络消费维权服务站。成功处置消费纠纷317件，为消费者挽回经济损失17.8万元。

（官智孟）

安全生产监督与管理

【概况】 常山县安全生产监督管理局（以下简称“县安监局”）暨常山县安全生产委员会办公室（简称“县安委办”），主管全县安全生产综合监督管理工作。县安监局内设办公室、矿山危化监管科、行政审批服务科、职业安全健康监督管理科4个职能科室，在编人员15人。2017年，全县发生各类事故37起、死亡24人，未发生较大以上事故。其中工矿商贸行业发生事故4起，死亡4人，事故起数比上年下降55.6%，死亡人数下降50%；道路交通发生事故33起，死亡20人，事故起数比上年下降44.1%，死亡人数下降20%，未发生较大以上事故。消防发生火灾66起，未发生亡人火灾事故。常山县在衢州市安全生产目标责任制考核中获得优秀等次。

【安全生产目标责任制落实】 2017年，县政府印发《关于调整常山县安全生产委员会组成人员的通知》，构建“1+X”责任体系，在县安委会这个“1”的基础上，下设建筑市政与城市燃气、文化广电、商贸与旅游、特种设备、教育卫生与民政、矿山危化民爆、工业经济、体育、道路与交通、农业农村与矿产、消防、邮政通讯12个专业委员会。细化责任考核，修订完善《安全生产责任制考核办法》和安全生产目标控制指标体系，与54个部门、乡镇(街道)签订安全生产责任书；各部门、乡镇(街道)根据管理权限，与下属企业、村签订安全生产责任书。加强对部门、乡镇（街道）安全生产工作过程监督，加大对日常基础性工作落实情况的督查。同时，对因工作不到位、措施不得力引发生产安全事故的企业、村，严格实行安全生产“一票否决”制。

【创新推行安全生产监督管理措施】 2017年2月28日，县安监局在辉埠镇进行安全生产专题述职试点；8月初，在球川镇试行；11月在全县全面推行。推行乡镇“四个平台”安全监管“最后一公里”，发挥乡镇“四个平台”优势。在同弓乡“四个平台”中试点开设安全生产专线，发挥网格员作用，建成一体联动、高效运行的安全生产服务体系，助推村级安全生产网格化监管无盲区，解决安全生产监管“最后一公里”问题。全市乡镇四个平台安全生产监管现场会在同弓乡召开。

【全县安全生产专项整治】 2017年，县安监局深化执法年活动，在全市率先开展“双随机”执法，出台《常山县安全生产监督检查“双随机”抽查暂行办法》，分3批次开展双随机执法活动，共执法抽查77家企业，发现问题248个，即行整改203个，交办45个。同时，推行县安委办与食安委办、消安委办“三办”开展联合执法5次，尝试“三办”联合执法新模式。全面彻底开展全县安全生产大检查，特别是天台“2·5”事故发生后，严格按照市委市政府要求，立即开展安全隐患排查整治；4月，召开防范遏制较大以上事故工作汇报会，安监、消防、交警、交通、住建、市监等14个部门专题向县政府汇报防范遏制较大以上事故的举措，并出台工作方案，开展14个专项整治行动；7月6日，常山县召开安全生产工作部署会，会前排查出的“常山十大安全隐患”制作成警示短片，在大会上予以曝光，责成相关部门限期整改。党的十九大召开期间，制定下发《常山县安全生产大检查实施方案》，全县37个安委会成员单位和14个乡镇（街道）也制定安全生产大检查方案，排查隐患；全县共出动执法检查组136组，参加人员3764人次，检查各类经营单位和场所3178余家，发现隐患4764个，整改完成4589个，限期整改165个，列入县级挂牌督办的9个；关停企业5家，停产整顿18家，行政处罚79.99万元。开展危化品安全综合治理，制定下发《常山县危险化学品安全综合治理任务分工及进度计划图的通知》，在农业系统畜牧养殖领域开展防范硫化氢等毒害气体事故试点，并在全县推广；出台《关于进一步加强养殖场有限空间安全管理办法》。聚焦重点行业领域、生产安全事故多发单位，紧盯安全隐患和问题突出，深入推进“三场所两企业”（即有限空间作业场所、涉及可燃爆粉尘作业场所、喷涂作业场所，船舶修造企业、涉氨制冷企业）专项整治和重点行业职业卫生专项整治。

【安全生产保障水平提升】 2017年，县安监局推进企业安全生产标准化建设和复审工作，出台《关于做好2017年工贸企业安全生产标准化工作的通知》，全县标准化达标企业有效范围内有102 家。出台《常山县安全生产领域失信黑名单制度建设工作方案》，做好企业诚信机制建设。推进乡镇、园区工贸企业实行安全生产社会化服务，提高安全生产管理能力和水平，与152家企业签订社会化服务合同。推进安全生产“绿色保险”，出台《常山县安全生产绿色保险试点方案》，在全县12家危化、5家矿山企业实行绿色保险，发挥保险机构参与风险评估和事故预防功能。推进智慧用电，在医疗机构、学校、网吧、歌厅等领域，推进智慧用电工程建设，防范较大以上事故发生，新安装智慧用电301套。开展重点企业风险公告，在全县危化矿山、烟花爆竹、“三场所两企业”全面推行安全风险隐患公告制度，危化企业在省隐患管控日志系统中实行承诺机制，促进企业隐患排查。完善应急救援体系，探索政府与专业救援队开展应急救援合作机制，与巨化集团消防大队签订危化企业应急救援协议，成立“常山县危险化学品应急救援队”，分别开展矿山、危化、有毒有害气体、地质灾害、道路交通抢险、消防应急演练10多场次，提升事故处置能力和应急救援队伍的实战水平。

【安全生产培训和宣传教育】 2017年2月28日，县安监局组织全县安全生产监管干部通过党校轮训、省培训中心集训、现场教学等形式，进行为期5天业务培训，加强执法能力建设。在乡镇和部门开展《中共中央、国务院关于推进安全生产领域改革发展的意见》宣讲活动12场，受益人员1000余人。合同县教育、市监、公安消防等18个部门编印《中小学安全教育漫画读本》3万册，作为全县中小学生课堂教本，创新拓宽安全生产宣传渠道，提升全民安全意识。

（付 颖）

财政·税务

财 政

【概况】 2017年，常山县实现生产总值129.93亿元，比上年增长6.6%。第一产业增加值8.38亿元，增长2.1%；第二产业增加值54.70亿元，增长5.9%；第三产业增加值66.86亿元，增长8.0%；三次产业结构比调整为6.4∶42.1∶51.5。按常住人口计算，全县人均生产总值52204元，增长5.0%。全县财政总收入13.97亿元，增长9.8%；一般公共预算收入9.88亿元，增长9.2%；一般公共预算支出37.76亿元，增长7.4%。全年财政收支平衡。

是年，县财政地税局获评“全省营改增试点工作成绩突出单位”“2017年度全省财政金融工作先进单位”“2016年度全省纳税服务工作突出单位”“2016年度全省地税系统税政综合管理工作成绩突出单位”“2016年度会计管理工作绩效考核优秀单位”“基层财政管理（农村综合改革）先进典型经验单位”“2016年度全省农村综合改革工作先进单位”。

【财政收入持续增长】 2017年，县财政部门健全收入预测机制，做好年度、季度、月度收入分析预测，加强常规分析和专项分析，提高收入分析质量。强化财政、国税、地税三方合作，借力联席会议机制，找准税源管理方向和重点，提高收入的主动性和有效性。开展“青春为税收、服务促发展”走访企业活动，深入企业调研。加大欠税清理力度，参与“僵尸企业”处置，确保依法征收和应收尽收。全年一般公共预算收入占财政总收入的比重为70.7%；一般公共预算收入中，税收收入6.47亿元，比上年增长4.9%，占一般公共预算收入的比重为65.5%。加强和规范非税收入征管，组织征收部门依法、及时、足额征收，全年实现非税收入13.02亿元，增长145.6%。

【企业帮扶措施加强】 2017年，县财政部门落实国务院六项减税等优惠政策，全年减免税1.41亿元；落实财政奖补政策，兑现涉企专项资金9660万元；取消和停征事业性收费26项，为企业减负3386万元。推进产业基金设立及运作，批复设立睿康常山山茶油基金和常山产业升级股权投资基金，总规模7亿元。推广运用政府和社会资本合作（PPP）模式，重点项目有常山县美丽公路一期工程（沿江公路），城区主干道道路白改黑工程，国际慢城通景路、府前路、文教路项目，351国道常山段工程等，总投资40.34亿元。加强国有资产管理，推进“资金池”建设，全年调剂资金3.9亿元；优化中小企业应急专项资金运行，全年周转资金21.96亿元，为企业节约短期拆借成本2196万元。创新金融扶持方式，挂牌成立常山两山农林合作社联合社，财政和联合社分别出资1000万元，撬动2亿元贷款额度，解决涉农企业融资难问题。

【民生项目投入加大】 2017年，全县民生领域资金支出30.16亿元，占一般公共预算支出的79.9%，增长11.0%。县财政部门保障危旧房治理改造，筹资1.06亿元用于城区73幢2111户D级危旧房治理改造，并争取棚改专项贷款和国家重点项目建设基金。保障常山国际慢城“五朵金花”（即狮子口、狮东、渣濑湾、外港、孔家弄5个慢城核心村）、“四大入口”（即渣濑湾主入口、中央公园次入口、公安入口、狮子口村入口）、“三条大道”（即府前路、通景路、文教路）、渣濑湾花谷等项目，助力常山县成为全国第七个国际慢城。筹资8000多万元用于“赏石小镇”建设，保障第六个全国赏石日暨首届常山国际赏石文化节举办。投资2000万元，新建和改造城区公厕36座、农村公厕72座，推进“厕所革命”。安排1000多万元用于中国山地自行车公开赛总决赛、中国皮划艇巡回赛、“环浙”自行车挑战赛等大型体育赛事。安排1.14亿元，保障常山一中迁建、常山县芳村小学迁建等重点教育项目；安排3950万元，保障23个非重点教育项目；安排1960万元，设置教育奖励资金、教师提质增量经费等专项经费。安排7300万元用于中医院、妇保院等重点项目建设；全省率先试点医联体、医共体建设，促进省市县医疗资源共享。

【支持乡村振兴】 2017年，县财政部门安排2200多万元用于消除经济薄弱村，全县128个经济薄弱村已全部“摘帽”，年经营性收入5万元以上村108个，占全县总行政村比例的60%。投资4000多万元发展休闲农业、乡村旅游、民宿经济等，涉及17个村，通过项目实施平均每年为每个试点村增加集体收入7万元以上。划拨1.45亿元用于小城镇环境综合整治资金，创新资金分配方法，实行因素法与示范奖励资金相结合方式。安排2.4亿元，用于农村污水治理、农村垃圾整治、剿灭劣V类水、美丽乡村风景线、美丽庭院示范村、历史文化村落保护、赤膊墙整治等。安排5000万元推进油茶“一区两园四中心”（“一区”即省级油茶产业集聚区；“二园”即国家级油茶公园、常山油茶产业园；“四中心”即全国油茶交易中心、价格指导中心、集散中心、文化中心）建设，提升山茶油品质。

【财政事项实现“最多跑一次”】 2017年，县财政部门线上线下同步推进非税收入电子化收缴。全年办理非税收入电子化缴费业务107493笔，收取非税收入6844万元。推广“政采云”平台应用，推进政府采购交易、监管和服务全过程信息化。推进政府投资项目管理信息系统，政府投资项目资金审批由原来纸质审批变为在线审批，规范审批流程、精简办理材料。启用全省代理记账机构管理系统。落实代理记账机构审批改革，完成全县3家会计代理记账机构换证工作。推进“四个平台”建设，将乡镇公共财政服务平台纳入乡镇（街道）“四个平台”建设，做好财力保障，在全省率先实现乡镇（街道）“四个平台”全覆盖。开展“上门服务至少一次”活动，拓展“最多跑一次”内涵，到预算单位辅导政策、听取意见、释疑解惑，服务预算单位112家，服务人数587人次。

【深化财政领域的改革创新】 2017年，县财政部门推进农村综合改革，常山县“发展农村新业态助推美丽乡村建设项目”在全省作为典型推广，常山县被列入浙江省2018年度扶持村级集体经济发展试点、一事一议财政奖补助推美丽乡村建设试点。推进新一轮乡镇财政体制改革。完善乡镇（街道）、经济强镇和中心镇、经济技术开发区财政管理体制，建立超收分成、增收奖励、竞争性分配等机制。深化支农体制机制改革，结合农业“三项补贴”综合改革试点、中央财政支持农民合作社创新试点等工作，修改完善专项资金管理办法，获省财政1000万元奖励。推进国库集中支付电子化改革试点，统筹上线资金实拨、清算、支付等业务，即时审批，实时到账；对1万元以下非政府采购类支出全面推行授权支付；取消财政中间结算账户，实现国库集中支付清算“T+0”模式。强化预算管理工作，从预算编制、预算执行、预算公开三方面做实预算管理。

【规范财政监管】 2017年，县财政部门实行财政资金竞争性存放，全年累计招标金额9.5亿元，增加财政资金利息收入495万元；推进乡镇财政资金竞争性存放，存量资金收益统筹用于经济薄弱村民生项目支出。强化政府投资项目管理，建立健全《常山县政府投资项目评审管理办法》，全年审核项目737个，核减金额3.24亿元。完善预算执行动态监控体系，上线国库集中支付动态监控系统，全过程预警财政资金支付，保障财政资金使用安全。建立内控机制，做好专项资金、预算公开、“三公”经费等监督检查，按照“1+8+X”内控规范要求，建立常态化督查机制、重点监督检查项目遴选机制。加强债务风险管控，控制债务率在警戒线以内，在全省债务风险管控质量考核中排名前列，获省财政厅1000万元奖励。

（李阳彦）

2017年常山县一般公共预算收入执行情况

表13 单位：万元

项 目	调整预算数	执行数	完成调整预算(%)	比上年（±%）
一般公共预算本级收入合计	**96660**	**98780**	**102.2**	**9.2**
一、税收收入	65450	64653	98.8	4.9
（一）主体税种收入	37400	36468	97.5	12.1
1.增值税（含改征增值税）	28715	27165	94.6	41.5
2.营业税	525	630	120.0	–89.3
3.企业所得税40%部分	5920	6384	107.8	18.1
4.个人所得税40%部分	2240	2289	102.2	12.3
（二）小税种收入	18950	18473	97.5	11.4
1.资源税	1450	1010	69.7	–38.8
2.城市维护建设税	3000	3418	113.9	12
3.房产税	2500	2799	112.0	6.8
4.印花税	1200	1326	110.5	52.2
5.城镇土地使用税	4000	3551	88.8	2.4
6.土地增值税	6000	5553	92.6	31.8
7.车船税	800	816	102.0	16.7
（三）农业两税收入	9100	9712	106.7	–22.4
1.耕地占用税	3850	3397	88.2	–58.5
2.契税	5250	6315	120.3	45.6
二、非税收入	31210	34127	109.4	18.4
（一）专项收入	4178	6961	166.6	42.4
1.教育费附加收入	1745	1835	105.2	12.4
2.地方教育费附加收入	1149	1222	106.4	12.5
3.残疾人就业保障金收入	513	550	107.2	11.3
4.教育资金收入	—	1520	—	—
5.农田水利建设资金收入	—	973	—	—
6.森林植被恢复费收入	590	845	143.2	153
7.水利建设专项收入	—	16	—	–98.8
8.其他专项收入	181	—		—
（二）行政事业性收费收入	2400	2567	107.0	–12.6
（三）罚没收入	3950	5121	129.7	3
（四）国有资源(资产)有偿使用收入	19802	18609	94.0	19.7
（五）政府住房基金收入	880	869	98.8	79.2

2017年常山县一般公共预算支出执行情况

表14　　单位：万元

项 目	调整预算数	执行数	完成预算(%)	比上年（±%）
一般公共预算支出合计	365593	377589	103.3	7.4
一、一般公共服务支出	38070	41433	108.8	30.4
二、国防支出	155	155	100.0	9.2
三、公共安全支出	19121	19891	104.0	–5.4
四、教育支出	47487	48940	103.1	–18.8
五、科学技术支出	12878	12739	98.9	13.0
六、文化体育与传媒支出	8495	8110	95.5	3.1
七、社会保障和就业支出	52057	53019	101.8	47.1
八、医疗卫生与计划生育支出	41846	46608	111.4	23.8
九、节能环保支出	8867	7256	81.8	4.3
十、城乡社区支出	29268	30798	105.2	–0.7
十一、农林水支出	73422	74260	101.1	24.3
十二、交通运输支出	12342	13405	108.6	–49.3
十三、资源勘探信息等支出	3365	3462	102.9	5.2
十四、商业服务业等支出	5608	5205	92.8	173.1
十五、金融支出	68	61	89.7	35.6
十六、国土海洋气象等支出	3070	4062	132.3	91.1
十七、住房保障支出	2318	1729	74.6	–79.2
十八、粮油物资储备支出	655	671	102.4	–37.3
十九、其他支出(类)	52	74	142.3	–65.4
二十、债务付息支出	6400	5667	88.5	34.3
二十一、债务发行费用支出	50	44	88.0	–99.0

2017年常山县政府性基金预算收入执行情况

表15　　单位：万元

项 目	调整预算数	执行数	完成调整预算(%)	比上年(±%)
合 计	70497	94273	133.7	334.8
一、新型墙体材料专项基金收入	20	14	70.0	–77.4
二、城市公用事业附加收入	`400	332	83.0	—
三、国有土地收益基金收入	1950	1683	86.3	297.9
四、农业土地开发资金收入	357	116	32.5	–2.5
五、国有土地使用权出让金收入	63000	59552	94.5	401.3
六、彩票公益金收入	280	256	91.4	–36.3
七、城市基础设施配套费收入	150	136	90.7	–31.3
八、污水处理费收入	780	700	89.7	1.7
九、彩票发行机构和彩票销售机构的业务费	120	125	104.2	19.0
十、其他政府性基金收入	3440	31359	911.6	325.3

2017年常山县政府性基金预算支出执行情况

表16 单位：万元

项　目	调整预算数	执行数	完成预算（%）	比上年（±%）
政府性基金预算支出合计	**112931**	**84313**	**74.7**	**45.8**
一、文化体育与传媒支出	5	5	96.2	—
二、社会保障和就业支出	1927	1976	102.5	-68.8
大中型水库移民后期扶持基金支出	1827	1819	99.6	-65.9
小型水库移民扶助基金及对应专项债务收入安排的支出	100	157	157.0	-84.0
三、城乡社区支出	66301	43877	66.2	17.8
国有土地使用权出让收入及对应专项债务收入安排支出	62070	41457	66.8	35.5
城市公用事业附加及对应专项债务收入安排的支出	528	452	85.6	55.9
国有土地收益基金及对应专项债务收入安排的支出	2026	865	42.7	—
农业土地开发资金及对应专项债务收入安排的支出	645	339	52.6	68.7
新增建设用地土地有偿使用费及对应专项债务收入安排支出	0	0	—	-100.0
城市基础设施配套费及对应专项债务收入安排的支出	162	22	13.6	-89.8
污水处理费及对应专项债务收入安排的支出	870	742	85.3	-15.8
四、农林水支出	103	78	75.7	-63.7
大中型水库库区基金及对应专项债务收入安排的支出	103	78	75.7	-63.7
五、资源勘探信息等支出	153	84	55.0	-32.3
新型墙体材料专项基金及对应专项债务收入安排的支出	153	84	55.0	42.4
六、商业服务业等支出	37	37	100.0	-63.0
旅游发展基金支出	37	37	100.0	-63.0
七、其他支出	41532	35383	85.2	185.3
其他政府性基金及对应专项债务收入安排的支出	37677	32846	87.2	211.1
彩票发行销售机构业务费安排的支出	80	105	131.3	—
彩票公益金及对应专项债务收入安排的支出	3775	2432	64.4	32.0
八、债务付息支出	2873	2873	100.0	117.3
地方政府专项债务付息支出	2873	2873	100.0	117.3
九、债务发行费用支出	0	0	—	-100.0
地方政府专项债务发行费用支出	0	0	—	-100.0

2017年常山县国有资本经营预算收入执行情况

表17 单位：万元

项　目	调整预算数	执行数	完成调整预算(%)	比上年（±%）
收入合计	**1792**	**1792**	**100.0**	**-28.5**
一、利润收入	—	—	—	—
二、股利、股息收入	—	—	—	—
三、产权转让收入	1792	1792	100.0	-5.2
其他国有资本经营预算企业产权转让收入	1792	1792	100.0	-5.2
四、清算收入	—	—	—	—
五、其他国有资本经营收入	—	—	—	—

常山县2017年国有资本经营预算支出执行情况

表18

单位：万元

项目	2017年调整预算数	2017年执行数	完成预算（%）	比上年（±%）
国有资本经营预算支出合计	**1994**	**1842**	**92.4**	**-9.2**
解决历史遗留问题及改革成本支出	—	—	—	-100.0
其他国有资本经营预算支出	1994	1842	92.4	19.8

2017年常山县社会保险基金收入执行情况

表19

单位：万元

项　目	2017年调整预算数	2017年执行数	完成调整预算(%)	比上年（±%）
全县社会保险基金收入合计	**164080**	**170180**	**103.7**	**70.1**
其中，保险费收入	83096	125139	150.6	81.6
财政补贴收入	34817	37115	106.6	30.8
其他社会保险基金收入	1176	4752	404.1	72.7
一、企业职工基本养老保险基金收入	83786	86678	103.5	143.8
其中，保险费收入	38627	81025	209.8	143.1
其他基本养老保险基金收入	608	2383	391.9	7.2
二、城乡居民基本养老保险基金收入	12374	13528	109.3	21.9
其中，保险费收入	748	1098	146.8	59.4
财政补贴收入	11240	11589	103.1	11.5
其他居民社会养老保险基金收入	37	84	227.0	460.0
三、机关事业单位基本养老保险基金收入	25650	26677	104.0	42.7
其中，保险费收入	15625	14872	95.2	12.7
财政补贴收入	10000	11775	117.8	114.1
其他基本养老保险基金收入	25	30	120.0	0
四、城镇职工基本医疗保险基金收入	18727	19327	103.2	38.7
其中，保险费收入	18436	18334	99.5	35.5
其他基本医疗保险基金收入	214	929	434.1	129.4
五、城乡居民基本医疗保险基金收入	19670	19776	100.5	15.4
其中，保险费收入	6278	6355	101.2	29.7
其他基本医疗保险基金收入	55	84	152.7	740.0
六、工伤保险基金收入	1924	2006	104.3	19.9
其中，保险费收入	1684	1762	104.6	24.7
财政补贴收入	240	240	100.0	-7.0
其他工伤保险基金收入	3	4	133.3	100.0
七、失业保险基金收入	1400	1640	117.1	11.7
其中，保险费收入	1188	1182	99.5	-16.0
其他失业保险基金收入	195	444	227.7	627.9
八、生育保险基金收入	549	548	99.8	18.6
其中，保险费收入	510	511	100.2	0
其他生育保险基金收入	39	37	94.9	8.8

2017年常山县社会保险基金支出执行情况

表20 单位：万元

项　目	2017年调整预算数	2017年执行数	完成调整预算(%)	比上年(±%)
全县社会保险基金支出合计	**135358**	**135677**	**100.2**	**15.1**
其中，社会保险待遇支出	130435	128472	98.5	12.6
一、企业职工基本养老保险基金支出	62313	62613	100.0	16.1
其中，基本养老金支出	60496	60649	100.3	16.5
二、城乡居民基本养老保险基金支出	10741	10799	100.5	26.8
其中，基本养老金支出	9407	7584	80.6	-10.9
三、机关事业单位基本养老保险基金支出	24178	24157	99.9	12.2
其中，基本养老金支出	24148	24127	99.9	12.0
四、城镇职工基本医疗保险基金支出	14795	14543	98.3	12.5
其中，基本医疗保险待遇支出	14790	14314	96.8	10.9
五、城乡居民基本医疗保险基金支出	19727	19982	101.3	12.5
其中，基本医疗保险待遇支出	18877	19132	101.4	14.0
六、工伤保险基金支出	1750	1644	93.9	10.6
其中，工伤保险待遇支出	1706	1599	93.7	7.7
七、失业保险基金支出	1106	1133	102.4	-5.0
其中，失业保险金支出	263	261	99.2	-11.5
八、生育保险基金支出	748	806	107.8	59.6
其中，生育保险待遇支出	748	806	107.8	59.6

2017年常山县社会保险基金预算结余

表21 单位：万元

项　　目	调整预算数	预算执行数
全县社会保险基金本年收支结余	**28722**	**34503**
一、企业职工基本养老保险基金本年收支结余	21473	24065
二、城乡居民基本养老保险基金本年收支结余	1634	2729
三、机关事业单位基本养老保险基金本年收支结余	1472	2520
四、城镇职工基本医疗保险基金本年收支结余	3932	4784
五、城乡居民基本医疗保险基金本年收支结余	-57	-206
六、工伤保险基金本年收支结余	174	362
七、失业保险基金本年收支结余	293	507
八、生育保险基金本年收支结余	-199	-258

地方税务

【概况】 2017年，全县地税系统组织各项收入12.77亿元，比上年增长9.5%。税收收入4.14亿元，增长6.1%，地方税占税收收入比重为73.9%；非税收入8.63亿元，增长11.2%。第二产业入库税收1.35亿元，占总体税收收入的32.7%，其中制造业入库7747万元、建筑业入库4441万元；第三产业入库税收2.77亿元，占总体税收收入的66.9%，其中房地产业入库6837万元。营业税全年入库1283万元，减收11499万元，下降88.9%。企业所得税、个人所得税分别入库5069万元、5721万元，分别增长23.9%、12.3%。

县地税部门加强税源调查分析，组织经济税源调查组深入重点税源企业开展调研。

做好纳税评估，全年纳税评估入库税款39.7万元。完成常山万通、安厦、三衢等房地产公司的土地增值税清算工作，土地增值税入库5553万元。加大欠税清理力度，参与“僵尸企业”处置，向法院申报税收债权，新欠税款入库1898万元，陈欠税款入库1495万元。做好营改增后销售不动产及个人出租不动产税收代征、发票代开工作，代征代开增量房交易2728笔，代征税费3563万元；存量房交易1707笔，代征税费1715万元。落实国家税收优惠政策，全年减免税金14094万元，其中增值税3260万元、企业所得税2368万元、土地增值税2753万元、耕地占用税2584万元、契税2549万元。开展税收优惠征前减免模式，征前减免14036万元，占总减免金额的99.6%。鼓励高新技术企业发展，开展研发费用加计扣除宣传辅导，减免相关税费338万元。落实节能环保企业相关优惠政策，减免222万元。关注小微企业申报进度和享受优惠情况，减免税费64万元。开展“税收宣传月”和“便民办税春风行动”，深入企业送政策、送服务。开展涉税提醒服务，通过电话、短信、微信公众号等形式向纳税人推送最新税收法律法规、办税指南等信息。在国家宪法日与县国税局联合开展“宣传贯彻十九大精神·维护宪法权威”主题普法活动，接受群众现场咨询，为纳税人解答涉税问题。推进“互联网+税务”，加强信息管税。宣传纳税信用等级应用相关知识，推进信用管税。

【国地税联合办税服务厅成立】 2017年1月3日，常山县国税、地税联合办税服务厅正式投入使用。办税服务厅主厅设有18个综合办税窗口、6台自助办税终端，3个不动产窗口设于不动产交易中心。办税窗口均以“一人一机双系统”形式运作，每个窗口安装国地税两套办税系统，实现国地税业务通办。全年累计服务纳税人50432次，完成业务53130笔。

【办税事项“最多跑一次”改革】 2017年2—4月，县地税部门分三批梳理企业和群众办事项目，公布“最多跑一次”办事清单、办事流程、办事指南。在落实首问责任制、一次性告知、预约服务、限时办结制度的基础上，推行延时服务、容缺服务，创新资料“留存备查”、对部分优惠政策实行“以报代备”。与县国土、住建部门合作，设立不动产交易、办税、登记综合受理窗口，不动产登记办理时间从原先30—45分钟提速至15—20分钟；与邮政部门合作，推出“地税专邮”服务。办税事项精简73%，即办业务占比99.3%，96%的办税事项实现“最多跑一次”，72%的办税事项实现“零上门”。

【稽查体制改革】 2017年5月1日，衢州市地方税务局发布关于调整稽查机构设置的公告，决定调整衢州市地方税务局下属各县（市）稽查机构的设置及职责。撤销衢州市常山县地方税务局稽查局，自2017年5月1日起不再履行原区域地方税务稽查职责，职能全部划归到衢州市地方税务局稽查局；撤销常山县地方税务局稽查局所属举报中心，由衢州市地方税务局稽查局举报中心统一受理涉税违法举报。同时，设立衢州市地方税务局稽查局常山分局，履行地方税务稽查职责。

【环保税开征准备工作】 2017年，县地税部门做好环保税开征前准备工作，建立地税局、环保局、财政局等多部门环境保护税征管协作机制，对县域内轻钙、纺织、水泥等环境保护税重点监控纳税人开展摸底调查，了解企业排污费征收情况、征缴流程、信息数据使用等情况，研判环境保护税征管过程中可能遇到的困难和问题，梳理全县70余户环保税纳税人近三年的征收信息226条。宣传环保税法，举办“财税大讲坛”、全县环保税纳税人培训班，逐条讲解环保税条款，保障环保税平稳开征。

（李阳彦　厉如珣）

国家税务

【概况】 2017年，常山县国家税务局（以下简称“县国税局”）组织国税收入7.37亿元，增收1.98亿元，比上年增长36.73%，完成年度收入计划的100%，增幅高于衢州5县（市、区）平均1.45个百分点。其中，增值税57284万元，比上年增收17016万元；企业所得税9642万元，比上年增收1575万元；完成车购税6645万元，比上年增收1195万元。办理各类税收优惠总计2.82亿元。在增值税优惠方面，全县符合小微企业条件的企业共37042户，享受减免税优惠4289.49万；金融机构农户小额贷款取得的利息收入免征增值税优惠7.67万元；民政福利企业享受优惠2794万元；资源综合利用企业实现退税3783万元；出口退税企业实现出口退税7900万元；在企业所得税优惠方面，全县符合税收优惠条件的小型微利企业192户，享受小型微利企业所得税优惠157.82万元；高新技术企业3户，享受高新技术企业优惠54.79万元；金融保险机构及资源综合利用企业享受税收优惠9193.64万元；全县企业享受企业所得税优惠合计9406.25万元。县国税局稽查部门立案检查发票虚开案件18件，涉及增值税专用发票1170份，金额11670.38万元，税额1983.97万元。通过立案检查，认定虚开发票610份，认定接受虚开发票560份，查补入库税款765.67万元，滞纳金17.86万元，罚款22.73万元，计入库收入806.26万元。

是年，县国税局办税服务厅通过国家级巾帼文明岗称号、省级文明单位、省级“青年文明号”复评；获全省国税系统精神文明创建工作集体三等功、“营改增”全面试点和“金税三期”上线工作集体三等功和精神文明建设工作成绩突出集体。

【办税模式实现“最多跑一次”】 2017年，县国税局根据《浙江省国家税务局“最多跑一次”办税服务指南》进行业务梳理，将100余项业务纳入“一窗通办”业务，明确国税、地税“一窗通办”业务事项，确保国税125项、地税83项“最多跑一次”业务落实到位。推进网上办税为主、自助办税为辅、实体办税服务厅兜底的办税模式。联合加强偏远地区办税延伸点建设，以财政（地税）局各乡镇财税所为依托，在全县14个乡镇（街道）办事大厅、2个税务师事务所设立16个国地税联合办税点，提供代开发票、申报缴税等办税服务，实现办税网点县域全覆盖。

【征管体制改革】 2017年，县国税局积极推进“五证合一”（即营业执照、组织机构代码证、税务登记证、社会保险登记证和统计登记证合一）换证工作，全县应换证总数4486户，已换证4363户，换证比例达97.26%。国、地税双方共同对国税单管户中正常户、可注销的非正常户和当前不符合注销条件的非正常户三类数据展开数据清理工作。推进实名办税工作有序开展。全县应实名采集20284户，实际完成采集6869户。推进手机APP、自动售票机、自动代开机推广使用，切实做好“互联网+政务服务”工作，重点推进新版浙江国税电子税务局上线准备工作。

【“营改增”各行业税收管理】 2017年，县国税局以税收经济分析和数据监控工作为侧重点，狠抓会计核算、票证管理以及重点税源等基础工作。结合全县“万名党员进万企,领导干部下基层”活动，实地走访企业186家，加强税收预测，调查了解全县经济税源状况,对全年税收形势进行分税种分行业分规模分区域的调研，结合常山经济税源实际情况，对159家年纳税额达30万元以上的重点税源企业进行实时监控。完成营改增行业的建模工作，通过运用数学公式，对采集的数据进行细致分析，得出相应的预警值和预警范围，建立税收监控的分析模型。

【行政诉讼“模拟法庭”活动】 2017年9月15日，县国税局联合县人民法院举办行政诉讼“模拟法庭”活动，严格按照行政诉讼的庭前准备、庭审开始、法庭调查、法庭辩论、原告被告最后陈述、休庭合议程序进行，从而帮助广大税务干部熟悉司法审判的实际过程，加深对法律知识和税收知识的了解。局工作人员出演开庭所需的各个角色，对此次模拟法庭的诉讼请求、论证要点以及庭审流程等环节进行充分准备。

（朱俊辉）

国有资产监督管理

【概况】 常山县国有资产监督管理委员会办公室（以下简称“县国资办”）为全额拨款事业单位，2010年9月设立，挂靠县财政局，与财政局合署办公，设置“监管科、投资科”，核定事业编制4名，其中，主任1名；科（股）级职数2名。2014年，县委办公室、县政府办公室联合发布《关于进一步深化我县国有公司体制改革的实施意见》，县国资办增设资金科，负责国有公司融资、资金调剂管理工作。人员编制适当增加，县国资办为正科级单位，设主任1名，副主任1名。截至年底，有工作人员9人，其中财政局编制4人（主任、副主任、科长），国资办在职在编4人，财政借用1人。提高国有资产管理科学化、规范化、信息化水平，做大做强做优国有资本，确保国有资产保值增值。

【国有资产管理制度健全】 截至2017年年底，县国资办先后出台《进一步加强行政事业单位国有资产管理工作的意见》《印发常山县行政事业单位非经营性资产转为经营性资产试行办法》《进一步规范公车使用、公务接待、公务考察管理工作》《深化国有公司体制改革的若干意见》《常山县国有公司重大事项报告制度》《常山县属国有企业内设机构和人员管理办法》《常山县属国有企业管理暂行办法》《常山县国有公司财务管理制度》《常山县政府性债务管理实施暂行办法》《常山县国有公司年度经营绩效考核办法》《常山县县属国有投资公司资金集中管理统一调剂办法》《常山县应急专项资金委托运作管理办法》《常山县国有企业外派监管人员管理办法》《常山县属国有房地产集中规范管理工作实施方案》以及7大国有企业内设机构和人员规模等文件。

【国资“资金池”建设】 2017年，县国资办依据《常山县县属国有投资公司资金集中管理统一调剂办法的通知》，建立国资“资金池”，将各县属国有企业账户上的沉淀资金全部归集到资金池统一管理。“资金池”总账户实行封闭管理，资金优先调剂用于经政府批准的建设项目、土地收储及归还到期借款的周转等短期资金需求，在保证流动性和风险可控的基础上，适时对冗余资金采取竞争性存放、购买安全性较高的短期理财产品等低风险投资，以提高资金收益，降低融资成本。

【国资“资产池”建设】 2017年，县国资办按照《常山县属国有房地产集中规范管理工作实施方案》等文件规定，县国资办从“管资产”转变为“管资本”，建立“权属清晰、权责明确、管理严格、流转通畅”的现代产权制度，对县属国有房地产实行集中管理。按照资产的属性和用途以及使用状况进行分口管理，明确非经营性国有房地产权属主体为县机关事务管理局、县教育局、县卫计局，建立“非经营性资产池”。经营性国有房地产产权统一集中到县城市投资运营有限责任公司，建立“经营性资产池”。明确国有资产“梳理确权+整合盘活+资本转化”的线路蓝图，结合中介公司土地测绘、房屋鉴定等工作开展全县国有资产全面梳理，联合其他有关部门制定“资产确权清单”，照单办证，确保资产确权工作提速增效。

【拓展投融资渠道】 常山县共有县属国企21家，注册资本金总额达29亿元。县国资办下属常山县国有资产投资运营有限责任公司（以下简称“县国投公司”）为母公司，注册资本金3亿元。现有下属子公司国有企业融资规模31亿元。设立全市首个基金规模为3亿元的常山县产业引导投资基金公司，由县国投公司负责运作管理。此外，自2014年起，县国投公司委托全县11家金融机构对企业应急专项资金实行运作管理，资金规模1亿元。撬动企业还贷周转资金达30亿元，帮助企业节约短期资金拆借成本3000万元左右。

（叶 展）

金融·保险

综 述

2017年，常山县金融机构持续推进供给侧改革，开展“绿色金融推进年”，深化县域绿色金融，营造守信良好氛围，打造“诚信常山”。内夯基础，外抓业务，认真执行稳健中性货币政策，推进金融创新，防范化解金融风险，提升金融管理和服务水平，支持县域经济平稳健康发展。截至2017年年底，全县金融机构本外币各项存款余额192.33亿元，比年初增长6.51%；本外币各项贷款余额149.89亿元，比年初增长9.85%。

推进“绿色金融”服务。县金融机构制定《关于2017年推进绿色金融加大支持县域经济发展的行动方案》，开展绿色金融劳动竞赛。开展绿色金融支持传统产业转型升级案例征集活动，支持“绿色节能贷”“知识贷”等，为节能减排、绿色可循环经济服务的信贷产品，绿色节能贷全年发放6笔,金额235万元。加大对乡村休闲旅游、国际慢城、“蓝天三衢”等项目金融服务力度。由常山信用联社与县财政局出资1000万元风险基金，由4家农民合作社出资1000万元担保基金共同组成常山两山农林合作社联合社，按照两大基金10倍的放大系数，直接解决农业主体2亿元的信贷资金需求。“两山农林合作社联合社”全年为该社30个客户、贷款金额2440万元提供担保服务。常山泰隆银行尝试绿色金融债券发行，初步完成绿色金融债券发行项目筛选工作。中国人保财险公司“安全生产绿色保险”业务在全县依法设立的非煤矿山、危化企业落地实施，并在其他领域逐步拓展，推出11笔、保费金额40.23万元。

打造“信用常山”品牌。县金融机构以“金融知识普及月”“6·14信用记录关爱日”为契机，利用“赏石文化节”、农村“墟日”，开展“金融超市暨信用记录关爱日”等大型宣传活动，通过“金融夜校”、新闻报纸等方式开展金融宣传。落实应收账款融资服务平台推广工作，成功受理16笔、金额4.04亿元。出台《常山县“信贷守信企业”评选活动实施意见》，建立对守信者的联合激励和对失信者的联合惩戒机制。评选出首届信贷守信企业50家，金融机构对守信企业给予适当倾斜政策。配合公检法等部门，通过“基本解决执行难专项集中执行活动”，加大对被执行人失信惩戒威慑。做好浙江省农户信用信息管理系统数据采集，完成2家省级信用村复评工作。举办绿色金融成果常山巡展暨绿色信用知识竞赛，活动通过《今日常山》、微信、钉钉、美篇等多渠道进行宣传，推动“诚信常山”建设。开展“金融知识进课堂”征信管理案例征集与优秀教学评选活动。征集征信教案10个。

深化“智慧支付”建设。全县金融机构开展“千名志愿者走千村”活动，整合助农服务点，优化资源，参与星级助农服务点评定以及电子支付示范村创建工作。助力常山县“智慧城市”建设，实现智慧支付在公共服务领域全面开花，智慧公交项目走在全市前列。截至2017年年底，县域智慧食堂、社区、校园、旅游、政务、公交、菜场、农场以及医疗等项目相继创建完成并投入运行。智慧支付交易笔数111.77万笔，金额1505.06万元；智慧公交59辆，交易115056笔，金额18.77万元。

2017年常山县金融机构本外币存贷款余额一览

表22

机构名称 \ 项目		存款 年末余额（亿元）	存款 比年初增长（%）	贷款 年末余额（亿元）	贷款 比年初增长（%）
全县金融机构		192.33	6.51	149.89	9.85
其中	农发行	4.31	−29.03	12.29	22.46
	工商银行	26.63	5.01	23.11	9.53
	农业银行	17.32	−4.64	13.71	−3.32
	中国银行	12.42	14.49	17.28	7.61
	建设银行	21.48	18.70	18.83	8.72
	农村信用社	77.22	8.95	50.94	15.99
	邮政储蓄	13.78	4.40	4.14	19.14
	村镇银行	8.26	1.71	10.12	6.29
	泰隆银行	6.18	6.36	5.52	5.76
	温州银行	2.48	−13.12	1.30	−40.03
	金华银行	2.12	−2.05	1.69	4.25
	民泰银行	1.20	−16.91	1.35	57.59
	台州银行	1.02	156.89	1.90	87.79

人行常山支行

【概况】 2017年，中国人民银行常山县支行（以下简称“人行常山支行”）做好稳增长、促改革、调结构、惠民生、防风险各项金融服务和保障工作，贯彻实行差别化存款准备金率，增加常山村镇银行可贷资金826.01万元。合理利用低收入贫困群体精准扶贫政策，为常山村镇银行发放1200万元扶贫再贷款，促进贫困人口脱贫致富。做好2016年度县域金融机构小企业贷款风险补偿和农业贷款风险补偿工作，为全县金融机构争取小微企业风险补偿资金67.35万元、农业贷款风险补偿41.01万元。通过货币信贷例会、约谈法人金融机构等方式，引导信贷合理适度增长。开展涉农信贷政策导向评估、法人金融机构稳健性评估工作、央票兑付后续监测与财务健康经营考核、农行“三农事业部”涉农贷款考核，做好常山农发行抵押补充贷款现场评估工作，督促金融机构增强可持续经营能力，切实防范化解金融风险，进一步提升金融管理和服务水平。

做好全县金融机构监测检查工作。按月监测全辖不良贷款情况，对辖内法人金融机构开展流动性等监测；按季对“六欠”企业进行监测；持续关注全县出险企业情况及小额贷款公司、融资性担保公司等机构的经营风险。指导2家法人金融机构按半年度缴纳存款保险保费。以风险差别费率督促法人金融机构全面提升风险管理能力。布置落实存款保险标识相关工作，并进行巡查。全县金融机构不良贷款余额3.81亿元，比上年下降0.97亿元，不良贷款率为2.35%，下降0.91个百分点，引导常山工行探索金融产权转让模式处置不良贷款。与上海股权交易中心合作，将对企业享有的债权通过股权交易模式进行转让，银行在处置不良资产的基础上有效帮助企业盘活自身资产。通过对地方金融机构的监测、评估和执法检查，为辖内机构的稳健发展提供指导和支持。对5家银行机构开展专项执法检查，强化对辖内银行业金融机构综合评价、开业对接和日常管理。完成辖内法人银行反洗钱分类评级，夯实联席工作机制。加强与县政府金融办、公安、税务等部门的反洗钱协作，发掘洗钱案情。

组织召开文明单位布置会，做好省级文

明单位复评各项工作。组织参与“三八”妇女节寻宝、健步走文体活动、“五四”青年节活动等。开展爱心捐款计人民币3200元。参与县政府“五水共治”综合治理，组织2名员工参加无偿献血活动。组织“常山县金融系统第四届气排球比赛”。组织金融机构参加“我为常山添光彩”演讲比赛。与县妇联等部门制定《“常山阿姨”金融产品暂行管理办法》《“常山阿姨”信用评定暂行办法》，满足“常山阿姨”在前期培训、家政服务、后期专业技能提升等阶段的资金需求，助推常山保姆产业转型升级、打响“常山阿姨”品牌，带动农民就业增收。

是年，人行常山支行获衢州市级治安先进单位称号，人行常山支行信统股被杭州中心支行授予“青年文明号”。

【国库信息化改革】 2017年，根据浙江省国库全面推行国库集中支付电子化改革通知精神，常山作为第一批上线单位，人行常山支行结合支库实际情况，明确职责、落实责任，推动国库实拨资金电子化、集中支付电子化，分别于6月30日、9月27日成功上线运行。同时，稳步推进二代TIPS上线，完成联调测试运行准备工作，确保系统按时上线。

【人民币流通环境优化】 2017年，人行常山支行指导辖内现金服务示范网点创建工作成效初显，2个网点申报创建成功并授牌。接洽县长途客运公司和三衢公交公司，推动辖内硬币自循环工作有序开展。纪念币发行兑换平稳安全有序。牵头各金融机构开展反假货币宣传，提高居民的识假、辨假能力，收缴假币809张66720元，鉴定假币14笔17张1670元，鉴定兑换残损人民币28笔307张15908.5元。

【规范金融统计数据】 2017年，人行常山支行按期制作《常山县金融统计月报》等多份固定报表，通过数据勾稽关系设置表格公式，自动生成、校验数据，确保统计数据准确性，为金融决策提供参考依据。持续监测县域10家绿色产业企业，全面了解绿色产业的生产经营情况。牵头建立与县统计局、县住建局等部门的监测数据共享机制，及时掌握经济金融发展过程中的第一手资料，按季上报经济金融形势分析材料，开展重点课题研究并进行深入分析。做好2016年度中国普惠金融指标体系填报工作。

（樊小雄）

银监常山办事处

【概况】 2017年，中国银行业监督管理委员会衢州监管分局常山办事处（以下简称“银监常山办事处”）引导辖内银行业机构凝心聚力，提升银行业服务实体经济质效。督促辖内银行业机构落实风险化解机制，不良贷款处置力度创新高；联合授信助力担保企业化圈解链，债委会助力困难企业解危解困，网贷排查助力金融秩序稳定。参加县政府“百名局长帮百企”活动，定期走访挂联企业浙江中德轴承有限公司，了解该公司生产经营状况，为企业排忧解难。强化政银企三方联动，参加困难企业帮扶协调会，帮助企业共渡难关。截至年底，全县金融机构各项人民币存款余额194.16亿元，比年初增加11.27亿元，增长6.16%；各项贷款余额162.18亿元，比年初增加15.70亿元，增长10.72%；不良贷款余额3.81亿元，比年初下降1亿元，不良率2.35%，比年初下降0.91%，实现不良双降。

全面开展合规管理年活动，开展宣传、培训、竞赛等活动，督促银行机构修订合规考核制度，促使高管员工提高制度执行力，举办合规大讲堂活动、职业行为排查活动，组织各行建立金融消保站，开展金融消费者权益保护宣传，定期巡防督查，督促辖内银行机构开展个贷、信贷经营行为、金融治乱象维秩序等合规排查963人大，发现并整改问题530个，处罚违规行为责任人213人、罚金28.8万元。

【服务实体经济】 2017年，银监常山办事处引导常山银行业加大对实体经济支持力度，积极支持实体经济动能切换、消费升级，为企业减费让利，全力推动地方经济加快转型发展。建立县域140多个重点建设项目信贷支持监测制度。创新消费金融模式，促进县域消费增长、提高居民生活水平。开展房地产信贷监测，引导银行业加快信贷支持，助力县域房地产市场去库存。减费让利惠企业。辖内银行业继续取消、整合精简、降低收费标准收费项目48项，降低利率惠及企业客户267户，减费让利累计为客户节省融资成本约2400万元。发挥银行网点优势，探索银政合作新模式，通过实现“金融、政务、民生”三大元素融合，打造一站式综合惠民服务平台，助力“最多跑一次”改革。

【联合授信及债委会工作】 2017年，银监常山办事处扩大企业授信总额联合管理范围，防范过度授信、过度担保导致的企业“两链”风险，构建科学有效的信贷文化。对存量授信明确为1000万元（含）以上及授信银行3家（含）以上，新增授信明确为500万元（含）以上均要纳入管理。截至年底，成功签约88家企业，授信总额32.34亿元，对外担保总额8.27亿元。推动组建债权人委员会，截至年底，累计组建15个债权人委员会，存续14家，涉及用信余额3.63亿元。其中帮扶类企业12家，涉及用信余额3.17亿元；僵尸类企业2家，涉及用信余额0.46亿元；另有1家于2017年1月解散。

【联社股改工作】 2017年，银监常山办事处针对常山联社股改进展慢、不良处置慢等问题，约谈联社高管，向联社高管传导压力，要求联社高管提高对股改工作的重视程度，杜绝“指标改革”“财务改革”和“翻牌改革”等错误思想认识，股改和不良处置同时进行。常山联社多次赴瓯海谈判顺利落实引入战略投资者具体方案并落地，股权结构及核心监管指标得到优化。年内，常山农信联社股改筹建方案已获省局批复。

（冯程程）

工行常山支行

【概况】 截至2017年年底，中国工商银行股份有限公司常山支行（以下简称“工行常山支行”）各项本外币存款余额26.62亿元，比年初增加1.27亿元；余额在四大国商行中占34.20%。年末各项本外币贷款余额23.10亿元，比年初增加2.01亿元，余额在四大国商行中占31.68%。全年实现拨备前利润7938万元。

2017年，工行常山支行加强文明优质服务，组织网点员工专题学习临柜服务规范“十八步”，组织支行服务形象大使和服务标兵上经验分享课，加强服务检查监督，完善服务工作考核，持续提升员工服务意识和服务能力。组织实施多轮岗位竞聘活动，改进选人用人机制，推动结构优化、梯队传承和素质提升。构建“金钉子”特色企业文化，按月开展“服务金钉子”“内控金钉子”“运行金钉子”评选活动，激发创先争优意识。发挥企业文化引领作用，组织“品尝黄金花海，醉美诗画乡村”庆三八活动、“创新产品体验竞赛”“迎端午包粽子比赛”“朗读邀请赛”、员工分批疗养、趣味运动会等活动，开展盛夏慰问一线员工、重阳节慰问离退休职工、员工生日祝福等活动。加快网点智能化建设，以营业场智能化改造为切入点，优化网点岗位设置与劳动组合，释放网点服务潜能，促进网点运营模式、经营模式的转型升级。支持地方经济发展，创新性和解方案促成浙江常山永盛工业有限公司外港土地收储问题的解决；成功办理辖内首笔屋顶光伏托管业务（航天机电全资子公司屋顶光伏托管业务）；7月，为常山众卡运力供应链管理有限公司提供综合授信7500万元，补充企业流动资金；助力人民医院“医快通”智慧医疗APP平台项目上线。

是年，工行常山支行获评“2016年度市级治安安全先进单位”，个金专业获全省零售业务旺季竞赛先进县域支行三等奖。

【辖内首笔屋顶光伏托管业务办理】 2017年3月，工行常山支行立足区域经济实情，省、市、县三级上下联动，为常山航家光伏科技有限公司(上市公司航天机电全资子公司)办理辖内首笔光伏托管业务，托管金额1亿元，为推动富农屋顶光伏业务项目落地、促进农民增收提供有力支持。

【促成永盛公司外港土地成功收储】 2017年6月，工行常山支行作为浙江常山永盛工业有限公司的主办银行，同时也是主要债权人之一，经过多轮的沟通和协商，不断完善协商方案，促成浙江常山永盛工业有限公司外港土地成功收储，推动常山县重点项目国际慢城的建设，促进城东新区的整体规划建设。

【住房按揭余值抵押小微贷款业务推出】 2017年10月，工行常山支行推出住房按揭余值抵押小微贷款业务，使在该行办理住房按揭贷款的客户可以利用其按揭余值进行贷款，用于流动资金所需，可贷款金额＝抵押物评估原值×抵押率（70%）－申请日按揭贷款余额。截至年底，已为4位客户办理贷款120万元，为个体经营户拓宽融资渠道。

【开展业务技能提升活动】 2017年，工行常山支行实施现场经理“磐石计划”，按月定期组织业务学习、问题分析、经验分享，按工作需要不定期安排现场经理给柜员授课，提高现场经理管理能力和业务传导能力。开展柜员“素质提升，价值体现”专项活动，先由柜员对柜面业务操作流程和风险点进行梳理，再由支行运行主管、督导员进行把关、补充，形成一套较完整的业务操作流程，减少差错，促进柜员会做、做对、做快、做好。丰富客户经理业务技能培训形式，采取现场教学、专家授课、典型案例、经验交流等多种方式，如邀请财富中心专家来行面授，举办机关事业单位理财讲座，尝试理财方案设计等，分期分批对客户经理进行各种业务技能培训，逐步提升客户经理专业化综合化水平。工行常山支行在全市“提技能 强服务”业务技术比赛活动中荣获团体第三名，有10名员工在各专业项目获奖，其中5人获得单项第一、2人获得单项第二。

（赵丽雅）

农行常山支行

【概况】 截至2017年年底，中国农业银行股份有限公司常山县支行（以下简称“农行常山支行”）在全县设有7个24小时自助银行(其中驻人式自助银行2个),配有自动取款机、存取款一体机、自助转账机等自助设备33台,布设惠农通服务点222个。至年末，农行常山支行各项存款余额17.32亿元，比年初下降0.84亿元；各项贷款余额 13.71亿元，比年初减少0.47亿元；实现净利润1657万元；完成中间业务收入1001万元。

对接县重点项目。对浙江天子股份有限公司增加信贷投放1400万元；对总投资20亿元的常山县农机产业园农机整机项目发放入园前期贷1500万元，后续又发放配套流动资金贷款3000万元；对总投资约5亿元的常山县百利盛弹簧钢丝、弹簧制品生产制造及纸质包装箱生产项目，发放小企业简速贷400万元后，增加流动资金贷款1200万元。

推进稳存增存工作。做好理财产品客户到期转存工作，利用定利盈、大额存单的优势，对月底、季末到期的理财产品进行营销，促进定存化；同时，加大对开放式理财产品的转存营销。提高贷款客户资金回流。加强团队营销，实行团队分层维护，分层对接，落实到人，主动走进机关，加大对机构性客户的维护力度。组建“青年营销突击队”“党员先锋队”进机关、进企业、进社区、进乡镇，开展“送电影下乡”、走访中介等营销活动60多场，通过农村社区放电影、防假反假宣传等形式，做好农户建档、惠农理财及住房贷款等产品宣传营销工作。

推进惠农业务提质增量。截至年底，惠农卡新增有效客户1858户，完成年度指标的232%；年末惠农网贷余额2863万元，完成年度指标的115%，其中发放白名单贷款

30万元；农户不良贷款余额131万元，不良率1.3%，比年初下降1.52个百分点；惠农通服务点222个，完成年度指标的103%，覆盖率100%，有效率96%，在线率59.24%；星级网点56个，新增金融自治村3个，信用村1个。E管家交易额602.13万元；惠农通注册E管家118户，渗透率53.88%，完成年度指标107.76%。惠农通指标全面完成完上级行计划，“惠农通”工程提质增量取得明显成效。

【完成网点独立党支部建设】 2017年，农行常山支行加强基层党建工作，充实一线党员的力量，完成3个网点独立党支部建设。将原中共农行常山支行第一、第二、第三3个联合党支部，进行拆分、更名，设立4个独立党支部，分别是中共农行常山支行机关党支部、中共农行常山支行营业室党支部、中共农行常山红旗街支行党支部、中共农行常山芳村支行党支部，并完成换届工作。

（季雨根）

建行常山支行

【概况】 截至2017年年底，中国建设银行股份有限公司常山支行（以下简称“建行常山支行”）本外币一般性存款余额215073万元，比年初增加33566万元，新增在四行中占比62.66%，位居当地四行第一。其中,对公存款余额148521万元，比年初增加30028万元，新增在四行中占比66.08%，居四行第一；储蓄存款余额66552万元，比年初增加3538万元，新增在四行中占比43.56%，居四行第一；日均一般性存款余额210221万元，在四行中占比27.94%、居四行第二，日均增加27585万元、在四行中占比71.26%，居四行第一。其中，对公存款日均余额143022万元，在四行中占比32.36%，居四行第一；对公存款日均新增21392万元，在四行中占比88.63%，居四行第一位；个人日均存款余额67199万元，在四行中占比21.64%，居四行第三；个人日均存款新增6193万元，占比42.50%，列四行第一。实现中间业务净收入897元，在四行中占比21.55%，居四行第二；其中个人类中间业务净收入667万元，市场占比22.83%，居四行第二。

是年，建行常山支行通过省级文明单位复评考核工作。

【重大项目营销工作创佳绩】 2017年，建行常山支行投放国家电投集团常山新能源有限公司新能源项目贷款4520万元。与常山煤建工程管理有限公司道路“白改黑”PPP项目、浙江常绿投资有限公司“三条路”PPP项目、中电建路桥集团常山沿江公路投资发展有限公司“沿江公路”PPP项目达成合作意向。常山县城市（城中村）危旧住宅区治理棚改项目落户建行常山支行。

【建行线上平台打造】 2017年，建行常山支行加快打造各种平台，通过联合第三方平台，完成常山县第一中学的智慧校园一卡通建设，实现校园门禁、寝室门禁、食堂用餐、班级签到、图书借阅等一卡通用。与县委组织部达成合作协议，成为全市建行第三家党费云平台上线支行。浙江省国土资源网上交易系统上线，实现银企互联。完成财政国库集中支付电子化上线。

【绿色金融、普惠金融业务建设】 2017年，建行常山支行调整信贷结构，优化信贷资源配置，支持绿色信贷，重点加大对环境保护、节水、节能、新能源与可再生能源、清洁能源、绿色交通、绿色建筑项目的金融支持。同时，支持常山实体经济的发展，推动普惠金融业务的开展。截至年底，建行常山支行普惠金融贷款余额4763万元，完成市分行新增计划的96%，其中小微快贷新增客户数50户，新增贷款1174万元。

（姚胜土）

中行常山支行

【概况】 2017年，中国银行股份有限公司常山县支行（简称“中行常山县支行”），贯彻总行“担当社会责任，做最好的银行”的战略目标，帮扶困难企业，敢于担当。在县委县政府以及省行、市行的正确领导下，坚持党建引领，以党的十九大精神统领全局，认真贯彻市分行经营战略决策，坚持效益、质量、规模协调发展的方针，积极外拓市场开发与营销，多措并举加强内控案防工作，以效益作为全行工作的出发点和落脚点，大力开展增存活贷，积极抢占市场份额，取得了物质文明建设与精神文明建设的双丰收。

2017年，中行常山县支行实现本外币核心存款余额124380万元，较年初增加15863万元；本外币日均存款120159万元，较年初增加7476万元；人民币贷款余额172890万元，较年初增12822万元；国际贸易结算量4455.42万美元，市场占比30.09%，当地排名第二。人民币不良贷款余额3006万元，不良率1.75%，全县平均不良率为2.35%，在县域不良率低于同业。

2017年，中行常山县支行积极创建务实严谨的内控案防管理工作氛围，注重员工异常行为排查，内控管理工作坚持疏与导相结合。一方面注重过程管理，及时化解发生的问题，全行业务操作无重大差错，全年未发生安全保卫方面问题，全行员工无重大违规、违纪事件。

【支持地方经济建设】 中行常山县支行积极支持常山县地方经济建设，全面提升金融服务水平，近几年来公司信贷增幅均超过1.5亿元，信贷增幅位列衢州市中行系统首位。经济环境越是下行，就越需要政、银、企三方保持密切的信息沟通，千方百计解决企业“融资难”问题。围绕地区特色和优势产业，实行因客差异化策略，做强大客户、大项目，做精中小企业，择优支持常山现代农业和特色农业，积极引导和推动重点领域和行业转型升级，支持我县重点产业、重点企业，加大对石文化产业、新材料、电子信息产业等战略性新产业的资金支持，切实服务地方经济发展。

【担当社会责任】 2017年，中行常山支行认真贯彻总行“担当社会责任，做最好的银行”的战略目标，帮扶困难企业，敢于担当。在不良化解上加快存量不良清收力度，继续坚持现金清收为主，综合运用法律诉讼、抵押物处置、减免息、重组平移等多种手段，集中资源攻坚克难。同时加强与政府、法院的沟通，积极争取有利政策，加快处置速度，提高清收效率，实现现金回收最大化，做到不良资产能收尽收。同时，在县域组织的各项活动中积极参与，常山县支行党总支与常山县国土资源局开展结对共建工作，营业部党支部与浙江环宇轴承有限公司签立党建共建协议，定阳支行党支部与常山瑞金钙业有限公司开展结对工作。

(叶剑明)

邮储常山支行

【概况】 截至2017年年底，中国邮政储蓄银行常山县支行（以下简称“邮储常山支行”）从业人员数49人，各类存款余额12.33亿元；新增发卡2377张，结存卡户数6032户；代理理财业务2014万元；代理保险800万元；代理基金625万元；代理销售国债413万元；个人贷款累计发放26.30亿元，贷款结余41696.37万元。

2017年，邮储常山支行通过走市场、走园区、走商户、产品对接会等一系列措施，零售贷款实现良好增长，特别是针对小微企业、个体工商户的个人商务贷款已超额完成全年目标。助力绿色金融发展，为绿色金融做好信贷支撑，对接乡镇，主动上门为农户办理省分行新推出的光伏设备小额贷款。年内已投放贷款30余户，金额300万元左右。推出符合市场需求的新产品。小企业贷款面向科技创新类企业推出科技贷、助保贷、双创精英贷等产品；零售贷款推出商户贷、光伏设备小额贷款、优享贷等产品，满足市场各类客户的资金需求。

是年，邮储常山支行理财经理刘美萍在省分行组织的“第五届全省十佳理财经理大赛”中，获全省“十佳理财经理”和“理财业务能手”荣誉称号。

（郑 苑）

常山农信联社

【概况】 常山县农村信用合作联社（简称“常山农信联社”）坚持创新服务机制，深化支农支小，专注实体经济，深耕小微市场，精力放在本土，贷款投在实体，税收缴在当地，全方位支持常山城乡一体化建设。全社内设12个职能部室，在职职工300人，营业网点26个，助农服务点221个。2017年，常山农信联社纳税总额2675.2万元，位居全县纳税企业第八。截至2017年年底，各项存款余额77.22亿元，比年初增加6.35亿元，增长8.95%；存款市场份额连续10年上升，占比39.78%，比年初上升1.06个百分点，增量占全县银行业的57.38%。各项贷款余额50.94亿元，比年初增加7.02亿元，增长15.99%；市场份额占31.44%，比年初上升1.42个百分点。户均贷款18.84万元，比年初下降2.38万元，其中，30万元以下贷款19.5亿元，比年初新增4.6亿元，个人户均贷款14.02万元，比年初下降0.26万元；企业户均贷款385.60万元，比年初上升2.62万元。资本充足率13.28%，拨备覆盖率161.96%，各项指标均在银监监管指标之上。实现财务总收入4.89亿元，比上年增加6106万元，增长14.26%。全年实现利润总额6049万元，比上年增加1305万元。

是年，常山农信联社获2017年度浙江农信系统成长类（E类）考核一级（优胜）单位、常山县2017年度部门考核金融机构类一等奖、第七届全国农村金融十佳品牌创新机构、中国农村金融十大新闻·机构、浙江省文明单位荣誉称号。“好邻居·红马甲”获2016年度衢州市文明创建“最美志愿服务队”和“常山县优秀志愿者服务组织”。“常山三宝”产业链贷款产品获第一届衢州绿色金融十佳产品。

【普惠金融工程建设】 2017年，常山农信联社根据《常山县“推金融普惠、促农民增收”行动实施方案》，推进普惠金融工程建设。截至2017年年底，全县新增农户贷款3913户，6.38亿元。个人贷款覆盖面21.07%，比年初提升3.58个百分点。完成“金融保险惠农工程”中的丰收驿站建设，在全县范围内布设“好邻居·丰收驿站”188家，实现180个行政村的全覆盖。25家丰收驿站进驻村级便民服务中心。累计办理业务81.67万笔，比年初增加17.26万笔。“好邻居·丰收驿站”月均获客量36915人，比上年月均增加10906人。基础业务入村率65.27%，比年初提升10.92个百分点。推出“好邻居·安居贷”，助力危旧房改造工程。推出“常山三宝”产业链贷款产品，推动“常山三宝”振兴。助力“最多跑一次”改革，将社保、工商注册通等业务引入柜面办理。

【“好邻居”金融产品创新】 2017年，常山农信联社将传统的信贷关系、合同关系转变为邻居关系，推出一系列符合常山特色和情感关爱式、伴随成长式的“好邻居”系列产品。围绕县政府开展的各项民生工程，相继推出“好邻居·知识贷”“好邻居·诚信贷”“好邻居·家风贷”，实现让知识变钱、让信用变钱、让好家风变钱。推出“好邻居·阿姨贷”，助推打响“常山阿姨”品牌。

【服务升级渠道拓宽】 2017年，常山农信联社拓宽服务渠道，智慧菜场、智慧医疗、智慧交通、智慧校园和智慧门禁项目成功落地。丰收驿站进驻架管中心，益农信息社进驻丰收驿站，全面打通与县商务局、县旅游局、县电信公司、县人保公司、县天马旅行社的合作新渠道。深化“最多跑一次”改革，打造社保服务农民“零跑腿”的常山样板，在全市范围内得到推广。在消费金融中心下设直销团队，主营住房按揭、汽车分期、家装分期和福农卡业务。消费金融中心累计发放贷款4.29亿元，比年初新增3.22亿元。

【风险防控机制建设加强】 2017年，常山农信联社提高30万元贷款比例，降低不良贷款压力；建立信贷准入黑白名单机制，贷前多项查询机制，不良贷款集中处置机制，按月风险排查机制和经营恶化问责机制，构建风险防控新模式。全年清收化解风险贷款5.6亿元。推进“心防工程”建设，加大安保、消防检查、指导、监督力度，全年组织检查156次。把好新联社大楼建设廉政关，未发现工程质量问题、管理安全事故和业主、监理、施工三方利益输送等违纪现象，全年发出各类通知书80份，函10份，工程建设签证单4份，设计变更通知书11份。加强自我突击检查和上级部门的检查，对140位责任人进行各类处理处罚，其中通报批评34位，经济处罚333人次，金额41.3万元；违规积分处罚178人次，扣违规积分433.4分。

【邻居银行品牌文化建设】 2017年，常山农信联社通过一件“好邻居·红马甲”、一堂“好邻居·金融夜校”、一家“好邻居·丰收驿站”、一项信贷方针、一张大网格、一张邻居卡，打造一家邻居银行品牌。11月17—18日，开展“中国农金商学院深度探访系列活动（常山站）”，全国14个省份、80多家农商行的200多名嘉宾参加。“好邻居·红马甲”“好邻居·丰收驿站”和“好邻居·金融夜校”已在山西、山东、安徽、江苏、新疆、江西的部分行社推广落地。成立各类兴趣小组，组织三八妇女节亲子联谊活动、“六一”儿童节亲子游园活动、第九职职工趣味运动会、“走村踏青”活动。建立分层走访机制，全年走访慰问生病住院、生活困难等员工32人。

（黄琴）

农发行常山信贷组

【概况】 2017年，农发行常山信贷组扩展市场、创新产品、培育客户，实现各项业务全面增长；落实“两学一做”，强化合规文化建设，实现全面发展。截至年底，贷款余额122886万元，比上年末增加22538万元，增长23%；贷款日均余额117464万元，比上年增加43977万元，增长60%；存款余额43122万元，比年初减少17640万元，下降29%；存款日均余额55962万元，比上年增加14069万元，增长34%；中间业务收入30万元，比上年减少70万元，下降为78%。

【储备粮贷款发放到位】 2017年，农发行常山信贷组立本经营，做好收储贷款，累计发放贷款6笔，金额5089.73万元。其中，地方储备粮轮换贷款2261万元，省级储备粮贷款1330万元，县级储备粮贷款1498.73万元。轮换省级储备早籼谷5000吨，县级储备早籼谷3406吨，县级储备晚籼谷2000吨。

【中长期贷款项目营销成功】 2017年，农发行常山信贷组完成1笔中长期贷款审批，实施项目3个，成功投放2.63亿元。其中，常山县辉埠镇石姆岭村下山脱贫异地搬迁项目投放资金0.8亿元，048省道延伸线常山溪口至宋畈公路工程项目投放1.7亿元，常山县城东新区一期配套设施建设工程0.13亿元。

（方瑜）

常山联合村镇银行

【概况】 2017年，浙江常山联合村镇银行股份有限公司（以下简称“常山联合村镇银行”）设有综合管理部、合规风险部、运营管理部、业务管理部4个管理部门和公司业务部、个人业务部2个业务部门，以及球川镇、芳村镇、青石镇、大桥头乡4个乡（镇）支行，员工人数87人。我行不断强化运营管理能力，本年度总行营业部和青石支行通过运营规范等级三级单位达标考核。至年底，常山联合村镇银行各项存款余额8.26亿元，储蓄存款余额为4.81亿元；贷款户数4088户，贷款余额10.11亿元，涉农贷款9.93

亿元，企业客户179户，贷款余额4.83亿元。不良贷款率3.24%，拨备覆盖率171.23%；各项资产总额10.89亿元，其中盈利性资产10.63亿元，非赢利性资产0.26亿元；流动性比例30.12%，资本充足率17.14%，核心资本充足率16.07%。

【金融服务与支农支小】 截至2017年，常山联合村镇银行普惠金融服务站累计建设5个，本年度新设大桥头“友好村普惠金融服务站”。在杭州联合银行开展的“十佳网格”、“十佳产品”评选活动，红旗岗村、普惠站分别摘得“十佳”桂冠。支农方面，全县授牌信用村53个，其中2017年度新增9个；授信户数新增310户；授信金额2.38亿元，新增3173万元，新增农户（居民）信息档案604户，办理个人信用贷款3678笔，贷款余额2.07亿元。其中，我行开展的“农业专家+绿色生物科技+专项资金支持”的特色惠农项目——“仟禾福”工程，获衢州绿色金融支持传统产业转型升级优秀案例一等奖。本年度，我行新增“仟禾福”惠农工程示范基地10家，聘请的农业专家全年走访农户100余户，累计走访500余次。在人行常山县支行的支持下，获扶贫再贷款1200万元，全部投放于“三农”领域。支小方面，小微企业贷款户新增128户，新增3730万元，个人经营性贷款户新增133户，新增3504万元。

【小额信贷产品创新】 2017年，常山联合村镇银行根据市场需求变化，紧盯小额消费市场，先后推出“购机贷”“贴心贷”“家居贷”等产品，通过与小额贷款产品有机结合，实现小额消费信贷业务的快速增长。截至年底，常山联合村镇银行发放小额贷款卡1283张，授信金额1.01亿元，贷款余额6704.21万元。

（陈丹丹）

泰隆银行常山支行

【概况】 2017年，浙江泰隆商业银行衢州常山支行（以下简称“泰隆银行常山支行”）秉承服务小微企业的宗旨，坚持“小企业”的市场定位，支持实体经济发展。致力于开发农村市场，实施“小额、流动、分散”的经营方针，强化对“三农”的支持，将小微贷款批量作业与“信用村”结合起来推进，改善农村金融服务，以“立等贷”等随借随还的无抵押贷款产品，和可上门开户开卡的“移动金融服务站”，为普通百姓提供快捷方便的普惠金融服务。创新绿色信贷产品，如“接力贷”“智融通”“长青贷”等，让金融产品和服务能惠及全县更多的企业。截至2017年年底，泰隆银行常山支行各项存款余额6.18亿元，比年初增加3696万元，贷款余额55174万元，比年初增加3005万元。

是年，泰隆银行常山支行被衢州市公安局、常山县公安局分别授予“治安安全先进单位”称号，被浙江泰隆商业银行衢州分行评为“先进支行”。

【支农金融覆盖面扩大】 2017年，泰隆银行常山支行响应监管部门“机构下沉”“机构向县域、乡镇延伸”政策，推进小微企业专营支行及社区支行的建设，扩展服务渠道。在新设招贤小微企业专营支行之后，5月23日，新设立1家社区支行——常山定阳社区支行。授予白石镇白石村“党建+金融”牌子，并授信金额800万元。

【绿色金融产品创新】 2017年，泰隆银行常山支行形成一套泰隆衢州特色的绿色金融拳头产品，推出专利权质押、商标权质押、设备抵押、林权抵押、客运交通工具抵押贷等产品，其中商标质押贷、专利质押贷均为泰隆在常山地区的首创。为浙江山神油茶开发有限公司定制的商标权质押贷款,企业的商标评估500万元,泰隆银行常山支行实质授信150万元；为衢州市凡工电气科技有限公司和飞浦防爆电器有限公司定制的专利权质押贷款,公司专利评估分别为500万元和700万元,实质授信分别为150万元和200万元。

【金融移动服务站建设推进】 2017年，泰隆银行常山支行推进Pad金融移动服务站建设，为客户提供便捷的移动开户、电子银行签约服务，能进行全流程信贷放款操作，实现线下业务移动化。Pad金融移动服务站采用“线下客户经理+线上远程审核”的业务办理模式。客户经理携带Pad设备到客户家中现场作业，通过实地走访，现场定位，实时收集客户资料，完成影像上传，由支行中台人员远程查询征信、完成预申请。客户经理再通过Pad和背夹等移动设备组合运用，一次性完成现场开卡，同时现场签订合同，完成信贷放款。

【服务能力提升】 2017年，泰隆银行常山支行开展“请进来”特色活动，形成泰隆特色的“周三下午茶”“一元鸡蛋义卖”“小小银行家”等特色品牌活动，倡导温情服务，开展系列培训，客户体验和口碑均大幅提升。泰隆银行常山支行被浙江泰隆商业银行授予三星级标杆网点；同时，根据银行业协会的评星标准，被评为银行业三星级服务网点。

（黄志军）

温州银行常山支行

【概况】 2017年，温州银行股份有限公司衢州常山小微企业专营支行（以下简称“温州银行常山支行”）坚持“助力小微，服务三农”的经营理念，注重金融产品创新和支持地方经济发展，以“小、快、灵、好”为经营特色，打造零售业务精品银行。推行“金鹿普惠贷”“理财产品质押贷款”“银行承兑汇票质押置换”“无缝续贷”“应急专项资金续借”创新业务，简化贷款业务流程、服务手续，为小微企业贷款。同时，通过网点转型升级、服务竞赛、主动减费让利等措施，改善服务环境，增加服务项目，提高服务水平。热心公益事业，捐款支持“五水共治”“美丽乡村”建设等项目，参与爱心捐书活动，为偏远山区学生送学习用品。截至2017年年底，温州银行常山支行存贷款总量5.24亿元，其中存款余额2.48亿元，各项贷款余额2.76亿元。全年配合政府帮扶企业24家，涉及金额0.84亿元，应急专项资金续借业务12笔，累计金额0.96亿元。

是年，温州银行常山支行被衢州市公安局、常山县公安局分别授予“治安安全先进单位”的荣誉称号，被县妇联评为“巾帼文明岗”。

（王建兵）

金华银行常山支行

【概况】 2017年，金华银行常山支行秉承小微企业专营支行特色，坚守市场定位，重点支持小微企业和个人业务发展，对小微企业和个体经营户实施“重点倾斜”的信贷政策，满足客户融资需求；扩大对各类园区、市场、商圈等小微企业和市民的金融支持，专注做小做微，扩大服务广度和深度,累计发放小微企业贷款58户11731万元；优化信贷结构，推进“普惠金融”支农功能，支持城乡个体户、农户经营创业，为个人客户提供资金支持5022万元。截至2017年年底，金华银行常山支行各项存款余额21173万元，各项贷款余额16883万元,代理理财6696万元，代销基金1346万元。

是年，金华银行常山支行被衢州市公安局和衢州市社会管理综合治理委员会办公室评为“衢州市治安安全先进单位”，获“衢州市巾帼文明岗”称号，获银监分局批准设立常山县首批消费者维权服务站。

【金融产品服务创新】 2017年，金华银行常山支行推出“小额免签免密业务”，开启“卡闪付”和“手机闪付”时代，实现金融服务智能化；推出智慧产品金银钱包，金银钱包二维码支付业务，为特约商户提供一点接入和一站式资金结算、对账服务，降低特约商户系统投入和运营成本；与县经济开发区举办“政银企对接会”，参与县“金融超市”等活动，传递服务政策及产品信息，为企业提供信贷支持。

【基础管理与风险防控加强】 2017年，金华银行常山支行坚持每周一学习制度，加强风险管理及安全防范教育，提升案件防范水平,加强对员工的8小时外的动态管理，严格规范员工经营行为，全年未发生安全经营责任事故案件。加强信贷规范操作和强化管理，提高信贷工作质量，做好贷前调查和贷后管理工作。尽量把信贷风险关口前移，严把风险质量关，加强对经营者的动态和贷款日常动态管理。开展“治乱象 维秩序”自查、“三违反、三套利”自查及“合规管理年”等活动。

【金融知识宣传】 2017年，金华银行常山支行开展“金融三送”“3·15”宣传、“征信宣传月”等宣传活动，围绕反洗钱、非法集资、理财投资知识、征信知识方面对广大居民进行金融知识普及，《衢州金融网》多次对金华银行常山支行活动进行报道。同时，加强信息报送，在市级媒体刊物上发表信息报道10余篇。

（宋 岚）

民泰银行常山支行

【概况】 浙江民泰商业银行创立于2006年8月18日，前身系台州市温岭城市信用社，改制后经中国银行业监督管理委员会批准，成为具有独立法人资格的股份制商业银行。2014年，民泰银行总部迁至浙江杭州。浙江民泰银行衢州常山小微企业专营支行（简称“民泰银行常山支行”）于2015年12月30日开始试营业，2016年1月13日正式开业，是民泰银行衢州分行在衢州市区域内开设的第一家支行，设有营业部、综合部和2个业务部门，员工24人。截至2017年年底，民泰银行常山支行人民币贷款余额1.46亿元，贷款户均22.25万元，主要用于支持助学贷款、消费贷款、低收入户奔小康贷款、下岗失业人员和返乡农民工担保贷款等，同时也大力支持县域内“三农”经济发展贷款，始终坚持“服务地方经济、服务小微企业、服务城乡居民”的市场定位。

（李楚楚）

台州银行常山分行

【概况】 截至2017年年底，台州银行股份有限公司衢州常山小微企业专营支行（以下简称“台州银行常山支行”)存贷款总额29240.56万元，其中各项存款余额10201.06万元，各项贷款余额19039.50万元，为一大批小微企业提供了信贷支持。累计向紫港街道等捐款12万元，用于支持常山“五水共治”、美丽乡村建设等项目。参与践行企业社会公益责任，组织“老年趣味运动会”“电影下乡”“金融知识进社区”等公益活动。

是年，台州银行常山支行获评台州银行衢州分行“2017年度先进集体”“常山县县级治安安全先进单位”。

（彭 倩）

人保财险常山支公司

【概况】 2017年，中国人民财产保险股份有限公司常山支公司（以下简称“人保财险常山支公司”）开办财产、车辆、责任、信用保证、货运、意外健康、农业七大类近140余个险种。承保全县自然灾害公众责任保险、精神病监护人责任保险、食品安全责任保险。落实为民办实事项目，承保全县农村室内财产保险等，为全县农村居民提供4亿元的风险保障。开展安全生产绿色保险，为全县高危行业提供“保险+服务”。配合政府开展电动车专项整治工作，推出电动车保险“常山模式”，全年承保电动车7万余辆。探索农业保险新项目，12月省内第一单林木气象指数类产品油茶气象低温气象指数保险通过评议，在常山落地。

是年，人保财险常山支公司业务整体增长12.24%，增速超市场3.6个百分点，市场份额占55.89%，支付各类赔款4398万元。

（徐浩峰）

人寿保险常山分公司

【概况】 2017年，中国人寿保险股份有限公司常山县支公司（以下简称“人寿保险常山支公司”）设有综合部、客户服务部、个险销售部、团体业务部、银行保险部等5个职能部门；在芳村、招贤、青石、球川4个乡镇分设营销服务部。在编员工23人，劳务派遣人员2人，代理制人员706人。向个人及团体提供人寿、年金、健康和意外伤害保险产品，涵盖生存、养老、疾病、医疗、身故、残疾等多种保障范围，全面满足客户在人寿保险领域的保险保障和投资理财需求。全年实现保费收入13761万元（含集团公司保费），比上年增长27.9%，市场份额为56.74%，比上年提高18.15个百分点。全年为7.6万余人次提供各种保险保障服务，支付满期金及赔款3865.81万元，其中在校学生995人次获赔110万元，农村小额保险参保人员获赔92万元。全年发生377笔保单质押借款，为保户提供借款金额1003.22万元。

是年，人寿保险常山支公司获评“第十一届浙江省消费者信得过单位”“‘2017荣耀浙江、使命担当’业务竞赛县公司奖”和“浙江省2017年度‘五好单位’”。

【防范和打击非法集资专题宣传月活动】 2017年，中国人寿保险股份有限公司制定《关于贯彻落实保监会风险管控监管要求的工作方案》各级遵照执行，重点针对产品管理、信息披露、教育培训、销售宣传、客户回访、续期服务、投诉处理、违规处理八大业务环节，开展全面清查和责任追究。5月，人寿保险常山支公司开展防范和打击非法集资专题宣传月活动，组织全体从业人员学习保监会风险管控监管相关要求。

（丁琪）

国寿财险常山县支公司

【概况】 中国人寿财产保险股份有限公司常山县支公司（以下简称“国寿财险常山县支公司”）2009年1月1日正式落户常山，办公地址位于常山县天马街道定阳北路408号。国寿财险常山县支公司内设经理室、综合业务部、互动业务部、车行业务部、银保业务部和理赔部。公司产品体系完备，有车辆险、财产险、责任险、工程险、货运险、意外健康险、农业险等产品，为客户提供全方位、多层次、专业化保险保障。2017年，国寿财险常山县支公司在编员工17人；实现保费收入2392万元，比上年增长7.5%，实现连续9年增长；保费规模位列常山财险第二，市场份额占17.11%；支付赔款1382万元。

（徐芳芳）

太保财险常山分公司

【概况】 2017年，中国太平洋财产保险股份有限公司常山支公司设有综合管理科、客户服务部、交叉销售部、理赔部4个职能部门，新设立“三农”服务站；有在编员工8人，劳务派遣人员4人。经营范围涵盖财产保险的全部领域，包括车险、人身意外险、健康团意险、雇主责任险、财产保险、建筑工程一切险、农险。2017年实现保费收入1100万元，支付赔款400万元。

（徐俊）

教 育

教育行政

【概况】 2017年，常山县各项教育工作强势推进，通过浙江省基础教育重点县“回头看”检查；搬迁常山一中、城南中学，撤并3所小规模农村初中，在农村初中成立“志在四方”教学共同体；发展成人教育，打响“常山阿姨”成教品牌。

学前教育全力补短。深化“公建民办公助”的乡镇幼儿园建设经营管理模式，建成湖畔佳苑、柚苑小区配套幼儿园，启动何家中心幼儿园、同弓中心幼儿园改扩建工程，谋划良友酒家地块和锦禾地块高端幼儿园项目，推进“优质园+”和小规园整合提升工程，整治撤并5所不规范幼儿园，补齐学前教育短板。

义务教育快速发展。2017年5月，常山县与北大附属台州书生学校签署合作办学协议，通过植入先进治学办教理念，推动城关中学、城南中学进入衢州市公办学校前列。在小学段实施“1+2”抱团发展策略，城区5所小学与农村10所小学携手并进；在初中段建立“志在四方”教育共同体，4所农村初中抱团发展，推动教育均衡发展、优质提升。搬迁城南中学、天马中学，撤并何家、同弓、阁底3所小规模初中，合理划分城关、城南中学学区范围，统筹撤并，重构师资，形成良性竞争态势。针对家长接送难问题，开设“四点钟学校”，竭力满足群众托管需求。县财政安排资金3950万元，做好23个薄弱学校改造提升项目。通过竞争性获取方式，从省教育厅争取到创客教育创新实验室、灯光改造教室等6个省教育专项经费补助项目。

高中教育提质提量。2017年，县教育局贯彻县委“一号文件”，实施“四个一”工程，深化教育综合改革，高考成绩再创新高；在常山一中试行“县管校聘”工作，进一步激活教师发展动力；紫港中学被评为浙江省二级普通高中特色示范学校，全县特色示范高中占比达50%；职业中专被评为衢州市首批“省中职教育改革发展示范学校”，汽修专业入选浙江省中职名专业，“常山阿姨”成人培训被评为浙江省成人教育品牌。

召开常山县千人教育发展大会，发出常山教育最强音。改革教师招聘办法，招聘向常山县户籍生源倾斜，提高教师队伍稳定性，提前招聘教师45人，其中具有硕士研究生学历8人。创新性开展储备员额教师招聘，缓解教师编制紧缺问题。开展8期“慢城•教育讲坛”，邀请方红峰、郑友民、周一贯等知名教育教学专家到常山讲学，4000多人次教师参加。开展新一轮教师荣誉评选活动。评选“最美常山•感动教育人物”10人，系统级优秀共产党员50人。开展“书香三八”读书征文活动和“感动教育•绽放自我”演讲比赛活动。举办教育系统“激情广场月月唱”专题演出和教职工排舞大赛；组队参加全县“移动杯”男子篮球锦标赛和气排球赛、“喜迎十九大•七一颂党恩”全县万人大合唱比赛、“喜迎十九大，唱响新慢城”诗歌朗诵大赛等，增强集体的向心力和凝聚力。

2017年，全县教育部门在职教职工2327人（含民办），其中高中411人，初中678人，小学1108人，中职130人。全县各类学校专任教师与学生比分别约为：普通高中1：11.06，职业高中1：16.25，初中1：12.24，小学1：14.83。各类学校专任教师学历达标率为：普通高中98.68%，职业高中97.35%，普通初中100%，小学100%，幼儿园100%；高级职称教师：普通高中35.7%，职高14.29%，初中16.78%，小学4.1%。14个乡镇均已建成标准化成人文化技术学校，实现乡镇成校全覆盖。乡镇成校占地总面积8533平方米，校舍建筑面积 12931平方米，图书资料3.7 万册，教学仪器设备价值51.9万元，专任教师42人。各类教育培训49862人次，取得职业资格证书 4599人。

【常山县教育发展大会召开】 2017年2月26日，常山县首届千人教育发展大会在常山一中千人报告厅举行。会上，与会人员观看了《常山教育专题片》；锦禾农机向常山县教育基金会进行捐赠；颁发“最美常山·感动教育人物”奖；衢州市教育局局长徐朝金致贺词；副县长郑金仙作教育工作报告；县教育局局长洪永海、常山一中校长洪涛围绕落实质量提升三年行动、如何打好教育翻身仗作表态发言；省教育厅副厅长韩平出席并讲话；县委书记叶美峰发表题为《一枝一叶总关情》讲话。县委副书记、县长周向军主持会议。

【“慢城·教育讲坛”开讲】 2017年3月11日，“慢城·教育讲坛”在常山一中千人报告厅开讲。全国优秀教师，浙江省首届班主任工作室领衔人，衢州市高级中学党委副书记、副校长郑友民应邀到常山讲学，全县中小学校长（园长）、全县中小学校班主任、局机关中层以上干部等800多人参加讲座。郑友民老师结合自身24年的班主任工作经历作《让我的故事变成我们共同的故事》的主题讲座，阐述新时期如何成为一个优秀的班主任。

【县委书记叶美峰调研教育工作】 2017年3月14日，县委书记叶美峰调研全县教育发展大会精神贯彻落实情况，听取教育系统工作情况汇报，并指出：全县教育发展大会后，教育系统行动迅速、思路清晰，措施有力、成效明显；勉励大家凝心聚力、乘势而上，巩固和保持工作良好势头，力争早日取得实效；要“真刀真枪”推进教育改革，坚决打赢教育翻身仗。并表示，县委、县政府将一如既往地当好教育改革的坚定支持者，只要有利于教育发展、学校发展、学生成长的事，都将全力以赴、倾力支持。

【全县学校食品安全管理人员培训】 2017年4月20日，县市场监管局、县教育局联合举办全县学校食品安全管理人员培训班。全县中小学（幼儿园）分管领导、食堂管理员、食堂承包公司负责人100多人参加此次培训。与会人员参观县市场监督管理局食药安全“智慧监管”指挥中心、县职业中专A级食堂。县职业中专、县市场监督管理局、县教育局分别就食堂色标管理、餐饮服务食品安全自查自评管理、学校食品安全重点工作等方面做详细介绍。

【省武术协会主席李期华到常山调研】 2017年5月8日，省武术协会主席李期华、《小康》杂志社副社长赖惠能一行到常山调研指导武术之乡创建、全省企业家武术大赛筹备、“武术进校园”推广等相关工作。先后到常山一小和宋畈小学考察调研武术进校园工作。座谈会上，考察组人员听取常山一小和宋畈小学近年来“武术进校园”的各项工作汇报。副县长郑金仙为常山一小“洪氏斋公拳传承基地”授牌。

【上城区教育界政协委员到常山送教】 2017年5月9日，杭州市上城区教育界政协委员一行17人到常山开展送教活动，活动涵盖专题讲座、公开课、听课、研讨、说课、互动评课等内容。杭州天长小学校长、小学语文特级教师楼朝辉在城南中学作《教育何为：核心素养在天长的历史回应》主题讲座，杭州胜利小学名师俞珺作《在幸福课程建设中滋养教师专业自信》专题报告，上城区教育界政协委员，常山县教育局副局长徐良英、全体教研员、各中小学校级领导等100多人参加。10日，建兰中学王旭东等上城区4位教师与城南中学姜峰等4位常山籍教师分别在城南中学和天马二小进行公开课展示活动，并举行说课与评课活动，上课教师与听课教师就教材钻研、教法研究、学法指导以及有关学科的教学疑难问题进行面对面的座谈交流。

【县政府与北大附属台州书生学校签约】 2017年5月31日，常山县人民政府与北大附属台州书生学校举行签约仪式，双方签署《委托管理协议》。著名教育改革家、北大附属台州书生学校总校长魏书生，常山县委书记叶美峰参加签约仪式。

【学校党组织“第一书记工作法”推行】 2017年7月3日，全县教育系统党建工作推进会召开。会议总结近年来全县教育系统党建工作成绩，部署当前及今后一段时期的党建工作任务；重点部署在学校党组织推行“第一书记工作法”，12月，“第一书记工作法”在全县41所中小学全面推行，通过挂联帮扶，指导学校党建、德育工作，提升学校党建工作。

【“志在四方”教育共同体成立】 2017年11月24日，常山二中、常山三中、城东中学、龙绕中学4所乡镇初中结成“志在四方”教育共同体，成立大会在常山县城东中学召开。全县初中学校校长、共同体学校领导及全体初三教师、教育局机关中层干部、全体教研员参加。

【城南中学通过省义务教育标准化学校验收】 2017年11月6日，浙江省义务教育标准化学校评估考核组对城南中学进行考核验收。考核组成员观看城南中学创标准化学校宣传视频，听取校长王德勇关于创建浙江省义务教育标准化学校工作情况汇报，对学校报告厅、宿舍、食堂、运动场、教工之家，各功能教室进行实地检查验收。考核组深入了解学校的办学理念、师生精神风貌、校园环境、教学设施，并对独具特色的校园文化、扎实的创建成效给予充分的肯定，一致认定城南中学具备省标准化验收资格。

【衢州市教师培训工作绩效考核会议在常山召开】 2017年11月19日，衢州市教师培训工作绩效考核会议在常山县教师进修学校召开。市教育局高教师范处、市教师培训中心相关负责人，各县（市、区）的教师进修学校分管培训副校长及培训处主任参加。市教师培训中心介绍2017年绩效考核项目的新增指标，并详细分析各项指标需提供的佐证材料。各县（市、区）分管副校长汇报考核指标的完成情况，交流2017年教师培训工作的亮点和特色。

【省基础教育重点县“回头看”督导组来常督查工作】 2017年12月6日，绍兴市政府教育督导室主任、省督学陈纪钢带队到常山督查省基础教育重点县“回头看”工作。专家组高度肯定和评价常山基础教育重点县计划执行所取得的成绩，并对创评省教育基本现代化县工作提出了建议与要求。

【常山县正式申报省教育基本现代化县创建】 2017年12月，常山县对照2015版新修订的评估标准，全面开展自查自评工作，向省政府教育督导委员会正式提出省教育基本现代化县创建申报请示，并按要求上报申报资料。

【常山县创新实施“加人加钱不加编”政策】 2017年，县政府下发《常山县人民政府关于大力推行教育质量提升工作的意见》，提供200个教师储备员额。县教育局联合县人力社保局、县财政局等5个部门联合下发《关于开展中小学教师提质增量行动实施意见》，由县教育局、县人力社保局负责招录储备员额教师，在教育进修学校设立人才代理中心，负责储备员额教师的管理、培训、考核，若储备教员额师在当年考核不合格将被辞退。每年向社会公开招聘公办教师时，优先录用考核合格的储备教师，储备员额教师未招满前产生的人员缺额，由学校自行聘用，经费均由县财政予以保障。2017年首批招录储备员额教师83人，年内县财政投入500余万元，保障储备员额教师和101名顶岗实习教师的工资待遇。

【打造“护旗手”党建品牌】 2017年，常山县教育局全力打造“护旗手”党建品牌，组建党员教师升旗手队伍，创设“一季一评一提升”工程，用红色党建打造教育铁军,涌现出一批以职业中专“匠心”党建为代表的党建品牌，增强学校党组织的创造力、凝聚力、战斗力，教育系统党建工作通过县委组织部党建品牌验收和市教育局关于学校党建工作专项检查。

【培育名优教师】 2017年，制定《常山县名优教师培养管理办法（试行）》，修订《关于设立教师荣誉奖项的意见（修订）》，不断完善名优教师专业发展评价机制，打响名优教师品牌，先后成立省特级教师“智汇空间站”、市县两级教育人才专家工作站、名师工作室及本土专家工作站11个，成立市县名师工作室21个，1人获省师德楷模荣誉，14人获市名校长、市名师、市教坛新秀等市级荣誉。

【学校迁建工程按计划完成】 2017年12月，常山一中迁建工程基本竣工，教工宿舍楼建设项目已竣工并投入使用。3月14日，芳村中心小学迁建项目开工建设；12月，土建工程主体结构全部完成并通过验收。

【成功撤并3所小规模初中】 2017年，撤销同弓初中、何家初中、阁底初中三所农村中学，并入城区的两所公办中学，按照“老生老办法、新生新办法”将三所小规模初中的初二、初三学生共计572人全部并入城南中学，初一新生共计345人按调整后的学区范围分别安排在城关、城南中学就读，教育局统筹安置三所学校的教师，统一处置学校资产。

【标准化学校建设及薄弱学校改善工程建设】 2017年，完成大桥头小学田径场改造提升工程，城南中学教学楼等校舍维修改造一期、二期工程，紫港中学大门改造工程、市政消防管网改造工程，二都桥小学变压器及低压线路改造工程。东案小学食堂建设工程、培智学校通校道路工程开工建设，城关中学、紫港中学、天马一小、教工幼儿园塑胶跑道面层项目进行政府采购。

【乡镇等级幼儿园和小区配套幼儿园建设】 2017年，辉埠镇宋畈村、球川镇西川村标准化幼儿园建设工程和星月湾小区配套幼儿园完成装修并投入使用。柚苑小区、湖畔嘉苑小区配套幼儿园主体建设工程竣工，完成向社区移交工作，并通过公开招标的方式引进民办力量举办普惠性幼儿园。阳光名都、锦翠、西城花园小区配套幼儿园正在建设中。

【教育装备建设力度加大】 2017年，全县争取省教育专项经费补助项目6个，共投入资金1041万元，实施计算机、多媒体、校园数字广播、学生课桌椅等更新项目。积极推动数字化校园，学生图书室、实验室和专用教室建设力度加大，大数据平台建设和创客教育有力推进，教育装备管理规范。

学前教育

【概况】 2017年，全县有持证幼儿园96所，共计334个班级，在园幼儿9424人；新入园幼儿2927人，离园幼儿2609人。公办园2所，分别是教工幼儿园、江滨幼儿园，集体办园3所，分别为何家乡中心幼儿园、何家乡中心幼儿园琚家分园、五里中心幼儿园，其他91所为民办幼儿园，园所数比上年减少7所。首次实施学前教育生均公用经费制度，对提供普惠性学前教育的幼儿园，安排学前教育生均公用经费238.19万元、县学前教育专项资金376.64万元。全县幼儿园办园条件进一步改善，非在编教师待遇保障进一步增强，学前教育办学水平进一步提升。

【全县“幼儿园教师优质课”评比】 2017年5月10日，由县教师进修学校举办的全县“幼儿园教师优质课”评比活动在县育才幼儿园小剧场举行，全县省一、二级幼儿园的17名教师代表参加。此次活动的5位评委由县进修校的教研员和县教育局的相关职能科室干部组成，共评比出一等奖2名，二等奖6名，三等奖9名。

【全市学前教育公共服务体系建设工作现场会在常山召开】 2017年5月26日，衢州市人民政府主办,常山县人民政府承办的衢州市学前教育公共服务体系建设工作现场会在常山召开，与会人员共150余人。副市长王良春，常山县委副书记、县长周向军，市教育局局长徐朝金等出席会议并讲话。与会人员实地考察了芳村中心幼儿园、大桥头乡第一中心幼儿园、教工幼儿园星月湾园区、东案乡中心幼儿园4所幼儿园。

【全县幼儿教师专业素养大赛】 2017年8月8—9日，全县幼儿教师素养大赛在常山县教工幼儿园举行。大赛分甲、乙、丙3个组别进行，每组参赛内容均为教学活动设计、听故事绘画、自编舞蹈、自弹自唱四项，共100余名教师报名参加比赛。经大赛评委认真评选，比赛评选出全能一等奖16名；全能二等奖27名，全能三等奖45名，教学设计、绘画、舞蹈与弹唱单项奖若干。

义务教育

【概况】 2017年，全县义务教育阶段学校教学改革稳步推进，校园建设优化升级。在全市小学六年级统测中，常山县总评分位列全市第三。年内小学段、初中段优秀生源外流比上年分别下降5.5%和10%。县财政安排资金3950万元，做好23个薄弱学校改造提升项目。通过竞争性获取方式，从省教育厅争取到创客教育创新实验室、灯光改造教室等6个省教育专项经费补助项目。城南中学食堂等基础设施改造提升顺利实施，大桥头小学田径场改造提升工程按计划有序推进。实验小学、育才中学、天马二小、育才小学被评为衢州市义务教育基本现代化学校。加快学校特色培育，设立秋季“开学节”，推进“武术进校园”“足球进校园”活动，打造“快乐校园”。实施“一校一品”战略，打造学校特色品牌。举行校园文化现场学习观摩会，开展“美丽系列”评比活动，创建13所“美丽学校”，“美丽学校”覆盖面达100%。

是年，常山一小获评全国国防特色学校；辉埠小学入列全国青少年校园足球特色学校；招贤小学拍摄的微电影《一张卷子》获第十四届全国中小学校园影视微电影评比一等奖；天马二小被确立为省“信息化教育基地学校”。常山一小张静霞老师的《常山喝彩》获浙江省小学地方课程教学评比一等奖。

【德育课程创新】 2017年3月，县教育局举办中小学生读书节、科技节以及经典文化诵读、演讲等活动，形成以天马一小“孝善节”为代表的校园德育品牌系列。开展班级文化评比活动，评出一批班级文化建设优秀的先进班级和学校。开展精彩大课间活动，评比“精彩大课间”视频材料，推出常山书生中学（城关校区）的扇舞操、“少年说”，天马一小的篮球操、武术操、呼啦圈等精品课程。落实德育微课制度，做好《德育微课》教材的使用，开展教学研讨、评比等活动；组织开展德育微课优秀教学设计评选活动。开展“幸福爷爷，快乐奶奶”系列活动，打造“孝老之城”，深化“善良教育”。

【全县小学毕业班生源防控工作会议召开】 2017年3月3日，全县小学毕业班生源防控工作会议在城南中学召开，全县各小学校长及毕业班班主任100余人参加会议。会议对常山县生源防控工作进行部署，分享学籍管理、政府教育奖励、重点中学招生指标分配等几项政策，明确“及时启动、宣传到位、加强协作、做好衔接、创新方法、务求实效”的工作要求。

【“胡柚拳”校园考级工作启动】 2017年3

月29日，常山“胡柚拳”校园考级工作在白石小学启动，全县义务段学校2.5万名学生参加“胡柚拳”系列之胡柚操练习。通过县武术协会指导、教育局督查，各学校掀起练习“胡柚拳”热潮，全县33所学校先后举行考级活动，持续时间约1个月。

普通高中教育

【概况】 2017年，常山县高考一段上线人数161人，比上年增加47人，增长41.23%，增幅及绝对数均创历史新高；中考进入全市前10%的考生有217人，比上年增加59人，赶超周边县（市、区），实现进位目标。紫港中学被评为浙江省二级普通高中特色示范学校，全县特色示范高中占比达50%。在紫港中学建立常山县多语种培训基地，形成“体育、艺术、日语”并驾齐驱的三大特色。常山一中成为县管校聘改革试点，通过多轮竞聘上岗实现教师队伍优化重组。

【学考选考组考工作安全有序】 2017年4月，全县2788名考生参加8078科次高中学考选考，其中2137名考生参加4596科次学业水平考试、1275名学生参加3482科次高考选考科目考试。与2016年10月相比，语文、数学报考人数略有增加，其他学科人数有所减少。学考持续3天，县教育、纪委、公安、卫计、环保、供电部门相互配合、联合值班，确保考试的安全、有序、平稳进行。

职业高中教育

【概况】 2017年，常山县职业中等专业学校（以下简称“县职业中专”）占地120亩，总建筑面积5.3万平方米。全校教职工142人，其中专任教师126人，专业课教师78人，双师型教师65人；教学班50个，在校学生2113人；有2个省级示范专业，2个省级实训基地，实训设备总投资5700万元，品牌专业有汽车运用与维修、轴承（数控）加工技术、电气焊接、学前教育、电器运行与控制5个。

【助推“常山阿姨”产业发展】 2017年5月16日，“常山阿姨”产业发展战略合作签约仪式暨首届高级创新班开班典礼在东方大酒店举行，由县职业中专承办。县职业中专拥有全县最大、设施最全、师资力量最强的实训基地，培养育婴师、月嫂和家护师。通过“土洋结合”，家政企业技师技术和教学水平明显提高。采取理论学习与实践见习、课堂教学与实际操作训练相结合的培训方式，提升培训学员的新生儿护理、产妇家庭教养、营养餐配置技能与水平。“常山阿姨”成人培训被评为2017年浙江省成人教育品牌。

【职业中专汽修专业被评为省特色优势专业】 2017年，县职业中专汽修专业被评为省级特色专业，实训基地被评为省级实训基地。汽修专业学生设计的F1电动赛车和电动观光游览车分获省中职学生创业创新大赛小发明类一等奖和三等奖。该专业《融会贯通•中职汽修专业“学习单元”教学模式创新实践》项目被评为省中职课改教学创新孵化项目和精品化项目。

2017年常山教育概况一览

表23

类别	学校（个）	班级（个）	毕业生数（人）	招生（人）	在校生（人）	毕业班学生（人）	升学率（%）	巩固率（%）
普通高中	4	96	1261	1425	4548	1509	94.99	—
初　中	7	188	2841	2948	8678	2751	98.40	100
职业高中	1	50	595	717	2113	676	—	99.53

续表23

类别		学校（个）	班级（个）	毕业生数（人）	招生（人）	在校生（人）	毕业班学生（人）	升学率（%）	巩固率（%）
小 学		27	462	3159	2483	16433	2875	100	100
培智学校		1	5	4	7	88	—	—	—
社会力量办学	小 计	3	48	887	772	2312	706	—	—
	普通高中	2	17	230	250	754	202	—	—
	初 中	1	31	627	522	1558	504	—	—
幼儿园		104	334	2927	2609	9424	3371	—	—

2017年大中专（技）、普高、职高招生录取情况

表24　　单位：人

类别	普通高校	高等职校	小计	中专	中技	普通高中	职业高中	小计	合计
报考人数	1284	154	1438	—	—	—	—	2668	4106
录取人数	1221	145	1366	410	198	1424	717	2749	4115

2017年常山县民办中学情况

表25

项 目		班级（个）	招生（人）	在校生（人）	毕业班人数（人）	教职工数（人）	专任教师（人）	学校占地（平方米）	校舍建筑（平方米）	计算机（台）	学校藏书（册）	仪器设备（万元）
天马中学	初中	6	99	236	68	14	14	15008	3596	175	15580	328
	高中	10	114	442	112	31	15					
育才中学（初中）		31	522	1558	504	124	102	77876	28675	347	60132	550
三衢中学（高中）		7	136	312	80	15	15	15780	12446	108	6250	176

（袁红军）

小资料

教育：一枝一叶总关情

从来没有哪一个行业像教育这样受到全社会的高度关注。春秋时期的《管子》中有句名言："一年之计，莫如树谷；十年之计，莫如树木；终身之计，莫如树人。"康有为也说过："夫育人才，犹种树也。"种树和育人，义相近、道相似、理相通。在此笔者试用树的"根、茎、叶、花、果"五大组成部分，谈谈对教育发展的理解和想法。

根，是厚植社会进步的坚实根基

"根本既深实，柯叶自滋繁。"一棵树生命的来源、生存的基础、生长的力量都从根基而来。就树而言，根的意义在于吸收和固定、储藏和繁衍、输导和合成等。

对社会来说，教育也具有"根的意义"，主要体现在"三个功能、三个根本"：

一是具备吸收和固定功能，是一个人成才立业最根本的动力。树靠根吸收各种养分，人靠教育吸收各种知识。树之所以不会被风雨击倒，靠的是强大、有力量的

根系；人要在社会上立足，靠的是系统、高质量的教育。在竞争日益激烈的现代社会，接受良好的教育，既是生存发展的第一需要，也是终身受益的宝贵财富，更是成败得失的关键因素。孔子说的“少成若天性、习惯如自然”，既是教育的阶段性结果，更是影响人一生的恒久力量。一个人学得越多、学得越深，根就扎得越牢，就越经得起生活的考验。

二是具备储藏和繁衍功能，是一个家延续传承最根本的希望。一些植物的根具备储藏功能，有的还能产生不定芽，常被用来进行繁衍。教育也一样，寄托着每个家庭对未来美好生活的期盼。“子不教、父之过”“望子成龙、望女成凤”，让自己的孩子受到最好的教育，是普天下父母的共同心愿。一些家长到大城市买房，来回奔波，就是为了孩子的教育。

三是具备输送和合成功能，是一个地方经济发展最根本的要素。根能输送各种无机营养、有机养料和水分，根还能合成多种氨基酸，作为形成新细胞的材料。教育同样具备这种功能，能够为社会输送和培育丰富多元的人才。区域发展，核心是人才，关键在教育；区域竞争，说到底就是人才的竞争、教育的竞争；区域活力、潜力强不强，关键就看吸纳人口、吸引人才的能力强不强。

总之，教育是一个人、一个家、一个地方发展的根基。“咬定青山不放松，立根原在破岩中。千磨万击还坚韧，任尔东西南北风”。抓教育工作，就是要有根的韧劲、根的深厚、根的意志，花再多的钱也不多，流再多的汗也不累，吃再多的苦也值得。

茎，是汇聚教育发展的强大支撑

茎通常叫树干。茎是一棵树的骨干，具有输送营养和水分的功能，无论是弱小的树苗，还是高大的树冠，都要靠茎来支撑。教育事业靠什么支撑?

一是政府的支撑。教育是最大的民生，怎么投入都不为过。要坚持“穷财政办富教育”理念，把教育投入作为“第一投入”，不管财政多么困难、资金多么紧张，都要优先保障教育资金。邓小平同志说过，要当教育工作的后勤部长，抓教育不办实事就是一句空话。各级党政干部，人人都要对教育多一些点赞、多一些支持，少一分责难、少一分冷漠。各部门单位要把教育当作头等大事，只要有利于教育发展、学校发展、学生成长的事，都要一路绿灯，在全社会形成重视教育、关心教育的良好风尚。

二是社会的支持。教育是一项系统工程，不可能一蹴而就，需要全社会都行动起来，关心和支持教育事业。要大力鼓励社会力量办学，落实促进民办教育发展的政策措施，实现公办教育和民办教育齐头并进、协调发展，形成全社会支持教育、投资教育、兴办教育的良好局面。要引导和鼓励企业家和创业成功人士通过捐赠、扶助等形式支持教育，在社会上广泛开展教育结对帮扶活动，形成浓厚“爱心助学”氛围。

三是名校的支援。他山之石，可以攻玉。要拓宽视野，坚持走出去、请进来，用改革的思维、开放的眼光办教育，把全国各地的先进理念和优秀经验借鉴过来、吸收转化，实现教育领域的“化学反应”。要加大合作交流，对各种形态和模式的教育创新进行充分吸收，着力推动后发地区与教育先进地区的强校、名校结对，学习先进教育理念和教育技术，力争在办学机制创新、高端生源培养等方面取得突破。

叶，是甘当润物无声的谦谦绿叶

叶的作用是进行光合作用形成有机物，是制造养料的重要器官。叶的种类很多，世界上没有两片相同的叶子，教育工作的分工也很细，有的从事管理，有的从事科研，更多的从事一线教学。教育系统的机关干部、校长和老师，就是教育这棵参天大树的绿叶。

机关干部要当学校的绿叶。教育部门的机关干部特别是领导班子成员，是教育事业发展的组织者、实施者，一定要站得更高、看得更远，做到心中有目标、身上有闯劲、脚上有行动，纲举目张，谋好全局，以“闯”的精神、“冲”的劲头深入推进教育改革发展，全力打开工作局面。

校长要当老师的绿叶。校长是一个学校的灵魂，是教育队伍中真正的“关键少数”、核心力量。校长要立志“当一辈子校长”，把办好学校、带好教师队伍当作毕生的追求，让自己成为有思想、有水平、有成就的教育家。校长不能是活动家，更不能是政客，我们要打造一支稳定、用心、激情的教育家队伍，形成教育家办学的良好局面。

老师要当学生的绿叶。一线教师最关键，一线教师最光荣，一线教师也最辛苦，教师是神圣而高贵的。普法战争时期的德意志元帅毛奇有句名言：“德意志民族的崛起就决定在小学老师的课堂上。”怎么做一名好教师？我想就是要“红花配绿叶”，默默无闻，甘于奉献。衡量一个老师有很多指标，我认为关键的是在学校待不待得住，在办公室坐不坐得住，在教室里陪不陪得住，一句话就是要舍得在孩子身上花时间，若能做到一定是个好老师。

花，是绽放色彩斑斓的生命之花

“忽如一夜春风来，千树万树梨花开”。树要开花，教育这棵大树的花，就是我们的学生。教育的真谛，就是要让“生命之花绽放”。我们要培养什么样的孩子、开什么样的花？

一是善良之花。怎样才能心安，最关键就是要与人为善。学校是教书育人的地方，更应该善心涌动、善意浓浓、善行如潮。前段时间，浙江常山县何家初中的“爱心拐杖队”上了央视，一群孩子用自己稚嫩的肩膀进行了一场爱心接力，大家都被这些孩子的善行所感动。每一个学校、每一个老师、每一节课，都能渗透和融入善良教育，引领孩子以善良为本、与良善同行，让善良沁入每个人的血液和骨髓。

二是理想之花。“志当存高远”。学生正处在人生打基础的阶段，理想信念教育尤为重要。要积极培育和践行社会主义核心价值观，引导学生树立崇高的理想，为美好人生奠基。除智商、情商外，更要注重培养意商，意商就是坚强的意志品质、坚毅品格。马克思说过：“生活就像海洋，只有意志坚强的人，才能到达彼岸。”

三是文明之花。素质不需提醒，优秀源于细节。要注重细节教育和习惯养成，巴金曾说过，“孩子成功教育从好习惯培养开始”。优秀的教育就是教会孩子们走向优秀的习惯。以学生穿校服为例：穿校服可以让学生产生平等感、归属感，克服攀比心理，有利于学校管理，也能促进校园文化建设，可见小事不小。

四是特色之花。学校要有特色、学生要有特长，是时代的要求，也是因材施教的规律所在。不同学校传授的知识是共性的，而呈现的文化应该是个性的，每个学校都有自己独特的文化标识。浙江常山县育才学校有一个做法，就是发给毕业的孩子一本纪念版的特制学生证，就像一本护照：凡是育才毕业离校的孩子，无论多少年以后返校，凭这本证永远可以在学校餐厅免费用餐，永远开放学校的体育场地。这就是对学生的尊重，体现的是学校的文化特色。各个学校也要因地制宜，找准切入点，培育有底蕴、有价值、有品位的校园文化。

果，是结出甜蜜幸福的教育硕果

什么样的树开什么样的花，什么样的花结什么样的果。教育是一项美好的事业，最让人期待的就是开花结果。习近平总书记多次提到人民的期盼，第一位就是更好更公平的教育。我们要办好什么样的教育、结出什么样的果？

我理解有这么三种果：一是“甜果”。中考高考水平是老百姓评价教育的重要指标，也是我们办人民满意教育的工作重心。要全力以赴补短板、推改革、促提升，全面实现教育质量争先进位，让老百姓在“家门口”享用优质的教育资源，培养更多的高考学子走进国内外一流大学。让学生甜蜜、家长甜蜜、老师甜蜜，让大家一起共同分享教育甜蜜的果实。

二是“苹果”。这个“苹”是“公平”的平。就是要讲求公平普惠，推进教育均衡化发展，为孩子们读书创造最舒适的学习环境、最丰富的校园生活，让教育的阳光挥洒到每个孩子的身上，让孩子们感到幸福，让家长们不再奔波。

三是“硕果”。要以志在必得的信心和决心，推进教育现代化，实现教育资源均衡配置、教育结构全面优化、教育质量大幅提升，推动教育事业迈上更高水平，结出累累硕果。

根的事业是执着的，茎的事业是勇敢的，叶的事业是谦逊的，花的事业是珍贵的，果的事业是甜蜜的。教育的事业是伟大的。只要我们下定决心、鼓足信心、坚持用心、倾注真心，就一定能办好人民满意的教育。

（叶美峰，选自《光明日报》2017年7月18日13版）

浙江广播电视大学常山学院

【概况】 2017年，浙江广播电视大学常山学院（以下简称“电大常山学院”）各类在校生1140人。开放教育招收各类新生479人，其中本科266人、专科175人、“一村一名大学生”38人；奥鹏学习中心招生27人。开放教育本、专科毕业生312人，其中本科149人、专科163人。

是年，电大常山学院被省电大评为“全省电大系统办学先进单位”“全省电大招生工作先进单位”和“全省电大财务工作先进单位”。在市级电大考核中被评为“2017年度全市电大系统先进办学单位”“2017年度招生管理工作先进单位”“2017年度教务管理先进单位”“2017年度社区教育工作先进单位”。教师11人次获得省、市荣誉。学生3人获得国家开放大学奖学金，19人获得省电大奖学金，18人被授予省、市优秀毕业生称号。

【社区培训稳步推进】 2017年，电大常山学院以常山社区学院为总牵头，走进农村、社区推广社区教育理念，与城区屏山社区、赵家坪社区、文峰社区、定阳社区、金川社区、渡口社区联合举办“美容”“插花”“面点”“剪纸”培训班36期，培训学员3000余人次，帮助一批妇女老人在家实现再就业再创业。推进老年教育，正式挂牌浙江老年开放大学常山学院，开设首期杨氏太极拳培训班，全学年招收30余名学员，8名学员获得省、市比赛奖项。围绕推进非学历教育，对接职业技能培训，支持“常山阿姨”培训、万名农民素质提升工程等，架构“学分银行”教育培训新体系，全县各类教育培训规模达1.5万人次。

（郑肖福 徐 谦）

科学技术·气象

科学技术

【概况】 2017年,常山县科学技术局（以下简称“县科技局”）组织申报市级以上科技项目54项，其中省级22项、市级32项；受理2017年度县级科技计划项目申报57项，立项38项，9项经专家评审等程序获资金支持，安排科技扶持资金100万元。全县新增国家高新技术企业6家，省科技型中小企业23家。建立轴承、新材料2家省级企业研究院，培育创建生物医药省重点农业企业研究院1家。建成常山县首个省众创空间——赏石产业创业中心。组织企业参加省科技大市场中科院上海分院、中德企业对接峰会洽谈成果推介对接。开展赴加拿大、日本科技对接企业调查。全县完成网上技术交易合同登记额1.2亿元。开展市、县科技进步奖工作。组织申报市科技进步奖9项，获奖3项；组织11家单位申报县级科技进步奖20项，经专家评审等程序，评出一等奖3项、二等奖5项、三等奖6项。

做好常山测震强震台、紫港地震台的日常维护工作。成功争取紫港地震台“三化”改造项目。印发《关于加强建设工程抗震设防监管的通知》，加强工程项目抗震设防监管职能。应对“4·12”临安地震对常山的影响，第一时间启动应急预案，发布地震新闻通稿，减少群众恐慌。地震应急装备升级、地震科普宣传、志愿者队伍培训等应急基础工作进一步推进。屏山社区获国家地震安全示范社区命名；常山县防震减灾工作连续6年获浙江省县（市、区）级防震减灾工作先进单位。

是年，常山县获浙江省科技进步目标责任制考核优秀单位、省第十二批科技特派员工作先进单位、省2017年网上技术市场工作先进县，县科技局获浙江省2017年度“公众创业创新服务行动”优秀单位、全省科技政务信息工作先进单位、全省科技宣传与普及工作先进单位等荣誉。

【常山县入选省首批全面创新改革联系点】 2017年，县科技局贯彻落实《浙江省委办公厅 浙江省政府办公厅关于印发浙江省全面创新改革试验任务导则的通知》精神，在数次调研、反复商议的基础上，完成《常山县全面创新改革联系点申报方案》，常山县被衢州市政府确认为唯一推荐上报县，并获浙江省科技厅批复同意，成功入选创建名单，被确定为全省第一批全面创新改革9个联系点之一。

【省知识产权示范县创建工作推进】 2017年，县科技局制定《常山县创建省知识产权示范县工作实施方案》，全县新增省专利示范企业1家、贯标企业1家，完成县经济技术开发区市级知识产权示范开发区创建工作。重点抓好专利申报服务工作，全县申请专利808件，其中发明专利62件；授权专利354件，其中发明专利21件。推进知识产权质押融资，完成信贷金额3200万元。

【“企业首席科技官”制度建立】 2017年，县科技局在全县规模以上工业企业、国家高新技术企业和省科技型中小企业中的企业一线技术骨干、“四大百亿”产业（即轴承、新材料、生物医药、农机产业）领军人物、技术团队核心人物等三类人中选聘30名首席科技官。年初，举办常山县首届企业“首席科技官”产业政策、科技知识培训班，并组织赴杭州新华三、海康威视、杭州未来科技城等地进行实地考察学习。年中，赴企业首席科技局所属企业走访督促，摸查履职情况。年末，开展工作业绩量化考核，确定24人首席科技官合格，其中10人获得优秀个人荣誉称号、9人获得先进个人荣誉称号、5人获得积极分子荣誉称号，并予以表彰奖励。

【首届知识产权擂台赛举办】 2017年6—7月，县科技局举办以“创新创造改变生活，知识产权竞争未来”为主题的首届知识产权知识竞答擂台赛，全县各乡镇（街道）、企业、学校、社区的21支代表队参加，通过笔试、初赛、决赛等环节，决出一等奖代表队1个、二等奖代表队2个、三等奖代表3个。省、市、县多位领导亲临决赛现场指导观摩，全县机关、企事业单位等500余人次观看。开展意念控制赛车、3D打印、负氧离子体验等首届科技成果展1期，并制作宣传片《启航》。

【科技创新券制度修订】 2017年，县科技局修订完善《常山县科技创新券实施管理办法》，将企业专利权质押评估、委托中介服务机构开展企业知识产权管理体系认证等专利相关服务以及专利授权补助列入支持范围，进一步扩大创新政策的普惠性。向企业放创新券259.68万元，使用144.38万元，对60家企业和3家载体兑现资金104.93万元。

（叶 琴）

气象工作

【概况】 2017年，常山县先后遭受寒潮、连阴雨、局地强对流、梅汛期暴雨、大风、雷电、高温等气象灾害影响，县气象局切实做好灾害性大气监测预警和重要节假日、重大社会活动的气象服务。全年发布重要天气报告2期、专题气象服务信息18期、气象呈阅件3期、气象信息内部参考92期，发布气象预警信号48次，通过短信平台发布气象服务短信60余万条，开展人工增雨作业3轮次。

【气象现代化建设】 2017年，常山县域突发暴雨精细化监测预报预警工程（二期）和常山县国家气象观测站综合改善项目（一期）2个气象现代化建设项目列入非重点政府投资项目计划。其中，常山县国家观测站综合改善项目作为县气象局年度重点项目，4月通过专家评审，7月通过县财政施工图纸预算审价，9月完成招标并启动建设，年底完成土建施工。前期通过省里专家评审，完成暴雨强度公式报告编制和发布。年内完成5个区域自动站的升级改造，新建1个“国际慢城”城市气象站，完成8套气象预警信息接收终端安装；完成常山县乡镇精细化预报预警系统开发应用验收。

【基层气象灾害防御工作管理】 2017年，县气象局健全基层气象防灾减灾体系；召开全县气象工作会议和气象协理员培训会，提升基层气象协理员开展气象灾害防御工作管理水平。全县5个气象灾害防御重点单位通过认证，5个村（社区）完成气象防灾减灾标准化建设，建成乡村气象工作站1个。

【公共安全气象管理】 2017年，县气象局加强雷电灾害的监测预警，加强防雷安全监管，确定公布2017年度防雷安全重点单位46家。将气象防灾减灾和防雷安全知识编入《中小学安全教育漫画读本》。联合县安监局下发《关于进一步强化气象相关安全生产工作的通知》，联合县旅委下发《关于加强旅游A级景区防雷安全工作的通知》。开展“安全生产月”和“安全生产专题行”活动，开展危化企业、易燃易爆场所和旅游景区的专项督查检查，现场检查14家单位，排查安全隐患10项。开展气象执法2次。

【“最多跑一次”改革推进】 2017年，县气象局完成气象与住建防雷许可事项交接。涉及气象的投资项目相关审批推进“最多跑一次”改革，实现“四个

100%”。实现“100%平台”，依照在线平台2.0版应用情况采集表比对县气象局投资项目相关审批事项，完成全流程事项配置工作。实现“100%网上申报”，从窗口实地办理向互联网化办理转化。实现“100%系统打通”，实现自建系统与权力运行系统和在线平台的对接。实现“100%网上审批”，事项审批事项申报、受理、审查、反馈和查询告知全环节网上办理。

【气象科普宣传】 2017年，县气象局利用“3·23”世界气象日、防灾减灾日和安全生产宣传日的契机，开展广场咨询、气象课堂进校园、主题征文等形式多样的活动，开展气象科普宣传工作。联合农业部门围绕粮食，常山胡柚、山茶油、食用菌等种植大户、合作社、家庭农场开展点对点的“直通式”气象服务，将县农业局登记在册的777家家庭农场全部纳入服务对象。联合县农业局、县国土局开展重大气象灾害现场调查，开展灾情调查20次，其中实地服务与调查18次。开展面向种植大户的气象防灾减灾培训讲座2次。

（周婷洁）

文化·旅游

文化广电新闻出版

【概况】 2017年，常山县文化广电新闻出版局（以下简称“县文广新局”）以举办各类文化活动为载体，以繁荣发展文化事业为中心，推进文化常山建设，实施第二轮省级公共文化服务重点县提升建设工程。全面实施省级公共文化“十百千”工程；落实图书馆等级评估、古籍普查等重点项目，多形式丰富馆藏图书；开展送电影进驻文化礼堂固定放映点平台建设。持续推进乡镇（街道）综合文化站提升建设两年行动计划（2016—2017年），督促指导辉埠镇、何家乡、招贤镇、东案乡和同弓乡5个综合文化站开展迁址重建工作，配合县委宣传部新建农村文化礼堂18个。26县文化考核得满分，全省排名第一；基本公共文化服务数据评估，名列衢州地区第一名。

群众文化活动丰富多彩。县文广新局举办2017年春节元宵文化系列活动；指导乡镇（街道）开展16场“激情广场月月唱”活动和14场“一乡一节”活动；组织安排“常山艺苑”周末越剧免费专场演出活动和“东鲁戏剧角”周末越剧免费专场演出活动58场；牵头协调满天星业余交响乐团到常山演出，举办“何处心安·慢城常山”迎新音乐会。推进“流动文化”等惠民活动，开展送演出戏下乡169场，送图书下乡12450册，送电影下乡2955场次，讲座展览27期，跨县域文化走亲9场；举办“冰心奖”等多个系列图片展，开展“送书下乡”“读者选书我买单”“喜迎十九大·书香颂党恩”等阅读活动。开展各类文化培训，举办全县合唱指挥和钢琴伴奏艺术免费培训班，参加培训人员100多人次；9月，分2期组织举办宣传文化骨干浙大研修班，县、乡两级宣传文化骨干80多人到杭州参加培训。

历史文化挖掘传承更受重视。县文广新局启动开展第二批百村故事挖掘编撰工作。推进非物质文化遗产（以下简称“非遗”）保护传承工作，原创《常山喝彩歌谣》等20多个节目，《绿水常情》等一批精品获省、市大奖。其中，以喝彩元素为核心创作的原创排舞《常山喝彩》、原创情景剧《金婚》《上梁喝彩》等以文艺形式对民间喝彩进行传承。配合县委宣传部组织开展“为非遗喝彩”国家级非遗常山喝彩艺术展演活动，举办喝彩歌谣艺术集中展演活动4场。开展建设实施3个非遗保护项目,完成华府喝彩歌谣基地建设。组织开展省级生产性保护基地“传统榨油技艺”项目，参加浙江省非遗保护中心举办的第九届浙江·中国非物质文化遗产博览会。推荐7人成为市级第二批衢州市非遗代表性项目代表性传承人。开展国家级非遗项目“常山喝彩歌谣”的保护、传承工作，成立常山县喝彩协会，完成“常山喝彩歌谣”传承人（民间彩师）的调查摸底、整理汇总工作，全面掌握传承人情况。推荐《常山历史文化丛书　非遗集锦》《为常山喝彩》成功入选浙江省非遗“十佳百优”图书。助推同弓乡彤弓山村成为第四批浙江省非遗旅游景区“民俗文化村”。推进“戏剧传承非遗”大戏派送活动，全年完成廉政越剧等大戏派送下乡演出任务42场，观众达3万余人次。

文化产业发展步伐加快。县文广新局帮助中国观赏石博览园（龙腾石博园）和常山县百灵越剧团两家文化企业申报中央财政文化产业发展重大项目专项资金。帮助科德琴业、中国观赏石博览园、富瑞三维科技（3D打印）、浙江泓影文化传播有限公司、半典阁连环画博物馆申报浙江省企业文化建设示范单位。帮助常山县宇华景观石业公司建设“东方巨石阵”，申报衢州市重点服务企业；助推常山县文化艺术博物馆项目建设。组织11家文化企业代表参加第11届义乌文化产品交易会与2017衢州市中国文化产业博览会；力推国家级非物质文化喝彩歌谣、科德琴业、富瑞三维科技（3D打印）等文化企业，通过文交会等平台集中展现给国内外观众；帮助戴氏棕编工作室的文化创意作品《鹤之舞》参加第12届义乌文化产品交易会，并成功入选优秀文化创意产品。

【合唱之城·排舞之乡打造】 2017年，县文广新局开展“喜迎十九大·七一颂党恩”全县万人大合唱比赛和“喜迎十九大·舞动新慢城”全县万人排舞大赛。全县100多支合唱团报名参加万人大合唱比赛。决赛于6月30日晚上在常山一中千人报告厅举行，评出金奖3个、银奖5个、铜奖7个、组织奖2个和最佳人气奖1个。9月30日晚上，万人排舞大赛决赛在常山一中报告厅举行，评出金奖3个、银奖5个、铜奖7个和组织奖5个。

【城市古迹修复专项建设工作开展】 2017年，县文广新局全力服务城市古迹修复十大专项工程建设，完成德川行、方文彬故居、侻溪桥、文峰塔、李昭炜故居和太守公墓屋的设计方案编制工作，按计划落实到实施单位，完成文昌阁重建工程设计阶段工作；并及时将其移交至县城投公司，由县城投公司组织实施建设工程。

【重大时段节点文化市场专项管理行动】 2017年，县文广新局在元旦、春节和国庆节，中考和高考，全国“两会”、党的十九大和第四届互联网大会召开期间，组织开展文化市场安全生产大排查，做好重大时段节点文化市场管理工作。组织召开全县网吧业主消防安全知识培训会，开展人员密集场所消防安全检查行动。做好文化市场“平安常山”迎检工作，开展“扫黄打非”专项整治，完成平安建设夺取“平安金鼎”的各项文化市场专项管理任务。开展“最多跑一次”事项梳理工作，公布行政审批事项58项主项、68项子项，列入“最多跑一次”的行政审批事项达100%，并按照省级模板制作最新的办事指南。

【常山县第七批省级文保单位申报工作】 2017年，县文广新局在全县30余个行政村开展文保单位（文保点）摸底调查，确定拟申报对象；与县规划中心、乡镇（街道）等多个部门协调，完成部分拟申报对象的保护范围和建设控制地带等基础性工作；组织人手到申报对象所在地进行基本信息采集，即申报对象的基本概况、细部照片、人文传说、历史沿革等信息；按照第七批省级文物保护单位申报信息采集标准，精心编制申报文本；做好省文物局专家组对拟申报对象的实地考察工作。向浙江省文物局提交文峰塔、德川行、方文彬故居和侻溪桥等10处拟申报对象的相关资料，最终成功获批8处省级文物保护单位，获批数量在衢州地区名列前茅。

【文物保护修复工作推进】 2017年，县文广新局完成“第一次全国可移动文物普查”工作，县文物办获浙江省第一次全国可移动文物普查先进集体。完成省级文物保护单位“樊氏大宗祠”屋面翻漏及局部抢修工程；新增8处省级文物保护单位文物保护标志碑的竖立工作及古民居的部分电线整改工作。完成“里择祠”消防安防工程并通过省文物局的验收。完成“徐氏旧宅”二期维修工程。

（傅正阳）

县新华书店

【概况】 2017年，浙江常山县新华书店有限公司（以下简称“县新华书店”）在职员工26人，退休人员10人，党员6人。全年实现销售额2500万元，实现利润243万元。开展党的十九大文件征订工作，全县每位党员配发《党的十九大报告》和《中国共产党章程》各1册，乡镇科级以上干部拥有《党的十九大报告辅导读本》和《中国共产党第十九次全国代表大会文件汇编》各1册，超额完成征订任务，实现销售码洋25万元。参与开展衢州地区的“阅读好时光”活动，销售码洋突破10万元。开展作家进校园活动，2017年10月中旬，优秀儿童文学作家管家琪老师在常山县实验小学、第一小学、天马一小、天马二小4所学校举行签名售书和讲座活动。

县新华书店做好教材文教书的征订发行工作，与县教育部门沟通，教材征订工作人员与各学校相关人员联系到人。文教类书人均购书率在全省名列前茅。县政府同意2017年秋追加财政预算58万元，以后每年增加财政预算78万元，用于支付全县义务教育阶段学生《心理健康》和《安全教育》课本购置费用。

【“好家风”演讲比赛】 2017年，县新华书店与县委组织部、县委宣传部（县文明办）、县教育局联合组织全县各中小学开展“好家风”演讲比赛活动。此次活动有21名选手参加决赛，经评委评审，共评出中学组一等奖1名、二等奖2名、三等奖2名；小学组一等奖2名、二等奖5名、三等奖9名；优秀指导教师3名。

【全民读书周活动】 2017年12月11—17日，常山县举办“学习十九大、书香溢慢城”全民读书周活动。12月11日上午，由中共常山县委宣传部主办，常山县图书馆和常山县新华书店承办的2017年全民读书周暨“你选我购”图书惠民活动的启动仪式举行，全县各机关和事业单位购买书卡近300万元。

（徐忠孝）

旅　游

【概况】 2017年，全县有国家A级以上旅游景区（点）13家，其中国家AAAA级景区1家、国家AAA级景区5家、AAA级景区村4家；星级宾馆酒店3家，其中四星级酒店1家、三星级酒店2家；旅行社10家，其中四星级旅行社1家。全县接待游客792.4万人次，比上年增长24.3%；实现旅游收入50.33亿元，比上年增长25.05%。新增15个浙江省A级景区村庄，其中，东案乡田蓬村、东案乡弄坞村、芳村镇新桥村、辉埠镇路里坑村、球川镇东坑村、青石镇砚瓦山村、金川街道徐村村为省AA级景区村庄，大桥头乡友好村、大桥头乡濠桥村、白石镇聚宝村、紫港街道渣濑湾村、何家乡长风村、招贤镇泉目山村、芳村镇下猷阁村、天马街道天马村为省A级景区村庄。

【旅游品牌创建】 2017年，全县新增国家AAA级旅游景区1家（不老泉景区），新增AAA级旅游景区村4家（黄冈村、黄塘村、郭塘村、高峰村）。在2017可持续城市与人居环境奖颁奖盛典上，三衢石林景区获评全球低碳生态景区。常山县获评“2017百佳深呼吸小城”“中国最美乡村旅游目的地”、浙江省休闲农业与乡村旅游示范县；云耕小镇入选浙江省特色小镇第三批创建名单；常山山地自行车公园入选浙江省运动休闲旅游优秀项目；球川镇、何家乡入围第一批浙江省旅游风情小镇培育名单；彤弓山村被列入第四批浙江省非遗旅游景区，常山赛得健康养生小镇被认定为省老年养生旅游示范基地；同弓乡现代农业园区采摘园被评为第三批浙江省果蔬采摘旅游基地。

【旅游项目建设】 2017年，常山国际慢城建设全力推进，安排各类项目30个，重点实施包括基础设施(含入口建设)、环境景观、美丽乡村等，总投资10亿元。同时，推进慢城核心区内的五朵金花（外港村、孔家弄村、渣濑湾村、狮东村、狮子口村）美丽乡村建设项目，主要包括村庄整治、外立面改造、节点打造、美丽庭院创建等。全力推进赏石小镇建设。2017年小镇内500万元以上的项目有13个，投资额12.1亿元。中国观赏石博览园项目规划建设用地面积400亩，总投资12.77亿元，已累计完成投资12.07亿元。中国观赏石博览馆建成并于8月30日投入试运行，接待游客约15万人次。推进高端民宿业发展。全县新增民宿床位10002张，三星级以上农家乐180家，农家乐综合体6个，高峰村成功创建省级农家客栈（民宿）集聚村，不老泉精品民宿、黄塘云上轩民宿成功创建高端精品民宿综合体。推进A级景区通景公路建设。完成不老泉通景公路、三衢石林通景公路、梅树底通景公路、黄塘景区通景公路的提升。

【全域旅游市场促销】 2017年，县旅委制定2017年度全县旅游宣传营销计划，确立区域整体旅游形象品牌。在CCTV-7农业军事节目、FM93、衢州高铁站等重要节点和平台投放宣传广告，在上海、黄山、三清山等城市和景区通道显眼位置设置户外广告，全面打响“何处心安 慢城常山”县域形象品牌。完成微信“四导一体”(导航、导览、导游、导购）功能一体化。成功举办“爱我中华”第六个全国赏石日暨首届常山国际赏石文化节，包括中国观赏石协会高级研修班、首届常山杯观赏石珍品展等活动，吸引2000多名国内外嘉宾赴会。举办中国皮划艇大赛巡回赛、2017年“环浙”自行车挑战赛、2017年中国常山国际慢城房车旅游节、中国老年住区项目交流大会、2017年中国·常山胡柚文化节活动。在九景衢铁路开通之际，举办常山高铁站启动仪式暨“慢城常山”号旅游专列接站仪式，上海常山商会、上海市民代表、长三角地区媒体代表等300多人游览三衢石林、石博馆等景区。同时，推进乘高铁优惠游政策，2017年12月28日至2018年6月30日，凡在常山站下车的游客享受三衢石林、石博馆免门票政策。开展线上线下结合，深度拓展旅游市场。与慈溪建立旅游战略合作，就客源互送、项目互助、互设职工疗休养基地等方面达成协议；与酷秀网、同程、美团等网络平台开展合作，向三衢石林景区输送游客；利用“常山旅游”微信公众号宣传常山旅游资源。

【旅游行业管理】 2017年，县旅委推进平安旅游建设工作，逐级签订社会治安综合治理目标管理责任书，将综治工作纳入年度绩效考核。落实重大决策社会稳定评估机制；坚持完善矛盾纠纷化解机制，依法依规处理群众诉求、办理信访事项和处理社会矛盾，有效维护旅游者的合法权益。建立旅游市场“双随机一公开”抽查机制，联合市场监管局、县交通局、县安监局、县消防大队等部门，开展旅游市场秩序专项治理行动、“不合理低价游”专项整治行动等联合执法检查。开展平安景区建设，建立健全应急救援体系，组织人员对全县A级景区进行暗访，对配套设施、景区管理及服务水平等方面存在安全隐患和严重问题的景区予以限期整改等处理决定。

2017年常山县A级旅游景区（点）一览

表26

名　称	地　址	星　级
三衢石林	常山县辉埠镇路里坑村	AAAA
奇石馆	常山县金川街道竹亭路1号	AAA
黄冈山	常山县何家乡黄冈村	AAA
黄塘景区	常山县新昌乡黄塘村	AAA
不老泉景区	白石镇新塘岭村	AAA
桃花源景区	常山县芳村镇新桥村	AAA
黄冈村景区村	何家乡黄冈村	AAA
黄塘村景区村	新昌乡黄塘村	AAA
郭塘村景区村	新昌乡郭塘村	AAA
高峰村景区村	东案乡高峰村	AAA
金钉子景区	金川街道周塘村	AA
砚瓦山景区	常山县青石镇砚瓦山村	AA
东明湖公园	常山县城东南1千米处（320国道旁）	AA
石崆寺景区	常山县天马街道西峰村	AA

2017年常山县旅游星级酒店一览

表27

名　称	地　址	星　级
东方大酒店	常山县天马街道金石东路1号	★★★★
华府大酒店	常山县天马街道定阳南路169号	★★★
常山国际大酒店	常山县天马街道白马路168号	★★★

2017年常山县旅行社一览

表28

名　称	地　址	星　级
天马旅行社有限公司	常山县人民路34—38号	★★★★
华夏旅行社有限公司	常山县人民路277号	★★★
青年旅行社有限公司	常山县天马街道健康弄19号	★★★
春秋旅行社有限公司	常山县上水弄2号2-1楼4楼	
友好旅行社有限公司	常山县天马街道人民路29号	
山水旅行社有限公司	常山县人民路54号	
文峰旅行社有限公司	常山县定阳北路49号2楼	
新视界旅行社有限公司	常山县天马街道大桥路20号	
心悦旅行社有限公司	常山县双井街23号	
衢州中国旅行社常山分社	常山县定阳北路42号	
衢州都市假日旅行社常山分公司	常山县人民路62号	
衢州天天假期旅行社常山分公司	常山县双井街11号	
衢州新世纪国际旅行社常山分公司	常山县人民路58号	

（余晓芬 樊淑敏）

卫生·体育

卫生计生

【概况】 2017年，常山卫生计生工作围绕“健康常山”总目标，推进医药卫生体制改革和计划生育管理服务职能转变，提升医疗、公共卫生和计划生育服务水平，建设全县人民满意的卫生计生事业。截至2017年年底，全县各级各类医疗机构280家，其中县级医院3家、乡镇（中心）卫生院14家、民营医院3家、其他医疗机构2家（省三监医院、县疾病预防控制中心）、村卫生室（社区卫生服务站、卫生院分院）203家、个体诊所37家、厂矿医务室18家。全系统干部职工2058人，其中在编职工1164人、离退休职工425人、编外在岗人员469人。

2017年，常山县卫生和计划生育局（以下简称“县卫计局”）开展基本建设工程27项，其中县级重点项目含县公共卫生服务中心、县中医医院异地搬迁改造及新建住院楼等2项、县级重大前期项目4项、县级非重点项目（乡镇卫生院维修、改、扩、新建项目）21项。县中医医院住院大楼项目基本完成项目前期工作，开始进场施工；县公共卫生服务中心项目累计投入资金5000万元，完成主体工程量的70%。投入资金231.25万元，完善县级数据中心平台、移动随访系统、数据容灾备份系统建设，完成生育服务平台APP二期项目、社会抚养费征收系统项目等。创新结核病防治新模式，设立“移动结核门诊”，上门为结核病患者提供免费诊疗和送医送药服务。

是年，常山县被列入全省11个医共体试点县之一，移动结核门诊团队被评为“衢州好人”集体。

【责任医生签约服务】 2017年，县卫计局推进责任医生签约服务工作，组织人员外出学习、调整县级指导团队、实行季度考核等，高标准推进基本公共卫生服务项目。截至年底，电子健康档案建档率93.0%，管理高血压患者19644人，管理糖尿病患者4740人，与10.54万名居民签订责任医生服务协议，规范签约率30.64%。

【医联体建设工作】 2017年，县人民医院与省妇保院合作深入推进，完成第四、第五批次专家交接工作，累计有5批次22个长驻专家长驻常山。5月22日，常山县政府与浙大一院签订医联体建设的框架性协议。12月26日，浙大一院与常山县政府正式签订合作协议，县人民医院挂牌“浙江大学附属第一医院常山分院”。

【县域医共体建设】 2017年，县卫计局制定《常山县县域医疗服务共同体试点工作实施方案》，并经县政府常务会议审核通过，常山县被列入全省11个医共体试点县之一。10月26日和11月1日，分别在招贤中心卫生院、大桥头乡卫生院召开常山县人民医院招贤医共体、大桥头医共体启动仪式。11月3日，省卫计委副主任马伟杭一行专程到常山调研医共体建设工作，对常山县试点工作给予肯定。至年底，县人民医院招贤分院和大桥头分院住院总人次、门诊总人次、业务总收入分别比上年上升108%、8.3%和15.9%。

【人才队伍建设】 2017年，县卫计局招录各类人才76人，其中紧缺人才23人、提前招聘人才28人。全系统入选衢州市名医3人、名中医2人、专家1人。4人被授予常山县第六届拔尖人才（青年拔尖人才）荣誉称号。选派57人赴上级医院进修学习，组织开展临床、公共卫生、计划生育培训班52期，5360余人次；举办省、市级医学继续教育班12期，着力提升卫计服务技术水平。组织“三基统考”1次，临床、护理、急救、公共卫生服务等技能比武11次，参与人员1350余人次。

【计划生育指标达上级要求】 2017年，县卫计局持续提升计划生育整治工作水平。开发生育服务平台APP，在平台APP中植入母子健康手册模块，打造全周期母子健康服务链。实现群众生育登记“零”次跑，领跑省、市“群众办事最多跑一次”工作要求。4月6日，全省各市县卫计局相关处室领导200余人到常山观摩指导。省级“三优中心”（即优生优育优教技术中心）建设加快推进，青石镇卫生院通过省级三优示范中心现场验收；球川镇中心卫生院“三优”计生服务中心正在进入施工阶段；成功创建1家省级流动人口规范化服务中心和1家省级流动人口健康促进企业。对新婚女性、怀孕对象及儿童家长等重点人群开展母婴健康宣传教育。开展生育关怀活动，关心、关怀计生特殊家庭生活。2017年，常山县计划生育各类指标均达到省、市要求。

·疾病预防控制与监测·

【人感染H7N9禽流感防控】 2017年，全县组织开展外环境人感染H7N9禽流感检测14次，外环境场所16家，采集外环境标本210份，均未检出阳性结果。

【霍乱等肠道传染病防控】 2017年，全县医疗机构检测腹泻病人1014例，粪便标本采集1014人份，采便率100.00%；“三线”培养1014例，“三线”培养率100.00%；检测到沙门氏菌阳性18例。全县2017年健康体检人数7978人，均未检出阳性。开展伤寒、副伤寒监测及环境危险因素监测，均未检测出阳性菌株。

【手足口病监测与防控】 2017年，全县报告手足口病510例，报告发病率为211.30/10万，无重症和死亡病例报告。对63例临床诊断病例采集标本进行实验室诊断，其中COXA16型肠道病毒阳性21例、EV71阳性12例、其他肠道病毒阳性18例、阴性12例。全年无手足口病聚集性疫情报告。

【麻风病防控】 2017年，全县有麻风病现症病人1人，判愈病人2人。全县各医疗机构转诊可疑麻风病症状者25例。

【艾滋病防治】 2017年，全县检测39220人次，新发现HIV感染者14例。在管HIV感染者及病人70人。

【肺结核防治】 2017年，全县结防门诊初诊病人969例，确诊肺结核病人285例，发现的病例全部纳入常规管理。2017年年底，紫港中学发生肺结核聚集性疫情,共发现肺结核临床诊断病例8例。经落实防控措施，得到有效控制。

【规划免疫】 2017年，全县一类疫苗接种率均达到90%以上，其中含麻疹类与脊灰疫苗接种率达95%以上，建卡建证率100%。

【消除麻疹工作】 2017年，全县报告疑似麻疹8例，麻疹排除病例报告发病率3.3/10万，8例均排除。病例报告后48小时内完整调查率100%，首份血标本采集率100%，血标本3天内送达率和实验室结果7天内报告率均为100%。

【血吸虫病防治】 2017年，血吸虫病综合治理环境改造工程2个,投资360万元，环境改造治理灭螺面积4万平方米。全县血吸虫病血清学查病5406人，未发现血吸虫病病人。晚血病人内科救助35人。随访35人，其中好转32人、自然死亡3人。

【疟疾监测】 2017年，全县“三热”病人监测血检792人，其中阳性1人，为6月14日发现的从非洲马拉维共和国输入的恶性疟病例，经“双氢青蒿素哌喹片”治愈。

【病媒生物监测】 2017年，监测显示城镇居民区鼠密度3.5%，农村居民区鼠密度5.9%，重点行业鼠密度5.7%；公厕、垃圾中转站等外环境成蝇捕获率0.57(只/笼)，农贸市场、单位食堂等室内环境平均每条成蝇数量0.75只。通过诱蚊灯法检测城镇居民区、公园、医院、农户等环境成蚊密度1.00〔只/(灯·夜)〕。宾馆、饭店、医院、商场等重点行业平均蟑螂密度0.07只/张。登革热监测点监测结果，白纹伊蚊BI 11.56，埃及伊蚊BI 0。

【适龄儿童窝沟封闭】 2017年，全县完成25所小学的窝沟封闭项目，学校覆盖率96.15%（蒲塘小学未开展）；2016—2017学年同意服务学生总数2838人，服务率98.75%，口腔检查学生数2306人，学生覆盖率80.24%；窝沟封闭应封2203人，实际封闭2198人，封闭率99.77%；口腔复查学生人数2198人，复查率100%；复查封闭牙齿颗数7853颗，封闭完好牙齿颗数7853颗，完好率100%。

【职业卫生监测】 2017年，全县报告报告农药中毒病例48例，其中男性19例、女性29例，死亡2例，皆为男性。报告25例尘肺病人，其中新发病例22例、晋期病例3例；新发病例中Ⅰ期10例，Ⅱ期9例，Ⅲ期3例。全年有1例职业病患者，为氮氧化合物中毒，工种为操作工；3例疑似职业病病例，操作工、清砂工、包装工各1例；2例为铸工尘肺，1例为矽肺。

【慢性病社区综合防治】 2017年，全县累计发现高血压病人25890人，管理病人20609人，发现率10.73%；规范管理13698人，规范管理率为66.46%；血压控制数13221人，血压控制率64.15%。累计发现糖尿病病人6249人，管理病人5004人，发现率2.59%；规范管理3215人，规范管理率为64.25%；血糖控制数3108人，血糖控制率62.11%。重症精神病发现1117人，发现率4.58‰；管理980人，管理率为46.78%；规范管理患者数694，规范管理率为70.82%。

·卫生监督·

【卫生行政许可】 2017年，公共场所卫生许可证新发110件，延续6件，变更1件，不予许可2件，注销36件。放射预评事项4件，控评2件；新发许可证2件，注销1件；新发放射人员工作证1件。护士证遗失补证1件，注销6件，变更46件，首次注册55件，延续32件。医疗机构许可证新发9件，变更21件，注销6件，到期换证42件，设置13件，校验253件。医师资格证新发35件，变更77件；医师多点执业证1件，备案16件，注销3件。县卫生行政部门涉及行政许可共11大类37小项，均按照上级要求进行清理，并在浙江政务服务网公布。

【卫生行政处罚】 2017年，县卫生行政部门作出处罚决定案件115件。其中，一般程序案件13件，简易程序案件102件；医疗卫生28件，传染病防治43件，公共场所卫生39件，学校卫生4件，饮用水1件。共处罚没款5.58万元。

【集中式供水卫生监督检测】 2017年，县卫生行政监督机构对4家生活饮用水供水单位开展监督检查和饮用水监督采样工作；对4家水厂共采集水样84份，包括水源水8份，出厂水17份，末梢水59份。其中，2份出厂水不合格(常山县水务发展投资有限公司千家排水厂9月25日检测报告中铝不符合标准，10月10日检测报告中臭和味不符合标准），已立案处罚，出具意见书，责令整改，后经再次采样检测合格；1份水源水不合格（常山县水务发展投资有限公司千家排水厂11月18日检测报告中铁不符合标准）；3份管网水不合格（常山县水务发展投资有限公司千家排水厂，9月25日白石镇政府采水点和球川卫生院采水点，铝和菌落总数不符合标准；10月10日，球川卫生院采水点臭和味、锰不符合标准），已立案处罚，出具意见书，责令整改，后经再次采样检测合格。其他检测指标均合格。

【集中消毒餐饮具的消毒效果监测】 2017年，县卫生行政监督机构对集中消毒的餐饮具采样120份，经检验全部合格。

【非法行医打击】 2017年，县卫生行政监督机构检查医疗机构278家，查处违法医疗机构72家，立案处罚76户次。查处“黑诊所”1家；查处非医师行医2人；查处2家医疗机构聘用非卫生技术人员从事医疗活动；查处1家医疗机构使用未取得处方权的医师开具处方。

·妇幼保健·

【概况】 2017年，县妇保院接收门诊92877人次；免费婚前医学检查2140人，婚检率达58.7%。全县活产数3400人，孕产妇系统管理3254人，管理率95.71%，剖宫产率46.32 %，县级高危筛查率98.95%，高危产妇住院分娩率100%，产前筛查率90.96%，抢救重症高危孕产妇39例。农村孕产妇住院分娩补助2607人，金额130.35万元，发放叶酸1801人。完成“两癌”筛查工作，乳腺癌筛查7783例，查出乳腺良性疾病785例，宫颈癌筛查7694例，查出异常人数717例。3岁以下儿童系统管理率95.71%，7岁以下儿童保健覆盖率96.32%，5岁以下儿童死亡率3.82‰，婴儿死亡率2.65‰，新生儿死亡率0.88‰。全年无孕产妇死亡。

·爱国卫生·

【概况】 2017年，常山县爱国卫生运动委员会开展全县病媒生物防制指导，实现公共场所病媒生物访制继续实行市场化运作，服务外包。做好健康教育，组建健康教育讲师团，组织名医专家下乡义诊等措施，强化全县健康宣教工作。2017年7月，常山县被全国爱卫会命名为国家卫生县城。开展卫生乡镇创建工作，截至年底，全县申报创建国家卫生乡镇1个，成功创建浙江省卫生乡镇7个、衢州市卫生乡镇4个、浙江省卫生村58个、衢州市卫生村116个。全县有46家单位获评浙江省卫生先进单位、97家单位获评衢州市卫生先进单位、166家单位获评县级卫生先进单位；4所学校被授予浙江省健康促进学校（银牌）、7所学校被授予浙江省健康促进学校（铜牌）；8家单位被授予浙江省无烟单位、57家单位被授予衢州市无烟单位。

【生活饮用水保障】 2017年4月、9月，县卫计部门分别开展丰水期和枯水期生活饮用水质监测，监测水样102份，其中68份水样所有监测指标均合格，水质综合指标合格率为66.67%。68份合格水样中，市政供水出厂水2份、二次供水2份、市政供水管网水10份，合格率100%；农村集中式供水88份，54份水样合格，水质综合指标合格率61.36%。部分不合格的农村饮用水检测出微生物超标，原因是农村集中式供水消毒设施安装不全或消毒设施使用不规范。

【改水改厕工作】 2017年，县卫生部门开展农村生活污水治治理和农村生活垃圾治理为主要内容的农村“双治”工程。截至年底，全县农村卫生厕普及率和无害化卫生厕所普及率分别为98.75%、96.61%，比上年均上升50%。

（尹 俊）

体 育

【概况】 2017年，常山县体育局围绕“三个融入三个一”（即赛事活动融入常山经济社会发展大局、场地布局融入城市规划建设管理、设施布点融入人民群众的日常生活）的目标， 安排专项资金，建造灯光篮球场、灯光气排球场、五人制足球场、门球场等一批体育健身设施，改造提升县田径场和农村体育设施；推进体育进公园、体育公园建设工作，东明湖公园、展衣山公园、塔山公园等地兴建健身步道。县内体育场地设施、种类规格逐渐增加，布局合理，100%学校和70%机关企事业单位的体育设施向社会公众免费开放。辖区内拥有标准田径场5座，体育馆4座，室外篮球场148个，乒乓台260余张，健身路径166条。全县各乡镇（街道）建有灯光篮球场和文体中心，80%以上村建有标准篮球场、健身苑点，省级体育小康村基本全覆盖。全县已建立较为科学的体育产业目录库，其中已注册的体育协会16个；青少年体育俱乐部18个，其中省级以上3个；省级村体育俱乐部23个；健身俱乐部、台球厅、跆拳道馆等各类体育经营机构10多家。

县体育局主办的体育赛事活动有：2017“环浙”自行车挑战赛（常山站）暨“赛德健康”杯第二届环常山骑游大会、中国皮划艇巡回赛（浙江常山站）、“和也杯”第二届浙江省企业（企业家）武术大赛、长三角MBA山地自行车菁英赛、2017中国山地自行车公开赛总决赛、全县“移动杯”科处级领导干部羽毛球双打联谊赛，以及2017年“移动杯”气排球赛等大型赛事。据统计，上述赛事吸引国内100多家知名媒体的宣传报道，8亿多人收看比赛新闻，10万多人到现场参赛和观摩比赛。

县体育局承办、协办的体育赛事活动有：国际慢城首届农民运动会、全县首届企业家职工运动会、“移动杯”男子职工篮球锦标赛、“永乐杯”羽毛球团体赛、“雄狮杯”职工羽毛球赛、2017年“农信杯”全市公安机关篮球赛、全县老年兜球团体赛、全县中小生运动会、衢州市小学生羽毛球积分排名赛、衢州市“锦禾杯”象棋联赛、衢州市第五届运动会暨市第二届青少年运动会篮球赛（初、高中组）、衢州市五运会跆拳道比赛，以及衢州市老年人气排球锦标赛赛事。

是年，常山县成功创建浙江省体育强县，获评浙江省“武术之乡”。9月，常山山地自行车公园被评为“浙江省运动休闲旅游优秀项目”。

【2017“环浙”自行车挑战赛（常山站）】 2017年5月21日，2017“环浙”自行车挑战赛（常山站）暨“赛得健康”杯第二届环常山骑游大会举行，浙江、江西、江苏等周边地区的37支队伍、600多名选手参加。此站比赛由县里与协会共同主办，比赛不排名次，只要在7小时内完成近100千米的赛程就能拿奖牌。

【中国皮划艇巡回赛（浙江常山站）开赛】 2017年6月18日，由中国皮划艇协会主办的2017中国皮划艇巡回赛（浙江常山站）在常山开赛，国内外的14支代表队，包括南非、巴基斯坦、德国、摩尔多瓦等国的运动员参加。2004年雅典奥运会、2008年北京奥运会男子500米双人划艇冠军孟关良在开幕式上代表浙江省体育局水上运动管理中心授予常山县“浙江水上运动训练基地”的牌子。赛道位于常山港自金川街道徐村村至县育才小学段的公开水域，总长5千米。陈燕君获男子单人2000米绕标竞速冠军，何颖珍获女子单人2000米绕标竞速冠军，黄戟、徐春霞获男女双人10000米绕标竞速冠军，陈本潮、张克山获男子双人10000米绕标竞速冠军。

【“和也杯”第二届浙江省企业（企业家）武术大赛】 2017年9月23日，由浙江省体育局指导，浙江省武术协会、浙江省企业家协会、浙江省体育产业联合会、常山县人民政府共同主办的“和也杯”第二届浙江省企业(企业家)武术大赛在常山一中体育馆举行，中国银行、建设银行、绿城集团、浙江富丽新材料有限公司等50多家企业的400余名代表参赛。振华武馆兰之园队获总团体大奖桂冠，塘下镇武术协会获总团体大奖第二名，杭州余杭武协获总团体大奖第三名。

【2017中国山地自行车公开赛总决赛开幕】 2017年11月25日，2017中国山地自行车公开赛总决赛锦禾杯（浙江·常山站）在常山国际慢城山地自行车公园举办。国家体育总局中国自行车运动协会竞赛部部长彭海波，省体育局副局长李华等参加开幕仪式。仪式上，领导嘉宾为奥运冠军宫金杰、米格·马丁颁发常山县荣誉市民证书，并为常山授予浙江省自行车运动训练基地常山山地自行车基地的牌匾。

【常山国际慢城首届农民运动会】 2017年2月2日，由常山县紫港街道办事处主办，常山县体育局承办、常山联合村镇银行协办的常山县国际慢城首届农民运动会在紫港街道孔家弄村举行，常山国际慢城5个核心村及周边6个村的400余名村民参赛，县四套班子领导出席开幕式。运动会项目包括拔河、定点投篮、慢骑、锯竹子、背媳妇、孔雀山寻“常山三宝”“魅力庭院”评比。

【衢州市小学生羽毛球积分排名赛（第一站）比赛】 2017年3月3—5日，由衢州市体育局主办，常山县体育局、衢州鑫焱青少年体育俱乐部承办的衢州市小学生羽毛球积分排名赛第一站比赛在常山县开赛，衢州市各县（市、区）学校、俱乐部70余名运动员参赛，分甲、乙、丙三个组别，分设男、女单打，男、女双打比赛项目，采用国家体育总局审定的最新《羽毛球竞赛规则》，比赛采用21分每球得分制，3局2胜制。最终获得男子甲、乙、丙三个组别双打前三名的分别是：郑博涵/邵奕豪、田熠/黄昱、方硕捷/任越；刘家宝/吴子晟、郑泽楷/徐皓枫、范致远/蓝胜凯；钟家瑞/邵炫杰、陈安赫/郑杰仁、谢钧浩/邓嘉乐。获得女子乙组双打前三名的是：童奕/方菲、何静菲/余柔夕、郑欣芮/柴琳；女子丙组双打前三名：余宁倩/林沐杞、章婕/姚想、项恰语/席露芸。获得男子甲组单打前三名的是：邵奕豪、郑博涵、方硕捷；男子乙组单打前三名：范致远、吴子晟、刘家宝；男子丙组单打前三名：钟家瑞、陈安赫、邵炫杰。获得女子乙组单打前三名的是：赖子矜、何静菲、方菲。

【2017年衢州市“锦禾杯”象棋联赛在常山举行】 2017年3月26日，由衢州市棋类协会、常山县体育总会主办的衢州市“锦禾杯”象棋联赛（第三次月赛）在常山华府大酒店举行，50余名选手参加。比赛执行最新《象棋竞赛规程》，采用积分编排制。汪光林、翁小耀、石建民、朱文进、张永贵、朱丞毅六位选手分别获得第一至第六名。

【常山县首届企业职工运动会】 2017年，“庆五一”全县首届企业职工运动会在县体育馆举行。开幕式由县政协副主席罗诚剑主持，副县长揭政东致辞并宣布运动会开幕。“新老三篇”产业、信息、商用冷柜、电子电器等45家企业652名运动员参加拔河、“同舟共济”、跳长绳、铅球、自行车障碍赛5个项目的比赛。

【常山县“移动杯”男子职工篮球锦标赛】 2017年4月20—28日，由常山县总工会、常山县体育局、常山县篮球协会主办的常山县“移动杯”男子职工篮球锦标赛在县体育馆举行由全县各乡镇（街道）、机关部门、企事业单位、驻常部队组成的13支参赛队伍参加。获得前六名的分别是农信联社队、鹅品餐饮队、西阳山队、展衣山队、民政局队、教育局队。

【常山县“永乐杯”羽毛球团体赛】 2017年5月13—14日，由常山县体育局、常山县永乐家电主办的常山县“永乐杯”羽毛球团体赛在外港羽林羽毛球馆举行。全县各机关、企事业单位的14支代表队及杭州、金华、衢州、开化等地的羽毛球爱好者参加比赛。最终，常山县永乐家电队获得团体冠军，星期八队获得亚军，公安局一队获得季军。

【常山组队参加市五运会跆拳道比赛】 2017年5月20—21日，衢州市第五届运动会跆拳道比赛在衢州市职业技术学院举行，常山县15名运动员组队参加。最终，常山县运动员获得2银6铜的成绩。其中，刘国贞获得男乙55KG组第二名，郑菲儿获得女乙52KG组第二名，吕双雄获得男丙44KG组第三名，徐骏获得男甲67KG组第三名，金家骅获得男甲67KG+组第三名，王恩予获得男乙55KG+组第三名，占芸获得女丙48KG组第三名，张梦阳获得女甲53KG组第三名，胡志伟获得男甲58KG组第四名，张锐获得男乙50KG组第四名，毛宇杰获得男丙44KG组第五名。

【常山一小代表队参加国际传统武术获佳绩】 2017年7月7日，常山一小武术队的20名学生参加由浙江省体育局主办的国际武术比赛，与来自世界各地的182支代表队、数千名运动员展开角逐。经过两天的奋战，常山一小武术队获得16枚金牌、16枚银牌、1枚铜牌。据悉，常山一小开设的“衢州市非物质文化遗产项目——常山洪氏斋公拳”武术课程，在传承人洪文达老师的精心指导下，已崭露头角，在多项比赛和展示活动中获得赞誉。

【衢州市第二届青少年运动会篮球比赛】 2017年7月4—7日，衢州市第五届运动会暨市第二届青少年运动会篮球（初中组）比赛在常山一中体育馆举行，柯城、衢江、龙游、常山、开化和江山的六支代表队共150多名优秀运动员参赛。常山县代表队勇夺女队冠军、男队亚军。2017年7月9—12日，高中组篮球比赛举行。最终，衢州三中和常山一中分别摘得男子组、女子组桂冠。

【常山县“雄狮杯”职工羽毛球赛】 2017年8月26—27日，由县总工会和县体育局联合主办的“雄狮杯”职工羽毛球比赛在县体育馆举行。此次比赛分团体赛、单项赛两大类。其中，单项赛设置男双、混双、男单、男单中年组、女单项目。“永乐队”“育才中学队”“皮尔轴承队”“常山一中队”“常山公安局队”“辉埠镇政府队”分获团体赛前六名。单项赛中获得混双前三名为钱俊、章勤，王浩、王斌妹，徐斌、黄莺；男双前三名的为胡炜、陈峰，陈平生、何利，王志良、徐冠晟；获得中年男子单打前三名为吴晓鸣、郑小英、郑健明；中年女子单打前二名为徐晓韬、徐谨；青年男子单打前三名为徐骏、严弘峰、汪蛟；青年女子单打前三名为雷亚楠、黄芳芳、徐小红。

【衢州市老年人气排球锦标赛】 2017年9月24—25日，衢州市老年人气排球锦标赛在常山县体育馆举行，衢州市各县（市、区）的近130名老年人选手参赛。市老年人体育协会林金生、吴健卿副主席，市气排球协会主席陈先福等领导以及各县（市、区）和衢化老年体协领导先后到场指导赛事。经过两天40场的激烈角逐，柯城男队和浙江师范大学女队凭借较强的实力和良好的临场发挥，分别夺得男组、女组第一名。

【2017年常山县“移动杯”气排球比赛】 2017年9月28—29日，由常山县体育局主办、常山县篮球协会承办、中国移动常山分公司冠名的2017年常山县“移动杯”气排球在县体育馆举行，全县各乡镇（街道）、机关部门、企事业单位的20支代表队参加。最终，获得男子组前三名分别是省三监代表队、常山一中代表队、金融联队；女子组前三名分别是县教育局代表队、县老年体协代表队、渡口社区代表队。

【常山县“移动杯”科处级领导干部羽毛球双打联谊赛】 2017年10月29日，由常山县体育局主办的常山县“移动杯”科处级领导干部羽毛球联谊赛在县体育馆举行。比赛设男子双打、混合双打两个项目，全县多个部门、乡镇（街道）爱好羽毛球运动的领导干部参加比赛。最终，获得男子双打前四名的分别是朱建红、樊建平，陈荣海、钱俊，金宏、汪蛟，胡志斌、严宏峰；混合双打前四名的分别是：郑俊、徐骏，陈荣海、章 勤，徐瑾、黄军红，金宏、徐晓韬。

【县老年体协举办全县老年兜球团体赛】 2017年12月21日，县老年体协在县体育馆举办全县老年人兜球团体赛，全县各社区和县卫计委、教育系统的10支代表队参加。金川社区、定阳社区和渡口社区三个代表队获得比赛的团体比赛的前三名。

【2017年“农信杯”衢州市公安机关篮球赛】 2017年12月22—28日，由衢州市公安局主办，常山县公安局、常山县体育局承办，常山县农村信用合作联社、常山县篮球协会协办的全市公安机关“促活力凝警心拼首善”篮球赛在常山县体育馆举行。衢州市各县(市、区)公安机关的6支代表队70多名运动员参加比赛。最终，开化公安代表队获得冠军，柯城公安代表队获得亚军，常山公安代表队获得季军。

【省体育局与常山县签约战略合作协议】 2017年6月18日，浙江省体育局与常山县人民政府战略合作协议签约仪式在常山县东方大酒店举行。省体育局副局长李华讲话，县委书记叶美峰致辞，省体育局水上运动管理中心主任孟关良，县领导周向军、余风、郑金仙参加。会上，双方签订战略合作协议。省体育局与常山县在深化体育创建、打造精品赛事、搭建特色平台、培育专业人才、出台扶持政策等方面开展合作，计划用5年时间在常山培育运动休闲小镇，打造国家级体育运动休闲城市和国家级赛事平台，把常山建成体育现代化县。

【常山获评2017中国山地自行车公开赛“年度最佳赛区”】 2017年11月26日，中国山地自行车公开赛总决赛颁奖盛典在常山一中报告厅举行。中国自行车运动协会主席沈金康出席，中国自行车运动协会竞赛部部长彭海波，县委副书记、县长周向军，副县长郑金仙及江苏赛克林体育发展有限公司董事长蔡裕仁等参加。颁奖典礼上，常山县获评2017中国山地自行车公开赛“年度最佳赛区（A级）”。浙江爱丽莎环保科技股份有限公司、浙江富丽新材料股份有限公司等获评2017中国山地自行车公开赛“年度优秀合作伙伴”。

【常山县跑步运动协会成立】 2017年1月1日，常山县跑步运动协会成立大会在常山联合村镇银行五楼会议室召开。会议按照议程表决通过《常山县跑步运动协会章程》《常山县跑步运动协会会费管理办法》和《常山县跑步运动协会选举办法》。投票选举产生第一届常山县跑步协会理事会成员。经理事会会议选举，选出会长徐小红，常务副会长刘小平，副会长郑建华、陈国良、朱英。

【常山县户外登山运动协会成立】 2017年3月11日，常山县户外登山运动协会成立大会暨第一届代表大会举行。会议审议通过《常山县户外登山运动协会章程》。经投票表决，王均等32人当选协会理事。常山县户外登山运动协会第一届理事会第一次会议选举产生主席王土青，副主席詹路正、张国军、琚江美、甘忠芳，其中张国军兼任秘书长；聘请衢州市人大常委会原副主任姜宁馨为名誉主席。首期注册会员87人。

【常山县皮划艇运动协会成立】 2017年6月3日，常山县皮划艇协会成立大会在常山县体育局会议室召开。会议按照议程表决通过《常山县皮划艇运动协会章程》《常山县皮划艇运动协会会费管理办法》和《常山县皮划艇运动协会选举办法》。大会经投票选举产生第一届常山县皮划艇运动协会理事会成员。首届理事会第一次会议选举产生会长周建明，常务副会长陈平俊，秘书长詹敏，副秘书长王晓东、许华春、钱彬。

【常山县羽毛球协会换届】 2017年2月28日，常山县羽毛球运动协会第二届换届大会在县体育局会议室召开。会议选举陈平生为会长，李进华、詹霞、何利、谢志军、周小明、郑建明为副会长，严弘峰为秘书长，陈峰为常务副秘书长，胡炜等8人为副秘书长。

【常山县太极拳协会换届】 2017年4月26日，常山县太极拳协会换届大会暨拳术展示在县体育馆举行。会议审议通过《常山县太极拳协会章程》，经投票表决，叶建华等33人当选协会理事。常山县太极拳协会第二届理事第一次会议选举叶建华为会长，沈慧敏、刘梅英、彭金香、余根良任副会长，张明波任秘书长。换届选举大会结束后，各锻炼点代表队进行15个拳术交流节目的表演。

2017年常山县各类体育协会基本情况

表29

序号	名 称	负责人	秘书长	序号	名 称	负责人	秘书长
1	常山县老年人体育协会	王云安	徐立荣	9	常山县游泳协会	沈志良	甘礼忠
2	常山县篮球协会	郑时雄	周文浩	10	常山县足球协会	何华平	邱 旗
3	常山县武术协会	符和根	潘振丰	11	常山县象棋协会	宁梦良	何勇信
4	常山县羽毛球协会	陈平生	陈 峰	12	常山县跑步运动协会	徐小红	高 鑫
5	常山县乒乓球协会	吕雅丽	翁堂清	13	常山县杨式太极拳协会	叶建华	张明波
6	常山县登山协会	王土青	张国军	14	常山县皮划艇运动协会	周建明	占 敏
7	常山县信鸽协会	祝建平	李建伟	15	常山县体育舞蹈协会	璜 晶	郑源生
8	常山县自行车运动协会	裴海君	刘 南	16	常山县钓鱼运动协会		全志去

（刘 春）

人力资源和社会保障

综 述

2017年，常山县人力资源和社会保障局（以下简称“县人力社保局”）围绕“民生为本，人才优先”的工作主线，重点抓好第一次推进“最多跑一次”改革、第一次开展“三年”活动、第一次迎接失地保障审计和完善参保、第一次推动“常山保姆”转型升级、第一次实施“常山无欠薪”三年行动、第一次对接“人才强省”工作部署、第一次筹备高规格的劳务交流大会、第一次接受人大常委会工作评议、“八个一”行动，全面推进就业和再就业、人事人才、社会保障、高技能人才培育和引进、“常山阿姨”品牌打造、基层服务平台、信访、劳动执法工作，为建设生态、富裕、和谐新常山提供强有力的保障。

是年，县人力社保局获评“党的十九大维稳安保工作做出突出贡献的集体”“浙江省人力资源和社会保障系统先进集体”“浙江省劳动保障监察系统模范集体”3项省级荣誉。

招工就业

【招才引育工程实施】 2017年，县人力社保局组织外出招聘31批次，协议引进各类人才233人，其中硕士研究生16人。高技能人才培养及取证730人，开展企业技能人才自主评价累计70家，完成611名员工培训。为柚都生物、万谷电子等单位引进海外智力项目5个，建立科润新材料、正邦电器2家企业的市级博士工作站；新建市级专家工作站2家、县级专家工作站2家。组织推荐3名“115人才”到浙江大学参加能力提升培训。开展职业技能鉴定5108人次，培育“衢州百工”7人。完成申报“智汇常山”工程人才政策材料审核工作，共涉及10多类申请项目，500多申报人次，发放300余万元补助资金。组织企业职称社会化评审4次，评定技术职称424人，其中初级260人、中级164人；办理初级职称156人。

【就业创业精准帮扶工程实施】 2017年，县人力社保局开展就业创业精准帮扶，做好重点人群就业托底，促进全面就业。全年发放失业保险金261.17万元，医疗保险费38万元。针对农村“4050”等就业困难群体开发农村保洁公益性岗位356个，支出资金162.8万元。针对高校未就业毕业生推出到村（社区）专职保障协理员招录，专职从事就业和社会保障工作人员累计招考105人，在岗36人。

【企业招工服务多措并举】 2017年，县人力社保局加强与企业联系，建立企业用工网上监测系统，完善企业用工空岗报告制度，掌握企业用工信息，拓宽信息发布渠道，引导民工回乡创业，返乡就业。举办春、夏两季人力资源交流大会，不定期到乡镇、县外组织专场招聘活动。全年城镇新增就业5225人，城镇失业人员实现再就业2394人，就业困难人员实现就业667人。开展农村电商培训1262人，扶持农村电商创业231人，农村电商创业带动就业1237人。城镇登记失业率控制在2.61%。举办交流会16期，累计参会企业444家，提供岗位10619个，初步达成意向人数5605人。做好企业稳岗补贴工作，稳定就业形势，发放企业稳定岗位补贴共计182.76万元，涉及企业115家。失业保险减征

266万元，涉及参保单位1582家。组织企业参加衢州市本级、江西上饶劳务招聘大会，到外招基地参加现场招聘。组织企业先后到安徽蚌埠、滁州等地，与当地技工学校建立校企合作关系。组织强技能型学校和企业开展合作，构建技能型人才的培养平台。赴河南周口市、江西省横峰县对接劳务基地建设工作，并分别与河南省升盛人力资源公司及横峰县就业管理服务局签订《人力资源战略合作协议书》。

【“常山阿姨”品牌打造】 2017年，县人力社保局推进“常山阿姨”品牌塑造工程。主动对接常山阿姨标准制定；建立“常山阿姨”包括家庭档案、品行档案、技能档案、健康档案和从业档案在内的五类档案，成为“常山阿姨”的特色亮点。与浙江树人大学签订项目合作协议，研发常山阿姨的考核认证及品牌运行规范，出台《常山县“常山阿姨”家政服务品牌管理规范》，开展“常山阿姨”类职业培训。出台政策，将月嫂或保姆专项及初级培训补贴标准提高至600元/人；“常山阿姨”精品班培训且就业率高于90%的培训补贴标准2000元/人，全年培训常山阿姨相关工种2579人。培育本土家政公司，与杭州市帼西丽家政集团合作，助力“常山阿姨”品牌的运营。

社会保障

【社会保障体系逐步完善】 2017年，县人力社保局加大参保扩面力度，强化基金和资金的监督管理，严把被征地农民基本生活保障参保审核关，推进被征地农民基本生活保障违规参保清退工作。24178名养老未参保人员及10217名医疗未参保人员清单汇总分别发放到乡镇（街道），扩面精准到户到人，实现全县基本养老保险参保率达到98.05%，基本医疗保险参保率达到99.95%，两项指标均位列全市第一。开展医保“亮剑”行动，对定点医疗机构进行抽查，全年扣除违规费用合计4.9万元。制止1起隐瞒受伤真相的骗保行为，涉及金额达5936.6元；制止1起冒名就医骗保行为。全年外伤总住院人数调查4466件。做好被征地农民基本生活保障参保工作，全县被征地农民基本生活保障累计参保村182个（新增9个村），续保村114个，新增参保人数3866人，享受待遇人数3186人。累计在职折转人数6321人,退休转职保1644人。开展被征地农民基本生活保障参保人员全面清查工作，全年清退违规参保15人。

【人事管理规范化统筹推进】 2017年，县人力社保局加强公务员招录、考核、奖惩、培训的规范化工作。严格执行“阳光招考”，全年新招录公务员61人、事业单位人员99人；优化教育、卫计系统公开招聘，全年录用教师45人，卫生系统31人。职级晋升申报审批工作每季度集中办理一次，办理一般公务员晋升职级审批65人，其中晋升副处级9人、正科级26人、副科级30人。做好法官、检察官工资制度改革，对县法院、检察院人员2011年7月起暂停的审判津贴、检察津贴进行确认审批；初步完成县人民法院、人民检察院进入员额内的法官、检察官40人的工资套改（第一批入额是40人，第二批是11人）。

【“最多跑一次”改革全面落实】 2017年，县人力社保局优化办事流程，实现精简后办事流程缩减率32.19%，提供材料数量减少108份，缩减率27.6%，提供表单数量减少22张，缩减率23.9%。实现政银合作基层延伸、政保合作一站运营。引导企业退休人员（含退职）1.9万余人使用手机APP的人脸识别系统“刷脸”认证。企业职工参保登记等两大类17项社保业务实现网上办理，通过手机APP实现自主挂号、付费，方便就医。11项劳动保障业务下放乡镇（街道）、村（社区）窗口办理，占总业务数量的90%。增加就业困难人员帮扶等主动服务业务6项，惠及办事群众8457余人。

【“无欠薪常山”建设】 2017年，县人力社保局受理劳动关系投诉155件，结案165件，当期结案率106.45%，按期结案率98.7%，其中裁决结案42件，调解结案123件，调解结案率75%。受理劳动监察举报投诉79件，涉及劳动者701余人，结案率100%。巡查用人单位338家，处罚案件8件，劳动保障书面审查入库数1924余家。推进“双爱”活动，规模以上企业参与率达100%。出台欠薪突发事件应急预案，联合公安、司法、总工会等部门，建立“守信激励、失信惩戒”机制。对接司法局法律援助中心、总工会职工法律维权中心，为困难职工提供法律援助。设立法院、检察院、公安、人社联席会议，打击恶意欠讨薪。建立法院人社信息互通、联动推进的执行机制，解决执行难问题。建立健全农民工工资保证金、欠薪应急周转金、工业企业欠薪垫付专项周转金和租赁企业工资保证金，保障农民工工资发放。开展清理整顿人力资源市场秩序专项行动、用人单位遵守劳动用工和社会保险法律法规情况专项检查、整治非法用工打击违法犯罪专项行动。2017年，常山县劳动关系和谐指数测评实现全市第一。

【干部能力提升】 2017年，县人力社保局根推动全局干部职工能力大提升。赴绍兴新昌县、宁波慈溪市调研人才政策并与慈溪市人力社保局签署“慈溪—常山人才领域合作协议书”，推进人才智力交流、加强人才培养、深化公共人才服务；立足部门实际，在养老护理、家政服务服务项目招商上发挥优势，抓好招商引资工作；开展“公务员三年轮训计划”“慢城人社大讲堂”“一对一”帮带计划、全县干部职工岗位练兵、行业专业项目练兵比武活动。

（黄马新）

社会生活

人民生活

【概况】 2017年，全县城镇居民人均可支配收入33539元，比上年增长9.1%；农村居民人均可支配收入18317元，增长9.6%。全县基本养老保险参保率达到98.05%，基本医疗保险参保率达99.95%。职工基本养老保险和城乡居民社会养老保险参保人数238368人，新增11158人。职工基本医疗保险和城乡居民基本医疗保险参保人数296292人，新增24人。工伤保险参保人数34283人，减少699人。生育保险参保人数30045人，新增2137人。社保卡持有人员327626人。

2017年，全县有10516户13056人纳入城乡最低生活保障，低保占比达到3.8%。其中城镇低保652户880人，农村低保9764户12028人，年支出低保金4821.7万元。城镇低保由原来的每人每月612元提高到每人每月680元，农村低保由原来的每人每月459元提高到的每人每月544元。全年救助困难群众1890人，救助金额221.9万元。医疗救助城乡困难居民3012人，支出救助资金2094.5万元。资助全县城乡低保、“五保”、重度残疾人13731人参加城乡居民医疗保险，资助金额411.9万元。全县已建县级层面的避灾场所3个；乡镇级避灾场所15个，覆盖率达107%；村（社区）级避灾场所179个，覆盖率95.2%。全年办理结婚登记2184对、离婚登记1043对、补领结婚证829件、补领离婚登记证43件、收养登记48件，实施婚姻家庭辅导782对。

2017年常山县全部从业人员和工资情况

表30

指标名称	年末总人数（人）	年末在岗职工人数（人）	在岗职工工资总额（万元）	在岗职工年平均工资(含劳务派遣)（元）
总计（含私营企业）	49686	38858	235506	60288
按国民经济行业分组	—	—	—	—
1.农林牧渔业	—	—	—	—
2.采矿业	17	16	116	74294
3.制造业	14251	13081	58899	47438
4.电力、热力、燃气及水生产和供应业	537	519	7926	151060
5.建筑业	21510	13531	48855	36387
6.批发和零售业	866	739	2900	39352
7.交通运输、仓储和邮政业	568	544	3046	57070
8.住宿和餐饮业	723	676	2794	41479
9.信息传输、软件和信息技术服务业	126	110	796	72836
10.金融业	387	338	5472	153671

续表30

指标名称	年末总人数（人）	年末在岗职工人数（人）	在岗职工工资总额（万元）	在岗职工年平均工资(含劳务派遣)（元）
11.房地产业	326	317	2424	71091
12.租赁和商务服务业	712	709	2443	35971
13.科学研究、技术服务业	117	109	1163	102345
14.水利、环境和公共设施管理业	166	131	1331	100376
15.居民服务、修理和其他服务业	33	30	283	90000
16.教育	2614	2305	25040	104695
17.卫生和社会工作	1753	1605	17621	109110
18.文化、体育和娱乐业	217	211	2219	108804
19.公共管理、社会保障和社会组织	4763	3887	52178	128749

2017年常山县单位从业人员和工资情况（不含私营）

表31

指标名称	单位从业人员期末人数（人）	在岗职工（人）	女性（人）	在岗职工平均工资(含劳务派遣）（元）
总 计（不含私营企业）	16309	13667	6746	99754
二、按企业、事业、机关分组				
1.企业	6797	5547	2565	71600
2.事业	5339	4729	2916	111014
3.机关	4008	3332	1170	132468
三、按国民经济行业分组				
（二）采矿业	9	8	3	111000
（三）制造业	3953	3001	1607	60507
（四）电力、热力、燃气及水生产和供应业	501	483	103	158417
（五）建筑业	686	551	63	71092
（六）批发和零售业	452	403	175	35459
（七）交通运输、仓储和邮政业	51	51	13	106075
（八）住宿和餐饮业	684	637	389	42104
（九）信息传输、软件和信息技术服务业	126	110	49	72836
（十）金融业	300	272	138	161877
（十一）房地产业	83	75	42	102908
（十二）租赁和商务服务业	53	50	23	138077
（十三）科学研究、技术服务业	117	109	45	102345
（十四）水利、环境和公共设施管理业	166	131	46	100376
（十五）居民服务、修理和其他服务业	33	30	8	90000
（十六）教育	2552	2243	1435	106136
（十七）卫生和社会工作	1563	1415	1030	116493
（十八）文化、体育和娱乐业	217	211	90	108804
（十九）公共管理、社会保障和社会组织	4763	3887	1487	128749

2017年常山县规模以上私营企业从业人员和工资情况

表32

指标名称	单位从业人员期末人数（人）	在岗职工（人）	女性（人）	在岗职工平均工资(含劳务派遣)（元）
规模以上私营企业合计	33377	25191	6692	38874
一、按国民经济行业分组				
（二）采矿业	8	8	0	33000
（三）制造业	10298	10080	4259	43116
（四）电力、热力、燃气及水生产和供应业	36	36	2	49083
（五）建筑业	20824	12980	1677	35019
（六）批发和零售业	414	336	193	44140
（七）交通运输、仓储和邮政业	517	493	128	51759
（八）住宿和餐饮业	39	39	23	30237
（十）金融业	87	66	50	121171
（十一）房地产业	243	242	107	61966
（十二）租赁和商务服务业	659	659	85	27516
（十六）教育	62	62	44	49113
（十七）卫生和社会工作	190	190	124	50448

2017年常山县职工素质情况

表33 单位：人

指标名称	单位从业人员中专业技术人员	按职称分				按文化程度分			
		高级	中级	初级	在专业技术岗位工作人员	本科及以上	大专	中专技及高中	初中及以下
总计（含私营企业）	11591	806	2663	4227	3895	7579	4840	13976	23291
一、按国民经济行业分组									
1.农林牧渔业									
2.采矿业	1	0	0	1	0	13	0	4	0
3.制造业	1711	98	219	472	922	565	927	4535	8224
4.电力、热力、燃气及水生产和供应业	115	4	44	36	31	306	135	73	23
5.建筑业	4644	150	677	1582	2235	498	1095	7021	12896
6.批发和零售业	107	16	23	40	28	67	132	281	386
7.交通运输、仓储和邮政业	100	6	17	48	29	60	123	151	234
8.住宿和餐饮业	44	1	4	14	25	16	58	233	416
9.信息传输、软件和信息技术服务业	19	0	0	0	19	27	44	50	5
10.金融业	84	0	11	73	0	266	101	16	4
11.房地产业	96	12	28	32	24	76	104	122	24
12.租赁和商务服务业	45	9	14	4	18	41	29	321	321

续表33

单位：人

指标名称	单位从业人员中专业技术人员	按职称分				按文化程度分			
		高级	中级	初级	在专业技术岗位工作人员	本科及以上	大专	中专技及高中	初中及以下
13.科学研究、技术服务业	86	11	22	39	14	75	22	8	12
14.水利、环境和公共设施管理业	42	7	15	15	5	41	31	26	68
15.居民服务、修理和其他服务业	0	0	0	0	0	4	7	6	16
16.教育	2227	305	959	805	158	2008	364	120	122
17.卫生和社会工作	1403	124	336	762	181	716	501	363	173
18.文化、体育和娱乐业	138	5	35	58	40	109	64	34	10
19.公共管理、社会保障和社会组织	729	58	259	246	166	2691	1103	612	357

2017年常山县城乡劳动力配置情况

表34

单位：万人

	合计		合计
一、年末人口数	25.09	按国民经济行业分组	16.28
年末16岁以上全部人口数	20.90	1、农、林、牧、渔业	3.18
其中：不计入劳动力资源的人数	3.24	2、采矿业	0.23
二、年末劳动力资源总数	17.06	3、制造业	3.27
三、经济活动人口	16.63	4、电力、热力、煤气及水的生产和供应业	0.10
全社会就业人员	16.28	5、建筑业	4.14
按就业身份分组	16.28	6、批发和零售业	1.94
非私营单位从业人员	1.45	7、交通运输、仓储及邮政业	0.42
私营单位从业人员	5.56	8、住宿和餐饮业	0.52
个体户主	1.15	9、信息传输、计算机服务和软件业	0.01
个体从业人员	6.14	10、金融业	0.01
其他	1.98	11、房地产业	0.04
城镇失业人员	0.31	12、租赁和商务服务业	0.23
城镇登记失业人员	0.09	13、科学研究、技术服务业	0.10
		14、水利、环境和公共设施管理业	0.03
		15、居民服务、修理和其他服务业	0.28
		16、教育	0.46
		17、卫生和社会工作	0.22
		18、文化、体育和娱乐业	0.12
		19、公共管理、社会保障和社会组织	0.98
		20、国际组织	

2017年常山县农村住户、城镇住户调查基本情况

表35

指 标	单 位	农村住户	城镇住户
调查样本户数	户	150	101
期内常住人员数	人	399	283
人均现住房建筑面积	平方米	93	50
可支配收入	元	18317	33539
一、工资性收入	元	9456	33539
二、经营净收入	元	5001	3858
三、财产净收入	元	300	2813
四、转移净收入	元	3560	6193
消费支出	元	8546	19124
（一）食品烟酒	元	3247	6886
（二）衣着	元	401	1525
（三）居住	元	1961	4186
（四）生活用品及服务	元	477	821
（五）交通通信	元	684	2068
（六）教育文化娱乐	元	891	2301
（七）医疗保健	元	817	966
（八）其他用品和服务	元	68	371
耐用消费品拥有情况（每百户）	—		
1.家用汽车	辆	9.33	37.78
2.摩托车	辆	18.67	4.97
3.助力车	台	98.67	94.04
4.洗衣机	台	70.67	89.07
5.电冰箱（柜）	台	93.33	101.99
6.微波炉	台	41.33	72.16
7.彩色电视机	台	150.67	167.61
其中接入有线电视	台	142.67	155.68
8.空调	台	89.33	180.70
9.热水器	台	93.33	101.00
其中太阳能热水器	台	83.33	65.62
10.洗碗机	台	0.67	0.99
11.排油烟机	台	48.00	84.10
12.固定电话	线	30.67	22.87
13.移动电话	部	236.00	251.13
其中接入互联网	部	133.33	194.46
14.计算机	台	29.33	83.10
其中接入互联网	台	22.67	77.14
15.照相机	台	8.00	24.44
16.中高档乐器	架	0.00	4.14
17.健身器材	台	0.67	4.97
18.空气净化器（含新风系统）	台	0.00	0.00
19.吸尘器	台	0.00	3.98

（占慧臻）

民政事业

【概况】 2017年，常山县民政局以民政工作项目化为抓手，向上争取资金10551.73万元。内救外济（即低保、医疗、大病、困难和引进外地慈善组织）工作全面落实，城镇低保612元/人·月，农村低保459元/人·月，全县10516户13056人纳入城乡低保，发放资金4013.66万元，低保占比为3.82%。为5022名农村留守儿童建立数据库，实现“一人一档”动态管理；为384名孤儿及困境儿童做好基本生活保障工作，发放孤儿生活费331.95万元。实施医疗救助3012人，发放救助资金2094.53万元。资助全县城乡低保、“五保”（即保吃、保穿、保住、保医、保葬）等1.4万人参加新型农村合作医疗，资助金额420万元。临时救助1890人，发放救助资金221.9万元。集中供养农村“五保”和城镇“三无”（即无劳动能力、无法定赡养、无收入来源）834户834人。提高农村“五保”集中供养标准，年人均供养标准达10028元/人·年。县慈善总会募集善款111.32万元，拨付救助金102.03万元。做好退役士官和转业士官的安置工作，对105名2016年冬季退役士兵实行发放一次性经济补助的安置对策。做好17名2016年冬季符合政府安排工作条件的退役士兵的安置工作其中事业单位7人、国有企业10人。为全县65名转业士官举办就业帮扶考前培训班，抓好退役士兵就业技能培训，落实1999—2015年符合政府安排工作条件的53名自谋职业转业士官就业帮扶。投入优抚医疗补助经费241万元，实现重点优抚对象医疗保障水平达100%。举办庆祝中国人民解放军建军90周年综艺晚会，对1名常山籍二等功士兵、19名三等功士兵和1名驻常山部队集体二等功士兵进行表彰。对全县5603名退役人员进行信息摸排，建立完整的退役人员数据库。做好抚恤补助提标工作，全年发放各类抚恤补助经费178.41万元。调整现役义务兵家属优待金标准，从2016年每人每年3800元提高到2017年每人每年4100元，2017年为全县328名现役义务兵家庭发放优待金124.64万元。为261名困难退伍军人解决生活补助23.3万元。筹建常山县退役士兵服务中心和常山县崇军劳动服务有限公司。召开全县“双拥”领导小组成员单位会议，与37个“双拥”领导小组成员单位签订《常山县2017年省级双拥模范县工作目标责任书》。

至年底，常山县烈士纪念展馆主体工程完成。常山县烈士纪念展馆项目占地面积1051平方米，建筑面积522.8平方米，总投资198万元。

【防灾救灾统筹工作开展】 自2017年4月开始，县民政局每天安排2名值班人员进行值班，汛期实行24小时值班制度；抓好救灾物资储备工作，确保灾情发生后救灾物资能迅速到位。开展“5·12”防灾减灾和国际减灾日主题宣传活动。修改完善县自然灾害救灾应急预案，组织乡镇（街道）和村（居）进行救灾应急演练。抓好乡镇（街道）、村（居）灾害信息员队伍建设。参与全县在芳村镇芳村村举行的小流域灾害实战演练。及时查核灾情，做好受灾困难群众基本生活保障工作。全年完成12个避灾安置场所改建。

【基层换届选举推行“自荐直选”】 2017年，全县村（居）民委员会换届选举全面推行“自荐直选”的方式，村（居）委换届登记选民242150人，参加投票选民193037人，参选率为79.71%。一次性选举成功的村137个，达76.96%，比上届提高28.66%。8个城市社区登记选民30278人，参加投票选民24122人，参选率79.66%，全部一次性选出选足职数。全县选举产生新一届村委会委员610人；新当选村委会委员265人，占比43.44%，比上届增加5.44个百分点。部分村（居）以“三字经”“七字绝”等形式修订完善村规民约、社区公约，并注重运用。

【社会救助工作推进】 2017年，县救助管理站积极开展社会救助工作，维护好孤儿、流浪未成年人等群体的合法权益，打造“三亲（寻亲、探亲、送亲）”救助品牌。全年救助270人次，有13名被救助的对象经医疗救助后被护送返乡（送亲）。

【社会福利模式创新】 2017年5月，县社会福利中心建设一期工程项目，主体工程完成。12月1日，县社会福利中心“公建民营”与杭州绿城颐居投资管理有限公司签约，实行“公建民营”模式，引进先进团队，提升养老机构服务水平。协助民办浙江赛得健康小镇做好养老项目工作，2017年11月4日，浙江赛得健康小镇如期开园。抓好青石镇、金川街道2个中心敬老院改造提升。做好“中福在线常山县大街销售厅”的运营，2017年销售额达2300万元。启动农村社区居家养老服务照料中心提质工程，2017年11月23日浙江省副省长熊建平到常山调研民政工作，对文峰社区“互联网+”智慧养老模式表示肯定。

【水库移民工作】 2017年，县移民办开展移民直补人口信息调查核对工作，全县核减直补对象131人，发放移民直补资金1124.10万元，发放率达100%。加强移民实施项目的监管，全县实施移民项目43个，总投入移民资金1311.72万元。完成县水库移民创业园工业精品基地和辉埠镇水库移民创业基地项目建设。推进白石镇宣丰水库移民商贸综合大楼项目建设；加大移民创业致富项目资金投入和资源整合力度，完成10个村村级便民服务中心（村文化活动广场）新（改、扩建）项目。出台《常山县贫困水库移民家庭子女非义务教育资助实施办法》，从2017年水库移民扶持专项资金中安排20万元设立水库移民子女教育资助金，对贫困移民子女高中段（含职业中专）、全日制普通高校（含高职）进行资助。有65位困难水库移民家庭子女获得非义务教育资助，资助金额18.5万元。

【婚姻登记工作】 2017年，县民政局婚姻登记处加强婚姻登记服务，办理结婚登记2184对、离婚登记1043对、补领结婚证829件、补领离婚登记证43件、收养登记47件，实施婚姻家庭辅导782对。完成1950—2004年婚姻历史错误数据修改录入工作，共计修改信息7401条。实现婚姻档案的纸质档案和电子档案“双管制”保管。

【殡葬管理工作】 2017年，常山县殡仪馆完成遗体火化1930具，火化率100%，未发生顶风违规建大坟等典型案例。做好西山陵园（县第二公墓）续建项目前期工作。推行节地生态葬法，全面实施生态安葬奖补政策。全年减免群众殡葬基本服务费136万元，惠民殡葬政策得到有效落实。在清明、中元、冬至等节日期间，会同“常山县阳光志愿者协会”做好“禁燃禁放”工作，营造良好祭扫环境。结合“美丽乡村”建设，强力推进公墓建设。截至年底，全县145个村启动公墓建设，其中110个村公墓已建成、26个村处于公墓规划设计阶段、9个村处于公墓征地阶段。推进“四边三化”，严防“青山白化”返潮，投入3多万元，购买复绿苗木241余株，完成坟墓生态改造20座。

【民间组织管理工作】 2017年，县民政局新培育社会组织16个。截至年底，全县注册登记的社会组织254个（含社会团体104个、民办非企业单位150个），备案社区社会组织52个。对全县234个符合年检条件的社会组织开展2016年度检查；对219个存量社会组织完成换证工作，换证完成率93.19%。开展全县行业协会商会脱钩工作，第一、第二批脱钩试点行业协会商会完成数量24家，脱钩数量占总数的100%。8月，县民政局在县行政服务中心设立民政服务窗口，2名工作人员驻点办公，连续4个月获评“模范红旗窗口”。推进政府购买服务工作，全年支付26万元购买社会组织服务。县阳光志愿者协会开展“焕新家园”“阳光夕阳行”系列活动，全年累计为农村空巢老人、困难群众开展志愿服务3600多人次。

【地名管理工作】 2017年，县地名办完成“常（山）开（化）线”界限联检工作。全县安装门牌7500块，发放门牌证3850本，审批各类地名设置证明45份，出具相关地名标志证明4552份。做好全省第二次地名普查后续工作；完成国家地名数库5.0系统升级和第二次地名普查数据库3399属性数据上报工作。根据国家地名普查办和总参地理信息局的部署，对1：50000矢量地形图进行系统升级。完成《常山县地名志》《常山县地名图册》采购服务工作，编写工作有序开展。

【城乡社区建设】 2017年，全县城乡社区治理、社区服务、社区文化等工作有序开展。成功创建市级城市示范型社区（屏山社区、金川社区、渡口社区）3个；全面完成7个农村社区便民服务中心提质工程。8个城市社区社会工作室和社会工作者协会完成注册。3名社会工作师被列入衢州市首批社会工作领军人才培养。3人通过社会工作师考试（初级1人、中级2人）。全年组织社区工作者和社区工作领军人才进行“对口见学”活动2次。6月28日，全省城乡社区负责人示范培训班在常山举办，围绕社区协商案例研讨、深入推进全省“三社联动”工作等内容展开，全省的农村社区负责人和社区工作领军人才等260多人参加培训。

【老龄工作】 2017年，县老龄办做好老年人意外伤害保险工作，出资28.16万元，为14080名特殊老人实行免费保险（包括80岁以上老人9469人，60岁～79岁低保、重残、优抚对象4611人）。推进老年协会规范化建设，城市社区老年协会覆盖率、登记率达100%；农村行政村老年协会覆盖率达92%，登记率达65%；已建但暂不具备登记条件由乡镇备案管理的达100%。加强老年活动中心建设，抓好老年电大实体化办学工作。

【福利企业管理工作】 2017年，县福利企业管理办公室做好残疾人就业税收优惠政策的宣传贯彻落实，引导更多企业加入残疾人集中就业队伍。妥善处理配套政策调整及相关后续事宜。协调推动和配合相关部门做好残疾人就业中的权益维护工作。全县有福利企业7家，职工总人数553人，其中安置残疾职工182人，残疾职工占总人数的比例达32.9%。残疾职工养老保险等五项保险参保率达100%，人均年参保额9747元。

【慈善活动】 2017年，县慈善总会引进外地慈善组织，以项目救助为载体，抓好慈善救助帮扶工作。全年募集善款111.32万元，拨付救助金102.03万元。加强《慈善法》的宣传，扩大慈善社会影响力。慈善超市建设取得实质性成果，年内新增1个慈善超市（赵家坪社区慈善超市）。12月22日，常山县慈善总会第二届理事会换届选举工作顺利完成。

（江宏伟）

乡镇（街道）

天马街道

【概况】 天马街道位于常山县境内中南部，是常山县政府驻地，总面积75.49平方千米，辖区东连青石镇,南接江山市，西、西北交白石镇、金川街道，北界常山港和紫港街道。下辖6个社区、12个行政村。截至2017年年末，天马街道常住总户数19161户，常住总人口48958人，其中农业人口15457人。党组织92个，其中党委1个、党总支7个、党支部84个，党员2079人。

2017年，天马街道工业总产值6.68亿元；财政总收入2365.34万元，财政税收总收入792.1万元；全社会固定资产投资3.2亿元；城镇居民人均可支配收入33539元。辖域耕地8826.6亩，其中水田75514亩、旱地1272.6亩。粮食播种面积8998亩，总产量3714吨；蔬菜种植面积5116亩，总产量7444吨；生猪饲养量2920头，生猪出栏1972头；柑橘种植面积3316亩，产量3445吨；胡柚种植面积2730亩，产量3051吨。家庭农场30个，专业合作社52个，农村合作社成员2840户。林地面积88305亩，其中公益林52098亩，森林覆盖率73.6%；半专业扑火队员25人，森林消防组织后勤保障人员47人，生态公益林兼职护林员21人，森林消防指挥预警监测系统终端（五联村）。

全街道城乡居民医保参保人数17662人，新型农村社会养老保险参保人数1747人；低保户、重残、孤儿及困境儿童有1062户1408人，全年补助金额575.5万元。办理大病救助266人，申请医药费用总额170.69万元。发放各类临时救助15万元。有卫生机构1个，小学2所，幼儿园11所，其中省级幼儿园9所。

全年完成党的十九大等重要节点的维稳安保任务。做好12345政府投诉热线等相关渠道的信访纠纷问题的解答工作；建立联系街道班子成员、联村居干部、村居主职干部等三个层面的包案化解稳控机制。实行值班制度和“零报告”制度，要求值班人员24小时保持联络畅通。年内处理“12345”群众投诉、信访纠纷问题300余个；调处其他各类矛盾纠纷800余起，成功率99%。

是年，天马街道获“十九大安保省级先进集体”“全市侨联系统先进集体”等荣誉。文峰社区获“浙江省文明社区”“衢州市第七届“协会杯”气排球邀请赛暨省“三体会”选拔赛男子和女子青年组都获三等奖等荣誉；渡口社区获评“国家级综合减灾示范社区”“衢州市示范性城市社区”；金川社区获评“浙江省流动人口计划生育规范化服务中心”“衢州市示范型城市社区”；屏山社区获评“衢州市示范型城市社区”“衢州市知识产权宣传教育示范社区”“国家地震安全示范社区”。

【城区危旧房拆除改造工作在全市率先启动】 2017年4月12日，天马街道在衢州市率先启动城区治危拆除改造工作。城区73幢2111户（不含店面100间）D级危房，走访率达100%，签收率100%，危旧房改造协议书签订率100%，行装潢评估率100%，腾空率100%；已拆除68幢，拆除率93.5%。至年底，全面完成危旧房拆除收尾工作。

【“五水共治”工作全面推进】 2017年，天马街道深化“河长制”工作，推进钉钉巡河系统的使用，确保巡河完成度100%。推行排污（水）口“身份证”管理，对辖区29

处排污（水）口进行统一标识并建立档案。建成22个日处理5吨以上终端，并全部移交第三方运维单位，农村生活污水提标设改造148户。开展畜禽养殖和小作坊加工行业专项排查整治行动，改造提升30家。开展内部“五水共治”督查29次，发现并整改“五水共治”问题319个，办结涉水投诉举报案件17件，累计清理村庄垃圾81吨。

【“四边三化”工作持续深化】 2017年，天马街道深化街道、村两级“路长制”建设，配备“四边三化”专用巡查车，对各路长负责的路段进行巡查，发现问题及时交办，限期整改。完成省、市、县三级交办和自查自纠问题整治325个，粉刷赤膊墙8幢1580平方米，蓝色屋面19个4875平方米，清理广告牌残留97处，青山白化3处，乱堆乱放113处，乱搭乱建34处6580平方米，废品垃圾51处。

【农村土地综合开发治理工作】 2017年，天马街道验收完工垦造水田50亩，垦造旱地项目80亩。完成农村综合整治项目五联村、和平村58.618亩，完成率100%。完成天马、天安、东港的53.574亩农整项目招投标程序。天安烟头山、羊坳，和平村大山脚，五联村“相约五都”4个立项前期工程项目计449.633亩土地政策处理工作启动；天马琚山坞、和平李家沟2个立项农整项目，共计占地面积39.25亩，进行旧房拆除工作。累计投入资金1976万元，开展天马畈小流域综合治理工程等相关工作，完成改造灌渠7.76千米，受益农田2000亩，山塘综合整治4个。

【居民生活环境提升】 2017年，天马街道配合公安交警部门，组织城区义务交通协管员上街疏导交通，突出整治非机动车违章行驶、停放等相关交通违法现象。发挥社区作用，打造集医疗、餐饮、健身、娱乐为一体的社区养老服务综合体。推进农贸市场转型升级，规范提升经营素质，营造便民舒适的买卖环境。组织妇女宣讲团，进村（居），开展垃圾分类知识培训，建立垃圾兑换超市，引导村（居）民自觉分类，村（居）环境有效改善。

【基层党建基础夯实】 2017年，天马街道完成村居组织换届，村居干部队伍结构不断优化。开展基层党建“整乡推进、整县提升”工作，实施村居党建创新竞赛，形成党建工作“一村居一品”，投入近200万元开展村居办公场所规范化建设。开发推广“天马民情通”智慧党建平台，微信端面向所有村居民开放，钉钉端供所有管理员、网格员使用，设置村居动态、三务公开、党员实事、分类积分、村民信箱等功能，并实现与“四个平台”的数据互通，做到党建引领、红色网格、全民报料。整合机关、“两新”组织及其他城市党建新业态，探索建立城市党建综合体。修改完善《天马街道机关干部考核办法》，出台《末位管理实施办法》，定期开展各类督查检查，对违反相关规定的8名干部及时进行约谈提醒。

【基层文体建设加强】 2017年，天马街道投入80余万元，建立五联村农耕文化展示馆。向上争取资金30多万元，用于村（居）礼堂设施建设；做好西峰、常年青村文化礼堂的验收工作。开展体育强街道建设，街道辖区已建有健身场所59个，各类体育设施配套完善。举办“喜迎十九大·舞动新慢城”第三届排舞大赛、喝彩歌谣传承人比赛、第十一届“宜居天马”文化节暨“喜迎十九大·七一颂党恩”大合唱比赛等相关活动。

【党风廉政“两个责任”落实】 2017年，天马街道党委着力构建“两个责任”落实体系，在全县率先实行“手册+清单”运行制度，做到序时记录、一事一记载、半年一审阅、一年一考核，实现班子成员逐人定责、对册履责、依痕问责。深化正风肃纪，开展换届选举风气、剿灭劣V类水、扶贫领域项目等立项监督项目7个；组织检查督查26次，出动人员50余次，查纠各类问题23个，批评教育1人，提醒谈话10人，对1起违反工作纪律问题进行通报问责。开展农村（社区）作风巡查，对2016年巡查发现的问题进行销号处置，查处骗取国家种粮补贴的腐败问题2个，清退违规领取的补贴12768.71元，对2名违纪村干部作出留党察看两年处分。

2017年天马街道各社区基本情况

表36

社区名称	共建单位（个）	楼房（幢）	户数（户）	人数（人）	低保对象（人）	外来人口（人）	外出人口（人）	育龄妇女（人）	环检对象（人）	归正对象（人）
屏山社区	20	112	2085	5146	100	782	382	1660	673	13
金川社区	20	402	1878	4541	59	205	81	1626	633	11
东明社区	20	299	3624	9436	130	1481	1500	3251	931	16
定阳社区	20	597	2140	5172	60	2032	599	1827	590	8
文峰社区	21	460	2071	4954	57	1628	721	1543	790	6
渡口社区	20	91	1755	4252	91	203	107	1623	687	10
合 计	121	1961	13553	33501	497	6331	3390	11530	4304	64

2017年天马街道各行政村基本情况

表37

村 名	支 书	主 任	户数（户）	人口（人）	党员（人）	劳力（人）	柑橘面积(亩)	柑橘产量(吨)	胡柚面积(亩)	胡柚产量(吨)
东方红	焦瑞生	江常青	342	985	35	567	23	25	21	25
南前坊	周正良	郑荣良	422	1015	35	676	95	95	85	95
西 峰	吴慈祥	胡 军	300	551	26	301	38	50	35	46
北屏山	马土祥	马土标	332	688	24	440	0	0	0	10
常年青	徐晓俊	徐红军	335	767	40	485	10	25	10	10
蒲 塘	李培荣	吴建军	275	745	26	588	137	377	120	308
周 塘	刘国华	姜新华	316	922	32	605	400	280	300	454
五 联	徐子远	段金水	584	1707	49	1197	450	400	375	190
东 港	谢晓华	李华明	484	1522	47	1013	319	270	314	398
天 马	邱有青	鲍金荣	842	2233	63	1757	545	576	410	599
天 安	李涌泉	廖燕萍	686	2191	84	1370	655	690	550	759
和 平	朱周婚	吴立冬	690	2131	87	1740	644	657	510	680
合 计			5608	15457	548	10739	3316	3445	2730	3574

（江勇勇）

紫港街道

【概况】 紫港街道位于县城常山港以北，东与青石镇接壤，南邻常山港、天马街道，西接金川街道，北连辉埠镇、大桥头乡。区域面积41.3平方千米，下辖10个行政村、1个社区、1个渔业大队。截至2017年年底，紫港街道总户数6790户，人口19560人。耕地面积12525亩，林地面积26245亩，园地面积3409亩。农民合作社组织50个，参社户数356户。农业总产值6480万元，农民人均纯收入18354元。辖区内企业323家，其中工业企业54家,规模以上工业企业1家,实现工业总产值51670万元。来料加工集中点8个，来料加工专业村（居）4个。辖内有中小学校2所，教师110人；幼儿园10所，其中省级幼儿园1所（大风车幼儿园）。各村（居）全部实现通电、通话、通车、通有线电视。村村实现垃圾集中处理。紫港街道党组织35个，党员791人。其中，党工委1个，党总支1个；农村党支部10个，渔业大队党支部1个，社区党支部8个，街道办事处机关党支部1个，老干部党支部1个，创业党支部1个，整转党支部1个，企业党支部10个。2017年，紫港街道承办中国山地自行车公开赛总决赛，协办浙江省钱塘江流域“骑行河长”巡河现场会。紫港社区推行全市首创社区智能化垃圾兑换一体化平台等创新工作。

是年，紫港街道获全国创建无邪教示范街道、第四批标准化气象为农服务街道、衢州市平安示范街道、衢州市安全生产工作先进集体等荣誉称号。富足山村获“2017年中国淘宝村”荣誉。

【国际慢城加快建设】 2017年，紫港街道开展慢城建设“三清三提”整治、“大干三个月、慢城大变样”等活动，围绕慢城规划，推进节点景观、村庄改造、绿化亮化等项目建设，慢城花海、狮东百竹园、外港马家塘整治和渣濑湾村村庄改造项目顺利完成。孔家弄村房屋外立面改造提升、通景公路、渣濑湾—姜家堡道路拓宽等项目稳步推进。举办首届慢城农民运动会、首届中国常山国际慢城花海旅游节，打响慢城品牌。通过国际慢城总部考察组的现场验收。11月11日，常山县紫港街道正式跻身为国际慢城联盟成员，常山县成为中国第7个国际慢城。

10月31日，国际慢城联盟主席斯蒂凡诺·皮萨尼到常山考察国际慢城创建工作

（李俊秋 摄）

【项目建设强势推进】 2017年，紫港街道开展项目“清零”专项行动，破解项目推进难题。实施项目推进“一日一碰头、一周一例会、一月一点评”制度，项目攻坚小组每日召开碰头会，项目牵头领导每周参加工作例会，共同分析项目推进存在问题，研究攻坚举措和办法。完成九景衢铁路、048省道二标、文教路综合改造、风景路、公安业务用房区块、滨江拓展区、中央公园次入口、涉及四个村的通景路、涉及三个村的环湖路、府前路、滨江东路项目的政策处理。独流入海7标、8标、慢城主入口、城郊村改造项目有序推进。

【环境整治成效明显】 2017年，紫港街道推进“五水共治”“四边三化”“三改一拆”中心工作。开展劣V类水剿灭工作，完成劣V类水剿灭整治8个，疑似水体整治34个。进行小微水体排查清理，整治沟渠2400米，清理小微水体40处。推行垃圾分类智能化，投入60余万元建成社区智能垃圾分类终端，并发放智能兑换积分IC卡。开展朱富线沿线“拆违治乱”工作，拆除公路沿线广告牌41块，清理陈年废品垃圾18.1吨。完成危旧房治理工作，拆除违法建筑19.1万平方米，拆后利用13.96万平方米。排查赤膊墙

625幢，整治完成率达100%。11月8日，紫港街道被命名为衢州市第二批“无赤膊墙乡镇（街道）”。

【基层社会治理模式创优】 2017年，紫港街道持续深化社会基层治理“两网融合”。按照“网格化管理、组团式服务”要求，将全街道划分为27个网格，配备配强“一长三员”（即治安楼长、人民调解员、安置帮教员、义务巡逻员）队伍。通过“四个平台”，全年上报问题信息2519条，完成处理2519条，事件办结率100%。开展“最多跑一次”工作，推行使用一窗受理“云平台”，受理办结各类事项3000余件。推行“人防+技防”治理方法，发挥各村居老娘舅、民兵队伍、志愿者等作用，加强日常巡查；在辖区内主要路段、主要位置安装天眼14只，视频监控探头150个，建立社会治理的立体防护网络。

【村干部队伍建设加强】 2017年，紫港街道完成村社换届，选出新一届村社两委班子82人，其中年龄45周岁以下66人，村社干部队伍年龄、文化结构进一步优化。出台《村主职干部“积分制”绩效考核办法》，通过量化积分考核，调动村干部的工作积极性和主动性。开展村级组织履职评议会，督促村干部对照竞职承诺，抓好工作落实。同时，对党员干部实行高压管理，对在工作推进中不配合、不支持，不作为、慢作为的党员，通过约谈、组织关系迁整转支等形式严肃问责。全年累计约谈党员干部30余人次，组织关系迁整转支部4人次。

【基层党建全面提升】 2017年，紫港街道党工委与各村、社区签订党建工作目标责任书，严格落实基层党建“三张单”（即问题清单、任务清单、责任清单）制度。对照基层党建“一月一乡一推进”任务清单，对全街道所有村居的村部进行改造提升，新建党群服务中心2个，改建9个。结合各村实际，深入挖掘、提炼各村红色故事和党建品牌，打响“第一书记工作法”“动车党建”“项目护航123”等一批特色党建品牌，实现基层党建“一村一品”。建立村社会管理服务员队伍，村务员每日在村坐班，做好群众来信来访、便民服务代办等工作，全年为民代办事项1361余件。

2017年紫港街道各行政村基本情况

表38

村名	支书	主任	户数（户）	人口（人）	党员（人）	劳力（人）	外出劳力（人）	柑橘面积（亩）	胡柚面积（亩）	农民人均纯收入（元）
枧头	裘立新	陈志明	403	1211	38	725	181	—	79	—
后坊	方伟国	郑拥军	292	801	22	550	172	—	3	—
外港	王俊	杨林华	530	1400	58	700	316	38	359	—
富足山	刘卫军	占安民	541	1650	51	1000	292	4	216	—
大弄口	裴军民	张顺良	562	1812	58	1297	303	3	131	—
狮子口	叶海有	谢亚青	413	1281	58	637	205	35	343	—
狮东	黄盖民	叶光福	531	1577	70	993	212	126	608	—
孔家弄	李明良	徐前胜	402	1195	32	869	136	15	305	—
姜家堡	江国诚	郑栋	423	1216	43	885	188	85	520	—
渣濑湾	包勇飞	郑期	423	1205	32	775	392	3	227	—
合计			4520	13348	462	8431	2397	309	2791	—

说明：农民人均纯收入数据无相关统计

（曾艳婷）

金川街道

【概况】 金川街道位于县城西北、常山港南岸，东接天马街道和紫港街道，南连天马街道，西与白石镇、同弓乡何家乡接壤，北邻辉埠镇、何家乡，总面积57.51平方千米，下辖 14个行政村、1个社区，常住人口36318人。境内有“一港二溪”（即常山港、南门溪、龙绕溪）。2017年，全街道耕地面积10906 亩，林地面积13461亩，园地面积4204亩。粮食播种面积16798亩，粮食总产量6503吨；蔬菜种植面积5542亩，产量10813吨；果园种植面3313亩，产量8774吨，果用瓜种植面积1545亩，产量3095吨。生猪饲养量6910头，羊饲养量601只，牛饲养量63头，家禽饲养量793754万羽。辖区内工业企业273家，其中规模以上企业34家，工业企业从业人员13403人，实现工业企业总产值51.4亿元。

辖内有中小学校4所，教师183人；幼儿园8所，其中，省二级幼儿园2所（钳口中心幼儿园、双语幼儿园）。各村（居）全部通电、通话、通车、通有线电视，垃圾集中处理，14个行政村实现污水集中处理。2017年审核确定低保户481户，发放补助金243万元，困境儿童17人，发放救助金13.4万元，医疗救助172户，发放救助金约110万元，发放救灾救济款15万元。

统筹民生事业发展，基层保障水平不断完善。做好新农合、新农保相关政策宣传和日常管理，参保参合人数提高。弱势困难群众关爱救济力度增强，全面消除人均纯收入4600以下贫困现象，对群众实行救助工作。改善农村教育医疗设施，投资700万元的双语幼儿园投入使用，敬老院改造提升启动。建设文化活动阵地，完成街道文化站改造升级，完成新都、十五里文化礼堂建设。开展文艺演出、模范评选、春泥计划等活动。平安金川建设继续深化，及时解决上级转办信访件和便民服务平台、县长信箱等在线交办事项，解决一大批信访难题。开展社会治安综合治理，落实“党政同责、一岗双责”安全生产责任制，社会大局保持和谐稳定。

农业产业特色明显。辖区内有种粮大户18户，特色农业大户36户，市级农业龙头企业2家。2017年新培育家庭农场41家，其中县级示范性农场2家、市级示范性农场1家。美丽乡村凸显特色，湖东、徐村、上埠、五里亭、十里山、十五里风景线串点成线，形成“金川一日游”精品路线。推进项目建设，组织专项攻坚组围绕园区平台扩容、县级以上重点建设项目等开展政策处理“清零行动”，加快工业园区主入口房屋征迁，签订协议并启动拆除房屋31幢7000余平方米。完成绿色产业集聚区200余穴坟墓迁移。保障“8·30”全国赏石日南门溪花石纲基地、沿江公路、龙绕溪沿河绿道、长风南干渠、常山江治理一期工程等项目推进。开展项目服务“提质行动”，对街道所辖的工业企业项目进行分组指导，开展基础项目“谋划行动”，加强对城郊村改造、园村融合、江南风情村庄等重大项目的研究与谋划。“一港两溪”完成全域性治理、造景式治理。14个劣Ⅴ类水体剿灭工作通过验收，小微水体“河长制”实现全覆盖。

健全党建工作责任体系，落实党风廉政建设。开展支部主题党日、“96345”（电话号码）党员志愿者活动。开展“树正气、打歪风”行动，年内共组织拔钉除碍行动6次，处理党员干部12人。推进项目40余个，提升15个村（社）党群服务中心。围绕服务园区建设、优化为民服务、提升村庄面貌，打造“村企融合、红色联动”“红色堡垒”“睦邻党建”“三心引领我先行”系列党建品牌；开辟“村企之家”服务窗口；推行“先锋代办”“夜事夜议”“爱心超市”“睦邻亭”做法。赵家坪社区和徐村村代表常山县先后迎接省、市基层党建验收考核。

是年，金川街道被评为衢州市粮食生产先进单位、2017年度“平安农机”示范单位；金川街道十里山村获评全国文明村。

【乡村旅游系列风景线建设】 2017年，金川街道推进3条美丽乡村风景线建设，加快建成2个市级美丽乡村示范村、2个县级美丽乡村培育村。以金川弄、十五里、十里山3个村为依托，发展观光采摘、婚纱摄影项目。以徐村村为重点，发展休闲旅游经济，致力建成垂钓休闲、亲水游乐、美术创作、骑行车道、农家休闲五大基地，打造“浙西乡村休闲第一村”。结合“五水共治”“共建生态家园”等行动，推进花卉苗木博览大道、乡村旅游休闲长廊、胡柚博览大道、“油茶庄园”系列风景线的节点建设。

【美丽乡村环境整治】 2017年，金川街道推进“无违建街道”创建，拆除违章建筑200余处16万平方米。做好拆后利用工作，探索农村宅基地银行政策，综合利用土地面积13.8万平方米，破除旧村改造难题。拆除各类广告牌260块，违法建筑工棚等40处，拆后做好沿线绿化、美化、洁化工作。成功创建“无赤膊墙街道”，全面完成339户赤膊墙销号工作。

【“五水共治”持续发力】 2017年，金川街道全面落实“河长制”，“一港两溪”完成全域性治理、造景式治理。深化生猪养殖整治工作，拆除猪舍3000平方米。全面开展温氏养殖区拆除工作，拆除十里山、十五里村温室养殖棚1.5万平方米。实施河道疏浚和防洪堤建设工程，对毛坞、尖山底，西塘等山塘进行整治。完成101个水体排查工作，任务清单内14个劣Ⅴ类水体通过验收，小微水体“河长制”全覆盖。推进农村生活污水管道建设，紧抓生态修复，对池塘进行绿化美化，净化水体。

【助力危旧房改造行动】 2017年，金川街道推进危旧房改造工作，组织赵家坪社区、徐村村、十里山村等6个党支部的50多名党员开展“横向到边、纵向到底”的地毯式排查，共找到可出租房源320多套，为全县2000多户危房改造户的过渡房提供有效信息。组建60名党员、青年志愿者服务队，以“走亲连心”形式，以老人、困难群体等危房改造户为主体，主动做好危旧房改造户的思想工作，并提供搬家、腾空志愿服务。

2017年金川街道赵家坪社区基本情况

表39

社区主任	专职工作人员	楼房	住户	非农业人口	农业人口	外来人口	外出人口
郑小云	6人	653幢	5109户	1420人	15503人	550人	600人

2017年金川街道各行政村基本情况

表40

村名	支书	主任	村民小组（个）	农户（户）	人口（人）	劳力（人）	党员（人）	播种面积（亩）	柑橘面积（亩）	胡柚（亩）	农林用地面积（亩）			
											总面积	耕地	园地	山林
五里亭	陈松贵	官 明	9	534	1318	835	47	1234	220	160	2349	614	255	1400
新建	徐新华	徐高翔	12	348	1023	588	40	1198	50	26	1046	496	30	500
常桥	徐小忠	何 军	7	300	739	485	35	430	100	90	1102	189	193	720
十里山	陈明富	刘昌其	10	414	1165	700	43	786	70	60	1740	430	250	1000
十五里	刘启忠	程克强	18	623	2074	1289	96	6856	445	270	7561	1918	1393	3470

续表40

村名	支书	主任	村民小组（个）	农户（户）	人口（人）	劳力（人）	党员（人）	播种面积（亩）	柑橘面积（亩）	胡柚（亩）	农林用地面积（亩）			
											总面积	耕地	园地	山林
蒋家	蒋文斌	蒋 明	4	227	600	490	28	472	42	40	889	84	203	600
新都	缪进水	占水清	13	498	1545	936	87	1763	112	110	4178	488	778	2839
金川弄	洪 剑	—	20	650	1990	1393	65	4178	650	450	2941	1950	636	287
胡家淤	胡水金	胡雪平	32	900	3004	2059	90	7053	560	700	2548	1987	226	250
朱家坞	何文仙	朱华贵	4	267	862	565	26	761	110	90	380	360	20	0
湖东	陈雪锋	占晓露	10	548	1413	938	64	3134	250	242	2537	894	150	1320
徐村	叶继强	徐有德	8	401	1107	370	41	1298	130	100	440	395	40	0
上埠	郑光华	郑国庆	17	780	1965	1295	66	2606	270	270	1642	887	30	725
上蒋	蒋小安	蒋念荣	4	220	590	380	25	499	30	0	564	214	0	350
合 计			168	6710	19395	12323	753	32268	3015	2608	28571	10906	4204	13461

（黄辉军）

辉埠镇

【概况】 辉埠镇地处常山县城北郊，系全国钙产品生产基地、市经济强镇及浙江省千万吨水泥熟料生产基地，拥有全省储量最丰富、品位最优的石灰石资源，先后被授予全国文明镇、省级教育强镇、省级体育强镇。东乡村、鸭坞村分别被评为省、市全面小康示范村；路里坑村、彭川村被评为县“金钉子”党组织村。全镇区域面积127.1平方千米，辖17个行政村，常住人口约3.4万人。镇域范围内交通纵横便捷，九景衢铁路、杭金衢高速公路、黄衢南高速公路纵贯境内，常辉公路与320国道、205国道交会贯通；国家AAAA级景区三衢石林位于境内。镇工业功能区——辉埠新区成立于2003年，规划面积14.1平方千米，已建成10平方千米，入区工业企业200余家，其中规模以上企业45家、产值超亿元企业15家、10亿元以上企业1家，形成建材、轴承、纺织、装备制造和新型材料等主导产业。

2017年，辉埠镇坚持“两山”引领，抓住“大湾区产业梯度转移”机遇，培育装备制造、新材料和钙产业循环经济三大主导产业体系，加快产城融合步伐，提升绿色辉埠品位。实施“蓝天三衢”生态治理工程。持续推进废弃矿山修复工程，累计完成各类矿山复垦复绿15万平方米，完成170个小矿山、246个石灰钙棚、89孔石灰立窑和201条钙加工生产线关停淘汰工作；高标准整治18家轻钙企业；石灰石矿山从8家整合到3家。通过整治，共削减排放二氧化硫 1.5万吨、氮氧化物 5000吨、烟粉尘 1.2万吨，腾出能耗空间37万吨标煤，减少污水排放 1.1 万吨，腾出土地空间1000亩。同时，利用整治腾出的土地指标、能耗空间、采矿要素，重构辉埠镇产业格局。通过对产能、能耗、环境容量进行限控，并实行市场化交易，倒逼整个产业迈向中高端。

民生保障扎实推进。全年发放各类救助资金30余万元，帮扶困难党员和群众345人。发挥民政社保兜底职能，大病救助、临时救助200余位因病致贫群众，组织、引导21890人参保农村合作医疗保险，稳妥解决600余户失地农民的失地参保问题。完成500

余户农村农民建房报批，开展宋畈、山背等7个村地质灾害点农户搬迁撤离工作，汛期前全部腾空拆除56户地质灾害点隐患房屋，落实安置地。实施普惠金融活动，培育宋畈等4个村成功创建普惠金融示范村。基本完成镇综合文化中心迁建、矿山影响区农户迁建等十大为民办实事项目。研究出台小额工程管理办法，推进工程管理进一步制度化、规范化。合力推进防空防灾“一体化”建设，承办全市人防现场会。

是年，辉埠镇实现工业总产值80.6亿元，比上年增长7.5%；农民人均可支配收入20933元，比上年增长10%。新增规模以上企业2家。彭川村获浙江省乡村休闲旅游特色村称号，路里坑村荣获浙江省文明村称号；东鲁村、黄坞岭村成功创建市级电子商务示范村。

【征迁工作有序开展】 2017年，辉埠镇实施辉埠新区“北拓东延”发展战略，完成征地面积830余亩，征迁房屋近百幢，为048省道、九景衢铁路、三衢湖环湖路、新区企业等项目建设提供有力保障。破解新区1号、2号和3号路共3处梗阻10余年的征迁难题；通过快速攻坚，048省道征迁一周内完成30余户征迁协议的签订，拆除房屋面积6000多平方米。

【多项重点改革齐头并进】 2017年，辉埠镇推进“四个平台”建设和“最多跑一次”改革，创新实施大堂经理制，推行“一窗受理云平台”，实现为民服务“零距离”；承办全市“四个平台”工作现场会。稳步推动农村土地经营承包权证确权赋权工作，全面完成村集体股份制改革任务。基本完成上级下达的农村土地开发任务。

【辉埠新区第三产业“多元化”发展】 2017年，辉埠新区服务逐步加强，哲丰职工后勤服务中心启动建设，久泰弄一至三期安置区建设基本完成，常辉大厦商业综合体、新区小微企业孵化器，光辉路农贸市场相继投入运营。公共自行车、共享新能源汽车等公共交通服务陆续引进。新区职工文体活动中心建成并开放使用。旅游服务逐步成型，结合全域旅游示范区建设，加强旅游资源整合和业态调整，引进三衢田园综合体、川越旅游等旅游名品，推动“画里桐村”项目完成高端民宿设计。依托三衢石林景区，成功创建路里坑村AA级景区村，新增民宿农家乐7家，床位100余张，完成三衢山庄四星级民宿提升。电子商务发展迅速，全面完成辖区内农村电商服务站改造提升；东鲁村、黄坞岭村通过电子商务年网络销售总额超2000万元；雪村制冷网络零售额首次突破300万元。

【钙产业转型升级】 2017年，辉埠镇着力做强下游水泥企业，常山南方水泥有限公司成为常山县第一家年产值超10亿元的企业；常山江山虎水泥有限公司年产值首次突破5亿元。编制完成钙产业整治升级发展规划，同步出台轻钙产业整治提升实施方案，打响轻钙产业整治提升攻坚战，逐步淘汰落后产能。按照产业发展规划，实现与美国矿物技术集团的合作，开展钙产业循环经济研究，有序推进钙产业做优做强。

【新材料产业培育】 2017年，辉埠新区污水处理厂建设完成，哲丰热电厂顺利建成并投入使用，蒸气、电力、污水处理等集聚要素不断完备。镇党委、镇政府围绕产业集聚要素，编制新材料产业园发展规划，画出招商图，向富阳等杭州湾地区派出专业招商队伍，做好承接大湾区产业转移工作。哲丰新材料一期项目于2016年10月投产，截至2017年年底已实现产值3.1亿元。

【装备制造业改造提升】 2017年，辉埠镇轴承、金属加工行业稳健升级，支持鼓励双明、捷姆、雄狮等企业加大技改提升，加强“互联网+”应用，引导雄狮工贸与康博电器合作成立艾可日用杯项目，引进杭鑫轴承、瑞金金属等企业。商用冷柜行业异军突起，逐步形成块状优势。雪村制冷二期、欧恒制冷等一批冷柜大项目如期建成投产；浙江安琪儿制冷、永成制冷等一批“常商”企业成功引进；制冷注塑件、制冷网片、冷柜玻璃等一批配件企业相继跟进。冷柜行业的横向配套和纵向延伸水平有质的提升，块状经济结构不断优化。

【辉埠集镇环境综合整治行动】 2017年，辉埠镇开展小城镇环境综合整治行动，委托浙大规划设计院、南方建筑设计院以工业风为主基调，以便利集镇居民为出发点，以功能优化为大方向，将党建文化、石灰文化揉入到街巷空间布局和景观、立面、功能设施等元素的改造规划中。将原来乱搭建、乱堆放地带改建成集教育、娱乐、休闲为一体的党建公园。与交警、综合执法部门联合开展集镇秩序监管，有序布局运输车辆停车点位，多层次开展干部群众大扫除活动。创新实施街长制、巷长制，以街巷、片区自治的方式，激发群众转变观念，主动参与到小城镇整治中。至年底，集镇31项整治项目全面完工，并通过省小城镇综合整治办公室组织的考核验收。

【“厕所革命”全面推进】 2017年，辉埠镇“除减加乘”四法推进“厕所革命”。“除”去脏乱偏差，地毯式摸排露天旱厕、粪坑茅房、“僵尸”厕所等问题公厕共117个，有机结合“五水共治”“三改一拆”等工作，实施“一厕一长一案”制，拆除露天旱厕、茅房等30余个，整治提升公厕50余个。“减”少歪风陋习，针对村民随意破坏公厕设施、抵制公厕建设等歪风陋习，召开村民代表大会，将厕所革命一并纳入“树正气、打歪风”专项行动，纳入村规民约，大力倡导健康文明的厕所文化。“加”上科学规划，将厕所革命纳入全镇基础设施建设规划，择优选出童家村、彭川村等5个厕所革命试点村，各村间开展互看互学评比，对验收合格、评比优秀村给予奖励补助，计划全年新建、改扩建8所公厕。“乘”以制度创新，下发《关于全面实施公厕“所长制”的意见》，建立镇、村、园区全覆盖的公厕所长任职体系。针对三衢石林AAAA级景区、园区入口及集镇公厕，探索实施“以商养厕”，市场化运作公厕管理。采用新技术、新材料解决公厕管理难题，推广自动感应节水技术、除臭杀菌技术和智能技术的应用。

【创新“池长制”剿灭劣V类水】 2017年，辉埠镇创新“池长制”，推进劣V水剿灭工作。全镇20余个处理池已全部配齐镇、村两级池长，并组建17支村级巡护队和1支园区巡护队，配备36名日常巡护人员。执行池长每日巡查、每周调度、每月总结汇报的制度；聘请第三方环保公司抽检20个处理池水样，验明水质，查明整治方向。邀请相关专家结合实际水情，分类给出20个处理池的会诊方案，并培训指导池长、日常维护队员根据各自的水情调节加碱滴酸设备，中和池水pH值、高锰酸盐等。推行“1+N”的监管模式，即镇巡查队会不定期抽查处理池的维护情况，检查池长日志，并根据抽查结果打分排名。对于多次排名靠后的村，由镇主要领导进行约谈。同时，制作全域剿灭劣V类水作战图，并张贴至各村公开栏，各处理池周边，接受广大村民监督，鼓励群众随手拍问题，随手报问题，通过钉钉、微信群、qq群、“四个平台”APP方式为剿劣打造更多的“千里眼”和“顺风耳”。

【“辉埠铁军”打造工程】 2017年，辉埠镇对选出的130名村两委干部实施村干部能力提升工程，实现工作有目标、发展有思路。加大正风肃纪力度，查纠“四风”问题，对工作推进不力的8名村干部进行提醒教育谈话。持续增强造血功能，村村抱团共建共享，利用水库移民扶持资金组建新辉公司，新建厂房8000多平方米，打造小微企业孵化器，每年增加集体收入80余万元，全面消除集体经济“薄弱村”。

2016—2017年辉埠镇规模以上工业企业部分经济指标

表41 单位：千元

企业名称、年份 \ 经济指标		工业总产值（当年价）	国家、省级新产品产值	工业销售产值	出口交货值	资产合计	利税总额
四通轴承	2016	167837	109093	126104	53854	245280	2554
	2017	193416	125719	135660	70712	252370	6826
双明轴承	2016	91408	37964	70778	—	46556	10208
	2017	129860	66791	116321	—	57502	12701
永盛工业	2016	19933	—	20424	—	24364	510
	2017	21764	—	22034	—	25484	923
康乐轴承	2016	31432	1330	56040	—	38749	1271
	2017	49193	15110	42317	—	36540	1886
捷姆轴承	2016	129364	30404	139028	69682	181265	19311
	2017	136590	36787	135550	66078	179129	13445
精辗钢管	2016	46461	30198	28167	—	26800	-3357
	2017	64519	41934	43487	—	29630	-308
盛宇铝业	2016	53684	—	53684	—	39442	68
	2017	40564	13310	40564	—	40209	4085
南方水泥	2016	819520	—	747681	—	1666583	127884
	2017	1041064	—	1046575	—	1644774	308034
虎跃水泥	2016	139794	—	139033	—	75592	4212
	2017	189218	—	185829	—	1644774	308034
江山虎水泥	2016	446893	—	407973	—	552260	59704
	2017	500392	—	530057	—	669440	176831
雪峰碳酸钙	2016	191671	153325	191732	—	87750	17100
	2017	210578	177183	210575	—	87900	14682
龙山碳酸钙	2016	165493	—	142277	—	31481	2967
	2017	186100	29763	155963	—	32745	4777
雪宇碳酸钙	2016	80352	—	78744	—	44178	-200
	2017	93406	—	81403	—	42165	235
亚鑫碳酸钙	2016	68763	—	67923	—	21484	4393
	2017	69605	—	69272	—	22331	4074
金雄	2016	125930	125930	125912	—	49012	2104
	2017	127849	127849	127151	—	49012	2104
南方碳酸钙	2016	72535	8010	73501	—	41737	2732
	2017	86919	27239	86446	—	44553	6167
常山纺织	2016	215264	106633	141865	23789	171170	2873
	2017	142471	71906	153289	25183	161249	4899
神龙水泥	2016	121745	—	121776	—	13286	1795
	2017	113999	—	113781	—	14628	1188
永建混凝土	2016	37974	—	37974	—	18503	1903
	2017	57797	—	57797	—	24899	3380

续表41　　　　单位：千元

企业名称、年份 \ 经济指标		工业总产值（当年价）	国家、省级新产品产值	工业销售产值	出口交货值	资产合计	利税总额
民盛纺织	2016	121975	—	78969	—	82517	-1460
	2017	123707	—	103397	—	84867	-796
卡罗莱纳纺织	2016	67410	44680	60928	11743	55724	768
	2017	65800	23500	66730	12777	54586	1412
利华钙业	2016	5503	—	6636	—	33253	217
	2017	9030	—	32334	—	22018	3132
百利盛金属	2016	51529	—	49479	—	33908	589
	2017	102710	—	101546	—	—	—
迈尔泰木业	2016	108156	—	106604	—	83402	2715
	2017	143226	—	146319	—	98011	8988
雪村制冷	2016	106480	63663	85861	—	74668	440
	2017	124985	73521	121649	—	100896	2223
华盛钙业	2016	62236	22562	56369	—	85963	2086
	2017	64707	18847	58339	—	44553	6167
瑞金钙业	2016	22449	—	22832	—	26731	1410
	2017	26362	—	26932	—	26580	2740
航翔纺织	2016	36900	—	36500	—	25600	1048
	2017	35600	—	34800	—	25900	1330
幸福电器	2016	75653	69403	72226	—	48961	3105
	2017	24842	—	24842	—	51825	-552
成鑫轴承	2016	34677	—	24860	—	57796	-1134
	2017	30709	—	28686	—	61244	629
中润钙业	2016	26610	—	25422	—	24541	1428
	2017	34110	504	30426	—	21758	1915
雄狮工贸	2016	75799	—	64120	—	159080	3650
	2017	87382	—	72762	—	162350	10335
玛莉莎工贸	2016	72021	72021	72021	69171	54642	2284
	2017	67936	67936	67936	59782	69942	1973
亨达铝业	2016	161825	10886	148621	—	26575	1853
	2017	214257	—	210257	—	19925	4518
百邦花式	2016	48262	—	38521	—	40866	2605
	2017	43785	—	38521	—	40866	2605
雪亮厨具	2016	66045	—	76634	—	15509	1953
	2017	84071	130	81920	—	22676	944
富瑞森工贸	2016	34910	—	4110	—	43887	-339
	2017	46209	46209	46209	—	28294	1867

续表41　　单位：千元

企业名称、年份 \ 经济指标		工业总产值（当年价）	国家、省级新产品产值	工业销售产值	出口交货值	资产合计	利税总额
创建厨具	2016	76899	60877	76220	27091	30587	722
	2017	75604	42038	31187	—	26030	-790
江山虎电力	2016	34460	—	34460	—	88251	15510
	2017	33656	—	33656	—	43500	16015
中兴矿业	2016	42210	—	42210	—	32604	8999
	2017	46879	—	46879	—	43220	11251
鸿宇生物	2016	66823	—	66823	—	25988	-126
	2017	73406	—	73406	—	22842	-542
凯康金属	2016	143500	—	138550	—	66479	2096
	2017	05691	—	211791	—	72974	2824
常丰特纸	2016	—	—	—	—	—	—
	2017	228052	34902	143892	—	579305	2263
合　计	2016	4611010	955921	4195025	255330	4722729	305766
	2017	5466816	1041178	5232868	261253	5329269	755571

2017年辉埠镇各行政村基本情况

表42

村　名	人口（人）	村民小组（个）	农户（户）	劳力（人）	外出劳力（人）	耕地面积（亩）	胡柚面积（亩）	柑橘产量（吨）	胡柚产量（吨）
合　计	33076	311	10473	22301	10039	23414	3836	191	4531
大埂村	3011	20	991	1986	958	1579	270	20	180
山背村	1517	11	538	1062	571	2318	450	18	248
鸭坞村	1670	8	485	1130	380	1073	125	0	65
石姆岭村	1575	13	561	1097	425	350	50	6	19
辉埠村	1800	14	585	1227	220	985	20	0	30
东乡村	3006	16	946	2131	100	3596	405	12	530
童家村	1082	10	384	720	429	380	50	0	—
久泰弄村	2170	23	675	1460	800	2525	802	0	1400
宋畈村	1229	12	516	840	436	790	159	5	150
达坞村	1902	18	607	1137	530	1078	400	4	350
路里坑村	1839	14	529	1280	723	1127	100	20	180
彭川村	2550	21	795	1800	850	1816	15	30	270
双溪口村	1962	20	693	1380	830	1506	220	36	234
桐村村	895	11	315	630	610	382	10	0	100
黄坞岭村	1832	29	508	1186	580	1075	160	10	185
才里村	2092	27	545	1240	680	1135	350	25	290
东鲁村	2486	44	685	1730	917	1699	250	5	300
辉埠居委会	458	—	115	265	—	—	—	—	—

（方　瀚）

招贤镇

【概况】 招贤镇位于常山县境东部。辖区东交衢州市柯城区航埠镇、沟溪乡，南界江山市大陈镇，西连青石镇，北接大桥头乡和东案乡。地处金衢盆地西缘，属低山区和丘陵平原交错分布区，地势南、北两翼高，中部低，南部为低山丘陵山区，北部为丘陵岗地，中部为沿江冲积平原区。最高点湖山，位于境南；最低点大溪沿村东侧河滩地，位于境东。常山港自西向东流贯境中，境内流程8千米；芳村溪西北从大桥头乡入境，向东南流至境中注入常山港。另有官塘溪、大坑溪、大弄溪3条季节性河流。矿藏资源有石灰石、石煤、石英砂等。320国道、杭金衢高速公路、黄衢南高速公路、衢常铁路、九景衢铁路穿境而过，素有常山“东大门”之称。全镇总面积69.8平方千米，耕地面积14332亩，林地面积41893亩，下辖18个行政村。有农户10823户34695人。镇党委下辖25个党支部，1261名党员。自古以来，招贤人杰地灵、商贾云集，更有“千年古镇”之美誉。境内有“樊氏大宗祠”“古县遗址”“箬溪泉水”“招贤古渡”名胜古迹。

2017年，招贤镇实现固定资产投资3.41亿元，比上年增长15.9%；财政收入693万元；农民人均收入16914元，增长9.8%。18个村完成经济薄弱村消除任务，10个村经营性收入在5万元以上，收入增幅超全省平均值。基本完成小城镇环境综合整治30个项目建设。“常山阿姨”品牌全面打响，年内全镇300多名农村妇女经过正规培训，前往杭州、宁波、温州等地就业，年均增收3000多万元。其中，游林村和象湖村成为“阿姨集中村”，象湖村已完成“象湖人”人力资源公司注册。新建3座A级旅游标准厕所，改建1座厕所。完成地质灾害避让搬迁52户211人，保障“6·24”水情期间群众安全度汛。办结县级交办的信访件31件，与上年的57件相比大幅下降，镇级登记信访事项77件，已办结72件。警调中心化解矛盾纠纷131件，比上年下降50%。对全镇重点骨干企业定期开展安全生产隐患排查和整改行动。做好防汛防旱防地质灾害、森林消防、食品药品安全、消防安全工作。

开展党群服务中心标准化、规划化、精品化建设，全面改造提升12个村，新建2个村，立项2个村，打造6个党群服务中心示范点。坚持“三民工程”品牌建设，围绕“民情档案多元化、民情沟通常态化、为民服务精准化”，打造高埂村“圆桌夜话”、溪上村“祠堂说事”、古县村“红马扎”工作法等。加强党风廉政建设，制定出台《干部末位管理实施细则》《镇机关内部管理制度》《招贤镇规范村干部绩效报酬管理的实施办法》《招贤镇党员问责办法》制度，推进责任制的层层落实。全年开展镇、村干部廉政谈话69人次，镇本级无党员干部违纪违法现象。镇村两级无一例因履职履责不到位被县级以上通报。

是年，招贤镇获评“市级卫生镇”“无赤膊墙乡镇”。

【重点项目建设全速推进】 2017年，招贤镇加快推进铁路项目的后续政策处理和大小三改等工作，实现招贤境内全线围栏封闭和配套项目的无障碍施工，开展铁路影响区内的6户拆迁工作。完成地质灾害避让搬迁52户211人。完成100亩农整、30亩旱地垦造，125亩垦造水田在施工中。小城镇环境综合整治已全面启动项目库中30个项目建设，其中18个项目已完成，6个项目进入扫尾阶段。

【赛得养生小镇建设加快】 2017年，招贤镇赛得养生小镇农业观光区块、高位水池、西面围墙和3号路遗留的共82亩土地丈量和13穴坟墓迁移全面完成。一期养老公寓已完成，二期在加紧建设中。全年固定资产投资3.14亿元，企业实现股权融资1亿元。5月24日，赛得集团总部搬迁至赛得健康小镇园区的管理中心。11月3—5日，第六届全国老年住区项目交流大会在赛得健康小镇隆重举办。

【“五水共治”成效佳】 2017年，招贤镇在以往的整治基础上进行全面剿灭劣V类水工作。制定“一塘一策”整治表，建立“塘小二”“塘保姆”“塘代表”治水机制，对各类水体开展整治工作，5月中旬即全面完成剿灭劣V类水的工作任务，多次代表常山县接受省、市“剿劣”工作督查验收。全镇88处水体投入资金500余万元，清理淤泥近3万立方米。坚持治水造景相结合，有效推动美丽乡村建设。全镇“五水共治”工作实现逆势反转，从以往的落后乡镇冲刺到先进行列，5、6、7月连续3月排名全县第一。

【“魅力招贤”文化项目提升】 2017年，招贤镇新建纱帽山、官庄村文化礼堂，全镇文化礼堂建成村10个。文化礼堂提升项目高埂村畲族文化馆基本完成建设。古县村喝彩歌谣传承基地和箬溪抗战历史纪念馆已完成展馆建设的70%，招贤古渡诗歌展馆在设计中。开展民间喝彩师摸底，对11名优秀喝彩师喝彩歌谣选段进行录制保存。在高埂村云高台举办上梁喝彩展演，吸引近千名观众观看。组织干部群众参与全县万人大合唱、万人排舞、演讲比赛、诗歌朗诵、喝彩歌谣展演，先后举办畲族文化节、重阳敬老礼、健康养生文艺晚会、激情广场月月唱等，群众的精神生活进一步丰富。

【环境整治全面提升】 2017年，招贤镇全面完成赤膊墙整治工作任务，完成赤膊墙整治3216幢。对320国道、常河线、集镇等重要干道沿线进行高标准整治，投入机械作业50余次，农民工600余人次，清运杂草、垃圾25余吨，沿途植树、补植草皮10494平方米，建成景观栅栏5千米，打造美丽庭院600处，完成樊村、五里、大弄、泉目山等村口景观改造提升工程，基本完成集镇东入口景观节点打造，镇域颜值全面提升。

2017年招贤镇各行政村基本情况

表43

村名	支书	主任	村民小组	农户(户)	人口(人)	党员（人）	劳力(人)	外出劳力(人)	耕地面积(亩)	林地面积(亩)	柑橘面积(亩)	柑橘产量(吨)
官庄村	张志新	徐毛良	5	309	816	38	489	131	368	682	670	959
高埂村	兰冬生	曾云祥	10	631	1941	61	1196	462	896	2836	1350	2900
大溪沿	季志清	季云仙	10	486	1426	42	1106	546	592	0	703	700
游林村	张小光	曾嘉明	10	381	1150	28	645	267	385	4178	740	945
古县畈	韩志平	张利平	10	435	1306	79	802	260	797	1127	1201	1683
古县村	李小林	李成	15	591	2074	76	1397	607	851	2477	1450	1960
招贤村	周建平	徐金海	14	495	1826	55	996	402	496	814	930	1000
汪家淤	陈冬香	邹根生	7	286	1159	43	639	398	530	465	500	1030
渔溪口	邓江华	兰如荣	14	481	1601	51	968	588	678	2044	1115	1080
纱帽山	魏雨生	徐朝斌	16	519	1521	60	896	615	661	2473	1305	1740
溪上村	曾余生	徐亚安	24	719	2236	78	1496	1099	849	5542	1900	2330
泉目山	蓝春龙	徐明良	9	722	2515	77	1467	815	805	1225	1505	1580
大弄村	黄国新	刘樟木	8	589	1751	40	1173	392	554	481	952	1300
五里村	刘月富	刘剑飞	15	861	2639	69	1884	567	1060	6700	700	1360
樊村村	樊智敏	樊利红	8	559	1806	50	995	369	922	4385	800	1300
鲁士村	郑书舞	徐娟芳	8	722	2149	62	1236	501	1059	1500	835	900
山底村	徐建忠	郑仕民	14	669	2195	53	1466	479	767	2361	1350	1460
象湖村	郑水清	郑小群	24	1368	4584	113	2516	708	2062	2333	1635	2820
合 计			221	10823	34695	1075	21367	9206	14332	41623	19641	26847

（祝雅斌 游一川）

青石镇

【概况】青石镇位于常山县城东郊，距离衢州市区29千米，距离常山县城5千米，东连招贤镇，西接天马和紫港两个街道，南与江山市大陈乡交界，北和大桥头乡毗邻。是中国青石花石之乡，中国常山胡柚祖宗地，常山国家地质公园四大景区之一。杭金衢高速公路、320国道、221省道及九景衢铁路穿境而过，境内设有高速公路出入口。

2017年，全镇总面积78.7平方千米，辖18个行政村，1个渔业大队，有农户11808户，总人口约3.6万人。

项目建设快速推进。中国观赏石博览园第一功能区建成对外开放，中国观赏石博览馆正式开馆运行，东方巨石阵、赏石小镇客厅、砚瓦洞等一批“8·30”配套项目全部按时竣工并对外开放。十里柚香街整治提升项目、澄潭村胡柚文化主题公园等项目顺利完工，新站砖瓦厂整治项目如期完成；九景衢铁路、221省道延伸线一批续建项目后续问题有效破解，常山港独流入海一期项目全线贯通。

环境整治强力推进。深入实施“河长制”，制定“一塘一策”整治表，实行“塘长”、“塘帮手”等治水机制，紧扣“截、清、治、修”四个环节开展集中整治，完成18个劣V类水体的剿劣销号清零工作。对G60阁底连接线、320国道沿线、221省道实行常态化整治，对十里柚香街进行集中整治，打造节点7个，完成景观墙建设1500平方米，打造美丽庭院120余处。组建专职违建巡查队伍，完善违建拆除快速反应机制，推进无违建创建，创建市级无违建镇。全年拆除违法建筑18.5万平方米，完成拆后土地利用16.7万平方米，拆后利用率达90%。完成320国道、221省道、常河线等主要道路沿线可视范围300余幢赤膊墙整治任务，完成2875幢村中赤膊墙整治，通过市级“无赤膊墙镇”验收。启动小城镇环境综合整治工作。

民生实事工程建设推进。落实“最多跑一次”改革，完成“四个平台”建设，合理划分和设置全科网格，配强网格员队伍，实施专项考核，实现对外窗口“一站式”服务，服务效率和服务质量得到进一步提升。提高城镇职工基本养老保险、城乡居民医疗保险覆盖率，农村最低生活保障实现应保尽保，城乡居民基本医疗保险参保率达98%以上。立项阁底敬老院扩建项目，项目前期进展顺利。完成马车村文化礼堂建设；推进“厕所革命”，拆除旱厕150余处，新建公厕3处，改建公厕4处。做好九景衢铁路青石段主体工程建设，推进320国道外移征地工作，实现重点项目零障碍施工。继续抓好重度残疾人低保、困难群众帮扶救助等工作。做好村级集体经济薄弱村消除工作，超额完成年初目标任务，完成数达到9个。不断提高计划生育优质服务水平，工青妇、民族宗教等工作有序推进。全年调处各类矛盾纠纷160余起，非正常死亡发生1起，比上年下降83%。落实安全生产责任制，全年无重大安全生产事故发生。

基层组织建设不断加强。推进“两学一做”学习教育常态化制度化，坚定党员干部的理想信念，增强政治定力。推动干部教育常态化，采用“请进来+走上台”方式，开设“慢城赏石大讲坛”，在专家领导授课的基础上，全面启动镇机关35周岁以下干部每周轮流上台讲课，促进干部队伍能力提升，强化各线工作交流。完成18个行政村组织换届工作。制定出台镇村两级干部年度考核办法，强化日常教育和管理，完善干部考评体系和奖惩机制，设立党员红黑榜，按季度评选“闪亮之星”和后进党员。开展中层干部竞聘上岗，全年新选拔中层正职1人、中层副职4人，调整中层干部2人。以“党建领航8.30、金钉铸就青石红”为主题，打响项目党建、产业党建等18个村级党建品牌。标准化推进基层党组织阵地建设，新建1个村级办公场所，翻新17个村办公楼，收回水南、江家、阁底等3个长期出租的办公场所，新改出7个便民服务中心，建成新站、九龙山、马车、江家、河上弄5个村级党建微公园，基层党建“一月一乡一推进”成功通过县级验收。成立赏石小镇党委，打造赏石小镇党群服务中心。深化作风建设，实行干部末位淘汰机制，倒逼干部履职担当。常态化正风肃纪，开展砚瓦山、河上弄等6个村农村基层作风巡查。全年问责处理党员干部20人，党纪处分9人，末位表态8人。

是年，赏石小镇获评衢州市2016年度优秀特色小镇；青石镇创建市级“无违建镇”，通过市级“无赤膊墙镇”验收，获评“浙江省卫生乡镇”“浙江省衢枳壳之乡”，入选2017年“省级特色农业强镇”创建和浙江小城镇环境综合整治省级样板名单。砚瓦山村获评“浙江省美丽乡村特色精品村”。

【第六个“全国赏石日”活动在“赏石小镇”举办】 2017年8月30日，“爱我中华·第六个全国赏石日暨首届常山国际赏石文化节”开幕式举行。中宣部原副部长王世明出席，中国观赏石协会会长、国土资源部原副部长寿嘉华讲话，浙江省政协副主席王建满宣布开幕，中国观赏石协会陨石专委会主任、新疆观赏石协会会长、新疆国土厅原副厅长姚和江，中国西班牙加利西亚协会主席、著名诗人安娜岗萨莱斯，常山县委书记叶美峰分别致辞。衢州市领导居亚平、吴国升、陈玲玲，常山县四套班子领导徐建华、林红汉等，国际观赏石协会代表（西班牙、韩国等），全国各省（含台湾地区）、重点地市县观赏石协会负责人，媒体记者以及来自全国各地的赏石爱好者等1万多人参加。

【中国观赏石博览馆开馆】 2017年9月25日，中国观赏石博览馆正式开馆。中国观赏石博览馆建筑面积9800平方米，共7层，1层～3层为观赏石展区，4层为临时展区，5层为办公区，6层为拍卖大厅，7层为多功能厅，是浙江常山·中国观赏石博览园的核心展馆，是浙江省首批37个特色小镇之一——常山赏石小镇的核心项目，也是目前中国规模最大、档次最高、展品最奇的观赏石主题博物馆。所在的中国观赏石博览园集购石、赏石、玩石、藏石功能于一体，有70余家省内外商家入驻，涵盖灵璧石、黄蜡石、树化玉等100余个品种。

【221省道整治美化】 2017年，青石镇与中国美术学院开展“校地”合作，完成221省道沿线21个重要节点打造，建设鹅卵石挡墙30余处，涂鸦石文化围墙36处，沿途植树、补植草皮8000多平方米，打造“最美庭院”230余处，形成赏石文化与特色风情交织的赏石风景线。开展最美公路建设和省级示范道路创建，221省道被评为衢州市“最美公路”。

【2017中国·常山胡柚文化节开幕】 2017年11月8日，由中共常山县委、常山县人民政府主办的2017中国·常山胡柚文化节在青石镇江家畈胡柚基地开幕。中国果品流通协会会长鲁芳校，农业部全国农业技术推广服务中心副主任、全国首席植保专家张跃进等各级领导、专家参加活动，县委书记叶美峰致辞，鲁芳校和张跃进分别讲话，衢州市副市长吕跃龙宣布2017中国·常山胡柚文化节开幕。在澄潭村举行胡柚祖宗树祭拜仪式，祖宗树头剪果子以9888元的竞拍价格成交。

【创建小城镇环境综合整治省级样板】 2017年，青石镇编制小城镇环境综合整治规划，开展全方位、立体式的整治行动，创建小城镇环境综合整治省级样板。整治规划获评衢州市优秀规划成果。完成集镇主次干道5.2千米白改黑工程，对下水管道进行雨污分流改造，完成污水管建设3500米。开展环境集中整治，拆除违章建筑76处、广告牌175个、水池48个、压水井56个，清理杂物153处，规范摆放58处。开展背街小巷专项整治，建设截污纳管项目，进行绿化补植、庭院整治等。实现主街即柚香路“上改下”100%、次街（清溪街、溪口街、实景路）和中国观赏石博览园等重要区块“上改下”100%，入户线整治严格按要求落实到位，完成“上改下”10.08千米、杆线整治

19.7千米、入户线整治360户，拔除线杆226根。在集镇新区规划农贸市场项目，提前对原农贸市场进行改造提升，对腾退的原市场用地用作停车场使用。对集镇休闲公园二期、集镇新区等区块提前征收土地，提前项目设计。

2017年青石镇各行政村基本情况

表44

村名	支书	主任	村民小组（个）	农户（户）	人口（人）	劳动力（人）	党员（人）	总面积（平方千米）	耕地面积(亩）	山林面积（亩）	园地面积（亩）
山溪边	郑英春	郑英文	12	650	2035	1483	49	4.5	1329	354	1050
阁底	汪优青	徐国芳	15	786	2468	1664	66	3.3	1190	1551	1104
江家	许军良	胡建明	21	1005	3130	2025	101	3.8	2156	735	1506
澄潭	徐立伟	曹金全	17	813	2678	1537	62	3.8	1042	55	1520
桥亭	祝亚平	王国军	28	860	2795	1596	91	2.2	892	9410	1889
砚瓦山	徐卫国	汪丰平	17	605	2100	1501	81	12.7	598	12788	720
湖头	王祥春	毛卫生	21	1040	3500	1987	84	5.2	4619	1396	1655
水南	徐雨根	黄建军	22	1015	3209	2170	98	6.4	1544	6369	1680
塘边	陈先平	汪小良	8	310	1073	705	32	2.2	435	212	406
山头	胡亮亮	王庆华	8	513	1650	1016	43	1.2	468	14	392
虹桥	危耀土	胡卫群	12	540	1846	944	61	2.4	727	1149	366
新站	江政宏	江军良	6	360	1150	645	31	2.9	794	852	4270
马车	张财有	邓行华	8	378	1242	865	48	9.8	668	6479	596
溪口	鲁正峰	吴土金	8	339	1054	635	47	2.5	442	2957	598
大塘后	高伟平	秦定福	12	570	1865	1300	56	3.1	883	485	920
九龙山	官小华	李开标	7	352	1120	704	36	2.3	535	2800	635
飞碓	刘达生	江桔芳	8	455	1520	780	42	4.8	520	5163	850
和尚弄	林德良	邓有勋	7	280	975	665	37	5.6	428	1500	620
合计			237	10871	35410	22222	1065	78.7	19270	54269	20777

（徐巧芳）

白石镇

【概况】 白石镇位于县境西南，地处浙赣两省三县市交界处，素有“两浙首站”“八省通衢”之称。镇政府驻地白石街，距县城公路里程13.5千米。辖区东交常山天马街道、金川街道，南界江山市大桥镇，西邻江西省玉山县岩瑞镇，西北接壤球川镇。区域总面积46.2平方千米，辖7个行政村99个村民小组，有90个自然村。常住户3549户，总人口10496人。杭金衢高速公路与320国道在白石镇境内交会，320国道自东向西贯穿5个村。境内有中坊至球川、白石至江山市大桥两条县级公路。7个行政村均通水泥路，总里程18千米。全镇有学校1所，专职教师27人，义务教育普及率100%；文化站、图书室8个（其中村文化站、图书室7个），藏书6350册；镇中心卫生院1所，卫生技术人员16人，其中医生7人，病床7张；计生服务站1个，服务人员2人，负责妇幼保健、防疫及地方病防治等；邮政储蓄所、信用社各1个；集贸市场1个。7个行政村通电、通邮、通电话、通有线电视。全年实现地方财政收入266.3万元，比去年增加59.5%；接待游客27.41万人次，增加12.4%，实现旅游收入2830余万元，增加18.3%；农民人均可支配收入15823元，增加10.6%；实现农业生产总值11247万元，增加6.39%；完成固定资产投资29423万元，增加21.1%。

村级组织换届选举工作走在全县前列，实现职数选足率、一次性成功率、组织意图实现率“三个100%”。开展践行白石干部精神主题实践活动，配合开展县委第一批乡镇巡察试点工作，健全议事规则、项目管理、村级财务等13项制度规范，对违纪违规干部予以严肃查处，其中党纪处分1人、问责1人、扣发奖金17人。严格依照法定权限和程序履行职责，严格规范行使行政裁量权，深化政府信息公开和办事公开，依法行使权力。

完成“四个平台”综合信息指挥室建设、便民服务中心改造和织就全科网格。全年共受理矛盾纠纷及各类案件1705件，成功调处1702件，调处成功率达99%，办结上级转交信访件6件，县领导接访9件，市县便民服务热线33件。完成中央和省环保督查组交办问题，全面完成温氏畜牧等3家企业环保问题整改。落实安全生产属地管理责任，7家重点隐患企业委托社会化服务，全面摸排“低小散”和“四无”企业，完成20家“低小散”企业整治，整治率达到100%。扎实推进粉尘企业、危险化学品、烟花爆竹、食品药品等重点领域安全生产大检查和专项整治行动。全年未发生安全生产责任事故。

加强民生项目建设。开展饮用水管网改造工程，投资220万元，改造提升白石、聚宝、草坪等3个村污水管网，受益农户337户；新建新塘岭村文化礼堂，实现全镇7个行政村文化礼堂全覆盖；投入280万元，完成子坞畈水稻产区和西塘坳标准农田提升工程；投入100余万元，完成十八里和草坪村2.68千米村道改造；投入50万元，完成2处地质灾害隐患点整治；投入90万元，完成陈坞、白塘两个山塘水库除险加固工程。加大农村低保动态管理力度，全年发放农村低保资金169.5万元，民政各类救助补贴资金16.2万元，清退低保20人。养老医疗等社会保障参保率逐年提高，新农合参保率达98%。开展人口与计生补短专项行动，收缴历年遗留抚养费27万元。完成危旧房改造50户。完成十八里敬老院宿舍主体工程。实施“常山阿姨”品牌培训计划，组织培训农村劳动力92人，实现县内外就业保姆50人。组织农民素质培训35人，开展技能培训，拓宽就业渠道。通过引进不老泉等企业，发展全域旅游，提供100余个就业岗位。

是年，白石镇获“省级卫生镇”“衢州市无违建乡镇“衢州市无赤膊墙乡镇 ”等荣誉；通过省级文明乡镇复评和市级语言文字强镇验收。

【旅游开发取得新进展】 2017年，白石镇引进休闲旅游、现代农业项目。柚乐谷风情园项目由浙江鑫福控股集团有限公司和浙江中企实业有限公司联合投资1.5亿元，打造集攀岩、水上运动、观光农业、特色餐饮、高端民宿为一体的综合性旅游度假基地。引进常山恒寿堂柚果股份有限公司投资恒寿柚果田园综合体项目，已完成千亩日本香柚基地种植和爱伊湖度假区前期开发。不老泉养生养老度假村进一步扩大投资，新建高端民宿大圆房19幢，树屋10幢，打造精品民宿新高地。

【重点项目建设推进】 2017年，白石镇谋划“美丽乡村”重点项目34个。完成新塘岭村215亩桃花种植，打造桃园驿站；完成聚宝村500亩连片荷花种植，江家坝26户农户庭院改造，荷塘栈道、休闲长廊建设，打造百亩荷塘景区。完成总投资768万元的大白线“白改黑”项目；聚宝村至新塘岭村宝新路全线贯通，成为连接聚宝景区和不老泉景区的重要交通要道，骑行绿道在建设中。建设完成聚宝张家山垦造旱地项目59亩，十八里旱改水项目143亩，十八里和草坪垦造水田项目42.3亩，新塘岭、聚宝、白石村农整项目57亩。

【“宣丰模式”凸显优势】 2017年，白石镇深入实施“村村联合、抱团发展”农村改革“宣丰”模式。推动全镇7个村联合组建的宣丰农建投公司与上海天雨果蔬有限公司合作农业开发项目，流转土地200亩、投资200万开展四季桃园建设。争取移民资金3000万元，投资建设宣丰边贸综合体。宣丰公司通过实施土地开发以奖代补项目，实现收益80多万元，平均每个村获利10万元以上，提前两年完成省定三年消除集体经济薄弱村目标任务。10月13 日，白石镇作为唯一乡镇代表，在全市消除集体经济薄弱村工作推进视频会上作典型发言。

【成功创建“省级卫生乡镇”】 2017年，白石镇投资6980万元，谋划21个项目，进行环境综合整治。完成集镇4.4千米兴商路、710米宝石路主次干道地下管道和路面改造、50余根杆线“上改下”、150家沿街建筑立面改造、60余盏特色路灯安装。建成占地3000余平方米的绿地广场，改建2个公厕，完成农贸市场星级改造，整治工作获得省验收小组的充分肯定,成功创建“省级卫生乡镇”。

【“五四三”工作深化】 2017年，白石镇深化“五四三”工作（即五水共治、四边三化、三改一拆）。开展剿灭劣V类水“互学互比互促”行动。全面推进“四边三化”，喷涂蓝色屋面5500余平方米，完成自查自纠问题点位81个，省、市、县交办点位80个，粉刷赤膊墙7.98万平方米，全面消除镇域“赤膊墙”，成功创建市级“无赤膊墙”乡镇。推进“三改一拆”，完成拆违数13.58万平方米，拆后利用12.15万平方米。拆除占地面积约6000平方米，非法占用基本农田约1.2万平方米的全县体量最大的违章建筑，并完成复垦。

【美丽乡村建设推进】 2017年，白石镇不老泉成功创建国家AAA级景区，获评全国休闲农业与乡村休闲旅游四星级企业、市级十佳乡村精品民宿。草坪村开展常玉古道边际风景村打造，完成边驿古道庭院整治38户，获评美丽庭院示范村。聚宝村发展户外运动休闲旅游，获评省A级景区。推进农村“一亭一塘一间一房”的标配建设，5个村完成凉亭建设；7个村实现景观塘全覆盖；完成公厕改造4个，列入明年建设计划4个；2个阳光房、电力堆肥房通过验收。

2017年白石镇各行政村基本情况

表45

村名	支书	主任	村民小组（个）	农户（户）	人口（人）	党员（人）	劳力（人）	外出劳力（人）	耕地面积（亩）		山林面积（亩）	柑橘面积（亩）
									水田	旱地		
十八里	吴国明	许金水	12	459	1279	76	805	471	986	215	6023	620
白石	胡红旗	胡长水	24	816	2436	99	1466	677	1451	312	6273	991
小白石	黄志勇	胡长军	8	396	1178	39	732	372	1058	57	3690	350
曹会关	廖海富	陈用浙	8	301	849	39	530	290	631	228	3562	301
草坪	林芳良	黄发明	19	668	2085	100	1226	614	1659	217	11085	745
新塘岭	董献忠	刘朋明	16	506	1498	67	894	558	1273	184	5467	410
聚宝	黄杰伟	罗群	12	403	1171	60	617	320	989	138	9405	120
合计			99	3549	10496	480	6278	3302	8047	1351	45505	3537

（刘抒妍）

球川镇

【概况】 球川镇位于衢州市最西部，辖区东连同弓乡、何家乡，东南交白石镇，西、西南部与江西省玉山县毗邻，北与开化县接壤。镇域面积129.5平方千米，下辖20个行政村、334个村民小组、1个居委会，总人口近4万人。镇政府驻地红旗岗距离县城22千米，距离G60高速出口0.5千米。区位交通优势明显，杭金衢高速公路斜贯境东南，在后弄村窑上设互通立交进出口、停车区及管理服务中心，西接江西梨温高速公路；320国道临境而过；3条县级公路在境内交会；20个行政村通公路，总里程48千米。2017年，全镇经济社会呈现平稳健康发展的良好态势，实现地区生产总值5.75亿元，比上年增长9%；财政总收入1.4亿元，增长81.7%；全社会固定资产投资8.7亿元，增长18%；规模以上工业增加值56740万，增长28.1%；农民人均可支配收入15737元，增长9.4%；社会消费品零售总额58360万元；为民办实事项目全面完成。球川镇工业功能区规划面积1.23平方千米，拥有轴承、木制品和金属制品三大主导产业，各类入驻企业50余家，其中规模以上企业11家。现代农业蓬勃发展，拥有耕地2.4万亩，是全县重要的产粮区，建成森力灵芝文化产业园、“谷舞仁生”电商农业园、普罗旺斯生态园等精品农业园。商贸繁荣，墟日、九月廿二庙会等传统一直延续至今，年商贸交易额超10亿元。旅游资源丰富，有千年的桐门福田寺、千年古道、独具特色的兴贤塔、融徽派和浙派建筑风格的三十六天井；有千家排水库、红旗岗水库、王家南绿休闲山庄、棋盘山古树群等风景宜人生态资源。

球川镇织好民生保障网，新型农村合作医疗保险年参合率达96%以上。落实救助扶贫政策，救助低保户1355户，大病救助424人，上报困难群众住房救助29户，慰问困难党员68人次，人均年收入4600元以下贫困户全面消除。兑现计划生育奖励扶助政策，新增奖特扶66人次。全面启动芙蓉水库移民失土保险办理和山岭、金荷村民下山脱贫安置。加大教育、卫生领域资金投入1000余万元，支持县第二人民医院、球川小学、龙绕中心小学改造提升。开展病媒生物防治，“四害”消灭成效明显，通过国家卫生乡镇创建市级初验。举办2期家政（月嫂、育婴等）技能培训，培训学员100余人次，成功推荐新就业15人次。全域推进屋顶光伏建设，680户农户完成并网建设，实现农民增收320余万元。完成村集体经济薄弱村全域消灭任务，经营性收入5万元以上村达10个，超额完成任务。开展除险安居行动，全镇范围内9幢D级危房户、7幢地质灾害点户全部严格按照时间、任务要求签订协议腾空搬迁，未发生一起人员伤亡事故。强化文化阵地建设，新建文化礼堂2个，举办“激情广场月月唱”“古镇文化旅游节”等大型活动，人民群众文化生活更加丰富。

是年，球川镇获省级旅游风情小镇、省级体育强镇、浙江中药材之乡、市级平安示范乡镇、市安全生产工作先进集体荣誉称号。

【助力工业转型发展】 2017年，球川镇制定工业转型计划，完成6家企业技术改造提升，引进护墙板新材料等8家企业。开展“百名干部帮百企”活动，帮扶赛赛轴承、特美舒鞋业、瑞宝亚克力等企业完成土地、环保设施、销售等历史遗留问题，其中赛赛轴承产值率先突破亿元大关并与瑞典SKF集团成功签订长期销售协议。整治“低小散”企业15家，盘活“僵尸企业”2家，腾空闲置厂房2.5万平方米。

【推进现代特色农业发展】 2017年，球川镇食用菌、胡柚、红豆杉、中草药、香榧、水蜜桃“六大农业基地”逐步扩容提质，“森力”食用菌家庭农场被央视美丽乡村中国行等多家媒体报道。推广种植新品种胡柚526.38亩，更新改造胡柚园地295亩，明鹰果业、鑫农果蔬基地、众柚胡柚基地被评为常山胡柚优质果园。完成114户计19338亩水稻种植大户的面积核实和测产工作，争取质优价廉小型储粮仓215只。完成全镇10166户农户的耕地保护补贴登记，发放耕地保护补贴192万元。投资1475万元，开展九都畈等15个畈标准农田质量提升项目。新增家庭农场19家。

【商贸流通产业发展迅速】 2017年，球川集镇宾馆、餐饮、物流等产业发展迅速，登记在册个体工商户达831户，实现边贸经济总量达10亿元。全镇旅游、民宿、农家乐等新业态势如破竹，新增农家乐5家，民宿4家。支持电商企业，常山聚众电子商务有限公司网络零售额突破300万元大关。

【项目建设推进】 2017年，球川镇推进全国中心镇示范试点建设，公寓式安置小区1号楼、跨境结算中心主体、移民创业园等项目全面完工；县第二人民医院、城乡垃圾处理中心、紫荆北路延伸线等项目落地开工；公寓式安置小区2号楼、3号楼完成项目招标。截至年底，完成中心镇示范试点改革项目17个，完成率81%。推进小城镇环境综合整治，34个项目全面完工，完成投资1.72亿元。推进土地开发项目，仅用33天完成总占地1087亩、共819户政策处理的西村“旱改水”项目。完成球川村村口128户农户土地征用，为项目建设腾出65亩空间。交通、水利、民政等项目顺利完成，基本达到预期目标。项目招引精准有力，全年落实招商项目3个，总投资2.1亿元。

【率先试点“四个平台”建设】 2017年，球川镇在全县率先试点“四个平台”建设，探索将安全生产、森林防火纳入平台，事件处置效率比上年增长36.7%，事故发生率比上年下降42.3%。落实“最多跑一次”改革，梳理出53项标准化受理清单。创新将生育服务登记业务纳入“掌上APP”办理，轻松实现计生业务“网上办”“异地办”。推进权限下放到村，各村便民服务中心能办理事项增至28项。镇、村两级共办理便民服务事项7200余件，其中代办事件2800余件，线上办理1870余件；一次性办结事件6800余件，一次性办结率达94.4%。探索实施“市场化”改革，投入100余万元，将“五四三”巡查、森林防火等工作外包，巡查的频率、效率全面提升。开展“夏季安全环保飓风行动”，安全环保十大问题有效整治。常态化开展领导干部接访、下访，化解信访积案18件，矛盾纠纷调解成功率达100%。党的十九大、世界互联网大会期间等重要节点维稳安保工作到位。

【小城镇环境综合整治】 2017年，球川镇开展小城镇环境综合整治，对集镇“脏、乱、差”现象开展全面治理。全年开展专项行动8次，清理陈年垃圾380余吨，卫生死角1265处；整治道乱占1865处、车乱开86起、线乱拉48处；完成6条集镇主次干道“上改下”，成功打造1个示范区块；完成道路“白改黑”1.74万平方米；完成店招更新485块、路灯320盏、垃圾桶1500个；1月通过省级验收。率先完成9处劣V类水体、19处疑似水体剿灭任务，其中金螺塘、大塘整治被列为省、市级示范样板。全面落实“河长制”，龙绕溪断面水质达II类以上，4次登上全县“五水共治”的“红榜”。全域推进“四边三化”，完成市级交办点8处，县级交办点31处，自查自纠点106处，双月督查排名多次名列全县前两位。完成赤膊墙整治2124处，共计39.7万平方米，通过“市无赤膊墙乡镇”验收。开展“三改一拆亮剑行动”，拆除新增违建3处，共计609.7平方米，矛盾纠纷违建3户，共计418.6平方米。实施农民建房保证金制度，21户新建房户全部上交保证金，未发现一起违建行为。创新打造“四最”防违控违新体系，全年拆除违章建筑25.1万平方米，拆后利用34.8万平方米,通过省“无违建乡镇”验收。实施村庄“一亭一塘一间一房”工程、“一村万树”工程、村口节点提升工程，村庄生态环境全面提升。实施“厕所革命”，完成9个村11所公厕的新建、改建。全面推广垃圾分类“二分1”模式（即分为可烂和不可烂），“垃圾兑换超市”全面覆盖。

【首创“党员发展口袋书”】 2017年上半年，球川镇党委在推进“两学一做”常态化、制度化时，参照中组部颁布实施的《中国共产党发展党员工作流程图》，谋划编印农村党员易学易懂的“党员发展口袋书”——《画说党员发展》，并陆续发至各村党支部。《画说党员发展》设计新颖、小巧玲珑，用白话“三字经”的形式，高度概括农村发展培养党员的25项流程，环节清晰，图文并茂，通俗易懂，是全镇“两学一做”常态化、制度化，喜迎党的十九大的重要举措和成果。

2017年球川镇2000万元以上非国有工业企业情况

表46

企业名称	法人代表	职工（人）	年产值（万元）	销售额（万元）	税收（万元）	利润（万元）	工资总额（万元）	人均工资（万元）
常山县同景新能源公司	徐水升	6	3498	3498	1	1693	33	5.50
瑞宝亚克力	徐卫红	68	8269	3875	321	66	166	2.44
特美舒鞋业	王家国	333	8146	8018	—	155	1574	4.73
鸿腾铝业	舒国多	38	3726	3852	5	148	148	3.89
恒嘉轴承	张汉民	75	5953	4159	221	−22	541	7.21
赛赛轴承	毛赛赛	327	14171	11386	458	137	1377	4.21
三禾工艺品	李延龄	31	4042	3254	64	4	85	2.74
宏毅轴承	华木水	133	8935	6819	196	9	613	4.61

2017年球川镇各行政村基本情况

表47

村名	村支书	村主任	村民小组（个）	农户（户）	人口（人）	党员（人）	劳力（人）	外出劳力（人）	耕地面积（公顷）	山林面积（公顷）	胡柚面积（公顷）	胡柚产量（吨）
后弄	钟金良	林学忠	15	465	1478	48	988	482	23	303	5	100
芙蓉	王金发	朱雪华	41	1158	4287	151	2854	1240	72	3315	—	—
红旗岗	刘堂林	鲁周国	40	818	2678	120	1559	1020	50	2569	8	145
杨家	唐金余	黄龙泉	8	345	1260	19	776	273	54	190	13	330
西村	方高生	鲁祖才	20	622	2229	57	1286	815	90	112	7	195
东山	华盛平	林国堂	26	879	2926	116	1733	865	125	298	14	305
球川	徐永禄	徐文新	43	1468	4977	206	2949	1420	136	1019	30	740
东坑	廖端泉	吴剑锋	18	405	1420	41	851	420	43	1317	2	45
王家	王瑞泉	王守林	10	310	1090	32	748	466	61	419	1	23
三溪	刘文荣	罗平平	17	595	2058	66	1292	928	95	418	1	22
吴家	林国华	吴志宽	7	271	898	41	509	325	53	466	1	40
上安	占志建	郑建平	7	329	1188	36	745	336	70	78	15	260
馒头山	许水平	李忠寿	14	540	1840	55	1254	665	116	211	12	295
沙安	严可发	徐章泉	9	367	1121	34	808	462	55	186	13	300
黄泥畈	周水刚	周燕清	7	323	1132	49	728	270	59	152	2	25
九都	刘玉军	李建锋	9	322	1078	38	650	385	56	194	8	120
棋盘山	徐富来	汪伟国	8	412	1412	43	995	586	101	37	9	225
常周	程其虎	廖跃明	4	259	934	32	590	293	59	475	13	300
龙绕	舒国民	陈根红	14	726	2619	91	1490	805	122	295	7	140
新店	黄在机	姜壮荣	17	589	1701	55	1043	588	130	413	9	260
合计			334	11203	38326	1330	23848	12644	1570	12423	170	3870

（龚志昌 宁小娟）

芳村镇

【概况】 芳村镇位于常山县北部，是县域发展次中心，镇政府驻地芳村村，距县城20千米。区域面积154平方千米，下辖20个行政村和1个居委会，总人口2.8万人。2017年，芳村镇实现财政总收入3123万元，比上年增长6.8%；完成全社会固定资产投入6.84亿元，比上年增长9.9%；农民人均可支配收入13940元，增长10.2%。

芳村镇文化底蕴深厚，名优特产众多。始建于北宋重和元年（1118年），文物古迹众多，现保存较为完好的有芳村明清古街和大处村清代古建筑群。芳村古街已有800多年历史，全长近1000米，保护较完整，有明清时建筑60多幢；大处古建筑群内有古民居、古树、古牌坊、古宗祠等文物，属清代早期古建筑。芳村镇是山茶油原产地，也是常山县最大的山茶油产区。甘蔗种植面积居全县首位，金银花、藏红花、黄花菜、养鸽、石蛙养殖、笋干、薯干、乌桃等农业产业发展较快，并形成一定规模。新桥村“桃花源”景区通过国家AAA级景区验收，为浙江省30家美丽乡村之一。

芳村镇交通条件优越，生态环境优美。黄衢南高速和杭新景高速公路穿境而过，并都在镇区内设有出口，是常山县北部重要的交通要塞和枢纽。县道常新线贯穿全境，镇域范围内约30千米。全镇国家重点生态公益林面积达10万亩，森林覆盖率达80%，是极好的“天然氧吧”。提供全县近20万人饮用水水源的芙蓉水库坐落在镇域内。镇域内的芙蓉大峡谷是浙西一大奇观，长约10千米，宽20米～40米，深近百米。芳村溪、新昌溪两大河流在集镇交汇。建成“中国常山油茶示范基地”1000亩，基地内建设有游步道和相关景观。矿产资源丰富，石煤、叶蜡石、萤石储量居全县之首。

2017年，芳村镇党委政府着力镇干部队伍建设，把开展重要工作、重大项目、重点工程“三重”列入干部考核范围。开展中层干部竞争性选拔。完善干部考核奖惩制度，加强基层党组织带头人队伍建设。完成村级组织换届工作。首次以公开招聘的形式配全选优村务员队伍。开展“双整”和“五比亮剑”活动，组织“互看互学互比”党建观摩及问诊会，强化执纪问责力度，镇党委发出各类工作交办单15张，问责6人。建立健全“四个平台”功能，配齐网格员队伍。开展农民增收系列行动。推进“网格化管理、组团式服务”工作机制，完善班子成员信访接待和调处制度。化解矛盾纠纷108余起，化解率93%以上。建成芙蓉湖村市级AAAA级文化礼堂，新建猷阁口村农村文化礼堂，开展激情广场月月唱芳村专场、千年宋镇文化节、“老街的味道”喝彩展演等活动30余场。建成停车场3个、休闲市民广场3个、农民健身点2个，并全部投入使用。开展文明家庭评选活动，65户文明家庭被推荐为县级文明家庭，芙蓉湖、河边山等7个村被评为市级文明村，新桥村、下猷阁村被评为省级文明村。深入推进厕所革命，建成标准化公厕7个。

是年，芳村镇获“衢州市卫生乡镇”、衢州市第三批“无赤膊墙乡镇”、衢州市第二批“无违建乡镇”、全县安全生产先进集体等荣誉。

【小城镇综合整治工作名列市县前茅】 2017年，芳村镇推进小城镇环境综合整治。实施项目20个，总投资达到9225万元；主要涉及规划引领类2个，环境卫生整治类3个，城镇整治秩序类5个，乡容镇貌整治类10个。小城镇工作在市、县多次考核中名列前茅，龙游、衢江等多个市（县、区）领导率代表团到芳村观摩学习，芳村的做法在全县第二次“五比亮剑”汇报会上作经验介绍。

【休闲旅游发展提速】 2017年，芳村古街修复工程基本完工，大处古村落完成年内改造任务。成功申报上猷阁村为省级历史文化古村落。加快培育山楂坪高端民宿。申报浙江省特色“风情小镇”。不断厚植生态底本，提高生态保护红线内环保要求。完善基础设施建设，“村村通”公路改造提升工程全面完工，完成泮坑、井河、芙蓉湖通村公路硬化，上猷阁村两条通村公路完成路基铺设，打通村民出行“最后一公里”。对接项目落地，浙西连廊、048省道延伸线及上猷阁古村落3个亿元以上项目被列入省级盘子，芙蓉大峡谷旅游开发项目列入县级盘子，文旅名镇建设提档加速。

【人居环境逐步改善】 2017年，芳村镇对小区违章建筑进行专项整治，拆除380余户违章建筑，实现拆违面积1.23万平方米，获评“无违建乡镇”。在芳村镇集镇主入口、古街入口等处建成6个节点。在两条主街完成“白改黑”“上改下”的基础上，粉刷外立面2.3万平方米，统一规范沿街店招。在镇域内掀起厕所革命，拆除480座旱厕，建成7个标准化公厕。全面完成剿灭劣V类水的各项工作任务；农村垃圾分类加快普及，“二分+”模式有效推广，2座垃圾电力堆肥处理站投入使用。开展赤膊墙整治，共粉刷赤膊墙23.9万平方米；整治蓝色屋面2.3万平方米，获“无赤膊墙乡镇”荣誉称号；芳村镇代表常山县成功通过省级农村“双治”检查。

【民生保障逐步健全】 2017年，芳村镇开展农民增收系列行动，坚持需求导向，推进“常山阿姨”、油茶种植等农民素质培训，共培训240余人，带动80余名农村实用人才就业。完成敬老院改建项目，养老保险覆盖面超过96%，医疗保险参保率达98%。安居工程有序推进，推进地质灾害大搬快治行动和农村危旧房改造，地质灾害搬迁29户98人，农民异地搬迁210户，20套安置房交付使用。

2017年芳村镇各行政村基本情况

表48

村名	支书	主任	村民小组（个）	农户（户）	人口（人）	劳力（人）	外出劳力（人）	党员（人）	村民代表（人）	土地面积（亩）				粮食产量（吨）
										总面积	耕地	公益林	粮食种植	
东源	严辉根	黄小军	11	220	614	385	204	47	39	17837	210	11621	215	95.7
横山路	王贤祥	魏贤标	6	323	915	612	357	38	46	14460	355	10166	201	83.8
新桥	王致勇	王永秀	28	763	2283	1445	983	96	60	34632	776	17799	1488	575.8
前姜	卢银有	严利峰	23	546	1632	1065	725	74	51	13513	433	7378.5	682	248.8
东岗	段柳发	段永录	11	164	509	321	211	29	44	3971	201	3621	260	116.8
前塘	金西海	丁柏华	17	332	942	606	361	43	40	11113	374	4839	724	308.7
修书	饶雨祥	魏根福	22	405	1212	783	473	32	50	16760	293	8260	640	220.0
井河	徐月亮	徐建民	6	285	885	571	396	25	43	6673	256	4928	435	166.3
芙蓉湖	张海红	朱家红	25	628	1988	1332	716	79	50	7702	624	7413	1175	437.2
上猷阁	江月军	徐安平	27	321	1113	792	596	29	44	3684	350	2725	748	302.0
下猷阁	徐志坚	汪全勤	14	265	853	580	282	20	39	1667	257	1248	685	243.7
猷阁口	李　峰	吴胜国	14	253	810	502	354	33	42	3396	268	1490	598	240.6
芳村	黄志旺	邵　峰	53	1345	4328	2578	1299	176	80	8019	1367	1969	2108	828.7
园区新村	童土有	段云木	17	622	2086	1415	552	71	61	3622	793	—	1185	495.5
泮坑	黄有祥	张庆庆	16	646	2103	1145	514	61	58	7089	816	1090	1258	544.0
洁湖	徐文平	徐继良	36	702	2282	1483	649	48	62	4078	870	1060	1479	635.3
河边山	甘礼荣	刘勇军	9	255	888	584	356	25	40	1997	319	835	685	277.6
前进	王芳平	郑忠成	10	313	1064	690	450	26	41	4958	308	1620	710	283.3
大处	郑献雄	郑人德	12	267	847	575	279	23	40	4703	277	1610	405	175.2
石塘	姜南明	余国成	12	305	1035	673	318	24	39	5393	363	1575	620	238.6
合计			369	8960	28389	18137	10075	999	969	175267	9510	91247.5	16301	6517.6

（何冠琦）

东案乡

【概况】东案乡位于常山县城东北面，东邻柯城区石梁镇、沟溪乡，南连招贤镇，西接大桥头乡，北与芳村镇相连。乡政府机关坐落在东案村，距常山县城、衢州市区各20千米。境内交通便利，主要交通干线有狮东线（5.3千米）、芳大线（1.3千米）、东龙线（15.6千米），黄衢南高速公路穿境并在东案设出口，常东衢公路穿境而过。地处金衢盆地西缘，属中山、低山丘陵区，地势东北高，西南低。境内有海拔1000米以上山峰8座，最高点为梅树底村白菊花尖，海拔1395米，是常山县最高峰，位于境东北；最低点在墅口村樟树底河滩处，海拔93米，位于境西南。最大河流为上源溪，发源于白菊花尖，自北而南蜿蜒穿流境中，至西南经墅口村入大桥头乡，境内流程23.1千米。东案乡地域面积68.81平方千米，辖10个行政村，84个自然村，农户数4417户，总人口14194人。境内物产丰富，矿产资源有叶蜡石、铀、辉钼、石英等，叶蜡石等非金属矿存储量200万吨以上；盛产冬笋、白毛尖茶叶、高山蔬菜、小西瓜、油茶、常山胡柚、柑橘。系“省级生态示范乡”。

2017年，东案乡党委、政府坚持改革创新，走“绿水青山就是金山银山”绿色发展道路，结合胡柚景观大道建设、金源历史文化古村落保护与开发，因村制宜开展农村生活污水处理，实施治水造景工程，深化特色墙院整治，提升环境优势。重点发展梅树底林家乐,开展梅树底国家AAAA级景区创建工作，引导胡柚大道沿线发展农家乐，乡村休闲旅游发展初具规模。推进“最多跑一次”改革和“四个平台”建设，实现“一室四平台”合署办公，一名乡党委专职副书记全职到岗，平台投入使用并运行全速。

是年，东案乡被评为“省级卫生乡镇”“省级农家乐特色乡镇”“省级美丽乡村示范乡”“市级平安示范乡镇”“衢州市无赤膊墙乡镇”“衢州市无烟单位”“征兵先进单位”“第一批浙江省妇女干部教育培训现场教育基地”。

【党建工作全面加强】2017年，东案乡党委推进“两年行动”（即党建深化提升年和纪检内控监督年），东案乡党建引领作用成效显著。4月，省妇联主办的全省“会改联”现场会在东案乡召开。完成10个行政村的组织换届，做到选出好干部、换出好班子、营造好风气。通过主体责任分解、廉政风险防控、完善规章制度、建立管控机制、主动内部监管、召开民主生活会，扭转党风廉政建设工作被动局面。开展农村基层作风巡查，4个行政村巡查发现并督促整改问题6个，提醒谈话党员2人。

【全域旅游建设有效推进】2017年，东案乡提出打造国际慢城首个慢生活慢运动体验区。完成胡柚大道沿线8个节点打造提升。田蓬、弄坞AAA景区通过市级评审，高峰村获省AAA级景区村庄。通过老宅改造、古建收储、农家乐环境提升等措施夯实民宿经济底本，推进特色民宿乡镇建成。开展“一村一节，以节造势”，做好美丽村庄、美丽庭院、墙体美化提升工作，举办“第二届云梯花海赏花节”。创建“省级卫生乡镇”“省级农家乐特色乡镇”“市级无赤膊墙乡”“市无烟乡镇”。金源村获省美丽宜居示范村和省级书法村，田蓬村获省级农家乐集聚村，高峰、田蓬、弄坞被评为市“一村万树”示范村。

【文化品牌逐渐彰显】2017年，东案乡响应“武术进农村”活动，挖掘开启农民武术文化，实现村村有武术队，日日有武术会。紧盯“县农民书法大赛”，成立金源书法村协会，坚持每周固定日书法活动，创建省级书法村。开展国家“非遗”·喝彩歌谣比赛，加快乡文化站设施建设，挖掘金源“一门九进士”名人文化、王羲之宗族书法文化、高峰村红色文化、古法酿酒文化、前库蛋雕艺术文化，提升乡村休闲旅游品味。

【环境整治持续推进】2017年，东案乡推进“厕所革命”，新建公厕8处，“梅树底公厕”“弄坞公厕”“田蓬公厕”等一批标杆公厕被央视报道，全域“厕所革命”走在全县前列。东案乡首批通过县级剿灭劣V类水体销号验收工作，并提前半年消灭Ⅳ类水，“五水共治”工作连续3个月排名全县前三。推行垃圾可烂、不可烂的“二分+”模式，实现全乡垃圾分类户户全覆盖。全面完成赤膊墙整治任务，成功创建市无赤膊墙乡镇。对81处“四边三化”自查自纠问题进行集中整治，100%完成省、市、县交办问题。全年完成拆违量9.25万平方米，拆违任务数7.9万平方米，现拆后利用土地面积8.17万平方米，拆后土地利用率达88.3%。超额完成2017年度“三改一拆”任务数。

2017年东案乡各行政村基本情况

表49

村名	支 书	主 任	农户（户）	人口（人）	村民小组（个）	劳动力数（人）	柑橘产量（吨）	胡柚产量（吨）	粮食产量（吨）	人均收入（元）
万安	聂日伍	占建平	404	1220	11	850	2185	1410	79.7	15415
白马	李林财	徐金祥	380	1166	13	757	1835	1220	86	15277
东案	戴小平	胡志妹	370	1206	9	836	2020	1264	66.8	15304
前库	徐军星	徐光俊	416	1291	13	888	1705	1095	79.2	15429
田蓬	郑雨章	詹伟军	361	1160	11	752	1630	990	58.3	15411
朝阳	邹京军	彭国方	520	1717	16	1137	3005	1930	84.8	15403
弄坞	程建华	朱 勤	331	1143	9	750	1700	1070	57.7	15684
呈东	谢志飞	王仁通	591	1949	22	1262	3100	2040	107.9	15471
金源	王人法	王才贵	694	2171	42	1419	2735	1705	188.9	15440
高峰	王为平	张淑飞	350	1171	20	794	1410	798	56.5	15563
合 计			4417	14194	166	9445	21325	13522	865.8	15443

（郑凯敏 徐智燕）

大桥头乡

【概况】 大桥头乡位于常山县境中部，东邻东案乡，南接招贤镇、青石镇，西交紫港街道、辉埠镇，北界芳村镇。地处黄土丘陵区，地势西北高，东南低，向东倾斜。东、西、北三面以丘陵为主，南部属河谷平原。最高点皇子山，海拔517.4米，位于境西北；最低点大桥村田基南侧河滩地，海拔84米，位于境东南。芳村溪自东北向东南流贯，境内流程14.9千米。沪昆（杭金衢）、黄衢南两条高速公路穿境而过，351国道纳入建设计划，乡域内还有苦狮线、鲁芳线两条县道。乡政府驻地距县城公路里程约16千米，距离沪昆（杭金衢）高速公路常山出口和320国道均约10千米，黄衢南高速公路东案出口就在乡境内，交通便利。全乡区域面积50.35平方千米，耕地面积7599亩，其中水田5913亩。辖客弄、莲塘、樟山、大桥、浮河、新村、濛桥、友好8个行政村，116个村民小组。2017年，全乡常住农户5281户，户籍人口15312人，其中男性7472人、女性7840人。

大桥头乡是一个生态乡，山清水秀，环境优美，物产丰富。境内矿产资源有叶蜡石、次生石英石、石煤、铀、辉钼、石英等，叶蜡石探明储量约7000万吨。生态优良，80%以上为山地，森林覆盖率较高，在全市103个乡镇分类争先考核中被列为生态型乡镇。水资源丰富，拥有大小山塘水库19个，县级河道3条，其中芳村溪、虹桥溪都是常山港的主要支流。

2017年，大桥头乡以苦狮公路为主轴、集镇为中心、芳村溪为依托，利用丰富的山水资源，加快濛桥竹漂、寨回首农庄、开心农场等多个景点建设，推动全域旅游发展，使全乡经济、社会和各项事业又好又快发展。累计完成固定资产投资1.836亿元，比上年增长39%。公共财政预算收入105万元，比上年增长10.6%。农民人均可支配收入13639元，比上年增长10%。全面推行垃圾分类“二分+”模式，制发“绿色生态存折”，8个村全部建成垃圾兑换超市。强势推进“四边三化”，拆除大小广告牌2134处，赤膊墙粉刷191817平方米，清理乱堆乱放585处，绿化种植面积28964平方米，完成省、市、县交办任务209个。开展以“三抢”整治为主要内容的“树正气、打歪风”行动，拆除违章建筑143717.7平方米，对351国道红线范围的“抢栽”行为进行整治，强行处置3户、面积10余亩。

【项目建设全面推进】 2017年，大桥头乡以“一路一镇一溪多景点”为主线，组织乡村干部大干项目、干大项目，推动加快发展。全年争取大小项目68个。坡地村镇项目计划总投资1000余万元，征地50余亩。推进三衢湖环湖路、351国道、芳村溪小流域治理等一批项目。制定《大桥头乡招商引资奖励政策》，引进总投资2.08亿元的濛桥农业旅游综合体项目、新村美丽牧场和衢州宏远鞋业项目。完成集镇西入口景观节点改造、濛桥村美丽乡村提升和芳村溪集镇段景观堰坝等15个项目。

【率先在全县完成剿灭劣V类水体销号验收】 2017年，大桥头乡落实“河长制”，筹措资金100余万元对乡域内14个疑似劣V类水体进行集中整治，在全县率先完成剿灭劣V类水体销号验收。2014—2016年实施的5吨以上农村生活污水终端管网实现全部移交运维，完成浮河、友好、樟山3个村的农村生活污水提标改造工作。

【美丽乡村建设】 2017年，大桥头乡实施浮河防洪堤两岸绿化工程，建成浮河红色纪念馆、集镇景观节点并投入使用。“寨回首”休闲观光生态园区、“园田居”农业开发项目、古塘天源生态观光园项目、濛桥乡村旅游综合体项目等项目有序推进。推进“一村一品”建设，培养以粮食种植、水果基地为主的家庭农场46家，推广再生水稻种植技术、竹稻种植技术，田地使用667亩。加快濛桥村美丽乡村示范提升项目建设，沿溪游步道、赤山古渡、古井问饮、樱花大道等项目基本完成，庭院绿化整治成效明显，金桥小区入口节点景观建设有序推进，艄公文化展示馆、室内外文化展示区等特色项目全面启动，浙江濛桥农业旅游开发有限公司入驻，高端木屋民宿、旅游接待中心、景观廊桥、竹筏漂流等项目按时序推进，“书香流芳·竹韵濛桥”品牌开始打造。樟山村、新村村美丽乡村培育工作启动。

【党建引领“大桥铁军”打造】 2017年，大桥头乡坚持党建引领，着力打造“大桥铁军”。完成村级组织换届，支部换届参选率达94.3%，村委换届参选率达81%。设立党内关爱基金，友好、樟山等村筹集党内关爱基金12万余元，慰问困难党员41人，帮助困难党员解决问题26个。制定《大桥头乡党员问责办法》《大桥头乡村干部“六要六不准”行为规范》等，对不支持、不配合乡党委政府中心工作，甚至不作为、乱作为的村党员予以问责处理。全年提醒谈话9人，批评教育问责处理4人，处理违纪党员12人，其中开除党籍9人、撤销党内职务1人、党内警告2人。

2017年大桥头乡各行政村基本情况

表50

村名	村支书	村主任	村民小组（个）	户数（户）	人口（人）	男性（人）	女性（人）	党员（人）	劳力（人）	胡柚面积（亩）	柑橘产量（吨）	胡柚产量（吨）
客弄	陈国良	宁金全	7	265	678	335	343	27	432	661	925	876
莲塘	汪夏根	曾帅帅	6	425	1250	650	600	36	801	975	1142	858
樟山	符龙德	曾有红	12	987	1984	988	996	81	1236	1774	2277	1484
大桥	符镇湧	韩国强	14	654	2107	1156	951	40	1363	1513	1531	1146
浮河	郑建华	郑开福	22	1129	3217	1128	2089	120	2081	2709	4318	2937
新村	曾明良	熊卓军	6	284	895	449	446	27	519	500	926	841
友好	张 斌	程正基	22	705	2029	1100	929	78	1319	1551	2130	1475
濛桥	姜小平	张小利	27	1132	3152	1666	1486	78	2039	2399	2521	1582
合 计			116	5281	15312	7472	7840	487	9790	487	15770	11199

（吴丽娟）

何家乡

【概况】 何家乡位于常山县西北部，是常山北大门。东与金川街道、辉埠镇接壤，南与同弓乡相连，西与球川镇交界，北与开化县毗邻。常山江由西向东穿境而过，205国道由东向西纵贯全境。乡政府所在地樊家村尚书路，距县城7.5千米，距杭金衢高速公路常山出口6千米，乡村公路总里程23千米。何家乡区域总面积54平方千米，辖8个行政村，145个村民小组，有63个自然村4180户13276人，农村劳动力7628人，其中外出务工4738人。耕地总面积610.4公顷，山林总面积5551.6公顷，其中林地3985公顷，森林覆盖率74.1%。2017年，全乡粮食总产量6049.5吨，油菜籽总产量576吨，青大豆年复种面积1万多亩，食用菌总产量2102吨，中药材总产量201吨。“常山胡柚01-7”优选新品种栽种面积260亩。建成100万袋食用菌示范基地。全乡固定资产投资1.1亿元；地方财政收入1480万元。

【旅游风情小镇打造】 2017年，何家乡推进风情小镇建设项目，深挖自然人文、乡村旅游资源，建好一批旅游配套和创意文化项目，倾力打造旅游风情小镇，快速形成与“特富美安”相配套的全域旅游新亮点。聚焦“廉吏文化”，实施“七个一”项目，即建成一个馆（樊莹文化展陈馆）、唱好一台戏（清简樊莹）、修好一个祠（樊氏宗祠）、保护一个坊(尚书牌坊)、铺好一条路（尚书路）、修缮一座墓（樊莹墓）、开发一座庙（湖澄祖庙），打造廉政文化教育基地。聚焦“古县旧邑文化”，建成“定阳古邑”广场和钱塘村口牌坊。聚焦“忠简文化”，推进古渡码头、赵鼎博物馆、赵鼎广场等一批项目落地。打响“万寿问道 长风嬉水”品牌，实现“村村景区化”。8月，何家乡入列浙江省115个旅游风情小镇培育名单。

【乡村建设项目发展】 2017年，何家乡有在建项目38个，总投资2亿元。完成县重点项目——沿江公路、沿江绿道项目的政策处理和征地丈量工作。该项目在何家乡域范围内总长7千米，沿江公路涉及土地330亩，沿江绿道涉及土地180亩。投资150万元实施“拱墅漫道”周边项目。投资800余万元，在樊家村打造廉吏文化特色村项目。投资200万元，在江源村启动家庙、祠堂等项目。投资120万元，在江湾村启动生态矿山开采前期项目及道路改建扩建工程。投资120万元，在钱塘村启动古县址挖掘及村口节点项目。投资300余万元，在长风村打造赵鼎博物馆、赵鼎广场、自然水域游泳基地等项目；投资1000万元，在长风村启动东之关品位的月亮湾改造项目。投资1500余万元，在黄冈村启动通景公路项目和黄岗山景区游步道项目。投资400余万元，在双安村启动“移民脱贫路”项目。

【高端民宿休闲旅游品牌提升】 2017年，何家乡以“黄冈壹号”等龙头性高端民宿建设项目为契机，聚力招商引资，依托黄冈山AAA级景区，突出个性化打造，提高核心竞争力，打响高端民宿品牌，推动整体休闲品牌提升。在民宿集中村——长风村，建设文图滨江景观、美丽码头和赵鼎博物馆等景观；在月亮湾所在溪东自然村进行外立面改造提升，建设沙水休闲基地；在天然水域上谋划引进水上游玩体验项目；结合已有的长风村渔家乐一条街，打造集吃、住、游、玩、赏于一体乡村休闲精品路线，让游客体验更加多元化，推动乡村旅游发展。

【垃圾分类走在全市前列】 2017年，何家乡实施垃圾分类123工作法，率先实现全域市场化保洁。“1”即每人每月收缴1元保洁费，激发村民主体责任意识，保洁费收缴率达84%左右，若不包括常年在外务工人员，收缴比例则接近100%。“2”即可烂、不可烂简易“二分”法，全乡有15辆为农村垃圾“二分”法定制的运输车及5000只分类垃圾桶发放到8个行政村，确保从源头、运输、处理各环节都做到“二分”。“3”是主体激励、服务外包、产业联动三大机制，和利东保洁公司签约，采用“抱团、众筹、托管”方式，请进专业公司来保洁。

【建房“储备金”制度实行】 2017年，何家乡建立建房“储备金”制度，在村规民约中规定农民建房时预留1万元专项经费，用于保障后续建房过程中能够严格按照美丽乡村规划建设相关要求正常完工，杜绝“少批多建”“一户多宅”“赤膊墙”等问题的出现。配强村规划土地协管员队伍，各村明确1名村“两委”成员代办申请材料，明确乡国土、规划、村干部等相关人员工作职责，由纪检监察部门全程督责。

【何家乡首届农民运动会举行】 2017年7月16日，何家乡首届全民运动会在何家初中举行，全乡9支代表队近300人参赛。比赛共设拔河、“十人九足”、抗洪搬沙包3个集体项目和骑车比慢、快乐保龄球、投篮等6个单人项目。项目内容贴合村民实际生活，考验技巧又考验团体合作能力。

（张　虹）

2017年何家乡各行政村基本情况

表51

村名	支书	主任	村民小组（个）	党员（人）	农户（户）	人口（人）	劳力（人）	面积（亩）		村集体总收入（万元）
								耕地	柑橘胡柚	
何家	何其红	何中于	24	73	570	1871	977	1684	605	17.13
樊家	方永德	樊嘉云	16	45	403	1319	725	919	283	17.17
江源	洪春良	江　峰	23	71	688	1983	1289	1179	280	22.15
江湾	江水道	江建宗	16	47	454	1341	875	872	157	21.58
钱塘	琚正堂	琚滨华	22	66	699	2295	1458	2007	362	38.74
长风	裴军荣	何水平	16	72	534	1688	766	425	268	40.33
黄冈	王水清	曾冬冬	21	72	547	1828	1002	1245	618	26.41
双安	鲍承文	蒋荣华	7	42	285	951	536	825	66	20
合　计			145	488	4180	13276	7628	9156	2639	203.5

（詹晓瑜）

同弓乡

【概况】 同弓乡位于常山县城西郊，乡政府驻地距县城8千米。辖区东连金川街道和常山工业园区，南接白石镇，西交球川镇，北界何家乡。G60（沪昆高速公路）贯穿境内；320国道和205国道在同弓乡集镇相交构成“十”字形交通枢纽，常红公路和钳何公路从乡政府驻地交叉而过。境内有省级自然保护区——太公山鹭鸟自然保护区和国家AAA级景区——彤弓山文化古村落，有鸡公桥和关帝庙等建造于清康熙年间的人文景观。每月农历逢“四”“九”为同弓乡的传统墟日。生态环境宜人，文化底蕴浓厚，是“全国环境优美乡”“浙江省生态示范乡”“浙江省旅游强乡”“浙江省体育强乡”。

2017年，同弓乡区划总面积38.50平方千米，下辖8个行政村，92个村民小组；有61个自然村，农户3721户，总人口10783人（其中农业人口6612人）。全乡有11个党支部，440名党员。实现财政总收入1381.27万元，比上年增长7.1%；全社会固定资产投资完成2.12亿元；农民人均可支配收入15466元，比上年增长2%。参加城乡居民基本医疗保险8610人。计划生育率98.27%，社会抚养费征收率达96.82%，环检率、孕检率均达98.27%。实现农业总产值5563万元，林业总产值1229万元，牧渔业总产值2864万元。粮食作物种植面积10138亩，亩产量384千克；油料作物种植面积4835亩，亩产量176千克。花卉种植面积1390亩；水果种植面积7935亩，年总产量9576.1吨。造林面积196亩。全乡来料加工点14个，全年累计加工费2505万元。开展农村妇女面点制作培训100人，农村电脑技术人才培训60人，来料加工培训100人。排查民事纠纷192起，信访报结率100%。

2017年，同弓乡蔬菜、瓜果种植面积4716亩，特色小水果总产量9576吨。同心村马尼拉草坪种植量扩质提，总面积1000多亩。现代农业园区面积5000多亩,启动占地170亩的常山胡柚苗木繁育中心项目，完成景观长廊建设260米。新地瓜果育苗中心、浙西情缘现代农业产业健康园等一批上年引进企业不断加大投入，规划项目全面建成落地，引进同弓特色果蔬综合开发产业园项目并落地园区。

【土地开发与高标准农田建设】 2017年，同弓乡谋划立项土地开发项目30个2420亩，其中旱提水项目17个、农整项目5个、垦造水田项目6个、旱改水项目2个，已开工项目17个，新增农村耕地面积800余亩。全面完成东山畈高标准农田建设项目，改造灌溉渠道12.18千米，改造排水渠道16.16千米，配套改造泵站3座、渠系建筑物581处，新建田间机耕路14.22千米，新建田间机耕桥14座、下田道800条，受益农田面积达到1.3万余亩。

【乡村旅游方兴未艾】 2017年，同弓乡开展“奋进凯歌、唱响同弓新时代”激情广场月月唱、“礼赞十九大、武韵新同弓”等特色活动，“同弓魅力”加快融入乡村、走出常山。建设龙绕溪柏油硬化骑行慢道6500余米，配套建设景观化护栏及景观节点6处，全面谋划骑行驿站、关庄桥水上公园等休闲旅游项目，推进中和村“坡地民宿”建设，夯实“同弓旅游”的基础。发展彤弓山古村落休闲旅游，“彤弓山舍”成为常山“精品民宿”标杆，彤弓山村开展国家AAA级景区村和省级“非遗”旅游景区民俗文化村创建工作。现代农业园区被命名为第三批“浙江省果蔬采摘旅游基地”。

【集镇整治出新貌】 2017年，同弓乡编制综合整治规划和“线乱拉”专项整治规划，投入专项资金2000余万元，铺设花岗岩人行道2500多平方米、排水管道和纳污管道各1300余米，入地改造强弱电线缆1400多米，新建集镇机非隔离绿化带1000余米，改造提升集镇路灯25盏、停车位30个，整治集镇店铺外立面、“赤膊墙”1万余平方米，改造建设集镇农贸市场3000余平方米，选址新建集镇圩日市场10多亩，更新集镇垃圾箱50余只，全面整治集镇“五小”行业（即小餐饮店、小浴室、小网吧、小歌舞厅和小旅馆）21家，公开招标、市场化运营集镇2个市场，全面消除沿街占道经营，建立村两委干部常态化管理模式，村75名党员参与实行“一店一党员”管理，集镇的基础设施和环境秩序改善。

【治污剿劣走在全县前列】 2017年，同弓乡综合运用源头治污、清淤换水、生物治理等模式，坚持“河（塘、库）长”挂帅、“一塘一策”、挂图作战和销号处理等措施，投入150多万元，对全乡126个小微水体进行全面检测和“无死角”治理，清理河道沟渠30余千米、山塘水库17处，提标改造农村生活污水2个村508户，建设生活污水处理终端6个，日处理量134立方米，全乡10个劣V类和26个IV类以下水体全部剿灭。同弓乡成为全县首批通过“剿劣”销号验收的乡镇，“荷藻搭配、养鱼洁水”的治理模式被浙江卫视、《衢州日报》等多家省、市媒体报道。实施农村生活垃圾“二分+”（即可烂和不可烂），设立村级“垃圾兑换超市”8个、乡级1个，公开招标引进农村垃圾第三方运维方式，在彤弓山、湖石头先行试点的基础上，全域推行“源头分类、有偿兑换”和第三方市场化运维的农村垃圾分类处理新模式，乡村环境卫生提升。

【中共同弓乡第十四届代表大会第二次会议召开】 2017年12月26日，中国共产党同弓乡第十四届代表大会第二次会议开幕。乡党代表、列席代表及旁听人员70余人。大会由乡党委副书记、乡长楼华主持会议。会上，乡党委书记王建坤代表中共同弓乡第十四届委员会作主题为《深入贯彻落实十九大精神 奋力开拓同弓发展进步的新时代》的工作报告。

【同弓乡第十四届人民代表大会第二次会议召开】 2017年8月18日，同弓乡第十四届人民代表大会第二次会议召开。41名乡人大代表参加会议，驻乡单位负责人以及8个行政村的主职干部等22人列席会议，会议由乡人大主席方金海主持。大会审议并通过《政府工作报告》《同弓乡2017年上半年财政预算执行情况和2017年财政预算调整（草案）报告》以及《同弓乡第十四届人民代表大会第二次会议代表建议办理情况报告》。

(陈伟俊)

2017年同弓乡各行政村基本情况

表52

村名	支部书记	村民主任	常住户数(户)	常住人口(人)	党员(人)	劳力(人)	外出劳力(人)	耕地面积（亩）		山林面积(亩)	胡柚面积(亩)	柑橘产量(吨)	胡柚产量(吨)	人均收入(元)
								水田	旱地					
彤弓山	章贵生	徐伟群	165	548	29	364	176	508	20	1060	10	7	15	16778
同心	邹清华	余泽荣	411	1352	53	941	478	1460	120	4400	100	17	103	14385
关庄桥	杨军	邹忠新	773	2336	74	1311	613	1843	468	1653	210	4	634	14862
金川源	刘小兵	乐军英	525	1432	48	1042	364	1725	60	2500	500	22	1616	16381
中和	潘广丰	占廿九	478	1445	48	1003	745	1525	180	15200	650	33	1638	16889
湖石头	洪治国	洪金民	312	960	29	489	408	928	120	2676	400	19	534	16112
山边	洪永录	张思	467	1322	34	936	366	1400	800	300	200	7	57	15737
胡村	胡羽飞	胡志建	383	1251	30	826	481	1346	46	6880	148	12	642	15620
合计			3538	10646	345	6712	3531	10735	1814	34669	2218	121	5239	15846

（郑孝文）

新昌乡

【概况】 新昌乡位于浙江省西部，县境北部，是全国油茶之乡，省级民间文化艺术之乡，浙江省生态文化基地。辖区东连芳村镇，南接辉埠镇，西界开化县，北邻淳安县。乡政府驻地距县城22.5千米。属山地丘陵地区，山地总面积82.7平方千米。最高点八面山，海拔1012米，为常山县第二高峰。植被以油茶为主，兼有松杉林，落叶、阔叶和常绿叶树混交林。新昌乡气候温和湿润，四季分明，雨量充沛，年平均气温16.5℃～17.1℃。主要矿产资源包括煤、钨、锰、锡、铜、萤石、白石英、花岗岩、白岗岩、铅、锌、石灰石等。萤石矿储量1700万吨，氟化钙储量745万吨。全乡总面积111.6平方千米，耕地面积6240亩，其中水田5718亩、旱地522亩，主种水稻、小麦、玉米、大豆、番薯等。山林面积60908亩，其中油茶林53761亩，年产山茶油500吨左右；培育发展毛竹7147亩，拓展发展毛竹深加工业。新昌乡文化底蕴深厚，木油榨传统技艺、洗马舞、钢叉舞、鞧辂拳四项内容已被列入省级“非遗”保护名录。其中，《洗马舞》获全省民间舞蹈表演银奖，曾参加中央电视台《走进常山 》节目的录制；《鞧辂拳》于2011年被中央电视台国防军频道《相约》栏目录播。

2017年，新昌乡下辖10个行政村，总户数5843户，17463人；基层党支部12个，党员646人；其中，10个行政村党支部党员数581人，1个创业党支部党员数29人，1个机关党支部党员数36人。全乡实现全社会固定资产投资9620万元，财政收入1612万元，农民人均纯收入13148元，属于全省欠发达乡镇。

是年，新昌乡被命名为“浙江省卫生城镇”；黄塘村入选浙江省生态文明教育基地，并获美丽乡村建设奖。

【油茶产业特色发展】 2017年，新昌乡结合“常山三宝”振兴计划，做好油茶产业提升，重点实施500亩油茶新品种造林、15000亩油茶低改、30千米林区道路建设、4个油茶节点建设和2个油茶丰产示范精品园项目，提高油茶产量和质量，促进农民增收。申报并成功创建省级油茶特色小镇。举办第二届全国油茶文化节，山茶油产业龙头地位全面确立。

【乡村旅游换档升级】 2017年，新昌乡主攻“三塘一源”（即达塘、黄塘、郭塘、西源四村）旅游线路，丰富景区休闲内涵和周边休闲配套，提高景区影响力和带动力。实施村点景区化工程，新建红色旅游节点，做到村村有主题，处处有亮点，形成一路风情的连片景观。加快“云上轩”“村上酒舍”“申山乡宿”高端民宿的发展，推进野生动物园、葡萄采摘园、猷辂拳展示馆等旅游项目建设，使旅游要素不断完善，旅游内容不断丰富。郭塘村、黄塘村获评国家级AAA景区村。

【招商引资态势良好】 2017年，新昌乡引进总投资1.3亿元的常山特色油茶基地建设项目，完成投资2298万元。引进黄塘村房车露营基地建设项目，一期拟规划总用地面积约260亩，总投资5000万元，建设旅游、露营地、房车旅馆、儿童乐园、蓝狐餐饮、沙雕、汽车电影、篝火晚会设施，流转土地25亩，完成部分土地平整工作。引进浙江省梦西源旅游景区建设项目，完成观音塘公园景点建设工程和游客接待中心土建工程。

【全县首个“无赤膊墙”乡镇】 2017年，新昌乡完成拆违面积10.77万平方米，拆违完成率达125%；拆后利用土地面积15.64万平方米，拆后利用率在90%以上。“四边三化”（即在公路边、铁路边、山边、河边的洁化、绿化、美化行动）8个市级交办问题、9个县级交办问题全部完成，县级自查自纠反馈问题80个，完成赤膊墙粉刷727户，面积194380.25平方米，整治完成率达100%，为全县首个“无赤膊墙”乡镇。

2017年新昌乡各行政村基本情况

表53

类别		新昌	对坑	黄塘	岩前	輶轺	郭塘	达塘	茶源	泰安	西源	合计
村支书		刘水林	甘志光	廖红俊	程献光	李树金	张荣	陈重良	余国军	余土生	程礼锋	
村主任		黎明	张运通	廖红俊	程联明	—	吴利卫	汪华东	余利平	王维水	丁皮皮	
村民小组（个）		27	8	8	21	29	21	14	20	10	30	188
农户（户）		930	375	340	475	943	732	534	619	333	5450	5843
人口（人）		2748	1127	957	1434	2668	2378	1536	1868	1007	1740	17463
党员（人）		121	44	32	54	70	65	59	51	23	62	581
劳力（人）		1549	673	567	840	1562	1397	917	1091	592	1015	10205
外出劳力（人）		620	268	235	321	622	529	362	417	233	376	3983
劳务收入（万元）		1478	642	541	801	1490	1332	875	1040	564	968	9731
耕地面积（亩）	水田	1086	410	278	454	899	790	655	495	264	3547	5685
	旱地	86	45	21	61	61	74	44	76	32	22	522
	合计	1172	455	299	515	960	864	699	571	296	376	6207
山林面积（亩）	竹林	–	–	–	–	–	–	–	–	908	6239	7147
	油茶林	5630	1880	4587	4290	8859	4469	4936	7629	7467	4013	53761
	合计	5630	1880	4587	4290	8859	4469	4936	7629	8375	10252	60908
油茶籽产量（吨）		63	9	3	4	12	9	13	12	6	10	141
中药材面积（亩）		220	–	70	–	210	240	90	–	–	–	830
柑橘面积（亩）		614	300	372	1420	645	658	432	265	454	0	5160
柑橘产量（吨）		659	436	496	1543	707	729	482	305	493	0	5850
其中胡柚	面积（亩）	365	92	80	390	300	370	170	5	210	0	1982
	产量（吨）	370	95	85	400	320	380	180	6	220	0	2056
村级经济（万元）		20	5	38	14	5	3	6	6	10	5	112
人均收入（元）		14400	12525	12021	14566	13086	13180	13374	11819	12236	12912	13148
区域面积（平方千米）		10.5	3	4.6	8.8	8.2	9.0	13.1	10.9	12.8	29.7	110.6

（方西）

组织机构及负责人名录

新增副处级以上领导干部简介

陈 东 男，汉族，1969年3月生，浙江衢州人，1993年6月入党，1988年8月参加工作，大学学历，农业推广硕士学位。现任中共常山县委常委，辉埠镇党委书记。

韩金铭 男，汉族，1977年10月生，甘肃会宁人，1999年12月入党，2000年8月参加工作，大学学历。现任中共常山县委常委，县人民政府副县长、党组成员（挂职）。

王生智 男，汉族，1964年8月生，浙江常山人，1985年2月入党，1985年8月参加工作，大学学历。现任常山县人大常委会副主任、党组成员。

李德勇 男，汉族，1962年3月生，浙江常山人，1994年8月入党，1983年8月参加工作，大学学历。现任常山县人大常委会副主任、党组成员。

戴根林 男，汉族，1965年2月生，浙江江山人，1995年3月入党，1988年8月参加工作，研究生学历。现任常山县人民政府副县长、党组成员。

段为斌 男，汉族，1974年 9月生，浙江常山人，2004年9月入党，1997年12月参加工作，大学学历，农业推广硕士学位。现任常山县人民政府副县长、党组成员。

胡伟民 男，汉族，1973年 9月生，浙江衢州人，1997年1月入党，1993年8月参加工作，大学学历。现任常山县人民政府副县长、党组成员，县公安局局长、党委书记。

范东英 女，汉族，1967年10月生，浙江衢州人，1993年12月入党，1986年8月参加工作，研究生学历。现任常山县政协副主席、党组成员。

汪卫东 男，汉族，1969年5月生，浙江常山人，农工民主党党员，1990年8月参加工作，大学学历。现任常山县政协副主席（兼），县司法局局长，农工民主党常山县总支主委。

桂美林 男，汉族，1973年 8月生，江西贵溪人，1994年6月入党，1992年12月参加工作，大学学历。现任常山县人武部部长。

县级领导机构及负责人名录
（2017.01—2017.12）

中共常山县委员会：

书　记：叶美峰

副书记：周向军

王郁松

常　委：姜良米（2017.01—2017.06）

秦财华

余　风

吴福贵

毛献明

郑建华

邹柏涌（2017.01—2017.08）

张　亮

黄　霏（女）

陈　东（2017.01—）

韩金铭（2017.06—）

姜苏州（2017.08—）

常山县人民代表大会常务委员会：

主　任：徐建华

副主任：苏新祥（2017.02—）

王文达（2017.01—2017.02）

熊雨土（2017.01—2017.02）

俞宝根（2017.01—2017.02）

徐　柯

王　全（2017.02—）

王生智（2017.02—）
李德勇（2017.02—）
党组书记：徐建华

常山县人民政府：
县　长：周向军
副县长：姜良米（2017.01—2017.07）
毛献明（2017.07—）
张　亮
韩金铭（2017.06—）
揭政东
郑金仙（女）
姜苏州（2017.01—2017.09）
方 荣（2017.01—2017.07）
戴根林（2017.02—）
段为斌（2017.02—）
胡伟民（2017.09—）
党组书记：周向军

中国人民政治协商会议常山县委员会：
主　席：林红汉
副主席：黄法云
谢雨生（兼）
陈国珠（女）（2017.01—2017.02）
罗诚剑（兼）
范东英（女）（2017.02—）
汪卫东（兼）（2017.02—）
党组书记：林红汉

中共常山县纪律检查委员会：
书　记：黄　霏（女）
副书记：郑顺满
朱开明（2017.01—）

常山县人民武装部：
党委第一书记：叶美峰
党委书记：吴福贵
政　　委：吴福贵
部　　长：宋明亮
桂美林（2017.06—）

常山县人民法院：
院　　长：王小红
党组书记：王小红

常山县人民检察院：
检察长：柯耀根
党组书记：柯耀根

县级机关部门及负责人名录

（2017.01—2017.12）

一、县委工作机构

县委办公室：
主　任：王生智（2017.01—2017.02）
姜雪峰（2017.03—）

县委县政府信访局：
局　长：陈　芳（女）

县委政策研究室：
主　任：朱　璋

县委保密委员会办公室（县人民政府保密局）：
主　任：廖小兵（2017.01—2017.03）
吴永兴（2017.06—）

县委机要局（县密码局）：
局　长：许　赟

县委报道组：
组　长：胡江平

县委县政府督查（考核）办公室：
主　任：黄廉科（2017.01—2017.11）
郑　兵（2017.11—）

县委台湾工作办公室（县政府台湾事务办公室）：
主　任：徐志标（2017.01—2017.03）
程鸿星（2017.03—）

县档案局（馆）：
局（馆）长：黄仙寿（2017.01—2017.03）
毕建国（2017.03—）
党组书记：黄仙寿（2017.01—2017.03）
毕建国（2017.03—）

县委党史研究室：
主　任：黄仙寿（兼）（2017.01—2017.03）
毕建国（兼）（2017.03—）

县农业和农村工作办公室：
主　　任：汪启红
党组书记：汪启红

县委组织部：
部　长：秦财华

县委人才工作领导小组办公室：
主　任：刘裕良（2017.01—2017.06）
县委新经济与新社会组织工作委员会：
书　记：何　菊（女）
县委老干部局：
局　长：刘石青（2017.01—2017.11）
姚肖忆（2017.11—）
县关心下一代工作委员会：
主　任：秦财华
县委宣传部：
部　长：余　风
县精神文明建设委员会办公室：
主　任：奉　琼
县委对外宣传办公室（县政府新闻办公室）：
主　任：付小丽（女）（2017.01—2017.03）
县社会科学界联合会：
主　席：王有军
县互联网信息办公室：
主　任：付小丽（女）（2017.01—2017.03）
曾国平（2017.11—）
常山县新闻中心：
主　　任：徐良其（2017.01—2017.03）
郭永平（2017.03—2017.12）
党组书记：徐良其（2017.01—2017.03）
郭永平（2017.03—2017.12）
县委统战部：
部　长：郑建华
县政府侨务办公室：
主　任：余金荣
县委政法委员会：
书　记：王郁松
县社会管理综合治理委员会：
主　任：王郁松
县社会管理综合治理委员会办公室：
主　任：徐平平
县委610办公室：
主　任：徐平平
县维护稳定工作领导小组办公室：
主　任：曾智盛（2017.01—2017.03）
徐家善（2017.06—）
县机构编制委员会办公室：
主　任：江万荣（2017.01—2017.03）
周元良（2017.03—）
县直属机关工作委员会：
书　记：郑　兵（2017.01—2017.11）
汪正满（2017.11—）
县委党校：
校　　　长：秦财华（兼）
常务副校长：傅昌华
县社会主义学院：
院　长：郑建华（兼）
二、县人大常委会工作机构
县人大常委会办公室：
主　任：孙　勤（2017.01—2017.02）
章大勇（2017.02—）
县人大常委会教育科技文化卫生民族华侨工作委员会：
主　任：李启发
县人大常委会政策研究室：
主　任：章大勇（2017.01—2017.02）
缪春祥（2017.03—）
县人大常委会财政金融工作委员会：
主　任：李堤庆（2017.01—2017.02）
吴建良（2017.02—）
县人大常委会农业与农村工作委员会：
主　任：卢志土
县人大常委会代表与选举任免工作委员会：
主　任：吴建良（2017.01—2017.02）
胡真钢（2017.02—）
县人大常委会经济工作委员会：
主　任：余国义
县人大常委会法制工作委员会：
主　任：何小平
县人大常委会建设与资源环境保护工作委员会：
主　任：叶剑明
三、县人民政府工作机构
㈠县政府工作部门
县政府办公室：
主　　任：李德勇（2017.01—2017.03）
陈　岗（2017.03—）
党组书记：李德勇（2017.01—2017.03）

陈　岗（2017.03—）

县政府法制办公室：

主　任：周建军（2017.01—2017.06）

毛学斌（2017.06—）

县政府外事办公室：

主　任：樊敏剑

县金融工作办公室：

主　任：方建平

县政府应急管理办公室：

主　任：王　俊（2017.01—2017.11）

占利华（2017.11—）

县政府研究室：

主　任：鲍晓晖（2017.01—2017.06）

刘晓刚（2017.06—）

县政府咨询委员会：

主　任：余鹤樑（2017.01—）

县政府咨询委员会办公室：

主　任：洪文达（兼）（2017.01）

县发展和改革局：

局　　长：王　军（2017.01—2017.04）

姜光明（2017.04—）

党委书记：鲁周清（2017.01—2017.04）

姜光明（2017.03—）

县能源办公室：

主　任：（空缺）

县统计局：

局　　长：陈齐礼（2017.01—2017.11）

黄廉科（2017.11—）

党组书记：陈齐礼（2017.01—2017.11）

黄廉科（2017.11—）

县服务业办公室：

主　任：李忠兴（2017.03—）

县经济和信息化局：

局　　长：郑忠东（2017.04—）

党委书记：郑忠东

县中小企业局：

局　长：樊根祥（2017.01—2017.06）

县商务和粮食局：

局　　长：蒋绍青

党组书记：蒋绍青

县教育局：

局　长：洪永海

党委书记：洪永海

县第一中学：

校　　　长：洪　涛

党总支书记：洪　涛

县科学技术局：

局　　长：祝慧虹（女）

党组书记：祝慧虹（女）

县民族宗教事务局：

局　长：蓝小珍（女）

县公安局：

局　　长：毛献明（2017.01—2017.07）

胡伟民（2017.09—）

党委书记：毛献明（2017.01—2017.07）

胡伟民（2017.09—）

政　　委：钱青平（2017.01—）

交通警察大队：

大队长：吴水良（2017.01—2017.06）

教导员：姜作水

刑事侦查大队：

大队长：王国芳（2017.01—2017.06）

教导员：廖惜金（2017.01—2017.06）

蒋　亮（2017.06—）

治安大队：

大队长：余国标

教导员：徐　瑾（女）

经济犯罪侦查大队：

大队长：陈　勇

教导员：龚志光

110指挥中心：

主　任：叶青青

法制大队：

大队长：陈　誉

国内安全保卫大队：

大队长：黄发林

特巡警大队：

大队长：徐启亮

反恐怖大队：

大队长：（空缺）

看守所：

所　长：鲁祖宾

城关派出所：

所　长：方志忠

县监察局：
局　长：范东英（2017.01—2017.02）
县监察委员会：
主　任：黄　霏（女）（2017.02—）
县民政局：
局　　长：魏国强（2017.01—2017.04）
廖小兵（2017.04—）
党组书记：魏国强（2017.01—2017.04）
廖小兵（2017.04—）
县老龄工作委员会办公室：
主　任：严忠华
县水库移民管理办公室：
主　任：徐红权（2017.01—2017.06）
县司法局：
局　长：汪卫东
党组书记：汪益华
县财政（地税）局：
局　　长：戴根林（2017.01—2017.02）
李德生（2017.04—）
党委书记：戴根林（2017.01—2017.02）
李德生（2017.03—）
县财政国库支付中心：
主　任：计华丁
县财政预算局：
局　长：徐鸣华
县财政预算执行局：
局　长：计华丁
县财政监督局：
局　长：陈一芳（女）
县政府投资项目评审中心：
主　任：陈冬海
县人力资源和社会保障局：
局　　长：缪春祥（2017.01—2017.04）
李　军（2017.04—）
党组书记：缪春祥（2017.01—2017.03）
李　军（2017.03—）
县社会保险事业管理局：
局　长：江水生
县住房和城乡规划建设局：
局　　长：姜雪峰（2017.01—2017.04）
徐　敏（2017.04—）
党委书记：姜雪峰（2017.01—2017.03）
徐　敏（2017.03—）
县城乡规划中心：
主　任：黄晓东
县综合行政执法局：
局　　长：徐　敏（2017.01—2017.04）
曾智盛（2017.04—）
党组书记：徐　敏（2017.01—2017.03）
曾智盛（2017.03—）
政　　委：程良寿（2017.06—）
县人民防空办公室：
主　　任：程良寿（2017.01—2017.06）
周建军（2017.06—）
党组书记：程良寿（2017.01—2017.06）
周建军（2017.06—）
县民防局：
局　长：程良寿（2017.01—2017.06）
周建军（2017.06—）
县交通运输局：
局　　长：吴直丰（2017.01—2017.04）
王　伟（2017.04—）
党委书记：吴直丰（2017.01—2017.03）
王　伟（2017.03—）
县道路运输管理所：
所　长：陈　俊
县公路管理局：
局　长：王曙祥
县路政管理大队：
大队长：王曙祥
县铁路工作办公室：
主　　任：沈文兵（2017.01—2017.06）
江玉林（2017.06—）
党组书记：沈文兵（2017.01—2017.06）
江玉林（2017.06—）
县水利局：
局　　长：郑　汉
党委书记：郑　汉
县中型水库管理局：
局　长：汪金祥（2017.01—2017.06）
赵豪才（2017.06—）
县农业局：
局　　长：徐士平
党委书记：徐士平

县畜牧兽医局：
　　局　长：林少卫
县林业局：
　　局　长：胡乾平
　　党委书记：胡乾平
县文化广电新闻出版局：
　　局　　长：毕建国（2017.01—2017.04）
　　　　　　　徐良其（2017.04—）
　　党组书记：毕建国（2017.01—2017.03）
　　　　　　　徐良其（2017.03—）
县卫生和计划生育局：
　　局　　长：黄国华
　　党委书记：黄国华
县人民医院：
　　院　　　长：饶祖华
　　党总支书记：饶祖华
县审计局：
　　局　　长：李克难（2017.01—2017.04）
　　　　　　　李　珍（2017.04—）
　　党组书记：李克难（2017.01—2017.04）
　　　　　　　李　珍（2017.04—）
县环境保护局：
　　局　　长：廖伟明
　　党组书记：廖伟明
县安全生产监督管理局：
　　局　　长：郑龙龙
　　党组书记：郑龙龙
县市场监督管理局：
　　局　　长：姜利成
　　党委书记：姜利成
县食品安全委员会办公室：
　　主　任：姜利成
㈡县政府直属单位
县机关事务管理局：
　　局　　长：朱万洪（2017.01—2017.03）
　　　　　　　陈金龙（2017.03—）
　　党组书记：朱万洪（2017.01—2017.03）
　　　　　　　陈金龙（2017.03—）
县体育局：
　　局　　长：李岳飞（2017.01—）
　　党组书记：李岳飞（2017.01—）
县新闻传媒集团：
（2017年12月，根据《中共常山县委 常山县人民政府关于组建常山县新闻传媒集团的实施意见》（常委〔2018〕6号）和《关于常山县新闻传媒集团机构设置的复函》（衢市编办〔2017〕34号）等文件精神，设立“常山县新闻传媒集团”，加挂“常山县广播电视总台”牌子；撤销“常山县新闻中心”。）
　　台　　长：郑建炳（2017.01—2017.12）
　　党组书记：郑建炳（2017.01—2017.12）
　　总　　裁：郑建炳（2017.12—）
　　党组书记：郑建炳（2017.12—）
常山县旅游委员会：
　　主　　任：朱建红
　　党组书记：朱建红
县招商局：
　　局　　长：谢志宏（2017.01—2017.06）
　　　　　　　琚东风（2017.06—）
　　党委书记：谢志宏（2017.01—2017.06）
　　　　　　　琚东风（2017.06—）
县政府经济技术协作办公室：
　　主　任：谢志宏（2017.01—2017.06）
　　　　　　琚东风（2017.06—）
县现代农业园区管理委员会：
　　主　任：徐士平
县公共资源市场化配置监督管理办公室：
　　主　　任：王湖南
　　党组书记：王湖南
县公共资源交易中心：
　　主　任：何红良
浙江广播电视大学常山学院：
　　院　　　长：叶树良（2017.01—2017.03）
　　　　　　　　黄仙寿（2017.03—）
　　党总支书记：叶树良（2017.01—2017.03）
　　　　　　　　黄仙寿（2017.03—）
县农业综合开发办公室：
　　主　任：李炳根
县供销合作社联合社：
　　主　　任：吴秀方
　　党委书记：吴秀方
县住房制度改革委员会办公室：

主　任：阮水红

县行政服务中心管理办公室：

主　　任：曾修明（2017.01—2017.02）
　　　　　刘利忠（2017.03—）
党组书记：曾修明（2017.01—2017.03）
　　　　　刘利忠（2017.03—）

县城东新区管理委员会：

主　　　任：邹伟良
党工委书记：姜良米（兼）（2017.01—2017.07）
　　　　　　毛献明（兼）（2017.07—）

县政府投资项目建设中心：

主　任：(空缺)

县经济技术开发区管理委员会：

主　任：段为斌（2017.01—2017.03）
杨春柳（2017.03—）
党工委书记：姜苏州

（三）垂直管理单位

县国土资源局

局　　长：杨春柳（2017.01—2017.03）
　　　　　沈文兵（2017.03—）
党委书记：杨春柳（2017.01—2017.03）
　　　　　沈文兵（2017.03—）

县国税局：

局　　长：张　帆
党组书记：张　帆

县烟草专卖局：

局　　长：陈日明
党组书记：陈日明

中国电信股份有限公司常山分公司：

总经理：潘　锋（2017.01—2017.02）
　　　　陈利华（2017.02—）
党委书记：潘　锋（2017.01—2017.02）
　　　　　陈利华（2017.02—）

中国邮政集团公司常山县分公司：

总经理：姚　正（2017.04—）
党委书记：姚　正（2017.04—）

国网浙江常山县供电公司：

总经理：郑怀华
党委书记：季孝共

县气象局：

局　长：方革新
党组书记：方革新

县农村信用合作联社：

理事长：余荣华
主　任：洪辉发（2017.01—2017.02）
　　　　张德建（2017.02—）
党委书记：余荣华

中国人民银行常山县支行：

行　　长：何日贵
党组书记：何日贵

衢州银监分局常山办事处：

主　任：李　骏

中国工商银行常山县支行：

行　长：钱伟民

中国建设银行常山县支行：

行　　　长：余　彬
党总支书记：余　彬

中国银行常山县支行：

行　长：朱峻峰（2017.01—2017.12）
　　　　卫志安（2017.12—）

中国农业银行常山县支行：

行　　长：周国宾（2017.01—2017.12）
　　　　　陆士海（2017.12—）
党委书记：周国宾（2017.01—2017.12）
　　　　　陆士海（2017.12—）

中国农业发展银行常山县信贷组：

主　任：吴　进（2017.01—2017.04）
　　　　刘　坚（2017.04—）

中国人民财产保险股份有限公司常山支公司：

经　　理：王荣良
党组书记：王荣良

中国人寿保险股份有限公司常山支公司：

经　　　理：（空缺）（2017.01—2017.03）
　　　　　　陈　青（2017.03—）
党支部书记：周鸿鑫

四、政协常山县委员会工作机构

县政协委员会：

秘书长：徐光裕（2017.01–2017.02）
　　　　洪顺根（2017.02—）

县政协办公室：

主　任：王春国

县政协委员工作委员会：

主　任：杨春玫（女）（2017.01—2017.02）
徐爱荣（2017.02—）
县政协社会法制和民族宗教委员会：
主　任：邓永平
县政协农业农村和人口资源环境委员会：
主　任：胡水林
县政协提案委员会：
主　任：江樟生
县政协经济科技委员会：
主　任：胡明祥
县政协文史资料委员会：
主　任：王晓华
县政协港澳台侨委员会：
主　任：张国富（2017.01—2017.02）
杨春玫（女）（2017.02—
县政协教育文化卫生体育委员会：
主　任：徐爱荣（2017.01—2017.02）
张国富（2017.02）

县级群众团体及负责人名录
（2017.01—2017.12）

常山县总工会：
主　　席：王文达（兼）
常务副主席：程鸿星（2017.01—2017.03）
吴直丰（2017.03—）
党组书记：程鸿星（2017.01—2017.03）
吴直丰（2017.03—）
共青团常山县委员会：
书　　记：饶　群
党组书记：饶　群
常山县妇女联合会：
主　　席：李　珍（女）（2017.01—2017.04）
邱雪芳（2017.04—）
党组书记：李　珍（女）（2017.01—2017.04）
邱雪芳（2017.04—）
常山县科学技术协会：
主　席：章金平
党组书记：徐高禄（2017.01—2017.06）
刘裕良（2017.06—）
常山县文学艺术界联合会：
主　席：王有军
常山县残疾人联合会：
理事长：李　军（2017.01—2017.03）
朱万洪（2017.03—）
党组书记：李　军（2017.01—2017.03）
朱万洪（2017.03—）
常山县工商业联合会：
主　　席：姜光明
涂国红
党组书记：姜光明（2017.01—2017.03）
徐志标（2017.03—）
常山县红十字会：
会　　长：揭政东（兼）
常务副会长：陈金龙（2017.01–2017.03）
叶树良（2017.03—）

乡镇领导机构及负责人名录
（2017.01—2017.12）

天马街道：
党工委书记：陈　岗（2017.01–2017.03）
严良京（2017.03—）
人大工委主任：宁玮亮（2017.01—2017.11）
空缺（2017.11—）
办事处主任：姚肖忆（2017.01—2017.11）
宁玮亮（2017.11—）
紫港街道：
党工委书记：周丽兵
人大工委主任：徐　亮
办事处主任：黄小兵
金川街道：
党工委书记：李德生（2017.01—2017.11）
郑　俊（女）（2017.11—）
人大工委主任：张禄杰
办事处主任：郑　俊（女）（2017.01—2017.11）

邹　斌（2017.11—）

辉埠镇：

党委书记：陈　东

人大主席：江小平

镇　　长：潘广贵

何家乡：

党委书记：樊金国

人大主席：刘小莉

乡　　长：汪 峻

招贤镇：

党委书记：何小建

人大主席：饶明耀

镇　　长：程敏芳

青石镇：

党委书记：唐锡军（2017.01—2017.06）

谢志宏（2017.06—）

人大主席：谢剑利（2017.01—2017.06）

张翼忠（2017.06—）

镇　　长：郑　丽（女）

东案乡：

党委书记：金雪白

人大主席：李永忠

乡　　长：刘　忻（2017.01—2017.11）

王木星（提名人选）（2017.11—）

大桥头乡：

党委书记：杨力军

人大主席：傅良寿

乡　　长：徐军建

芳村镇：

党委书记：陈贤民

人大主席：黄　建

镇　　长：陈卫明

新昌乡：

党委书记：魏 斌

人大主席：杨光龙

乡　　长：林永周

白石镇：

党委书记：刘新龙（2017.01—2017.11）

刘　忻（2017.11—）

人大主席：邹　赛（女）

镇　　长：汪慧建

球川镇：

党委书记：胡志彬

人大主席：李　青

镇　　长：王贤龙

同弓乡：

党委书记：王建坤

人大主席：方金海

乡　　长：楼　华

荣誉录

[各级别均按颁奖表彰时间顺序排列；先进个人姓名后“（ ）”加注所属单位简称]

省部级及以上表彰（命名）的荣誉

表54

荣誉称号	获奖单位或个人	颁发单位/文号	颁发时间
2016年度省级优质服务先进集体	人寿保险常山支公司客服中心	人寿保险浙江省分公司	2017–
武术表演优秀奖	东案乡武术队	浙江省企业（企业家）武术大赛组委会	2017–
省级书法村	案乡金源村	浙江省书法协会	2017–
浙江省著名商标	常山县连福胡柚专业合作社	浙江省工商行政管理局	2017–01
全省基层调解优秀个人	徐晓韬（辉埠镇）	省劳动人事争议仲裁委员会	2017–01
省级特色网络空间	周晓敏（宋畈小学）	浙江省教育技术中心	2017–01
浙江省示范数字档案室	常山县财政局	浙江省档案局	2017–01
2016年度全省广播电视新闻协作县级电视二等奖	县广电总台	浙江广播电视集团	2017–01
2016年度全省文物执法监察工作成绩显著单位	县文物监察大队	省文物局/浙文物发〔2017〕8号	2017–01–04
2017年度精神文明建设工作成绩突出集体	常山县国税局	浙国税函〔2017〕301号	2018–01–04
2017年度精神文明建设工作成绩突出个人	曾水华(县国税局)	浙国税函〔2017〕301号	2018–01–04
国防教育特色学校	常山县第一小学	中华人民共和国教育部/教体艺函〔2017〕1号	2017–01–08
个人贷款业务高质高效发展劳动竞赛先进个人	方霞（工行常山支行）	工银浙办发〔2017〕6号	2017–01–09
第一批农业“机器换人”示范乡镇（园区）	同弓乡、金川街道	省农业厅/浙农专发〔2017〕1号	2017–01–10
2016年度全省法院司法警察信息宣传工作先进集体	法警大队	省高院/浙高法警（2017）2号	2017–01–16
浙江省二级特色示范学校	常山县紫港中学	省政府教育督导委办/浙政教督办〔2017〕4号	2017–01–16
先进集体	常山招贤小微企业专营支行	泰隆银行/泰银发〔2017〕23号	2017–01–17
先进个人(二、三类管理者)	叶奔建（泰隆银行常山支行）	泰隆银行/泰银发〔2017〕23号	2017–01–17
全省食品药品监督管理系统先进工作者	郑丽（县市场监管局）	省人社厅、省食药监局/浙人社发〔2017〕3号	2017–01–18
2016年度全省纳税服务之星	樊帆（县地税局）	浙江省地方税务局/浙地税函〔2017〕9号	2017–01–19
全省国税系统“营改增”全面试点和金税三期上线工作中表现突出省局记功嘉奖	姜红星、程文坚(县国税局)	浙国税发〔2017〕5号	2017–01–19
优生优育优教指导中心省级示范点	东案乡优生优育优教指导中心、招贤镇优生优育优教指导中心	浙江省卫计委/浙卫办宣传〔2017〕1号	2017–01–19
执法质量优秀单位	县公安局	浙公通字〔2017〕6号	2017–01–20

续表54

荣誉称号	获奖单位或个人	颁发单位/文号	颁发时间
全省县级海洋与渔业工作先进单位	常山县水利局	浙江省海洋与渔业局/浙海渔办〔2017〕4号	2017-01-22
小城镇环境综合整治省级样板	青石镇	浙镇治办〔2017〕8号	2017-01-22
建设系统城镇污水污泥处理处置设施建设先进个人	吴益民（县住建局）	浙建成〔2017〕12号	2017-01-24
2016年度全省纳税服务工作突出单位	常山县地方税务局	浙江省地方税务局/浙地税函〔2017〕23号	2017-01-25
2016年度全省县级一级禁毒办	县禁毒办	浙禁毒办〔2017〕6号	2017-01-25
2016年度全省禁毒业务工作成绩突出个人	曾铮、吴勤华（县禁毒办）	浙禁毒办〔2017〕7号	2017-01-25
全省千名好辅警	琚哲麟（县公安局）	浙公通字〔2017〕12号	2017-01-25
全省千名好民警	兰张旭、陈钟圣、李道仲（县公安局）	浙公通字〔2017〕12号	2017-01-25
全省峰会安保好民警	江腾飞（县公安局）	浙公通字〔2017〕12号	2017-01-25
2016年度浙江省性病防治工作先进集体	县疾控中心	浙江省皮肤病防治研究所/浙皮〔2017〕5号	2017-01-27
2017年浙江省体育强乡镇	球川镇、东案乡。紫港街道（复评）	省体育局	2017-02
浙江省第五批体育特色乡镇	辉埠镇	省体育局	2017-02
2016年度浙江省建设系统绿道和园林绿化建设管理先进个人	王淑君（县住建局）	省住建厅/建城发〔2017〕35号	2017-02-04
2016年度浙江省分行优秀财富顾问	徐慧玲（工行常山支行）	工银浙办发〔2017〕31号	2017-02-04
十佳基层所长	戴向阳（县市场监管局）	省工商、省食药监局/浙工商基〔2017〕3号	2017-02-07
省级卫生乡镇	东案乡	浙爱委会/浙爱卫〔2017〕6号	2017-02-08
2016年度全省农业工作目标责任制考核优秀单位	常山县农业局	省农业厅/浙农办发〔2017〕1号	2017-02-16
浙江省粮食收购工作先进单位	县商务和粮食局	省粮食局浙粮发〔2017〕8号	2017-02-17
2016年度全省地税系统税政综合管理工作成绩突出单位	常山县地方税务局	浙江省地方税务局/浙地税函〔2017〕40号	2017-02-17
千万农民素质培训工程优秀县	常山县	浙农办〔2017〕7号	2017-02-17
2016年度会计管理工作绩效考核优秀单位	常山县财政局	浙江省财政厅/浙财办发〔2017〕12号	2017-02-22
2016年度市县水文综合考核优秀	常山县水文站	浙水文〔2017〕11号	2017-02-23
2016年度全省公安机关命案侦破工作成绩突出集体	县公安局	浙公办〔2017〕31号	2017-02-23
2016年度全省公安机关打击侵财犯罪专项行动成绩突出集体	县公安局	浙公办〔2017〕32号	2017-02-23
全省严厉打击非法占用林地等涉林违法犯罪专项行动先进个人	汪艇飞（县林业局）	省林业厅/浙林公〔2017〕15号	2017-02-27
全国维护妇女儿童权益先进集体	常山县妇联	妇字〔2017〕4号	2017-02-28
2016年度全省公安机关“猎狐行动”成绩突出集体	县公安局经侦大队	浙公办〔2017〕35号	2017-02-28
全省卫生计生监督工作绩效综合评价优秀县	常山县	浙江省卫计委/浙卫办监督〔2017〕1号	2017-02-28
第十一届浙江省消费者信得过单位	中国人寿寿险常山支公司	省消保委/浙消保委〔2017〕7号	2017-03

续表54

荣誉称号	获奖单位或个人	颁发单位/文号	颁发时间
全国“华杯”少年数学邀请赛优秀训练员	黄美建（天马二小）	全国华杯少年数学邀请赛组委会	2017-03
2016年度浙江优秀导读员	邓秋萍（招贤小学）	浙江教育报刊总社	2017-03
2016年度浙江省导读先进工作者	姜正德(育才小学)曾文华(招贤小学)陈吉伟（城南中学）	浙江教育报刊总社	2017-03
2015—2016年度“事业家庭兼顾型“先进个人	张建丽（常宋畈小学）	浙江省教育工会	2017-03
浙江省中小学教师信息技术应用能力提升工程优秀学员	程晓霞（天马二小）	浙江大学继续教育学院	2017-03
2016年度浙江省县市区域报好新闻一等奖	《我们是她的爱心拐杖队》作者徐功富、吴可嘉，编辑汪芳；《“谷舞仁生”：物联网技术助力春耕》作者黄红霞，编辑金灵丽；《惊艳世界！常山小伙G20晚会压轴上演“人工喷泉”》作者周洁梅，编辑汪芳	省记协县市区域报工作委员会	2017-03
2016年度浙江省县市区域报好新闻二等奖	《我县探索“以水养水”治水新路径》作者徐功富，编辑汪芳；《“胡柚娃”亮相“动漫戛纳”常山元素迷倒欧美观众》作者周洁梅，编辑汪芳；《胡柚变身中药鼓起果农“钱袋子”》作者李俊秋，编辑童旭；《南洋精工匠心制造勇立世界潮头》作者童旭、郑月红，编辑童旭。《满分！程家山农场的生态养猪法》作者廖志良、章晨洁，编辑廖志良	省记协县市区域报工作委员会	2017-03
2016年度浙江省县市区域报好新闻三等奖	《为官不为，首先要解决不想为的问题》作者徐功富，编辑汪芳；《为救人闯红灯的热心小伙已找到，他叫吴文杰》作者姚灵萍，编辑汪芳；《从乡村小舞台到央视大平台五里小学婺剧节目〈巡按出访〉“搬上”CCTV-11》作者杨帆，编辑汪芳	省记协县市区域报工作委员会	2017-03
“E路畅享 你追我赶”手机银行专项活动三等奖	余兵（建行常山支行）	省行电子银行部/建浙电〔2017〕7号	2017-03-05
省级安全保卫先进个人	郑少锋（工行常山支行）	工银浙办发〔2017〕54号	2017-03-07
2015—2016年度全省农行“三农”业务先进个人	琚鸿宾（县农行）	省农行/农银浙办发〔2017〕231号	2017-03-17
2016学年教育宣传工作先进集体	常山县教育局	省教育厅新闻办/浙教报刊总社〔2017〕19号	2017-03-17
市、县（市、区）农贸市场提升发展工作先进单位	常山县市场监管局	省商品交易市场及农贸市场提升发展工作领导小组/浙市提〔2017〕3号	2017-03-20
市、县（市、区）农贸市场提升发展工作先进个人	胡志斌（球川镇）林方庆（县市场服务中心）朱瑜芝（县市场监管局）	省商品交易市场及农贸市场提升发展工作领导小组/浙市提〔2017〕3号	2017-03-20
2016年度全省“五水共治”工作先进集体	常山县农业局	中共浙江省委办公厅/浙委办发〔2017〕16号	2017-03-21
国家级非遗传承人调研报告二等奖	余根良（县文广新局）	省文化厅/浙文非遗〔2017〕3号	2017-03-23
2016年度全省公安机关缉枪治爆专项行动成绩突出个人	施文杰（县公安局）	浙公网传〔2017〕328号	2017-03-23
浙江省税收优秀学术研究成果二等奖	钱志友、蒋淑萍、曾志耀、杨荣英、汪丽萍、李阳彦、方文进（县地税局课题组）〔《“互联网+”国地税纳税信用管理国际借鉴研究》〕	省地税局 省国税局 浙江省国际税收研究会/浙国研〔2017〕1号	2017-03-23

续表54

荣誉称号	获奖单位或个人	颁发单位/文号	颁发时间
2016年度全省公禁毒工作先进个人	吴勤华（县禁毒办）	浙禁毒字〔2017〕6号	2017-03-24
2016年度全省公路系统宣传报道工作先进	徐莹（县公路管理局）	省公路管理局/浙公路〔2017〕44号	2017-03-24
油茶全国木本油料特色区域示范县	常山县人民政府	中国林业产业联合会木本油料分会（文号：无）	2017-03-26
2016年“护校安园”行动成绩突出集体	县公安局治安大队	浙公通字〔2017〕6号	2017-03-27
浙江省无偿献血奉献奖	杨肖平、徐祖芳（县财政局）	浙江省卫生和计划生育会浙江省红十字会/浙卫发〔2017〕24号	2017-03-28
基层财政管理（农村综合改革）先进典型经验优秀单位	常山县财政局	浙江省财政厅/浙财基〔2017〕12号	2017-03-29
创新成果推广项目及牵头单位	发展农村新业态助推美丽乡村建设（牵头单位常山县）	浙江省财政厅/浙财基〔2017〕12号	2017-03-29
平安市、县（市、区）和社会治安综合治理优秀市、平安创建工作先进单位	常山县（被授予平安金鼎）	省委、省政府/浙委发〔2017〕10号	2017-03-30
全省公安基层基础工作成绩突出集体	城关派出所	浙公通字〔2017〕31号	2017-03-31
全省公安基层基础工作成绩突出个人	曾铮（县公安局）	浙公通字〔2017〕31号	2017-03-31
2016年度存款组织十佳基层机构	农发行常山信贷组	农发行浙江省分行（荣誉奖状）	2017-04
中国（义乌）文化产品交易会工艺美术铜奖	常山县戴氏棕编工作室（鹤之舞）	中国（义乌）文化产品交易会组委会荣誉证书	2017-04
全省人口管理服务群众满意个人	徐美芳（县公安局）	浙流口办〔2017〕15号	2017-04-01
2016年度折旧省农业行政执法绩效考核优胜单位	常山县农业局	省农业厅/浙农专发〔2017〕29号	2017-04-05
2016年湖北、上海、重庆等打骗打虚工作组中表现突出分别获省局记三等功和嘉奖	聂建明、苏振华(县国税局)	浙国税发〔2017〕35号	2017-04-07
在湖州、舟山常规巡视工作中表现突出获省局嘉奖	叶 喆(县国税局)	浙国税发〔2017〕35号	2017-04-07
2016年度浙江省政务信息工作考核优秀单位（三等奖）	常山县人民政府办公室	省政府办公厅/浙政办发函〔2017〕33号	2017-04-07
2016年度全省科技政务信息工作先进单位	县科学技术局	浙江省科学技术厅/浙科函〔2017〕15号	2017-04-07
2016年度全省科技政务信息工作先进个人	陈建平（县科学技术局）	浙江省科学技术厅/浙科函〔2017〕15号	2017-04-07
2016年度科技宣传与普及工作先进单位	县科学技术局	省科技厅科技宣传与普及工作领导小组 /浙科函〔2017〕16号	2017-04-10
全省公安机关深入推进户口登记管理清理整顿工作成绩突出个人	徐瑾（县公安局）	浙公办〔2017〕87号	2017-04-17
2016年个人消费贷款网点营销能手奖	郑驰（建行常山支行）	省行住房金融与个人信贷部/建浙房〔2017〕6号	2017-04-18
2015—2016年度省农村工作指导员工作先进单位	常山县	省委办公厅、省人民政府办公厅/浙委办发〔2017〕26号	2017-04-20
省优秀农村工作指导员	刘莲英（青石镇）	省委办公厅/浙委办发〔2017〕26号	2017-04-20
浙江省分行2015-2016年度先进工作者	陶敏明（工行常山支行）	工银浙发〔2017〕12号	2017-04-21
2015—2016省农村工作指导员工作先进单位	常山县	浙委办发〔2017〕26号	2017-04-26

续表54

荣誉称号	获奖单位或个人	颁发单位/文号	颁发时间
第十二批省科技特派员工作先进单位	常山县	浙委办发〔2017〕26号	2017-04-26
2017年浙江省水稻统防统治与绿色防控融合推进示范县	常山县	浙江省植物保护检疫局/浙植〔2017〕14号	2017-04-26
优秀指导教师	郑素芳（民建常山支部）	浙江省小作家联络部	2017-05
优秀指导一等奖	郑素芳（民建常山支部）	共青团中央委员会学校部	2017-05
2017全国向上向善好青年	吴兵（县公安局）	中青发〔2017〕8号	2017-05-02
“协和杯百家医院3.24结构病防治大赛”大众传播奖	县人民医院	中国疾病预防控制中心/中疾控结临发〔2017〕14号	2017-05-03
2016年县域阵地战各项存款市场竞争力提升的县支行	农行常山县支行	省农行/农银浙办发〔2017〕414号	2017-05-04
2016年度浙江农业之最	游水根的再生稻两季最高百亩方亩产	浙江农业之最委员会/浙农之最〔2017〕1号	2017-05-08
全国创建无邪教示范街道	紫港街道	浙委处办〔2017〕44号	2017-05-10
全国创建无邪教示范村（社区）	紫港社区、球川镇后弄村、招贤镇高埂村	浙委处办〔2017〕44号	2017-05-10
零售业务旺季竞赛先进县域支行三等奖	工行常山支行	工银浙办发〔2017〕127号	2017-05-11
2016年度全省电大招生工作先进单位和先进个人	浙江广播电视大学常山学院 王霞获先进个人	浙电大办〔2017〕31 号	2017-05-19
全国优秀人民警察	李道仲（县公安局）	公安部	2017-05-19
地方戏曲剧种普查工作先进个人	余根良（县文广新局）	省文化厅/浙文艺〔2017〕6号	2017-05-19
2017百佳深呼吸小城	常山县	中国生态旅游投资与发展论坛	2017-05-20
个人三等功	胡迪、郭灵智、祝亮亮、邱贤军、周鑫、吴宏民、余麟（省三监）	浙江监狱管理局/浙监〔2017〕88号	2017-05-23
个人嘉奖	鄢则荣、俞小慧、占庄宏（省三监）	浙江监狱管理局/浙监〔2017〕88号	2017-05-23
2016年浙江省破获重大外汇违法犯罪案件成绩突出集体	县公安局经侦大队	浙外管〔2017〕24号	2017-05-24
2016年浙江省破获重大外汇违法犯罪案件成绩突出个人	叶歧嶷（县公安局）	浙外管〔2017〕24号	2017-05-24
2017百佳深呼吸小城	常山县	中国生态旅游投资与发展论坛	2017-05-20
浙江省无烟单位	东案乡卫生院、新昌乡卫生院	省爱卫会/浙爱卫〔2017〕1号	2017-05-26
全国“希望杯”数学邀请赛（浙江赛区）优秀教练员	黄美建（天马二小）	“希望杯”全国数学邀请赛浙江工作站	2017-06
全省第四批乡镇（街道）统计工作示范点建设单位	辉埠镇	浙江省统计局	2017-06
首届省非物质文化遗产“十佳百优”图书评选活动中入选“百优”图书	连中福《为常山喝彩》	省文化厅、新闻出版广电局证书	2017-06
作品入选“剿灭劣V类水”浙江省美术作品展（衢州赛区）	王斌《河道卫士》，彭金剑《梅树底》	浙江省美术家协会、市文联、市美术家协会证书	2017-06
首届浙江省非物质文化遗产“百优”图书	《为常山喝彩》《常山历史文化丛书—非遗集锦》（县非遗保护中心）	浙江省文化厅、浙江省新闻广电出版局/浙文非遗〔2017〕14号	2017-06-01
浙江省之名农产品区域公用品牌	常山山茶油、常山胡柚	省农业厅、省林业厅、省海洋与渔业局/浙农字函〔2017〕258号	2017-06-23
浙江省大中型水库加报下泄流量位居全省第二	常山狮子口水库	浙江省水文情报预报中心	2017-06-26

续表54）

荣誉称号	获奖单位或个人	颁发单位/文号	颁发时间
浙江省水文站加报实测流量条数位居全省前五	常山水文站	浙江省水文情报预报中心	2017-06-26
第一批浙江省妇女干部教育培训现场教育基地	东案乡	浙江省妇女干部学校/浙妇校〔2017〕8号	2017-06-26
文明单位（奖状）	农发行常山信贷组	中共农发行浙江省分行委员会	2017-07
浙江省第一次全国可移动文物普查先进集体	县文物办	浙江省文物局/浙文物发〔2017〕238号	2017-07-05
浙江省第一次全国可移动文物普查先进个人	张立羊（县文物办）	浙江省文物局/浙文物发〔2017〕238号	2017-07-05
全国农村金融十佳品牌创新机构	常山农信联社	中国农村金融品牌价值榜组委会	2017-07-09
浙江省党校系统（行政学院）系统“学习贯彻浙江省第十四次党代会精神”理论研讨会二等奖	方欣泳（县委党校）	中共浙江省委党校/浙党研〔2017〕10号	2017-07-10
第三批省一级幼儿园（重新认定）	常山县教工幼儿园、大风车幼儿园	省教育督导委办/浙政教督办〔2017〕29号	2017-07-10
先进离退休基层党组织	中共建行常山支行三支部	省分行/建浙函〔2017〕529号	2017-07-12
2017年开门红省分行“房金业务能手”	徐敏（建行常山支行）	省行住房金融与个人信贷部/建浙房〔2017〕18号	2017-07-14
2016年征兵工作先进个人	傅小峰（青石镇）	浙政办发〔2017〕76号	2017-07-20
2016年度全省农村综合改革工作先进单位	常山县财政局	浙江省财政厅/浙财基函〔2017〕11号	2017-07-23
“非遗薪传”—浙江传统音乐展演展评系列活动“优秀入选奖”	《十番锣鼓》（县文广新局选送）	浙江省文化厅/浙文非遗〔2017〕20号	2017-07-24
集体二等功	县公安局1·06冒充淘宝客服诈骗案专案组	浙公令〔2017〕134号	2017-07-31
个人二等功	施文杰（县公安局）	浙公令〔2017〕134号	2017-07-31
浙江省优秀少先队辅导员	汪晶（实验小学）	浙江省教育厅	2017-08
浙江省普通高校招生考试全省统一评卷“优秀评卷教师”	吴俊峰（常山一中）	浙江省教育考试院	2017-08
省红十字会“康心基金”项目贡献奖	林文成（县卫计局）	浙红〔2017〕45号	2017-08
2016年度浙江省农业丰收奖	史有饭（何家乡）浙西南杂交稻再生高产特性与栽培技术研究	省农业厅/浙农科发〔2017〕15号	2017-08-01
2016年度浙江省农业丰收奖二等奖	常山县农业科学研究院	浙江省农业厅	2017-08-01
省内部审计先进集体	常山县教育局内审科	省审计厅/浙审科〔2017〕101号	2017-08-16
首届中国绿色产业博览会金孔雀奖十强	浙江常发粮油公司 常发山茶油	绿博会组委会/中绿博委字〔2017〕001号	2017-08-18
首届中国绿色产业博览会十大优秀组织奖	常山县人民政府	绿博会组委会/中绿博委字〔2017〕001号	2017-08-18
“康心基金”项目组织奖	常山县红十字会	浙红〔2017〕45号	2017-08-21
“康心基金”项目贡献奖个人	徐雨燕（县红十字会）	浙红〔2017〕45号	2017-08-21
通报表扬	谢水旺（县公安局）	浙公网传〔2017〕1026号	2017-08-23
2017年度宣传工作先进单位	县档案局	《浙江档案》杂志社	2017-08-24
2017年度优秀通讯员	饶贤福（县档案局）	《浙江档案》杂志社	2017-08-24
第一批浙江省旅游风情小镇培育单位	球川镇、何家乡	浙旅产业〔2017〕108 号	2017-08-28

续表54

荣誉称号	获奖单位或个人	颁发单位/文号	颁发时间
通报表扬	高丰（县公安局）	浙公网传〔2017〕1059号	2017-08-29
省2016年度职业教育发展考核优秀单位	常山县教育局	浙江省教育厅办公室/浙教办职成〔2017〕61号	2017-08-30
第15届中国国际农产品交易会参展农产品金奖	“森力”灵芝切片	第15届中国国际农产品交易会组委会	2017-09
2016年度全国百强村镇银行	常山联合村镇银行	中国村镇银行发展论坛组委会	2017-09
2017年度省“优秀园林工程”金奖	常山城投公司（滨江公园一期）	浙江省风景园林学会	2017-09-
省农村金融互联网平台推广优秀个人	吴慧琪（县农行）	省农行/农银浙办发〔2017〕788号	2017-09-04
十佳理财经理	刘美萍（邮储常山支行）	浙邮银业〔2017〕133号	2017-09-04
理财业务能手	刘美萍（邮储常山支行）	浙邮银业〔2017〕133号	2017-09-04
2016—2017年度省级青年文明号	常山县国税局纳税服务科、常山县气象局	团浙联〔2017〕54号	2017-09-04
2016—2017年度省级青年岗位能手	张军华（浙江常山科润新材料有限公司）	团浙联〔2017〕54号	2017-09-04
2016—2017年度省级青年安全生产示范岗	县供电公司配电运检二班	团浙联〔2017〕54号	2017-09-04
第七批省生态文明教育基地	新昌乡黄塘村	浙环办函〔2017〕179 号	2017-09-06
移动金融十大金牌讲师	徐昕煜（建行常山支行）	省分行/建浙函〔2017〕730号	2017-09-10
全省优秀公安基层单位	城关派出所	浙公令〔2017〕151号	2017-09-11
全省优秀辅警	琚哲麟（县公安局）	浙公令〔2017〕151号	2017-09-11
全省优秀人民警察	马月佳（县公安局）	浙公令〔2017〕151号	2017-09-11
第二批省级农产品质量安全放心县	常山县	省农业厅、省林业厅、省食药监局等/浙农质发〔2017〕33号	2017-09-13
浙江省少先队改革示范校	常山县实验小学	省教育厅/团浙联〔2017〕53号	2017-09-15
2016年度电大财务工作先进单位	电大常山学院	浙电大办〔2017〕49 号	2017-09-18
2016年度电大财务工作优秀工作者	陈姿境（电大常山学院）	浙电大办〔2017〕49 号	2017-09-18
“喜迎十九大 颂歌献给党”全省检察机关文艺汇演银奖	陈梦筛(县检察院)	省检察院/浙检政〔2017〕30号	2017-09-30
2017年度“平安农机”示范单位	金川街道办事处	浙农专发〔2017〕47号	2017-09-30
2017年网上技术市场工作先进市、县（市、区）	常山县	省科学技术厅/浙科发成〔2017〕149号	2017-09-30
2017年度全省地税系统十佳“好师徒”	方文进、毛舒（县地税局）	浙江省地方税务局/浙地税函〔2017〕223号	2017-10-09
2017年浙江省“优秀城市美容师”	徐文明（县环卫处）	省住建厅、省总工会/浙建城〔2017〕98号	2017-10-20
2016年度教材发行管理先进工作者	朱圣昌（常山电大）	浙电大办〔2017〕53 号	2017-10-10
第一届“浙江最美绿道”（城镇型）	常山东明湖绿道	浙建城〔2017〕92号	2017-10-10
浙江省运动休闲旅游优秀项目	山地自行车（常山山地自行车公园）——常山县体育局	省体育局、旅游局/浙体经〔2017〕320号	2017-10-11
纳入全省国税系统“素质提升‘115’工程—专业骨干项目”人才库	鲍倩钰(县国税局)	浙国税办函〔2017〕97号	2017-10-13

续表54

荣誉称号	获奖单位或个人	颁发单位/文号	颁发时间
“新形势下思想政治教育理论与实践研究”征文比赛三等奖	方秀梅（常山电大）	浙江省现代远程教育学会	2017-10-17
全省质监系统服务企业助力众创工作表现突出人员	施堂红（县市场监管局）	浙江省质量技术监督局/浙质科发〔2017〕122号	2017-10-17
作品入选第八届浙江花鸟画展	徐桂吉《荷塘秋韵》	省美术家协会、省中国画家协会证书	2017-10-18
全省电大“我最喜爱的习总书记的一句话”主题演讲比赛三等奖	王霞（常山电大）	浙电大办〔2017〕58号	2017-10-20
省级美丽宜居示范村合格村庄	东案乡金源村	浙村镇示范办〔2017〕7号	2017-10-20
《中国公路》2017年度优秀特约记者	徐莹（县公路管理局）	《中国公路》杂志社/中公社字〔2017〕13号	2017-10-18
通报表扬	黄红飞（县公安局）	浙公网传〔2017〕1330号	2017-10-18
通报表扬	吴挺颖（县公安局）	浙公网传〔2017〕1351号	2017-10-22
三星级规范化司法行政法律服务中心	常山县司法行政法律服务中心	省司法厅/浙司〔2017〕155号	2017-10-23
通报表扬	黄家有（县公安局）	浙公网传〔2017〕1365号	2017-10-25
浙江省青少年校园足球特色学校	常山城南中学、常山育才小学、阁底中心小学	省教育厅办公室/浙教办体〔2017〕72号	2017-10-27
通报表扬	杨渊明（县公安局）	浙公网传〔2017〕1381号	2017-10-29
通报表扬	应华斌（县公安局）	浙公网传〔2017〕1391号	2017-10-30
通报表扬	雷云超、琚正安（县公安局）	浙公网传〔2017〕1394号	2017-10-31
全球低碳生态景区	常山县三衢石林景区	中国园林网全球人居环境论坛	2017-10-31
省普通高中学业水平和普通高校招生选考科目考试“优秀评卷教师”	吴俊峰（常山一中）	浙江省教育考试院	2017-11
2016—2017年度闽浙赣毗连地区护林联防先进个人	郑曙光（县森林公安局）	闽浙赣毗连地区护林联防委员会荣誉证书	2017-11
2017年浙江农业博览会优质产品金奖	常柚乐牌胡柚果茶、常庆牌香肠、千峰月牌山茶油	浙江农业博览会组织委员会	2017-11
省第四期优秀文艺团队培训班学员成果作品摄影展三等奖	詹路正《幸福生活转起来》	省文化馆、中共磐安县委宣传部证书	2017-11
参加首届浙江省“村情村韵”民间艺术展演展示活动	戴理平（蛋雕）	省文化馆参展证书	2017-11
省疾病预防控制系统思想政治工作先进集体	县疾控中心	省卫生系统政促会疾病预防控制专业委员会/浙疾政促〔2017〕9号	2017-11-07
2016—2017年度全省消保委组织先进集体	县消保委	省消费者权益保护委员会/浙消保委〔2017〕25号	2017-11-09
2017年“安全生产月”活动省级优秀单位	常山县安监局	省安委会办/浙安委便函〔2017〕21号	2017-11-13
2017中国山地自行车公开赛年度最佳赛区	浙江·常山站（常山县体育局）	中国自行车运动协会	2017-11-26
全省电大“我的学习故事”演讲比赛三等奖	江玲（常山电大）	浙电大办〔2017〕75号	2017-11-27
县级防震减灾工作先进单位	县地震局	省地震局/浙震发〔2017〕78号	2017-11-29
市县防震减灾工作先进工作者	陈宏良（县地震局）	省地震局/浙震发〔2017〕78号	2017-11-29
浙江兰台铁军法治标兵	饶贤福（县档案局）	浙江省档案局	2017-12
省优秀教研员	金劭洪（县教研室）	省教育厅教研室	2017-12

续表54

荣誉称号	获奖单位或个人	颁发单位/文号	颁发时间
浙江省中小学教师信息技术应用能力提升工程优秀区县管理员	林雨芳（县进修学校）	浙江省中小学教师信息技术应用能力提升工程实施指导办公室	2017-12
“浙水千秋·水之梦”原创主题文学大赛成人组三等奖	连中福《鱼神》（散文）	浙江日报报业集团、省作家协会证书	2017-12
2017年中国社会报社优秀通讯员	江宏伟（县民政局）	中国社会报社/中社发〔2017〕15号	2017-12-01
闽浙赣毗连地区第三联防区第三十四次护林联防先进集体	球川镇	闽浙赣护联〔2017〕1号	2017-12-01
闽浙赣毗连地区第三联防区第三十四次护林联防先进个人	王智雄（县森防办）胡启新（辉埠镇）	闽浙赣护联〔2017〕1号	2017-12-01
通报表扬	高丰（县公安局）	浙公网传〔2017〕1511号	2017-12-03
第九批省级骨干农业龙头企业	常山县爱佳果蔬开发有限公司	省农业厅、省林业厅等/浙农产发〔2017〕6号	2017-12-06
2017年度全省信息宣传先进个人	刘晓明（县森防站）	浙江省林业有害生物防治检疫局/浙林防检便〔2017〕8号	2017-12-07
2017年新命名浙江省卫生乡镇	青石镇、白石镇、新昌乡、东案乡、同弓乡、何家乡	浙爱卫〔2017〕6号	2017-12-08
浙江省第五届师德先进个人	占水仙（紫港中学、原何家初中）	省教育工会	2017-12-10
2017年全国中学生英语能力竞赛“全国优秀指导教师”	吴俊峰（常山一中）	国际英语外语教师协会中国英语外语教师协会	2017-12-10
2017年度浙江省党校行院系统优秀决策咨询成果二等奖	刘学锋（县委党校）	中共浙江省委党校/浙党研〔2017〕14号	2017-12-11
全省2017年“百姓信赖的签约好护士”	徐萍（辉埠镇卫生院）	浙江省基层卫生协会、医师协会、护理学会	2017-12-11
2017年度全省纳税服务工作突出个人	费腾、毛舒（县地税局）	浙江省地方税务局/浙地税纳便函〔2017〕77号	2017-12-12
2017年省财政学会财政课题三等奖	彭利军（常山县财政局课题组）	浙江省财政学会/浙财学〔2017〕4号	2017-12-14
中国最美乡村旅游目的地	常山县	中国互联网新闻中心证书	2017-12-17
科研工作进步奖	中共常山县委党校	中共浙江省委党校/浙党校发〔2017〕74号	2017-12-18
2017年全省“扫黄打非”工作先进个人	廖伟军（县文广新局）	省“扫黄打非”工作领导小组办公室/浙扫黄打非发〔2017〕8号	2017-12-19
2017年浙江省“医院抗菌药物管理药事管理优胜奖”	县人民医院	浙江省医院药物管理质控中心/浙药质字〔2017〕12号	2017-12-20
2017年度省美丽乡村示范乡镇	新昌乡、同弓乡	浙村整建办〔2017〕39号	2017-12-21
2017年度省美丽乡村特色精品村	孔家弄村、彭川村、砚瓦山村、弄坞村、彤弓山村	浙村整建办〔2017〕39号	2017-12-21
优质综合公园	常山县东明湖公园	省住建厅/建城发〔2017〕444号	2017-12-21
“母婴平安”项目组织奖	常山县红十字会	省红会/浙红〔2017〕62号	2017-12-21
“母婴平安”项目实施先进个人	陈娟（县人民医院）	省红会/浙红〔2017〕62号	2017-12-21
2017年度全省财政金融工作先进单位	常山县财政局	浙江省财政厅/浙财办发〔2017〕148号	2017-12-21
浙江省园林镇	球川镇	浙建城批〔2017〕38号	2017-12-21
2017年全省优秀水政渔政监察大队	常山县水政渔政监察大队	浙水监总〔2017〕8号	2017-12-22

续表54

荣誉称号	获奖单位或个人	颁发单位/文号	颁发时间
2017浙江省休闲农业与乡村旅游示范县	常山县	浙江省农业厅、省旅游局/浙农产发〔2017〕7号	2017-12-22
2017浙江省休闲农业与乡村旅游示范点	常山县赛得健康产业园	浙江省农业厅、省旅游局/浙农产发〔2017〕7号	2017-12-22
质量优秀	县中型水库管理局芙蓉水库	浙水文〔2017〕106号	2017-12-25
先进集体	常山县综合行政执法局四中队	省住建厅/建综执发〔2017〕447号	2017-12-25
先进个人	吴英华（县综合行政执法局）	省住建厅/建综执发〔2017〕447号	2017-12-25
2017年全省农业展会工作先进集体	常山县	浙江农业博览会组委会/浙农博〔2017〕3号	2017-12-25
2016年度市县党政领导科技进步目标责任制考核优秀单位	常山县	省委办公厅、省人民政府办公厅/浙委办发〔2017〕102号	2017-12-25
浙江省党的十九大维稳安保工作中作出突出贡献集体	县委政法委、县公安局、天马街道、球川镇	浙委发〔2017〕54号	2017-12-26
浙江省党的十九大维稳安保工作中作出突出贡献个人（常山县31名）	王斌、王伟荣、王全寿、王郁松、徐家善（县委政法委）、陈芳（县信访局）、徐谟清（县住建局）、曾国平（宣传部）、洪永海（教育局）、郑俊毅（天马街道）等	浙委发〔2017〕54号	2017-12-26
浙江省文明单位	常山农信联社	浙江省文明办	2017-12-26
第四批浙江省非物质文化遗产旅游景区民俗文化村	常山县同弓乡彤弓山村（彤弓山村村委申报）	浙江省文化厅、浙江省旅游局/浙文非遗〔2017〕37号	2017-12-27
全省营改增试点工作成绩突出单位	常山县财政地税局	浙江省人民政府/浙政办发〔2017〕150号	2017-12-27
“浙江省生态文化基地”（第七批）	常山县常青泉旅游开发有限公司	省生态文化协会、省林业厅/浙生协〔2017〕5号	2017-12-27
2017年度“省绿化奖章”	郑贤高（常山华凯木业有限公司）	省绿化与湿地保护委员会/浙绿湿委〔2017〕13号	2017-12-28
2017年度全省纳税服务之星	祝海燕（县地税局直属分局）	浙江省地方税务局/浙地税函〔2017〕297号	2017-12-28
浙江衢枳壳之乡	青石镇	浙中药材协会〔2017〕16号	2017-12-28
浙江省道地优质中药材示范基地	常山县森力灵芝种植示范基地、常山县美柚衢枳壳中药材种植示范基地	浙江省中药材产业协会/浙中药材协会〔2017〕17号	2017-12-28
全国农村金融十大新闻·机构	常山农信联社	中华合作时报	2017-12-28
2017年浙江省休闲农业与乡村旅游示范县	常山县	省农业厅、省旅游局/浙农专发〔2017〕7号	2017-12-29
2017年浙江省休闲农业与乡村旅游示范点	常山县赛得健康产业园	省农业厅、省旅游局/浙农专发〔2017〕7号	2017-12-29
浙江省公共文化示范村（社区）	何家乡何家村、金川街道赵家坪社区	浙江省文化厅/浙文公共〔2017〕13号	2017-12-29
浙江省首批休闲旅游示范村	新昌乡黄塘村	浙旅产业〔2018〕2号	2017-12-29
诗画浙江2017浙江（上海）旅游交易会暨“四美”特卖会最佳组织奖	常山县旅委	2017浙江（上海）旅游交易会暨“四美”特卖会组委会	2017-12-31
二等功	部目标2016－992专案组	浙公发〔2017〕92号	2017-12-31
二等功	“9·25”打击网络贩枪案工作专班	浙公发〔2017〕95号	2017-12-31

地市级表彰（命名）的荣誉

表55

荣誉称号	获奖单位或个人	颁发单位/文号	颁发时间
十二五”全市计生协工作先进单位	辉埠镇	市计生委	2017
2014—2015年度衢州市“消费者信得过单位”	人寿保险常山支公司	衢州市消费者权益保护委员会	2017-01
综合考核优秀奖	常山县行政服务中心	衢行发〔2017〕2号	2017-01-03
基层便民服务中心提升奖	常山县行政服务中心	衢行发〔2017〕2号	2017-01-03
公共资源市场配置工作考核先进	县监管办	衢监管办〔2017〕1号	2017-01-06
2016年度衢州市公路水运工程“平安工地”市级示范合同段	048省道延伸线常山溪口至宋畈公路工程L3标	市交通运输局/衢市交〔2017〕4号	2017-01-06
先进团单位	常山县人武部	衢政〔2017〕2号	2017-01-08
优秀团主官	宋明亮（县人武部）	衢政〔2017〕2号	2017-01-08
2016年度市级纳税服务之星	缪纯纯、祝海燕（县地税局直属分局）	衢州市地方税务局/衢地税发〔2017〕2号	2017-01-09
2016年度个人嘉奖	何磊君（县森林公安局）	衢州市森林公安局/衢森公〔2017〕2号	2017-01-11
先进支行	泰隆银行衢州常山支行 常山招贤小微企业专营支行	泰隆银行衢州分行/泰银衢发〔2017〕4号	2017-01-12
先进员工	郑红红、余璐(泰隆银行常山支行)	泰隆银行衢州分行/泰银衢发〔2017〕4号	2017-01-12
新秀员工	熊丹丹(泰隆银行常山支行)	泰隆银行衢州分行/泰银衢发〔2017〕4号	2017-01-12
市院集体三等功	王志红(县检察院)	市检察院/衢市检发政字〔2017〕3号	2017-01-12
衢州市教育装备“走出去，用起来”活动先进学校	常山一小、钳口小学、招贤小学	衢州市教育局/衢市教电〔2017〕10号	2017-01-16
2016年衢州市深化“五水共治”系列活动优秀社团	湖东小学、招贤小学、阁底小学	市教育局/衢市教办〔2017〕6号	2017-01-16
衢州市第一批大数据试点学校	常山一中、紫港中学、城关中学、城南中学、常山三中〔教学质量评价体系〕	市教育局/衢市教电〔2017〕9号	2017-01-17
衢州市第一批大数据试点学校	招贤小学〔学生电子成长记录档案袋的深化研究〕	市教育局/衢市教电〔2017〕9号	2017-01-17
2016年度全市机构编制系统优秀调研论文三等奖	江万荣、陈黎晖、吴雯霞（县编办）	市机构编制委员会/证书	2017-01-18
2016年度农机安全生产目标管理责任制考核优秀	常山县农业局	衢州市农业局/衢农专〔2017〕2号	2017-01-18
衢州市科技管理系统工作目标考核一等奖	县科学技术局	衢州市科学技术局/衢市科发农〔2017〕6号	2017-01-19
衢州市深化义务教育课程改革学校课程方案获奖	天马一小（小学组一等奖）常山一小、实验小学、钳口小学（小学组一等奖）	市教育局/衢市教基〔2017〕11号	2017-01-20
衢州市深化义务教育课程改革学校课程方案获奖	育才中学（初中组一等奖）城南中学（初中组二等奖）	市教育局/衢市教基〔2017〕11号	2017-01-20
衢州市深化义务教育课程改革工作先进集体	育才中学、天马一小	市教育局/衢市教基〔2017〕11号	2017-01-20
衢州市深化义务教育课程改革工作先进个人	严和根（实验小学）琚哲明、陈伟明（育才中学）徐捷、徐玉龙（天马一小）江万兴（城南中学）郑晓（常一小）黄志刚（钳口小学）	市教育局/衢市教基〔2017〕11号	2017-01-20

续表55

荣誉称号	获奖单位或个人	颁发单位/文号	颁发时间
2016年度县（市、区）教育局考核一等奖	常山县教育局	衢州市教育局/衢市教综〔2017〕12号	2017-01-22
2016年度衢州市民政系统十佳学习标兵	江宏伟（县民政局）	市民政局/衢市民〔2017〕3号	2017-01-23
2016年度衢州市民政系统十佳业务创新	县民政局	市民政局/衢市民〔2017〕3号	2017-01-23
2016年度衢州市民政系统十佳服务能手	胡水和（县民政局）	市民政局/衢市民〔2017〕3号	2017-01-23
2016年度衢州市民政系统十佳满意单位	县民政局	市民政局/衢市民〔2017〕3号	2017-01-23
2016年度衢州市移民系统创新型项目	辉埠镇水库移民创业园	市移民办/衢移领〔2017〕1号	2017-01-24
2016年度衢州市移民系统创业型移民	陈国良（大桥头乡客弄村）	市移民办/衢移领〔2017〕1号	2017-01-24
2016年度衢州市移民系统创服务型标兵	余瑛（县移民办）	市移民办/衢移领〔2017〕1号	2017-01-24
2016年度全市科技行政管理系统政务信息工作先进集体	县科学技术局	衢州市科学技术局/衢市科发办〔2017〕8号	2017-01-24
2016年度全市科技行政管理系统政务信息工作先进个人	陈建平（县科学技术局）	衢州市科学技术局/衢市科发办〔2017〕8号	2017-01-24
2016年度衢州市治安安全先进单位	县广电总台、县职业中专、紫港中学、育才中学、天马二小、江滨幼儿园、教工幼儿园、县人民医院、人行常山支行、工行常山支行、农行常山支行、中行常山支行、建行常山支行、县农信联社、泰隆常山支行、常山联合村镇、金华银行常山支行、民泰常山支行、邮储常山支行、常山石油支公司、县民爆器材专营、电信常山分公司、移动常山分公司、县水务发展投资有限公司、常山天然气发电有限公司	市公安局、市社会管理综治办/衢公通字〔2017〕4号	2017-01-24
2016年度创建治安安全单位先进个人	徐卫国（县公安局）潘广生（农行常山支行）刘远（工行常山支行）胡威民（县农信联社）朱勇（电信常山分公司）陈红卫（常山天然气发电有限公司）	市公安局、市社会管理综治办/衢公通字〔2017〕4号	2017-01-24
2016年度共青团工作考核A等	工行常山支行团支部	工银衢团委〔2017〕1号	2017-01-24
2016年度国土工作目标和党风廉政建设责任制考核优秀	县国土资源局	市国土资源局/衢土资〔2017〕10号	2017-01-25
衢州市屋顶光伏推进工作先进个人	何水龙（县发改局）	衢屋顶光伏办发〔2017〕2号	2017-01-25
2016年度司法行政工作综合考评良好单位	常山县司法局	衢市司〔2017〕2号	2017-01-25
2016年度司法行政工作创新项目奖	常山县司法局〔以网络法律课堂扩大普法效应〕	衢市司〔2017〕2号	2017-01-25
2016年全市公共资源市场化配置工作先进单位	常山县监管办	衢监管办〔2017〕1号	2017-01-26
“按纲建队”先进中队	武警常山中队	武警浙江总队衢州支队	2017-01-31
2015—2016年度服务工作先进单位	工行常山支行	工商银行股份有限公司衢州分行	2017-02-
衢州市对外宣传成果金桂奖一、二、三等奖	常山县委宣传部	衢市宣〔2017〕14号	2017-02-
2016年度国土工作目标考核一等奖	县国土资源局	衢州市国土资源局荣誉证书	2017-02
2016年度衢州市对外宣传成果“金桂奖”新闻作品类（电视媒体）二等奖	程斌、郑晓丽、李振华（县新闻传媒集团）《常山彭川村：打造“零违建”样板村 拓展美丽乡村新空间》	中共衢州市委宣传部/衢市宣〔2017〕14号	2017-02

续表55

荣誉称号	获奖单位或个人	颁发单位/文号	颁发时间
首届衢州市书法美术“柯山奖”	王斌	中共衢州市委宣传部	2017-02
全市十佳好辅警	琚哲麟（县公安局）	衢公通字〔2017〕7号	2017-02-03
全市十佳好辅警提名	张威（樊杜京（县公安局）	衢公通字〔2017〕7号	2017-02-03
全市十佳好民警	连宪法（县公安局）	衢公通字〔2017〕7号	2017-02-03
全市十佳好民警提名	徐峰峰、吴桉（县公安局）	衢公通字〔2017〕7号	2017-02-03
2016年度工作目标责任制考评优秀	常山县市场监管局	衢州市市场监管局/衢市监综〔2017〕2号	2017-02-04
市级平安示范乡镇（街道）	球川镇、白石镇、紫港街道、新昌乡	衢平安〔2017〕1号	2017-02-06
市级“党员岗位标兵”	占晶（县农行）	市农行/农银衢党发〔2017〕2号	2017-02-06
市级“优秀党支部书记”	郑红军（县农行）	市农行/农银衢党发〔2017〕2号	2017-02-06
全市农行2016年度先进单位	农行常山支行营业室	市农行/农银衢办发〔2017〕14号	2017-02-06
全市农行2016年度先进个人	陆士海、严大辉、杨姗（县农行）	市农行/农银衢办发〔2017〕14号	2017-02-06
2016年度衢州市“最美国税人——十佳国税标兵”	林秉传、程好婷(县国税局)	衢国税发〔2017〕2号	2017-02-06
内控管理和案防工作先进个人	周欣（工行常山支行）	工银衢办发〔2017〕11号	2017-02-07
最放心网点	常山小东门分理处	工银衢办发〔2017〕11号	2017-02-07
最放心员工	揭文平、樊琪、李晶晶（工行常山支行）	工银衢办发〔2017〕11号	2017-02-07
2016年度国防动员工作先进单位	县交通战备办公室、县人防办	市国防动员委员会/衢动发〔2016〕5号	2017-02-10
2016年度国防动员工作先进个人	刘利忠（县府办）郑敏浩（发改局）	市国防动员委员会/衢动发〔2016〕5号	2017-02-10
衢州市首届“最美建设人”	韩峰（县水务发展投资有限公司）	衢住建〔2017〕10号	2017-02-10
“营改增”全面试点和金税三期上线工作中成绩突出，获市局记集体三等功	常山县国税局纳税服务科	衢国税发〔2017〕7号	2017-02-10
袁敏、刘基清在2016年度“营改增”全面试点和金税三期上线工作中成绩突出，获市局记个人三等功	袁 敏、刘基清(县国税局)	衢国税发〔2017〕7号	2017-02-10
“营改增”全面试点和金税三期上线工作中成绩显著获市局嘉奖	黄路平、林秉传、叶君法、姜国全、邱才华、桂永华(县国税局)	衢国税发〔2017〕7号	2017-02-10
2016年度“纳税服务之星、获市局记个人三等功	鲍倩钰(县国税局)	衢国税发〔2017〕7号	2017-02-10
2016年度“纳税服务之星”获市局嘉奖	周雨婷、王欣欣(县国税局)	衢国税发〔2017〕7号	2017-02-10
2016年度税务检查中成绩显著获市局嘉奖	陈小富(县国税局)	衢国税发〔2017〕7号	2017-02-10
2016年度党建工作中取得显著成绩获市局嘉奖	詹光荣、廖壮清、毕江根(县国税局)	衢国税发〔2017〕7号	2017-02-10
严肃财经纪律年主题活动中成绩显著获市局嘉奖	毛小香(县国税局)	衢国税发〔2017〕7号	2017-02-10
干部人事档案专项审核工作中成绩显著获市局嘉奖	叶 喆(县国税局)	衢国税发〔2017〕7号	2017-02-10
2016年度衢州市“最美国税人——十佳国税标兵”，并获市局记个人三等功	林秉传、程好婷(县国税局)	衢国税发〔2017〕9号	2017-02-10

续表55

荣誉称号	获奖单位或个人	颁发单位/文号	颁发时间
2016年度衢州市广播电视政府奖电视新闻二等奖	《常山破获“4·06”特大网络贩枪案》/程斌、郑晓丽、郑徐丽、马俊。《45双腿的温暖同行》/胡夏涵、占家国、余爱忠、柴进	衢州市文广新局、广电传媒集团、市广播电视学会/衢市文广新发〔2017〕17号	2017-02-14
2016年度衢州市广播电视政府奖电视新闻三等奖	《油茶三大中心落户常山 助推油茶产业建立新格局》/马俊、李胤、郑徐丽、吴佳彬；《陈荣生：梦想之花开在追寻民乐的路上》/朱灿、太东生、余爱忠、胡晓东、朱蕾；《小白石村："民情茶馆"搭起干群连心桥》程斌、郑晓丽、朱灿、郑徐丽、占雪梅	衢州市文广新局、广电传媒集团、市广播电视学会/衢市文广新发〔2017〕17号	2017-02-14
2016年度衢州市广播电视政府奖广播新闻三等奖	《常山县公安局荣获首个集体一等功》/刘建华、朱珊、程斌；《千里缉枪》程斌、郑晓丽、郑徐丽、马俊	衢州市文广新局、广电传媒集团、市广播电视学会/衢市文广新发〔2017〕17号	2017-02-14
电视对农栏目二等奖	《我们的田野》第97期/刘建华、郭炜、朱珊、姜峥娜、占振宇、余晓亮	衢州市文广新局、广电传媒集团等/衢市文广新发〔2017〕17号	2017-02-14
电视服务类节目三等奖	《乡村行》/太东生、马朝虎、占家国、胡夏菡、余爱忠、戴钰。《走进教育第16期》/于悦、王敏、张翔、王振昊	衢州市文广新局、广电传媒集团等/衢市文广新发〔2017〕17号	2017-02-14
电视对农栏目三等奖	《柚乡新视野》第781期/刘建华、郭炜、占振宇、姜峥娜	衢州市文广新局、广电传媒集团等/衢市文广新发〔2017〕17号	2017-02-14
播音主持奖二等奖	《我们的田野》第97期/朱珊	衢州市文广新局、广电传媒集团等/衢市文广新发〔2017〕17号	2017-02-14
广播电视广告奖二等奖	电视公益广告/程斌、刘建华、张翔、王建军	衢州市文广新局、广电传媒集团等/衢市文广新发〔2017〕17号	2017-02-14
2016年度社会治安状况“十佳派出所”	城关派出所	市公安局	2017-02-15
2016年度全市公安机关“二十佳”执法标兵	朱金华、姜波（县公安局）	衢公令〔2017〕2号	2017-02-16
三等功	朱金华、姜波（县公安局）	衢公令〔2017〕2号	2017-02-16
2016年度污染物减排先进单位	县水务发展投资有限公司	衢州市住房和城乡建设局/衢住建办〔2017〕33号	2017-02-16
2016年度污染物减排先进个人	杨靖（县住建局）	衢州市住房和城乡建设局/衢住建办〔2017〕33号	2017-02-16
工行衢州分行2015-2016年度先进单位	常山支行个人业务部	工银衢办发〔2017〕15号	2017-02-16
工行衢州分行2015-2016年度先进工作者	陶敏明、江也方（工行常山支行）	工银衢办发〔2017〕15号	2017-02-16
2016年度全市教育信息宣传工作先进单位	常山县教育局	衢州市教育局/衢市教综〔2017〕17号	2017-02-16
2016年度工作目标考核特等奖	县卫计局	衢州市卫计委/衢卫发〔2017〕13号	2017-02-17
2016年度全市卫生计生系统宣传信息考核第二名	县卫计局	衢州市卫计委/衢卫办发〔2017〕12号	2017-02-17
2016年度先进集体	浙江常新机械有限公司二分厂	浙东联〔2017〕4号	2017-02-17
2016年度生产管理先进个人	王爱金（省三监）	浙东联〔2017〕4号	2017-02-17
2016年度先进科技工作者	孙华罡（省三监）	浙东联〔2017〕4号	2017-02-17
衢州市三八红旗集体	东案乡妇联、县财政局妇委会	衢妇〔2017〕5号	2017-02-20
衢州市三八红旗手	温三英（县妇联）陈一芳（县财政局）胡美军（县人民医院）	衢妇〔2017〕5号	2017-02-20
2016年全市交通运输系统安全生产工作考核优秀单位	常山县交通运输局	市交通运输局/衢市交办〔2017〕17号	2017-02-21

续表55

荣誉称号	获奖单位或个人	颁发单位/文号	颁发时间
2016年全市“示范数字档案室”	县人民法院、县财税局、县编委办、招贤镇政府、县经济开发区管委会	市档案局/衢市档〔2017〕8号	2017-02-22
2016年全市“规范化数字档案室”	县检察院、县农业局、城东新区管委会、县农办、紫港街道办事处	市档案局/衢市档〔2017〕8号	2017-02-22
2014—2016年连续三年年度考核优秀，市局个人三等功	桂永华、余鑫(县国税局)	衢国税发〔2017〕18号	2017-02-22
2016年全市检察理论研究年会优秀论文三等奖	王伟、黄王振、何承平、樊玮璟(县检察院)	市检察院/衢市检发研字〔2017〕1号	2017-02-27
“廉洁文化海报”作品设计第三名	工行常山支行	中国工商银行股份有限公司衢州分行纪委	2017-03
农村文化礼堂建先进个人	徐琦罡、程慧娟（宣传部）	衢市宣〔2017〕16号	2017-03-
2016年度全市广播新闻协作特等奖	县广电总台	衢州广电传媒集团	2017-03
第三届衢州市新闻工作“华岗奖”名编辑	揭雨兴（县新闻传媒集团）	中共衢州市宣传部	2017-03
2016年度衢州市电力设施保护先进个人	廖惜金、黄华（县公安局）	国网衢州供电公司	2017-03-01
2016年度衢州市巾帼文明岗	县人民医院儿科、常山新闻中心采编一线、育才幼儿园、常山电力实业财务资产部、金华银行常山支行、常山县锦绣职业培训学校	衢妇儿工委办〔2017〕2号	2017-03-03
2016年度衢州市巾帼建功标兵	巫正霞（县妇联）张秀珍（东案乡）郑慧君（环保局）	衢妇儿工委办〔2017〕2号	2017-03-03
市文明创建最美志愿服务队	常山县农村信用合作联社	衢州市人民政府	2017-03-07
2016年度优秀党员	陈江（县妇保院）	农工党衢州市委员会	2017-03-07
2016年度社会服务先进个人	徐丽琳（县卫计局）付美华（县疾控中心）	农工民主党衢州委员会/农工衢〔2017〕2号	2017-03-07
2016年度衢州市文明创建志愿者服务工作先进单位	县公安局	衢市宣〔2017〕15号	2017-03-08
2017年度衢州市农业普查先进集体	金川街道办事处	衢农普组〔2018〕1号	2018-03-08
2016年度信息科技管理优胜单位	工行常山支行	工银衢办发〔2017〕21号	2017-03-10
2016年度全市交管工作绩效考核优胜单位	县公安局交警大队	市公安局	2017-03-10
通报表扬	宁丹（县公安局）	衢州市公安局	2017-03-17
2016年度衢州市政务信息工作先进单位（一等奖）	常山县人民政府办公室	市政府办公室/衢政办发〔2017〕7号	2017-03-24
2016年度衢州市政务信息工作先进个人	张徐琳（县府办）	市政府办公室/衢政办发〔2017〕7号	2017-03-24
2016年度衢州市农村文化礼堂建设工作先进单位	辉埠镇、青石镇	衢市宣〔2017〕16号	2017-03-24
2016年度县级公安机关综合实绩评估优秀单位	县公安局	衢公通字〔2017〕17号	2017-03-28
三等功	县公安局打击侵财犯罪专项行动办公室	衢公令〔2017〕3号	2017-03-28
三等功	县公安局办公室	衢公令〔2017〕6号	2017-03-28
衢州市“五水共治”工作先进集体	何家乡	衢州市委办/衢委办发〔2017〕12号	2017-03-29
2016年度全市国税系统税收宣传工作先进个人	余鑫(县国税局)	衢国税办发〔2017〕6号	2017-03-30
市级机关事务管理系统先进集体	常山县机关后勤服务中心	衢州市机关事务管理局/衢机事〔2017〕6号	2017-03-31

续表55

荣誉称号	获奖单位或个人	颁发单位/文号	颁发时间
市级机关事务管理系统先进个人	洪日良、姚媛媛（县机关事务局）	衢州市机关事务管理局/衢机事〔2017〕6号	2017-03-31
十二五衢州市残疾人工作先进个人	江建平（青石镇）	衢州市人民政府残疾人工作委员会	2017-04
2016年市工人先锋号	县卫生监督所办公室	衢州市总工会/衢总工字〔2017〕19号	2017-04
“回归本源、文化立行”演讲比赛个人三等奖	马珊珊（常山联合村镇银行）	中国银监衢州监管分局/衢银监办发〔2017〕23号	2017-04
衢州市“百万妇女学贺田”工作先进集体	东案乡妇联、何家乡妇联、辉埠镇路里坑村妇联、大桥头乡浮河村妇联、芳村镇下猷阁村妇联	衢妇〔2017〕12号	2017-04-05
衢州市“百万妇女学贺田”工作先进个人	龚琪（县妇联）徐红媛（金川街道）曾水兰（天马街道蒲塘村）方小花（紫港街道孔家弄村）李小英（招贤镇古县村）毛菊仙（青石镇砚瓦山）方菊丹（新昌乡黄塘）揭小香（白石镇十八里村）陈明洋（球川镇后弄村）徐晓琴（同弓乡中和村）	衢妇〔2017〕12号	2017-04-05
全市“巾帼女警”	高播（县公安局）	衢州市公安局	2017-04-07
全市“巾帼女警”提名	姜斌（县公安局）	衢州市公安局	2017-04-07
县级执法示范所队	大桥头派出所、县公安局交警大队、芳村派出所	衢公办〔2017〕7号	2017-04-10
衢州市流动人口管理服务工作先进单位	县公安局治安大队	衢流口〔2017〕1号	2017-04-14
2016年度审判管理工作先进单位	常山法院	市中院/衢中法（2017）54号	2017-04-14
2017年春运工作先进单位	县公安局交警大队	衢春运办〔2017〕4号	2017-04-15
2017年春运工作先进个人	徐昕（交警大队）	衢春运办〔2017〕4号	2017-04-15
衢州市先进妇联组织	东案乡妇联	衢妇联〔2017〕12号	2017-04-15
2016年度全市安全生产工作先进集体	县安监局、球川镇政府、紫港街道办事处	衢州市人民政府/衢政发〔2017〕15号	2017-04-15
2016年度全市安全生产工作先进个人	胡俊（县安监局）李和平（县商粮局）吴水良（县公安局交警大队）潘广贵（辉埠镇）黄土福（芳村镇）	衢州市人民政府/衢政发〔2017〕15号	2017-04-15
衢州市2016年度粮食生产先进单位	金川街道办事处	衢政办发〔2017〕20号	2017-04-15
衢州市2016年度粮食生产先进个人	史有饭（何家乡）	衢州市人民政府办公室/衢政办发〔2017〕20号	2017-04-15
全市文化志愿者服务先进单位	金川街道办事处文化站	衢市文志联〔2018〕1号	2018-04-16
全市文化志愿者服务先进单位、优秀志愿者	林慧萍（金川街道办事处）	衢市文志联〔2018〕1号	2018-04-16
2016年度全市纳税服务工作突出单位	常山县地方税务局	衢州市地方税务局/衢地税发〔2017〕32号	2017-04-17
优秀团支部	工行常山支行团支部	工银衢团委〔2017〕3号	2017-04-18
优秀共青团员	汪丽芸（工行常山支行）	工银衢团委〔2017〕3号	2017-04-18
优秀共青团干部	方霞（工行常山支行）	工银衢团委〔2017〕3号	2017-04-18
“十二五”期间全市残疾人工作先进集体	县卫计局、招贤镇残联、球川古镇养老院	衢州市人民政府残疾人工作委员会/衢残工委〔2017〕2号	2017-04-21
“十二五”期间全市残疾人工作先进个人	毛水龙（县地税局）胡水和（民政局）刘海滨（县残联）徐起厚（球川镇残联）江建平（青石镇）曾木香（常山星都笔业有限公司）严建军（白石镇新塘岭）	衢州市人民政府残疾人工作委员会/衢残工委〔2017〕2号	2017-04-21

续表55

荣誉称号	获奖单位或个人	颁发单位/文号	颁发时间
扶残助残先进集体	常山县·浙江科升电力设备有限公司	衢残工委〔2017〕2号	2017-04-21
扶残助残先进个人	毛文正（普农家电常山分公司）周宝玉（常山新尚苗木公司）	衢残工委〔2017〕2号	2017-04-21
残疾人自强模范	林芳仙（常山芳仙饰品厂）	衢残工委〔2017〕2号	2017-04-21
衢州市先进团委	县公安局团委	衢州市团委	2017-04-22
衢州市财政税务学会2016年度优秀会员	陈新会、叶力安、金禄裕、张拥军（县财政局）	衢州市财税学会/衢财税学〔2017〕5号	2017-04-24
2017年衢州市春运工作先进单位	县公安局交警大队	市春运办/衢春运办〔2017〕4号	2017-04-24
2017年衢州市春运工作先进个人	徐昕（交警大队）陈俊（县道路运管所）	市春运办/衢春运办〔2017〕4号	2017-04-24
衢州市2016年度创建美丽公路考核优秀	县公路管理局	市公路管理局/衢市公路〔2017〕54号	2017-04-24
2016年度全市消防安全重点先进单位	县人民医院	衢州市公安消防支队/衢公消办〔2017〕52号	2017-04-25
2016年度基层财政管理工作考核先进单位	常山县财政局	衢州市财政局/衢财基〔2017〕2号	2017-04-26
集体三等功	“9·8”非法采矿案专案组	衢公令〔2017〕7号	2017-04-27
个人三等功	郑文周（县公安局）	衢公令〔2017〕7号	2017-04-27
2017年旺季竞赛活动二等奖	工行常山支行	中国工商银行股份有限公司衢州分行	2017-05
2016年度支行党（总）支部主体责任年度考评第一名	中共建行常山支行总支	市分行监察部/建衢党纪〔2017〕2号	2017-05-02
2016年度衢州市优秀护士	徐小燕（县妇保院）	市护理学会/市护发〔2017〕1号	2017-05-03
2016年市科技特派员工作先进单位	县科学技术局	市科技特派员工作领导小组办公室/衢市科特办〔2017〕3号	2017-05-04
全市少儿经典歌词朗诵大赛活动组织奖	常山县图书馆	衢州市文化广电新闻出版局/衢市文广新发〔2017〕28号	2017-05-11
全市少儿经典歌词朗诵大赛小学组银奖	傅子茜（县实验小学）《祖国颂》指导老师王菁	衢州市文化广电新闻出版局/衢市文广新发〔2017〕28号	2017-05-11
全市少儿经典歌词朗诵大赛初中组银奖	王方怡（县育才中学）《用我残损的手掌》指导老师徐舍洲	衢州市文化广电新闻出版局/衢市文广新发〔2017〕28号	2017-05-11
2017年全市电大教师说课比赛二等奖、三等奖	二等奖 李志军、王霞（电大常山学院）三等奖 方慧婷（电大常山学院）	衢电大〔2017〕45号	2017-05-15
2016年度规费管理工作先进单位	常山县地方税务局〔规费综合管理、社保费四率控制、信息调研〕	衢州市地税局/衢地税发〔2017〕47号	2017-05-15
全市“2017利剑行动”先进个人	郑曙光（县森林公安局）	衢州市森林公安局/衢森公〔2017〕11号	2017-05-19
2016年度全市“四边三化”工作先进集体	青石镇、新昌乡	衢政办发〔2017〕39号	2017-05-24
2016年度全市“四边三化”工作先进个人	王晴晴（县“四边三化”办）陈志荣（常山农村公路管理中心）徐文艳（新昌乡）	衢政办发〔2017〕39号	2017-05-24
2017年度衢州市无烟单位	县旅委、县国税局、县公路管理局、县青少年活动中心、县城投公司、县中医院、东案乡	衢州市爱卫办/衢市爱卫发〔2017〕5号	2017-05-24
全市财税系统先进典型事迹宣讲二等奖	李阳彦（县财政局）	衢州市财政局 衢州市地方税务局/衢财人〔2017〕16号	2017-05-27
全市财税系统先进典型事迹宣讲三等奖	费腾（县财政局）	衢州市财政局 衢州市地方税务局/衢财人〔2017〕16号	2017-05-27
市第六届中小学艺术节舞蹈类小学组一等奖	天马二小	市教育局办/衢教办基〔2017〕54号	2017-06-02

续表55

荣誉称号	获奖单位或个人	颁发单位/文号	颁发时间
市第六届中小学艺术节舞蹈类小学组二等奖	常山一小、龙绕小学、天马一小、育才小学、县青少年活动中心	市教育局办/衢教办基〔2017〕54号	2017-06-02
市第六届中小学艺术节戏剧类小学组一等奖	天马二小	市教育局办/衢教办基〔2017〕54号	2017-06-02
市第六届中小学艺术节戏剧类小学组二等奖	实验小学、常山一小	市教育局办/衢教办基〔2017〕54号	2017-06-02
市第六届中小学艺术节戏剧类中学组二等奖	紫港中学、育才中学	市教育局办/衢教办基〔2017〕54号	2017-06-02
市第六届中小学艺术节合奏类小学组一等奖	天马一小、实验小学	市教育局办/衢教办基〔2017〕54号	2017-06-02
市第六届中小学艺术节合奏类小学组二等奖	天马二小	市教育局办/衢教办基〔2017〕54号	2017-06-02
2016年度政法宣传工作优秀通讯员	应华斌（县公安局）	衢政法〔2017〕21号	2017-06-15
全市公路系统2016年度宣传报道工作先进单位	县公路管理局	市公路管理局/衢市公路〔2017〕98号	2017-06-21
全市公路系统2016年度宣传报道工作先进个人	张沪君、徐莹、周荣伟（县公路管理局）	市公路管理局/衢市公路〔2017〕98号	2017-06-21
2016年度全市国税系统党建工作“模范党务工作者”	詹光荣(县国税局)	衢国税党组发〔2017〕30号	2017-06-27
2016年度全市国税系统“模范共产党员”	曾水华(县国税局)	衢国税党组发〔2017〕30号	2017-06-27
纪念建党96周年微型党课展示比赛三等奖	工行常山支行党支部	中国工商银行股份有限公司衢州分行	2017-06-29
衢州市刑罚变更执行检察业务竞赛三等奖	鲁晓智(县检察院)	市检察院/衢市检发政字〔2017〕21号	2017-06-30
2015—2016年度衢州市信访工作先进个人	赖宏亮（县公安局）	衢委办发〔2017〕32号	2017-07-02
2016年度全市平安建设暨综治维稳工作先进集体	天马街道、县公安局、县信访局、县委防范办	市委办、市府办/衢委办发（2017）31号	2017-07-02
2016年度全市平安建设暨综治维稳工作先进个人	余国标（县公安局）张国平（县法院）琚旦炜（教育局）翁绍志（交通运输局）江蓓（县委政法委）江宏伟（县民政局）	市委办、市府办/衢委办发（2017）31号	2017-07-02
嘉奖	县公安局	衢公令〔2017〕11号	2017-07-10
衢州市公安局“先锋党支部”	芳村派出所党支部	衢州市公安局	2017-07-10
衢州市公安局“先锋党员”	吴兵、蒋鉴青（县公安局）	衢州市公安局	2017-07-10
第二届衢州市“阳光警察”	韩飞（县公安局）	衢州市公安局	2017-07-10
衢州市家庭教育工作先进集体	天马一小	衢妇〔2017〕31号	2017-07-11
衢州市家庭教育工作先进个人	龚琪（县妇联）曾令华（教师进修学校）洪永海（常山一小）	衢妇〔2017〕31号	2017-07-11
剿灭劣Ⅴ类水行政执法监督优秀检察建议书	民事行政检察科	市检察院/衢市检发民行字〔2017〕3号	2017-07-14
剿灭劣Ⅴ类水行政执法监督优秀调查报告	民事行政检察科	市检察院/衢市检发民行字〔2017〕3号	2017-07-14
剿灭劣Ⅴ类水行政执法监督优秀监督案例	民事行政检察科	市检察院/衢市检发民行字〔2017〕3号	2017-07-14
“一创一治”成绩突出辅警	徐志坚、魏军、汪俊、胡伟民（县公安局）	衢州市公安局	2017-07-14
“一创一治”成绩突出民警	蒋鉴青、赵晖、樊厚斌、黄忠虎（县公安局）	衢州市公安局	2017-07-14

续表55

荣誉称号	获奖单位或个人	颁发单位/文号	颁发时间
浙江省健康促进学校（银牌）单位	球川小学、天马二小	市爱国卫生运动委员会/衢市爱卫办〔2017〕8号	2017-07-17
衢州市最美安监人	邓兴华（天马街道）	衢市安办〔2017〕50号	2017-07-24
全市公安基层基础工作成绩突出所队	新都派出所	衢公政治〔2017〕40号	2017-07-27
全市公安基层基础工作成绩突出辅警	徐雍祥（县公安局）	衢公政治〔2017〕40号	2017-07-27
全市公安基层基础工作成绩突出民警	蒋鉴青、张刚（县公安局）	衢公政治〔2017〕40号	2017-07-27
2016年度美丽公路养护能手	徐建中（县公路管理局）陈志荣（县农村公路管理中心）	市公路管理局/衢市公路〔2017〕127号	2017-07-28
2016年度美丽公路执法标兵	舒志鸿（县公路管理局）	市公路管理局/衢市公路〔2017〕127号	2017-07-28
2016年度美丽公路服务之星	胡祖文（县公路管理局）	市公路管理局/衢市公路〔2017〕127号	2017-07-28
2017年衢州市“集胜隆”杯机动车维修技能比武“最佳组织奖”	县道路运管所	市道路运输管理局（奖状）	2017-08
全市老干部庆祝建军90周年合唱比赛银奖	常山县老年大学合唱团	衢老干〔2017〕18号	2017-08-01
首届衢州市“最美行政服务人”	鲍倩钰(县国税局)	衢行发〔2017〕14号	2017-08-04
首届衢州市“最美行政服务人”提名奖	柳慧(县市场监管局)	衢行发〔2017〕14号	2017-08-04
衢州市2017年抗洪救灾先进党组织	中共球川镇委员会、中共招贤镇汪家淤村支部	衢委办发〔2017〕42号	2017-08-10
衢州市2017年抗洪救灾优秀共产党员	郑光华（金川街道上埠村）吴勇彪（水利局）许华春（紫港街道渔业大队）许军良（青石镇江家村）洪和强（县供电公司）	衢委办发〔2017〕42号	2017-08-10
嘉奖	汪浩（县公安局）	衢公令〔2017〕12号	2017-08-10
入选衢州市国家税务局巡察人才库	翁金宏、廖壮清、杨彦进、陈姜燕(县国税局)	衢国税巡组〔2017〕2号	2017-08-10
衢州市第四届“红烛奖”	姚礼权（常山一中）许小妹（城南中学）邱美德（二都桥小学）方丽井（城东小学）黄金高（辉埠小学）洪顺荣（同弓小学）蒋尔云（何家小学）	市教育局/衢市教人〔2017〕121号	2017-08-14
衢州市首届民间手工艺术展金奖	戴理平《大好河山》（蛋雕）	衢州市文学艺术界联合会证书	2017-08-21
衢州市首届民间手工艺术展银奖	戴松林《中国朱鹮》（棕编）	衢州市文学艺术界联合会证书	2017-08-21
2016年常山县最严格水资源管理考核优秀	常山县	衢州水保委〔2017〕2号	2017-08-28
通报表扬	何丰（县公安局）	内部网络传真	2017-08-29
衢州市义务教育基本现代化学校	天马二小、育才小学、实验小学、育才中学	衢州市教育局/衢政教督〔2017〕4号	2017-08-30
衢州市模范班主任	王丽宏（城关中学）程晓霞（天马二小）	市教育局/衢市教人〔2017〕150号	2017-08-30
衢州市教育系统先进工作者	苏 武（常山一中）胡鸽平（紫港中学）周元仙（城关中学）封鸣根（实验小学）雷兴荣（球川小学）李燕君（教工幼儿园）服务类：黄国成（城关中学）徐作选（辉埠小学）郑庆芳（钳口小学）鲍土花（何家小学）	市教育局/衢市教人〔2017〕150号	2017-08-30
衢州市教坛新秀6名	吕丽锋（常山一中）鄢少敏（职业中专）王宝华（育才中学）蔡水华（实验小学）樊美君（天马二小）张建丽（宋畈小学）	市教育局/衢市教人〔2017〕150号	2017-08-30

续表55

荣誉称号	获奖单位或个人	颁发单位/文号	颁发时间
衢州市教坛新苗	舒 胜（城东中学）王 青（常山一小）崔 怡（招贤小学）邱 婧（江滨幼儿园）	市教育局/衢市教人〔2017〕150号	2017-08-30
衢州市第五届“最美教育人”	姜根有（新昌乡中心小学）	市教育局/衢市教人〔2017〕150号	2017-08-30
衢州市第五届“最美教育人”提名奖	张黎明（紫港中学）	市教育局/衢市教人〔2017〕150号	2017-08-30
衢州市2016年度优秀特色小镇	青石镇	衢特镇办〔2017〕2号	2017-08-31
2016年度全市民政信息宣传工作先进个人	江宏伟（县民政局）	市民政局/衢市民〔2017〕52号	2017-09-02
全市“聚焦主责主业，强化检察监督”理论研讨会优秀论文三等奖	郑勤(县检察院)	市检察院/衢市检发研字〔2017〕6号	2017-09-07
衢州市第四届名校长	琚哲明（育才中学）姜正德(育才小学)刘芳赟（湖东小学）李传法（二都桥小学）	市人民政府/衢政发〔2017〕37号	2017-09-08
2017年全市优秀兼职教官	施文杰（县公安局）	市公安局政治部	2017-09-11
衢州分行“提技能、强服务”业务技术比赛团体第三名	工行常山支行	工银衢办发〔2017〕83号	2017-09-11
运行综合项目—31-45岁年龄段第一名	陈建枫（工行常山支行）	工银衢办发〔2017〕83号	2017-09-11
运行综合项目—31-45岁年龄段第三名	江琴琴（工行常山支行）	工银衢办发〔2017〕83号	2017-09-11
运行综合项目—30岁以下年龄段第六名	严颖光（工行常山支行）	工银衢办发〔2017〕83号	2017-09-11
结电业务知识项目—个人客户经理类第二名	陶敏明（工行常山支行）	工银衢办发〔2017〕83号	2017-09-11
结电业务知识项目—综合柜员类第二名	吴燕（工行常山支行）	工银衢办发〔2017〕83号	2017-09-11
结电业务知识项目—综合柜员类第四名	毛雪燕（工行常山支行）	工银衢办发〔2017〕83号	2017-09-11
客户经理业务技能项目—个贷经理类第一名	陶敏明（工行常山支行）	工银衢办发〔2017〕83号	2017-09-11
客户经理业务技能项目—理财经理类第一名	汪丽芸（工行常山支行）	工银衢办发〔2017〕83号	2017-09-11
公司客户经理国际业务技能项目第一名	洪芦俊（工行常山支行）	工银衢办发〔2017〕83号	2017-09-11
公司客户经理调查报告项目第一名	洪芦俊（工行常山支行）	工银衢办发〔2017〕83号	2017-09-11
衢州市第一批无赤膊墙乡镇	新昌乡	衢村整建办〔2017〕13号	2017-09-14
市机关合唱大赛金奖	柚子花开女子合唱团/潘兵（县文化馆）钢琴伴奏	中共衢州市直属机关工作委员会/市党工委〔2017〕31号	2017-09-22
第一届绿色金融十佳产品	常山农信联社	衢州市政府	2017-09-27
全市国税系统“岗位能手”	鲍倩钰、郑馨(县国税局)	衢国税发〔2017〕73号	2017-09-29
衢州市首批省3A级景区村庄	何家乡黄冈村、新昌乡黄塘村、郭塘村、东案乡高峰村	衢州市旅委、衢州市农办/衢旅委〔2017〕53号	2017-09-30
2017年命名衢州市卫生乡镇	大桥头乡、芳村镇、招贤镇、辉埠镇	衢市爱卫发〔2017〕13号	2017-10-16
一级人民调解员	郑黎星（球川镇）刘晓章（县道路交通事故调解委员会）	衢市司〔2017〕45号	2017-10-23
“绿色衢州—蓝色焚烧”科普知识竞赛优秀组织单位	天马二小、招贤小学、育才小学	市科学协会/衢市科协〔2017〕30号	2017-10-23
衢州市第十四届哲学社会科学优秀成果（论文类）一等奖	傅昌华（县委党校）	市人民政府/衢政发〔2017〕42号	2017-10-24

续表55

荣誉称号	获奖单位或个人	颁发单位/文号	颁发时间
衢州市第十四届哲学社会科学优秀成果（论文类）二等奖	罗丽君、张冬洁（县委党校）	市人民政府/衢政发〔2017〕42号	2017–10–24
2017年度衢州市市容环卫先进集体	县环卫处	市住建局/衢住建办〔2017〕255号	2017–10–24
衢州市优秀城市美容师	曾海东、程桂生、徐辉金（县环卫处	市住建局/衢住建办〔2017〕255号	2017–10–24
第十四届全市哲学社会科学优秀成果论文一等奖	傅昌华（县委党校）	衢州市人民政府/衢政发〔2017〕42号	2017–10–24
第十四届全市哲学社会科学优秀成果论文二等奖	罗丽君、张冬洁（县委党校）	衢州市人民政府/衢政发〔2017〕42号	2017–10–24
第十四届全市哲学社会科学优秀成果论文三等奖	陈新会（县财政局）	衢州市人民政府/衢政发〔2017〕42号	2017–10–24
个人三等功	曾铮（县公安局）	衢公令〔2017〕16号	2017–10–26
2017年衢州市电大系统气排球比赛季军	电大常山学院	衢电大〔2017〕31 号	2017–10–31
体育道德风尚裁判员	陈毅杰（阁底中心小学）	衢州市第五届运动会组委会	2017–11
2017年全市税务系统气排球女子二等奖	蒋奕文、张芹（县财政局）	衢州市国家税务局 衢州市地方税务局	2017–11
“书香家庭”	郑素芳（民建常山支部）	市妇联、市精神文明建设委员会	2017–11
衢州市教师发展学校	实验小学、天马二小	衢州市教育局/衢教办师〔2017〕113号	2017–11–16
市第六届十大“最美卫生计生人”	林启新（县人民医院）	衢州市卫计委/衢卫党发〔2017〕39号	2017–11–01
衢州市第二批无违建乡镇	辉埠镇、白石镇、同弓乡、大桥头乡、芳村镇、辉埠镇	市政府/衢政办发〔2017〕77号	2017–11–02
2016年衢州市重点项目建设立功竞赛先进集体	常山县铁路工作办公室	市发改委、市总工会/衢发改发〔2017〕70号	2017–11–04
2016年衢州市重点项目建设立功竞赛先进个人	徐丽春（县发改局）	市发改委、市总工会/ 衢发改发〔2017〕70号	2017–11–04
市实施妇女儿童发展规划先进个人	徐青华（县卫计局）	衢州市政府妇女儿童工委会/衢妇儿工委〔2017〕3号	2017–11–07
衢州市第二批“无赤膊墙”乡镇（街道）	天马街道、紫港街道、金川街道、白石镇、同弓乡	衢村整建办〔2017〕17号	2017–11–08
财税文化优秀作品一等奖	叶力安、朱圣杰（县财政局）	市财政局 、市地方税务局/衢财人〔2017〕24号	2017–11–10
财税文化优秀作品二等奖	舒凌云、黄廉哲、何沁（县财政局）	市财政局 、市地方税务局/衢财人〔2017〕24号	2017–11–10
财税文化优秀作品三等奖	叶力安（县财政局）	市财政局 、市地方税务局/衢财人〔2017〕24号	2017–11–10
2016年度财政预算执行先进单位	常山县财政局	衢州市财政局/衢财预执〔2017〕7号	2017–11–13
森林消防应急演练三等奖	常山县代表队	市政府森消防指办公室/衢森消指办〔2017〕13号	2017–11–28
衢州市“绿色金融支持传统产业升级典型案例”一等奖	常山联合村镇银行	人民银行衢州市中心支行、市金融学会/衢银办〔2017〕57号	2017–12
农村文化礼堂门面展示活动最优组织奖	程慧娟、吴欣颖（宣传部）	衢市宣〔2017〕68号	2017–12–
衢州市卫生乡镇	芳村镇、大桥头乡	衢市爱卫发〔2017〕13号	2017–12–07
2017年老年人综合保障计划工作先进集体一等奖	芳村镇	市老龄办/衢市老办〔2017〕17号	2017–12–08
2017年老年人综合保障计划工作先进集体二等奖	同弓乡	市老龄办/衢市老办〔2017〕17号	2017–12–08

续表55

荣誉称号	获奖单位或个人	颁发单位/文号	颁发时间
2017年老年人综合保障计划工作先进集体三等奖	县老龄办、金川街道	市老龄办/衢市老办〔2017〕17号	2017-12-08
2017年老年人综合保障计划工作先进个人一等奖	叶全富（芳村镇）	市老龄办/衢市老办〔2017〕17号	2017-12-08
2017年老年人综合保障计划工作先进个人二等奖	杨辉英（同弓乡）	市老龄办/衢市老办〔2017〕17号	2017-12-08
2017年老年人综合保障计划工作先进个人三等奖	严忠华（县老龄办）徐兰英（金川街道）	市老龄办/衢市老办〔2017〕17号	2017-12-08
全市职工书画创作展示银奖	王斌	市总工会、美术家协会、书法家协会证书	2017-12-08
集体三等功	外港派出所、公安局治安大队	衢公令〔2017〕18号	2017-12-12
个人三等功	黄红飞、陈聪宇、徐江伟、吴挺颖、黄家有、兰张旭（县公安局）	衢公令〔2017〕18号	2017-12-12
个人三等功	谢水旺（县公安局）	衢公令〔2017〕19号	2017-12-12
个人三等功	黄发林（县公安局）	衢公令〔2017〕20号	2017-12-12
全市产业化发展项目管理先进单位	县农综办	衢农综办〔2017〕23号	2017-12-13
2017年度全市侦查监督业务竞赛标兵	饶立飞(县检察院)	市检察院/衢市检发政字〔2017〕37号	2017-12-14
全市检察机关案管业务分析报告制作标兵	陈利东(县检察院)	市检察院/衢市检发政字〔2017〕40号	2017-12-18
衢州市首批AAA级旅游厕所	砚瓦山村新市场公厕、高峰村梅树底景区公厕、弄坞村公厕、田蓬村公厕、同心村公厕、徐村村公厕、石姆岭村公厕	衢旅委〔2017〕76号	2017-12-18
市群体师德创优达标先进单位	常山一中、常山一小、育才幼儿园	衢州市教育局/衢市教办〔2017〕124号	2017-12-18
2017年度先进办学单位	电大常山学院	衢电大〔2017〕36 号	2017-12-19
2017年度招生管理工作先进单位	电大常山学院	衢电大〔2017〕39 号	2017-12-19
2017年度教务管理先进单位	电大常山学院	衢电大〔2017〕41号	2017-12-19
2017年度社区教育工作先进单位	电大常山学院	衢电大〔2017〕45 号	2017-12-19
第10届中国义乌国际森林产品博览会先进单位（最佳组织奖）	常山县林业局	衢州市林业局/衢市林〔2017〕60号	2017-12-19
第10届中国义乌国际森林产品博览会先进个人	胡乾平、周丽丽、何照斌（县林业局）	衢州市林业局/衢市林〔2017〕60号	2017-12-19
衢州市第三批“无赤膊墙乡镇”	招贤镇、青石镇、大桥头乡、东案乡、辉埠镇、芳村镇、球川镇、何家乡	衢村整建办〔2017〕24号	2017-12-19
2017年度市级纳税服务之星	祝灵燕、巫妙雯（县地税局）	衢州市地方税务局/衢地税发〔2017〕102号	2017-12-19
2017年企业所得税后续审核典型案例	费腾、胡亚军、张拥军、丁莉（县地税局）	衢州市地方税务局/衢地税发〔2017〕105号	2017-12-19
衢州市第二届“最美市场监管人”	郑玮艳（县市场监管局）	市委宣传部、衢州市市场监督管理局/衢市监人〔2017〕14号	2017-12-19
衢州市第二届“最美市场监管人”提名奖	王笏俊（县市场监管局）	市委宣传部、衢州市市场监督管理局/衢市监人〔2017〕14号	2017-12-19
衢州市第二届“最美市场监管人”提名奖	朱云标（县市场监管局）	市委宣传部、衢州市市场监督管理局/衢市监人〔2017〕14号	2017-12-19
2017年度安全生产应急救援工作先进单位	常山县安全生产监督管理局	衢州市安监局	2017-12-20
2017年度农业综合开发工作先进单位	常山县农业综合开发办公室	衢州市农业综合开发办公室/衢农综办〔2017〕23号	2017-12-21

续表55

荣誉称号	获奖单位或个人	颁发单位/文号	颁发时间
2017年度衢州市公路水运工程“平安工地”市级示范施工合同段	048省道延伸线常山溪口至宋畈公路工程L4标段（浙江顺通路桥工程有限公司）	市交通运输局/衢市交〔2017〕207号	2017-12-21
2017年度衢州市公路水运工程“平安工地”市级示范监理合同段	048省道延伸线常山溪口至宋畈公路工程监理办（浙江公路水运工程监理有限公司）	市交通运输局/衢市交〔2017〕207号	2017-12-21
2017年水稻高产创建获奖单位	早稻高产示范方第三名（常山县游胜家庭农场）单季晚稻高产示范方（常山县金仙家庭农场）	衢州市农业局/浙农专〔2017〕108号	2017-12-22
衢州市农民增收致富带头人	彭国方（常山大宝山柑橘专业合作社）	衢市新农经〔2017〕6号	2017-12-25
衢州市集体经济富强村	新昌乡黄塘村、天马街道常年青村	衢市新农经〔2017〕6号	2017-12-25
衢州市柑橘产业转型发展精品示范园	常山大宝山柑橘专业合作社	衢市新农经〔2017〕6号	2017-12-25
衢州市十佳乡村精品民宿	不老泉度假村、村上酒舍	衢市新农经〔2017〕6号	2017-12-25
衢州市党校系统“最多跑一次”改革理论研讨二等奖	张冬洁（县委党校）	市委党校/衢党校〔2017〕25号	2017-12-25
衢州市党校系统“最多跑一次”改革理论研讨三等奖	蓝琦（县委党校）	市委党校/衢党校〔2017〕25号	2017-12-25
衢州市党校系统党的十九大精神学习体会征文活动二等奖	张冬洁（县委党校）	市委党校/衢党校〔2017〕26号	2017-12-25
衢州市党校系统党的十九大精神学习体会征文三等奖	刘晓猛（县委党校）	市委党校/衢党校〔2017〕26号	2017-12-25
2017年度市级治安安全先进单位	城关中学、县职业中专、紫港中学、实验小学、县人民医院、人行常山支行、工行常山支行、农行常山支行、中行常山支行、建行常山支行、县农信联社、泰隆常山支行、常山联合村镇、金华银行常山支行、温州银行常山支行、民泰常山支行、邮储常山支行、邮政常山支公司、电信常山分公司、移动常山分公司、县水务发展投资有限公司、常山天然气发电有限公司	衢公通字〔2017〕97号	2017-12-25
2017年度市级治安安全先进个人	揭国良（建行常山支行）胡威民（县农信联社）符小峰（紫港中学）	衢公通字〔2017〕97号	2017-12-25
全市新闻出版广播影视系统党的十九大安全保障工作先进集体	县文广新局、华数广电网络有限公司、县广播电视台	衢州市文化广电新闻出版局/衢市文广新发〔2017〕67号	2017-12-26
衢州市第八届群众文艺汇演小品类创作金奖、表演金奖	小品《厕所》编剧：徐新德；导演：罗文富；表演：潘兵、徐心德（县文化馆）	衢州市文化广电新闻出版局/衢市文广新发〔2017〕68号	2017-12-26
衢州市第八届群众文艺汇演舞蹈类创作金奖、表演银奖	女子群舞《天井传说》编导：李婷婷（县文化馆）	衢州市文化广电新闻出版局/衢市文广新发〔2017〕68号	2017-12-26
衢州市第八届群众文艺汇演音乐类创作银奖、表演银奖	女声独唱《绿水常情》词：徐心德、潘兵；曲：潘兵（县文化馆）	衢州市文化广电新闻出版局/衢市文广新发〔2017〕68号	2017-12-26
衢州市第八届群众文艺汇演音乐类创作银奖、表演银奖	女声独唱《常山谣》（县文化馆选送）	衢州市文化广电新闻出版局/衢市文广新发〔2017〕68号	2017-12-26
衢州市第三批“无违建”乡镇	新昌乡、何家乡、招贤镇、紫港街道	衢政办发〔2017〕99号	2017-12-27
2017年衢州市最美“河小二”	陈思珊（青石镇卫生院）张焕（新昌乡）蒋淳振（同弓乡）黄油柑（县市场监管局）汪蛟（县水利局）	衢治水办发〔2017〕44号	2017-12-28
2017年衢州市最美“河小二”集团	县自行车运动协会（衢州单车健体育公司）、球川镇塘帮手（球川镇人民政府）	衢治水办发〔2017〕44号	2017-12-28
十大“幸福家园秀美湖库”	常山县芙蓉水库	衢州水利〔2017〕214号	2017-12-28
衢州市妇联系统“基层组织建设”工作先进集体	常山县妇联	衢妇〔2017〕59号	2017-12-28

续表55

荣誉称号	获奖单位或个人	颁发单位/文号	颁发时间
衢州市最美水库	县中型水库管理局芙蓉水库	衢州水利〔2017〕214号	2017-12-28
2017年市卫生计生监督执法办案技能团体三等奖	县卫生监督所	衢州市卫计委/衢卫办发〔2017〕85号	2017-12-28
2017年度衢州市铁路建设先进集体	县城东新区管委会	衢州市铁路建设指挥部/衢铁指办〔2017〕2号	2017-12-29
2017年度衢州市铁路建设先进个人	江小平（辉埠镇）陈维耀（县铁办）饶明耀（招贤镇）	衢州市铁路建设指挥部/衢铁指办〔2017〕2号	2017-12-29
第三届精品菊花展暨珍稀动植物标本展最佳组织奖、最佳创意奖（金奖）	常山县林业局	衢州市林业局/衢市林〔2017〕65号	2017-12-29
第三届精品菊花展暨珍稀动植物标本展先进个人	陈国利（县林业局）黄幼星（县森林公安局）	衢州市林业局/衢市林〔2017〕65号	2017-12-29

县委、县政府表彰（命名）的荣誉

表56

荣誉称号	获奖单位或个人	颁发单位/文号	颁发时间
县第四届“项目功臣”	王志渊（新昌乡）叶晓春（县财政局）朱朝阳（县统计局）刘坚（农发行常山信贷组）何海丽（县发改局）陈军（县爱卫办）金宏（县国土资源局）徐臣（县交通运输局）谢剑利（青石镇）管桂生（县市场监管局）	县委/常委〔2017〕11号	2017-01-22
县第四届“攻坚干将”	王木星（县城东新区管委会）王治俊（辉埠镇彭川村）方永军（县经济开发区）宁玮亮（天马街道）李斌（紫港街道）吴红华（县住建局）邹忠利（县环境保护局）奉琼（县委宣传部）饶明耀（招贤镇）曾智盛（县委政法委）	县委/常委〔2017〕11号	2017-01-22
县第四届“招商能手”	琚夏利（浙江锦禾农业科技有限公司）楼庆（县经济技术开发区）	县委/常委〔2017〕11号	2017-01-22
2016年度“金钉子”党组织（10个）	天马街道周塘村党支部、紫港街道孔家弄村党支部、辉埠镇彭川村党支部、招贤镇官庄村党支部、青石镇砚瓦山村党支部、大桥头乡濛桥村党支部、芳村镇园区新村党支部、新昌乡郭塘村党支部、白石镇十八里村党支部、球川镇黄泥畈村党支部	县委/常委〔2017〕12号	2017-01-22
2015年度“金钉子”复评合格党组织（9个）	天马街道天马村党支部、金川街道徐村村党支部、辉埠镇路里坑村党支部、何家乡长风村党支部、东案乡田蓬村党支部、东案乡弄坞村党支部、新昌乡黄塘村党支部、球川镇后弄村党支部、同弓乡中和村党支部	县委/常委〔2017〕12号	2017-01-22
集体三等功	县公安局、发改局、林业局、城东新区、天马街道、新昌乡	常政发〔2017〕8号	2017-01-26
党委信息工作先进单位	国土局	常委〔2017〕19号	2017-02-22
党委信息工作先进个人	江宇豪（国土局）	常委〔2017〕19号	2017-02-22
2016年度常山县政府质量奖获奖企业（组织）	浙江爱丽莎环保科技有限公司、常山县双明轴承有限公司、常山县电力实业有限公司、浙江宏图建筑工程有限公司（复评）、浙江云泰纺织有限公司（复评）	常政发〔2017〕16号	2017-03-07
2016年度常山县政府质量奖获奖个人	张 毅（浙江省常山纺织有限责任公司）陈建新（浙江时代计量科技有限公司）	常政发〔2017〕16号	2017-03-07
县长特别奖（一）财政贡献奖	第一名浙江常山巨泰投资开发有限公司，第二名衢州冠科置业有限公司	常政发〔2017〕22号	2017-03-23

续表56

荣誉称号	获奖单位或个人	颁发单位/文号	颁发时间
县长特别奖（二）技术创新奖	第一名浙江常山金雄有限公司，第二名浙江富丽新材料有限公司	常政发〔2017〕22号	2017-03-23
县长特别奖（三）中小企业成长奖	第一名浙江雪村制冷设备有限公司，第二名浙江爱丽莎环保科技股份有限公司	常政发〔2017〕22号	2017-03-23
县长特别奖（四）工业企业亩均税收贡献奖	1~5名：衢州天广建材有限公司、浙江常山科润新材料有限公司、浙江亚鑫碳酸钙有限公司、浙江赛赛轴承有限公司、常山皮尔轴承有限公司。6~10名：浙江常信精细化工有限公司、浙江爱丽莎环保科技股份有限公司、捷姆轴承集团有限公司、常山县龙山碳酸钙有限公司、常山县南方碳酸钙有限公司。11~20名：浙江经纬药业有限公司、常山利华钙业有公司、浙江建达羽绒制品有限公司、浙江亨达铝业有限公司、浙江开拓休闲家具用品有限公司、常山县双明轴承有限公司、浙江常山纺织有限责任公司、浙江常山时庆化工有限公司、常山鑫龙轴承有限公司、衢州中润钙业有限公司	常政发〔2017〕22号	2017-03-23
县长特别奖（五）工业企业销售上规模奖	常山温氏畜牧有限公司主营业务收入首次达1亿元	常政发〔2017〕22号	2017-03-23
县长特别奖（六）企业纳税30强	常山南方水泥有限公司、常山县农村信用合作联社、浙江常山巨泰投资开发有限公司、衢州市烟草公司常山分公司、国网浙江常山县供电公司、浙江宏图建筑工程有限公司、常山江山虎水泥有限公司、衢州冠科置业有限公司、浙江启天建设工程有限公司、常山皮尔轴承有限公司、常山成坤房地产有限公司、常山众卡运力供应链管理有限公司、捷姆轴承集团有限公司、浙江常山虎跃水泥有限责任公司、常山谷茂房地产有限公司、浙江常山联合村镇银行股份有限公司、浙江天子股份有限公司、常山县电力实业有限公司、浙江爱丽莎环保科技股份有限公司、浙江广茂建设有限公司、衢州鸿鼎置业有限公司、浙江省常山纺织有限责任公司、衢州天地房地产开发有限公司、常山县中兴矿业有限公司、常山正丽机电有限公司、浙江宇吉物流有限公司、浙江常新机械有限公司、浙江开拓休闲家具用品有限公司、浙江省常山县安厦房屋开发有限公司、浙江顺风建筑工程有限公司	常政发〔2017〕22号	2017-03-23
县长特别奖（七）制造业纳税20强	常山南方水泥有限公司、常山江山虎水泥有限公司、常山皮尔轴承有限公司、捷姆轴承集团有限公司、浙江常山虎跃水泥有限责任公司、浙江天子股份有限公司、浙江爱丽莎环保科技股份有限公司、浙江省常山纺织有限责任公司、常山正丽机电有限公司、浙江常新机械有限公司、浙江开拓休闲家具用品有限公司、浙江常山科润新材料有限公司、衢州天广建材有限公司、浙江赛赛轴承有限公司、浙江四通轴承集团有限公司、浙江常山恒寿堂柚果股份有限公司、浙江云泰纺织有限公司、浙江南洋精工酒店用品制造有限公司、浙江环宇轴承有限公司、浙江玉马机械有限公司	常政发〔2017〕22号	2017-03-23
县长特别奖（八）制造业销售20强	常山南方水泥有限公司、浙江天子股份有限公司、常山江山虎水泥有限公司、浙江浙能常山天然气发电有限公司、浙江四通轴承集团有限公司、浙江爱丽莎环保科技股份有限公司、浙江常山昌联工贸有限公司、浙江省常山纺织有限责任公司、捷姆轴承集团有限公司、浙江凯康金属制品有限公司、浙江亨达铝业有限公司、常山皮尔轴承有限公司、浙江常发粮油食品有限公司、浙江常山虎跃水泥有限责任公司、浙江建达羽绒制品有限公司、浙江云泰纺织有限公司、浙江迈尔泰木业有限公司、浙江永合化工有限公司、衢州天广建材有限公司、浙江赛赛轴承有限公司	常政发〔2017〕22号	2017-03-23
工业企业上规升级奖（一）当年新增规模以上企业	常山温氏畜牧有限公司、浙江百利盛金属制品有限公司、常山县同景新能源有限公司、浙江常山恒寿堂柚果股份有限公司、常山弘远电子有限公司	常政发〔2017〕22号	2017-03-23
工业企业上规升级奖（二）首次入规企业	浙江常山富盛硅业科技有限公司、浙江傲克密管件有限公司、常山利华钙业有限公司、常山富瑞森工贸有限公司、浙江先导精密机械有限公司、衢州正邦电器配件有限公司、浙江万通金属制品有限公司、飞浦防爆电器有限公司	常政发〔2017〕22号	2017-03-23

续表56

荣誉称号	获奖单位或个人	颁发单位/文号	颁发时间
轴承企业销售十强	1~3名：浙江四通轴承集团有限公司、捷姆轴承集团有限公司、常山皮尔轴承有限公司，4~6名：浙江赛赛轴承有限公司、常山县双明轴承有限公司、浙江宏毅轴承有限公司，7~10名：浙江环宇轴承有限公司、浙江康乐轴承有限公司、浙江恒嘉轴承有限公司、常山禄通轴承有限公司	常政发〔2017〕22号	2017-03-23
技术创新及品牌建设奖	（一）国家高新技术企业：浙江爱丽莎环保科技股份有限公司、浙江常山德讯达电子科技有限公司、浙江玉马机械有限公司、衢州市凡工电气科技有限公司。（二）省级高新技术企业研发中心：浙江迈特电子有限公司。（三）省级创新型示范中小企业：浙江环宇轴承有限公司、浙江常山科润新材料有限公司。（四）2016年度中国机械工业科学技术奖三等奖：浙江环宇轴承有限公司	常政发〔2017〕22号	2017-03-23
新农村建设优秀单位（6个）	辉埠镇、新昌乡、白石镇、何家乡、芳村镇、招贤镇	县委/常委〔2017〕18号	2017-03-28
新农村建设先进个人（14人）	刘群（天马街道）郑俊（金川街道）徐亮（紫港街道）朱忠诚（辉埠镇）汪峻(何家乡)郑胜（招贤镇）郑赟（青石镇）左志云（东案乡）杨力军（大桥头乡）王伟荣（芳村镇）魏斌（新昌乡）申亚星（白石镇）朱剑锋（球川镇）余良军（同弓乡）	县委/常委〔2017〕18号	2017-03-28
第三批美丽乡村精品村（10个）	天马村、孔家弄村、彭川村、江源村、官庄村、东案村、濛桥村、郭塘村、草坪村、同心村	县委/常委〔2017〕18号	2017-03-28
美丽乡村建设带头人（14人）	李明良（孔家弄村）江志耀（彭川村）张荣（郭塘村）鲍金荣（天马村）徐秀禄（五里亭村）王水清（黄冈村）周建平（招贤村）徐伟国（砚瓦山村）郑富红（田蓬村）张小利（濛桥村）王致勇（新桥村）董献忠（新塘岭村）廖端泉（东坑村）邹清华（同心村）	县委/常委〔2017〕18号	2017-03-28
“常山三宝”产业优秀企业（7个）	浙江天子股份有限公司、浙江常发粮油食品有限公司、浙江常山恒寿堂柚果股份有限公司、常山县森力家庭农场、常山县大宝山柑桔专业合作社、常山县绿圣生物科技有限公司、常山县富尔康山茶油有限公司	县委/常委〔2017〕18号	2017-03-28
开拓创新型经营主体（15个）	浙江常山黄塘旅游景区开发有限公司、常山县金童食用菌专业合作社、常山县利卿果业专业合作社、常山县金仙家庭农场、常山县利成家庭农场、常山县水英索面专业合作社、常山青林家庭农场、常山新地农业科技有限公司、常山县众柚胡柚专业合作社、常山县丰硕农业开发有限公司、常山县鹏飞油茶专业合作社、常山县王土根家庭农场、常山县田美家庭农场、常山弘叶家庭农场、常山太心蔬菜专业合作社	县委/常委〔2017〕18号	2017-03-28
“蓝天三衢”生态治理工作先进个人	徐　民（县环保局）官建国（县经信局）郑龙龙（县安监局）黄家法（县国土局）苏辉芳（县市场监管局）邹志锋（县矿管办）陈维道（县财税局）徐建宏（县综合执法局）何国治（县国税局）王小刚（招贤镇）付小丽（县委宣传部）程　刚（县供电局）李水明（县交通局）黄家有（县交警大队）郑泽荣、朱奕楠、徐卫星（辉埠镇）	县委/常委〔2017〕17号	2017-04-01
2016年平安建设工作先进集体	县委政法委、县人民法院、县人民检察院、县公安局、县司法局、县信访局	县委/常委〔2017〕19号	2017-04-05
2016年度全县建设“平安常山”（综治、维稳）先进集体	紫港街道、白石镇、球川镇、同弓乡、县妇联、县住建局、县交通局、县公安局、县民政局、县市场监管局、县教育局、县综治办	县委/常委〔2017〕19号	2017-04-05

续表56

荣誉称号	获奖单位或个人	颁发单位/文号	颁发时间
2016年度全县建设“平安常山”（综治、维稳）先进个人	胡水刚（天马街道）陈 星（天马街道屏山社区）任小军（紫港街道）徐金妹（紫港街道紫港社区）徐东红（金川街道）徐小忠（金川街道常桥村）潘广贵（辉埠镇）刘光云（辉埠镇）王全寿（何家乡）吴月良（招贤镇）李向阳（招贤镇）郑 丽（青石镇）鲁正峰（青石镇溪口村）汪建新（东案乡）樊厚军（大桥头乡）陈贤民（芳村镇）张 斌（芳村镇）魏 斌（新昌乡）吴小丽（白石镇）张铨金（球川镇）刘永良（球川镇杨家村）黄翔根（同弓乡）叶坚胜（县委办）汪辉德（信访局）王 俊（政府办）郭海涛（人大机关）揭慧丰（政协机关）余 靖（县纪委）王新帅（县委组织部）吕 宁（县委宣传部）巫春英（县委统战部）饶 群（团县委）徐丽春（发改局）李和平（商务和粮食局）郑寻宝（统计局）周宏伟（安监局）郑新建（开发区管委会）朱 瑜（人力社保局）王木星（城东新区管委会）程 栋（县委维稳办）方 程（县法院）饶立飞（县检察院）鲁祖夏（县公安局）汪益华（县司法局）许 昕（县消防大队）洪伟英（县农办）江羊你（县水利局）江卫东（县财政<地税>局）黄国华（县卫生计生局）王小兵（县文广新局）陈金全（浙江常山富盛硅业科技有限公司）范大全（浙江常山民盛纺织有限公司）	县委/常委〔2017〕19号	2017-04-05
2016年度全县安全生产工作先进集体	县交警大队、县教育局、县安监局、县消防大队、县商务和粮食局、县民政局、县妇联、芳村镇、同弓乡、青石镇	常政发〔2017〕32号	2017-04-25
2016年度全县安全生产工作先进个人	曾智盛（县委政法委）王俊（县应急办）翁绍志（县交通运输局）徐毅（县安监局）姜利成（县市场监管局）郑新建（县经济技术开发区管委会）郑荣华（天马街道）毛明标（紫港街道）刘忻（东案乡）熊淑宝（球川镇）	常政发〔2017〕32号	2017-04-25
2016年夏秋季征兵工作先进单位	县公安局、紫港街道办事处、芳村镇人民政府、白石镇人民政府、东案乡人民政府	常政发〔2017〕54号	2017-07-21
2016年夏秋季征兵工作先进个人	陈思佳、徐成水（县人武部）姜维（新昌乡）周震（东案乡）陆 明（县人民医院）林文成（县卫计局）黄红飞（新都派出所）姜锦彬（招贤派出所）徐勇军（县民政局）	常政发〔2017〕54号	2017-07-21
第六届拔尖人才（青年拔尖人才）	毛小英、陈江（县妇幼保健院）王芳、徐荣祥（常山一中）王宏芳（县实验小学青年拔尖人才）毛荣良（县食用菌协会）史君齐（浙江哲丰新材料有限公司）孙剑虹、李小青、樊宇荣（县人民医院）何水清（县农科所）吴益民（住建局）罗文富（文化馆）赵四清（县胡柚研究院）郑红朝（浙江常山科润新材料有限公司）洪永海（常山一小）费斐（宣传部、青年拔尖人才）袁佳（县环境监测站）徐小忠（浙江柚都生物科技有限公司）徐金祥（县西瓜产业协会）徐功武（县南方水泥有限公司）高福强（浙江锦禾农业科技有限公司）揭雨兴（县新闻中心）蒋晓燕（龙绕中心小学）	常委〔2017〕32号	2017-08-18
常山县第二届教坛新秀（77名）	王玉英、范丽霞、陈丽、程海峰（常山一中）罗慧、陈熠（紫港中学）谢杨波、廖婷婷（职业中专）徐勤灵、危芩、苏珏（城关中学）吴超、张晓琴、姜峰、谢红英（城南中学）江露霞、杨焕、余志珍、洪琳（育才中学）贵佩雯（常山二中）张吴浩、黄明、樊秋仙（常山三中）江成龙、王玮（何家初中）吴倩倩（阁底初中）陈金萍、戴玲玲（龙绕初中）张静霞、刘夏俊、徐苏妹、杨丽丽、程咪、蒋 俊（常山一小）占振华、蒋秋华（实验小学）饶珍子、黄鑫亚、徐玲灵、徐捷、刘星、谢玉华（天马一小）刘珊、姜利剑、江何杰（天马二小）胡雪燕、胡箭慧、徐小俭、余燕（育才小学）曾皎月（二都桥小学）吴月群（湖东小学）杨芳（城东小学）叶静萍、林瑜（宋畈小学）徐丽、谢维娟（辉埠小学）李宇飞（何家小学）姜珍（青石小学）王奕、李丽（阁底小学）凌佳、邓秋萍（招贤小学）宁珊珊、刘琦华、蒋林泉（五里小学）杨海军（东案小学）周南楠（大桥头小学）周晓英、徐德飞（芳村小学）洪燕华、邹燕娟（钳口小学）洪弘（球川小学）顾琳琳、郑琦慧（育才幼儿园）程妤婵、张洁（教工幼儿园）郑丽纹（江滨幼儿园）	常政发〔2017〕59号	2017-09-01

续表56

荣誉称号	获奖单位或个人	颁发单位/文号	颁发时间
2017年常山县教学质量标兵（149名）	姚义众、刘振泉、姜莹、宋少威、郑红全、栾文贵、叶水爱、占忠祥、熊星飞、苏武、陈婷、吴玉梅、王玉英、刘英、熊水英、徐丽丽、吴继军、王丽玲、詹飞鸣、张薇、吴天亮、谢慧霞、李小兰（常山一中）陈兢兢、汪耿、蒋建文、蒋丽霞、杨智慧、黄德淦、张琳、谢冰、樊卫军、王水英（紫港中学）徐兵、蒋文锋、余丽花、樊丽雅（职业中专）郑亚龙（三衢中学）朱夏蕾、潘云、樊永红、徐燕燕（天马中学）陈伟芳、王丽宏、周元仙、熊文选、李新良、樊俊雅（城关中学）张雪琴、楼向阳、许小妹、林菊芳、江春妹、徐木清、戴金仙、吴超、郑芝芳、汪土根、王梅春（城南中学）付卫芳、徐谟杆、金素萍、朱瑶萍、徐舍洲、汪玉华、赖阳清、吴银娟、余倩雯、陈伟明、琚微、杨焕、郑琛、余土英、林毓（育才中学）邹红辉、曾建英（城东中学）刘春燕、郑苏妹（常山二中）邱淑瑾（常山三中）金秀平、方永海、朱媛倩（何家初中）郑爱英、周晓燕（阁底初中）饶祖明、曾志灵（同弓初中）程娟娟（龙绕初中）郑荣明、樊莲君、张丽君、宁静、张静霞（常山一小）徐小明、樊红雨、章志福、任莹、林丽娟（实验小学）江立升、徐捷、张建君（天马一小）郑利军、徐俊敏、樊美君、陈静、鲁贞君（天马二小）毛雅胜（育才小学）李欣、胡岳娟、林国芳、蒋秋仙、姜雯雯（二都桥小学）郑君君（湖东小学）陈芳英、邹金芳、余文敏（城东小学）章雯雯（宋畈小学）林艳、徐霄仙（辉埠小学）阮小华（青石小学）张洪良、王奕（阁底小学）鄢建梅、凌佳（招贤小学）蒋小芬、樊晶晶、周圆、叶丹（五里小学）徐利国、杨海军、徐晓娟（东案小学）江国英（大桥头小学）王珏、王芳丽、周晓英、谢飘飘、姜土华、郑玲玲、曾文妹（芳村小学）周美琴（白石小学）徐雪萍、朱桂贞、何绍叶（钳口小学）徐勋贵、陈丽丽、魏志芳、鲁叶梅、陈玉琳（同弓小学）郑立英（育才幼儿园）程好婵（教工幼儿园）	常政发〔2017〕59号	2017-09-01
2017年常山县科技进步奖一等奖	浙能常山天然气发电有限公司：王美树、俞哲峰、钟文晶、马永卫、韩峰、周红星、许正武、节鹏举。浙江科升电力设备有限公司：姜斌、蒋正荣、王庆平、任谦、毛伟伟。县人民医院：孙剑虹、徐串联、严宇仙、徐复娟、胡建军	常政发〔2017〕88号	2017-12-28
2017年常山县科技进步奖二等奖	浙江环宇轴承有限公司：罗环山、罗庆、周建亮、程水良、樊益民、杨裕发、朱恒良。常山纺织有限责任公司：章正红、张毅、华伟强、林志坚、王江水、黄金贵、黄东方、李同辉、琚月红、袁华燕。常山友仙家庭农场：王治友、洪金良、黄运建、徐美仙。县人民医院：夏敬高、程旭峰、樊宇荣、李小青、杨绮虹，徐志军（中医医院）	常山县政府/常政发〔2017〕88号	2017-12-28
2017年常山县科技进步奖三等奖	浙江永合新材料科技有限公司：张正华、杨天生、方鑫、王金荣、陈生荣、裴根龙、赵晓彬、李永昌。常山康乐轴承有限公司：王振华、郑有水、郑舍有水、樊日红、王志仙。常山双明轴承有限公司：吕茂俭、唐志国、白雪林、戚剑、余兴田、高双双、周建军、樊荣海、徐樟富、胡木红、徐再丽、巨培培、徐建明。浙江时代计量科技有限公司：陈建新、曲殿光、郭和全、陈向磊。县人民医院：胡美军、李小青、何易、张帆、吴水妹、高玲娟、毛小英、徐祥梅、王群丽、胡芝仙，蒋梅繁（妇保院）	常政发〔2017〕88号	2017-12-28

重要文件目录

中共常山县委、县人民政府联发文件

表57

序	文 号	文 件 标 题
1	常委〔2017〕11号	关于表彰常山县第四届“项目功臣、攻坚干将、招商能手”的通知
2	常委〔2017〕16号	关于加快推进工业经济转型升级的若干政策（试行）
3	常委〔2017〕17号	关于表彰“蓝天三衢”生态治理工作先进个人的通知
4	常委〔2017〕18号	关于表彰2016年度美丽乡村建设各项先进的通报
5	常委〔2017〕19号	关于表彰2016年度全县建设“平安常山”（综治、维稳）工作先进集体和个人的通知
6	常委〔2017〕22号	常山县2017年度乡镇（街道）部门工作目标考核办法
7	常委〔2017〕23号	常山县创建美丽乡村示范县实施方案
8	常委〔2017〕24号	关于调整有关领导小组领导职务的通知
9	常委〔2017〕26号	关于深化完善“智汇常山工程”的若干意见
10	常委〔2017〕32号	关于表彰常山县第六届拔尖人才（青年拔尖人才）的通报
11	常委〔2017〕35号	关于推进绿色金融改革创新试验区建设的实施意见

（县委办公室）

中共常山县委文件

表58

序	文 号	文 件 标 题
1	常委〔2017〕2号	关于进一步加强自身建设的决定
2	常委〔2017〕3号	中共常山县委工作规则
3	常委〔2017〕9号	县第十三次党代会报告重点工作分工抓落实安排
4	常委〔2017〕12号	关于公布2016年度“金钉子”党组织和2015年度“金钉子”复评合格党组织的通知
5	常委〔2017〕13号	常山县深化监察体制改革试点实施方案
6	常委〔2017〕14号	关于部分单位党组织设置的通知
7	常委〔2017〕20号	常山县实名推荐领导干部人选办法（试行）
8	常委〔2017〕21号	常山县“严管干部、淬炼铁军”末位管理实施办法（试行）
9	常委〔2017〕27号	关于印发《常山县干部调动工作规程》的通知
10	常委〔2017〕28号	关于撤销县服务业办公室党组的通知
11	常委〔2017〕29号	关于调整县委全面深化改革领导小组的通知

续表58

序	文 号	文 件 标 题
12	常委〔2017〕30号	关于印发《县委全面深化改革领导小组专项小组组成人员名单》的通知
13	常委〔2017〕31号	关于印发《2017年常山县改革满意度评估工作方案》的通知
14	常委〔2017〕33号	关于印发《县委十三届二次暨县十六届政府第一次全体（扩大）会议重点工作分工抓落实安排》的通知
15	常委〔2017〕36号	关于调整部分单位党组织设置的通知

（县委办公室）

常山县人民政府文件

表59

序	文 号	文 件 标 题
1	常政发〔2017〕1号	关于大力推进教育质量提升工作的意见
2	常政发〔2017〕3号	关于同意《常山县能源发展“十三五”规划》的批复
3	常政发〔2017〕4号	关于2017年土地储备计划的批复
4	常政发〔2017〕6号	关于《常山县常山港治理二期工程社会风险评估报告》的批复
5	常政发〔2017〕7号	关于印发《常山县全民健身实施计划(2017—2020)年》的通知
6	常政发〔2017〕8号	关于授予县公安局等6个单位集体三等功的决定
7	常政发〔2017〕10号	关于暂时关闭全县活禽交易市场（经营区）的通告
8	常政发〔2017〕11号	关于公开出让常山县辉埠新区枧头区块2号地块国有建设用地使用权的批复
9	常政发〔2017〕12号	关于同意《常山县龙绕溪流域治理规划》的批复
10	常政发〔2017〕13号	关于县长副县长分工的通知
11	常政发〔2017〕14号	关于印发《常山县人民政府工作规则》的通知
12	常政发〔2017〕15号	2017年度民兵组织整顿工作实施意见
13	常政发〔2017〕16号	关于2017年度常山县政府质量奖获奖企业（组织）和个人的通报
14	常政发〔2017〕17号	关于下达常山县2017年重点建设项目和重大前期项目计划的通知
15	常政发〔2017〕18号	关于同意公开出让浙西现代农业旅游休闲观光园4号、6号、9号、10号等四幅地块国有建设用地使用权的批复
16	常政发〔2017〕19号	关于同意公开出让常山健康养生特色小镇12号、13号等二幅地块国有建设用地使用权的批复
17	常政发〔2017〕20号	关于印发《常山县社区居民委员会换届选举工作实施方案》的通知
18	常政发〔2017〕21号	关于印发《常山县第十一届村民委员会换届选举实施方案》的通知
19	常政发〔2017〕22号	关于表彰2017年度县长特别奖等奖项的通报
20	常政发〔2017〕23号	关于同意授权常山县食用菌办公室负责“常山猴头菇”地理标志证明商标注册和管理的批复
21	常政发〔2017〕24号	关于同意《常山县林场创建浙江省现代国有林场实施方案》的批复
22	常政发〔2017〕25号	关于同意球川镇等11个乡镇小城镇环境综合整治规划的批复
23	常政发〔2017〕30号	关于印发《常山县城区危旧房治理改造实施办法》的通知
24	常政发〔2017〕34号	关于公布芙蓉水库等水利工程放水预警方案的通知

续表59

序	文号	文件标题
25	常政发〔2017〕35号	关于公布基准地价更新成果的通知
26	常政发〔2017〕36号	关于同意公开出让常山县后坊-大弄口片区05-03-29地块国有建设用地使用权的批复
27	常政发〔2017〕37号	关于同意公开出让常山县江北新村1-7#地块、北门1区块1-4#地块等两幅地块国有建设用地使用权的批复
28	常政发〔2017〕38号	关于严禁在衢州市绿色产业集聚区常山何家至辉埠公路工程规划范围抢种花卉苗木及增建设施的公告
29	常政发〔2017〕39号	关于《常山县燃气专项规划》的批复
30	常政发〔2017〕40号	关于加快推进油茶产业发展的实施意见
31	常政发〔2017〕43号	关于东案乡朝阳村后弄山等四个“旱改水”耕地质量提升项目和垦造耕地项目立项的批复
32	常政发〔2017〕44号	关于同意公开出让常山健康养生特色小镇9号、10号、16号、21号等四幅地块国有建设用地使用权的批复
33	常政发〔2017〕45号	关于设立教师荣誉奖项的意见（修订）
34	常政发〔2017〕46号	关于推进被征地农民基本生活保障工作的实施意见
35	常政发〔2017〕47号	关于印发《常山县妇女发展规划（2017—2020年）》和《常山县儿童发展规划（2017—2020年）》的通知
36	常政发〔2017〕48号	关于《常山县生态环境保护“十三五”规划》的批复
37	常政发〔2017〕50号	关于加强衢枳壳药材管理的公告
38	常政发〔2017〕52号	关于同意《常山县美丽公路（一期)工程PPP项目实施方案》的批复
39	常政发〔2017〕53号	关于进一步加强后备力量基层建设规范的通知
40	常政发〔2017〕55号	关于同意2017年土地督察闲置土地处置意见的批复
41	常政发〔2017〕56号	关于同意《常山县2017年度水利工程标准化管理小型水库和山塘管理与保护划定方案》的批复
42	常政发〔2017〕59号	关于命名表彰常山县第二届教坛新秀等教师荣誉的通报
43	常政发〔2017〕60号	关于大力推进医疗服务质量提升工作的意见
44	常政发〔2017〕63号	关于同意授权常山县交通局为常山县美丽公路（一期）工程PPP项目实施机构的批复
45	常政发〔2017〕65号	关于常山县美丽公路（一期）工程PPP项目合同的批复
46	常政发〔2017〕68号	关于深入推进“四边三化”工作的通告
47	常政发〔2017〕70号	关于依法整治违法建筑的第三号通告
48	常政发〔2017〕71号	关于同意351国道龙游横山至开化华埠公路工程（常山段）PPP项目实施方案的批复
49	常政发〔2017〕73号	关于完善乡镇（街道）财政管理体制的通知
50	常政发〔2017〕74号	关于完善经济强镇和中心镇财政管理体制的通知
51	常政发〔2017〕75号	关于完善常山县经济技术开发区财政管理体制的通知
52	常政发〔2017〕76号	关于常山县芙蓉水库、狮子口水库、千红灌区总干渠工程管理和保护范围划定方案等事项的批复
53	常政发〔2017〕78号	关于推进政策性融资担保体系建设的实施意见
54	常政发〔2017〕79号	关于2017年度实行最严格水资源管理制度考核反馈意见整改落实情况的总结
55	常政发〔2017〕80号	关于重新公布常山县征地补偿安置政策的通知
56	常政发〔2017〕83号	关于同意《常山县城乡供水一体化专项规划》的批复

续表59

序	文号	文件标题
57	常政发〔2017〕85号	关于同意《常山县中心城区地下管线综合（含综合管廊）规划》的批复
58	常政发〔2017〕86号	关于同意《常山县中心城区海绵城市专项规划》的批复
59	常政发〔2017〕87号	关于同意《常山县绿色建筑专项规划》的批复
60	常政发〔2017〕88号	关于公布2017年常山县科技进步奖获奖项目的通知

（县政府办公室）

县委办公室、县政府办公室联发文件

表60

序	文号	文件标题
1	常委办〔2017〕1号	关于2017年春节期间访民情送温暖活动安排的通知
2	常委办〔2017〕2号	关于开展第四届“项目功臣、攻坚干将、招商能手”评选活动的通知
3	常委办〔2017〕3号	关于成立常山县村级组织换届工作领导小组的通知
4	常委办〔2017〕4号	关于开展2017年春节元宵系列文化活动的通知
5	常委办〔2017〕7号	关于2016年度县级机关满意不满意单位评选活动情况的通报
6	常委办〔2017〕8号	关于2016年度乡镇（街道）和部门工作目标考核结果的通报
7	常委办〔2017〕9号	常山县2017年“招商引资年”活动实施方案
8	常委办〔2017〕10号	常山县2017年“能力提升年”活动实施方案
9	常委办〔2017〕11号	关于深入开展房屋安全隐患排查、坚持不懈打好治危拆违攻坚战的紧急通知
10	常委办〔2017〕12号	关于深刻吸取天台重大火灾事故切实加强冬春火灾防控工作的紧急通知
11	常委办〔2017〕14号	关于整合县“三改一拆”“四边三化”工作机构的通知
12	常委办〔2017〕16号	关于成立常山县危旧房治理改造工作领导小组的通知
13	常委办〔2017〕18号	关于建立常山县大处村历史文化古村落保护利用项目指挥部的通知
14	常委办〔2017〕21号	关于认真做好村和社区组织换届选举工作的实施意见
15	常委办〔2017〕23号	关于调整县领导“六个一”联系及“部门包村共建美丽乡村”安排的通知
16	常委办〔2017〕24号	关于分解落实2016年度省对淳安等26县发展实绩考核指标任务的通知
17	常委办〔2017〕26号	常山县2017年“项目推进年”活动实施方案
18	常委办〔2017〕27号	关于大力推进常山保姆行业转型升级全面打响“常山阿姨”品牌的实施意见
19	常委办〔2017〕28号	关于开展农村赤膊墙整治“大干三个月打赢速决战”专项行动的实施方案
20	常委办〔2017〕30号	关于调整常山县”国际慢城“建设工作领导小组的通知
21	常委办〔2017〕31号	关于全面实施公厕“所长制”的意见
22	常委办〔2017〕32号	关于全面推进乡镇（街道）“四个平台”建设的实施意见
23	常委办〔2017〕33号	常山县大干50天剿灭劣V类水体攻坚战实施方案
24	常委办〔2017〕34号	关于组织开展影响社会稳定和信访突出问题破难攻坚专项行动的通知
25	常委办〔2017〕36号	关于修订我县党政机关公务支出和津补贴发放有关文件条款的通知

续表60

序	文　号	文　件　标　题
26	常委办〔2017〕37号	关于打造“合唱之城、排舞之乡”的实施意见
27	常委办〔2017〕40号	关于建立乡镇（街道）“四个平台”建设领导小组的通知
28	常委办〔2017〕42号	关于印发《常山县2017年招商引资考核办法》的通知
29	常委办〔2017〕43号	关于印发《常山县中介招商奖励办法》的通知
30	常委办〔2017〕44号	关于印发《常山县产业专业招商组运行管理办法》的通知
31	常委办〔2017〕46号	关于2016年度全县信访工作目标管理考核结果的通报
32	常委办〔2017〕48号	关于印发《常山县“树正气、打歪风”专项行动实施方案》的通知
33	常委办〔2017〕53号	关于印发《2017年度农民增收工作分工抓落实方案》的通知
34	常委办〔2017〕54号	关于印发《常山县行业协会商会与行政机关脱钩实施方案》的通知
35	常委办〔2017〕55号	关于建立重点单位法治宣传教育责任清单制度的实施意见
36	常委办〔2017〕58号	印发《全面深化河长制的实施意见》通知
37	常委办〔2017〕61号	关于调整常山三衢湖省级旅游度假区管委会主任的通知
38	常委办〔2017〕62号	关于下达《2017年度市对县“五水共治”工作考核评价指标体系责任分解及评分细则》的通知
39	常委办〔2017〕67号	关于修改《常山县村级集体经济组织财务管理办法》部分内容的通知
40	常委办〔2017〕68号	关于印发《常山县2017年深化开展“百名局长帮百企”活动实施方案》的通知
41	常委办〔2017〕70号	关于切实做好持续高温天气应对工作的紧急通知
42	常委办〔2017〕72号	关于开展社会团体清理规范工作的通知
43	常委办〔2017〕73号	关于印发《全县消防安全隐患集中排查整治行动方案》的通知
44	常委办〔2017〕75号	关于印发《常山县2017年度乡镇（街道）工作目标考核细则》的通知
45	常委办〔2017〕76号	关于印发《常山县2017年度部门工作目标考核细则》的通知
46	常委办〔2017〕77号	关于建立常山县全域旅游工作联席会议制度的通知
47	常委办〔2017〕78号	关于印发《常山县“无违建县”创建百日攻坚行动实施方案》的通知
48	常委办〔2017〕79号	关于印发《常山县信访积案“清仓见底”专项行动实施方案》的通知
49	常委办〔2017〕80号	关于印发《常山县乡镇（街道）“四个平台”派驻干部管理考核工作试点方案》的通知
50	常委办〔2017〕81号	印发《关于加快推进全民阅读建设书香常山的意见》的通知
51	常委办〔2017〕82号	关于下达《常山胡柚产业转型发展行动工作任务清单（2017-2019）》的通知
52	常委办〔2017〕83号	关于印发《2017年度常山县“五水共治”群众满意度提升工作方案》的通知
53	常委办〔2017〕84号	关于印发《常山县全科网格建设和管理十条规范》的通知
54	常委办〔2017〕85号	关于在全县开展第七个尊师重教月活动的通知
55	常委办〔2017〕87号	关于印发新修订的常山县实施公（铁）路“路（段）长制”管理工作方案的通知
56	常委办〔2017〕88号	关于印发《全县民房等重点领域火灾隐患集中排查整治行动方案》的通知
57	常委办〔2017〕89号	关于实施消除集体经济薄弱村三年行动计划的意见
58	常委办〔2017〕90号	关于全力推进村内“赤膊墙”整治工作的意见
59	常委办〔2017〕91号	关于开展重点项目“百日攻坚”行动的通知

续表60

序	文　号	文　件　标　题
60	常委办〔2017〕92号	关于加快高端民宿发展的实施意见
61	常委办〔2017〕93号	关于印发《2017年党风廉政建设和反腐败工作组织领导与责任分工》的通知
62	常委办〔2017〕96号	关于成立常山县推进媒体深度融合工作领导小组和工作小组的通知
63	常委办〔2017〕97号	印发《关于推动“常山阿姨”产业发展的若干政策（试行）》的通知
64	常委办〔2017〕102号	关于印发《2017年度市对县综合考核目标任务和责任分工方案》的通知
65	常委办〔2017〕104号	关于严格会议期间手机使用管理的通知
66	常委办〔2017〕107号	关于印发《常山县信访工作责任制实施细则》的通知
67	常委办〔2017〕108号	关于成立常山县光伏小康工程领导小组及工作机构的通知
68	常委办〔2017〕109号	关于进一步深化退役士兵社会化服务工作的实施方案
69	常委办〔2017〕110号	关于深化“厕所革命”开展三百行动的实施方案
70	常委办〔2017〕111号	关于做好2018年元旦春节期间有关工作的通知

（县委办公室）

县委办公室文件

表61

序	文　号	文 件 标 题
1	常委办〔2017〕6号	关于做好春节期间统一战线成员联络联谊工作的通知
2	常委办〔2017〕15号	常山县低收入农户认定及动态管理工作实施意见
3	常委办〔2017〕19号	关于表彰2016年度全县党委系统信息工作先进集体和先进个人的通知
4	常委办〔2017〕20号	关于开设“慢城大讲坛”的实施意见
5	常委办〔2017〕25号	中共常山县委统战部关于县工商联（商会）换届工作的实施意见
6	常委办〔2017〕38号	关于印发《2017年度乡镇（街道）、部门党委信息考核奖励办法》的通知
7	常委办〔2017〕39号	转发县委组织部《关于2017年“能力提升年”活动主要任务分解的意见》的通知
8	常委办〔2017〕51号	关于加强新形势下党建带群团组织建设工作的实施意见
9	常委办〔2017〕52号	关于印发《常山县乡镇（街道）“四个平台”干部管理办法（试行）》的通知
10	常委办〔2017〕56号	印发《关于推进“两学一做”学习教育常态化制度化的实施方案》的通知
11	常委办〔2017〕65号	关于印发《常山县党委（党组）理论学习中心组学习实施细则》的通知
12	常委办〔2017〕66号	关于印发《县委理论学习中心组2017年学习计划》的通知
13	常委办〔2017〕74号	关于县纪委派驻纪检组更名为县纪委、县监委派驻纪检监察组的通知
14	常委办〔2017〕98号	关于组织开展党的十九大精神宣讲活动的通知
15	常委办〔2017〕99号	关于建立县委巡察工作协调协作机制的通知
16	常委办〔2017〕100号	关于印发《常山县群团改革总体方案》的通知
17	常委办〔2017〕101号	关于印发《常山县乡镇（街道）部门“四个平台”干部派驻工作专项考评实施办法（试行）》等五个办法的通知
18	常委办〔2017〕105号	关于做好2018年度党报党刊发行工作严格规范报刊发行秩序的通知

（县委办公室）

常山县人民政府办公室文件

表62

序	文 号	文 件 标 题
1	常政办发〔2017〕2号	关于常山县芳村镇芳鑫北路42-1号原粮油商场地块再开发改造协议出让补交土地出让金差价的批复
2	常政办发〔2017〕4号	关于同意2017年常山县县乡机关面向社会公开招考录用公务员的批复
3	常政办发〔2017〕6号	关于同意大桥头乡濛桥村黄衢南高速（安置区）失地村民办理失地保险的批复
4	常政办发〔2017〕7号	关于同意《常山县地质灾害防治与地质环境保护“十三五”规划》的批复
5	常政办发〔2017〕9号	关于印发《常山县涉及金属表面酸洗磷化建设项目准入指导意见（试行）》的通知
6	常政办发〔2017〕11号	关于印发《关于加强农村留守儿童关爱保护工作的实施意见》的通知
7	常政办发〔2017〕12号	关于同意金川街道金川弄村畈头等7个垦造耕地及旱改水耕地质量提升项目立项的批复
8	常政办发〔2017〕13号	关于收回常山县华联物资有限公司等单位国有土地使用权的批复
9	常政办发〔2017〕15号	关于印发《常山县“除隐患保安全促转型”治危拆违攻坚战行动方案》的通知
10	常政办发〔2017〕16号	关于申报“坡地村镇”建设用地试点项目的通知
11	常政办发〔2017〕17号	关于转发浙江省人民政府办公厅关于切实做好H7N9疫情防控工作的紧急通知
12	常政办发〔2017〕18号	关于印发《常山县中央农业文化遗产暂行管理办法》的通知
13	常政办发〔2017〕19号	关于印发《中国重要农业文化遗产候选项目“浙江常山胡柚生产与文化系统保护与发展”暂行管理办法》的通知
14	常政办发〔2017〕20号	关于印发2017年政府工作报告重点工作责任分解的通知
15	常政办发〔2017〕21号	关于印发《常山县“国际慢城2017年度建设实施方案》的通知
16	常政办发〔2017〕22号	关于印发《常山县计划生育公益金管理办法》的通知
17	常政办发〔2017〕23号	关于做好县级部门公共服务事项梳理公开工作的通知
18	常政办发〔2017〕25号	关于印发《全域剿灭劣Ⅴ类水体实施方案》的通知
19	常政办发〔2017〕26号	关于进一步推进土地整治工作的意见
20	常政办发〔2017〕29号	关于切实做好文物保护单位安全工作的通知
21	常政办发〔2017〕30号	关于同意将已收储的原常山县三衢教育发展有限公司部分国有建设用地及房产设施无偿划拨和划转给常山县教育局的批复
22	常政办发〔2017〕33号	关于印发《常山县钉钉移动智慧办公工作方案》的通知
23	常政办发〔2017〕34号	关于同意设立睿康常山山茶油产业基金有关事项的通知
24	常政办发〔2017〕35号	关于做好“最多跑一次”事项在浙江政务服务网权力事项库信息更新的通知
25	常政办发〔2017〕37号	关于印发《常山县地质灾害综合治理“除险安居”行动实施方案》的通知
26	常政办发〔2017〕38号	关于对常山县皇家至尊娱乐会所等2家单位重大火灾隐患挂牌督办的批复
27	常政办发〔2017〕39号	关于印发《常山县政务钉钉群管理暂行规定》的通知
28	常政办发〔2017〕40号	关于印发《国家土地督察上海局土地例行督察常山县工作方案》的通知
29	常政办发〔2017〕47号	关于印发《常山县行政服务 中心“一窗受理”改革工作实施方案》的通知

续表62

30	常政办发〔2017〕49号	关于印发《常山县电网重大事故应急处理预案》的通知
31	常政办发〔2017〕51号	关于进一步加强常山县通信基站建设的通知
32	常政办发〔2017〕53号	关于同意《常山县城区道路白改黑及人行道改造PPP项目（城区主干道改造提升工程）实施方案》的批复
33	常政办发〔2017〕54号	关于印发《常山县永久基本农田保护标识管护责任制度》的通知
34	常政办发〔2017〕55号	关于印发《常山县农民异地搬迁项目实施细则》的通知
35	常政办发〔2017〕58号	关于加强预算支出进度管理的通知
36	常政办发〔2017〕60号	关于印发《常山胡柚产业发展三年行动计划（2017—2019）》的通知
37	常政办发〔2017〕61号	关于印发《常山食用菌产业发展三年行动计划（2017—2019）》的通知
38	常政办发〔2017〕62号	关于印发《常山油茶产业发展三年行动计划（2017—2019）》的通知
39	常政办发〔2017〕64号	关于印发《常山县创建浙江省体育强县工作实施方案》的通知
40	常政办发〔2017〕65号	关于同意对违法建筑实施强制拆除的批复
41	常政办发〔2017〕66号	关于印发《常山县人民政府质量奖管理办法（2017年修订）》的通知
42	常政办发〔2017〕67号	关于印发《常山县促进散装水泥发展和应用管理办法》的通知
43	常政办发〔2017〕70号	关于批转《常山县2017年度地质灾害防治方案》的通知
44	常政办发〔2017〕72号	关于扶持常山县石文化产业发展的若干政策（试行）
45	常政办发〔2017〕75号	关于印发《常山县钉钉移动智慧办公系统向基层延伸工作方案》的通知
46	常政办发〔2017〕77号	关于印发《2017年常山县开展涉嫌非法集资风险排查专项活动实施方案》的通知
47	常政办发〔2017〕78号	关于同意衢州绿色产业集聚区常山片区纬五路东南侧局部地块控制性详细规划调整的批复
48	常政办发〔2017〕79 号	关于同意《常山县球川镇镇区控制性详细规划》的批复
49	常政办发〔2017〕80 号	关于印发《常山县国家土地例行督察整改工作方案》的通知
50	常政办发〔2017〕81号	关于加快实施金屋顶光伏富民工程的通知
51	常政办发〔2017〕82 号	关于印发《常山县地质灾害避让搬迁安置实施意见（试行）》的通知
52	常政办发〔2017〕83号	关于印发《常山县综合执法局主要职责内设机构和人员编制规定》的通知
53	常政办发〔2017〕84号	关于转发《浙江省2017年度政府集中采购目录及采购限额标准》的通知
54	常政办发〔2017〕86号	关于做好梅雨期防汛和地质灾害防治工作的通知
55	常政办发〔2017〕87号	关于开展“能力提升年”活动的实施方案
56	常政办发〔2017〕88号	关于同意2017年度常山县城镇公租房申请受理及分配工作方案的批复
57	常政办发〔2017〕90号	关于印发《2017年常山县政府投资项目支出计划》的通知
58	常政办发〔2017〕91号	关于印发《常山县最低生活保障对象参加公益性社会服务管理办法》的通知
59	常政办发〔2017〕92号	关于印发《2017年常山县食品安全工作要点》的通知

续表62

60	常政办发〔2017〕93号	关于印发《常山县加强食品安全社会共治实施方案》的通知
61	常政办发〔2017〕94号	关于印发《常山县创建浙江省食品安全县工作责任分工方案》的通知
62	常政办发〔2017〕95号	关于开展珍贵树种“一村万树”行动（2017—2019年）的实施意见
63	常政办发〔2017〕96号	关于要求有效盘活不良资产促进产业转型升级的议案
64	常政办发〔2017〕97号	关于印发《常山县属国有房地产集中规范管理工作实施方案》的通知
65	常政办发〔2017〕98号	关于推进地方志事业发展的实施意见
66	常政办发〔2017〕100号	关于加强“衢枳壳”药材管理的指导意见
67	常政办发〔2017〕101号	关于组织开展衢枳壳药材规范生产专项检查的通知
68	常政办发〔2017〕105号	关于推进教师“县管校聘”工作的实施意见
69	常政办发〔2017〕106号	关于优先发展城市公共交通的实施意见
70	常政办发〔2017〕108号	关于切实做好夏季高温天气森林消防工作的紧急通知
71	常政办发〔2017〕109号	关于进一步加强预算管理的通知
72	常政办发〔2017〕112号	关于同意设立常山产业升级股权投资基金有关事项的批复
73	常政办发〔2017〕114号	关于印发《常山县危险化学品安全综合治理实施方案》的通知
74	常政办发〔2017〕116号	关于完善浙江政务服务网“最多跑一次”事项办事指南信息的通知
75	常政办发〔2017〕117号	关于印发《常山县空间规划工作方案》的通知
76	常政办发〔2017〕118号	关于印发《常山县农合联农民合作基金管理暂行办法》的通知
77	常政办发〔2017〕119号	关于印发《常山县农民资金互助试点工作方案》的通知
78	常政办发〔2017〕120号	关于印发《常山县2017年大气污染防治实施计划》的通知
79	常政办发〔2017〕123号	关于同意将皇家至樽娱乐会所县级重大火灾隐患单位予以摘牌销案的批复
80	常政办发〔2017〕124号	关于印发《常山县政府性债务管理办法》的通知
81	常政办发〔2017〕125号	关于印发《常山县加快推进“最多跑一次”改革实施方案》的通知
82	常政办发〔2017〕128号	关于印发《常山县小额建设工程交易管理办法》的通知
83	常政办发〔2017〕129号	关于发布浙江省常山县碳酸钙产业整治升级发展规划的通知
84	常政办发〔2017〕130号	关于进一步加强全球免费游衢州活动安全管理工作的通知
85	常政办发〔2017〕131号	关于开展非法加油站点集中专项整治的通知
86	常政办发〔2017〕133号	关于印发《常山县创建省知识产权示范县工作实施方案》的通知
87	常政办发〔2017〕134号	关于调整县级治安保卫重点单位的批复
88	常政办发〔2017〕135号	关于印发《常山县危险化学品运输车辆穿越饮用水水源保护区道路安全监管暂行规定》的通知
89	常政办发〔2017〕136号	关于印发《“守青山、护绿水”专项行动暨集中打击破坏森林和野生动植物资源违法犯罪行为专项行动方案》的通知

续表62

90	常政办发〔2017〕137号	关于建立重点项目要素保障及督查推进工作机制的通知
91	常政办发〔2017〕138号	关于常山港（常山段）河道范围划界工作的批复
92	常政办发〔2017〕139号	关于印发《常山县一体化投资项目在线审批监管平台（2.0版本）试点工作实施方案》的通知
93	常政办发〔2017〕141号	关于推进全县城乡道路客运一体化发展的实施意见
94	常政办发〔2017〕142号	关于同意《常山县青石镇城镇总体规划》的批复
95	常政办发〔2017〕145号	关于印发《常山县基层治理综合信息系统建设工作方案》的通知
96	常政办发〔2017〕146号	关于同意常山县主城区老城单元01-04-50-01地块控制性详细规划调整的批复
97	常政办发〔2017〕147号	关于同意常山县城西单元03-02-26及周边地块控制性详细规划调整的批复
98	常政办发〔2017〕151号	关于印发《常山县常山港治理二期工程建设项目征收补偿安置实施方案》的通知
99	常政办发〔2017〕152号	关于同意核准常山县交通发展投资有限公司参与球川镇A-03-12加油站地块国有土地出让竞拍的批复
100	常政办发〔2017〕153号	关于同意球川镇等11个乡镇小城镇环境综合整治规划的批复
101	常政办发〔2017〕156号	关于同意城东新区滨江一期人行景观桥建设工程采取委托代建方式的批复
102	常政办发〔2017〕157号	关于同意常山县城市危旧住宅治理棚改项目采用政府购买服务模式的批复
103	常政办发〔2017〕161号	关于排污权交易政府直接出让排污权指标的若干规定
104	常政办发〔2017〕163号	关于印发《常山县“五水共治”“四边三化”“三改一拆”小城镇环境综合整治和农村危旧房治理改造集中攻坚行动实施方案》的通知
105	常政办发〔2017〕165号	关于印发《常山县农民建房规划审批、管控暂行办法》的通知
106	常政办发〔2017〕167号	关于建立项目工作联席会议制度的通知
107	常政办发〔2017〕168号	关于印发《常山县农村危旧房治理改造实施方案》的通知
108	常政办发〔2017〕169号	关于2017年农村危房改造工作的实施意见
109	常政办发〔2017〕170号	关于印发《常山县农村违法建筑分类处置补充意见（试行）》的通知
110	常政办发〔2017〕171号	关于进一步规范建设工程招标投标活动的意见
111	常政办发〔2017〕172号	关于印发《常山县城市供水安全应急预案的通知
112	常政办发〔2017〕173号	关于印发常山县城市燃气突发事故应急预案的通知
113	常政办发〔2017〕174号	关于印发常山县国有投资建设工程招标投标评标办法的通知
114	常政办发〔2017〕175号	关于印发常山县农贸市场新一轮改造提升三年行动计划（2017—2019）的通知
115	常政办发〔2017〕176号	关于印发常山县松材线虫病防治实施方案》的通知
116	常政办发〔2017〕177号	关于印发《“常山无欠薪”行动实施方案》的通知
117	常政办发〔2017〕181号	关于同意调整我县粮食收购有关政策的批复
118	常政办发〔2017〕182号	关于印发《常山县引进人才保障住房管理暂行办法》的通知
119	常政办发〔2017〕184号	关于进一步开展烧结墙材轮窑生产工艺淘汰工作的通知

续表62

120	常政办发〔2017〕185号	关于印发《常山县2017年度部分垂直部门负责目标考核办法》的通知
121	常政办发〔2017〕186号	关于印发《常山县公共文化服务重点县建设两年提升计划（2017—2019年）》的通知
122	常政办发〔2017〕188号	关于明确县安监局为行政执法机构的批复
123	常政办发〔2017〕189号	关于印发《常山县地方政府性债务风险应急处置预案》的通知
124	常政办发〔2017〕191号	关于《浙江常山工业园区控制性详细规划（2017年修编）》的批复
125	常政办发〔2017〕194号	关于将常山县香樟嘉苑小区列为重大火灾隐患挂牌督办的批复
126	常政办发〔2017〕195号	关于印发《常山县属国有办公用房维修改造项目实施细则》的通知
127	常政办发〔2017〕196号	关于同意授权常山县交通运输局为351国道龙游横山至开化华埠段公路工程（常山段）PPP项目实施机构的批复
128	常政办发〔2017〕197号	关于印发《常山县公路建设管理办法》的通知
129	常政办发〔2017〕198号	关于印发《常山县职业病防治规划（2017—2020年）》的通知
130	常政办发〔2017〕199号	关于同意2018年县级储备粮油轮换计划的批复
131	常政办发〔2017〕202号	关于转发《中共浙江省委办公厅 浙江省人民政府关于严控地方政府性债务的意见》的通知
132	常政办发〔2017〕203号	关于印发《常山县农村生活污水治理设施运行维护资金管理办法（试行）》的通知
133	常政办发〔2017〕204号	关于印发《常山县农村生活污水治理设施运行维护资金考核办法（试行）》的通知
134	常政办发〔2017〕205号	关于进一步加强常山县渔业资源监督管理的实施意见
135	常政办发〔2017〕208号	关于推进5G网络一杆多用建设的通知
136	常政办发〔2017〕209号	关于印发《常山县2017年冬季退役士兵安置方案》的通知
137	常政办发〔2017〕211号	关于进一步推动企业上市的补充意见
138	常政办发〔2017〕213号	关于印发《常山县户口迁移登记暂行规定》的通知
139	常政办发〔2017〕214号	常山县轻钙产业整治工作实施方案
140	常政办发〔2017〕215号	关于同意常山县主城区老城单元01-04-21地块控制性详细规划调整的批复
141	常政办发〔2017〕216号	关于同意常山县主城区老城单元01-03-45号地块至01-03-52号地块控制性详细规划调整的批复
142	常政办发〔2017〕217号	关于同意常山县主城区城南单元02-01-07/02-01-09号地块控制性详细规划调整的批复
143	常政办发〔2017〕218号	关于同意常山县主城区城南单元02-01-13/02-01-14号地块控制性详细规划调整的批复
144	常政办发〔2017〕219号	关于批转《常山县突发地质灾害应急预案》的通知
145	常政办发〔2017〕220号	关于印发《全面深化工业企业综合评价工作的实施意见》的通知
146	常政办发〔2017〕221号	关于同意龙绕溪河道划界成果平面图的批复
147	常政办发〔2017〕222号	关于转发《浙江省人民政府办公厅关于推行跨部门联合“双随机”抽查监管的实施意见》的通知
148	常政办发〔2017〕224号	关于促进服务业企业做大做强若干政策意见

（县政府办公室）

国民经济若干统计资料

2017年常山县经济与社会发展主要指标

表63

指 标	计量单位	2017年	指 标	计量单位	2017年
一、基本情况			林业	万元	19775
年末总人口	人	344993	牧业	万元	17101
其中：乡村人口	人	246723	渔业	万元	6543
年平均人口（公安口径数据）	人	344309	农林牧渔服务业	万元	3595
年出生人口（公安口径数据）	人	4888	主要农产品播种面积		
年死亡人口（公安口径数据）	人	2141	农作物总播种面积	公顷	17943
人口出生率（公安口径数据）	‰	14.2	粮食播种面积	公顷	8947
人口死亡率（公安口径数据）	‰	6.2	棉花播种面积	公顷	21
人口自然增长率（公安口径数据）	‰	8.0	油料作物播种面积	公顷	2908
年末总户数	户	115165	柑橘面积	公顷	6987
全社会从业人员数	万人	16.28	茶园面积	公顷	401
第一产业从业人员数	万人	3.18	桑园面积	公顷	27
第二产业从业人员数	万人	7.74	主要农产品产量		
第三产业从业人员数	万人	5.36	粮食	吨	52900
年末城镇登记失业人员	人	857	油料	吨	5499
城镇登记失业率	%	2.6	其中：油菜籽	吨	4709
土地面积	平方千米	1097.3	花生	吨	196
其中：建成区面积	平方千米	17.7	水果	吨	173428
街道	个	3	其中：柑橘	吨	31668
建制镇	个	6	胡柚	吨	110216
乡	个	5	猪 肉	吨	5555
城市社区	个	9	牛羊肉	吨	254
行政村	个	180	禽 肉	吨	2780
居委会	个	4	油茶籽	吨	4100
二、农业			水产品	吨	6223
农林牧渔总产值（现价）	万元	121005	蔬 菜	吨	102126
其中：农业	万元	73991	茶 叶	吨	216

续表63

指 标	计量单位	2017年	指 标	计量单位	2017年
蚕 茧	吨	0	第一产业用电	万千瓦时	1052
食用菌	吨	14563	第二产业用电	万千瓦时	108457
其中：金针菇	吨	8038	第三产业用电	万千瓦时	12665
造林面积	公顷	258	五、批发零售贸易与外经		
果园面积	公顷	7445	社会消费品零售总额	万元	678969
三、工业			限额以上批发零售贸易业销售总额	万元	57056
国有及2000万元以上销售收入企业数	个	104	外商直接投资合同项目	个	3
其中：内资企业	个	101	当年实际利用外资金额	万美元	515
港、澳、台商投资企业	个	2	外贸进出口额	万美元	25974
外商投资企业	个	1	其中：出口额	万美元	25948
企业总产值（当年价）	万元	1064017	个体工商户	户	15104
其中：内资企业	万元	1033436	个体工商户从业人员	人	37075
港、澳、台商投资企业	万元	240011	个体工商户资金数额	万元	217919
外商投资企业	万元	65800	私营企业户数	户	4068
从业人员年平均人数	人	13660	私营企业从业人员	人	65529
流动资产合计	万元	517099	私营企业注册资金	万元	1651114
固定资产合计	万元	598714	六、固定资产投资		
主营业务收入	万元	963330	固定资产投资	万元	1405025
利润总额	万元	61884	基础设施投资	万元	572087
规下产值（当年价）	万元	519300	第一产业投资	万元	75726
四、交通、邮电			第二产业投资	万元	474121
境内公路里程	千米	1050	其中：工业技改投资	万元	266316
民有汽车拥有量	辆	40200	第三产业投资	万元	855178
私人汽车拥有量	辆	35723	其中：房地产开发投资	万元	190638
公路客运量（全社会）（营业性）	万人	535	全年新增固定资产	万元	1005912
公路货运量（全社会）（营业性）	万吨	1191	房屋施工面积	万平方米	1147166
年末邮电局（所）数	所	15	房屋竣工面积	万平方米	183129
邮政业务收入（含快递）	万元	4721	商品房销售面积	平方米	290530
电信业务收入	万元	16450	商品房销售额	万元	205716
年末固定电话用户数	户	32691	七、财政、金融		
年末移动电话用户数	户	539829	财政总收入	万元	139715
互联网宽带接入用户数	户	81497	公共财政预算收入	万元	98780
全年用电量	万千瓦时	139555	其中：税收收入	万元	64653
其中：工业用电	万千瓦时	107596	公共财政预算支出	万元	377589
城乡居民生活用电	万千瓦时	17381	其中：一般公共服务	万元	41433

续表63

指 标	计量单位	2017年	指 标	计量单位	2017年
公共安全	万元	19891	普通中学	人	952
教育	万元	48940	普通小学	人	1079
科学技术	万元	12739	成人高等教育学校	人	10
社会保障和就业	万元	53019	幼儿园	人	524
医疗卫生	万元	46608	在校学生数：		
节能环保	万元	7256	其中：中等职业教育学校	人	2113
城乡社区	万元	30798	普通中学	人	13226
年末金融机构人民币存款余额	万元	1963367	普通小学	人	16433
其中：住户存款余额	万元	1077620	成人高等教育学校	人	1186
年末金融机构人民币贷款余额	万元	1620184	幼儿园在园幼儿数	人	9424
其中：住户贷款	万元	925154	初中毕业升学率	%	98.4
保险费收入	亿元	3.82	九年义务教育完成率	%	100
支付各类保险赔付款	亿元	1.33	职校毕业生就业率	%	100
八、人民生活			医院卫生机构数	所	285
在岗职工平均人数（不含私营企业）	万人	1.34	其中：医院数	所	6
在岗职工平均工资（不含私营企业）	元	103586	医院卫生机构床位数	张	1174
养老服务机构数	个	12	其中：医院床位数	张	920
养老服务机构床位数	张	2072	卫生技术人员数	人	1809
农村居民人均可支配收入	元	18317	执业（助理医师）数	人	760
农村居民人均生活消费支出	元	8546	注册护士	人	654
城镇居民人均可支配收入	元	33539	十、平衡统计		
城镇居民人均消费支出	元	19124	地区生产总值（当年价）	万元	1274012
城镇居民人均住宅建筑面积	平方米	42	第一产业	万元	83832
农村居民人均住宅建筑面积	平方米	79	第二产业	万元	536650
九、教育、科技、文化、卫生			工业	万元	424547
学校数			建筑业	万元	112103
其中：中等职业教育学校	所	1	第三产业	万元	653530
普通中学	所	11	人均地区生产总值（常住）增长率	%	5.0
普通小学	所	27	地区生产总值（按2010年不变价）	万元	1242063
成人高等教育学校	所	1	第一产业	万元	82549
幼儿园	所	104	第二产业	万元	580528
专任教师数			其中：工业	万元	469611
其中：中等职业教育学校	人	126	第三产业	万元	578987

2017年常山县社会消费品零售总额

表64

统 计 指 标	计量单位	2016年	2017年
社会消费品零售总额	万元	609241.2	678969
一、按销售地区分组			
县	万元	451219.3	504042
县以下	万元	158021.9	174927
二、按行业分组			
1.批发零售贸易业	万元	477516.5	523334
限额以上	万元	66871.6	48401
限额以下	万元	410644.9	474933
2.住宿餐饮业	万元	131724.7	155635
星级（限额以上）企业	万元	6517.9	8731
星级以外（限额以下）企业和个体户	万元	125206.8	146904

2017年常山县固定资产投资完成情况

表65

统 计 指 标	计量单位	2016年完成投资额	2017年完成投资额
一、固定资产投资合计	万元	1271253	1405025
1.投资项目	万元	1102739	1214387
2.房地产开发项目	万元	168514	190638
二、工业固定资产投资合计	万元	466667	474121
三、固定资产投资项目按构成分			
1.建筑工程	万元	625318	666893
2.安装工程	万元	119533	144261
3.设备工器具购置	万元	329917	419776
4.其他费用	万元	196485	174095
四、固定资产投资项目按国民经济行业分			
1.农林牧渔业	万元	108295	117948
2.工业	万元	466667	474121
3.交通运输、仓储和邮政业	万元	87357	136882
4.水利、环境和公共设施管理业	万元	281317	310050
5.教育、文化、体育和娱乐业	万元	22506	37975

续表65

统 计 指 标	计量单位	2016年完成投资额	2017年完成投资额
6.其他	万元	30511	328049
五、固定资产投资项目本年新增固定资产	万元	615869	1005912
六、固定资产投资项目全年施工房屋面积	平方米	1705258	1744407
其中：住宅	平方米	554870	683515
七、固定资产投资项目全年房屋竣工面积	平方米	254208	507642
八、固定资产投资项目全年房屋竣工价值	万元	928540	92077
九、基础设施投资	万元	432180	572087

（据《常山统计年鉴（2018）》摘要汇总）

2017年常山县私营企业户数、从业人数一览

表66

指标名称	私营企业户数（户）			私营企业从业人数（人）		
	2017年	2016年	增长（±%）	2017年	2016年	增长（±%）
合 计	4068	3615	12.53%	58710	53473	9.79%
1.农、林、牧、渔业	555	522	6.32%	5699	5627	1.28%
2.采矿业	24	25	-4.00%	596	607	-1.81%
3.制造业	870	877	-0.80%	30677	28598	7.27%
4.电力、燃气及水的生产和供应业	25	26	-3.85%	311	315	-1.27%
5.建筑业	170	148	14.86%	1432	1394	2.73%
6.交通运输、仓储业和邮政业	195	182	7.14%	1560	1456	7.14%
7.信息传输、计算机服务和软件业	62	42	47.62%	496	336	47.62%
8.批发和零售业	1280	1092	17.22%	10240	8736	17.22%
9.住宿和餐饮业	27	24	12.50%	367	303	21.12%
10.房地产业	77	62	24.19%	634	496	27.82%
11.租赁和商务服务业	320	258	24.03%	2560	2064	24.03%
12.居民服务和其他服务业	82	59	38.98%	781	717	8.93%
13.卫生、社会保障和社会福利业	3	1	200.00%	49	42	16.67%
14.文化、体育和娱乐业	95	82	15.85%	762	658	15.81%
15.其他行业	283	215	31.63%	2546	2124	19.87%

2017年常山县个体工商业户数、从业人数一览

表67

指标名称	个体工商业户数（户）			个体工商业从业人数（人）		
	2017年	2016年	增长（±%）	2017年	2016年	增长（±%）
合　计	15104	13267	13.85%	37075	30997	19.61%
1.农、林、牧、渔业	717	528	35.80%	4081	2929	39.33%
2.采矿业	9	10	-10.00%	38	45	-15.56%
3.制造业	573	443	29.35%	4066	3127	30.03%
4.电力、燃气及水的生产和供应业	4	4	0.00%	8	8	0.00%
5.建筑业	23	20	15.00%	86	71	21.13%
6.交通运输、仓储业和邮政业	361	181	99.45%	620	331	87.31%
7.信息传输、计算机服务和软件业	37	34	8.82%	73	74	-1.35%
8.批发和零售业	9866	9086	8.58%	18851	16831	12.00%
9.住宿和餐饮业	1736	1440	20.56%	4877	3957	23.25%
10.房地产业	37	38	-2.63%	70	70	0.00%
11.租赁和商务服务业	491	385	27.53%	1072	800	34.00%
12.居民服务和其他服务业	1103	988	11.64%	2542	2236	13.69%
13.卫生、社会保障和社会福利业	23	18	27.78%	61	48	27.08%
14.文化、体育和娱乐业	52	42	23.81%	378	323	17.03%
15.其他行业	72	50	44.00%	252	147	71.43%

（官智孟）

艺 文

明代硕儒吴与弼的常山情缘

吴与弼（1391—1469），字子傅，号康斋，抚州崇仁小陂（今江西省抚州市崇仁县东来乡）人。崇仁学派创立者，明代学者、诗人，著名理学家、教育家。在清代黄宗羲的《明儒学案》一书中，《崇仁学案》位列第一，吴与弼为《崇仁学案》的第一人。吴与弼弟子后又分成两派，陈献章得其“静观涵养”，遂开白沙学派之宗；胡居仁、娄谅等得其“笃志力行”，遂启余干之学，其中娄谅是心学缔造者王明阳的启蒙老师。吴与弼创立的“崇仁之学”对明代学术思潮的兴起具有“启明”作用，堪称中国历史上第二次文化下移的发端，显示了吴与弼在明代学术思想界的重要地位。

吴与弼与常山颇有情缘，既有常山籍的知心好友，又有在常山本籍发展的得意门生，他的一生多次经过并走进常山，留下了不少佳话佳作。

一、常与常山知己谈论教学

清光绪《常山县志》卷五十三《人物志·文苑》记载：徐希仁，字宝山，蒋家园人。明永乐辛卯（1411年）举人，乙未（1415年）明通榜。授抚州训导，升棠邑教谕。讲学以诚敬为宗。尝修葺学宫，赈恤贫士，士多造就焉。

徐希仁到抚州担任训导时，正是吴与弼归乡讲学、守义不仕时期，共同的志向和兴趣爱好，使他们很快走到了一起，并逐渐成为知心好友和学术知己。他们经常聚在一起或通过书信谈论学习与教育。

大约是永乐二十二年（1424年），吴与弼给自己的学术知己徐希仁写信说：“仆闻天下之至美者，莫如圣人之道，昭明易见，简易易行，然世鲜能之者，不学故耳。原其故，有二焉。懵然无知，而不事夫学者，庸人也。学为而弗克者，未诚也。惟其未诚也，是以事物交前，理欲互战。顺理乎，系累于欲。从欲乎，有所不屑挠乎其中。懑乎，其心苟一念之或失，则圣人之道斯远尔。习俗之溺，弥深几何，不并其少有所得者，而亡者之恶在能有充哉，是虽曰学与不学，同也。仆坐此患，十年余矣，抱懑朝夕，亦云至矣。今年从春来，一以《大学》《论语》《孟子》《中庸》，熟玩一日，恍然似粗有所见。乃喟然叹曰，圣人之道果易晓也果易行也。而今而后，吾知免夫朝夕之懑，而又以超然乐乎群物之表矣，因益加力焉。所见益似亲切，于是又叹曰：世俗固吾弃，吾庶几以自与；世俗固吾笑，吾庶几以自得吾方。圣贤之亲，而遑恤其他乎哉！仆辱厚于足下有年，古人重于交友者，资以辅仁，仆敢自私哉。足下尝向仆称道慨慕人之善，则知圣人之道之为美，又向仆致自不足之叹，则岂非同于仆之懑耶。今将释子之懑而进子于乐地，不难矣。盖为之之机在我，而为之之方则具于圣贤之书，胡为而不勉之也。仆近走江湖，归得风疾，艰于步，往来得罄，所言于左右，唯尺书不惜，时赐远临，幸甚。”（见《康斋文集》卷八《与徐希仁训导书》）

从这封信的内容上看，我们不难得出以下认识：

其一、吴与弼与徐希仁的情谊非同一般，他们之间像这样的感情和学术交流应该是经常发生的。否则，像“足下尝向仆称道慨慕人之善，则知圣人之道之为美，又向仆致自不足之叹，则岂非同于仆之懑耶”之类的知心话，是不可能有的。并且，“仆辱厚于足下有年，古人重于交友者，资以辅仁，仆敢自私哉。”也无从谈起。常山明清县志记载：吴与弼曾多次到常山看望早年老友徐希仁，并在其家中居住。这也佐证了吴与弼同徐希仁之间的感情和学术交流是经常发生的。

其二、书信表达了吴与弼一贯重视教育和“学为圣贤”的教育思想。吴与弼毕生从事教育活动，始终以培养一种“圣贤”为标志的道德人格为教育目的。所以，才会有书信的一开头就说：“仆闻天下之至美者，莫如圣人之道，昭明易见，简易易行，然世鲜能之者，不学故耳。”在这里，吴与弼认为，虽然圣人之道是“昭明易见，简易易行”的，但不能因此而忽视教育的重要，如果离开学习，就不可能知圣人之道而达到成圣的目的。

其三、书信自始至终流露着吴与弼的一片真情。信中说，通过一个春天对“四书”的系统学习和反思，在圣贤之道的知行上获得了深度的认识，藉以此养诚心，从而实现诚者的“自得”与“自与”境界。这不仅消除了十余年来的懑闷情绪，也解决了“事物交前，理欲互战”的道德僵局，守得了本心，证明“圣人之道果易晓也果易行”。他大胆而自信地指出“将释子之懑而进子于乐地，不难矣”的愿景，并勉励徐希仁勇敢地细读圣贤之书，一起共证圣贤之境。可谓情真意切。

二、谆谆教诲助郑伉成名儒

据清光绪《常山县志》卷四十九《理学·郑伉》及相关史料记载，郑伉（1434—1480），字孔明，家居常山象湖，幼有神童之称，三岁闻父母哭而知其哀，五岁诵故事，十三岁读书主攻科举考试的学业，为文“文理蔚然”。二十岁为博士弟子员。但进入每三年一届的省试，却一再不合、屡试不第。经过深思熟虑，郑伉决定放弃走科举求功名之路，曰：“显亲扬名，恐不在是（指科举）也。”

弃考之后，郑伉走进江西丰城，拜名儒丁潜轩之门下，求践履实学，以圣贤自期。后来又拜当时名儒、教育家吴康斋先生于崇仁。康斋设馆收徒有严格的《学规》：“读书须专心致志，不出门户，痛下功夫三五年，庶可立些根本，可以向上。如或作或辍一曝十寒，则虽读书百年，吾小见其可也。”为此，康斋对郑伉说：“此间功夫（学习）非朝夕可得，恐误子远来。”意思是说，如果想要“早栽树，夜遮阴”，一步登天的话，就不必耽误时间了。郑伉已下定决心，当即回答说：“此心放逸（不受拘束）已久，求先生收之耳（收留我），敢欲速乎？”

康斋治学非常严谨，“本之以小学、四书，持之以躬行实践”，常用程子的话勉励学生：“言人，当以圣（圣人）为志；言学，当以道（指法则、规律）为志。然进修不可躐等（越级），必先从事于小学，以立其基；然后进乎大学，以极夫体用之全。”要求学生循序渐进，打好基础，不要好高骛远、一步登天。郑伉也十分谦虚诚恳，因此从熟读基础知识《小学》开始，一步一个脚印、循序提高。

康斋又是中国历史上第一个提出“劳动与读书相结合”的人，其教育思想的一个重要内容就是“教育不能脱离生活”，他同学生一起劳动，一起生活，在劳动中讲学，在劳动中授教，在劳动中悟“道”。在康斋先生联系生产生活实际的谆谆教诲下，郑伉本人坚持“笃志力行”“日自验于身心”，逐渐细读儒学经典著作，并且烂熟成诵，慢慢领悟到“四书”“五经”之精要，达到了融会贯通的境界。许久，对于程朱理学之道也有了一个较为全面的理解，并被康斋先生认定为优秀弟子。明英宗天顺四年（1460年），康斋先生70岁时有《书郑伉卷子毕偶成》诗曰：“残经讲罢慨虞唐，步月归来兴未央。诗卷写兰吟更好，试挥余墨两三行。”（见《康斋集》）。诗歌反映了康斋先生对郑伉文学才华的赞誉，也表达了康斋先生以学子成长为荣的高尚情操和高兴心情。是年郑伉27岁，而后方告别归里。

吴康斋理学继承了宋代理学路子，与

程、朱理学大致相同，又兼采陆学之长，而自成一体。他的学术思想和一般理学家喜好谈理气、辩有无不同，并不热衷于那些抽象的思辨哲理，而是更加关注道德实践、道德教育的“工夫”问题，他所倡导的为学工夫论，以自己独具的特色，肇启了有明一代崛起的心学思潮。他的这一学术思想对郑伉的影响非常深刻。郑伉学成回归故里后，筑室于象湖龙地之上，经常与诸儒论议学习所得，主张一切以朱子理论为中心。凡古载籍几乎没有不读的，但坚决不读佛老之书，批驳其“毁肢体，灭人伦”。郑伉知之则言，言之则行，一时声名鹊起，被称为名儒。浙赣儒家名流如兰溪章枫山、开化吾文山、南昌张江白等，纷纷与他交往，相互交流讨论学术问题。郑伉的著作也颇丰，作品有《易义发明》《卦赞》《读史管见》《观物余论》《蛙鸣集》，凡数十万言，可惜大多被毁烬，其存世者仅十之一。

郑伉严格遵循康斋先生的教导，不仅在儒学上注重师承，而且在公益事业上尤其是教育事业也以康斋言行“衣钵相承”。其设义学（免费私塾），立社仓（平时购粮贮藏于仓，灾时开仓赈济灾民），事事都“着实”地做，可见康斋先生对其影响之大。正因为如此，郑伉自号“敬斋”，又自号“断述子”，大概是受到先生以“康斋”自号的影响，具有传承康斋“品德高洁，襟怀坦白，学识渊博”的意志，也有不忘师恩之内涵。于是，学者都称之为“敬斋先生”。

《明史》卷一百七十《列传·儒林》记载：吴康斋与弼门下最著名的有胡居仁、陈献章、娄谅，其次是胡九韶、谢复、郑伉。《明史》还对郑伉及其业绩作出了记载。

三、历经常山留下佳话佳作

据清光绪《常山县志》卷七《古迹·草萍驿》和卷五十八《隐逸·徐湖》记载，天顺年间，聘君吴与弼东游来到常山草萍驿，正好是农历四月的傍晚时候，忽见驿壁上西乡布衣徐湖《题壁诗》：“莫道深山不产材，春风到处野花开。草萍官道年年在，一任行人自往来。”与弼见诗，悦而访之，徐湖杀鸡、出脱粟饭对食，与弼大喜，曰：“不负此行！”后人比之郭林宗之与茅容。回驿道中，与弼唱诗云：“夜渡柴家坂，寒月照水白。野碓踯躅舂，茅斋一溪隔。”第二天晨起，与弼依然兴致不减，出发时吟诗曰：“小麦青青大麦黄，林间鸟语奏笙簧。好山遽送程程秀，咫尺云帆是浙江。晨促行装度草萍，夜来微雨喜新晴，望中尽是云山色，吟罢时闻野鸟声。”可见其心情非常之好。

又据清光绪《常山县志》卷五十八《隐逸·徐文表》和卷六十八《诗赋上》记载：徐文表，隔街人，闭户读书，吴康斋应聘道出常山，偶步至文表书斋，题“好古”二字赠之。次日，吴康斋夜宿湖头，留下《宿湖头》诗曰：“野阔云争暝，江空雨未休。问程须策马，灯火宿湖头。”

明英宗天顺七年（1463年），73岁的康斋东游衢州、建德等地，经过常山，先后在好友徐希仁儿子与学生郑伉家中住宿。见郑伉筑室于村中牛头山西北山腰，山下有洼然一区，怪石林立，泉出其中，旧传为龙湫，“造山下庐，即为书‘龙池精舍’四字”（见光绪《常山县志》卷五《山川·龙池》记载）。并作《宿郑氏村居》道：“依稀余墨象湖旁，鹤去山空事渺茫。嗣续喜看仁爱重，灯前聊跪告新章。”对郑伉的循序而进、笃志力行颇感欣慰（见康斋《东游稿》）。

（文/毕建国）

千古传奇常山石

天地灵气大造化，千古传奇常山石。

常山石，北宋庄绰《鸡肋编》述其典，南宋杜绾《云林石谱》载其文，明代林有麟《素园石谱》绘其形。正所谓：“江南有奇石，身隐常山溪，水落沙洗后，盛名世人知。”

常山石，有狭义和广义之分。狭义的常山石特指北宋末期所称的常山巧石。广义的常山石，既包括常山县域内自然形成不事雕琢且可以采集的观赏石；又包括那些不能采集的自然景观石，如奇峰异石、景观地貌；还包括利用常山石头生产制作的各类石工艺品。目前，常山境内广为人知的观赏石主要有十种，即常山巧石、石笋石、三衢石、常山卵石、千层石、砚瓦石、青石、花石、寿源石和萤石等“十大名石”，另外还有黄腊石、假山石、钟乳石、花岗石、方解石、化石等等。

常山石，这是一方神奇的石头，历经了风雨洗礼，见证着常山亿万年的沧海桑田。

宋徽宗因之丢失江山

“万岁山来穷九州，汴堤犹有万人愁。中原自古多亡国，亡宋谁知是石头？”这是元代名儒郝经对北宋徽宗亡国的感叹。

北宋徽宗时期，上至王公贵族，下至黎民百姓，赏石成风。宋徽宗赵佶在汴京城东北角修筑一座山林，取名“万岁山”，方圆十余里，主峰高72米，称为“艮岳”。其中最大的一块太湖石高四丈，宋徽宗题名为“神运昭功敷庆万年之峰”；另一块灵璧石高二十余尺，赐名为“庆云万态奇峰”；还有一块常山“巧石”，形如崇山峻岭，峰岩青润，奇巧万状，宋徽宗在其上增设殿亭，以供休娱。

赵佶酷爱山石，对奇石有独到的鉴赏力，但是他玩物丧志，嗜石误国，所引起的“花石纲”是亡宋之始。上有所好，下必效焉。崇宁四年（1105年），当时权相蔡京投其所好，派人在平江（今苏州）设应奉局，由其心腹朱勔主持，在全国各地尤其是江浙一带，大肆收罗奇花异石，通过大运河源源不断运往汴京。运船十艘为一队，称作一纲，这就是劳民伤财的“花石纲”。一时间，汴河之上舳舻相衔，船帆蔽日，搅得民不聊生、家破人亡。

赵佶如果是一个普通人，有艺术爱好本无可厚非。但他是一位皇帝，自己的一举一动，会造成什么样的影响和辐射力，本应有充分的预见性。可是他似乎完全不顾，对那些从各地运送来的奇花异石大加赞赏，进贡者获得的报答是加官晋爵。于是乎，皇帝个人的爱好就变成了国家的行为，国家的人力、物力和财力都向“花石纲”上倾斜。为收集运送越来越多的奇花异石，就造大船，征徭役。许多官员又借进贡之名横征暴敛、鱼肉百姓、中饱私囊，造成倾家荡产者不计其数，尤其是奇花异石多的江浙一带受害更深。据常山史料记载，“花石纲”期间，常山“灾伤极重，百姓甚苦”。这直接逼出了睦州青溪（今浙江淳安威坪）人氏方腊的农民起义，方腊起义军自淳安越常山雷公岭，经常山上源入衢州，革命声势不断扩大，先后攻占六州五十二县，动摇了大宋王朝的根基。皇家军队则一路征伐起义军，形成了中国人打中国人的内斗，导致金人趁虚而入，北宋灭亡。因此，有了“亡宋原来是石头”的说法。

常山石，在这其中扮演了悲剧性的角色。据北宋末期庄绰（1090—1150）所著《鸡肋编》的《灵璧石、太湖石、巧石》一文记载：“上皇（宋徽宗）始爱灵璧石，既而嫌其止一面，遂远取太湖。然湖石粗而太大，后又撅于衢州之常山县南私村（今南门溪西阳山上下游一带），其石皆峰岩青润，可置几案，号为巧石。乃以大者，叠为山岭，上设殿亭。所用既广，取之不绝，舳舻相衔。”如今常山南门溪中，列入常山古十景的“金川雪浪”一带的“花石纲”遗址依然存在。

颇具艺术造诣的宋徽宗，经过轮番筛选，对来自穷乡僻壤的“常山石”情有独钟，并御赐“巧石”之名，这对常山石来说，真是喜忧莫辨。喜的是价值得到了认可，崭露头角，声名大震；忧的是背负了亡国骂名，百姓劳命国伤财。

常山石究竟美在何处？竟然让宋徽宗如痴如醉，迷恋其中不可自拔？中国第一部赏石专著《云林石谱》中，排在第十位介绍的即为“常山石”。此书由南宋初期杜绾（约1098—约1153）所著。谱中记载：“衢州常山县思溪，又地名石洪，或云空宇。石出水底，侧垂如钟乳，杂泥沙，不相连接，采人车戽深水，得之甚难。或大或小，不逾数尺，奇巧万状，多是全质。每一石，则有连续尖锐十数峰，高下峭拔嵌空，全若大山气势。亦有拳大者，又于巉险怪岩窦中出石笋，或欹斜纤细，互相撑柱之势。盖石生溪中，为风水冲激，融结而成奇巧。又峰峦耸秀，有洞穴委曲相通，底坐透空，堪施香烬，若烟云萦绕乱峰间。一种色深青，石理如刷丝，扪之辄隐手。又一种青而滑，或以磁末刷治而然，率皆温润，扣之有声。间有质朴全无巧势者，石性稍矿，不容人为，非如灵璧可增险怪也。”

从《云林石谱》记载，不难看出，书中所说的常山石，并非特指某一种石头，而是涵盖了多种常山观赏石的特点，有的像是《鸡肋编》所记的常山巧石，有的像是石笋石，有的像三衢石，有的像千层石……盖常山石是指以常山巧石为代表的各种常山奇石，既有其奇特性，又有其多样性。

常山县在北宋末期是“花石纲”的重灾区，常山巧石作为无辜的牺牲品被排在“亡宋之石”最前列。亡宋谁知是石头。归根结底，其罪不在于石头，而在于玩石之人。

艺术家因之妙笔生花

明清时期，常山奇石梅花二度，光彩四射，又一次进入皇家林苑，并受到了艺术名家的亲睐。这块常山奇石便是石笋石。

这石笋石，主产于常山县砚瓦山等地。民间的叫法有许多种，有的叫白果石，也有叫虎皮石、松皮石、鱼鳞石、锦川石，不一而足。石笋石大多藏于山土中，采出后直立地上，多呈笋状，因而得名。

黄人希先生在《中国观赏石简介》中对石笋石进行了详实细致的描述：石笋石为竹叶状灰岩，质地坚硬；呈青灰、淡紫、褐、绿等色；外形多呈条柱状，有宽有窄，有的尖锐，有的扁侧；石中含有灰白色的白果状砾石，其砾石有的风化后形成一个个孔穴；石体表面有风化层的，纹理尤为美观，显得古朴自然。石笋石有长有短，以长而阔者为贵，尤以青皮白果为佳。

长在深山无人识，石笋石又是怎么与皇家园林结上缘的呢？这主要归功于石笋石的一个特点：质硬形长，适用于园林、庭院造景，宜作险峰。正因为如此，石笋石登上了大雅之堂。

在北京故宫御花园东侧，有一处胜景，叫“御景亭”，登临其上，可俯瞰宫苑，紫禁城、景山、西苑尽入目中。这御景亭下有一座假山，山门额题满汉文“堆秀”。这堆秀山便是由太湖石与石笋石搭配堆砌而成，背靠着高大的宫墙，腾空而立，十分精巧秀雅。万仞绝壁之上，一块块粗长的石笋石，犹如倚天宝剑，直指苍穹，望之顿觉气如长虹，威震四方。

在故宫御花园西北角，又有一处石笋石园林景观。据关桂林先生《中国皇家赏石园－故宫御花园》一文记载：在御花园西北靠北墙有一个小空间种植几丛翠竹，在丛竹间屹立着七块剑形虎皮石亦称“瓜子剑石”、“石笋”，产于浙江常山地区，形体修长如笋似剑。置石时高低参差错落，形成了“剑石配翠竹”的石竹佳品，透出一股恬淡、清穆、高洁的情调。笋石如立柱般屹立，坚实雄浑，颇有顶天立地的大丈夫气概。

石笋石在故宫御花园的园林造景不下于五处，但究竟何时被搬入故宫，无人知晓。然而，御花园的建造时间是非常明晰的。据史料记载，故宫是明成祖永乐四年（1406年）始建，其中御花园始建于明永乐十五年（1417年），1420年全部建成。而堆秀山初建于明代，未兴建时其地原有明代建筑观花殿一座，万历十一年（1583年），奉神宗朱翊钧之命拆去，于同年在其基础上改筑堆山。由此可以推断：石笋石进入故宫御花园，至少有430多年；如果按照御花园始建时间（1417—1420年）计算，则有600年左右。

然而，事情并不止于此。“扬州八怪”主要代表、“诗书画三绝”的清代艺术家郑板桥，只因对御花园的竹石景观多看了一眼，便钟情一生，妙笔生花，为后世留下了诸多珍贵的竹石图。据《四库全书》等史料记载，郑板桥20岁考取秀才，33岁那年，在北京与禅宗尊宿及其门羽林诸子弟交游，结交了康熙皇子、慎郡王允禧，即紫琼崖主人。这一年，郑板桥画的几幅《竹石轴》，就是御花园西北墙角的竹石景观。

据《板桥自序》记述：“紫琼崖主人极爱惜板桥，尝折简相招，至则袒而割肉以相奉。”由此不难推断，郑板桥与允禧结识后，曾被带入御花园游览胜景，对其中的竹石景观留下了难以磨灭的记忆，情境交融，因而写入画中。而在此之前，郑板桥大多画兰、竹，偶尔融入一些悬崖和“丑”石，此后，其竹石图中的石头基本定格为“笋石”。正如后人所评论：郑板桥画的怪石，造型如石笋，方劲挺峭，直入云端，往往竹石相交……

40岁中举以后，郑板桥所创作的画卷，大部分是写石画竹，所画笋石千姿百态。他提倡在人生追求中，要像山野中的竹石那样经得起千磨万击，炼就一身坚强的爱国爱民秉性。乾隆元年（1736年），他44岁，在北京太和殿前丹墀参加殿试中二甲第八十八名进士，为“赐进士出身”，特作《秋葵石笋图》并题诗“我亦终葵称进士，相随丹桂状元郎”，喜悦之情溢于言表；乾隆二十三年（1758年），他66岁，作《竹石图轴》，并题诗“四十年来画竹枝，日间挥写夜间思。冗繁削尽留清瘦，画到生时是熟时”；乾隆二十七年（1762年），他70岁时，创作了两幅《竹石图》，并分别题诗留跋：

其一云：

七十老人画竹石，石更崚嶒竹更直；乃知此老笔非凡，挺挺千寻之壁立。（现藏于扬州博物馆）

其二云：

竹石相交万万年，两家节介本天然；请看十月清霜后，一种苍苍笼碧烟。（现藏于北京荣宝斋）

郑板桥同“剑石配翠竹”的感情之深及其艺术作品的炉火纯青，由此可见一斑了。

因常山石而妙笔生花者，又何止艺术大家郑板桥一人呢？在此不再赘述。

科学家因之创造奇迹

1997年7月，中国第一枚 “金钉子”花落常山。

这是中国乃至世界地质史上的一件大事。

什么是“金钉子”？ 1869年5月10日，美国首条横穿美洲大陆的铁路东西接轨，为了纪念这个标志性事件，在接轨处钉下了一枚用金子打造的钉子，这枚金钉子由18k金制成，它标志着全长1776英里的铁路胜利竣工。后来，国际地科联为了表述全球界线层型剖面点（GSSP），就借用了“金钉子”（GSSP）的提法。

常山县黄泥塘地层剖面，是国际地科联在中国确认的第一枚“金钉子”，具有里程碑式的意义，它的全名为奥陶系达瑞威尔阶全球界线层型剖面。

说得通俗些，黄泥塘“金钉子”就是距今4.6亿年左右一段全球标准地层剖面。更通俗地讲，常山黄泥塘“金钉子”就是一把衡量地质年代的标准尺子，想要判断全世界所有那个年代的地层，都必须以黄泥塘“金钉子”剖面作为尺子去比较，以此为标准，来推断分析其它各地的地质年代。

据专家考证，黄泥塘“金钉子”剖面在4.6亿年以前是一片海洋，随着地球的运动，地壳的演变，河床的抬高，这里形成陆地，海洋里的许多生物死亡后在这里形成了化石。目前在黄泥塘“金钉子”景区内可以找到多种生物化石，其中笔石化石、牙形刺生物化石、腕足类生物化石、三叶虫生物化石为最主要的四种化石，还有少量的腹足类生物化石。可以说，这里的地层完美记录了4.6亿年前的地质环境，讲述了沧海变桑田的历史。多年来，南京地质古生物研究所和浙江省地调院的专家，尤其是南古所陈旭老师和省地调院俞国华教授多次来此考察，将各种化石标本采集起来作为科学研究之用，并多次发表著名论述，从而走出了一条艰辛漫长的创造奇迹之路。

黄泥塘“金钉子”的命名，是历代科学家前赴后继开展科研接力的结果。据统计，先后在常山黄泥塘等地开展地层研究工作的科学家有：朱庭祜（1924年、1930年），刘季辰、赵亚曾（1927年）进行了开创性工作；许杰（1934年）初步建立了奥陶系笔石带系列；盛莘夫（1934年、1951年）创建了常山系、西峰寺组、三衢山石灰岩；刘鸿允、沙庆安（1959年）创建雷公坞组；南京古生物研究所卢衍豪、穆恩之（1957年、1959年）建立了较完整的早古生代地层序列；中科院浙西地层队（1959年）及浙西地层现场会议系统总结了前人的工作，建立了较全面的地层序列；20世纪60—70年代，系统地完成了1/20万区域地质矿产、水文、物化探调查与研究；到了20世纪80年代，由于“金钉子”剖面代表了全世界地质研究的最高水平，国际地层学家为0/∈界线层型剖面点在本国的建立展开了激烈的竞争，我国地层学家详细研究并建立了常山西阳山、江山碓边、吉林大阳岔等地的0/∈界线剖面。

1991年，地质矿产部设立了“全国地层多重划分对比研究项目”，常山地区的所有层型剖面在这个项目的实施中都得到了系统的清理及规范的描述。同年，由中科院、南京地质古生物研究所开放实验室和国家自然科学基金委员会联合资助，中科院南京地质古生物研究所陈旭老师及其学生张元动等，同美国纽约州立大学、俄亥俄州立大学、蒙大拿大学等大学教授组成了国际界线工作小组，对“三山地区”早中奥陶统的六条剖面（常山黄泥塘、江山横塘、黄泥岗、丰足、拳头棚和玉山陈家坞）进行了生物地层研究。研究以Undulograptus austrodentatus笔石带的底界建立奥陶系内次一级年代地层单位界线层型的可能性。这一研究成果后来直接导致了达瑞威尔阶全球层型剖面点在常山黄泥塘的确立。当时美国、加拿大、澳大利亚维多利亚组、新西兰、英国等国家也在不同地方发现达瑞威尔阶层型剖面，与这些地区相比较，常山县黄泥塘剖面是最理想的一个。到了1994年，黄泥塘剖面就被国际界线工作组确认为迄今全球同类剖面中的最佳者，并被提名为第一候选剖面。

1996年1月国际奥陶系分会选举委员会以94%的多数通过了以浙江省常山黄泥塘剖面作为该阶全球层型剖面点的方案。

1997年7月1日，国际地科联组织正式批准设立中国第一枚“金钉子”在常山黄泥塘。

黄泥塘“金钉子”剖面作为大自然赋予人类的珍贵地质遗迹，已享誉国内外，这是常山人民的骄傲，也是中国人民的骄傲。

老百姓因之奔入小康

一方水土养育一方百姓。

如果说，宋代的“花石纲”是官僚阶层横征暴敛的手段，那么，明代的石灰石开采、西砚制作，则是常山百姓依靠石资源自主谋生的一条途径。

民间盛传，常山地下蕴藏着“四条龙”：黑龙、白龙、青龙、花龙。它们分别代表着石煤、石灰石、青石、花石等四种石资源，这种特殊的称呼，透露着常山百姓对本地石资源的感恩与自豪。

常山境内石灰石和石煤蕴藏非常丰富，储量均居浙江省首位。石灰石资源储量达49亿吨，CaO平均含量在54%以上，MgO含量低于0.7%；石煤资源储量达10亿吨；青石资源可采储量在1亿立方米以上；花石预测资源量3000万立方米以上。另外，砚瓦石资源储量达6000万立方米以上；寿源石（叶蜡石）预计资源储量400万吨以上；萤石预计资源储量300万立方米以上，等等。这些常山石资源都为百姓发家致富发挥了不可磨灭的作用。

明万历《常山县志》卷之三《土产》载：“石灰，用以涂壁，以壅田。西安近处亦特来货买。”西安（衢州）各地粉刷墙面、洒田降酸用的石灰都到常山来购买，当年常山生产石灰盛况由此可见一斑。如今的辉埠镇，原名灰埠，顾名思义，即可想象当年铁锤叮当、石灰漫山、千帆停泊、人来船往的商贸景象。据传明代于谦的千古名诗《石灰吟》，便是其青年时期路经常山，在严谷山中细致观察了石灰出产的整个工艺流程，有感而发，一挥而就的：千锤万凿出深山，烈火焚烧若等闲；粉身碎骨浑不怕，要留清白在人间。

新中国成立后，常山石灰石产业蓬勃兴起，从石灰厂到水泥厂，再到碳酸钙厂，屡屡升级换代，2016年，常山县10家规上钙企业实现产值8.4亿元，钙产业已经成为常山的传统支柱产业。

明清以来，常山的砚瓦石同样受到追捧。砚瓦石又名西石，因砚山前有一清流名西溪（今砚山溪），故名。砚瓦石是常山人“点石成金”的一方宝石，产于青石镇砚瓦山村。明万历《常山县志》卷之二《山》记载：砚山，在县南二十里，出紫石及金星石，俱可为砚，四方人多贸易。明万历《常山县志》卷之三《土产》又载：砚有紫石，有黑石。紫石中有白路一条，其名曰紫袍玉带，颇贵重。

用西石制成的砚台称西石砚或西砚。西砚制作自北宋始，盛于明清。由西石精制而成的西砚，古朴坚实，细腻滋润，呵气可磨，水贮其中，久不干涸，易发墨，不损毫，并合玉眼、金星和巧色，为历代文人墨客所珍爱。

据传北宋大文豪苏东坡曾藏有西砚一方，为常山人王介所赠。明代杨廉著诗曰“常山砚多青紫色，不徙发墨仍润泽”，并称“自后所得砚皆不及之”。清代姚士湖《砚山春望》诗曰：“架上残书懒再寻，春风吹我入遥岑。平生惯有湖山癖，当境还同笔砚心。弄色幽花开广陌，变声时鸟唱高林。最怜涧底红丝石，常与诗家伴醉吟。”现代著名书画家沙孟海、唐云，中国诗词学会会长倪维等名人对西砚给予了高度评价，人民日报社原社长邵华泽曾为西砚挥毫题词“藏玉砚”。

在市场经济的大潮下，常山石产业迎来了新的辉煌。20世纪80年代，一批勇立潮头的青石人背着砚台、扛着石板、抱着假山，奔赴在杭州、上海、江苏等地，四处寻找着商机，逐步打开了市场缺口，青石、花石、砚瓦石、石笋石、千层石、三衢石、常山卵石，各种贩卖原石的产业呈现着井喷式的发展态势，包山挖矿、包溪采石成为一种石产业运作的常态模式，常山县由此建成了华东地区最大的青石花石市场，砚瓦山村也由此成为全县的首富村。

然而，随着“绿色发展、生态富民、科学跨越”理念的深入普及，石资源不可再生性与粗放式开采之间的矛盾日益突出。人们开始意识到，无节制采挖石头背后埋藏着巨大的隐患：环境破坏、生态污染、效益低下、不可持续。

困则思变。人们开始在观赏石的文化与创意上，寻找新的突破口。常山观赏石产业，由单一的开放性场地贩卖原石，逐渐向贴近客户需求，卖象形石、寓意石转变；向延伸产业链条，贩石、设计、园林建设一条龙服务转变；向建造个性展馆，实现精品石头展示展销一体化转变；向实施筑巢引凤，建设专业化观赏石市场转变。观赏石产业领域涌现了徐春阳、蔡永军、毛春财、周建明、王小伟、徐合良、吴土金等为代表的一大批石产业领军人物。

2015年6月，常山县青石镇作为赏石小镇获批成为浙江省首批37个特色小镇之一。中国观赏石协会会长寿嘉华受邀担任“赏石小镇”建设高级顾问。

赏石小镇规划面积3平方千米，其中规划建设用地1平方千米。以“赏石产业园+赏石文创园+赏石文化旅游景区+赏石小镇公共配套区”为空间规划功能区块，引进中国观赏石博览园、奇石加工园、石林公园、赏石品柚旅游综合体、石文化产业带等17个与观赏石产业相关的项目，初步形成了以中国观赏石博览园为龙头、观赏石十公里文化长廊为龙身、砚瓦山青石花石市场为龙尾的“龙”型产业发展格局。其中，赏石产业园核心项目观赏石博览园占地面积1053亩，分为奇石交易、景观文化、休闲养生三大板块，以“产业旅游化，旅游产业化”为经营理念，采用“市场+旅游+文化”的经营模式，以打造“中国景观产业第一城、全国奇石交易主平台、赏石文化旅游目的地”为目标，通过实现奇石集散中心、奇石会展中心、石文化研究中心、奇石品鉴中心、奇石拍卖收藏中心五大功能区，促进从经营石产品到经营石文化的转型升级，积极推动石产业走向专业化和国际化。

根据建设目标，到2017年年底，赏石小镇要实现年产值20亿元以上，年游客量超过

100万人次，带动小镇80%农民创业增收。

得天独厚的自然石景、丰富厚重的人文底蕴，为常山石文化旅游发展插上了飞翔的翅膀。境内的三衢山是衢州的母亲山，素有“华东第一石林”之称，是国家AAAA级旅游景区；赵公岩，内有清晰可考的石刻十多处，最早的可追溯至北宋年间，相传此洞为北宋名臣赵抃青年读书处；严谷山，满山皆是三衢石景观，历代文人在此留下诗文100余篇、石刻30余处；牛脚洞、紫云洞等溶洞鬼斧神工，石博园奇石荟萃，巨石阵巧夺天工，令人叹为观止。

石不能言最可人。赏石玩石讲究的是用心品味，崇尚的是美丽经济、美好生活，它与现代人追求慢生活和健康生活方式极其契合。如今，常山人正在追随这种新理念，依托县城城东新区与赏石小镇交界处有33个平方公里生态区域的优势，着力打造现代国际慢城。同时，在赏石小镇以东且相邻的招贤镇，以即将建成的占地2600亩的赛得健康产业园为龙头，竭力打造健康养生小镇。

美哉，常山石！壮哉，常山石！

相信，不久的将来，常山的石产业、石文化、石旅游和健康养生产业高度融合一体，必将焕发出无穷的魅力！常山，即将成为一个如诗如画的石之宫殿、石之天国！

（文/毕建国、王有军，原载于赏石科普丛书《赏石与健康》）

名相江万里：江风拂面万里秀

江万里（1202—1276），字子远，号古心，是南宋末年仕林和文坛领袖，是吴越国镇海军节度使判官江景房九世孙，据《绣溪江氏宗谱》载，江景房与江万里的关系图为：江景房—用晦—铣—权—基（赘居鄱阳）—永迪—荣英—璘甫—晔—万里。

关于江万里的祖居地民间素有三个说法，一说为常山县何家乡原源口村；二说为开化县原封家镇郑家村;三说为江西都昌县阳丰乡府前江家。其实，认定常山县何家乡原源口村和开化县原封家镇郑家村为江万里的祖居地更贴切些，因为江景房“沉籍”后，“幸得众大臣保奏，贬为沁水尉。不久，景房即托病隐退还乡，卜居桂岩”。这个“桂岩”历史上应属常山县何家乡与开化县原封家镇的交界处。而江西都昌县阳丰乡府前江家应该算是江万里的出生地、生活地。

据《宋史·江万里》载：江万里的祖父江璘，一生隐居，教授乡里，受人尊重属知识分子。江万里的父亲江烨，宋理宗时登进士第，曾任教授、都尉、知县、江南东路提举常平司、西路提举茶盐公事、大理司帅参等职，与朱熹有交集，穷其一生专治程朱理学。

二

江万里自幼在祖父江璘创办的书馆内读书，有“神隽铎颖，连举于乡”之誉，后受父亲江烨的教育与影响，潜心学习《易经》，因其“自幼好学，胆略过人，思虑老成”，年龄稍长后，便独自前往“白鹿洞书院”深造，后又游学于隆兴府“东湖书院”，拜理学大师朱熹的弟子林夔孙为师，潜心问学，日进有功，造诣颇深。为此，江万里亦可谓朱熹的再传弟子。

江万里在江西知州、知府任上创建了南宋第一流的“白鹭洲书院”“宗濂精舍”“道源书院”，为南宋朝廷培养了一大批栋梁之材，其中，南宋民族英雄文天祥便是他的得意弟子之一。

史载：淳祐十一年（1251年），江万里知江西吉州，见文天祥（初名云孙，字天祥，后改字宋瑞，又字履善，号文山，江西庐陵人，南宋杰出的民族英雄和爱国诗人）才略过人，胆识超群，便保举文天祥乡试。宝祐四年（1256年），二十岁的文天祥不负众望，高中状元。从此，两人以师生相称（文天祥称江万里为恩师），交往甚密，两人虽异地为官，但书信传递十分频繁，并经常以“清廉于民，尽忠于国”互相勉励。

三

景定元年（1260年）江万里迁刑部侍

郎，不久，升吏部尚书。景定二年（1261年），江万里进迁端明殿学士，同签书枢密院院事兼太子宾客。这年，江万里已年逾六十，是贾似道（字师宪，号悦生、秋壑，宋理宗时权臣，宋度宗时仍被倚重）府中之任职最久的一名幕僚，但他秉性耿直，临事不能无言，为此，经常触怒贾似道（恶其轻发，意为：讨厌江万里说话不够慎重），导致仕途变数极多，几上几下。今存世的江万里诗作有《船经临江风浪大作以诗投之》："万里为官彻底清，心中行止甚分明。生平若有亏心事，任向波间深处沉。"可见其为人坦荡，豁达耿直。

咸淳五年（1269年），江万里受到了南宋度宗赵禥的礼遇，被拜为左丞相。而且，宋度宗还经常向他询问经书上的疑难问题，江万里均能引经据典，认真仔细地回答问题。为此，江万里屡次遭到贾似道的嫉妒。

咸淳九年（1273年），元军大将阿术按照张弘范的建议，集中兵力，强攻樊城，襄阳亦告急。江万里知道樊城、襄阳两地（位于汉水上，是南宋抵挡北方元军进攻的屏障）素为南宋朝廷战略要地，若两地尽失，则南宋朝廷无力回天，便力请提兵救援，但遭到了贾似道的百般阻挠，朝廷怯弱，群臣装聋作哑……

樊城守将范天顺见苦守五年的城池被攻破，长叹一声"我生为大宋人，死为大宋鬼，怎能当元兵阶下囚！"拔剑自刎。而襄阳守将吕文焕受不住元军的引诱，开城投降了元军。至此，襄阳五年的守城战以元军的胜利告终，南宋王朝已经到了灭亡的前夜。

江万里乃仰天长叹："非天亡我大宋，乃人祸（贾似道之流）所致！我怎么能做祸国殃民之臣？"于是，痛定思痛，连续上了四道奏疏，请求辞去左丞相职务，执意退居江西饶州，以作他图。

江万里弃官归里，路经江西洪都（南昌），转赴长沙，时任湖南提刑的文天祥闻讯，立即出郭相迎，求教"故相"江万里。江万里素知文天祥的志节，语及国事，愀然曰："吾老矣，观天时人事当有变。吾阅人多矣，世道之责，其在君乎？君其勉之！"

文天祥顿首答道："生当不负所嘱。"并作诗赠别："圣恩优许力求回，把酒临溪饯一杯。台阁是非完已矣，乾坤俯仰愧何哉！意追范蠡归渔钓，不管胡儿放马来。强御倘殷如孔棘，也应定策济时危。"

江万里将自己的忠贞报国思想完全复制给了文天祥，若干年后，文天祥兵败，从容就义，"留取丹心照汗青"。

四

江万里辞官后在饶州定居。

德祐元年（1275年），贾似道率南宋精兵13万出师应战元军于丁家洲（今安徽铜陵东北江中），因调遣无方，宋军斗志全无，被元军大败，只得乘单舟逃奔扬州。群臣请诛，宋度宗下旨将其贬为高州团练副使，循州安置。行至漳州木棉庵，被监押使臣会稽县尉郑虎臣斩杀……

南宋朝廷闻元军东下，诏天下勤王。文天祥闻讯，始终把恩师江万里的教诲记在心里，随即将家产全部充作军费，在赣州组织义军，开赴临安勤王……

江万里虽居乡野，却知局势不堪，在庭院里改造了一个大水池，池边修建了一座"止水亭"，表其心志（殉国保节）。不久，南宋名将张世杰专程前来拜访，求教江万里："国事如此，丞相何如？"江万里答道："力不能报朝廷，惟有死耳！"张世杰听其言，顿首道："丞相之言是也。"乃把酒对天盟誓："吾当尽职。如国不保，自当尽忠报国！"

德祐二年（1276年），元军再次大举南下，临安沦陷，南宋恭帝被虏。不久饶州城破，江万里投池殉国，终年七十五岁，实现了其"吾当尽职。如国不保，自当尽忠报国"的壮举。其妻、子、家人相继投池殉国，"积尸如叠"，至为壮烈。

文天祥遥闻恩师江万里殉难，悲痛万状，作诗《集杜哭古心丞相》以祭之："星拆台衡地，斯文去矣休。湖光与天远，屈注沧江流。"

景炎元年，名将张世杰领军占领饶州后，奉旨追封江万里为太师益国公，谥号文忠。

五

谜一：江万里死后，葬于何处？一传其遗体被弟子们秘葬于都昌（现存有江万里衣冠冢）；二传江氏族人为避元军将其焚尸，秘密组织常山、开化两地义士前往饶州将其灵柩移葬桂岩。故江万里墓，分成两穴，一真一假，流传至今。

谜二：江万里的诗作《柯山图》：“柯山千仞郁嶙峋，喜见丹青写送人。洞府无人留永日，神仙有路隔重云。苍松白石秋容净，绝壁悬崖晓势分。归向公庭对真景，却疑人是化中身。”诗中的“柯山”是否与衢州的“烂柯山”有关联？其生前是否在桂岩生活过？

附注：参考文献《江氏宗谱》《二十五史》《常山县志》《芙蓉镜寓言》等。

（文/江宏伟）

风情赏石溪口小镇

溪口小镇，位于千里钱塘江，美丽常山港的中下游，距县城二十华里左右，因常山港支流马车溪出口于此，故命名“溪口”。溪口又是周边四邻八乡百姓的赶集之地，外地商贾经常云集，就连江山市大陈一带的百姓也赶集于此，自然也就变成小镇了。

新中国成立后，溪口是溪口乡、溪口公社的政府所在地。1981年更名为青石公社，1983年改名为青石乡，1997年青石乡改为青石镇。这溪口小镇，仍是镇政府所在地。

溪口，区位很好，常山港流在此拐弯东流，与下游二华里处的莫家潭形成一片较为开阔的水域，使得常山港航船进出溪口非常之便捷，溪口有了码头，衢常玉古道从和尚弄出来经过溪口，自然就有了古道上的驿站。溪口南边江山市大陈区域百姓边贸几乎都在这里，为小镇繁荣增添不少人气。溪口北边，常山港的对岸，阁底等十多村的百姓，几乎把溪口当作县城中心，虽说进出要摆渡，但家庭用品与家庭剩余农副业物资买卖都在溪口集镇，溪口一直兴旺繁荣，即使由于岁月风雨，马车溪流域泥沙积积，常山港溪口段河床抬高，溪口码头废弃而移至下游的莫家潭埠，溪口依然是小镇贸易繁荣。

古时溪口小镇，一条古街东西走向，一里地左右长，地面一色青石板铺就，店面古色门板。马车溪从南向北走来，穿越小镇的石拱桥，汇入出常山港。以桥为界，分为上街头与下街头。上街头的居民与店铺要比下街头多而热闹。走进上下街，肉铺、药铺、茶馆、酒肆、客栈等等，应有尽有。不过今天看到的小镇，已是翻天覆地的变化了，除上街头还保留一些古街味道，下街头几乎全都新式楼房与店面，只是，小镇的基本框架没变。

清晰记得孩提时的溪口小镇，货进货出，很是协调平衡，整个古街人来人往，特别是上午买卖，热闹而拥挤，其他时间段，街上给人比较休闲感觉，不过酒肆的酣畅，茶馆的热闹，确是小镇上的特色，那茶馆里国事家事，谈天说地，无边无际，乡间俚语，风骚民俗满堂笑，民间神话接二连三，非常吸引人，也留得住人，一杯茶一坐就是半天，听得入迷。尤其是那民间神话，口耳相传，传承几代，听之不厌。在这里确实留下许多小镇文化与故事，比如溪口小镇东侧的赵家自然村，没有一户姓赵，然而，这里百姓门上挂的就是“赵家”字样的门牌，那是因为曾经这里有一户赵氏人家闺女在家与甲鱼精偷生一子长大成为赵北王，故而有了溪口赵北王故事，那赵北王的出生、赵北王遇风水先生、赵北王母亲做寿、赵北

王之死等系列情节，在民间广为流传，几乎老少皆知。不仅如此，茶馆里流传民间的还有那“道士庄古驿道上的传说”“麦龙望娘的传说”“罗盘印的传说”“木棉岭的传说”“李铁拐造桥传说”“龙冠上的宝剑传说”“熊应蝉匾的传说”“九龙戏珠的传说”“金交椅的传说”“杨家坞泉水的传说”“和尚弄的传说”。最令人称奇的是，这些传说故事在溪口小镇周边几乎都有遗物遗址的考证，如：和尚弄传说，即溪口小镇东南边有一条山弄，也就是衢常玉古道从此走来，到小镇的，这条弄的名字叫“和尚弄”。据说，早先和尚弄有座寺庙，此弄也是因故而名，庙里有一姓黄的和尚，因庙败香火灭，和尚还俗，取了一寡妇，在此山弄生活，这寡妇带着前嫁方氏之子与黄和尚一起日子过得较顺当，一家人繁衍生息，这山弄从此人丁渐旺，随着时间演义，和尚与寡妇所生子女为“黄”姓，寡妇随嫁来的方氏之子长大娶妻生子为“方”姓，故，今和尚弄居住的百姓即为黄方二姓。

走进溪口小镇，见有三桥，是小镇变化的见证。处在古街上下街分界之桥，古时，是一座条石交错砌成的石拱桥，桥面是青石板，栏杆是青石板，栏的柱还是青石之材，整座桥与古街地面风格协调一致，该桥也是几经改造，上世纪30年代前仅仅是古街上的一座马车才能通行小桥，到了上世纪40年代，衢常公路通车后，这古街便“街路合一”，自然这桥也就重建为公路桥，加宽加固，然，她还是石拱桥。到了上世纪60年代公路从古街中退出，古街的面貌，从桥面、地面到店面都得到良好复原。

当公路移至古街南百米，也就是往马车溪上游移了百米，造一公路桥，公路从街南后山走过，后山公路两旁就有了邮电所、汽车站、供销社等。随着时代变化与发展，到了20世纪80年代中，公路又移至街北。临溪口水边，这里又建一座公路桥。这样马车溪在溪口小街上这两百米不到的河段上，就有平行而立三座桥。如今，我们坐车经过溪口小镇外沿的这条公路是上世纪90年代初，完全从小镇上移出来，建在常山港岸边的一条320国道准一级公路。

溪口小镇，从古道变国道，又加江山到常山的省道在小镇南经过，小镇发展空间很大，在两美浙江建设的大好形势下，小镇又迎来了一个特色发展的美好春天，浙江省首批特色小镇立项于溪口小镇，小镇宏伟建设蓝图告诉我们，溪口古街当修复，让石头融合于小镇的街上，居民生活小区里，把小镇装点的特色风情有趣；让马车溪的水清潺潺流淌小镇，使小镇更加精灵鲜活；让小镇上街景，小苑及百姓门前庭院都布局成风格迥异，造型别致，风情万千的石头王国，几乎成为梦幻世界，使人走进小镇赞赏不已，赞美不绝，有印象有记忆，流连忘返；让小镇里外的每一条公路都成为赏石的风景线，处处是景处处留影；让小镇与中国石博览园曲径相通，使人听着小镇神话故事，醉醉地，似仙非仙，飘游在整个赏石风情小镇上，同时，在小镇上品着常山银毫，喝着小镇佳酿，享用中国美食在溪口，小溪清蒸独一香的神仙生活，而不知归去，试问今昔是何年？

溪口小镇乃千里钱塘江怡情赏石的一个殿堂。

(文/王春国、图/陈勤幸)

索 引

T